RHETORIK-FORSCHUNGEN

Herausgegeben von
Joachim Dyck, Walter Jens und Gert Ueding

Band 11

Ihnen,
lieber Herr Schanze,
mit aufrichtigem Dank
und kollegialen Grüßen

Gerhard Höhle

Heidelberg, 25. 11. 1996

Gerhard Härle

Reinheit der Sprache, des Herzens und des Leibes

Zur Wirkungsgeschichte des
rhetorischen Begriffs *puritas* in Deutschland
von der Reformation bis zur Aufklärung

Max Niemeyer Verlag
Tübingen 1996

Die Deutsche Bibliothek – CIP-Einheitsaufnahme

Härle, Gerhard :
Reinheit der Sprache, des Herzens und des Leibes : zur Wirkungsgeschichte des rhetorischen
Begriffs puritas in Deutschland von der Reformation bis zur Aufklärung / Gerhard Härle. –
Tübingen : Niemeyer, 1996
    (Rhetorik-Forschungen ; Bd. 11)
Zugl.: Siegen, Univ., Habil.-Schr., 1994
NE: GT

ISBN 3-484-68011-3   ISSN 0939-6462

Und sol ein ieder die vermischung / so viel müglich /
vermeiden.   (Christian Gueintz)

Wie dem hohen Apostel ein Tuch voll Tiere gezeigt ward
Rein und unrein, zeigt, Lieber, das Büchlein sich dir.
                              (Johann Wolfgang von Goethe)

Es war einmal ein Mädchen, das hieß Tulla und hatte
eine reine Kinderstirn. Aber nichts ist rein. Keine Jungfrau ist rein. Selbst das Schwein ist nicht rein. Der Teufel
nie ganz rein. Kein Tönchen steigt rein. Jede Geige weiß
es. Jeder Stern klirrt es. Jedes Messer schält es: auch die
Kartoffel ist nicht rein: sie hat Augen, die müssen gesto-
chen werden.

Aber das Salz ist rein? Salz ist rein! Nichts, auch das
Salz ist nicht rein. Nur auf Tüten steht: Salz ist rein.
Lagert doch ab. Was lagert mit? Wird doch gewaschen.
Nichts wäscht sich rein. Die Idee, die bleibt rein? Selbst
anfangs nicht rein. Jesus Christus nicht rein. Marx Engels
nicht rein. Die Asche nicht rein. Und die Hostie nicht
rein. Kein Gedanke hält rein. Auch die Kunst blüht nicht
rein. Und die Sonne hat Flecken.   (Günter Grass)

Dem Andenken an

Hedwig Reidt

und

Wiltrud Regnault

Inhalt

Vorbemerkung

Die vorliegende Untersuchung geht auf ein Projekt zurück, das ursprünglich vor allem darauf ausgerichtet war, das Problem der „Sprachreinheit" bzw. des „Purismus" im deutschen Sprachgebiet anhand einer umfangreichen Quellensammlung neu darzustellen und dabei die in der Sprachgeschichtsschreibung vorherrschende Identifikation des Purismus mit der sogenannten Fremdwortfrage zu überprüfen. Dieses Forschungsprojekt wurde von der HENNING-KAUFMANN-STIFTUNG ZUR PFLEGE DER REINHEIT DER DEUTSCHEN SPRACHE angeregt und in großzügigster Weise gefördert. Ich danke dem Vorstand und dem wissenschaftlichen Beirat der Henning-Kaufmann-Stiftung und des Stifterverbandes für die deutsche Wissenschaft sehr herzlich für die finanzielle Unterstützung, die sie dem Projekt angedeihen ließen. Insbesondere gilt mein Dank dem Vorstandsmitglied Prof. Dr. Ulrich Knoop, der dem Projekt zeitweise eine Heimstatt im Deutschen Sprachatlas, Marburg, vermittelte und es mit zahllosen Anregungen und mit nie erlahmender Geduld begleitete. In der Anfangsphase erhielt ich beim Bibliographieren, Exzerpieren und bei der EDV-Erfassung der Daten Unterstützung durch Michael Remer M.A., dem ich ebenfalls an dieser Stelle danken möchte.

Im weiteren Verlauf der Konzeption stellte sich heraus, daß die Behandlung des Themas „Purismus" nur dann sinnvoll wäre, wenn der genuin sprachwissenschaftliche Bezugsrahmen um einige Aspekte erweitert würde, vor allem aus den Bereichen der Rhetorik, der Theologie, der Soziologie und der Literaturwissenschaft. Auch bei diesem Erweiterungsprozeß standen mir Menschen zur Seite, die mir ihre Kompetenzen, ihre Zeit und ihre Geduld zur Verfügung stellten. Mein besonders herzlicher Dank gilt Uta Härle, die mir eine unschätzbare Hilfe war, weil sie der Arbeit an entscheidender Stelle neue Impulse gab und mir überdies einen Zugang zur hebräischen Sprache und zu Luthers Theologie eröffnete. Ebenso dankbar bin ich meinem Freund Dr. theol. Willi Temme, der die gesamte Entstehung der Arbeit gleichermaßen geduldig wie kritisch mitgetragen und insbesondere das Pietismus-Kapitel nachhaltig beeinflußt hat. Zu danken habe ich auch stud. theol. Oliver Uth, Marburg, für seine ausgesprochen sorgfältigen Recherchen und Abschriften des religiösen Liedguts.

Zu meinen Übersetzungen aus dem Lateinischen und bei Fragen zur antiken Rhetorik konnte ich mir stets kompetenten Rat bei dem mir befreundeten Erlanger Altphilologen Wolfgang Srb einholen; meine Übersetzungen aus dem Mittelhochdeutschen hat meine Kollegin Prof. Dr. Hedda Ragotzky, Siegen, durchgesehen und „ins Reine" gebracht. Die Mühsal des Korrekturlesens nahmen Elfi Stollberg und Dr. Uwe Meyer geduldig und zuverlässig auf sich; Uwe Meyer hat darüber hinaus auch das Register angelegt.

Ihnen allen, ohne die diese Arbeit nicht entstanden oder zum Ende gekommen wäre, sage ich meinen herzlichsten Dank!

In der vorliegenden Fassung handelt es sich bei der Untersuchung um meine Habilitationsschrift, die mit Genehmigung der Kommission und des Dekans für den Druck um einen umfänglichen Materialteil gekürzt wurde. Das Habilitationsverfahren wurde im Dezember 1994 am Fachbereich 3 Sprach- und Literaturwissenschaften der Universität-Gesamthochschule Siegen erfolgreich abgeschlossen. Ich danke den Mitgliedern der Kommission, den Gutachtern sowie den Kolleginnen und Kollegen in Siegen, namentlich Dr. Ursula Böhmer, Prof. Dr. Wolfgang Popp und Prof. Dr. Helmut Schanze sowie dem auswärtigen Gutachter, Prof. Dr. Hartmut Böhme aus Berlin, für ihre Unterstützung, Ermutigung und Begleitung.

Zu guter Letzt danke ich den Herausgebern der *Rhetorik-Forschungen* für die freundliche Aufnahme meiner Studie in ihre Reihe sowie den Mitarbeiterinnen und Mitarbeitern des Niemeyer Verlags für ihre Arbeit am Manuskript und die gewissenhafte Betreuung der von mir erstellten Druckvorlagen.

Sekundärliteratur, die nach 1994 erschienen ist, wurde nicht mehr berücksichtigt.

Heidelberg, Februar 1996   G. H.

1 Vorspiel bei Sachsens Pythia.
Zum historischen Kontext der Reinheits–Thematik

1.1 Die Konsultation der Experten

Am 26. Januar 1804 erhält Johann Wolfgang von Goethe einen Brief, in dem ihn Schiller bittet, er möge ihm doch sein Adelungsches Wörterbuch zurückschicken, das Goethe sich vor einiger Zeit ausgeliehen habe. Er, Schiller, müsse in einer bestimmten Sache das „Orakel" befragen. Diese kleine, an sich marginale und eher als Anekdote zu bewertende Bemerkung markiert den Abschluß einer über drei Jahrhunderte andauernden Entwicklung: „Den Adelung erbitte mir, wenn Sie ihn nicht mehr brauchen. Ich habe allerlei Fragen an dieses Orakel zu tun."[1]

Goethe erfüllt den Wunsch am gleichen Tag, allerdings mit der Einschränkung, daß er selber Schillers Exemplar weitergegeben habe und nun dem Freund sein eigenes übersende:

> Hier schicke ich meinen Adelung; verzeihen Sie, daß ich den Ihrigen wohleingepackt an Voß geschickt habe, der dessen zu einer Rezension von Klopstocks grammatischen Gesprächen höchst nötig bedurfte.[2]

Die Erwähnung des deutschen Sprachgelehrten Johann Christoph Adelung in diesem Briefwechsel ist symptomatisch. Vier bedeutende deutsche Dichter versammeln sich um den Theoretiker Adelung, dessen Wörterbuch den Mittelpunkt eines Austausch-Reigens bildet. Daß Voß ohne Adelungs Hilfe das Werk Klopstocks nicht besprechen kann, und daß Goethe zu diesem Zweck nicht sein eigenes Exemplar aus den Händen gibt, sondern das ebenfalls entliehene Wörterbuch aus Schillers Besitz an Voß weiterreicht, schließlich aber doch noch sein eigenes Exemplar an Schiller abgeben muß – das wirkt beim ersten Hinsehen verwirrend und grotesk, illustriert aber bei genauerer Betrachtung höchst anschaulich den ambivalenten „Tanz", den die Sprachschöpfer um die Sprachtheorie, die Poeten um die Wissenschaft, die Sprachbenutzer um die Sprachnorm aufführen.

Die Dichter Goethe, Schiller und Voß sind sich ihrer epochalen Bedeutung als richtungsweisende Sprachgenies durchaus bewußt. Aber sie offenbaren mit ihrem Griff zum Wörterbuch-Orakel, daß sie sich nicht nur als Schöpfer und Gestalter der deutschen Sprache verstehen, die sie „meisterhaft" zu handhaben wissen, sondern auch als Schüler eines Sprachmeisters, dessen Urteil von Bedeutung ist und dem sie sich unterwerfen oder mit dem sie doch zumindest sich auseinandersetzen – insonderheit bei einer wertenden Rezension. Das bedeutet nicht, daß sie sich Adelungs Vorentscheidungen stets fügen. Aber die Tatsache der Auseinandersetzung selbst bestätigt die prinzipielle Berechtigung dessen, was der Sprachtheoretiker vertritt,

---

[1] Johann Wolfgang Goethe: Gedenkausgabe der Werke, Briefe und Gespräche. Hg. von Ernst Beutler. 20. Band: Der Briefwechsel zwischen Goethe und Schiller. Zürich 1950, S. 962.
[2] Ebd.

nämlich die berechtigte Forderung einer verbindlichen, gewissermaßen justiziablen Norm des deutschen Sprachgebrauchs, eines ‚Codex Iuris Linguae Germanicae'. Noch in modernen Wörterbüchern schlägt sich die hier behauptete Struktur des Verhältnisses von Theorie und Praxis der Sprache nieder: wäre es nicht außergewöhnlich, so bedürfte es ja keiner Erwähnung, daß sich Wortformen der Dichter *gegen* die von Adelung und anderen Sprachmeistern geforderten Wortformen behaupten konnten. Interessanterweise trifft dies gerade auf „Reinheit" zu, den Leitbegriff dieser Untersuchung, bei dem Kluges *Etymologisches Wörterbuch* feststellt, daß „Adelung noch 1798 nur *Reinigkeit* gelten" läßt und daß „gegen ihn Goethe, Jean Paul u. Campe *Reinheit* durch(setzen)".[3]

Den Anfangspunkt dieser Entwicklung, deren Ende in Schillers und Goethes Briefwechsel anekdotisch sichtbar wird, personifiziert Martin Luther, dessen persönlichem Sprachgebrauch die Sprachmeister seiner Zeit – die Schriftsetzer, Drucker und Verbreiter des Schrifttums – sich anpassen, ja sich fügen.[4] Im Gegensatz dazu konsultieren die Dichter Schiller, Goethe und Voß die sächsische Pythia Adelung, um ihren eigenen Sprachgebrauch mit der nach und nach zum Codex gewordenen Sprachnorm abzugleichen. Was die Brief-Marginalie exemplifiziert, ist der historische Prozeß der Codifizierung der deutschen Sprachnorm, der Prozeß der Entstehung der hochdeutschen Schriftsprache, der nach mehreren Anläufen schließlich mit Luther seinen Anfang und um 1800 seinen vorläufigen Abschluß gefunden hat. In ihm ereignet sich, allgemein und plakativ gesagt, die Verwandlung des Sprachbenutzers vom Subjekt der Sprache zu deren Objekt; oder andersherum: die Verwandlung des Sprachgebrauchs von einem Objekt des Sprachbenutzers zu dessen Subjekt und gleichzeitig zu einem der entscheidenden Faktoren seiner Subjektwerdung.

Blickt man auf den Beginn dieser Verwandlung, so trifft man ebenfalls auf ein anekdotisch illustratives Ereignis: auf Luthers „Marktgang", bei dem er „dem Volk aufs Maul schaut".[5] Auch hier läßt sich ein Sprachlehrer und -meister seinerseits belehren: Luther konsultiert zur Erweiterung seines Sprachgebrauchs den Sprachgebrauch des ‚gemeinen deutschen Mannes'.[6] Er orientiert sich am „sprechenden *Hörer*", das heißt: an der Sprache dessen, von dem er, Luther, gehört und verstanden werden, den er überzeugen will, und konstatiert vor allem in bezug auf seine Predigten:

> Wen ich alhie predige, so laß ich mich auffs tieffste herunder, non aspicio ad doctores et magistros, quorum vix 40 adsunt, sed ad centum vel mille iuvenum puerorumque.[7]

---

3   Friedrich Kluge: Etymologisches Wörterbuch der deutschen Sprache. Berlin [18]1960, S. 593.

4   Es ist bekannt, daß Luther seit der Arbeit am Septembertestament zunehmend die Bedeutung der Vereinheitlichung und Zuverlässigkeit von Grammatik, Lexik und Orthographie für die Verbreitung seines reformatorischen Anliegens erkannte und die Druckfassungen seiner in Wittenberg publizierten Schriften genau überwachte, zum Teil durch persönliche Präsenz in den Officinen. Vgl. hierzu Hans Eggers: Deutsche Sprachgeschichte. Band 2. Reinbek 1986, S. 175 ff.

5   WA 30², 637. Vgl. auch WATR 2, 2771a: „Man mus alßo reden, wie man auff dem marckt redt". Zur Luther-Zitation siehe unten S. 70, Anm. 22.

6   „Darumb mus ich hie die buchstaben faren lassen, unnd forschen, wie der Deutsche man solchs redet [...]. Denn wer dolmetzschen wil, mus grosse vorrath von worten haben, das er die wol könne haben, wo eins an allen orten nicht lauten will." (WA 30², 639, 18-23)

7   WATR 3, 3573; sämtliche Übersetzungen, sofern nicht anders angegeben, stammen von mir, G. H.

ich berücksichtige die Doktoren und Magister nicht, von denen kaum 40 anwesend sind, sondern die hundert oder tausend jungen Leute und Kinder.

Noch anschaulicher unterstreicht Luther im gleichen Zusammenhang seine Haltung mit dem Bild einer Mutter oder Amme: „Man sol auff der cantzel die zitzen herauß ziehen vnd daß volck mit milch trencken".[8] In dieser Einstellung wird die aristotelische Lehre von der Wahl der angemessenen Redegattung lebendig, die sich dem Charakter des jeweiligen Auditoriums anpaßt, „ein kommunikations-theoretisches Modell der Rhetorik".[9] Auch hier dient das religiöse Erleben dem Reformator als Vorbild und als Beglaubigung der rhetorischen Tradition, denn Christus selbst, so betont Luther in einer seiner Tischreden,

Christus hat am aller einfeltigsten geredt vnd war doch eloquentia selbst. Die propheten machens auch nicht hoch, sindt doch vill schwerer. Drumb ists am besten vnd die hochste eloquentia simpliciter dicere.[10]

Mit anderen Worten: wenn Christus, der doch auch hinsichtlich der rhetorischen Praxis die menschgewordene Vollkommenheit darstellt, sich in seiner Redeweise am einfachen Menschen orientiert hat, dann muß gerade diese schlichte Redeweise ihrerseits die Verwirklichung des rhetorischen Stilideals – *simpliciter dicere* als die höchste *eloquentia* – sein.

Im Gegensatz zu Luthers durch die Bibel legitimierter Konsultation des ,gemeinen Mannes' als Experten des Sprachgebrauchs konsultiert um 1800 der ,deutsche Mann' – und zwar nicht nur der ,gemeine' – den normativen Sprachcodex, um seinen Sprachgebrauch daran auszurichten und ihn zu legalisieren. Im Schichtenmodell gesprochen, schmiegt Luther sein eigenes Sprechen den ,unteren' Sprachschichten an, aus denen er sich eine Vitalisierung und Bereicherung seiner *copia verborum et figurarum* verspricht: der Prediger und Übersetzer „mus grosse vorrath von worten haben",[11] denn er will von dem, dessen Sprache er benutzt, verstanden werden. Adelung hingegen repräsentiert ein Prinzip, demzufolge der Sprachbenutzer sich ,nach oben' orientieren muß und, sofern er diese Anpassungsleistung nicht erbringen kann, stumm oder ungehört in die unteren Sprachschichten zurückfällt. Dient also der „richtige Sprachgebrauch" und dessen Perfektionierung bei Luther noch der Verbesserung der Verständigung, das heißt dem Verstehen in einem existentiellen Sinn – in Luthers Sprache: der Verbreitung der reinen Lehre und des reinen Wortes Gottes –, so dient der „richtige Sprachgebrauch" und dessen Perfektionierung seit dem ausgehenden 18. Jahrhundert der klassifizierenden Unterscheidung von höher- und niedrigerstehenden Gedanken und deren Produzenten: der Menschen.[12]

---

[8] WATR 3, 3421

[9] Manfred Fuhrmann: Die antike Rhetorik. Eine Einführung. München, Zürich 1990, S. 81 f.

[10] WATR 4, 5099; deswegen muß man beim Predigen „dem groben, harten pöfel [...] es fur malen, blawen und kawen und alle weyse versuchen, ob man sie konne erweichen" (WA 19, 370).

[11] WA 30², 639, 23.

[12] Vgl. hierzu Joachim Gessinger: Sprache und Bürgertum. Stuttgart 1980; Joachim Gessinger: Vorschläge zu einer sozialgeschichtlichen Fundierung von Sprachgeschichtsforschung. In: LiLi 12, 1982, 47, S. 119-145; Karl Eibl: Sprachkultur im 18. Jahrhundert. In: Sprachkultur. Jahrbuch des Instituts für deutsche Sprache. Hg. von R. Wimmer. 1984, S. 108-124; Wolfgang Huber: Kulturpatriotismus und Sprachbewußtsein. Frankfurt a. M., Bern 1984; Brigitte Döring: Zum Zusammenhang von Sprachgeschichte und Geschichte der Gesellschaft bei Johann Christoph Adelung bis Jacob Grimm. In: ZfGerm 5, Leipzig 1984, S. 159-167;

Das heißt: die Sprache selbst, die vor dem Entwicklungsprozeß und zu dessen Beginn als Werkzeug der Verständigung betrachtet wird, verwandelt sich zusehends zu einer normativen Instanz, von der her der Mensch, der Sprachbenutzer, als verständiges oder unverständiges Wesen bewertet und beurteilt werden kann. Als internalisierte Instanz trägt sie zu jener Entwicklung der Verinnerlichung der Normsetzung bei, die Norbert Elias als im „Prozeß der Zivilisation" zunehmenden „Zwang zum Selbstzwang", das heißt als die Verwandlung von Fremdzwang in Selbstkontrolle beschreibt.[13]

Deswegen stimmt die Bezeichnung „Orakel" für das ‚Wörterbuch' in doppelter Hinsicht. Nicht nur lesen sich seine Auskünfte oft vieldeutig und bleiben, wenngleich in bester Absicht als gültig behauptet, ohne letzte rationale Rechtfertigung. Vor allem jedoch wirkt auch dies Orakel in der Tat schicksalhaft auf das Leben der Sprachbenutzer ein, weil sich an ihm entscheidet, ebenso unwiderruflich und unausweichlich wie am Delphischen Spruch, wer „dazugehört" und wer nicht: wessen Leben also sich innerhalb der Gesellschaft artikulieren kann und über wen sprachloses Außenseitertum verhängt ist. Das „falsche Wort", ja schon der „falsche Ton" ist das verläßliche Kriterium, dem die anderen Kriterien gesellschaftlichen Verhaltens – Sitte und Habitus – nachgeordnet werden. Zwar entsteht der Codex auch unter der Vorgabe, an ihm könne sich der Sprachbenutzer bilden und üben und zugleich mit dem Aufstieg in den guten Sprachgebrauch auch jenen in die gute Gesellschaft erreichen, aber dieser volkserzieherische und -aufklärerische Impetus, der sich allenfalls in spektakulären Ausnahmen verwirklicht, tritt zurück zugunsten des andern Aspekts, der Schiedsinstanz.

In diesem Zusammenhang fungiert der Begriff ‚Wörterbuch' als Synonym für Sprachnormen und deren Codifizierung. Stillschweigend mitgemeint sind alle anderen Formen der Sprachcodifizierung wie Grammatik oder Rechtschreibebuch, Stil- oder Schreibfibel, zu denen auf der Seite der Alltagsliteratur die Formular- und Titelbücher, Briefsteller oder Sprachratgeber nach dem Muster *Sag es treffender* treten. Eine andere sprachhistorische Entwicklung wäre denkbar: daß Wörterbücher und Grammatiken als Thesauren der bestehenden Sprachvielfalt und als Verständigungshilfen – nicht als Entscheidungsträger – konzipiert worden wären, ganz im Sinne von Luthers Forderung, man müsse „grosse vorrath von worten haben", wenn man sich klar und verständlich ausdrücken wolle. Aber in einem solchen Konzept der Fülle und Vielfalt, der Gleichwertigkeit des Unterschiedlichen, dem die historische Realität der asketischen und disziplinierenden Sprachvermittlung entgegensteht, hätten die diversen Nachschlagewerke nicht zum „Orakel" jener bürgerlichen Gesellschaft getaugt, die ihre Identität und Legitimation aus der gemeinsamen Sprache – und zwar hauptsächlich aus dieser – herleiten muß und kann. Diese Identitätssetzung bedarf notwendig der Abgrenzung gegen Nicht-Dazugehöriges und dessen Ausstoßung: das „Ungehörige" ist das, was nicht in die Sprache der Dazugehörenden gehört – und nicht zu Gehör kommen soll. Als Unreines

---

Richard Schrodt: Das Problem der Sprachnorm – eine unendliche, auch politische Geschichte. In: Info Deutschdidaktik 12, 1988, 2, S. 61-71; Ulrich Nassen: Das Kind als wohltemperierter Bürger. In: Dagmar Grenz (Hg.): Aufklärung und Kinderbuch. Studien zur Kinder- und Jugendliteratur des 18. Jahrhunderts. Pinneberg 1986, S. 213-238.

[13] Norbert Elias: Über den Prozeß der Zivilsation. Bern ²1969, bes. Band 2, S. 312-336.

bleibt es stumm, wenngleich es zur unverzichtbaren Ressource des Sagbaren wird.[14] Adelungs auf den Sprachkörper bezogene Ausscheidungsmetaphorik beschreibt den gesellschaftlichen Prozeß der Assimilierung und Abgrenzung von Sprache und Sprecher sehr anschaulich.

1.2 *Reinheit / puritas* im historischen Rahmen der Rhetorik

Mit diesen Bemerkungen ist der Hintergrund skizziert, vor dem das Problem der Sprachreinheit seinen historischen Stellenwert hat. Der Reinheitsbegriff erweist sich als durchaus tragfähiges Paradigma, an dem das Wechselverhältnis zwischen den philologischen Gegebenheiten einerseits und den religiösen und sozialen andererseits aufgewiesen werden kann – ein Paradigma, das im hier diskutierten Zeitraum von 1500 bis 1800 zunehmend an Bedeutung gewinnt und das diese Bedeutung bis in unsere Tage, wenn auch teilweise in neuer Einkleidung, behalten hat. Bislang ist das Thema, unzulässigerweise wie zu zeigen sein wird, überwiegend auf einen seiner Aspekte reduziert worden: auf den des Fremdwortpurismus, in dem die lange Tradition des Sprachpurismus überhaupt gipfelt. Die Reduktion, die der Realität im 19. Jahrhundert auch weitgehend entspricht, vernachlässigt ungewollt den ambivalenten und paradigmatischen Charakter des Purismus im *Prozeß* der Entstehung der Sprachnormen.

Puritas ist die eine der antiken rhetorischen Tugenden und hat in der deutschen Sprachgeschichte im Zusammenhang der Reformation und des Humanismus ihre Bedeutung erlangt –: von vornherein als ein problematischer Begriff, in dem sich widersprüchliche, ja gegensätzliche Vorstellungen von Sprache und Gesellschaft verschränken. Er begleitet nicht nur Luthers Schriften und seine Bibel-Übersetzung, die dem „reinen Wort Gottes" ein Äquivalent in deutscher Sprache gegenüberstellen und damit die „reine Lehre" wiedererwecken wollen. Er wirkt sogleich weiter in der Verbreitung der reformatorischen Idee als der Inbegriff der Erhellung von religiöser, d.h. von öffentlicher Sprache für das Volk,[15] das sich als Sprachgemeinschaft zu konstituieren beginnt und gleichzeitig damit auch in einen neuen Prozeß der Individualisierung und Vereinzelung eintritt. Unter diesem Blickwinkel ist die Idee der Sprachreinheit – nämlich der Säuberung und Erhellung der „Schrift" – auch als ein Ergebnis der aufklärerischen Tendenzen in der deutschen Geistesgeschichte zu verstehen. Hinzukommt die zunehmende Bedeutung des Reinheitsbegriffs auch in anderen Bereichen des kulturellen und sozialen

---

[14] In seiner *Gelehrten Geschichte der Scheiße* (Frankfurt a.M. 1991, passim) geht Dominique Laporte von eben diesem dialektischen Modell der Sprachausscheidung und des fruchtbringenden Sprachdungs aus. Vgl. auf epistemologischer Ebene auch Jacques Derrida, der in *La loi du genre* die Dialektik von Reinheit und Unreinheit hinsichtlich der wissenschaftlichen Gattungs-Terminologie diskutiert und zu dem Ergebnis kommt, daß letztlich nicht die Reinheit, sondern die Unreinheit als deren „Kontragesetz" die Gattung (*genre*) bestimme und Bestimmung grundsätzlich über die Konstruktion von *Differenz* funktioniere (In: Parages. Paris 1986, S. 251-287).

[15] So gilt z.B. für Georg Philipp Harsdörffer (Der Teutsche Secretarius. Nürnberg 1656, S. 142) die Bibelübersetzung Luthers als der entscheidende Wendepunkt, an dem die „Tunckelheit" sowohl von der Sprache als auch von ihrem Träger, dem „gemeinen Mann" weicht: durch die Bibelübersetzung werde die Sprache „mit dem Liechte deß Evangelii wider (unter der Bancke) hervorgezogen", so daß sich „der gemeine Mann" nun nicht länger „mit den äusserlichen Wercken und unverstandenen Worten abspeisen lassen" muß.

5

Lebens, wie z. B. in der Frömmigkeit, der Pädagogik und der individuellen wie öffentlichen Hygiene.[16]

Neben *perspicuitas, ornatus* und *aptum* ist *puritas* eine der tragenden Säulen der lateinischen Stillehre[17] und bezeichnet in der Antike sowohl das grammatisch und syntaktisch richtige als auch das verständliche und schöne Reden und Schreiben. Die vier rhetorischen Kardinaltugenden Reinheit, Deutlichkeit, Schmuck und Angemessenheit sind die Facetten eines sprachlichen Beurteilungssystems von Sprache, das nicht auf die Normierung oder gar Codifizierung eines historischen Sprachzustandes, sondern auf die Bewertung des jeweils situations- und kontextangemessenen Redens und Schreibens ausgerichtet ist. Allerdings ist auch hier schon *puritas* der problematischste der vier Begriffe, insofern er gleichermaßen moralische wie ästhetische Valenzen enthält: während *purus* einerseits den äußeren Eindruck der Klarheit und Helligkeit bezeichnet, verweist das Wort andererseits auch auf einen bestimmten inneren Zustand der Unbeflecktheit, Makellosigkeit und Keuschheit, wie er etwa im Opferritus sowohl vom Opfernden als auch vom Opfer erwartet wird. Bei der Adaption der antiken rhetorischen *puritas* ins Deutsche als *Reinigkeit* oder *Reinheit (der Sprache)* nimmt der Begriff nicht nur die im Lateinischen bereits vorhandene Vieldeutigkeit in sich auf, sondern zusätzlich noch jene, die das deutsche Wort im Laufe seiner Geschichte seit Ulfilas erworben hat.[18]

Rhetorik sei mehr als eine bloß stilistische oder formale Tradition, stellt Klaus Dockhorn fest; sie sei „eine Weltanschauung mit eigener Erkenntnistheorie, eigener Moral und vor allem eigener Anthropologie".[19] Während es in der Dialektik in erster Linie nur um Argumente gehe, gehe es in der „Rhetorik um die Affekte": „Der Redner weckt Glauben durch die Erregung der Affekte des Zuhörers und durch Sachargumente".[20] Und Joachim Dyck faßt das Wesen der Rhetorik präzise mit den Worten zusammen, die Rhetorik habe es nicht

> wie die Geschichte oder Philosophie mit dem Wahren und dem Bericht von Fakten zu tun, sondern mit dem Wahrscheinlichen. Der Redner will beeinflussen oder überzeugen, die Affekte des Hörers erregen: *delectare* und *movere* sind die Kardinaltugenden seiner Kunst. Um dieses Ziel zu erreichen, muß er sich rhetorischer Tropen und Figuren (*ornatus*) bedienen: Sie ebnen den Weg zum Herzen des Hörers.[21]

Für den in der vorliegenden Studie eröffneten Zusammenhang sei das System der Rhetorik bündig rekapituliert, weil im folgenden immer wieder auf Nachahmung und Abweichung

---

16 Zum Zusammenhang von Reinheitsideal und beginnender Stadtkultur siehe unten S. 237.
17 Vgl. überblickshaft zu diesem Thema: Josef Kopperschmidt (Hg.): Rhetorik. Zwei Bände. Darmstadt 1990; Fuhrmann (Anm. 9); Ernst Robert Curtius: Europäische Literatur und lateinisches Mittelalter. Bern, München [9]1978; Birgit Stolt: Wortkampf. Frühneuhochdeutsche Beispiele zur rhetorischen Praxis. Frankfurt a.M. 1974.
18 Vgl. hierzu Kapitel 4 dieser Studie.
19 Klaus Dockhorn: *Rhetorica movet.* Protestantischer Humanismus und karolingische Renaissance. In: Helmut Schanze (Hg.): Rhetorik. Beiträge zu ihrer Geschichte in Deutschland vom 16.-20. Jahrhundert. Frankfurt a.M. 1974, S. 17.
20 Dockhorn (Anm. 19), S. 24f.
21 Joachim Dyck: Rhetorische Argumentation und poetische Legitimation. Zur Genese und Funktion zweier Argumente in der Literaturtheorie des 17. Jahrhunderts. In: Schanze (Anm. 19), S. 79. Vgl. auch vom gleichen Autor: Ornatus und Decorum im protestantischen Predigtstil des 17. Jahrhunderts. In: ZfdA 94, 1965, S. 225-236.

vom antiken Modell bei den deutschen Sprachtheoretikern rekurriert werden wird. Die enorme Verbreitung und Intensivierung der Auseinandersetzung mit dem rhetorischen Gedankengut im Deutschland des hier untersuchten Zeitraums läßt sich, wie Helmut Schanze zeigt, auch als Resultat der neuen Medien- und Distributionsmöglichkeiten des 16. Jahrhunderts verstehen,[22] die erstmals eine wirkliche Breitenwirkung des antiken Denkmodells ermöglichen und tatsächlich dessen Auswirkungen bis in die Alltagskultur hinein zugrundeliegen.

Das Verständnis der antiken Rhetorik ist zum einen aus ihrer Abgrenzung gegen die Philosophie (Dialektik, Logik) und gegen die Dichtkunst (Poetik), zum anderen aus ihrem Anwendungsort, der öffentlichen politischen und vor allem forensischen Rede zu entwickeln.[23] Wie die Poetik befaßt sich auch die Rhetorik mit den sprachlichen Mitteln, die als besondere Kunstfertigkeit zur Verfügung stehen, aber sie vernachlässigt im Unterschied zur Poetik das Verhältnis von Wirklichkeit und Fiktion als Gestaltungsmerkmal bzw. als poetische Utopie. Mit der Dialektik und Logik hat die Rhetorik den Aufbau von Beweisketten gemein, aber sie sucht darüber hinaus nach Mitteln, diese Beweise auch überzeugend vorzutragen, weshalb sie immer wieder dem Verdacht ausgesetzt ist, dem überzeugenden Vortrag den Vorzug vor der Wahrheit der Argumente oder Beweise zu geben:

> Über das Wesen der Rhetorik – ob es sich bei ihr um eine Wissenschaft, um eine Kunst oder lediglich um Routine handele – hat man sich während der ganzen Antike nicht einigen können: sie wurde wegen des problematischen Verhältnisses, das die öffentliche Rede zur Wahrheit hat, von philosophischer Seite immer wieder abschätzig beurteilt und entsprechend niedrig eingestuft.[24]

Allerdings verlangt das rhetorische System innerhalb seiner Tradition mit erheblichem Nachdruck von jedem öffentlichen „Redner mehr oder minder ausdrücklich gewisse moralische Qualifikationen, womit sie ihm zugleich Beschränkungen in der Wahl seiner Mittel auferlegen. [...] Die Stoiker lehrten, die Rhetorik sei ‚die Wissenschaft, gut zu reden‘, wobei sie mit ‚gut‘ nicht nur auf einen ästhetischen und intellektuellen, sondern auch auf einen moralischen Maßstab zielten.“[25] Der Redner im Verständnis der Rhetorik ist immer der für eine Sache engagierte Redner, wobei er oft genug als Advokat eines Angeklagten (Gericht) oder Vertreter einer nicht stimmberechtigten sozialen Gruppe (Politik) auftritt. Auch diese Stellvertreter- und Mittlerrolle, die ihn erst demokratisch legitimiert, auferlegt ihm eine moralisch-sittliche Verpflichtung im Sinn der *Kalokagathia*, der Verschmelzung des Schönen mit dem Guten.[26]

Aus dieser Grundanschauung heraus ist Rhetorik zu verstehen als ein Regelsystem, nach welchem Reden und Texte zu dem beschriebenen Zweck produziert werden können; sie stellt

---

22 Helmut Schanze: Gedruckte Renaissance. Mediengeschichtliche Überlegungen zur Transformation der Rhetorik von 1500-1700. In: Heinrich F. Plett (Hg.): Renaissance-Rhetorik. Renaissance Rhetoric. Berlin, New York 1993, S. 213-222.

23 Ganz diesem forensischen Modell verpflichtet zeigt sich eines der frühesten Zeugnisse deutschsprachiger Rhetoriklehrbücher: Fridrich Riedrer [sic]: Spiegel der waren Rhetoric. vß M. Tulio C. vnd andern getůtscht [...]. Freiburg i.B. 1493, das ganz in der Tradition der Antike die Rhetorik anhand von Rechtsfällen und -argumentationen entwickelt.

24 Fuhrmann (Anm. 9), S. 11.

25 Fuhrmann (Anm. 9), S. 13.

26 Vgl. oben S. 6 Dockhorns Hinweis auf die eigene Anthropologie der Rhetorik.

zugleich aber auch einen Begriffskatalog zur Verfügung, mit dessen Hilfe Texte aller Art strukturell und gehaltlich erschlossen werden können, indem die Beziehungen der Textelemente zur Intention des Text-Produzenten und zur erreichten Wirkung des Textes analysiert werden.[27] Aus diesem System seien die zentralen Begriffe kurz vorgestellt, die Quintilian in der *Institutio oratoria*[28] in die beiden Gruppen der vier Stilqualitäten (λέξις, *elocutio)* und der drei Stilarten (χαρακτῆρες, *genera dicendi)* faßt. Die vier Stilqualitäten sind:[29]

1. Sprachrichtigkeit und Sprachreinheit, ἑλληνισμός, *latinitas* bzw. *puritas,* zu der alles gehört, was mit der korrekten Verwendung von Sprache zu tun hat. Hier spielt die sprachrichtige und spracheinheitliche Wahl der Worte und der syntaktischen Mittel eine Rolle. Die Stilqualität der *latinitas* ist bei Quintilian identisch mit der in unserem Zusammenhang zentralen Qualität der *puritas;* Verstöße gegen sie stellen Barbarismen und Solözismen[30] dar. Garantie für die Stilqualität bieten die Kriterien

- *ratio:* die Vernunftgründe, aus denen sich die Analogiebildung der Wörter ergibt;
- *vetustas:* die Zulassung von veralteten Wörtern (Archaismen) in Maßen und sofern sie noch verständlich sind;
- *auctoritas*: die Berufung auf bedeutende Redner und Historiker;
- *consuetudo:* die „wichtigste Instanz [...]: die wirklich gesprochene Sprache der Gegenwart, genauer die Sprache, die auf dem *consensus eruditorum,* der übereinstimmenden Meinung der Gebildeten, beruht."[31]

2. Klarheit, σαφήνεια, *perspicuitas:* auch diese Stilqualität – sowie ihr Gegenteil, die *obscuritas* – läßt sich sowohl durch einzelne Wörter als auch durch den Sinnzusammenhang verwirklichen. Klarheit oder Durchsichtigkeit, die für Quintilian wichtigste der Stilqualitäten,[32] wird erreicht durch die Wahrung der „Proprietät", die Verwendung der eigentlichen Bezeichnungen von Sachverhalten und Dingen und die Vermeidung von Archaismen, Neologismen, Metaphern u. ä. „Das Gebot der Proprietät leidet freilich Ausnahmen: man hüte sich, schmutzige und niedrige Wörter in den Mund zu nehmen, und wenn es (ein ziemlich häufiger Fall) in einer Sprache für irgendeinen Gegenstand an einer eigentlichen Bezeichnung fehlt, dann kann man gar nicht umhin, eine uneigentliche zu verwenden, d. h. zu einer Katachrese Zuflucht zu nehmen."[33]

---

27 Nur am Rande sei darauf hingewiesen, daß die Rhetorik im Rahmen des Dekonstruktivismus eine neue Aufwertung erfährt, weil sie sich dem performativen Charakter von Texten und der bewußten Subjektivität des Lesers/Hörers verpflichtet weiß.

28 Quintilian: Institutio oratoria, 1, 6. Zit. nach der Ausgabe: Ausbildung des Redners [Lateinischer Text und deutsche Übersetzung]. Hg. von H. Rahn. 2 Bände. Darmstadt 1972, 1975.

29 Ich folge in meiner Darstellung hauptsächlich Fuhrmann (Anm. 9), S. 114-123. Vgl. auch unten die schematische Übersicht, S. 10.

30 Ebd.; Solözismen: aus zwei Sprachen zusammengesetzte (hybride) Mischformen, nach der kleinasiatischen Stadt Soloi, in der ein Sprachengemisch gesprochen worden sein soll.

31 Fuhrmann (Anm. 9), S. 115.

32 Quintilian (Anm. 28), 8, 2, 22, lt. Fuhrmann (Anm. 9), S. 117.

33 Fuhrmann (Anm. 9), S. 116; er weist jedoch zurecht darauf hin, daß Aristoteles sich „als besonders großzügig erzeigt [...], was den Gebrauch von Metaphern angeht".

3. Angemessenheit, πρέπον, *aptum* oder *decorum:* die Angemessenheit ist eine „Kategorie, die weit über die Rhetorik hinausreichte, die auch in der antiken Poetik und Ethik Heimatrecht gefunden hatte. Der Begriff des Angemessenen, Passenden, Schicklichen vereinigte zwei Bedeutungsbereiche, die sich oft nicht scharf voneinander trennen lassen. Er zielte einmal auf etwas Faktisches, auf beobachtete Wirklichkeit [...]; er zielte zum anderen auf etwas Normatives, auf Regeln des Zulässigen und Geziemenden [...].“[34]

4. Schmuck, κατασκευή, *ornatus:* der Schmuck des Stils, seine ästhetische Ausgestaltung hinsichtlich Wortwahl, Rhythmik, Satzbau und Klang dient nicht als bloßer Luxus, sondern steht im Dienst der Überzeugungskraft, wie Quintilian hervorhebt: „Der Schmuck der Rede ist der Sache nicht wenig förderlich. Denn wer gern zuhört, paßt besser auf und ist eher geneigt, sich überzeugen zu lassen; oft nimmt ihn sein Vergnügen gefangen, manchmal reißt ihn seine Bewunderung hin.“[35] Der *ornatus* steht in einem besonderen Spannungsverhältnis zu *puritas* und *perspicuitas*, denn wer schmücken und mitreißen will, muß ungewöhnliche Elemente in seinen Text einbauen; im Zweifelsfall bietet aber immer das übergeordnete Kriterium der Reinheit den Maßstab, nach dem sich der Schmuck ausrichten – und beschränken – muß. Den Dichtern des Barock wird ihr Hang zum *ornatus* als „Schwulst“ vorgehalten werden.

Die Lehre von den drei Stilarten oder χαρακτῆρες bzw. *genera dicendi* dient zum einen als Hilfsmittel der Stilanalyse, zum andern aber auch als Verwirklichung der durch das *aptum* vorgegebenen Forderung nach Angemessenheit. In diesem Sinn entwerfen die drei *genera dicendi* auch ein System der Zuordnung, an dem sich der Redner orientieren kann, wenn ihm der Gegenstand, über den er spricht, und das Auditorium, zu dem er spricht, bekannt sind –: diesen beiden Parametern müssen die *genera* seines Stils angemessen sein, wobei ein guter Redner mit Blick auf den *ornatus* auch unterschiedliche Stilarten in einer Rede miteinander verbindet:

- χαρακτὴρ μεγαλοπρεπής bzw. *genus grande* oder *sublime*. Es dient der Behandlung höchster Werte wie Tod und Leben, Schimpf und Ehre einzelner, Wohl und Wehe des Staates. Ziel dieses *genus* sind *flectere* und *movere*, was sich durch erlesenstes Vokabular, kunstvollste Figuren und scharf rhythmisierte Perioden erreichen läßt, so daß die Rede vollste Überzeugungskraft erlangt.
- χαρακτὴρ μέσος bzw. *genus medium*. Es kommt der Erzählung furchtbarer und mitleiderregender Vorgänge zu und ist von Eleganz, Lieblichkeit und Anmut bestimmt; *conciliare* und *delectare* sind die zugehörigen Affekte. Diese Stilart ist gekennzeichnet durch eine größere Anzahl von Tropen und Figuren sowie durch einen leicht rhythmisierten Periodenbau.
- χαρακτὴρ ἰσχνός bzw. *genus subtile* oder *humile*. Mit ihm wird die alltägliche Erzählung, Beweisführung oder Belehrung gestaltet; es zielt auf *docere* und *probare*. Dieses *genus* entspricht in seinen Ausdrucksmöglichkeiten der gepflegten Umgangssprache.

---

[34] Fuhrmann (Anm. 9), S. 118.
[35] Quintilian, 8, 3, 5, lt. Fuhrmann (Anm. 9), S. 123.

Übersicht: Der Ort des Reinheitbegriffs im rhetorischen System

Innerhalb der Rhetorik kommt *puritas* eine herausragende Rolle zu, da sie eine der vier Säulen der Stillehre (*elocutio*) bildet, die ihrerseits im Zentrum der fünf *officia oratoris* steht, der praktischen Anleitung zur Produktion und Interpretation von Texten.

Die fünf *officia oratoris*

1	inventio:	Auffindung des Stoffes (εὕρεσις)
	→	loci (topoi, Topik):
	→	ursprünglich Methode zum *Auffinden des Arguments*
	→	später mißverstanden als *Sammlung der Argumente* selbst

2   dispositio: Gliederung des Stoffs (τάξις)

ordo naturalis ↔ ordo artificialis

3   elocutio: Stilisierung (λέξις)

Synonyme: *ornatus:* siehe unten 3.4
            oratio: – exordium
                      – narratio
                      – argumentatio
                      – peroratio

3.1 latinitas, PURITAS (ἑλληνισμός): Sprachrichtigkeit, SPRACHREINHEIT
                                      – ratio
                                      – vetustas
                                    – auctoritas
                                    – consuetudo

3.2 perspicuitas (σαφήνεια):   Klarheit, Verständlichkeit

3.3 aptum, decorum (πρέπον):   Angemessenheit

genera dicendi: (= *figurae*)	*genus grande*	→	movere / pathos	Wahl des *genus* abhängig von: – Intention des Redners
	genus medium	→	delectare / ethos	– sozialem Status des Hörers
	genus humile	→	docere	– Sache

Mischung der *genera* möglich

3.4 ornatus (κατασκευή):   Redeschmuck (Synonym für *elocutio* überhaupt)
      →   *Figuren*   Wortwahl / Fügung, Periodenbau / Figuren
      →   *Tropen*

4   memoria: Auswendiglernen der Rede (μνήμη)

5   actio: Vortrag (ὑπόκρισις)
    Synonym: pronunciatio

Über die Auswirkung der Lehre von den drei Stilarten im Deutschland des 16. und 17. Jahrhunderts hält Fuhrmann fest:

> Kaum ein anderes Stück der rhetorischen Theorie hat solche Folgen auch im Bereich der Poetik gezeitigt. Denn aus der Lehre von den drei Stilarten ging in der Poetik der Renaissance die sogenannte Ständeklausel hervor, die bis ins 18. Jahrhundert gültige Maxime, daß den verschiedenen Gattungen der Dichtung je verschiedene ständisch bedingte Stoffbereiche und je verschiedene hierzu passende Stilarten zu eigen seien: das Epos und die Tragödie nähmen sich im erhabenen Stil der Schicksale von Göttern, Heroen und Königen an; dem Lehrgedicht komme sowohl in stofflicher als auch in stilistischer Hinsicht die mittlere Stufe zu; Komödie und Hirtendichtung teilten sich in die niedrigere Sphäre und stellten in schlichter Stilart die Taten und Leiden der gemeinen Leute dar.[36]

Für den Rückgriff des Humanismus und der frühen Aufklärung in Deutschland auf die antike Rhetorik stellt Joachim Dyck vor allem den unmittelbaren Zusammenhang zwischen Rhetorik, Poetik und Literaturästhetik heraus, der im 17. Jahrhundert wirksam gewesen ist: wesentlich ist hierbei die Grunderkenntnis, daß unter Rhetorik nicht nur die Sammlung und Systematik von Handlungsanweisungen für den Redner zu verstehen ist, sondern „in der Form der Argumentation ein Denkmodell",[37] ein argumentatives und diskursives System sowohl der Handlungspragmatik als auch der Deutungshermeneutik.

Am Beispiel der Poetik August Buchners (1591-1661) zeigt Dyck, welche Auswirkungen der *rhetorische Charakter* des Argumentierens auf die Poetik auch inhaltlich hat. Für Buchner wie für die Literaturtheorie des 17. Jahrhunderts überhaupt sei „die Poetik in Form und Gehalt ein Sprößling der Rhetorik".[38] Anhand der von Dyck zitierten Textpassage könnte man sogar einen Schritt in der Deutung weitergehen als er und die Poetik nach der Auffassung Buchners als Steigerung und Erhöhung der Rhetorik bezeichnen: „andere scribenten", wie z.B. die Philosophen und Historiker, müssen sich laut Buchner an der *perspicuitas*, der Verständlichkeit, orientieren; ihre Sprache soll zwar lebendig und mitreißend sein, bleibt aber doch dabei „vulgaris", das heißt volksnah, und habe „so gar etwas sonderlichs nicht" an sich:

> Ein Poet aber / wie wol er gleichfals dahin zu sehen hat / daß seine Rede verständlich sey / so hat er doch über dieses sich zu bemühen / wie er sie schön / lieblich / und scheinbar mache / damit er das Gemüth des Lesers bewegen / und in demselben eine Lust und Verwunderung ob den Sachen / davon er handelt / erwecken möge / zu welchem Zweck er allzeit zielen muß.[39]

Der Dichter kann zwar auf das rhetorische Grundwerkzeug der „andern scribenten" nicht verzichten, aber er muß es, aufnehmend, überbieten, indem er

> ausstreicht / sich in die Höhe schwingt / die gemeine Art zu reden unter sich trit / und alles höher / kühner / verblümter[40] und frölicher setzt / daß was er vorbringt neu / ungewohnt / mit einer sonderbahren Majestät vermischt / und mehr einem Göttlichen Ausspruch oder Orakel [...] als einer Menschen-Stimme gleich scheine.[41]

---

[36] Fuhrmann (Anm. 9), S. 143.
[37] Joachim Dyck: Philosoph, Historiker, Orator und Poet. Rhetorik als Verständigungshorizont der Literaturtheorie des XVII. Jahrhunderts. In: Arcadia 4, 1969, S. 2.
[38] Dyck (Anm. 37), S. 4.
[39] August Buchner: Anleitung zur Deutschen Poeterey. Wittenberg 1665, S. 15.
[40] Zur Bedeutung der Blumenmetapher für die Rhetorik vgl. Curtius (Anm. 17), S. 199, Anm. 1.
[41] Buchner (Anm. 39), S. 16.

Harsdörffer hatte schon ein Jahrzehnt zuvor betont, daß die Rhetorik zwar dazu dienen könne, die Fertigkeit für „eine ungebundene / gemeine Red" zu erlernen, „aber / ein Gedicht das Feuer und Geist hat / zu Papier setzen / muß von Höherer Eingebung herflüssen / man wolle gleich solches einem reinen und mässigerwärmten Gehirn oder andren Ursachen beymessen / in welchen die Poëten mit den Mahlern meisten Theils verglichen werden / und die Red=Kunst weit übertreffen".[42]

Die Grenzziehung zwischen Dichter und Schriftsteller, Poet und Rhetor, die Buchner und Harsdörffer vornehmen, ist charakteristisch für das 17. Jahrhundert; auch andere Sprachtheoretiker, wie Schottel, Neumark oder Titz, gehen von denselben Vorstellungen aus, wie sie bei Buchner anzutreffen sind.[43] An der Tatsache, daß Buchner zwar einerseits den Poeten gegen den Redner, die Poetik gegen die Rhetorik aufwerten wolle, daß ihm zu diesem Vorgehen jedoch kein anderes Argumentations- und Wertesystem zur Verfügung stehe als eben das der Rhetorik, weist Dyck die ungebrochene Stärke und Wirksamkeit der Rhetorik als Argumentationssystem auf: Buchner müsse „den Poeten mit Argumenten rechtfertigen, die der Rhetorik entstammen, derjenigen Wissenschaft also, deren Zweitrangigkeit zu beweisen er sich vorgenommen hat",[44] und mit Hilfe der rhetorischen Stillehre und der ihr entsprechenden Redesituationen und Wirkungsintentionen vollzieht Buchner auch tatsächlich diese Rechtfertigung – überzeugend, wie die Durchsetzungskraft dieser Argumentation in der weiteren Diskussion belegt.

Die zu diesem Zweck von Buchner vorgenommene Verkürzung der ursprünglichen *praecepta* der Rhetorik, denen zufolge der Redner über *alle* Stillagen frei verfügen soll, hat schulbildende Wirkung im 17. Jahrhundert. Wie Ernst Robert Curtius unter Berufung auf Ciceros *Orator* aufweist, kennt die Antike die Mischung der drei Stilarten, und „der ideale Redner wird [...] die gewöhnlichen Dinge einfach behandeln (humilia subtiliter), die großen kraftvoll (alta graviter), die mittleren gemäßigt (mediocra temperate)." Ebenso wie den Gegenständen entsprechen die drei Stilarten auch „der dreifachen seelischen Vorbereitung der Hörer: der Redner hatte sie ‚wohlwollend, aufmerksam und gelehrig' zu stimmen".[45] Sowohl Cicero wie Quintilian betonen, daß die Stilformen nicht exklusiv, sondern durch zahllose vermittelnde Zwischenstufen miteinander verbunden sind.

Im Gegensatz zu dieser Traditionslinie nimmt Buchner eine Trennung der Stilarten gemäß der *Position des Redners* – nicht gemäß des Gegenstandes oder des Hörers – vor: er ordnet dem Philosophen das *genus humile*, dem Historiker das *genus medium* und schließlich dem Poeten „das *genus vehemens*" zu, das seinerseits dahingehend definiert ist, daß diese poetische Stilart das rhetorische *genus grande* noch über das übliche Maß hinaus ausgestaltet und erweitert: es soll als „*Seele der Poeterey*" gemäß seiner „Aufgabe des *movere* und der Würde

---

42 Georg Philipp Harsdörffer: Poetischer Trichter. Nürnberg 1653, Band III, Vorrede, [S. 4].

43 Vgl. hierzu Gerd Ueding: Von der Universalsprache zur Sprache als politischer Handlung. In: Aufklärung und Gegenaufklärung [...]. Hg. von Jochen Schmidt. Darmstadt 1989, S. 294-315.

44 Dyck (Anm. 37), S. 6.

45 Ernst Robert Curtius: Die Lehre von den drei Stilen in Altertum und Mittelalter (zu Auerbachs *Mimesis*). In: Romanische Forschungen 64, 1952, S. 57-70, hier: S. 77.

oder Pathoshaltigkeit (seiner) Gegenstände alle rhetorischen Mittel ohne Einschränkung zur hinreißenden Darstellung" benutzen.[46] Damit ist ein Unterscheidungsmerkmal der Stile gefunden, das die sozialen Unterscheidungsmerkmale der Textproduzenten zu spiegeln geeignet ist und das sich deswegen gut in die um bürgerliche Selbstverständigung ringende Sprachdebatte des 17. Jahrhunderts fügt; deswegen wird der von Buchner angebahnte Argumentationsweg von seinen Zeitgenossen und Nachfolgern weiter beschritten und ausgebaut.

Als ein Exempel, in welch enger Anlehnung, trotz einiger charakteristischer Veränderungen, um 1700 die antike Rhetorik in Deutschland rezipiert und nachgeahmt wird, sei hier ein Abriß aus der Stillehre des Gymnasial-Rektors Johann Hübner vorgestellt. Das Werk *Kurtze Fragen aus der* ORATORIA von 1704 folgt in seiner Grundgliederung in etwa der Gliederung von Ciceros *De inventione*: die zwei Teile der Hübnerschen Rhetorik sind in jeweils vier Bücher mit je unterschiedlicher Kapitelmenge gegliedert. Teil 1 enthält den „Pars generalis oder theoretica", der den *officia oratoris* folgt, wobei er jedoch das *officium* der *memoria* als offensichtlich zweitrangig ausläßt; Teil 2 schließlich bringt als „Pars specialis oder practica" – unter Wegfall der Forensik – vier Bereiche, in denen die öffentliche Rede eine Rolle spielt: Wissenschaft, Politik, Kirche und schließlich „Vermischtes" (*eloquentia mixta*), wobei an Festreden und dergleichen zu denken ist.

Die für unseren Zusammenhang wichtigen Ausführungen finden sich vor allem im 1. Teil (*pars generalis*) und zwar dort im 6. Kapitel (*stylus*) des 3. Buchs (*elocution*); sie werden mit der Frage eröffnet: „Was wird zum Stylo erfordert?"[47] Im dialogischen Frage-und-Antwort-Schema des ganzen Werks gibt Hübner folgende Antworten:

> I. PURITAS, daß der Sprache keine Gewalt geschicht.
> Also ist es ein Fehler am stylo, wenn man schriebe: Frater tuus in ultimo foramine modulatur; denn es heist / in agone constitutus est.
>
> II. PERSPICUITAS, daß man weiß / was der Redner haben will.
> Wer will errathen was dieses heissen soll? als die mit Schamroth geschminckte Tochter die Ankunfft ihrer durchlauchtigsten Mutter notificirte / i. e. als die Morgenröthe anbrach.
>
> III. DIGNITAS, daß sich die Worte zur Sache / zur Zeit / zum Orte und zur Person schicken. z. e.
> Wenn der Edelmann den Bauer citiren läst / so heist es nicht: Eure arbeitsame Excellenz wolle geruhen / den Edelmann dero Gegenwart zu würdigen.[48]

Hübner verkürzt also die vierteilige rhetorische Charakteristik des Stils zu einer dreiteiligen, indem er den *ornatus* ausscheidet, möglicherweise in sprach-asketischer Tendenz. Interessanter sind jedoch zwei Varianten, die er einführt. An erster Stelle ist die Definition von *puritas* durch die Formel „daß der Sprache keine Gewalt geschicht" zu beachten, mit der Hübner nicht nur jegliche Einengung der Sprachreinheit auf die Fremdwortfrage ausschließt, sondern überdies die Sprache anthropomorph als ein gefährdetes Wesen erscheinen läßt. Zum andern ersetzt er den Begriff *aptum* durch den der *dignitas*, die Angemessenheit also durch die

---

[46] Dyck (Anm. 37), S. 11f.

[47] Johann Hübner: Kurtze Fragen aus der Oratoria, Zu Erleichterung der Information abgefasset / Und mit einem Anhange / von dem Gebrauche dieser Fragen, vermehret [...]. Leipzig ³1704, S. 271.

[48] Hübner (Anm. 47), S. 271 f.

13

Würde, einen Begriff, der seinerseits unmittelbar mit der Ständeklausel verbunden ist: mit unüberhörbarer Ironie wird die unmögliche Möglichkeit antizipiert, ein Edelmann könne seinen leibeignen Bauern als „arbeitsame Excellenz" bezeichnen und der pluralischen Anredeform „würdigen". Dies jedoch würde die *dignitas* der Sprache – nicht des Bauern! – verletzen.

Schon diese Differenzierung an einem einzigen Beispiel zeigt, wie vorschnell die Festlegung ist, die Joachim Dyck anhand relativ geringen Quellenmaterials vornimmt, wenn er die *puritas* in der Renaissance-Rhetorik auf die „idiomatische Korrektheit" verkürzt und konstatiert, „das reine Hochdeutsch" werde „in allen Poetiken durchgängig gefordert".[49] Die von Hübner offensichtlich frei – und wahrscheinlich aus didaktischen Gründen besonders krass – erfundenen Beispiele zeigen überdies, daß *puritas* in seinem Verständnis nicht einfach mit *germanitas* gleichzusetzen, sondern eher im Sinn der Sprachrichtigkeit zu deuten ist, denn gerade der Beispielsatz zu *puritas* selbst ist lateinisch; und an anderer Stelle nennt Hübner insbesondere den Stil Ciceros „rein und auserlesen".[50] Dennoch steht Hübner dem Fremdwortgebrauch grundsätzlich kritisch gegenüber, es sei denn, es wäre „kein einheimisches Wort vorhanden". Insgesamt kommt es ihm bei den „drey Eigenschafften eines guten STYLI", also eines der *puritas, perspicuitas* und *dignitas* verpflichteten Stils, „auff viererley" an: auf die *vocabula, phrases, connexiones* und den *numerum*. Als Beispiele für diese Stilmittel zählt – in gewohnter Fragemanier – Hübner folgende auf, die den Kriterien *ratio, vetustas, auctoritas* und *consuetudo* bzw. *consensus eruditorum* entsprechen:

Was ist bey den VOCABULIS zu mercken?
1. Nimm gebräuchliche Wörter / und mache keine neue.
   Z. e. Sprich: es ist ein Vers; und nicht: ein Reimgebäude.
2. Hüte dich vor ausländischen Wörtern / wenn du kanst
   z. e. Warum wilstu sprechen: ich *begratiarumactionire* mich? du kanst ja sagen: ich bedancke mich.
3. Ist kein einheimisches Wort vorhanden / so nimm ohne Bedencken ein fremdes.
   z. e. Warum wilstu sagen: eine Dingerwissenschaft? sprich lieber Metaphysica.

[...] Was ist bey den PHRASIBUS zu mercken?
1. Brauche Phrases, die andere gescheute Leute gebraucht haben. [...]
2. Brauche eine jedwedere [sic] Phrasin am rechten Orte. [...]
3. Gewöhne dir keine Phrases an / die du nicht gründlich verstehest. [...]

[...] Was ist bey den CONNEXIONIBUS zu mercken?
1. Brauche eine solche Connexion, welche die Materie erfodert. [...]
2. Im Deutschen brauche deutsche / und im Latein brauche lateinische Connexiones.
   Z. e. Es ist keine deutsche Connexion, wenn ich schreibe: Es ist so weit gefehlt, daß ich dich lobe / daß ich dich vielmehr tadle.
3. Gewöhne dir keine Leib=Connexiones an / sondern varire darinnen / wie dir oben ist gewiesen worden. [...]

---

49   Joachim Dyck: Ticht-Kunst. Deutsche Barockpoetik und rhetorische Tradition. 3., erg. Auflage. Tübingen 1991, S. 68 (im Textteil seitengleich mit [1]1966 und [2]1969).
50   Hübner (Anm. 47), S. 283.

[...] Was ist bey dem NUMERO zu mercken?
1. Befleißige dich, daß in deiner Rede eine EUPHONIA sey.
   Z. e. Das klingt wohl nicht zierlich / wenn ich eine Rede mit diesen Worten schliessen wolte: Feren-
   dum est, quia Deus vult sic. Besser klingt es wohl: In voluntate divina tibi acquiescendum est.
2. Gewöhne dich aber nicht daran / daß du alle Worte abzirckeln woltest. [...]
3. Sondern ließ so lange gute Autores, biß deine Ohren wissen / was gut oder übel klingt.[51]

Zu guter Letzt beantwortet Hübner die selbstgestellte Frage nach der Verbindlichkeit der Stillehre – „Wie vielerley ist aber der STYLUS?" – mit einer Anspielung auf den von Cicero vorgegebenen Stil-Pluralismus: „Mit einem Worte / so viel als Menschen in der Welt sind."[52] Damit erweist sich Hübners Rhetorik als Musterbeispiel einer für den Schulgebrauch entworfenen Stillehre des frühen 18. Jahrhunderts, die klare Richtlinien vorgibt, ohne schon allzu rigide auf die Vereinheitlichung der deutschen Schriftsprache abzuzielen. So wirken diese *Kurtze Fragen aus der ORATORIA* wie ein Kompendium der Stil- und Ständelehre im Übergang vom 17. zum 18. Jahrhundert, dessen Reinheitsvorstellungen in dieser Studie von besonderem Interesse sind. Auch hinsichtlich der Bewertung des Purismus stellt Hübners Rhetorik ein charakteristisches Beispiel dar, denn bei ihm bildet die Fremdwortfrage nur einen von mehreren Aspekten der Stillehre. Sie wird nicht einmal dem Stichwort *puritas* zugeordnet, sondern an dem ihr zugewiesenen Ort, dem Stilmittel der Wortwahl, in abwägender Differenzierung behandelt. Die Vermeidung von Fremdwörtern gilt hier als einer unter mehreren Aspekten des guten Stils, sie ist gleichwertig zu sehen mit der Vermeidung ungebräuchlicher deutscher Neubildungen, wobei auch das Beispiel für ein zu vermeidendes Fremdwort, sich *begratiarumactioniren* (von *gratias agere*), eher den Charakter einer ironischen Übertreibung als den eines ernsten Exempels trägt. – Auch mit seiner Behandlung der Fremdwortfrage steht Hübner durchaus exemplarisch im diskursiven Rahmen der Sprachtheorie um 1700.

1.3 Zur Absicht dieser Studie

Die vorliegende Studie versucht in erster Linie, den zum Thema Reinheit nicht erforschten Zeitraum zwischen 1500 und 1800 zu erhellen und es von seinem Stellenwert innerhalb der Rhetorik her zu verstehen. Es war unabdingbar, unmittelbar auf die Quellen zurückzugreifen, da zwar zahlreiche Werke der Sprach- und Schulmeister dieser Epoche untersucht und ausgewertet sind, aber der Gesichtspunkt des Purismus – gar noch in dem hier dargelegten erweiterten Sinn – bislang nicht berücksichtigt wurde. Dabei ist festzuhalten, daß in dieser Arbeit unter *Purismus* nicht ausschließlich Fremdwortpurismus verstanden wird, da der Begriff selbst als rhetorischer Begriff vielschichtiger ist; er wird hier in dem weitesten Sinn verwendet und umfaßt alle Aspekte, die mit der Idee von „Reinheit der Sprache" und ihren Auswirkungen zusammenhängen.

---

51 Hübner (Anm. 47), S. 272-275.
52 Hübner (Anm. 47), S. 275; vgl. Cicero, *De oratore*, zit. nach Fuhrmann (Anm. 9), S. 59: „quot oratores, totidem ... genera dicendi / ‚wieviele Redner, soviele Stilarten'."

Der Quellenauswertung voraus geht ein Blick auf die Wort- und Verwendungsgeschichte des Wortes *rein*, der die historische Valenz und die Bedeutungsvielfalt dieses Begriffs erhellen soll.

Wegen der häufigen Bezugnahme zahlreicher Sprach- und Literaturtheoretiker des Untersuchungszeitraums auf Martin Luther wird in einem weiteren Kapitel dessen Verständnis von Reinheit und der Zusammenhang zwischen dem allgemeinen Reinheitsbegriff und dem Begriff der reinen Sprache bzw. des reinen Wortes in Luthers Schriften selbst dargestellt. Diese Untersuchung stellt einen Versuch dar, Luther im Kontext der Rhetorik zu verstehen und seinen Reinheitsbegriff erstmalig mit der rhetorischen *puritas* zu verbinden. Die umfassende, nicht nur auf Sprache reduzierte Auswertung des Wortgebrauchs bei Luther erweist, daß hier ein Terminus gefunden ist, dessen Bedeutung sowohl für Luthers Vorstellungen von einem christlichen Lebenswandel als auch für seine Auffassung von der Sprache als Medium der Heilsvermittlung bislang unentdeckt geblieben ist.

Im Anschluß daran liegt es nahe, die Bedeutungsverschiebung zu untersuchen, die der Reinheitsbegriff durchläuft, als er mit der wichtigsten nach-lutherischen Frömmigkeitsbewegung in Berührung kommt, die zugleich von größter geistesgeschichtlicher Fruchtbarkeit war: dem deutschen Pietismus. Die im Zentrum stehende Quellenschrift, Johann Arndts *Erstes Buch vom Wahren Christenthum*, gilt als eines der wirkungsmächtigsten Zeugnisse pietistischer Glaubens- und Lebenspraxis; in ihm erfährt der Reinheitsbegriff jene Neubewertung, die sich dann auch in der pietistisch orientierten geistlichen Dichtung des 17. und 18. Jahrhunderts belegen läßt.

Den Sprach- und Schulmeistern schließlich, die sich unter Berufung auf Luther und in Abgrenzung von ihm mit der Frage der *puritas*, der Reinigkeit und Reinheit der deutschen Sprache auseinandersetzen, gelten zwei weitere Kapitel dieser Studie. Da in diesem Rahmen vor allem der Zusammenhang zwischen Sprachphilosophie und sozialer Wirklichkeit interessiert, wurden bei der Auswahl der Quellen die Werke besonders berücksichtigt, die in Schulen eingesetzt oder die für den Sprach- und Schreibunterricht geschrieben worden sind. Aus der vor allem ab dem letzten Drittel des 17. Jahrhunderts enorm anwachsenden Zahl der sprachtheoretischen Texte wurden deswegen jene ausgewählt, die sich 1. explizit mit der Problematik der Sprachreinheit auseinandersetzen – was bei den Grammatiken beipielsweise seltener der Fall ist als bei den sprachhistorischen oder stilpragmatischen Werken; die 2. bislang von der germanistischen Forschung weniger berücksichtigt worden sind, obwohl sie in Hinblick auf ihr Anwendungsgebiet und ihre Verbreitung Einfluß auf die Sprachbenutzer ihrer Zeit gehabt haben; und ab 1700 schließlich jene Quellenschriften, die 3. in einem gewissen zeitlichen und räumlichen Abstand zueinander entstanden sind, um einerseits Entwicklungslinien und andererseits regionale Differenzen herausarbeiten zu können.

Daß sich Zufälligkeiten bei der Auswahl aus so großen und teilweise schlecht erschlossenen Materialbeständen nicht vermeiden lassen, daß einzelne Entscheidungen auch anders hätten getroffen werden können, sei von vornherein eingeräumt. Trotzdem erhebt die Studie den Anspruch der Repräsentativität, da die „Vernetzung" der Autoren untereinander – sei es durch Zustimmung, sei es durch Abgrenzung – so engmaschig ist, daß sich aus diesen Zusammenhängen ein plausibles Bild entwickeln läßt.

16

Bei der Zitation sind der Lautstand, die Orthographie, die Zeichensetzung sowie die Abkürzungen der Originale erhalten. Der Zeilen- und Seitenwechsel der Originale wird nicht markiert; ebenso bleiben der typographische Wechsel zwischen Fraktur und Antiqua sowie der Unterschied zwischen rundem und gelängtem *s* unberücksichtigt. Druckfehler werden nur in wenigen, ganz offensichtlichen Fällen stillschweigend berichtigt, ansonsten aber angezeigt. In Zitaten markieren runde Klammern Textumstellungen, eckige Klammern markieren meine Auslassungen bzw. Ergänzungen. Sehr umfangreiche Buchtitel, deren detaillierte Angaben für den hier diskutierten Zusammenhang irrelevant sind, werden sinnerhaltend gekürzt. Die Druck- bzw. Verlagsorte sind mit den modernen Ortsnamen nachgewiesen.

Vor jeder detaillierten Auswertung des Quellenbestandes ist von vornherein festzustellen, daß die Sprachreinheit im Deutschland des Untersuchungszeitraums eine ausschließlich männliche Domäne zu sein scheint, während die Objekte der auf *Reinheit* zielenden Sprachpädagogik, neben „unreifer Jugend", durchaus auch „die Frauenzimmer" sind. Um diese und andere Wirkungsweisen des Reinheitsbegriffs deutlicher fassen zu können, schließt sich an die grundlegende Darstellung der *Reinheit* in den Schriften der Sprach- und Schulmeister ein Kapitel an, in dem die Auswirkungen des rhetorischen Reinheits-Begriffs auf unterschiedliche gesellschaftliche Felder – wie Nation, Ökonomie, Körper, Geschlecht und Zensur – exemplarisch aufgewiesen und analysiert werden.

Im Sinne der engen Verwandtschaft von Kultur-, Sprach- und Literaturwissenschaft, von Rhetorik und Poetik im Untersuchungszeitraum, beendet ein literargeschichtlicher Ausblick diese Untersuchungen, in dem sich der Kreis zu Goethe wieder schließt, der zu Beginn dieses Kapitels, mit dem anekdotischen Briefzitat, eröffnet wurde.

2 Nur dem Reinen ist alles rein?
Ein ideologiekritischer Exkurs

> Wer wil einen Reinen finden bey denen / da keiner rein ist?
> Hiob 14, 12[1]

In erster Linie und wesentlich ist das Paradigma der Sprachreinheit durch seine Widersprüchlichkeit bedingt, die – wie oben gezeigt – ein Erbe seiner Genese ist. Daß aus dem Gesamtspektrum der mit dieser Entwicklung verbundenen Probleme das Phänomen der *puritas* ausgewählt wurde, hat vor allem zwei Gründe: zum einen enthält der Reinheitsbegriff ein Bedeutungsspektrum, das über den rein sprachhistorischen oder -philosophischen Bereich hinausweist, und zum andern ist aus dem Gesamtkatalog der rhetorischen Leitbegriffe kein anderer durch die Jahrhunderte hindurch so aktuell geblieben wie der der *Reinheit*, mit dem sich seit den ersten Zeugnissen im 13. Jahrhundert bis zum heutigen Tag Sprach- und Kulturkritiker auseinandersetzen. Ob Neologismen, Fremdwörter oder syntaktische Abenteuer – all dies ist noch immer Sendezeit und Illustriertenplatz wert, wobei hier mit teils erbittertem, teils satirischem Engagement gestritten wird, je nach dem Standort des Autors.[2]

Diese Studie kann hinsichtlich der Sprach- und literaturtheoretischen Normen, die im Untersuchungszeitraum noch nicht aus getrennten Disziplinen sondern aus der alles wissenschaftliche Denken strukturierenden Rhetorik stammen, keine Entwicklungslinie nachzeichnen, jedenfalls nicht, insofern unter Entwicklung ein lineares, graduelles Fortschreiten von geringerer zu höherer Differenzierung verstanden wird: im Blick auf *Reinheit* gibt es Entwicklung in diesem Sinne nicht; die Autoren um 1600 fordern und beklagen, beschreiben und verdammen ähnliche Sprachphänomene wie die Autoren um 1800, ja wie die heutigen Puristen des ausgehenden 20. Jahrhunderts. Was sich im historischen Prozeß verschiebt, sind Akzente und Schwerpunkte, wobei auch hier eher von einem Auf und Ab als von einer Entwicklungslinie gesprochen werden könnte. Aber *daß* durch Jahrhunderte hindurch Autoren, die sich über die Kriterien für gutes Reden, Schreiben und Handeln Gedanken machen, immer wieder das Paradigma *Reinheit* in ihre Überlegungen einbeziehen, gibt einen Hinweis auf dessen Sonderstellung. Andere Faktoren des rhetorischen Systems erfahren nicht dieselbe anhaltende Aufmerksamkeit; *aptum* oder *ornatus* beispielsweise, und sogar *perspicuitas* eignen

---

[1] Sofern nichts anderes angegeben ist, stammen alle Bibelzitate aus der Luther-Bibel von 1545: D. Martin Luther. Biblia: das ist: Die gantze Heilige Schrifft: Deudsch Auffs new zugericht. Wittemberg 1545. Letzte zu Luthers Lebzeiten erschienene Ausgabe. Hg. von Hans Volz [...]. München 1972.

[2] In diese Gruppe von publikumswirksam aufbereiteten Glossen gehören beispielsweise „Sprachecken" in Tages- oder Wochenzeitungen, wie die eher auf konservative Sprachpflege zielenden Texte von Eike Christian Hirsch (*Deutsch für Besserwisser*, 1976; *Mehr Deutsch für Besserwisser*, 1979; *Den Leuten aufs Maul*, 1982), die ursprünglich im *Stern* erschienen sind, aber auch die regelmäßig erscheinende Rubrik *Konkret express* des *Konkret*-Herausgebers Hermann L. Gremliza, dessen politische motivierte Sprachkritik in der Tradition von Karl Kraus steht.

sich weniger als die Kategorie *puritas* zu einer umfassenden, die unterschiedlichen Lebensbereiche einbeziehenden Philosophie.

Am spezifischen Aspekt der *decorum*-Lehre hat Volker Sinemus ebenfalls den Zusammenhang zwischen rhetorisch-poetologischen Kategorien und der sozialen Wirklichkeit, der
gesellschaftspolitischen Standeslehre des 17. und 18. Jahrhunderts untersucht, indem er die
Zusammenhänge zwischen dem *decorum* und dem ständischen Kleider- und Verhaltenscodex
analysiert.[3] Meines Erachtens ist dieser Ansatz produktiv, der literarästhetische Normen –
Erscheinungsbild des Textes, Erscheinungsbild des gesellschaftlichen Individuums – miteinander korreliert, auch wenn gegen diesen Ansatz in nachvollziehbarer Weise eingewandt
wurde, er vernachlässige die Bedeutung der Metaphorik in den *decorum*-Vorschriften zugunsten einer einseitigen Unmittelbarkeit zwischen Poetik und Realität.[4]

Aber auch in diesem Beispiel bleibt der Wirkungskreis des rhetorischen Kriteriums *decorum* zeitlich und sozial begrenzt, während *Reinheit/puritas* durch den starken Bedeutungs-
akzent im Bereich der Ästhetik, im Bereich der Moral und Sittlichkeit sowie im Bereich der
Körperlichkeit eine standes- und zeitübergreifende Relevanz erhält. Dabei lassen sich statt
einer einsinnigen Entwicklungslinie vielsinnige Aspekte herausarbeiten, die weniger zeit-
gebunden als ideologiegebunden sind – in erster Linie kultur- und mentalitätsgeschichtlich
bedeutsam.

Für die aktuelle Forschungssituation bedeutet dies, daß sich, wer den Komplex „Reinheit"
oder „Reinigung" der (deutschen) Sprache thematisiert, schnell in allzu sauberer Gesellschaft
wiederfindet. Die Gemeinschaft derer, die sich der Sprachpflege und insbesondere der Kultur
des „reinen" Redens und Schreibens widmen, setzt sich aus recht widersprüchlichen Interes-
sengruppen zusammen, wobei sich unter die Idee der Sprachreinheit extrem divergierende
Positionen subsumieren lassen. Da gibt es wohlmeinende Besserwisser, die ihren persönlichen Geschmack als letzte Bastion wider die Barbarei verstehen und folglich in Feuilletons,
Glossen und Leserbriefen die Öffentlichkeit beckmessernd auf den Verfall und die Über-
fremdung der (deutschen) Sprache – als ein Symptom für den Verfall der Sitten – aufmerksam machen.

Daneben, zahlenmäßig allerdings ungleich seltener, ringen engagierte Erben von Karl
Kraus um die „Reinheit der Sprache", indem sie den ethischen Wert der Zuverlässigkeit von
Wort und Sinn einklagen; Intellektuelle, denen die Sprache als verläßliches Verständigungs-
mittel so wertvoll ist, daß sie sie weder zu – beispielsweise politischen – Manipulationen
mißbrauchen noch im Zustand der Verschluderung ertragen können.[5] In diesem Zusammenhang ist Eckhard Henscheids Wörterbuch *Dummdeutsch* zu nennen, das immerhin in Reclams
„Universalbibliothek" erschienen ist und von der Wochenzeitung *Die Zeit* als „eines der bis-

---

3   Volker Sinemus: Stilordnung, Kleiderordnung und Gesellschaftsordnung im 17. Jahrhundert. In: Albrecht
    Schöne (Hg.): Stadt – Schule – Universität – Buchwesen und die deutsche Literatur im 17. Jahrhundert.
    München 1976, S. 22-43.
4   Diskussionsbericht [zu Sinemus]. In: Schöne (Anm. 3), S. 131-138.
5   Hierher gehört auch Kurt Tucholskys werbendes Plädoyer für die *Weltbühne* und ihre Leser, die sich unter-
    einander erkennen durch „Unabhängigkeit des Urteils und durch Freude an Sauberkeit". Erst durch den
    Kontext gewinnt hier das Reinheits-Synonym *Sauberkeit* seine ethische Kontur.

sigsten, muntersten und, wer weiß, vielleicht im besten Sinn aufklärenden Wörterbücher" eingestuft wird.[6]

Und schließlich widmen sich auch noch die Sprachwissenschaftler mit ihren sammelnden, bewahrenden und bewertenden Untersuchungen zur Sprachgeschichte und Sprachgegenwart der „Sprachpflege" oder genauer: der „Sprachreinheit", die ihr Doppelgesicht darin zeigt, daß sie sich gleichermaßen als progressive Fortsetzung und Fortschreibung der Aufklärung bewerten läßt, wie ihr ebenso der muffige Geruch des reaktionären und philiströsen Traditionalismus anhaftet.

Denn „Sprachreinheit" ist ein janusköpfiger Begriff. Von seiner Intention her steht er für die verständliche und schöne Rede ein; gleichwohl haftet ihm das Odium saubermännischer Pedanterie an. Der Dialektik des Begriffs *Reinheit*, die sich im historischen Prozeß entwickelt hat, entspricht es, daß das Wort *rein*, das einerseits als moralisierend abgelehnt wird, andererseits im modernen Diskurs des Warenverkehrs ein triumphales *comeback* erlebt: als höchste Eigenschaft schmutz- und keimvernichtender Putzmittel rufen Werbestrategen – mit der Formel „nicht nur sauber, sondern rein" – die „Reinheit" zum Superlativ der hausbackenen Sauberkeit aus. Reinheit, so wird suggeriert, ist jener Zustand, in dem alles steril blitzt und spiegelt, nachdem dem Lebendig-Organischen – und sei es in der ganzen umgebenden Lebenssphäre – erfolgreich der Garaus gemacht wurde.

In diesem Wortgebrauch kommt die andere Seite des Reinheitsbegriffs, seine „Nachtseite" gewissermaßen, nicht zur Darstellung, sondern wird bewußt ausgeblendet –: daß nämlich bei einer so verstandenen, aus rigiden Reinigungsprozessen erwachsenen Reinheit Substanzen entstehen, die ihrerseits im höchsten Grade verunreinigend, ja sogar lebensbedrohend sind; man denke nur an die Verschmutzung von Wasser, Luft und Boden, die gerade von jenen Reinigungsmitteln ausgeht, die so etwas wie „fleckenlose, porentiefe Reinheit" verheißen. Dies könnte als unpassender Versuch, dem Thema einen modischen Aspekt abzugewinnen, abgetan werden, wäre da nicht dem Reinheitsbegriff im gesamten Untersuchungszeitraum auch diese „Abfall" produzierende Wirkung eingeschrieben. Von Ausmerzung des Fremden und Irritierenden ist schnell die Rede, wenn die aus Reinigung entstandene Reinheit zum sozialen Unterscheidungs- und Zusammengehörigkeitsmerkmal wird.[7]

Die Anschauung von Identitätsentstehung durch Ausmerzung stammt zum einen aus der Bibel, die hierfür die Bildsprache der Vertreibung aus dem Paradies und der Zerstreuung beim Turmbau zu Babel bereitstellt, zum andern aus dem Vokabular des Militärs und der Ordnungspolizei, die für Ein- und Ausbürgerung sowie für die Überprüfung von Legitimationen zuständig sind. Welche ordnungspolitische, ja ordnungspolizeiliche Auswirkung die rigide Identifizierung von reiner mit fremdwortfreier Sprache noch in unseren Tagen hat, belegt eine dpa-Meldung vom 25. April 1994, derzufolge der „Pegnesische Blumenorden"

---

6 Eckhard Henscheid: Dummdeutsch. Ein Wörterbuch. Unter Mitwirkung von Carl Lierow und Elsemarie Maletzke. Stuttgart 1993. Der Presse-Kommentar zu einer Vorgänger-Ausgabe von 1985 ist zitiert aus der Vorbemerkung, S. 9.

7 Vgl. z. B. Georg Philipp Harsdörffer: Der Teutsche Secretarius. 1656, S. 168 f.: „die überflüssige frembde Einkömmlinge nach und nach entfernen und ausschaffen." Vgl. auch Dominique Laporte: Eine gelehrte Geschichte der Scheiße. Frankfurt a. M. 1991, S. 32-36, sowie unten S. 223 ff.

anläßlich seines 350jährigen Bestehens dazu auf(fordert), möglichst nur deutsche Worte zu verwenden und etwa Amerikanismen zu vermeiden. Der Orden bezieht sich auf das französische Vorbild, wo seit einigen Wochen Bußgelder für die Verwendung von Amerikanismen verhängt werden können.[8]

Reinheit in diesem Verstande erscheint grundsätzlich als das *Resultat* einer radikalen, vor den ätzendsten Mitteln nicht zurückschreckender Reinigung – und dieses Reinheitsverständnis begegnet auch in der sprachpflegerischen und sprachreinigenden Literatur. Es offenbart sich beispielsweise im *Unwörterbuch* von Alfred Gleiss, der für „Sprachpflege" eigentlich gern den Terminus „Sprachzucht" verwenden würde. Davon nimmt er nicht etwa wegen der häßlichen Assoziationen zum Wort „Zucht" Abstand, sondern lediglich wegen der phonetischen Dissonanz, wohingegen er vor der Verwendung phonetisch glatterer Begriffe wie „Ausmerzen" oder „Ausrotten" von „Sprachsünden" nicht zurückschreckt – als hätten sie keine Geschichte.[9] Mit diesen symptomatischen Verdikten steht Gleiss durchaus nicht allein, sondern repräsentiert eine ziemlich große Gruppe von Schul- und Zuchtmeistern der deutschen Sprache und ihrer Anwender. Daß dabei die „Reinheit" gänzlich abstürzt aus dem Kosmos der Ideen in die Banalität der Disziplin, verweist nur erneut auf den Doppelcharakter des Begriffs, „Klarheit" einerseits und andererseits „Ausmerzung" –: er prägt sowohl die Tradition der Sprachreinheit selbst als auch die Geschichte der Auseinandersetzung mit ihr.

Die Tradition des zwiespältigen und widersprüchlichen Wortgebrauchs führt zu der Erkenntnis, daß die Beschäftigung mit dem Thema Sprachreinheit ein Balanceakt ist zwischen falschem Beifall und vorschneller Anfeindung. Sichtet man die Forschungsliteratur zum Thema Purismus, aber auch die Arbeiten zur Mentalitäts- und Kulturgeschichte Deutschlands zwischen 1500 und 1800, so scheint eine wissenschaftliche Auseinandersetzung mit diesem Begriff weder dringlich noch ratsam zu sein. Das Interesse an der Frage nach der „reinen Sprache" erschöpft sich allenthalben entweder im Rückblick auf den Fremdwortpurismus des 18. und 19. Jahrhunderts oder, aktuell, in Kritik an Fremdwörtern, Modeausdrücken und Syntaxfehlern. Von diesem auf die Gegenwartssprache gerichteten Engagement konstatiert Hermann Villiger angesichts journalistischer Bemühungen um Sprachpflege, diese versuche, den idealisierten Sprachzustand der „Zeit um 1800 [...] um jeden Preis zu bewahren".[10] Sprachreinheit – ein düsteres Kapitel, könnte man also paradox formulieren: die Domäne rückwärtsgewandter, politisch wie wissenschaftstheoretisch konservativer bis reaktionärer Saubermänner, die den hohen Anspruch der Sprachpflege zur Sprachrestauration umfunktionieren – und sich darin im Prinzip von den keim- und geisttötenden Reinwäschern der Werbebranche kaum unterscheiden.

Und doch liegt im Begriff „Reinheit" eine Herausforderung, ja Beunruhigung. Sie wird uns gelegentlich in Textstellen auch der neueren Literatur bewußt, wenn wir auf Autoren treffen, die um den angemessenen, verständlichen, zuverlässigen und schönen Begriff, das heißt:

---

8 Zit. nach der *Frankfurter Rundschau* vom 26.4.1994, die die Meldung unter die Überschrift *Absurditäten* stellt.

9 Alfred Gleiss: Unwörterbuch. Sprachsünden und wie man sie vermeidet. Frankfurt a.M. 1981, S. 9, 119 u. ö.

10 Hermann Villiger: „Sauber Wasser, sauber Wort". Analyse einer Sprachecke. Betrachtungen zum Problem der Sprachpflege. In: Muttersprache 86, 1976, S. 11.

um das „reine", nämlich funkelnde, klare und treffende Wort ringen. Bewußt werden kann uns diese hohe Wertschätzung der Reinheit beispielsweise im Briefwechsel zwischen Hannah Arendt und Karl Jaspers, wenn wir dort plötzlich Reflexionen über die „Reinheit" des Denkens, Fühlens und Sprechens vorfinden und dann in einer polemischen Wendung gegen Heidegger die überraschende Analogie von „Verlogenheit" und „Unreinheit".[11] Oder auch, noch aktueller, wenn Elie Wiesel in einem Interview fordert, wir müßten „tun, was immer wir tun können, um den Worten wieder ihre Unschuld zurückzugeben, um die Reinheit und Würde der Worte und in den Worten zu erneuern".[12] Solche Postulate greifen implizit die existentielle Dimension der Reinheitsidee wieder auf, wie sie in den Überlegungen des jungen Philosophen Georg Lukács anklingt, der eine Lebenskrise mit den Worten kommentiert:

> Ich habe ein reines Leben führen wollen, wo alles nur mit behutsamen und ängstlich reingehaltenen Händen angefaßt wird! Diese Art des Lebens ist aber die Anwendung einer falschen Kategorie auf das Leben. Rein muß das vom Leben getrennte Werk sein, das Leben aber kann nie rein werden, noch sein; das Gewöhnliche kann nichts mit der Reinheit anfangen, in ihm ist sie bloß eine kraftlose Verneinung, kein Weg aus der Verwirrung heraus, vielmehr ihr Vermehrer.[13]

Diese pointierte Ablehnung einer Reinheitsidee, die im „Gewöhnlichen" nur als „kraftlose Verneinung" wirkt, zielt genau auf den pragmatischen und volkserzieherischen Impetus zahlloser Sprachreiniger, deren Bemühungen sich in der Tat weitgehend in der Negation – des Fremden, des Neuen, des Vulgären – erschöpfen. Lukács macht jedoch darauf aufmerksam, daß im Reinheitsbegriff jene ethische Idee beschlossen liegt, der er sich ursprünglich verdankt: nicht als Negation, sondern als Entelechie, nicht als Beschneidung von Möglichkeiten, sondern als Utopie des Erfülltseins, umschrieben mit dem Bild des „reinen Werkes". Was hier – oft nur in scheinbar nebensächlichen Bemerkungen – aufscheint, ist die verdrängte und überlagerte Seite einer Tradition von Reinheits-Pflege, die sich der Aufklärung verpflichtet weiß, aber doch in die aufgezeigte, historisch und ideologisch bedingte Ambivalenz des Reinheits-Begriffs verstrickt bleibt.

Die polare Spannung des Themas läßt sich sinnfällig an zwei Zitaten aus der neueren Sprachphilosophie darstellen. Walter Benjamin spricht in seinen Überlegungen zum Übersetzen von der „reinen" Sprache als jener hohen Sprachidee, die über allen Sprachen, gleichsam als ewiges Wort Gottes, steht und auf die hin die Einzelsprachen in größtmöglicher „Reinheit" transparent werden können:

> Alle überhistorische Verwandtschaft der Sprachen (beruht) darin, daß in ihrer jeder als ganzer jeweils eines und zwar dasselbe gemeint ist, das dennoch keiner einzelnen von ihnen, sondern nur der Allheit ihrer einander ergänzenden Intentionen erreichbar ist: die reine Sprache. [...]
> Jene reine Sprache, die in fremde gebannt ist, in der eigenen zu erlösen, die im Werk gefangene in der Umdichtung zu befreien, ist die Aufgabe des Übersetzers. Um ihretwillen bricht er morsche Schranken der eigenen Sprache: Luther, Voß, Hölderlin, George haben die Grenzen des Deutschen erweitert.[14]

---

[11] Hannah Arendt und Karl Jaspers: Briefwechsel 1926-1969. Hg. von Lotte Köhler und Hans Saner. München 1985, S. 177f.

[12] Elie Wiesel. Gespräch mit Reinhold Boschert. In: Süddeutsche Zeitung Nr. 249, 28./29.10.1989, S. 18.

[13] Georg von Lukács: Von der Armut am Geiste. Ein Gespräch und ein Brief. In: Neue Blätter 1912. Der zweiten Folge fünftes und sechstes Heft, S. 79.

[14] Walter Benjamin: Die Aufgabe des Übersetzers. GS IV, 1. Frankfurt a. M. 1972, S. 13 u. 19.

Im Gegensatz zur herkömmlichen Argumentation des Purismus werden hier nicht die *eigene* und die *fremde* Sprache einander gegenübergestellt, so daß der Reinigungsprozeß der eigenen Sprache durch Eliminierung oder wenigstens Zurückdrängung der fremden erfolgt. Vielmehr entwirft Walter Benjamin das Verhältnis eines gleichseitigen Dreiecks, in dem sich die *reine*, die *fremde* und die *eigene* Sprache gegenüberstehen, wobei angesichts der reinen Sprache *alle Sprachen „Fremdsprachen"* sind, untereinander gleichwertig und jeweils in ihrer Intention auf die reine Sprache verweisend bzw. sie antizipierend: in jeder von ihnen als ganzer Sprache ist sie gemeint und entworfen, aber in keiner einzelnen ist sie verwirklicht. Reine Sprache entsteht dieser Auffassung zufolge eben gerade nicht durch Eliminierung, sondern durch *Ergänzung*, durch lebendige und vermittelnde („übersetzende") Kommunikation der Sprachen untereinander –: Übersetzung ist Dienst an der reinen Sprache durch Freisetzung der fremden Sprache in der eigenen.

Dem hohen Entwurf Walter Benjamins, der im Reinheitsbegriff die höchste Idee von Sprache überhaupt ausdrückt, steht die stärker an der Sprachpraxis orientierte zeitgenössische Sprachwissenschaft gegenüber, für deren Auffassung von reiner Sprache paradigmatisch Hans Martin Gaugers Definition des Sprachkriteriums „Reinheit" zitiert sei:

> In seinem engeren und speziell deutschen Sinn genommen lautet dies Kriterium: Nur solche Wörter und Wendungen gebrauchen, die zu dem als deutsch empfundenen Sprachbesitz gehören. Übrigens ist unter den Elementen, die das durchschnittliche Sprachbewußtsein als völlig deutsch empfindet, etymologisch gesehen, außerordentlich viel Fremdes. Es gibt, so gesehen, keine reine Sprache.[15]

In der Terminologie des Purismus funktionieren Begriffe wie „fremd", „eigen" oder „als deutsch empfunden" immer auch als Übergangsbegriffe hin zu einer nationalen, ja nationalistischen Sprach- und Staatsidee. Denn alle Bemühungen im Untersuchungszeitraum um eine richtige und gute, schöne und reine deutsche Sprache stehen ausdrücklich oder implizit unter der Maxime, daß die deutsche Sprache es *wert* sei, pfleglich behandelt und gebraucht zu werden, weil *Deutschland* es wert sei, eine Hochsprache zu besitzen. Das heißt: die Emanzipation der deutschen Sprache als Kultursprache ist bis ins 18. Jahrhundert hinein zwar eine vielbeschworene Forderung, aber (noch) keine selbstverständlich im Bewußtsein der Sprachbenutzer verankerte Tatsache. Diese Emanzipation entsteht gleichermaßen in Idealisierung des Bestehenden wie in Abgrenzung davon: der „Reichtum" der deutschen Sprache, d.h. die durch Assimilation aus den fremden Sprachen und den regionalen Mundarten gewonnene *copia verborum et formarum*, trägt ebenso zu ihrem Wert bei, wie andererseits die Vielfalt der Regio- und Soziolekte und die Einbeziehung fremdsprachlicher Elemente als Minderwertigkeit und Enteignung reflektiert werden, gegen die nur rigorose Ausmerzung hilft.

Diese Voraussetzung der jeweils zeitgenössischen Sprachkritik gilt es zu bedenken, wenn man den oben skizzierten gesellschaftlichen Hintergrund der Reinheitsthematik verstehen will: Reinheit der deutschen Sprache wird mit Luther zum Paradigma einer deutschen Identitätsproblematik, die durch Jahrhunderte hindurch in erster Linie eine kulturelle, wenngleich

---

[15] Hans Martin Gauger: Wir sollten mit der Sprache sorgfältiger umgehen. In: Der Sprachdienst 29, 1985, S. 66. Vgl. auch ders.: Brauchen wir Sprachkritik? In: Henning-Kaufmann-Stiftung zur Pflege der Reinheit der deutschen Sprache. Jahrbuch 1984, S. 31-67.

aufs Nationale hin durchsichtige Problematik ist, bis sie im ausgehenden 19. und vor allem im 20. Jahrhundert in militanten und imperialistischen Aktionen gegen das Fremde und den Fremden kulminiert.[16] Wer im Purismus indes *nur* den historischen Vorschein dieser späteren Verbrechen sieht, verkennt die darstellende und entlastende Funktion ästhetischer Phänomene für das gesellschaftliche Leben. Wer jedoch den aufs Nationalistische verweisenden Vorscheincharakter des Purismus gänzlich leugnet, der ignoriert oder leugnet die Abbildfunktion von Sprachgegebenheiten für gesellschaftliche Zustände. – Diese Auffassung der Zusammenhänge prägt auch den Bericht über die Forschungsliteratur zu Sprachreinheit und Sprachpflege, der sich im folgenden Kapitel anschließt.

---

[16] Vgl. dazu unten S. 29 ff.

3 Zur Forschungssituation.
Ein Bericht

> Wie andere Industriebetriebe auch leiden wir [i. e. „die
> Geisteswissenschaften"] unter dem Problem der Über-
> produktion und sind, wenn wir ehrlich sind, überdies
> eine Gefahr für unsere Umwelt. Die ‚Verschmutzung‘,
> die von unseren Betrieben ausgeht, ist der prätentiöse
> Jargon, der die Sprache verunreinigt.[1]

3.1 Vorbemerkung

Die Forschungssituation, auf der die vorliegende Studie aufbaut, ist stark von einem dreifachen Mangel geprägt, der zum einen darin besteht, daß der in dieser Untersuchung thematisierte Zeitraum von 1500 bis 1800 bisher noch nicht speziell unter dem Gesichtspunkt der
rhetorischen Kategorie *puritas* untersucht worden ist, obwohl die Theorie und Praxis des
Humanismus und die von ihm adaptierte antike Rhetorik, aus der der Puritas-Begriff stammt,
für die gesellschaftliche und kulturelle Entwicklung dieser Periode entscheidende Bedeutung
haben. Zum zweiten bleibt festzustellen, daß die bisherige Forschung zur Problematik der
Reinheit auch über den Untersuchungszeitraum hinaus sich vor allem auf die *Sprachreinheit*
im Sinne des *Purismus* beschränkt, wobei die zur Fremdwortfrage verkürzten puristischen
Positionen der Barockzeit und der Aufklärung im Zentrum der Aufmerksamkeit stehen. Hier
fehlen noch sowohl diachronische, historisch-kritische Untersuchungen, in denen die Adaption
der rhetorischen Terminologie der Antike durch den deutschen Humanismus problematisiert
würden, als auch synchronische Studien über die konkrete Funktion dieser adaptierten
Begriffe in der jeweils anderen gesellschaftlichen, ökonomischen und psychischen Situation
der Neuzeit.

Und zum dritten ist schließlich der Mangel zu konstatieren, daß zwar punktuell in einzelnen wissenschaftlichen Disziplinen über die Entstehungs- und Wirkungsgeschichte der Reinheitsidee in Deutschland gearbeitet wird, daß aber selbst für die stärker beachteten Zeiträume
des 18. bis 20. Jahrhunderts, geschweige denn für die früheren Epochen, eine interdisziplinäre
kulturwissenschaftliche Untersuchung fehlt, die die Wechselwirkungen zwischen sprachlicher
Vermittlung der Reinheitsvorstellungen und ihrer konkreten sozialen Funktion darstellte und
interpretierte.[2] Dies ist um so bedauerlicher, als mit dem Verzicht auf den interdisziplinären

---

[1] Ernst H. Gombrich: Das Problem der Forschung in den Geisteswissenschaften: Ideale und Idole. In: Die Krise
der Kulturgeschichte. Gedanken zum Wertproblem in den Geisteswissenschaften. Stuttgart 1983, S. 126.

[2] Die Wechselwirkung zwischen rhetorisch-poetischer Ständeklausel und dem gesellschaftlichen Leben
untersucht Volker Sinemus (Poetik und Rhetorik im frühmodernen deutschen Staat. Sozialgeschichtliche
Bedingungen des Normenwandels im 17. Jahrhundert. Göttingen 1978) anhand der Decorum-Lehre in
Poetiken und Briefstellern des 17. Jahrhunderts einerseits und den sozialen Bedingungen andererseits, wie
sie sich in Kleiderordnungen, Geschmackskriterien und Umgangsformen manifestieren.

Ansatz ganze Wirkungsfelder des Reinheitsideals ungesehen bleiben, und die Geschichte des Purismus nicht als das verstanden werden kann, was sie ist: ein *Paradigma* der Sozial- und Kulturgeschichte Deutschlands in der richtungsweisenden Epoche der Reformation und ihrer Folgen. Löst man nämlich das Phänomen des Purismus von seinen Anwendungen – Sprache, Literatur, Hygiene, Frömmigkeit und Sozialverhalten – ab, dann mißachtet man die wesentliche dialektische Funktion dieses Begriffs in seiner Rezeptions- und Wirkungsgeschichte. Dies gilt allein schon für den Sprachpurismus, der ursprünglich in seiner auf bestimmte Sprech- und Schreibsituationen bezogenen rhetorischen Funktion zu verstehen ist. Trennt man jedoch die Theorie der Sprachreinheit von ihrer Praxis, dann schlägt in der Tat die der Ästhetik dienende Funktion des Purismus um in eine gleichermaßen sprachliche wie soziale Disziplinierung, ja Diskriminierung des Individuums.

Obwohl also zu konstatieren ist, daß der vorliegende Versuch, Reinheits-Ideale aus dem Kontext ihrer praktischen Anwendung heraus zu verstehen, keine unmittelbaren Vorgänger hat, zieht meine Arbeit doch aus zahlreichen Untersuchungen anderer Autoren beträchtlichen Gewinn, sowohl in Hinsicht auf die Aufarbeitung und Interpretation des Quellenmaterials als auch bezüglich der Methodik einer solchen Studie. Im folgenden seien, gewissermaßen als Eckpfeiler meines Vorhabens, einige Positionen skizziert, von denen meine Arbeit durch Adaption und Abgrenzung Nutzen zieht. Hierbei kommen vor allem Sprachwissenschaftlerinnen und Sprachwissenschaftler zu Wort, zum einen deswegen, weil die vorliegende Studie der germanistischen Disziplin entstammt; zum anderen aber auch deswegen, weil es vor allem die Sprachwissenschaft ist, die spezielle Beiträge zum Themenkomplex *Reinheit* geliefert hat, obwohl die Auswirkungen des Purismus insbesondere auch die Literaturwissenschaft – durch die enge Verzahnung von Rhetorik und Poetik – sowie die Kulturwissenschaften insgesamt betreffen.

Allerdings setzt die Geschichtsschreibung der *Sprachreinheit*, sieht man von Einzelstudien über einige herausragende Persönlichkeiten ab, eigentlich erst mit Adelung und Campe ein, also praktisch am Ende der hier thematisierten Entwicklung. Deswegen müssen auch allgemeinere Untersuchungen zur Genese der deutschen Standardsprache berücksichtigt werden, weil die Problematik der Sprachreinheit entweder als *quantité négligeable* oder als ein Unterproblem der Entwicklung und Codifizierung der Sprachnorm überhaupt gesehen wird (hauptsächlich in der Gleichsetzung von reiner und richtiger Sprache). Daß diese gewiß auch zutreffende Bestimmung nur *einen* Aspekt der vielschichtigen Reinheitsthematik erfaßt –: der Ausarbeitung dieser Hypothese soll die ganze vorliegende Studie dienen, weshalb sie in diesem Kapitel zwar als Leitvorstellung, nicht aber argumentativ zur Wirkung kommt.

Meiner Untersuchung liegen als implizite Leitvorstellungen ebenfalls bestimmte Auffassungen der sozial-, geistes- und mentalitätsgeschichtlichen Verhältnisse in der problematisierten Periode zugrunde: sie stammen insbesondere aus kulturwissenschaftlichen Schriften wie jenen von Philippe Ariès (*Die Geschichte des privaten Lebens*), Norbert Elias (*Über den Prozeß der Zivilisation*), Michel Foucault (*Wahnsinn und Gesellschaft*), Dominique Laporte (*Eine gelehrte Geschichte der Scheiße*) oder Lloyd deMause (*Hört ihr die Kinder weinen*), deren wissenschaftlichen Paradigmen sich meine Arbeit verpflichtet weiß.

3.2 Theorie und Praxis des Purismus auf dem Tiefpunkt

Seinen moralischen und wissenschaftlichen Tiefpunkt erreicht der deutsche Sprachpurismus, der traditionell mit der Idee des Nationalstaates verbunden ist, im Augenblick seiner scheinbar höchsten Blüte: vom Triumph des Nationalismus in Deutschland versprechen sich viele Sprachwissenschaftler und Sprachpfleger auch zugleich einen Aufschwung der deutschen Sprachkultur. Gleich in den ersten Jahren des „Dritten Reichs" versuchen einige Puristen, Autoren der Zeitschrift *Muttersprache*, sich einerseits den regierenden Nationalsozialisten als Verwalter des „kulturellen Erbes" anzupreisen, andererseits aber auch dieselben Politiker bezüglich der reinen Muttersprache gewissermaßen von rechts zu überholen und sie auf vermeintlich gemeinsame Ideale festzulegen. Gestützt auf das herrschende Axiom vom starken und autarken deutschen Nationalstaat erklären Vertreter der deutschen Sprachreinheit wie Richard Jahnke oder R. Deinhardt den Nationalgedanken zum höchsten Kriterium der Sprachpflege. Auch die Führer der „nationalen Bewegung", deren deutscher Stil durchaus mangelhaft ist, sollen auf eine reine – d.h. fremdwortfreie – deutsche Nationalsprache verpflichtet werden. Interessanterweise gelangt damit auch das Ideal der „Verständlichkeit", eines der wesentlichen Motive für Sprachreinheit, auf einen beachtlichen Tiefstand. Richard Jahnke löst beispielsweise das Kriterium „Verständlichkeit" ganz von dessen kommunikativer Funktion ab, die ursprünglich diesem Begriff zugehört, und bindet die Verständlichkeit der Sprache unmittelbar an den *Zweck* und die *Absicht* des Redners. Verständlichkeit steht somit nicht im Dienst des Hörers, der das Gesagte verstehen und durchschauen soll, sondern Reinheit und Verständlichkeit, *puritas* und *perspicuitas*, haben der demagogischen Absicht des Redners zu dienen; der von den rhetorischen Tugenden intendierte Kommunikationsprozeß wird zur Einbahnstraße – bergab:

> Wer einem Volke Führer sein will, muß ihm ein Beispiel sein, nicht nur in Tapferkeit, Einsicht und Besonnenheit, sondern auch in der Lebensführung, und zu der gehört eine *reine*, sorgfältige Sprache! Und wer zu allen Volksgenossen spricht, wer auf alle einwirken will, dessen Pflicht ist es, so zu sprechen, daß er allen *verständlich* sei. Wer Deutsche führen will, muß deutsch zu ihnen reden. Deutsche, erwacht![3]

Denselben Gedanken treibt Deinhardt zynisch auf die Spitze, wenn er die „Reinigung" des Volkskörpers von „Volksschädlingen" mit der Forderung nach verbesserter Sprachreinheit verbindet: die NSDAP habe doch bisher bewiesen, daß sie rasch und gründlich imstande sei, „Volksschädlinge zu beseitigen [...]. Den Angriff gegen die vermanschte Sprache hat sie noch nicht mit der ihr sonst eigenen Tatkraft [sic!] unternommen."[4] Und der Herausgeber der *Muttersprache*, Oskar Streicher, betont in seiner „Zeitungsschau" 1934:

> Noch nie ist die Sprachpflege und besonders die Sprachreinheit so laut und so allgemein gefordert worden wie in dieser unserer Zeit der deutschen Erneuerung.[5]

Diese sprachpolitischen Tiefschläge im Dienste der ‚Reinheit' bzw. ‚Reinigung' kommen ebensowenig aus ‚heiterem Himmel' wie der nationalsozialistische Staat selbst: an seinen Ursachen

---

[3] Richard Jahnke: Deutschland, erwache! In: Muttersprache 48, 1933, Sp. 98.
[4] R. Deinhardt: Die Sprache der deutschen Wiedergeburt. In: Muttersprache 48, 1933, Sp. 386.
[5] Oskar Streicher: Zeitungsschau. In: Muttersprache 49, 1934, Sp. 24.

hat eine bildungsbürgerliche Ideologie mitgewirkt, die als ‚Ablehnung des Fremden' Tradition hat. Sie kommt zum Beispiel in Friedrich Kluges Bemerkung über den Fremdwortgebrauch im 17. Jahrhundert zum Ausdruck, wenn er ihn – auch in der 5. Auflage seines Luther–Buches, die 1918, unmittelbar nach der ‚Niederlage' Deutschlands im Ersten Weltkrieg, erscheint – als „Verwelschung" bezeichnet, die „das ganze gesellschaftliche Leben [...] bereits zersetzt" hätte.[6] In unmittelbarer Ansehung der Nazi-Verbrechen kann sogar noch der Emigrant Thomas Mann 1933 tiefe Befriedigung darüber empfinden, daß „die übermütige und vergiftende Nietzsche-Vermauschelung" – also die jüdische ‚Verunreinigung' Nietzsches – durch Alfred Kerr nun „ausgeschlossen" werde, ein Gedankengang, der sogar die Vermutung einschließt, eben wegen dieser reinigenden „Entjudung" gehe „Bedeutendes und Groß-Revolutionäres vor in Deutschland".[7] In solchen zynisch anmutenden Überlegungen erweist sich der Fetischcharakter des Reinheitsparadigmas als eines die gesamte gesellschaftliche Wirklichkeit strukturierenden Prinzips, des Prinzips der „Rasse-Reinheit".

Einstellungen wie die Kluges oder Manns zeigen, daß die Auseinandersetzung mit der Reinheit der Sprache auch eine Frage der persönlichen und politischen Moral des Sprachpflegers und dessen Interpreten ist. Dieser Einsicht weiß sich die Untersuchung von PETER VON POLENZ verpflichtet, die die eben skizzierten Tatbestände der jüngeren deutschen (Wissenschafts-)Geschichte zum Ausgangpunkt nimmt.[8] „Sprachreinigung" oder „Purismus" ist für Peter von Polenz eine „jahrhundertealte [...] Bewegung" der „Fremdwortkritik" und „Fremdwortjagd", die in Deutschland „in den ersten Jahren der Herrschaft des Nationalsozialismus [ihren] Höhepunkt erreicht" hat.[9] Auf diese Basis stellt von Polenz seine Kritik an der Methodologie der Sprachwissenschaft, jedenfalls jener des ‚Purismus' im Deutschland des 19. und frühen 20. Jahrhunderts. Von Polenz postuliert eine selbstkritische Reflexion der *Methodik* von Sprachpflege und Sprachreinigung, weil außerwissenschaftliche, ideologische Argumente diese diskreditiert haben. So entlarvt er z. B. die Übernahme rassistischer Argumentation in die Etymologie, die als Abstammungsfrage das traditionelle Kriterium für Sprachreinheit – nur ein deutsch*stämmiges* Wort gilt als rein – darstellt.[10] Wenn allerdings von Polenz dieses Element als *außer*wissenschaftlich charakterisiert, dann scheint diese Zuordnung mehr dem Wunschdenken eines deutschen Wissenschaftlers als der historischen Realität zu entsprechen, denn es wäre eine Idealisierung der Wissenschaft zu behaupten, nur – oder auch nur überwiegend – Nicht-Wissenschaftler hätten das Axiom der Wortabstammung mit national-chauvinistischem Ideengehalt befrachtet. Das Gegenteil ist wahr.

Der Kritik Peter von Polenz' ist jedoch grundsätzlich zuzustimmen, wenn er den methodischen Ansatz des Sprach- bzw. Fremdwort-Purismus als ungenügend verwirft und der Forschung mangelnde Erkenntnis dieser methodischen Schwäche vorhält. Der methodische Mangel bestehe darin, daß die Sprachwissenschaft und -pflege die beiden Richtungen, nach

---

[6] Friedrich Kluge: Von Luther bis Lessing. Leipzig [5]1918, S. 211.
[7] Thomas Mann: Tagebücher 1933-1934. Frankfurt a. M. 1977, S. 46 [Lugano, 10.IV.1933].
[8] Peter von Polenz: Sprachpurismus und Nationalsozialismus. Die ‚Fremdwortfrage' gestern und heute. In: Germanistik – eine deutsche Wissenschaft. Frankfurt a. M. 1967, S. 111-165.
[9] Polenz (Anm. 8), S. 113.
[10] Polenz (Anm. 8), S. 129.

denen Sprache betrachtet und beurteilt werden kann, nicht genügend unterscheiden: gerade in Deutschland habe sich erst nach 1945 die synchronische und soziologisch orientierte Sprachbetrachtung langsam durchgesetzt, während seit dem 19. Jahrhundert die diachronische und historische Methode dominierte. „Der ganze Sprachpurismus beruht auf dem methodologischen Irrtum der Verschmelzung von Diachronie und Synchronie".[11]

In dieser Betrachtungsweise herrschen aber jene Argumente vor, die dem Abstammungs-Axiom als normativem Kriterium der Sprachbeurteilung zu seiner unseligen Vorherrschaft verholfen haben. Für das Problem der Sprachreinheit bedeutet die diachronische Sprachbetrachtung, daß sprachliche Erscheinungen nicht auch in ihrer sozialen Funktion, sondern ausschließlich in ihrer historischen Entwicklung – Aufstieg, Stagnation oder Verfall – gesehen und bewertet werden. Das Urteil über die Reinheit des Wortes wird dabei in erster Linie aufgrund seiner Abstammung gefällt – gefordert ist gewissermaßen der Ariernachweis jedes einzelnen Wortes.[12] Dabei geht die Einsicht verloren, daß die Abstammung allein noch gar nichts über die konkrete „Verständlichkeit" und den tatsächlichen Gebrauch eines Wortes aussagt.[13]

Von Polenz zufolge ignoriert die historisierende Tradition der Sprachwissenschaft, daß Sprachentwicklungen und Sprachzustände sowohl diachronisch wie synchronisch betrachtet und bewertet werden können. Dieser methodenkritische Hinweis ist wertvoll, auch wenn er an die vereinfachende Analogie von Purismus und Fremdwortfrage geknüpft ist, von der er im folgenden abgelöst werden soll.

3.3 Sprachwissenschaftliche Beiträge

Die bisher umfangreichste, 1975 von ALAN KIRKNESS veröffentlichte Untersuchung zum Thema Purismus unterstreicht die Feststellung, daß die Geschichte der Sprachpflege mehr ist als die Jagd nach dem fremden Wort.[14] Im Mittelpunkt dieser Arbeit steht das 19. Jahrhundert, in dem die Sprachreinigungs-Bewegung den herkömmlichen Fremdwortbegriff mit den entsprechenden nationalistischen Ideologemen verknüpfte, die das Fremde um seiner Fremdheit willen liquidieren wollten. Dieser weithin bekannte Zusammenhang zwischen allgemeinen Wertvorstellungen und Sprache bzw. Sprachnormen ist für Kirkness Anlaß, eine differenzierte Auseinandersetzung mit dem Sprachpurismus zu eröffnen, um die vielfältigen außersprachlichen Bedingungen für die Forderung nach reiner Sprache thematisieren zu können. Sein erklärtes Ziel, einen historischen Abriß zu erarbeiten, verträgt sich nach Kirkness' Auffassung nicht mit der Übernahme ungeprüfter Werturteile. Er selber strebt hingegen eine

---

[11] Polenz (Anm. 8), S. 150.
[12] Da von Polenz die Geschichte des Purismus insbesondere im Nationalsozialismus thematisiert, ist die Rede vom „Ariernachweis" hier nahegelegt.
[13] Polenz (Anm. 8), S. 159. Ähnlich auch Hermann Villiger: „Sauber Wasser, sauber Wort". Analyse einer Sprachecke. Betrachtungen zum Problem der Sprachpflege. In: Muttersprache 86, 1976, S. 7-19.
[14] Alan Kirkness: Zur Sprachreinigung im Deutschen 1789-1871. Eine historische Dokumentation. Tübingen 1975.

Untersuchung an, die nicht „eine Widerlegung des Purismus ist, sondern in erster Linie historische Dokumentation sein will."[15]

Die begrüßenswerte wissenschaftliche Zurückhaltung und Neutralität bei einem derart vielschichtigen Forschungsgegenstand kann jedoch nicht darüber hinwegtäuschen, daß die hermeneutische Basis der Untersuchungen von Kirkness problematisch ist: mit ihr erfolgt keine Klärung des methodischen Ansatzes des einerseits sozialwissenschaftlichen und andererseits kulturwissenschaftlich-sprachgeschichtlichen Frageinteresses. Der Anspruch des Autors, er wolle „die puristische Bewegung in Deutschland vom frühen 17. bis ins 20. Jahrhundert in engem Zusammenhang nicht nur mit der Entwicklung des modernen Hochdeutschen, sondern auch mit der deutschen Geistes- und politischen Geschichte erforschen",[16] wird weder im Detail noch in einer denkbaren Periodisierung der Geschichte des Purismus zufriedenstellend eingelöst. Wenn Kirkness beispielsweise den Forschungskonsens über die Sprachgesellschaften der Barockzeit dahingehend teilt, daß es „den Deutschen [...] als nationale und moralische Pflicht (oblag), jede Verunzierung der Muttersprache zu verhindern und ihre ursprüngliche Reinheit zu bewahren",[17] so wird der produktive Hinweis auf nationale und ethische Implikate des Purismus nicht weiter ausgeführt.

Der Mangel an Interdisziplinarität macht sich auch bei der periodischen Einteilung bemerkbar, in der Kirkness es unterläßt, die politischen und geistesgeschichtlichen Ereignisse in der Geschichte der Sprachreinheit zueinander in Beziehung zu setzen.[18] Die Entwicklung des Reinheitsgedankens gliedert der Verfasser in sechs größere Abschnitte: mit dem Barock setzt er die erste Phase an (1), die von der Frühaufklärung (2) abgelöst wird. Ihr folgen die normativen Grammatiker der Aufklärungszeit (3) und die Periode zwischen Französischer Revolution und Karlsbader Beschlüssen (4). Den nächsten Entwicklungsschritt in der Geschichte des Sprachpurismus siedelt Kirkness in der Mitte des 19. Jahrhunderts an (5), dem schließlich die letzte Phase von der Reichsgründung bis zum Zweiten Weltkrieg (6) folgt.

So wichtig die Hinweise auf die Intention der Trägerschaften des Purismus in den jeweiligen Phasen der Sprachreinigung auch sind,[19] so unergiebig ist die Einteilung einerseits in ausschließlich geistesgeschichtlich klassifizierte Abschnitte wie Barock oder Frühaufklärung und andererseits in historische Ereignisse wie die Zeit zwischen Französischer Revolution und Karlsbader Beschlüssen, wobei überdies nicht nachzuvollziehen ist, welche konkreten Auswirkungen etwa die Karlsbader Beschlüsse auf die Geschichte des Sprachpurismus haben. Daß die einzelnen Gliederungsabschnitte keine befriedigende Lösung einer Charakterisierung des Purismusgedankens bieten, zeigt sich bei dem fünften Entwicklungsabschnitt, mit dem Kirkness auf geistesgeschichtliche Oberbegriffe oder politische Eckdaten verzichtet, und bloß noch Jahreszahlen angibt: die vierziger und fünfziger Jahre des 19. Jahrhunderts.

---

[15] Kirkness (Anm. 14), S. 10.

[16] Kirkness (Anm. 14), S. 11.

[17] Kirkness (Anm. 14), S. 17.

[18] Kirkness (Anm. 14), S. 409-429.

[19] Vgl. beispielsweise Kirkness' Ausführungen über das Sprachinteresse Friedrichs des Großen und die Interpretation des Aufsatzes *De la litterature allemande*, S. 65; vgl. auch die Hinweise auf die Bedeutung des dritten Standes in der ‚vierten' Entwicklungsstufe des Reinheitsgedankens, S. 414.

Um die sozialen, kulturellen und psychologischen Einflüsse darzustellen, die sich in den Sprachvorstellungen der Puristen niederschlagen, ist der von Kirkness gewählte Rahmen zu weit gespannt. Kirkness' Beobachtungen sind zweifellos zutreffend, wenn er zum Beispiel feststellt, die Sprachreinigung sei „nicht Selbstzweck" des dritten Standes, der akademisch Gebildeten, Schulleute und Theologen in der Zeit zwischen 1789 und 1819 gewesen, „denn national-politische, philosophische oder moralisierend-pädagogische Gefühle überwogen häufig das Sprachgefühl der Puristen, die sich nunmehr insbesondere mit dem Wortschatz befaßten (Campe, Jahn), viel weniger mit Satz-, Laut- und Formenlehre."[20] Solche pauschalen Urteile bleiben jedoch letztlich zu undifferenziert, um ein tieferes Verständnis der puristischen Sprachbestrebungen zu ermöglichen.

Da sich die Untersuchungen von Kirkness vor allem auf die Epoche zwischen 1789 und 1871 konzentrieren, läßt sich der für die vorliegende Untersuchung relevante Zeitraum leicht überblicken. Die Sprachgelehrten und Schriftsteller im 17. Jahrhundert beklagen laut Kirkness die Vernachlässigung der deutschen Sprache. Als gängiges Ausdrucksmittel für die Klagen über den übermäßigen Gebrauch von Fremdworten kann die Satire gelten[21] – eine Beobachtung, die die noch unbeantwortete Frage nach sich zieht, welche Gattungen und stilistischen Darstellungsformen die Sprachreiniger überhaupt wählen, um ihr Anliegen vorzutragen. Die Wahl des Genres könnte bereits Aufschluß geben über die moralische, nationale, ethische, philosophische, ästhetische Bewertungsebene, von der aus sie argumentieren.[22]

Die hohe Wertschätzung des Begriffs ‚Reinheit der Sprache' in der Stillehre des Barock, in der rein nicht nur ‚fremdwortfrei' bedeutet, sondern z.B. von Opitz als ‚elegantz' oder ‚zierlichkeit' der Sprache umschrieben wird, läßt ein verstärktes Interesse an der Umsetzung der Reinheitsvorstellungen in eine ästhetische Form erkennen, die ihrerseits zur Veranschaulichung für eine grammatisch ‚richtige' und ‚reine' Sprache dienen soll. Der Gebrauch des Fremdwortes ist für die Poetiker des Barock jedenfalls nur mit der Satire und der Komödie vereinbar, in der das Fremdwort als komisches Element gleichermaßen genutzt wie kritisiert wird.[23]

Als besonders wichtige Sprachreiniger des Barock führt Kirkness Harsdörffer, Schottel und Zesen auf. Schottel habe vor dem Hintergrund des Endes des Dreißigjährigen Krieges den Gedanken der Sprachreinheit mit neuen Argumenten versehen. Er versuche, wie Kirkness betont, mit seiner Annahme von der „Grundrichtigkeit (der) Wurzel- oder Stammwörter, die göttlichen Ursprungs seien und eine natürliche Verbindung zwischen Wort und Ding herstellen",[24] theologische und mystische Konstrukte auf die Sprache anzuwenden, um Sprachpflege als moralische und nationalpädagogische Aufgabe zu entwerfen.

---

20 Kirkness (Anm. 14), S. 416.
21 Vgl. die Zusammenstellung bei Kirkness (Anm. 14), S. 18.
22 Die Wahl des Genres Satire kann auf das moralische Konnotat des Reinheitsbegriffs hinweisen, da es geradezu ein Gattungsmerkmal der Barock-Satire zu sein scheint, die nationalen und moralischen Pflichten des Deutschen zu betonen.
23 Vgl. Kirkness' Hinweise zu Buchner, (Anm. 14), S. 21.
24 Kirkness (Anm. 14), S. 37.

Das 18. Jahrhundert ist von dem Bestreben gekennzeichnet, eine hochsprachliche Norm herauszubilden und in konkreten Sprachgebrauch umzusetzen: „Die theoretische Begründung des Kampfes gegen die Fremdwörter trat gegenüber deren Verwendung in der Praxis zurück."[25]

In einem der Monographie folgenden Aufsatz konkretisiert Kirkness die Entwicklung des Purismusgedankens am Ende des 18. Jahrhunderts. Die Positionen von Adelung und Campe „markieren in ihrer Unterschiedlichkeit eine entscheidende Wende in der Geschichte des deutschen Purismus, die eine Einengung des Begriffs ‚rein' von – grob und vereinfachend formuliert – ‚fehlerfrei' zu ‚fremdwortfrei' beinhaltet und die Weichen stellt für den Fremdwortpurismus des 19. und früheren 20. Jahrhunderts [...]."[26] Die ‚Eindeutschung' von Fremdworten war in der Kluft zwischen Bildungs- und Wissenschaftssprache einerseits und Alltagssprache andererseits begründet. Dies thematisierte Adelung mit der Verbindung von Sprachgebrauch und Sprachrichtigkeit – einer der Regelhaftigkeit der Sprache zu entnehmenden Größe. Bei Campe verschiebt sich das Gewicht von der sprachphilosophischen Position zum eher pädagogischen Interesse: Campes

> eigentliches Ziel ist die Bildung und Aufklärung des ganzen Volkes, die nur möglich ist, wenn das Wissen der Gelehrten bzw. Fachleute allen Sprachteilhabern bzw. auch den Laien in einer für alle verständlichen, d. h. von allen Fremdwörtern [...] freien Sprache zugänglich gemacht wird. Die Fremdwortfrage [...] ist somit für Campe weniger eine Stil- und Geschmacksfrage, als vielmehr eine gesellschaftliche Lebensfrage. Mit seiner Konzentration auf die Fremdwörter stellt Campe, dessen Einfluß auf zeitgenössische und spätere Puristen maßgeblich war, die Weichen für den künftigen Verlauf der Purismusbewegungen."[27]

Die Geschichte des Sprachpurismus ist, wie die zahlreichen Hinweise auf nationale und moralische Konnotationen bei Kirkness deutlich machen, mit Normvorstellungen verbunden. Diesen Aspekt problematisiert DIRK JOSTEN in seiner 1976 veröffentlichten Arbeit.[28] Der Autor benützt Rhetoriken, Poetiken, Grammatiken und Orthographielehren, Schreibmeisterbücher, Leselehren und Wörterbücher, Einleitungen und Schlußworte zu Bibelausgaben und Katechismen, Schul- und Kirchenordnungen sowie Schul- und Pädagogikgeschichten. Seine Monographie besteht jedoch leider zum allergrößten Teil aus einer Fülle von Zitaten, die letztlich unkommentiert bleiben. Es erfolgt keine Interpretation des Materials, wohl aber die Einteilung der Schriften nach Parametern, die Josten unmittelbar aus seinen Quellen gewinnt und mehr quantitativ als qualitativ belegt. Für das 16. und 17. Jahrhundert ergeben sich für Josten folgende Untersuchungskriterien: 1. die Behauptung einer sprachlandschaftlichen Priorität mit der Dominanz des ‚Meißnischen'; 2. das „Ansehen und die Mustergültigkeit einzelner hervorragender Schriftsteller bzw. Redner der Zeit" als ‚personales Autoritätsprinzip'; 3. ein ‚soziales Autoritätsprinzip', die exemplarische Qualität von Büchern, Drucken und „besten Autoren"; 4. „das sprachliche Ansehen verschiedener Institutionen, somit ein institu-

---

[25] Kirkness (Anm. 14), S. 51.

[26] Alan Kirkness: Sprachreinheit und Sprachreinigung in der Spätaufklärung. Die Fremdwortfrage von Adelung bis Campe. In: Mehrsprachigkeit in der deutschen Aufklärung. Hg. von Dieter Kimpel. Berlin 1985, S. 85.

[27] Kirkness (Anm. 14), S. 101.

[28] Dirk Josten: Sprachvorbild und Sprachnorm im Urteil des 16. und 17. Jahrhunderts. Sprachlandschaftliche Prioritäten. Sprachautoritäten. Sprachimmanente Argumentation. Bern, New York 1976.

tionelles Autoritätsprinzip"; [29] 5. „die Sprache habe den Maßstab ihrer Richtigkeit in sich selbst als ‚Grundrichtigkeit' oder ‚Analogie'". [30]

Josten bezeichnet das als „die sprachimmanente Argumentation". Er verzichtet darauf, sein Material nach sprachsoziologischen Deutungsmustern zu untersuchen. Besonders deutlich wird dies beim 5. Parameter: gerade die sprachphilosophische Argumentation enthält ein Verständnis von Sprache, das gesellschaftstheoretisch entschlüsselt werden müßte und dessen Ausblendung eine unzulässige Verkürzung darstellt. Die sprachphilosophische Argumentation reproduziert mit ihrem Reinheitsverständnis kulturell vermittelte Wertvorstellungen, die am spürbarsten in theologischen Zusammenhängen greifbar sind. Kaspar Stielers Auffassungen über die Sprachreinheit beispielsweise, die sich den Parametern nicht stringent einfügen, hält Josten darum nur für widersprüchlich: „Auch Kaspar Stieler, der recht widersprüchlich die Normproblematik angeht und sowohl sprachimmanent wie auch sprachlandschaftlich argumentiert, rühmt die Luthersprache als Beginn und Grundlegung der hochdeutschen Sprachnorm." [31] Obwohl man Jostens Studie mehr Interpretationsarbeit wünschen würde, führt doch allein schon das von ihm aufbereitete Quellenmaterial zu einem differenzierteren Bild vom Prozeß der Normierung der deutschen Hochsprache.

Die Arbeiten von HELMUT HENNE tragen dazu bei, die Hypostasierung des Hochdeutschen zu begreifen, die von den Sprachgrammatikern am Ende des 18. Jahrhunderts vorgenommen wurde. [32] Für den bedeutendsten und einflußreichsten der von Henne rezipierten Grammatiker, Johann Christoph Adelung, heißt dies zum Beispiel, daß seine Bestimmung des Hochdeutschen aufgrund wirtschaftlicher und kultureller Bedingungen schichtenspezifisch und regional zu verstehen ist: „Nicht die Sprache des großen Haufens in Obersachsen ist unter dem Namen des Hochdeutschen die Schriftsprache geworden, sondern die Sprache der oberen Classen". [33] Adelungs Sprachbegriff kann nach Henne ebenfalls zeitlich und funktional bestimmt werden, [34] wobei Sprache als Kommunikationsmittel verstanden wird. Henne zeigt, daß das ‚richtige und reine' Sprechen nach Adelung nur dann funktioniert, wenn eine zweckbewußte Handlung des Sprechenden mit einer grammatischen Struktur korreliert, die auf eine evolutionistisch qualifizierte Grundrichtigkeit von Sprache trifft. Mit dieser Bestimmung von Sprache steht Adelung in philosophischen Traditionen, die MAX HERMANN JELLINEK folgendermaßen beschreibt: „Die utilitaristisch gerichtete Aufklärung hat den Rationalismus als ein Element in sich aufgenommen, insofern sie die Erfüllung des Verstandes mit deutlichen Begriffen für ein wichtiges Mittel zur Beförderung der menschlichen Glückseligkeit hält." [35]

---

[29] Josten (Anm. 28), S. 11.

[30] Josten (Anm. 28), S. 15.

[31] Josten (Anm. 28), S. 118.

[32] Helmut Henne: Das Problem des Meißnischen Deutsch oder „Was ist Hochdeutsch" im 18. Jahrhundert. In: Zeitschrift für Mundartforschung 35, 1968, S. 109-129.

[33] Johann Christoph Adelung: Magazin für die deutsche Sprache. Teil I. Leipzig 1782; Reprographischer Nachdruck Hildesheim, New York 1969, S. 39.

[34] Vgl. hierzu auch Max Müller: Wortkritik und Sprachbereicherung in Adelungs Wörterbuch. Berlin 1903, S. 6.

[35] Max Hermann Jellinek: Geschichte der Neuhochdeutschen Grammatik von den Anfängen bis auf Adelung. 2 Teile. Heidelberg 1913, S. 334.

Den problematischen, für die Entwicklung der Sprachnormen und der Sprachreinheit zentralen Begriff ‚Sprachgefühl' versteht die zeitgenössische, soziologisch orientierte Sprachwissenschaft als Produkt der „objektiven Sprachwirklichkeit".[36] So ist die Sprachnorm keine metaphysische, sondern eine sich im Kommunikationsprozeß realisierende Größe. DIETER NERIUS betrachtet die Norm als eine „statistisch zu ermittelnde Invariante im Sprachgebrauch der Sprecher oder Schreiber einer Sprache",[37] wobei die Herausbildung der standardisierten Hochsprache von einem bestimmten Zeitpunkt des gesellschaftlich ökonomischen Fortschritts an notwendig wird.

„Über die Aufnahme und Ausbreitung einer sprachlichen Neuerung entscheidet in letzter Instanz immer die Funktion der Sprache für die Kommunikation", schreibt der Sprachhistoriker JOACHIM SCHILDT[38] und formuliert damit einen weiteren Grundsatz zum Verständnis dessen, was eine Sprachnorm darstellt. Diese funktionale Bestimmung von Sprachnorm und Sprachgebrauch – mithin auch der Kriterien für reine und richtige Sprache – ist für die Arbeiten von JOACHIM GESSINGER maßgeblich. Gessinger beschreibt den Konstruktionsprozeß der standardisierten Sprache als Korrelat einer „bürgerlichen Identitätsfindung qua Sprache im Sinne einer sozialen und nationalen Vereinheitlichung [...] Sprachpolitik war der Versuch, eigenständige Lebenszusammenhänge aufzubauen".[39] Die Hochsprache hat die Aufgabe, bürgerliche Selbstdarstellung in syntaktischen und lexikalischen Bereichen zu ermöglichen:

In dem Maße, wie sich der Geltungsbereich der hochsprachlichen Norm ausweitet, wurden die regionalen Umgangssprachen zum Merkmal eines niedrigen sozialen Status.[40]

Die Entwicklung des Purismus von Adelung zu Campe ist demnach als historische Konsequenz aus den Veränderungen in der sozialen Struktur des Bürgertums zu interpretieren. Ansonsten wäre nach Gessinger die Fortdauer des Streits um den Vorrang des Meißnischen nicht recht zu verstehen. Die in städtischen Lebenszusammenhängen etablierten Bürger waren nicht mehr bereit, „sich die ihnen gemäßen Formen des sprachlichen Verkehrs aus der Hand nehmen zu lassen."[41]

Die Beschränkung der normativen Kompetenz auf die ‚oberen Classen' war ausschlaggebend für das Selbstverständnis der Sprachtheoretiker, die nicht allein vom Interesse bestimmt waren, den aufstrebenden Dritten Stand zurückzudrängen, sondern die auch eine bestimmte Sozialdisziplinierung propagieren mußten, wie sich am Adelungschen Verständnis von ‚Reinheit' ablesen läßt, das ausgesprochen körperfeindlich ist. Das Wort ‚nackt' beispielsweise hält Adelung für unrein und empfiehlt dem anständigen Sprecher stattdessen die Verwendung von

---

36 V. M. Pavlov: Zur Ausbildung der Norm der deutschen Literatursprache im Bereich der Wortbildung (1470-1730). Von der Wortgruppe zur substantivischen Zusammensetzung. Berlin 1983, S. 27.
37 Dieter Nerius: Untersuchungen zur Herausbildung einer nationalen Norm der deutschen Literatursprache im 18. Jahrhundert. Halle 1967, S. 10.
38 Joachim Schildt: Abriß der Geschichte der deutschen Sprache. Berlin 1976, S. 11.
39 Joachim Gessinger: Sprache und Bürgertum. Sozialgeschichte sprachlicher Verkehrsformen im Deutschland des 18. Jahrhunderts. Stuttgart 1980, S. 96; vgl. auch ders.: Vorschläge zu einer sozialgeschichtlichen Fundierung von Sprachgeschichtsforschung. In: LiLi 12, 1982, 47, S. 119-145.
40 Gessinger, Sprache (Anm. 39), S. 100.
41 Gessinger, Sprache (Anm. 39), S. 142.

,bloss'.[42] Daß zusammen mit dem Wort auch der Begriff, die Vorstellung und die Realität der Nacktheit mit der Wertung ,unrein' versehen werden, wie wiederum nur von der Realität und Vorstellung der Nacktheit her das Verdikt über das Wort verhängt werden kann: diese Abhängigkeiten machen den Zusammenhang von sprachlicher und sozialer Disziplinierung unmittelbar deutlich.

In dem 1984 von WERNER BAHNER herausgegebenen Sammelband *Sprache und Kulturentwicklung im Blickfeld der deutschen Spätaufklärung*[43] ist weiteres Material für eine sozialgeschichtliche Fundierung der Purismusbewegung zu finden. Das Beispiel der von Adelung behaupteten Unreinheit des Wortes ,nackt' zeige, daß die rationalistischen und sensualistischen Traditionen der Philosophie, aus denen der Sprachtheoretiker Adelung seine eigene Position herleitet, nicht alle Empfindungen und Gefühle billigen kann, sondern eine Hierarchisierung der Empfindungs- und Sinneswahrnehmungen postuliert. Die Aufarbeitung des philosophischen Bezugssystems der Grammatiker hat GERDA HASSLER unternommen. Wenn Descartes und Spinoza Sprache in die philosophische Systematik einbeziehen, so beruht dies „vor allem auf der Annahme einer Analogie der Beziehung von Sprache und Denken zum Verhältnis von Körper und Geist".[44] Anthropologische Theoreme lösen im 18. Jahrhundert die theologische Begründung einer ,reinen' Sprache ab; so geht es z.B. Herder darum, den Menschen als ein sprachliches Wesen zu kennzeichnen und damit die Sprache zum Mittel der Sozialisierung und der Weitergabe von Erfahrungen zu erklären.[45]

Daß die Wortstellung als Bestandteil des besonderen Charakters der Einzelsprache als Merkmal der Herausbildung bevorzugter Denk- und Auffassungsweisen bedeutsam ist und sich somit die Ausprägung eines philosophischen Systems bis auf die Ebene der Syntax durchzieht, zeigt die Arbeit von BERND NAUMANN in eindrucksvoller Weise.[46] Die zeitliche Parallele von Kants *Kritik der reinen Vernunft* zu der im gleichen Jahr veröffentlichten *Deutschen Sprachlehre* Adelungs ist mehr als ein zufälliges Ereignis. Mit Adelung beginnt die Reflexion von Seiten der Sprachtheoretiker darüber, „was die Kategorien der Grammatik ,ihrem Wesen nach' sind, im metasprachlichen und im objektsprachlichen Bereich."[47]

> Alle philosophischen Sprachlehren gründen [...] auf der ordnenden, archetypischen, universalen, als Abbild des menschlichen Geistes fungierenden Form und auf der historisch bedingten [...] einzelsprachlich sich unterscheidenden Materie.[48]

Der Sprachunterricht wird mit dem Ausgang des 18. Jahrhunderts zur Schulung des logischen Denkens. Das Urteil über die Reinheit der Sprache läßt sich aus einer kategorialen Gesamtgliederung von Sprache folgern, die die Sprache in semantische Einheiten aufteilt, wie dies

---

[42] Laut Müller (Anm. 34), S. 6.
[43] Werner Bahner (Hg.): Sprache und Kulturentwicklung im Blickfeld der deutschen Spätaufklärung. Der Beitrag Johann Christoph Adelungs. Berlin 1984.
[44] Gerda Hassler: Sprachtheorien der Aufklärung. Zur Rolle der Sprache im Erkenntnisprozeß. Berlin 1984, S. 9.
[45] Hassler (Anm. 44), S. 72.
[46] Bernd Naumann: Grammatik der deutschen Sprache zwischen 1781-1856. Berlin 1986.
[47] Naumann (Anm. 46), S. 30.
[48] Naumann (Anm. 46), S. 46.

beispielsweise Adelung mit seiner Auffassung der Wortarten vornimmt. Mit Ausnahme der Interjektion, die als Kategorie der Empfindung gelten darf, sind alle anderen Wortarten der Ratio unterstellt, wobei allein das Substantiv als selbständige Kategorie der Substanz angesehen wird.

Das Theorem, die Sprache lasse sich als Abbild der Vernünftigkeit des Menschen verstehen, fächert den Purismusgedanken in weitreichende Argumentationsmuster auf. Prädarwinistische Positionen, rationalistische Anthropologie und biologische Metaphorik fließen zu einem Reinheitsbegriff zusammen, der allein in einem kulturtheoretischen Ansatz erfaßt werden kann. Ihn gilt es mit der Fortschreibung der kurz umrissenen sprachsoziologischen Arbeiten zu entwickeln, wobei Sozialdisziplinierung und Rationalisierung im Anschluß an die Forschungen Norbert Elias zum hermeneutischen Ausgangspunkt gemacht werden. Damit soll der Anspruch einer soziologischen Betrachtung von Sprachgeschichte eingelöst werden, um „eine genaue Bestimmung der Beziehungen zwischen sprachlichen Formen (und deren Veränderungen) und den sozialen und kulturellen Verhältnissen" zu ermöglichen.[49]

3.4 Rhetorik

Hierzu ist eine weitere Wissenschaftsdisziplin zu berücksichtigen, die bisher für die Entwicklung der Sprachgeschichte von der Forschung wenig beachtet worden ist. Die Arbeit von ELKE HAAS, *Rhetorik und Hochsprache*, versucht diesem Desiderat abzuhelfen. Eine Übereinstimmung in Begrifflichkeit und Wertvorstellungen der Sprachgrammatik läßt sich nach Haas ausfindig machen, wenn als Grundlage die Rhetorik der Antike angesehen wird: „Als Beispiel, wie hilfreich es ist, die Rhetorik in sprachgeschichtliche und sprachphilosophische Betrachtungen einzubeziehen, soll hier andeutungsweise der Purismus der Sprachgesellschaften dienen."[50] Haas resümiert die Forschung dahingehend, daß sie versucht habe, den Kampf gegen die Fremdwörter als Resultat nationaler Ansprüche bzw. als Resultat einer als gefährdet angesehenen kommunikativen Funktion der deutschen Sprache zu bewerten. Diese Erklärungen helfen nach Meinung der Autorin wenig, da ja in anderen europäischen Ländern ähnliche Bestrebungen in Gang gekommen seien. Ihre Lösung ist einfach:

> Für den antiken Redner und Dichter galt die Regel, das Fremdwort zu meiden. [...] Als Begründung wurde zum einen auf das Publikum verwiesen, das die Rede oder die Dichtung verstehen sollte, zum anderen aber auf das Thema, die behandelte Sache, die einen bestimmten Anspruch erhebe: einem bedeutenden Inhalt kann nur eine entsprechend anspruchsvolle Sprache gegenüberstehen. [...] Die deutschen Autoren haben nun nichts anderes getan, als das Fremdwort-Verbot einschließlich der altüberlieferten Begründung zu übernehmen.[51]

---

49 Gessinger, Vorschläge (Anm. 39), S. 120.
50 Elke Haas: Rhetorik und Hochsprache. Über die Wirksamkeit der Rhetorik bei der Entstehung der deutschen Hochsprache im 17. und 18. Jahrhundert. Frankfurt a. M. u. a. 1980, S. 10.
51 Haas (Anm. 50), S. 10 f.

Elke Haas erinnert daran, daß die antike Rhetorik die Sprachrichtigkeit an vier Kriterien bemißt: an *ratio* (grammatische, etymologische Gesetzmäßigkeit), *vetustas* (Überlieferung), *auctoritas* (Sprachgebrauch anerkannter Autoren) und *consuetudo* (aktueller Sprachgebrauch). Diese Verbindung der antiken rhetorischen Kategorien mit denen des Barock ist aufschlußreich, da sich dieselben Kriterien tatsächlich in auffälliger Vollständigkeit bei den Sprachtheoretikern des 18. Jahrhunderts wiederfinden. Jedoch erscheint es andererseits als unzureichend, die neuzeitliche Sprachgeschichte als mehr oder weniger unmittelbare Einlösung antiker rhetorischer Traditionen zu verstehen. Denn Haas geht kommentarlos darüber hinweg, daß zwischen Rhetorik und Poetik einerseits und den sozialen, ökonomischen und psychologischen Gegebenheiten einer Gesellschaft andererseits Wechselwirkungen bestehen, die es verbieten, den theoretischen Kategorien und Postulaten einen apriorischen und ahistorischen Wahrheitswert zuzuerkennen.

Es muß bezweifelt – oder müßte zumindest problematisiert – werden, daß die Wertvorstellungen der Rhetorik im 16., 17. und 18. Jahrhundert tatsächlich mit denen der Antike identisch sind. Zudem ist Vorsicht geboten, die Adaptation der antiken Begriffe für die Sprachtheorien des Barock unbefangen als historische Affinitäten der Epochen zu begreifen. Denn den Tugendbegriff der ‚Fruchtbringenden Gesellschaft‘ mit dem antiken Bildungsideal des ‚vir bonus‘ gleichzusetzen, referiert zwar das *Selbstverständnis* der ‚Fruchtbringenden Gesellschaft‘, erhellt aber nicht die *spezifische Funktion* dieser historistischen Begrifflichkeit in der Zeit der Sprachgesellschaften. So schreibt Haas über Leibniz:

> Leibniz bedenkt auch die Tugend der Angemessenheit in der Sprache. Da die gebildete Gesellschaft seiner Zeit genau wie diejenige der Antike den ungebildeten ‚Pöbel‘ verachtete, mußte auch dessen Sprache ausgeschlossen bleiben, weil sonst die Wirkungsmöglichkeit der Rede stark in Frage gestellt wäre.[52]

Auf diese Weise zeigt Haas zwar die tatsächlich – seit dem Humanismus – vorhandene Verbindungslinie zwischen der Entwicklung deutscher Sprachnormen und der antiken Rhetorik auf, aber sie reflektiert den je anderen hermeneutischen Kontext nicht, in dem dieselbe Begrifflichkeit eben ihre Identität verliert bzw. in dem sich die Wortgleichheit als Begriffsdivergenz erweist.

Aus der bereits erwähnten Arbeit von VOLKER SINEMUS über die Zusammenhänge zwischen poetologischen und rhetorischen Regelsystemen mit der sozialen Lebenswirklichkeit von Menschen in einer ständischen Gesellschaft wird im weiteren Verlauf meiner Untersuchung vor allem die differenzierte Darstellung der Sprachgesellschaften und ihrer Bedeutung im Wechselspiel zwischen Adelsherrschaft und bürgerlicher Wissenschaft eine Rolle spielen.[53] Die Ergebnisse der von HELMUT SCHANZE herausgegebenen Aufsatzsammlungen *Rhetorik*[54] und *Rhetorik und Philosophie*[55] über grundlegende Probleme der Rhetorik fließen an ihrem Ort in diese Untersuchung ein, ohne hier eigens charakterisiert zu werden; ebenso die

---

[52] Haas (Anm. 50), S. 82.
[53] Sinemus (Anm. 2), S. 207–241.
[54] Helmut Schanze (Hg.): Rhetorik. Beiträge zu ihrer Geschichte in Deutschland vom 16.-20. Jahrhundert. Frankfurt a. M. 1974.
[55] Helmut Schanze (Hg.): Rhetorik und Philosophie. München 1989.

von JOSEF KOPPERSCHMIDT betreute Zusammenfassung programmatischer Beiträge zur Rhetorik:[56] alle vier genannten Publikationen wirken stil- und themenprägend auf die hier entwickelten Gedanken ein, auch wenn in ihnen keine spezifische Auseinandersetzung mit der *puritas* geführt wird.

3.5 Sprachpflege

Ein Abriß über die Forschungsliteratur zum Sprachpurismus muß auf die zahlreichen Arbeiten hinweisen, die von der Notwendigkeit heutiger Sprachpflege ausgehen und diese als wissenschaftliche Disziplin etablieren wollen bzw. einen Definitionsversuch von Sprachpflege vorschlagen. Sprachpflege als Wissenschaft[57] beschäftigt sich mit einem Gegenstand, der nicht mit der naturwissenschaftlichen Methodik von Falsifikation und Verifikation unter labormäßigen Bedingungen, sondern hermeneutisch aufgrund von Kommunikationsanalysen erörtert werden soll. Dabei muß die Frage thematisiert werden, ob und wie Sprachpflege und Sprachkritik zusammengehören.[58] Sprachpflege wird folgendermaßen definiert:

> Wir verstehen unter Sprachpflege allgemein jede beratende (gegenüber: didaktische) Bemühung um den Sprachgebrauch einzelner Individuen, die auf eine verbesserte Kompetenz (Normbeherrschung) und auf einen reflektierten, d.h. kritischen und selbstkritischen Sprachgebrauch (kommunikative Kompetenz) abzielt.[59]

Beratende und didaktische Ansprüche sind in der Praxis der Sprachpfleger schwer voneinander zu trennen, da viele Sprachpuristen der Gegenwart durchaus pädagogisch wirken wollen. So votiert SIEGFRIED GROSSE, obgleich er den Begriff der Sprachpflege für belastet hält, für eine Kenntnis der Tradition von Sprachpflege. Er fordert eine Sprachwissenschaft, in der auch das kaum exakt definierbare „Sprachgefühl" als Kategorie Geltung erlangt:

> Die von den Naturwissenschaften angeregte und an ihnen orientierte Absicht, die sprachlichen Erscheinungen einer intuitiven, scheinbar amorphen und nicht ohne weiteres nachvollziehbaren Interpretation zu entziehen und damit die Linguistik zu einer exakten und meßbaren Wissenschaft werden zu lassen, gibt der Sprachpflege keinen Raum, denn ihre Grundlage besteht einstweilen nicht in einer fest umrissenen wissenschaftlich fundierten Theorie, sondern in dem zwar nicht faßbaren, aber dennoch ohne Zweifel existenten und wichtigen ‚Sprachgefühl' der gegenwärtigen Sprechergeneration, das sich allerdings bisher noch von keiner Theorie hat in feste Konturen umreißen lassen.[60]

---

56 Josef Kopperschmidt (Hg.): Rhetorik. Band 1: Rhetorik als Texttheorie. Darmstadt 1990; Band 2: Wirkungsgeschichte der Rhetorik. Darmstadt 1991.

57 Vgl. Albrecht Greule und Elisabeth Ahlvers-Liebel: Sprachpflege als wissenschaftlicher Abschied von Gefühl und Phantasie? In: Sprachdienst 30, 1986, S. 129-141.

58 Greule (Anm. 57), S. 139.

59 Greule (Anm. 57), S. 131.

60 Siegfried Große: Vorschläge zur Förderung der Kommunikationsfähigkeit oder: Eine Lanze für die Sprachpflege. In: Standard und Dialekt. Studien zur gesprochenen und geschriebenen Gegenwartssprache. Festschrift für Heinz Rupp. Hg. von Heinrich Löffler u.a. Bern, München 1979, S. 117-127, S. 123.

In einem *Gutes Deutsch* betitelten Aufsatz stellt HANS GEORG GADAMER mit Recht fest, daß man nicht *mit*, sondern *gegen* die von der Schule gelernten Schreibregeln, gegen ein „totes Gerüst der Richtigkeit" schreiben lernt. Regeln stehen als abstrakte Größe dem Sprachgefühl gegenüber – und das weiß sowieso besser über die angemessene Verwendung von Sprache Bescheid als die normative Konvention von Grammatik, Lexik und Orthographie. Das aber ist nach Gadamer das Ziel: der „freie und selbständige Gebrauch von Sprache und Schrift." Einen solchen Gebrauch übt derjenige, der sich von Vorbildern beeindrucken läßt; denn es „ist eine alte Wahrheit, die in dem experimentier- und konstruktionsfreudigen Zeitalter einer sich selbst überschlagenden Aufklärung wenig beliebt sein mag – daß man nur durch Vorbilder lernt."[61] Mit den gewählten Vorbildern hat der Schreibende zu einer eigenen Schreibweise zu kommen. Er soll seinen Stil finden, sonst verfällt die nachgeahmte Schreibform dem „nivellierenden Einfluß des Vorgeschriebenen und Vorgesagten."[62] Mit dem Hinweis auf die eigene Bildungsgeschichte will Gadamer das Entstehen der Fähigkeit illustrieren, wie man ‚gutes Deutsch' zu schreiben lernt. Gadamer vermeidet es, das einzelne falsch gewählte oder falsch geschriebene Wort zu kritisieren; seine sprachpflegerischen Intentionen gelten vielmehr der Syntax der geschriebenen Sprache und betten das Ideal der guten, reinen deutschen Sprache wieder in den Sinnzusammenhang des Satzes und des Stils ein. Dabei wirkt allerdings die Vorstellung reichlich antiquiert, die in heutiger Schulpraxis nicht mehr geübte Lektüre der ciceronischen Reden im Original gebe Anlaß zur Befürchtung, daß die „Kunst des Schreibens und der genauen Wiedergabe von Gedankengängen jüngeren Geschlechtern" nicht mehr ‚vererbt' werden könnte.[63]

Als Korrektiv einer Sprachpflege, die die Reinheit des Wortes auf ihre Fahnen geschrieben hat und dabei nicht ohne Vergangenheitsidealisierungen auszukommen scheint, ist der Beitrag von STEFAN KOLB zu werten.[64] Nach Kolbs Auffassung werden von zahlreichen Sprachpflegern „differenzierte metaphorische Formen"[65] zur Charakterisierung des behaupteten Sprachverfalls eingesetzt; so jedenfalls oftmals in den Feuilletons überregionaler Zeitschriften, die den Diskussionsraum zum Thema „Sprachverfall" bieten.[66] Kritisiert werde vor allem die Rechtschreibung. Die Kriterien für den beklagten Sprachverfall seien häufig nur dem Bereich der geschriebenen Sprache entnommen. Das abnehmende Sprach- und Schreibvermögen werde bemängelt, dessen Ursache im Auseinanderfallen von Schulpolitik und Sprachnormen liege: „Das Phänomen des Sprachwandels wird [...] unter normativem Akzent gesehen, der nach einer willkürlichen Wertsetzung erfolgt."[67] Solche Wertsetzungen können

61 Hans Georg Gadamer: Gutes Deutsch. In: Jahrbuch der Deutschen Akademie für Sprache und Dichtung, 1979, S.76-82, hier: S.76.
62 Gadamer (Anm. 61), S.78.
63 Gadamer (Anm. 61), S.80.
64 Stefan Kolb: Verfällt die Sprache? Metaphern für die Deutung von sprachlichen Symptomen des kulturellen Wandels. In: Obst 40, 1989, S.177-185.
65 Kolb (Anm. 64), S.177.
66 Vgl. zu dieser Problematik auch den Beitrag von Hermann Villiger: „Sauber Wasser, sauber Wort". In: Muttersprache 86, 1976, S.7-19.
67 Kolb (Anm. 64), S.178.

neben der Kritik am Bildungssystem in der Denunziation von Unterhaltungskultur (insbesondere der Comicsprache) und der Medienschelte bestehen. Damit gehe die Klage einher, daß die familiäre Kommunikation abnehme.

Die zur Beschreibung von Sprache verwendeten Metaphern stammen „zum größten Teil aus dem Bereich des Bauens [...] und aus dem Bereich des Wachsens und wieder Verfallens und Vergehens".[68] Aus diesen Metaphernsystemen, die die Sprache als ein organisches Gebilde vorstellen, „werden nur die negativen Teilkomponenten herausgezogen";[69] die Verfallsmetapher impliziert jeweils eine Perspektive, „die andere Perspektiven ausschließt".[70] Die Verfallsmetaphorik beinhaltet nach Meinung des Autors eine elitäre Sichtweise von Sprachvorgängen. Gegen diese einseitige Verwendung der Metaphorik ist der Aufsatz geschrieben: „Nie wird das System der Konventionalisierung (von Sprachnormen) hinterfragt, sondern es werden diejenigen angeklagt, die daran scheitern [...].".[71]

Der Metaphorik des Organischen verwandt ist eine Redeweise, die vom ‚Krankheitsbild‘ der Sprache spricht und behauptet, Schriftsprache und gesprochene Sprache ‚infizierten‘ sich wechselseitig – und zwar jeweils mit ihren schlimmsten Keimen. Sprachreiniger mit dieser Einstellung begeben sich da schnell in die Rolle des Arztes oder des beckmesserischen Zuchtmeisters. Im 1981 von ALFRED GLEISS veröffentlichten *Unwörterbuch*, das die traditionelle Orientierung der gesprochenen an der geschriebenen Sprache anti-intellektuell umkehrt, heißt es symptomatisch:

> Geschriebene Sprache sollte sich nach der gesprochenen richten, sich nie zu weit von ihr entfernen. Tatsächlich aber greifen Unsitten der ‚feinen‘ geschriebenen Sprache auf die ‚solide‘, anspruchslose gesprochene Sprache über. Luther schaute noch dem Volk aufs Maul, heute guckt der Normalsprecher den Bildungsprotzen und -snobs, deren Äußerungen an das Imponiergehabe der Primaten denken lassen, auf das geschliffene Mundwerk. Ein Sprachbuch dieser Art kann nur die Aufgabe haben, Fehler und Häßliches auszumerzen [sic!].[72]

Der Verfasser pflegt das borniere Ressentiment des Volkstümlichen, das unterschiedslos Sprachformen von Behörde, Wissenschaft, Philosophie und Kunst in einen Topf wirft und dagegen die „reine Sprechsprache"[73] zum Ideal stilisiert; ein Ideal, das er gerne durch „Sprachhygiene", „Sprachkosmetik" oder „Sprachzucht" erreichen möchte. Wenn er sich dann gegen das zuletzt genannte martialische Vorgehen entscheidet, dann nicht, weil die belastete Geschichte des Begriffs ‚Zucht‘ ihn davon abhielte, sondern weil – wie bereits erwähnt – sich in diesem Wort „eine weniger schöne Seite der deutschen Sprache gezeigt (hätte); manchmal ist sie unaussprechlich schön: schpr_chz_cht nur für Deutsche aussprechbar."[74]

---

68 Kolb (Anm. 64), S. 180.
69 Kolb (Anm. 64), S. 181.
70 Kolb (Anm. 64), S. 182.
71 Kolb (Anm. 64), S. 184.
72 Alfred Gleiss: Unwörterbuch. Sprachsünden und wie man sie vermeidet. Frankfurt a.M. 1981. Hier zitiert aus dem Klappentext.
73 Gleiss (Anm. 72), S. 10.
74 Gleiss (Anm. 72), S. 9.

Der Unterschied, der allerdings entscheidend ist, zu Luthers Orientierung an der gesprochenen Sprache, besteht zum einen darin, daß Gleiss auf eine Normierung der Gesamtsprache durch die Umgangssprache hinauswill und daß zum anderen diese Normierung durch einen stark anti-intellektuellen Duktus geprägt ist. Während Luther wollte, daß die Gelehrten ihr Wissen – vor allem ihr biblisches Wissen – in einer dem Ungebildeten verständlichen Sprache ausdrücken, läuft Gleiss' Diffamierung der Literatur- und Wissenschaftssprache letztlich darauf hinaus, daß auch die Gebildeten von vornherein nicht mehr wissen sollen, als sich in einer schlichten Sprache ausdrücken läßt.

Der gegenwärtigen Literatur zum Thema Sprachpflege sind allerdings auch seriöse Fragestellungen zu entnehmen. Immer wieder wird die Forderung nach Verständlichkeit zum Kriterium einer ‚reinen‘ Sprache gemacht – wobei das der Verständlichkeit zugrundeliegende ‚Verstehen‘ als subjektive (Kommunikations-)Erfahrung eine problematische Kategorie darstellt.[75] ULRICH KNOOP versucht in mehreren Arbeiten die Sprachgeschichtsschreibung daraufhin zu befragen, welchen Grad der Verständlichkeit als Vorbedingung einer gelungenen Kommunikation sie den jeweiligen Sprachstufen zuschreibt. Die Arbeiten Knoops machen darauf aufmerksam, daß die Sprachgeschichtsschreibung Werturteile anwendet, die sie unter einem deskriptiven, neutralen Analyseverfahren zu verbergen trachtet. Reinheitsvorstellungen über eine ‚verständliche Sprache‘ prägen zahlreiche Darstellungen. Knoop ist der Auffassung, in dem Hinweis auf Verständigungsschwierigkeiten ‚früherer Zeiten‘ einen „Topos von Sprachgeschichtsschreibung"[76] ausfindig machen zu können. Dagegen stellt er die Beobachtung, daß „sich die Menschen früherer Zeit auch ohne Dudengrammatik verstehen konnten, daß Recht gesprochen (!), Handel getrieben, verwaltet wurde."[77] Die Entstehung und Durchsetzung einer restlos geregelten Standardsprache ist nicht das Resultat eines evolutionären Prozesses von Sprachgeschichte, dessen Ziel in der Überwindung von Verständigungsschwierigkeiten besteht, sondern ist einem „tiefgreifenden kulturell-anthropologischen" Bedürfniswandel geschuldet.[78]

Die Notwendigkeit dafür, sich verständlich zu machen, sieht der Verfasser durch Personengruppen gewährleistet, die für sprachlichen Austausch sorgten: Gewerbetreibende „und die nicht seßhaften Gehilfen in Landwirtschaft und Gewerbe", die Handwerksgesellen. Im Gespräch vollzieht sich gegenseitiges Verstehen durch kaum meßbare Faktoren wie Toleranz, Verständigungsbereitschaft und „vor allem die Zeit".[79] Knoop weist darauf hin, daß in der

---

75 Vgl. den Beitrag von Brigitta Mogge: Man muß sich zwar plagen – aber Verständlichkeit ist lernbar! In: Der öffentliche Sprachgebrauch. Band 1. Stuttgart 1980, S.190-201. Die Autorin gibt als Aspekte von Verständlichkeit zu bedenken, daß ein Satz dann unverständlich ist, „wenn er zuviele Informationen erhält; der Wortschatz und der Gebrauch der syntaktischen Mittel soll dem Verständigungshorizont des angesprochenen Leserkreises angemessen sein" (S.196).

76 Ulrich Knoop: Von der Norm und der Beherrschung der Sprache. In: Der öffentliche Sprachgebrauch. Band 1. Stuttgart 1980, S.43-51.

77 Knoop (Anm.76), S.43.

78 ebd.

79 Ulrich Knoop: Von einer verstehbaren zur richtigen Sprache. Zum sprachhistorischen Vorurteil über die deutsche Sprache vor 1700. In: Vorträge des Germanistentages Berlin 1987. Band 2. Politische Aufgaben und soziale Funktionen von Germanistik und Deutschunterricht. Hg. von Norbert Oeller. Tübingen 1988, S.404.

expliziten Forderung, die Sprache selbst müsse durch bestimmte Parameter verständlich sein oder gemacht werden, eine bestimmte Vormeinung darüber verborgen liegt, was Verständigung tatsächlich ausmacht.

Diese Beobachtungen zielen darauf ab, das Problembewußtsein über die ideologische Dienstbarkeit des Begriffs Verständlichkeit für eine normative Sprachauffassung zu schärfen. In gleichem Sinne schreibt BARBARA SICHTERMANN, daß Verständlichkeit kein über die Zeiten hinweg gültiger Begriff sei und viel weniger, als man gemeinhin denke, „von äußerlichen Kennzeichen wie Geläufigkeit der verwendeten Vokabeln, Verzicht auf Fremdwörter, Einfachheit der Syntax usw. abhängt". Verständigung kann sich auch durch das implizite Einverständnis darüber herstellen, „daß man lieber wechselseitig bestätigen als befragen, daß man lieber Gewohntes wiederholen als ‚etwas Neues lernen' (Karl Marx) wollte".[80]

HANS MARTIN GAUGER votiert für eine Sprachkritik, die durch eine mehr deskriptive Sprachwissenschaft gestärkt werden und dadurch ideologischer Verführung leichter widerstehen könnte. Sie soll der Frage nach dem ‚Warum' sprachlicher Erscheinungen, nicht aber ihrem ‚Wozu' nachgehen. Dennoch obliegt dem Sprachkritiker die Wertung von Sprache, denn „wer über Sprache und Sprachgebrauch redet, muß auch über Sachen reden; Sprachkritik impliziert vielfach Parteinahme für oder gegen."[81] Gaugers Arbeit enthält eine Reihe von Beobachtungen zum Sprachpurismus, die die Forschungsliteratur in ihren Fragestellungen nochmals pointieren und das Erkenntnisinteresse der vorliegenden Untersuchung mitbestimmen: Gauger hebt hervor, daß der Begriff ‚Reinheit' moralische, theologische und rhetorische Implikate enthält, und legt den Zusammenhang zwischen Gesellschaft und Sprache für den Reinheitsgedanken des ‚ancient régime' frei:

> Hinter dem Ideal der reinen Sprache steht also, im Fall des französischen siebzehnten Jahrhunderts, ein bestimmtes Ideal vom Menschen. Denn der ‚honnete homme' ist für die Sprachkritiker jener Zeit der vorbildliche ‚homo linguisticus'. Seinen Wortschatz sucht das sogleich geplante, aber erst am Ende des Jahrhunderts fertiggestellte Wörterbuch der Akademie getreulich abzubilden.[82]

Gemäß seiner Konzeption, ‚Sprachkritik' mit Sprachwissenschaft zu verbinden, hält Gauger den Begriff der Reinheit für bedeutsam und nützlich: „es geht um ein – durchaus moralisch getöntes Gefühl der Verpflichtung, das wir unserer Sprache gegenüber empfinden."[83] Das Thema ‚Fremdwort' ordnet er dem bekannten Aspekt der Verständlichkeit unter, erweitert diesen aber durch das problematische Bild der ‚Sprachheimat', die durch Fremdes fremd zu werden drohe. Unter Berufung auf Leibniz betont er: dessen „Einwand gegen das Fremdwort – und dies gilt, finde ich, bis heute oder heute erst recht – ist, daß es der Verständlichkeit im Weg steht, Schranken errichtet und die Sprache für viele unheimatlich macht."[84]

---

80 Barbara Sichtermann: Fetisch Verständlichkeit. Ein Plädoyer für Fremdwörter und komplizierte Sprache. In: Freibeuter 16, 1983, S. 7.

81 Hans Martin Gauger: Brauchen wir Sprachkritik? In: Jahrbuch 1984 der Henning Kaufmann-Stiftung zur Pflege der Reinheit der Deutschen Sprache. Marburg 1985, S. 58 f. Teile aus diesem Beitrag wurden unter dem Titel *Wir sollten mit der Sprache sorgfältiger umgehen* veröffentlicht in: Der Sprachdienst 29, 1985, H. 5/6, S. 65-69 und unter dem Titel *Über die Reinheit der Sprache* in: Merkur 38, 1984, S. 964-969.

82 Gauger (Anm. 81), S. 35.

83 Gauger (Anm. 81), S. 40.

84 Gauger (Anm. 81), S. 39.

Hinsichtlich des unreflektierten Vorbehalts gegen das Fremdwort als das schlechthin un- oder schwerverständliche Wort sei nochmals auf Barbara Sichtermann verwiesen. Sie stellt am Beispiel der politischen Sprache der APO und der Kritischen Theorie das „paradoxe Ergebnis" heraus, „daß es der kritischen Sprache an ‚Verständlichkeit' zu mangeln begann, als sie allgemein und damit auch verständlicher, als sie selbst diffuser (und weniger ‚häßlich') geworden war".[85] Das heißt: gegen die Theorie der Verständlichkeit und gegen die Auffassung, das gegenseitige Verstehen werde durch Fremdwortgebrauch gestört oder verhindert, wendet Sichtermann seitens der Sprachwissenschaft ein, Verständlichkeit sei vielmehr eine gesellschaftliche Konvention, eine unausgesprochene, gleichwohl gültige Vereinbarung darüber, was die Beteiligten in der augenblicklichen Situation verstehen wollen und können. Auf die Reinheitsfrage angewendet ergeben sich daraus weitreichende Konsequenzen. Zum einen zeigt sich erneut, daß die rhetorischen Aspekte der Sprachpflege nicht an das einzelne Wort, seine Herkunft und seine Gebräuchlichkeit gebunden bleiben dürfen; daß also die Frage der ‚Reinheit' im Sinne der Verständlichkeit kontextuell sowohl im Textzusammenhang als auch im Situationszusammenhang gesehen werden muß. Und zum anderen ergibt sich methodisch die Notwendigkeit, das Reinheitsproblem von der bloß sprachorientierten Fixierung abzulösen und es in den gesamten Lebenszusammenhang zu stellen, in dem es angesiedelt ist.

Um dies noch zu veranschaulichen, sei abschließend die gleichermaßen philosophische wie polemische Argumentation THEODOR ADORNOS *für* das Fremdwort zitiert. Adorno erkennt hinter der Verurteilung des Fremdwortes unter dem Deckmantel des Verständlichkeitspostulats den psychischen Mechanismus der Abwehr: „Schließlich geht es vielfach um die Abwehr von Gedanken, die den Wörtern zugeschoben werden."[86] Adorno tritt ein für die ästhetischen Funktionen von Sprache, die er allerdings anders versteht als die meisten Sprachpfleger und -reiniger, die das Fremde aus der ‚Heimat Sprache' ausmerzen wollen: für ihn steht gerade die *reibungslose* Verständigung als Wiederholungsereignis dem ästhetischen Sinn sprachlicher Kommunikation im Wege, und der Schriftsteller vermag das „konformistische Moment der Sprache, den trüben Strom, in dem die spezifische Absicht des Ausdrucks ertrinkt, [...] durchs Fremdwort helfend zu unterbrechen."[87]

Diese Auffassung greift auf das θαυμάζειν zurück, auf das Stutzen und Innehalten, das jeder Erkenntnis notwendig vorausgehen muß, soll Erkennen und Verstehen nicht zum bloßen *déjà vu* herabsinken. Das Fremdwort als Blockade im „trüben Strom" des sinn-armen Sprechens wirkt so als Auslöser des Stutzens, dem Erkennen und Verstehen folgen können – es sei denn, der Hörer selbst stürzte vor lauter Staunen in den Brunnen des Thales.[88]

---

85 Sichtermann (Anm. 80), S. 7.
86 Theodor W. Adorno: Noten zur Literatur. Gesammelte Schriften II. Frankfurt a.M. [2]1984, S. 216.
87 Adorno (Anm. 86), S. 220.
88 Platon: Theaitetos, 174 a; vgl. Martin Heideggers Berufung auf diesen Brunnen-Sturz des Philosophen Thales, an dem er den Begriff der Metaphysik exemplifiziert (Die Frage nach dem Ding. Tübingen 1962, S. 3).

4 Wort-, Bedeutungs- und Wirkungsgeschichte des Wortes *rein*

4.1 Etymologie

Die Etymologie des Wortes *rein* galt bis in die zwanziger Jahre unseres Jahrhunderts als ungesichert; der Stamm des gemeingermanischen Wortes schien sich nicht mit Gewißheit auf eine indogermanische Wurzel beziehen zu lassen. Heute herrscht weitgehend die auf Kluge zurückgehende Ansicht[1] vor, daß *rein* abzuleiten ist aus der indogermanischen Wurzel **(s)kerĭ-, *(s)krĕi-, *(s)krĭ-* ,schneiden, scheiden', einer (Partizipial-)Form der Wurzel **(s)ker(ə)* ,scheren'.[2] In den etymologischen Kontext zu stellen wären demnach die Wurzeln und Ableitungen idg. *krĭ*, griech. κρίνω, lat. *cribrum*; ahd. *rî-tera* = ,Getreidesieb'; ags. *hrid-der* = ,Sieb'. Ältere Hypothesen über die Wortherkunft stellen Verbindungen her zwischen ahd. *hreini* und altnord. *hrina, hrein* = ,schreien',[3] ohne die erhebliche Bedeutungsdifferenz erklären zu können, oder zwischen gotisch *hrains* und dem Sanskrit-Morphem *çrêni*, das auf den indischen Feuergott Agni verweist;[4] hierbei mag die Analogie zur Etymologie von *purus* aus πῦρ eine Rolle spielen.

Grimms *Deutsches Wörterbuch* gibt als „Grundbedeutung" von *rein* die Definition: „frei von fremdartigem, das entweder auf der oberfläche haftet oder dem stoffe beigemischt ist, die eigenart trübend".[5] In Anlehnung hieran definiert Kluges *Etymologie* die Grundbedeutung als „gesichtet, gesäubert"[6] und das *Etymologische Wörterbuch des Deutschen* bestimmt *rein* als „ohne fremdartige Bestandteile, unvermischt, unverfälscht, frei von Schmutz, sauber, frisch gewaschen, unberührt, keusch, vollkommen, fehlerlos".[7]

---

[1] Siehe Friedrich Kluge: Eytmologien. In: Beiträge zur Geschichte der deutschen Sprache und Literatur (PBB Halle) 8, 1882, S. 525 f.

[2] So neuerdings: Etymologisches Wörterbuch des Deutschen. Berlin/DDR 1989, Band Q - Z, S. 1403. Von „Partizipialbildung" spricht: Der Große Duden in 10 Bänden. Band 7: Etymologie. Herkunftswörterbuch der deutschen Sprache. Mannheim 1963, S. 560, der die indogermanische Wurzel **(s)krĕi-* mit der Bedeutung ,scheiden, sichten, sieben' angibt (ebd.). Friedrich Kluge (Etymologisches Wörterbuch der deutschen Sprache. Berlin [18]1960, S. 593) nimmt als germanische Wurzel **hrĭ* an, die auf vorgermanisch **krĭ* und **krei,* ,sichten, sieben' zurückzuführen sei.

[3] Jacob Grimm: Deutsche Grammatik. Göttingen 1819-1837, Band 2, S. 12, 87.

[4] Zeitschrift für vergleichende Sprachforschung [...]. Hg. von T. Aufrecht und A. Kuhn. Berlin, 22. Jg., 1874, S. 554.

[5] Deutsches Wörterbuch. Hg. von Jacob Grimm und Wilhelm Grimm. 8. Band: R - Schiefe. Leipzig 1893, Sp. 681.

[6] Kluge (Anm. 2), S. 593.

[7] Etymologisches Wörterbuch (Anm. 2), S. 1403.

4.2 Wortgeschichte

Die ältesten Belege für das Adjektiv *rein* in der deutschen Sprachgeschichte bietet die gotische Bibelübersetzung des Bischofs Ulfilas aus der Mitte des 4. Jahrhunderts. Der einzigen bisher vorliegenden wortgeschichtlichen Untersuchung zufolge, Otto Gaupps Dissertation *Zur Geschichte des Wortes ‚rein'* aus dem Jahr 1920, verwendet Ulfilas das Wort *hrains*, um das griechische καθαρός zu übersetzen.[8] Die Überprüfung der Quellen bringt jedoch zutage, daß *hrains* mit seinen Komposita und Ableitungen der Übersetzung mehrerer griechischer Worte dient, wodurch sich auch schon für die gotische Sprachstufe eine gewisse Bedeutungsvielfalt für den Bereich *rein* nachweisen läßt.

Als verbreiteteste Form finden sich *hrains* und *unhrains* tatsächlich für καθαρός (mundus, purus) und ἀκάθαρτος (immundus).[9] Wichtiger als die regulären Entsprechungen sind die wenigen Abweichungen: so überträgt z. B. Ulfilas auch das Adjektiv κόσμιος (ornatus) durch *hrains:* „ἐν καταστολῇ κοσμίῳ" (in habitu ornato) gibt er mit „in gefteinai hrainjai" wieder.[10] In Röm 14, 14 übersetzt Ulfilas κοινός (communis) einmal mit *unhrains* und das zweite Mal mit *gamain:* „τι κοινὸν εἶναν, ἐκείνῳ κοινόν" (quid commune esse, illi commune est) – „hva unhrain visan, þamma gamain ist". Ulfilas verwendet *unhrains* hier nicht aus Gründen der Wörtlichkeit oder des Mangels einer Entsprechung, sondern um der Sinntreue willen. Die aus dem Zusammenhang der paulinischen Diskussion um „reine Speisen" stammende Stelle erscheint dadurch besonders interessant, denn der Kontext entscheidet über die Wahl der Worte *unhrains* und *gamain.*[11] Aus 2 Kor 11, 6 schließlich stammt eine weitere Variante: „εἰ δὲ καὶ ἰδιώτης τῷ λόγῳ, ἀλλ' οὐ τῇ γνώσει" (nam etsi imperitus sermone, sed non scientia) übersetzt Ulfilas mit „jabai unhrains im vaurda, akei ni kunþja"[12] – wobei auch hier die Wiedergabe von ἰδιώτης (*imperitus*) mit *unhrains* eine Interpretation des Textes und Textzusammenhangs impliziert.

Unter den Wortformen begegnen noch die femininen Substantive *hrainei, hraineins* und *gahraineins* für καθαρισμός (emundatio, purgatio)[13] sowie *unhrainei* und *unhrainiþa* für

---

8 Otto Gaupp: Zur Geschichte des Wortes ‚rein'. Inaugural-Dissertation [...] Universität Tübingen. Tübingen 1920, bes. S. 13 f. Gaupps schmale Dissertation ist trotz ihres Alters die einzige verfügbare Übersicht über die Wort- und Begriffsgeschichte des Adjektivs *rein*. Ich greife auf sie zurück, obwohl sie erhebliche methodische Mängel aufweist, weil für den Zusammenhang meiner Untersuchung ein kursorischer Überblick über den wortgeschichtlichen Aspekt genügen kann.

9 Ulfilas. Verteris et novi testamenti versionis Gothica fragmenta quae supersunt. Ediderunt H. C. de Gabelentz et J. Loebe. [Neudruck der Ausgabe Leipzig 1843] Vol. I und II. Hildesheim 1980. *hrains* für καθαρός: Mt 27, 59; Joh 13, 11; 15, 3; 1 Tim 3, 9; 2 Tim 1, 3; 2, 22; Tit 1, 15. *unhrains* für ἀκάθαρτος: Mk 1, 23, 25–27; 3, 11, 30; 5, 2, 8, 13; 6, 7; 7, 25; 9, 25; Lk 4, 33, 36; 6, 18; 8, 29; 9, 39, 42; 1 Kor 7, 14; 2 Kor 6, 17; Eph 5, 5. Die lateinischen Parallelen entsprechen der Vulgata.

10 1 Tim 2, 9; eine Parallelstelle findet sich in den *Skeireins* III, c.

11 1545 übersetzt Luther: „der es rechnet fur gemein / dem selbigen ists gemein" und setzt als Glosse hinzu: „(Gemein) Jst eben so viel / als vnrein". Vgl. auch Goethes Anspielung auf dieselbe Bibelstelle, unten S. 250.

12 Luther 1545: „Vnd ob ich Alber bin mit reden / So bin ich doch nicht alber in dem erkentnis".

13 Mk 1, 44; Lk 2, 22; 5, 14; Skeir III, b und d.

ἀκαθαρσία (immunditia)[14]. Überliefert sind außerdem Intensivformen wie *ushrainjan* für ἐκκαθαίρειν (expurgare)[15], *gahrainjan* für διακαθαρίζειν (purgare)[16] und für ἐκκαθαίρειν (emundare)[17], die Verben *hrains* für καθαρίζεσθαι (mundare) sowie *afhrainjan* und *hrainjan* für καθαρίζειν (mundare)[18] sowie das Kompositum *hrainjahairts* für καθαρὸς τῇ καρδία (mundo corde).[19] Als Synonyme kommen *hlutrs* (lauter, unschuldig, rein; ἁγνός) *swikns* (heilig, rein, unschuldig; ἁγνός, ἀθῷος, ὅσιος) und *weihs* (geweiht, heilig; ἅγιος) vor.[20]

Der gotischen Wortfamilie *hrains* entsprechen folgende andere Stämme: ahd. *hreini*, alts. *hrêni*, altfries. *rêne*, altn. *hreinn*. Das mhd. und das mnd. kennen die Wortformen *reine* und *rein*; im mnl. treffen wir die Formen *reene, reen* sowie *reyne* und *reyn*, während im norddeutschen Sprachgebiet die monophthongisierten Formen *rêne* und *rên* verbreitet sind. Im ags. ersetzen die Formen des Wortes *claene* (engl. *clean*) jene des Wortes *rein*; ihnen entsprechen im ahd. die Form *chleine* und im mhd. *kleine* im Sinne von *subtilis*. In den oberdeutschen Regiolekten überwiegt der Gebrauch des Wortes *sauber*, die Verwendung des Wortes *rein* bleibt „auf einzelne Fälle beschränkt".[21]

Die althochdeutschen Formen *reine* und *unreine* sowie ihre Synonyme *luttar* und *sûbari* begegnen in der Isidor-Übersetzung ins Althochdeutsche (um 790/800) und in der Fuldaer Übersetzung der *Evangelienharmonie* des Tatian (ca. 830); letztere bietet auch zum erstenmal die Verbformen *reinen* und *sûberen*; die althochdeutsche Verbform *hrênôn* findet sich im *Heliand* (ca. 830).

Der älteste uns bekannte Komparativ *reinere* stammt von Notker (um 1000), während Otfried als erster das Adverb *reino* überliefert (um 860/70). Durch ihn kennen wir auch die althochdeutschen Substantivformen *reinî, reinida* sowie *reinôn*, die alle den Zustand des Reinseins bezeichnen. Um etwa 1100 begegnet die Verbindung des Wortes *rein* mit der disjunktiven Präposition ‚von': in den *Poetischen Denkmälern* wird Christus als „reine von sundin" bezeichnet; um 1200 heißt es in einem Vers über Maria, sie habe Christus geboren „lûter unde reine / van mannes gemeine".[22] Das Adjektiv *reinlîke* für ‚reinlich' kommt erstmals um 1180 in Heinrich von Veldekes *Eneid* vor. Von den mittelhochdeutschen Dichtern trägt vor allem Walther von der Vogelweide zwei weitere wichtige Substantivformen bei: *reine* und *reinekeit*, wobei letzteres in übertragener Bedeutung als ‚Trefflichkeit, Edelsinn' zu verstehen ist.[23] Bei Konrad von Würzburg finden wir Mitte des 13. Jahrhunderts das Negativ-Verb *entreinen*, das im Doppelsinn von „beschmutzen" und „entweihen" (der angesprochene Saal war

---

14 Kol 3, 5; 2 Kor 12, 21; Gal 5, 19; Eph 4, 19; 5, 3; 1 Thess 4, 7.
15 1 Kor 5, 7.
16 Lk 3, 17.
17 Lk 4, 27; 17, 14; 2 Tim 2, 21.
18 Mt 8, 3; 11, 5; Mk 1, 41 f.; Lk 5, 13; 17, 15; 2 Kor 7, 1; Skeir I, a.
19 Mt 5, 8.
20 Gaupp (Anm. 8), S. 16.
21 Gaupp (Anm. 8), S. 14. In Teilen der Schweiz und Rheinfrankens bedeutet *rein* bis heute „fein gemahlen, gesiebt", bezogen auf Mehl, Zucker, Sand und ähnliche Stoffe: Etymologisches Wörterbuch des Deutschen (Anm. 2), S. 1403; Kluge: Etymologisches Wörterbuch (Anm. 2), S. 593.
22 Gaupp (Anm. 8), S. 22.
23 Gaupp (Anm. 8), S. 39.

zuvor für das Ostermahl am Hoftag vorbereitet worden) gebraucht wird:

> er [der Kaiser] sprach: „waz ist allhie geschehen?
> wer hât den sal entreinet
> und die getât erscheinet
> daz er sô bluotic worden ist?"[24]

Seit dem 11. Jahrhundert begegnen die Substantivformen *reinecheit, reinekeit* und *reinikeit*,[25] auf die die bis ins 19. Jahrhundert verbreitete Wortform *Reinigkeit* zurückgeht. Die Form *Reinheit* im Sinne von ‚Sauberkeit, Klarheit, Lauterkeit, Unschuld‘, die schließlich – zunächst mit *Reinlichkeit* konkurrierend – *Reinigkeit* ablöst, kommt im 17. Jahrhundert auf:

> Reinheit *f.* für lat. *puritas* begegnet seit 1620 u. steht 1668 bei Zesen [...]. Doch gibt Schottel 1641 Reinligkeit den Vorzug, Adelung läßt noch 1798 nur Reinigkeit gelten: ‚Das von einigen dafür versuchte Reinheit hat zwar, grammatisch betrachtet, nichts wider sich, aber doch den Mangel des Gebrauchs.‘ Gegen ihn setzen Goethe, Jean Paul u. Campe Reinheit durch [...].[26]

Kaspar Stielers Wörterbuch von 1691 nennt die Formen *Reinlichkeit* und *Reinigkeit* als Synonyme, neben die er noch *das Reine* stellt: alle drei gibt er als Übersetzungen der lateinischen Begriffe „munditia, mundities, ornatus, concinnitas, nitor, expolitio".[27] Der 130 Jahre zuvor im Wörterbuch Josua Maalers gegebene lateinische Begriff *puritas* fehlt hier ganz. Maaler gibt als lateinische Entsprechungen für *„Reinigkeit (die) Lauterkeit"*: „Munditia, Castitas, Integritas, Pudicitia, Puritas"[28] und stellt damit das moralische Bedeutungsspektrum eindeutig in den Vordergrund. *Reinlichkeit* im Sinne von ‚Sauberkeit, Genauigkeit, Sorgfalt‘ wird im 16. Jahrhundert gebildet und bleibt mit seiner aufs Pragmatisch-Konkrete gerichteten Bedeutung bis heute neben *Reinheit* erhalten.

Vom Heiligen Geist als dem *reiniger* spricht erstmals Meister Eckhart,[29] der mit diesem Wort eine der zahlreichen auf ihn zurückgehenden intensiven, Dynamik und Bewegung aus-

---

24 Konrad von Würzburg: Heinrich von Kempten, V. 165, zit. nach der Ausgabe von Edward Schröder, Berlin ²1930.

25 Etymologisches Wörterbuch des Deutschen (Anm. 2), S. 1403.

26 Kluge: Etymologisches Wörterbuch (Anm. 2), S. 593. Das Adelung-Zitat stammt aus Johann Christoph Adelung: Grammatisch-Kritisches Wörterbuch der Hochdeutschen Mundart, mit beständiger Vergleichung der übrigen Mundarten, besonders aber der Oberdeutschen. Dritter Theil, von M - Scr. Leipzig ²1798, Sp. 1059. Reprint: Documenta Linguistica. Quellen zur Geschichte der deutschen Sprache des 15. bis 20. Jahrhunderts. Hg. von Ludwig Erich Schmitt. Reihe II. Wörterbücher des 17. und 18. Jahrhunderts. Hg. von Helmut Henne. Hildesheim, New York 1970.

27 Kaspar Stieler: Der Teutschen Sprache Stammbaum und Fortwachs oder Teutscher Sprachschatz. Band II: M - Z. Nürnberg 1691, Sp. 1588. Reprint: Documenta Linguistica. Quellen zur Geschichte der deutschen Sprache des 15. bis 20. Jahrhunderts. Hg. von Ludwig Erich Schmitt. Reihe II. Wörterbücher des 17. und 18. Jahrhunderts. Hg. von Helmut Henne. Hildesheim 1968.

28 Vgl. Josua Maaler: Die Teütsch sprach. Dictionarium Germanicolatinum novum. Zürich 1561, S. 330. Reprint: Documenta Linguistica. Quellen zur Geschichte der deutschen Sprache des 15. bis 20. Jahrhunderts. Hg. von Ludwig Erich Schmitt. Reihe I. Wörterbücher des 15. und 16. Jahrhunderts. Hg. von Gilbert de Smet. Hildesheim, New York 1971.

29 Meister Eckhart. Deutsche Mystiker des 14. Jahrhunderts, Band II. Hg. von Franz Pfeiffer. Leipzig ⁴1924, S. 370, 6. Von Meister Eckhart stammt die Bildung *reinicheit des herzen*: „Waz ist reinicheit des herzen? Daz ist reinicheit des herzen, daz gesundert ist und gescheiden von allen lîphaftigen dingen und gesamenet

50

drückenden Übersetzungen aus dem Lateinischen prägt. – Das auf die mittelhochdeutschen Substantivformen *reinegunge, reinigunge* zurückgehende Substantiv *Reinigung*, ebenfalls eine Substantivierung des Verbs *reinigen*, ist eine neuhochdeutsche Bildung aus dem frühen 16. Jahrhundert; erste Belege bietet Luthers Bibelübersetzung beispielsweise der Stellen Mk 1, 44 (*Septembertestament 1522:* „deyn reynigung"; *NT 1546:* „deine Reinigung")[30] oder Lk 2, 22 (*Septembertestament 1522:* „die tage yhrer reynigunge"; *NT 1546:* „die tage jrer reinigung").[31]

Das Kompositum *Sprachreinheit*, das in der vorliegenden Untersuchung einen wichtigen Stellenwert besitzt, ist in dieser Form relativ jung. Laut *Deutschem Wörterbuch* kommt es erstmals bei Joachim Heinrich Campe im späten 18. Jahrhundert im Sinne von ‚Reinheit einer Sprache, Freiheit von fremdartigen Bestandteilen‘ vor. Campe leitet das Kompositum unmittelbar aus der ansonsten gebräuchlichen Genitivkonstruktion ab: „Reinheit der deutschen Sprache [...] ist eine schöne Sache. [...] Kŏnnen wir uns wol mit der Sprachreinheit auch die Sittenreinheit wiedergeben?" – eine Intention, die er durch das „Sprachreinigungsgeschäft" verwirklichen will.[32] Die ältere Form *Sprachreinigkeit* geht auf Leibniz zurück, der in seinen *Unvorgreiflichen Gedanken*[33] von „Sprachreinigkeit" und „Sprachrichtigkeit" spricht.[34] Bei Campe kommt ebenfalls zum erstenmal der Begriff der *Sprachreinigung* vor, den Grimm mit „reinigung einer sprache von (entbehrlichen) fremden bestandtheilen, purismus" erklärt.[35] Die in Klammer gesetzte Einschränkung „entbehrlich" markiert Grimms kritische Haltung gegenüber einem Purismus, den er auch als „sprachreinigungseifer, übertriebenes streben die sprache von fremden wörtern zu reinigen"[36] charakterisiert: das *Deutsche Wörterbuch* leiste zwar der

auslänsderei und sprachmengung [...] keinen vorschub, sondern will ihr allen redlichen abbruch thun, geflissentlich aber auch die abwege meiden, auf welche von unberufenen sprachreinigern gelenkt worden ist. ohne an der schönheit und fülle unserer sprache selbst wahre freude zu empfinden, strebt dieser ärgerliche purismus das fremde, wo er seiner nur gewahren kann, feindlich zu verfolgen und zu tilgen, mit plumpem hammerschlag schmiedet er seine waffen.[37]

---

und geslozzen in im selben und denne ûz der lûterkeit sich werfende in got vereiniget werdende" (Meister Eckhart: Die deutschen und lateinischen Werke. Die deutschen Werke. Erster Band. Predigten. Hg. und übers. von Josef Quint. Erster Band. Stuttgart 1936-1958, S. 359, 1-4). – Zur sprachschaffenden Bedeutung der deutschen Mystik vgl. Kurt Ruh: Die trinitarische Spekulation in deutscher Mystik und Scholastik. In: ZfdPh 72, 1953, S. 24-53; Alois M. Haas: Sermo mysticus. Studien zu Theologie und Sprache der deutschen Mystik. Freiburg/Schw. 1979.

[30] WADtB 6, 138 f. Zur Luther-Zitation siehe unten S. 70, Anm. 22.

[31] WADtB 6, 218 f.

[32] Joachim Heinrich Campe: Ueber die Reinigung und Bereicherung der Deutschen Sprache. Dritter Versuch [...] Verbesserte und vermehrte Ausgabe. Braunschweig 1794, S. 16.

[33] Gottfried Wilhelm Leibniz: Unvorgreiffliche gedancken, betreffend die ausübung und verbesserung der teutschen sprache [...]. Hannover 1717. Benutzt wird die von Uwe Pörksen und Jürgen Schiewe besorgte Ausgabe: Stuttgart 1990, S. 5-46.

[34] Deutsches Wörterbuch (Anm. 5), Band 16, Sp. 2777; Leibniz (Anm. 33), S. 41 u. ö.

[35] Deutsches Wörterbuch (Anm. 5), Band 16, Sp. 2777.

[36] Deutsches Wörterbuch (Anm. 5), Band 7, Sp. 2255.

[37] Deutsches Wörterbuch (Anm. 5), Band 1, Sp. XXVIII [Vorrede von Jacob Grimm]; Wilhelm Grimm spricht lt. DWB VII, Sp. 2255, vom „steifleinene(n) purismus", und Jacob Grimm verstärkt die Kritik (in: ZfdA 6,

Diese harschen Worte lassen sich als Zurückweisung des Fremdwortpurismus und der Verdeutschungsversuche Campes verstehen. Campe setzt sich jedoch seinerseits gegen den Begriff „Purist" zur Wehr, den er mit dem erfolglosen, auf Leibniz zurückgehenden Neologismus „Reindůnkler" übersetzt: ein Purist sei in der Sprachlehre ein „Reindůnkler. Leibnitz. Allein dies Wort paßt nur auf den, der auf eine übertriebene, abgeschmackte und lácherliche Weise nach Sprachreinigung strebt. Fůr den Puristen, im bessern Sinn des Wortes, kônnen wir Sprachreiniger sagen."[38] Das allerdings bleibt eine hilflose Rechtfertigung, da sich Grimm gerade auf die „Übertreibungen" Campes bezieht.

Alle diese Begriffsbildungen stellen unmittelbare Übersetzungen bzw. Adaptionen des lateinischen Rhetorik-Terminus *puritas* dar, wobei das Deutsche die Bestimmung „Sprache" hinzufügt, die dem lateinischen Vorbild fremd ist. Da die rhetorische Kategorie der *puritas* jedoch ein Abkömmling der älteren Bezeichnungen ἑλληνισμός / *latinitas* ist, liegt das auf Sprache bezogene Kompositum nahe. Die den Bildungen *Sprachreinheit/Sprachreinigkeit* und *Sprachreinigung* zugehörenden Bedeutungen erweisen sich im deutschen Kontext jedoch schon deutlich als Produkt der Purismusbewegung des 18. Jahrhunderts: während die *puritas* der antiken Rhetorik auf den Stil und seine jeweilige Angemessenheit und Verständlichkeit abzielt, liegt in den deutschen Begriffsbildungen zum einen eine stark moralische („Sprachreinheit" – „Sittenreinheit") und zum andern eine stark fremdenfeindliche Komponente („Reinigung von fremden Bestandtheilen"). Diese Implikationen kommen erst mit den Komposita auf bzw. verfestigen sich in ihnen; die vorausgegangenen genitivischen oder attributiven Konstruktionen sind in ihrem Bedeutungsspektrum offener und vielschichtiger. Wortgeschichtlich indes bieten die Formen keine Schwierigkeiten oder Besonderheiten. Wesentlich an ihnen ist jeweils das Element aus dem Wortfeld *rein*, das sowohl der bezeichnende wie auch der zu problematisierende Wortteil ist.

4.3 Gebrauch und Bedeutung

Der Definition in Grimms *Deutschem Wörterbuch* folgend, ist die dem Gebrauch von *rein* zugrundeliegende Bedeutung: „frei von fremdartigem, das entweder auf der oberfläche haftet oder dem stoffe beigemischt ist, die eigenart trübend'. im einzelnen spielen die entwickelten bedeutungsnüancen vielfach durcheinander. die übertragung auf das unsinnliche gebiet ist schon zur zeit unserer ältesten zeugnisse vollzogen."[39] Da der Wortbereich *rein* im Grimmschen Wörterbuch in den Jahren der Begründung des deutschen Nationalstaates bearbeitet wird (zwischen 1885 und 1893), bleibt hier allerdings die Frage zu stellen, inwiefern das spezifische Erkenntnisinteresse der Sprachgeschichtsschreibung in diesem Zeitraum auf die

---

S. 545): „Pedanten und Puristen, was eigentlich eine Brut ist, sind mir oft so vorgekommen wie Maulwürfe, die dem Landmanne zu Ärger auf Feld und Wiese ihre Hügel aufwerfen und blind in der Oberfläche der Sprache herumreuten und wühlen."

[38] Campe (Anm. 32), II, S. 270.

[39] Deutsches Wörterbuch (Anm. 5), Band 16, Sp. 681.

Akzentsetzung bei der Bedeutungsbeschreibung eingewirkt hat und unter welcher Fragestellung die „ältesten zeugnisse" interpretiert worden sind. Denn bei kritischer Würdigung dieser Definition erweist sich, daß hier die Bedeutung von *rein*, die ursprünglich adjektivisch als eine qualifizierende Zustandsbeschreibung aufgefaßt wird, zu stark von der späteren Verbform *reinigen* her verstanden wird und daß die Antinomie von *rein* und *fremd* auch neueren Interpretationen der Quellen entstammt.

Gerade die „ältesten zeugnisse", die uns zugänglich sind, benützen *rein* zur Beschreibung einer bestehenden, nicht einer herzustellenden Qualität: die Bedeutung „Rein-*Sein*" hat Vorrang vor der Bedeutung „Rein-*Geworden*" oder „Rein-*Gemacht*". Das zeigt sich beispielhaft am Gebrauch des Wortes bei Geiler von Keisersberg (1445-1510): „was ist lauter, rain oder pur? das wirt genant lauter oder pur [...], das nit mit einem schnöderen oder nachgültigerem dinge vermischet ist."[40] Auch die Tatsache, daß *rein* ursprünglich als absolutes Adjektiv verwendet wird und seine Zusammenstellung mit der Präposition „von" eine spätere Entwicklungsstufe darstellt, gehört in diesem Argumentationszusammenhang.[41]

Die ältesten Vorkommen von *rein* begegnen überwiegend in religiös-theologischem Zusammenhang; das läßt es naheliegend erscheinen, daß das Bedeutungsspektrum von vornherein über den konkret-dinglichen Bereich hinausreicht und moralisch-sittliche Bedeutungen einschließt. Für Ulfilas Bibelübersetzung, in der *hrains* überwiegend als Übersetzung des griechischen καθαρός vorkommt, lassen sich fünf Bedeutungsnuancen nachweisen:
1. frei von Schmutz, sauber;
2. frei von Krankheiten (z. B. Aussatz);
3. frei von Schmutz in übertragenem Sinn (= Sünde);
4. sündenfrei, schuldlos (mit der Wortneubildung *hrainjahairts* ‚reinen Herzens');
5. sauber, wohlanständig, ehrbar.[42]

Dieser Aufstellung zufolge enthält *rein* bei Ulfilas „eine negative Bedeutungsnuance [...], ein Freisein von etwas Schmutzigem", während die positive moralische Bedeutung von *rein* hier noch zurücktrete.[43] Die in diesem Gebrauch von *rein* enthaltene Negation darf allerdings nicht so verstanden werden, als sei Reinheit das Ergebnis eines reinigenden, also negierenden Prozesses (Frei*werden* von); Negation meint auch hier eine vorgegebene Qualität, die jedoch als „Frei*sein* von" gekennzeichnet ist. Der Reinheits-Begriff weist diese Qualität als eine Eigenschaft aus, die nicht selbstverständlich ist; sondern *trotz* einer gewissen Gefährdung des als rein qualifizierten Menschen oder der als rein qualifizierten Sache besteht.

Im Sprachgebrauch Notkers läßt sich *rein* vor allem in theologischer und moralischer Bedeutung feststellen, ähnlich wie bei Ulfilas, nämlich zum einen im Sinn von „sündenfrei, schuldlos" und zum andern im Sinn von „sittlich vollkommen, heilig". Nach Otto Gaupp zeigt sich Notker in seinem Gebrauch von *rein* als „Vorläufer der mhd Prediger und Mysti-

---

[40] Johannes Geiler von Keisersberg: Predigen über Brants Narrenschif. Straßburg 1520, S. 62*b*.
[41] Vgl. oben S. 49.
[42] Vgl. Gaupp (Anm. 8), S. 14 f.
[43] Gaupp (Anm. 8), S. 15 f. An die Stelle der moralischen Bedeutung von *rein* treten nach Gaupp die oben (S. 49) aufgeführten Synonyme *hlutrs, swikns* und *weihs*.

ker"; überhaupt werde *rein* in dieser Sprachperiode „von der Theologie geradezu beschlagnahmt".[44] Erst im Sprachgebrauch Otfrieds zeichnet sich der Übergang von der theologischen und moralischen zur ästhetischen Bedeutung ab, womit die Verschiebung von der negativen („frei von ...") zur positiven Wertsetzung („auserlesen, trefflich") einhergeht:

> Das Adj. ‚*rein*‘ benützt Otfried in der Tat viel freier als seine Vorgänger; bei ihm zeigt sich eine Erweiterung der Bedeutung und der Verwendung. Allmählich vollzieht sich der Uebergang von der theologischen über die moralische zur ästhetischen, allmählich der Uebergang von dem negativen Freisein, das als ursprünglichste Bedeutung festzustellen ist, zum Positiven. Otfried steht in der Mitte dieser Entwicklung, die in der mhd Sprachperiode ihren Abschluß findet.[45]

Trotz dieser Bedeutungserweiterung tritt *rein* als Beiwort für die Mutter Jesu zunehmend in den Vordergrund, hier gleichermaßen in der Bedeutung „jungfräulich, keusch" wie in der Bedeutung „schön, lieblich" – Maria ist „die Reine" κάτ᾽ ἐξοχήν, wie sich in religiösen Liedern des 12. Jahrhunderts zeigen läßt:

> [...] aller miner viende wafen
> diu ligen unde slafen
> und sin also palwahs,
> als waere miner vrouwen vahs,
> do si den heilegen Christ gebaere
> und doch ein reiniu meit waere.[46]

> schin in die finsteren kamere unser ellenden sele, [...]
> da da gekussit ist diu kusiste brut,
> da da gehalsin ist diu rainiste sele der magetliken muoter.[47]

> [...] do du den gebaere,
> der dich und al die welt giscouf,
> nu sich, wie reine ein vaz du magit do waere.

> Do du in virnaeme,
> wie du von erste irchaeme!
> din vil reinu scam
> irscrach von deme maere,
> wie magit ane man
> iemir chint gebaere.

> Din wirdecheit diu nist niet cleine.
> ja truoge du magit vil reine
> daz lebende brot: [...].[48]

---

44 Gaupp (Anm. 8), S. 18 u. 23.

45 Gaupp (Anm. 8), S. 20.

46 Ausfahrtsegen. 12. Jahrhundert, Münchener Handschrift. In: Denkmäler deutscher Poesie und Prosa aus dem 8. bis 12. Jahrhundert. Hg. von K. Müllenhoff und W. Scherer. Berlin ³1892. Band XLVII, S. 3. „aller meiner Feinde Waffen / sollen liegen und schlafen / und ebenso stumpf sein / wie es das Haar Meiner (Lieben) Frau war, / als sie den heiligen Christ gebar / und doch eine reine Jungfau blieb."

47 St. Trudperter Hohes Lied [Schlußverse]. 12. Jahrhundert. Kritische Ausgabe von H. Menhardt. Halle 1934, S. 129 f. „scheine in die finsteren Winkel unserer von ihrer göttlichen Heimat fernen Seele, / [...] / dort wo die keuscheste Braut geküßt wird, / dort wo die reinste Seele / der jungfäulichen Mutter umhalst wird".

48 Sequentia de Sancta Maria [Aus den Strophen 2, 6 und 9]. Ende 12. Jahrhundert. Handschrift aus dem Kloster Muri (Aargau). In: Kleinere deutsche Gedichte des 11. und 12. Jahrhunderts. Hg. von A. Waag. Halle

Von *rein* als Epitheton ornans der Marienverehrung ausgehend erfolgt die Übertragung des Attributs *rein* auf die irdische Frau, die als keusche Ehefrau das höchste Qualitätsmerkmal der Reinheit mit der Gottesmutter teilt:

> ob im ze rehter ê gegeben,
> nach wunsche waere ein wib in eren wunnen,
> kiusch unde reine, wol gezogen, der schoene ein übergulde,
> und ob er mit ir leben gar
> solt tusend jar [...]⁴⁹

> Ach got, du werder furst so reyn, [...]
> Noch habe ich me zů danken dir
> daz du nu hast gegeben mir
> ein reynes wib zů kusscher ziru
> al zů der ee vil werde!⁵⁰

In der 2. Hälfte des 16. Jahrhunderts kann, wie Fischart zeigt, diese idealisierende Amalgamierung des irdischen *wibes* mit der himmlischen *frouwe* zu einem ironischen Spiel mit dem Reinheitsattribut führen:

> da fiel er für die Schönste nider
> und weil sie hett die reinsten glider,
> so meint er, es wer unser fraw [...].⁵¹

Reinheit als höchste Qualitätszuschreibung teilt die keusche Ehefrau nicht nur mit der Gottesmutter, sondern auch mit Gott selbst, der von Wolfram von Eschenbach als „Ane valsch du reiner, / du dri unt doch einer"⁵² charakterisiert wird.

Von dieser Zuschreibung geht das qualifizierende Attribut auch auf den Menschen selbst über, sofern er christlich lebt: „Dem kriuze zimt wol reiner muot / und kiusche site"⁵³. Oder:

²¹916, S. 173 ff. „[...] als du den gebarst, / der dich und die ganze Welt erschuf, / nun sieh, welch reines Gefäß du Jungfrau da warst. // Als du ihn vernahmst, / wie du da zuerst dich entsetztest! / Deine so sehr reine Schamhaftigkeit / erschrak vor der Botschaft, / daß eine Jungfrau ohne Mann / jemals gebären könnte. // Dein Wertstatus ist so hoch / wahrhaftig, du trugst doch, sehr reine Jungfrau, / das Brot, das Leben spendet".

⁴⁹ Boppe: ‚Ob al der werlte gar gewaltic waere ein man' [1. Strophe]. Ca. 1270/80. In: Karl Bartsch: Deutsche Liederdichter des zwölften bis vierzehnten Jahrhunderts. Eine Auswahl. Stuttgart ⁴1906, besorgt von Wolfgang Golther [Neudruck 1966], S. 285 f. „Wenn ihm eine Frau zu rechter Ehe gegeben würde / so, wie man sie sich nur wünschen kann, / eine Frau, die das Glück vollkommenen Ansehens genießt, keusch und makellos (*rein*), vorbildlich in ihrem Verhalten und von unübertroffener Schönheit, / und wenn es ihm beschieden wäre, mit ihr tausend Jahre alt zu werden ...".

⁵⁰ Muskatblut: ‚Ach herre got, wann dank ich dir'. Anfang 15. Jahrhundert. In: Lieder Muskatblut's. Hg. von E. von Groothe. Köln 1852, Nr. 32, 2. „O Gott, du verehrungswürdiger makelloser (*reiner*) Herrscher [...] / Noch mehr habe ich dir zu danken dafür, / daß du mir jetzt zu einer vollkommenen Ehe eine makellose (*reine*) Frau, geschmückt mit Sanftmut, gegeben hast."

⁵¹ Johann Fischart: Sämmtliche Dichtungen. Hg. von H. Kurz. Leipzig 1866/67, Band 1, S. 203.

⁵² Wolfram von Eschenbach: Willehalm. Um 1215. Nach der gesamten Überlieferung kritisch hg. von Werner Schröder. Berlin, New York 1978, I, 1, 1 f. „Ohne Makel, Du Reiner, Du drei Personen und doch Einer." Übers. nach Karl Bertau: Deutsche Literatur im europäischen Mittelalter. München 1972 f., Bd. 2, S. 1131 f.

⁵³ Hartmann von Aue: ‚Dem kriuze zimt wol reiner muot' [Eingangsverse]. Um 1200. In: Des Minnesangs Frühling. Unter Benutzung der Ausgaben von Karl Lachmann und Moritz Haupt, Friedrich Vogt und Carl

> [...] dâ kumpt nieman in,
>   ern sî vor allen sünden alsô reine.

> [...] wol in, daz er ie wart!
>   ze himel ist daz leben alsô reine.[54]

Bei Reinmar von Zweter um 1250 finden wir bereits die auf reformatorisches Gedankengut vorausverweisende Qualifizierung von Gottes absoluter Reinheit als *reinigende* Kraft, ohne die der Mensch seinerseits zu keiner eigenen Reinheit zu gelangen vermag:

> Got hêrre, swes dû an uns gerst,
> des mugen wir dich niht wol gewern,   ê daz dû uns gewerst:
> wiltû von uns reine   gedanke, reinen muot unt reinez leben.
>   Wâ suln wir, hêrre got, daz nemen?
> dîn reinikeit diu welle   uns reinen, sô daz wir dir zemen!
> wiltû, daz wir nâch dînem   willen leben, den willen muost uns geben.[55]

Die höfische Dichtung des 13. Jahrhunderts greift *rein* vielfältig auf. Gleichzeitig damit verblaßt die Bedeutung des Wortes zunehmend, weshalb es immer häufiger in Koordination mit einem und mehreren anderen Worten auftritt, wobei die quantitative Aufwertung die qualitative Abwertung ausgleichen soll. Dabei ist jedoch, gegen Gaupp, festzuhalten, daß das Wort *rein* kein beliebiges Element der jeweiligen Koordination darstellt, sondern einen spezifischen Beitrag leistet, der durch kein anderes Wort geleistet werden könnte. – Als Beispiele häufig gebrauchter Verbindungen seien genannt:

- *rein und wîz, liecht und rein, rein wiz* in der Bedeutung ‚sauber, glänzend‘;
- *lûter unde reine* für ‚hell, klar, durchsichtig‘;
- *schoene und reine* als gebräuchliches Epitheton für Frauen im Sinn von ‚herrlich, schön‘, anfangs nur bezogen auf *wîp*, seit Walther auch bezogen auf *frouwe*;
- *reine, kune und hubisch* für den Helden, der ‚trefflich, gut und herzensrein‘ ist;
- die Koordination *lûter unde reine* begegnet in der Dichtung häufig als bloßer Flickvers, der um des einfachen Reimes willen verwendet wird, da die Zahl der Reimwörter auf *rein(e)* im Deutschen überdurchschnittlich groß ist;
- *rein* ohne Erweiterung kommt weiterhin für ‚sauber‘, ‚unschuldig, tumb‘, ‚gesund, frei von ansteckenden Krankheiten‘, ‚keusch, jungfräulich‘ sowie für ‚sündenfrei‘ vor.[56]

---

von Kraus bearbeitet von Hugo Moser und Helmut Tervooren. 38., neu rev. Aufl.. Stuttgart 1988, V, 1, 1 f. (209, 25 f.). „Dem Kreuz sind zu Recht makellose (*reine*) Gesinnung / und lauteres Verhalten angemessen“.

[54] Herger: ‚Er ist gewaltic unde starc‘ [3. und 4. Strophe]. 2. Hälfte des 12. Jahrhunderts. Manessische Liederhandschrift. In: Des Minnesangs Frühling (Anm. 53), IV, 3, 6 f.; 4, 6 f. (28, 32 f.; 29, 4 f.). „da [i.e. das von Gott selbst verzierte Haus im Himmelreich] gelangt niemand hinein, / wenn er nicht rein von allen Sünden ist“; „Wohl ihm, daß er je geboren wurde, / im Himmelreich ist das Leben so vollkommen (*rein*)“.

[55] Reinmar von Zweter: ‚Got herre, swes du an uns gerst‘. In: Die Gedichte. Hg. von Gustav Roethe. Leipzig 1887 [Neudruck 1967], S. 415, Nr. 10. „Herr Gott, was du von uns begehrst, / das können wir dir nicht geben, bevor du es uns gibst: / willst du von uns reine Gedanken, makellose (*reine*) Gesinnung und ein vollkommenes (*reinez*) Leben, / woher sollen wir, Herr Gott, dies nehmen? / Deine Reinheit, die möge uns reinigen, so daß wir dir entsprechen können! / Willst du, daß wir nach deinem Willen leben, so mußt du uns den Willen dazu geben.“

[56] Die Beispiele sind entnommen aus Gaupp (Anm. 8), S. 29 u. 31.

Auf den gesellschaftlich gehobenen Ort des Gebrauchs von *rein* ist es zurückzuführen, daß die Negativformen des Wortfeldes *unrein* weitaus seltener begegnen, da die in religiösen Texten (Predigten) wie in der höfischen Dichtung behandelten Stoffe schon die gedankliche Berührung mit dem „Unreinen" nicht vertragen. Mit dem Niedergang der höfischen Kultur und Literatur tritt jedoch der stark an ästhetischen Vorstellungen orientierte Gebrauch des Wortes *rein* wieder zurück zugunsten der bis heute gültigen praktischen, moralischen und theologisch-religiösen Bedeutungsnuancen.

Die nächste kulturelle und sprachgeschichtliche Periode, in der der Reinheitsbegriff wieder zu einer genuinen und differenzierten Bedeutung gelangt, ist das Zeitalter der Reformation, mit der auch der Untersuchungszeitraum der vorliegenden Studie einsetzt. Anhand der Schriften Martin Luthers soll im nächsten Kapitel exemplarisch gezeigt werden, welchen qualitativen Wertzuwachs der Begriff in jenem Augenblick gewinnt, in dem kulturgeschichtlich gesehen das Individuum sich als unmittelbar auf Gott hin orientiertes Subjekt zu konstituieren beginnt: dies ist der Augenblick, in dem die Selbstverantwortlichkeit des Menschen sowohl für sein geistliches wie für sein sittliches Leben einen hohen Stellenwert gewinnt. Dem Reinheitsbegriff, so wird aus Luthers Texten zu zeigen sein, kommt hier insofern paradigmatische Bedeutung zu, als er den Idealzustand einer vor Gott, dem eigenen Ich und dem Mitmenschen verantworteten Lebensführung beschreibt.

4.4 Wörterbücher

Die Wörterbücher des 16. bis 18. Jahrhunderts, die auf das Stichwort *rein* hin untersucht wurden, stützen die hier entwickelten Erkenntnisse über Gebrauch und Bedeutung im wesentlichen. Der Wortbestand des Wörterbuchs von Erasmus Alber, das *Lexicon germanico-latinum* von 1540, ist nach den *End*lauten der Wörter sortiert, von -a (z.B. *ja*) bis -tz (z.B. *nütz*). Im 2. Band findet sich unter In (= -*in*) das Stichwort *rein* mit folgender deutsch-lateinischer Wortfamilie:

> Reyn / Colliculus, req. berg. Purus, putus, syncerus, serenus, inremeratus, integer, intactus, inuiolatus, immaculatus [...], reyn / lauter / vnbefleckt / sauber / vngeschwecht [sic!] / vnuersert / gereyniget [...]
> Purificatio, purgatio, puritas [...], das außfegen / reinigen / reinigung / lauterkeit [...].[57]

Das Adjektiv „vngeschwecht", das in der Lutherbibel vorkommt und die körperliche Jungfräulichkeit bezeichnet, begegnet hier singulär als Synonym für *rein*. Alber kennt nicht die Stichwörter *Reinigkeit* oder *Reinheit*, auch nicht unter der entsprechenden Gruppe zu der Endung -*it*.

Das *Dictionarium Germanicolatinum novum* von Josua Maaler aus dem Jahr 1561 nennt *rein* als Synonym zu *sauber* und gibt als lateinische Entsprechungen „Mundus, Purus,

---

57 Erasmus Alber: Lexicon germanico-latinum, in quo ultimis seu terminalibus germanicarum vocum syllabis obseruatis latina vocabula cum suis quaeque synonymis additis loquendi etiam figuris ac modis protinus se offerunt. Frankfurt 1540, o.p.

Castus" an; die „*Reine magdt / Die nie verfelt ist*" übersetzt er naheliegend mit „Integra filia, Virgo integra", wobei die moralische die körperlich-physiologische Bedeutung überlagert. „Aures castae" sind ihm „*Reine oren / Die nŭt ŭppigs oder Wŭsts wŏllen hŏren reden*", wobei die asketische Tendenz – *nŭt ŭppigs* hören – besonders auffällt. Daneben kennt Maaler noch die Formen „*Reinigende*" („Purgans, Mundans, Expurgans"), „*Reinigen / Rein unnd sauber machen*" („Depurgare, Expiare, Februare, Diluere, Purgare, Purificare, Expurgare"), „*Reinigklich*" („Pure, Munde"), „*Reinigung*" (Purgatio, Purificatio") und, wie bereits erwähnt, „*Reinigkeit*".[58]

Simon Roths *Teutscher Dictionarius* von 1571 bringt für unsern Zusammenhang fünf Stichworte zur Wortgruppe *pur*, deren Eindeutschung sowohl die Wortformen als auch die gebräuchlichen Synonyme erkennen lassen, unter denen vor allem die Bedeutungen aus dem Bereich „Unschuld", „entschuldigen" auffallen:

Purgirn, Reynigen / seubern / butzen / sauber vnd rein machen / waschen / abschwencken. Item sich beschŏnen / entschuldigen / sein vndschuld bey einem anzeigen.

Purgation, oder *Purgatz*, Seubrung / reynigung / schŏn machung / entschuldigung / bschŏnung [sic]. Item ein Artzney / so die inwendigen glyder / als lungen / leber / magen / miltz vnd gedårm reynigt.

Purgatorium, Ein ort der reynigung / da man sich badet / seubert / reynigt / putzt. Item das Fegfewer / die vorhell.

Purificirn, Reynigen / seubern / butzen / schŏn machen.

Purification, Reynigung / seubrung / schŏnmachung.[59]

Auf den Aspekt des *Entschuldigens* spitzt die *Teutsche Orthographey vnd Phraseologey* des Basler Gerichtsschreibers Johann Rudolph Sattler von 1617 im Abschnitt „Lateinische Wŏrter vnd deren Explication" die deutsche Entsprechung von „Purgirn" zu:

Purgirn, seubern / entschuldigen. Wann einer gescholten worden / soll er sich purgirn, das ist / die Iniurien ab jhme thun.[60]

Im Kapitel über die „Teutsche Phraseologey" hingegen wird *rein* stärker ästhetisch konnotiert:

Rein / sauber / lauter. Ist rein vnd sauber. Wa [sic] er so rein vnd sauber gewesen / warumb / etc. Reine saubere arbeit / etc.[61]

Das Wörterbuch von Georg Henisch, 1616, führt *rein* lediglich als Nebenwort der Gruppe *clar* auf: „*Clar / klar / lauter / rein*" und gibt dafür lateinisch „clarus, purus, perspicuus" an.[62]

---

58 Josua Maaler (Anm. 28), S. 330.

59 Simon Roth: Ein Teutscher Dictionarius / dz ist ein außleger schwerer / vnbekanter Teutscher / Griechischer / Lateinischer / Hebraischer / Wålscher vnd Frantzŏsischer / auch andrer Nationen wŏrter [...]. Augsburg 1571, Bl. Nᵛ. Neudruck in der Ausgabe: Simon Roths Fremdwörterbuch. Hg. von Emil Öhmann. Helsinki 1936, S. 344.

60 Johann Rudolph Sattler: Teutsche Orthographey / vnd Phraseologey / dz ist / ein vnderict Teutsche sprach recht zu schreiben: [...]. Basel 1617, S. 554. Reprint: Hildesheim, New York 1975.

61 Sattler (Anm. 60), S. 308.

62 Georg Henisch: Teütsche Sprach und Weißheit. Thesaurus linguae et sapientiae Germanicae. [Augsburg] [1616], Sp. 607. Reprint: Documenta Linguistica. Quellen zur Geschichte der deutschen Sprache des 15. bis 20. Jahrhunderts. Hg. von Ludwig Erich Schmitt. Reihe II. Wörterbücher des 17. und 18. Jahrhunderts. Hg. von Helmut Henne. Hildesheim, New York 1973.

In Kaspar Stielers *Der Teutschen Sprache Stammbaum und Fortwachs* von 1691 fällt auf, daß er den Reinheitsbegriff stark auf seine pragmatische und äußerliche Bedeutung hin interpretiert: für *„Rein / reiner / reinester"* gibt er die lateinischen Entsprechungen „purus, mundus, tersus, nitidus, sincerus, sine labe" und für *„Reine Jungfrau"* „virgo illibata, incorrupta, inviolata"; daneben kennt er die Formen *„Reinigen"*, *„Reinigung"*, *„Reinlich"* bzw. *„Reiniglich"* sowie *„Reinlichkeit / Reinigkeit"*.[63]

Christoph Erich Steinbach übersetzt *rein* mit „purus, mundus, sincerus", *„rein reden"* mit „pure et emendate loqui". Als Nebenform kennt er auch *„reinig"*, wofür er „purus, mundus" angibt. Das Adjektiv *„reinlich"* erhält bei ihm eine zusätzliche ästhetische Bedeutungsnuance, insofern Steinbach dem zu erwartenden „mundus, nitidus" noch „elegans" hinzufügt; für *„Reinlichkeit"* entsprechend „mundities, munditia, elegantia". Somit taucht hier die ästhetische Bedeutungsnuance erstmals gleichberechtigt neben den anderen auf. Der Beispielsatz, „die Reinlichkeit kommt den Weibern zu, mundities mulieribus convenit", verdeutlicht noch einmal die enge Bindung der Reinheits- und Reinlichkeitsvorstellungen an die Lebenswelt und -art der Frau.[64]

Im Deutsch-lateinischen Wörterbuch von Johann Leonhard Frisch aus dem Jahr 1741 finden wir *purus* als Hauptbedeutung von *rein* und folgende Erklärung des Adjektivs: „rein, nicht gemischt, unvermengt, immistus", daneben auch „rein, unbefleckt als ein Spiegel, incontaminatum speculum".[65] Das Adverb *rein* wird übersetzt durch „pure, liquide, caste, sincere, emendate, munde" und folgendermaßen erklärt: „rein, weil vom rein machen, nichts unreins übrig bleibt, so heißt rein, da nichts übrig bleibt, auch vom sonst guten, als wie man sagt, alles rein wegkehren, daß der Ort rein sey". Neben dem radikalen Verständnis von Reinigung als Entfernung jeglicher Substanz bis hin zum „nichts", unabhängig von ihrer Qualität („da nichts übrig bleibt, auch vom sonst guten"), gibt Frisch als einer der ersten die ausdrückliche Einordnung des Reinheitsbegriffs in den Bereich der Hygiene, auch hier durch die Zuordnung zur Frau vermittelt: „Reinigung der Weibs=Persohnen, menstruum".[66] Inwiefern hier ältere Vorstellungen vom Zusammenhang zwischen den weiblichen Geschlechtsorganen und der *Reinheit / Reinigung* eine Rolle spielen, läßt sich nicht mit Gewißheit sagen. Jedenfalls gehen diese Bedeutungen ebenfalls in die Wörterbücher ein, so z. B. bei Kaspar Stieler: „Reinigung / die / & das Reinigen / purgatio, mundatio, lustramen, purificatio, lustratio. [...] Das

---

63 Stieler (Anm. 27), Sp. 1587 f.

64 Christoph Ernst Steinbach: Vollständiges Deutsches Wörterbuch vel Lexicon Germanico-Latinum. Tomus II, M - Z. Breßlau 1734. Reprint: Documenta Linguistica. Quellen zur Geschichte der deutschen Sprache des 15. bis 20. Jahrhunderts. Hg. von Ludwig Erich Schmitt. Reihe II. Wörterbücher des 17. und 18. Jahrhunderts. Hg. von Helmut Henne. Hildesheim, New York 1973.

65 Johann Leonhard Frisch: Teutsch-Lateinisches Wörter-Buch. Berlin 1741, S. 105 f. Reprint: Documenta Linguistica. Quellen zur Geschichte der deutschen Sprache des 15. bis 20. Jahrhunderts. Hg. von Ludwig Erich Schmitt. Reihe II. Wörterbücher des 17. und 18. Jahrhunderts. Hg. von Helmut Henne. Hildesheim, New York 1977.

66 Frisch (Anm. 65), S. 106. Die Vorstellung der Menstruation als *Reinigung* entspricht dem medizinisch-hygienischen Diskurs des frühen 18. Jahrhunderts. Vgl. hierzu Barbara Duden: Geschichte unter der Haut. Ein Eisenacher Arzt und seine Patientinnen um 1730. Stuttgart 1987, bes. S. 140-158.

Fest der Reinigung Mariae/festum purificationis Mariae, *vulgò Hypapante*. Reinigung der Sechswöchnerinnen/puerperarum lustratio."[67]

Die bisher zitierten Wörterbücher bieten nicht in erster Linie eine Bedeutungserklärung der registrierten deutschen Wörter. Sie verstehen sich vielmehr als Diktionarien, die die Bedeutung des deutschen Wortes durch seine lateinische Entsprechung erläutern und diese „Definition" durch einzelne Beispielsätze präzisieren und differenzieren. Das *Grammatisch-Kritische Wörterbuch* von Johann Christoph Adelung (1774 ff.) hingegen versucht neben einer ausführlichen etymologischen Ableitung auch eine umfassende und vielschichtige Bedeutungserklärung zu geben.[68] Adelung macht vier Bedeutungskreise aus, die er als „eigentliche, weitere, noch weitere und weiteste" Bedeutung von *rein* auffaßt:

1. „Eigentlich, glänzend, hell, poliert";
2. „In weiterer Bedeutung, von allem Schmutze frey";
3. „in noch weiterer Bedeutung, von allem Zusatze, und in etwas engerem Verstande, von allem geringerm Zusatze frey";
4. „Im weitesten Verstande, von allen Gegenständen frey, leer".

Für unseren Zusammenhang sei nur herausgegriffen, daß Adelung die auf Sprache bezogenen Bedeutungen des Reinheits-Begriffs dem zweiten und dritten Bedeutungskreis zuordnet, und zwar der „figürlichen" Bedeutung der Vorstellung „von allem Schmutze frey", nämlich „von Fehlern und Irrthümern frey":

> Ein Wort rein aussprechen, ohne allen fehlerhaften Zusatz. Eine Sprache rein schreiben, ohne Fehler und Unrichtigkeit. Reines Deutsch, reines Lateinisch schreiben. Die reine Schreibart. So fern diese Ausdrücke aber frey von fremden Wörtern und Wortfügungen bedeuten, gehören sie zur folgenden dritten weitesten Bedeutung.[69]

Adelung läßt in dieser Definition eine deutliche Differenzierung innerhalb der Bedeutung *Reinheit der Sprache* erkennen. Als zentrale Bedeutung der *reinen Sprache* nimmt er die fehlerlosen und richtigen Sprache an, der die Bedeutung ‚fremdwortfreie Sprache' nachgeordnet ist, wobei zu beachten ist, daß „Fehler" auf der Vergleichsebene von „Schmutz", „Fremdwort" auf der Vergleichsebene von „geringerm Zusatz" angesiedelt ist. Bei Johann Christian August Heyse ein halbes Jahrhundert später scheint der Differenzierungsprozeß zum Ende gekommen zu sein. In seinem *Handwörterbuch der deutschen Sprache* von 1849 überwiegt von vornherein die Bedeutung *rein* als „von jedem fremdartigen, zumal schlechteren Zusatze frei".[70] Diese Definition hat Auswirkungen auf sein Verständnis von „reiner Sprache", die er als Beispiel für seine Bedeutungserklärung benutzt: statt der Differenzierung der Bereiche „frei von Falschem" und „frei von Fremdem" finden wir bei Heyse deren Gleichsetzung: „eine reine Sprache, d.i. die nicht durch Fehler od. Fremdheiten entstellt ist; reines Deutsch sprechen od. schreiben."

---

[67] Stieler (Anm. 27), Sp. 1588.
[68] Adelung (Anm. 26), Sp. 1055-1060.
[69] Adelung (Anm. 26), Sp. 1056.
[70] Johann Christian August Heyse: Handwörterbuch der deutschen Sprache mit Hinsicht auf Rechtschreibung, Abstammmung und Bildung, Biegung und Fügung der Wörter. Teil 2, 1: L - Steg. Magdeburg 1849, S. 491.

Dieses Verständnis von *Reinheit* als Abgrenzung gegen das Fremde und die Identifizierung des Fremden mit dem Fehlerhaften wird zum einen noch dadurch unterstrichen, daß hier *nur* vom „reinen Deutsch" die Rede ist (Adelung hatte auch „reines Lateinisch" in sein Beispiel aufgenommen), und zum andern dadurch, daß wenige Zeilen später auch die „geistige" Bedeutung von *rein* mit „ungemischt, ungetrübt, von allem Fremdartigen frei" umschrieben wird.

Die den hier behandelten Zeitraum betreffenden Wörterbücher lassen – jedenfalls im Hinblick auf Sprache – eine Bedeutungsverschiebung des Wortes *rein* zwischen dem 16. und dem frühen 19. Jahrhundert erkennen. Diese Verschiebung entspricht den bereits im Forschungsbericht dargelegten Beobachtungen und bestätigt, daß die Entwicklung des Purismus in der deutschen Sprach- und Kulturgeschichte zu einer Gewichts- und Wertverlagerung von der Deskription des Vollkommenen in Richtung auf Vermeiden und Ausmerzen des Fremden bzw. der Vermischung führt. Diese Nuance findet sich zwar auch in den älteren Wörterbüchern, aber die Gewichtung stellt sich dort anders dar: steht dort die durch *rein* ausgedrückte Qualität der Sache oder des Menschen im Vordergrund – sei sie sittlich, religiös oder ästhetisch determiniert –, so wird diese Bedeutung zunehmend von der Vorstellung überlagert, *rein* könne erst das sein, was außer dem Eigenen nichts Fremdes mehr enthalte. Auf die sozialen und politischen Gründe wie Folgen dieser Vorstellung wurde im Forschungsbericht bereits hingewiesen.

4.5 Auswertung

Das Wort *rein* findet in zahlreichen Regio- und Soziolekten, in der Umgangs- wie in der Hoch-, Literatur- und Wissenschaftssprache Verwendung. Es charakterisiert die von ihm bezeichneten Dinge gleichermaßen quantitativ wie qualitativ: quantitativ, insofern es das bezeichnete Ding als aus *einer* Substanz bestehend – nicht aus mehreren – quantifiziert; qualitativ, insofern es das bezeichnete Ding als *Substanz*, nicht als Attribut oder als Akzidens qualifiziert. Das syntaktische Gewicht des Wortes *rein* reicht vom bloßen Verstärkungswort mit der Bedeutung „nichts als ..." („rein gar nichts", „reiner Betrug", „reines Vergnügen" u. ä.) bis hin zum sinngebenden Begriff (z. B. „chemisch reine Verbindung", „ein reines Herz" oder eben „Sprachreinheit"). *Rein* trifft auf alltägliche Dinge zu, sofern sie sauber sind, wobei der Reinheitsbgeriff einen besonders hohen Grad der Sauberkeit evoziert – wie der Begriff *rein* selber der sogenannten gehobenen Sprachebene zugehört, was sich nicht zuletzt an seiner besonderen Bedeutung im Bereich der religiösen Sprache zeigt. Der hohe Grad an Sauberkeit, Klarheit und Sittlichkeit, den der Begriff evoziert, gilt gleichermaßen für die angeborene oder geschaffene ursprüngliche wie für die durch Reinigung wiederhergestellte Reinheit des Dings bzw. des Menschen. Auch im Bereich der Ästhetik („reine Töne") und in dem der Moral („reines Gewissen") ist festzustellen, daß *rein* in der Regel einen besonders hohen qualitativen Grad oder Wert beschreibt, wodurch es sich von Synonymen wie sauber, klar oder lauter nunaciert abhebt.

Gerade wegen dieses großen Spektrums läßt sich die Bedeutung von *rein* jedoch nur annähernd erfassen und umschreiben. Sie ist letztlich stets von Mehrdeutigkeit geprägt, wobei sich die ästhetischen und moralischen, konkreten, metaphorischen und figurativen Bedeutungsnuancen miteinander vermischen können (z.B. „reinigendes Gewitter"). In zahlreichen Fällen hängt die konkrete Bedeutung des Wortes *rein* von seiner Funktion im syntaktischen Gefüge ab; steht *rein* lediglich in einer kontextunabhängigen Koordination, ist es nicht immer eindeutig in seiner Bedeutung zu erkennen, beispielsweise in durchaus traditionsreichen Ausdrücken wie „das reine Vergnügen", „der reine Tor" oder „die reine Wollust", unter der Adelung noch jene Wollust versteht, „welche [...] von sinnlichen Begierden frei ist",[71] während im heutigen Sprachgebrauch das Epitheton *rein* hier die Steigerung der Wollust hin zur Gier ausdrückt.

Neben seiner Vieldeutigkeit haftet dem Begriff *rein* eine charakteristische „Bezeichnungsschwäche" an,[72] die den Gebrauch – nicht zuletzt bei den Sprachphilosophen selbst – kennzeichnet. Diese Bezeichnungs- oder Bedeutungsschwäche tritt dadurch zutage, daß das Wort *rein* häufig in typischen Konstellationen auftritt, wie z.B. „rein und richtig", „rein und lauter", „rein und zierlich", „rein und schön" und ähnliche. Bei diesen Zusammensetzungen handelt es sich nicht einfach um den Hendiadyoin als Stilfigur. Vielmehr signalisiert die Verdoppelung, daß das Epitheton *rein* für sich allein nicht zur Bezeichnung des gemeinten Zustands ausreicht, daß es aber gleichzeitig auch ein unverzichtbares eigenständiges Merkmal beiträgt, das vom jeweils anderen Wort der Koordination – richtig, lauter, zierlich oder schön – nicht hinreichend ausgedrückt wird. „Reine Sprache" ist also nicht identisch mit schöner oder richtiger Sprache, sie ist gleichermaßen *mehr* als Schönheit und Richtigkeit, wie sie auch nicht denkbar ist ohne sie. Die sittlichen Konnotationen des Begriffs, deren Urform gewissermaßen das Bild der „reinen Jungfrau" Maria ist, des – nach katholischer Doktrin – einzigen von der Erbsünde und ihren Folgen ausgenommenen Menschen,[73] werden in der Negativbildung des Wortes, in *unrein*, besonders deutlich. Die Darstellung der Reinheitsthematik bei den deutschen Sprach- und Schulmeistern wird den fast synonymen Gebrauch von *unrein* und *unsittlich* erweisen, wobei die Grenzen des Unsittlichen sehr eng gesteckt sind. Daß die Amalgamierung der Vorstellungsbereiche des Unreinen und des Unsittlichen bis in unsere Zeit aktuell geblieben sind, belegt eine – im übrigen singuläre – Eintragung im Wörterbuch von Wehrle und Eggers, derzufolge Unreinheit u.a. mit „Homosexualität" als einer unsittlichen Sexualitätsform gleichgesetzt wird.[74]

Das auf Sprache bezogene Spezifikum *rein*, wertet man es nicht zur bloßen Floskel ab, bezeichnet einen Sprachzustand, der für sich allein genommen kaum vorstellbar ist. „Reine Sprache", wie Benjamin sie versteht, ist Sprache als Idee, nicht als Konkretion. Kein Mensch

---

[71] Adelung (Anm. 26), Sp. 1056.

[72] Beispiele siehe oben S. 56.

[73] Vgl. Karl Hermann Schelkle: Die Mutter des Erlösers. Ihre biblische Gestalt. Düsseldorf [2]1963, bes. S. 68, Anm. 1, und S. 88.

[74] Hugo Wehrle, Hans Eggers: Deutscher Wortschatz. Ein Wegweiser zum treffenden Ausdruck. Stuttgart [13]1967, S. 24 und 324. – Tatsächlich ein *treffender* Ausdruck ...

spricht oder schreibt diese reine Sprache, und doch bildet sie den Seinshintergrund allen konkreten Sprechens; sie ist Quelle und Ziel jeder Sprachkultur:

> Alle überhistorische Verwandtschaft der Sprachen (beruht) darin, daß in ihrer jeder als ganzer jeweils eines und zwar dasselbe gemeint ist, das dennoch keiner einzelnen von ihnen, sondern nur der Allheit ihrer einander ergänzenden Intentionen erreichbar ist: die reine Sprache.[75]

Diese „reine Sprache" ist natürlich nicht das Produkt der von Puristen gereinigten Sprache. Und doch sind die Vorstellungen einander verwandt: „Reinheit der Sprache" – nämlich höchste Qualität der konkreten Einzelsprache – erhält ihre Legitimation erst aus der Idee der „reinen Sprache", auf die hin Reinheit zu denken ist. Sprachreinheit so verstanden ist Vorschein der vollendeten „Intentionen" aller Sprachen: ästhetisches Subjekt nämlich zu sein und nicht nur pragmatisches Medium der Verständigung.

Ohne die Qualität der Reinheit – wenn sie auch im Sinne Benjamins ein utopisches Ideal bleibt – können sich die anderen Konstituenzien der „Sprache als ästhetisches Subjekt" gar nicht oder nur sehr unvollkommen entfalten. Insofern geben gerade die Koordinationen mit *rein* einen Hinweis darauf, daß Sprache ohne *Reinheit* keine Sprache von Wert sein kann. Möglicherweise liegt dies daran, daß Begriffe wie Schönheit und Richtigkeit, ja selbst Verständlichkeit zu äußerliche, affektferne und pragmatische Beschreibungen von Sprachgegebenheiten und Sprachzielen sind, als daß sie als zentrale Kategorien fungieren könnten. Der Reinheitsbegriff hingegen appelliert sowohl an die Sinnlichkeit wie an die Sittlichkeit des Menschen als Sprecher und Hörer: *Reinheit der Sprache* bedeutet immer auch die existentielle Mitte der Sprache selbst wie die des Menschen, der sich ihrer bedient.

Die Verschränkung gerade dieser Bedeutungsebenen steht im Mittelpunkt der Auseinandersetzung mit dem Gebrauch und der Bedeutung der Reinheits-Terminologie in den Schriften Martin Luthers.

---

[75] Walter Benjamin: Die Aufgabe des Übersetzers. GS IV, 1. Frankfurt a. M. 1972, S. 13.

5 Der Reinheitsbegriff in den Schriften Martin Luthers.
Ein Paradigma der Rechtfertigungs-Theologie

> Es ist unleugbar, das fur Luthers zeitten die Deutsche Sprache sehr corrupt, finster, tunckel und unverstendlich gewesen, wie beide alte Brieffe und Bûcher noch ausweisen. Nu hat er uns erstlich widerumb die rechte art Deutscher sprache herwider bracht und uns die so rein und polirt wider zugerichtet, das er billich bey uns und allen unsern Nachkommen deshalben als ein Vater deutscher Sprache gerhûmet und gelobt wird. Es kundte doch fûrwar zuvor keiner recht und gut artlich deutsch reden und kûndte es auch heutigen tages keiner, er hette es denn von Luther und aus seinen Schrifften gelernet.[1]

5.1 Voraussetzungen

Daß der Reinheitsbegriff mit der Epoche der Reformation wieder zu neuer Bedeutung gelangt, wurde bereits vermerkt. Der Rückgriff auf die Heilige Schrift und die in ihr enthaltene Ethik läßt bezüglich der Reinheit eine ähnliche Wertschätzung entstehen, wie sie sich bereits im Zusammenhang der karolingischen Renaissance beobachten ließ.[2] Die Schärfe der Auseinandersetzung zwischen den konfessionellen und theologischen Richtungen sowie das Anwachsen des wissenschaftlichen und religiösen Schrifttums lassen diesen Wertzuwachs im 16. Jahrhundert weitaus differenzierter erscheinen als jenen des 9. und 10. Jahrhunderts.

Die breite Bewegung der „Kirchen- und Glaubensreinigung",[3] die sich in unterschiedlichen Ausprägungen in der gesamten theologischen Auseinandersetzung der Zeit manifestiert, verleiht sowohl der Reformation als auch der Gegenreformation ihre Legitimation.[4] Die Wiedergewinnung der reinen Lehre, die wechselseitigen Bezichtigungen des unreinen Glaubens und Denkens lassen den Reinheitsbegriff als zentrale Markierung der Identität und Differenz erscheinen, die auch in der nachreformatorischen Auseinandersetzung zwischen Pietismus und Orthodoxie ihren Stellenwert behält.[5]

---

[1] Cyriacus Spangenberg: Warhafftiger Bericht von D. Martin Luther (1561); zit. n. Friedrich Kluge: Von Luther bis Lessing. Leipzig [5]1918, S. 43 f.

[2] Vgl. oben S. 53 f.

[3] Zur Terminologie vgl.: Historisches Gemälde der großen Kirchen= und Glaubens=Reinigung im sechszehnten Jahrhundert durch Doctor Martin Luther [...]. Leer 1817; das Werk stützt sich auf G. G. Bredows allgemeine Weltgeschichte.

[4] Als „exemplarische(n) Fall für die Bedeutung der Rhetorik für Reformation und Gegenreformation" zeigt Helmut Schanze „die Kanzelberedsamkeit" auf, die „die ‚Macht des Wortes‘ neu entdeck(t)" (Einleitung. In: Helmut Schanze (Hg.): Rhetorik. Beiträge zu ihrer Geschichte in Deutschland vom 16.-20. Jahrhundert. Frankfurt a. M. 1974, S. 13).

[5] Vgl. Kapitel 6 dieser Studie.

Bereits im Vorfeld der Reformation und gedanklich wie sprachlich auf sie vorausweisend gewinnt der Reinheitsbegriff als Unterscheidungsmerkmal seine Bedeutung. Als Beispiel sei auf die kirchenkritische Schrift des Lorenzo Valla (1407-1457) verwiesen, die die politisch brisante Theorie der „Konstantinischen Schenkung" verwirft. Luther lernt Valla durch eine der Huttenschen Ausgaben kennen und sieht sich durch ihn „in seiner Ansicht bestärkt, daß der Papst in Wahrheit der Antichrist ist".[6] 1537 beschäftigt er sich in seiner Schrift *Einer aus den hohen Artikeln des Allerheiligsten Bepstlichen glaubens, genant Donatio Constantini* mit Valla und findet dort als durchgängige Grundlinie den Versuch, „von einer sprachlich gesicherten Grundlage aus zu argumentieren. Wahrheit bedeutet [für Valla] immer auch sprachliche Richtigkeit und Genauigkeit".[7]

Diese Grundtendenz, sprachliche, juristische und ethische Aspekte der Argumentation in Übereinstimmung zu bringen, prägt auch die deutsche Übersetzung der Valla-Schrift aus dem Jahr 1524; der anonyme Übersetzer bringt unmißverständlich zum Ausdruck, daß sich die rechtliche Fragwürdigkeit der Dokumente, gegen die Valla argumentiert, auch in ihrer sprachlichen Ungenauigkeit abzeichne. Dabei spielt die Koordination von „Schlichtheit der Sprache" und „Wahrheit des Ausdrucks" schon jene bedeutsame Rolle, die auch in Luthers eigener Argumentation wiederkehren wird:

> In disem büchlin sichstu klarlich mit was betrug das Antichristisch reich/ mit dem zeitlichen Gŭt vnd pracht/ vffgericht ist worden/ in welchē wir mehe fleiß gehabt/ die warheyt dem Latein gemäß/ von wort zu wort/ der sachen zu gŭt/ in dz schlecht einfaltig deutsch verdolmetschen/ dañ mit schŏnen geschmuckten wortē solchs zeferben. Dañ die schlechte eynfaltige rede ist eyn freüdin der warheyt/ vnnd sonderlich die weil der dichter des Keyserlichen brieffs/ ist eyn vngeschicker vnd vngelerter Grāmaticus gewest/ hat sein vngeschicklickeyt nit also geschickt in das deütsch bracht werden mŏgen/ das der gemeyn man sehen kundt/ ien am Latein/ vnd an der sach selbst gelogen/ vnd falsch gered haben.[8]

In den Schriften Martin Luthers läßt sich ein umfassendes Bild vom Bedeutungsspektrum des Reinheits-Begriffs im Rahmen seines reformatorischen und humanistischen Gebrauchs gewinnen. Bei Luthers Äußerungen über die Reinheit, sei es die Reinheit der Sprache oder die Reinheit als göttliches oder menschliches Attribut, handelt es sich indes um vereinzelte, ihrerseits kontextgebundene Aussagen, nicht um eine systematische Diskussion. Deswegen kann auch die folgende Interpretation des Wortgebrauchs keiner bei Luther vorgeprägten Systematik folgen. Es soll vielmehr der Versuch unternommen werden, die im Gesamtwerk verstreuten Aussagen Luthers zur Wortfamilie *rein/unrein* unter verschiedenen Aspekten zu ordnen und auszuwerten. Diese Systematisierung zielt darauf ab, den Begriff der Reinheit bei Luther in seiner Anwendungsbreite zu verstehen und daraus eine Vorstellung zu gewinnen, welche Bedeutungs-Implikationen der Begriff enthält. Nur so kann annähernd verständlich

---

6 *Des Edlen Römers Laurentii Vallensis Clagrede wider die erdicht unnd erlogene begabung so von dem Keyser Constantino der Roemischen kirchen sol geschehen sein.* Eine deutsche Übersetzung von Lorenzo Vallas Schrift De falso credita et ementita Constantini donatione aus der Reformationszeit. Hg. von Wolfram Setz. Basel, Frankfurt a. M. 1981, S. 116 [Nachwort], unter Berufung auf einen Brief Luthers an Spalatin vom Februar 1520.

7 Valla (Anm. 6), S. 111 f. [Nachwort].

8 Valla (Anm. 6), S. 3 f.

werden, welche Nuancen „mit-gemeint" sind und assoziativ anklingen, wann immer der Begriff selbst auftaucht.

Grundsätzlich ist festzustellen, daß Luther Glieder der Wortfamilie *rein* sehr häufig verwendet: alleine in seinen Schriften – ohne Briefe, Tischreden und Bibelübersetzung – lassen sich über 2.000 Belegstellen nachweisen.[9] Unter Bezugnahme auf den wortgeschichtlichen Überblick, demzufolge *rein* sich seit dem 10. Jahrhundert als Fachwort der theologischen und spirituellen Sprache etabliert, ist die Häufigkeit des Vorkommens bei Luther plausibel. Hinzukommt Luthers Selbstverständnis als *Reiniger* der verderbten Lehre und der verkommenen Kirche, die die häufige Verwendung dieser Begrifflichkeit nahelegt, wobei auch der Einfluß mystischen Vokabulars, die Rede von Gott als dem reinen und einen Sein, auf seine Terminologie zu beachten ist.

Die Bedeutungsbreite und -vielfalt des Reinheitsbegriffs bei Luther – und von ihm ausgehend bei den späteren Sprachmeistern – läßt sich nur durch Annäherungen erfassen. Dies wird in folgenden Schritten versucht:

– Darstellung der Wortformen und ihrer Schreibweisen, die sich bei Luther finden,
– paradigmatische Darstellung einiger typischer Wortverbindungen, durch die sich die Bedeutung des Wortes *rein* in unterschiedlichen Kombinationen herausarbeiten läßt,
– Ansätze einer systematischen oder schematischen Darstellung der *Verwendung* von Gliedern der Wortfamilie *rein*, durch die die Verschränkung des theologischen und philologischen Spektrums der Bedeutungen sichtbar wird.

In der Auswertung der Belegstellen versuche ich aufzuzeigen, in welcher Weise durch Luthers Sprachgebrauch ein facettenreicher Reinheitsbegriff vorgeprägt, differenziert und zum bedeutungtragenden Element der Sprache wie der Theologie gemacht wird, wie er dann der Argumentation der Sprach- und Schulmeister zugrundeliegt – häufig eher implizit als explizit.

Daß diese Texte trotz ihrer Quantität und ihres inhaltlichen Gewichts bislang keiner Einzeluntersuchung gewürdigt wurden, nimmt wunder. Dabei ist auch zu bemerken, daß weder der Begriff der *Reinheit* noch der der *Sprachreinheit* im Sinn der rhetorischen *puritas* bei Luther erforscht ist. Die Dissertation von Friedrich Beißer, *Claritas scripturae bei Martin Luther*, begnügt sich mit einigen grundsätzlichen Bemerkungen zum Kategorienpaar „claritas und puritas", die sich jedoch vor allem auf die Verwendung des Begriffs im Zusammenhang mit dem „Wort" beschränken.[10] Auch bei Klaus Dockhorn, der den Rhetoriker Martin Luther vor der einseitigen und verabsolutierenden Inanspruchnahme durch die Theologen zu bewahren versucht, gewinnt der *puritas*-Begriff Luthers keine eigenen Konturen.[11]

---

[9] In diesem Zusammenhang danke ich der Arbeitsstelle „Lutherwörterbuch" am Fachbereich Theologie der Universität Tübingen, die mir wertvolle Hilfe zuteil werden ließ. Die Lemmata der Wortfamilie *rein* bzw. *purus* sind noch nicht abschließend für das entstehende Luther-Wörterbuch bearbeitet. – Eine Auswahl der Exzerpte und Belegstellen in der Ordnung der WA findet sich im Anhang (9.3) dieser Untersuchung.

[10] Friedrich Beißer: Claritas scripturae bei Martin Luther. Göttingen 1966 (Forschungen zur Kirchen- und Dogmengeschichte Bd. 18), bes. S. 108-122.

[11] Klaus Dockhorn: *Rhetorica movet*. Protestantischer Humanismus und karolingische Renaissance. In: Schanze (Anm. 4), S. 17-42.

Luthers Werk eignet sich in mehrfacher Hinsicht als Quelle einer begriffsgeschichtlichen Untersuchung, zum einen weil Luther den späteren Sprachtheoretikern als Maßstab, Vorbild und „Vater der deutschen Hochsprache" gilt, zum anderen weil im Denken Luthers die theologischen, die sprachphilosophischen und die sprachpragmatischen Aspekte in einem produktiven Verhältnis zueinander stehen; und schließlich drittens weil Luthers Theologie und Spiritualität durch die wissenschaftstheoretischen Kriterien der Rhetorik entscheidend geprägt sind, so daß sich die polarisierende Trennung von Humanismus und Reformation, jedenfalls für das Schrifttum Luthers, nicht aufrechterhalten läßt.[12]

5.1.1 Luther als Vorbild

Die Sprach- und Schulmeister, die sich für die „Reinigkeit" der deutschen Sprache einsetzen, berufen sich vielfach auf Martin Luther, verständlicherweise insbesondere jene, die der protestantischen Fraktion zuzurechnen sind.[13] Dabei gilt Luther zum einen als Begründer und Verbreiter einer kulturfähigen, ja kulturtragenden deutschen Hochsprache, die wiederum als einigendes Band für die deutsche Nation angesehen wird (Fabian Frangk, Johannes Clajus,[14]

---

[12] Vgl. hierzu Klaus Dockhorn: Luthers Glaubensbegriff und die Rhetorik. Zu Gerhard Ebelings Buch „Einführung in die theologische Sprachlehre". In: Linguistica Biblica 21/22, 1973; Birgit Stolt: Docere, delectare und movere bei Luther. Analysiert anhand der „Predigt, daß man Kinder zur Schulen halten soll". In: DVjs 44, 1970, S. 433-474; Birgit Stolt: Neue Aspekte der sprachwissenschaftlichen Luther-Forschung. Ein kritischer Rückblick. In: Martin Luther. Text und Kritik. Sonderheft. Hg. von Heinz Ludwig Arnold. München 1983, S. 6-16; Birgit Stolt: Rhetorische Textkohärenz am Beispiel Martin Luthers. In: Rhetorik. Ein internationales Jahrbuch 10, 1991, S. 89-99; sowie vom Verf.: „Da mit vnser Erbeit rein und völlig erhalten werde". Quellenstudie zum Reinheitsbegriff Martin Luthers. In: Linguistica Biblica [im Druck].

[13] Vgl. jedoch Hugo Moser: Deutsche Sprachgeschichte. Tübingen ^{5}1965, S. 148, der am Beispiel Hieronymus Wolfs zeigt, daß der Grammatiker trotz seiner konfessionellen Bindung an Luther „1578 eine einheitliche Schriftsprache in Anlehnung an die Sprache des kaiserlichen Hofes" anstrebt. Auch Fabian Frangk legt sich sprachlich durch seine Konfession nicht einseitig fest, sondern orientiert sich gleichermaßen an den „Schriften Luthers sowie der kaiserlichen Kanzlei Maximilians" (so jedenfalls Joachim Schildt: Abriß der Geschichte der deutschen Sprache. Leipzig ^{3}1984, S. 130). Luther selbst, der als Kind Nieder- *und* Mitteldeutsch lernt, lehnt sich an die Sprache der kurfürstlich-meißnischen Kanzlei an, von der er irrtümlich annimmt, sie decke sich mit der kaiserlichen Kanzleisprache vor allem Augsburgs. In Wirklichkeit besteht hier nur eine gewisse „Annäherung" (Moser, ebd., S. 143). Meißnisch ist jedoch seit 1480 die Schriftsprache der „Reichstagsabschiede".

[14] Heinz Engels (Die Sprachgesellschaften des 17. Jahrhunderts. Gießen 1983, S. 31) unterstreicht die Bedeutung der „ex bibliis Lutheri germanicis et aliis eius libris" abgeleiteten Grammatik des Johannes Clajus, wenn er betont: „Hier bei Clajus, nicht aber schon bei Fabian Frangk, ist jene gestalthafte ‚Profilierung auf Luther', von der Sonderegger spricht, wirklich vollzogen [...]". Max Hermann Jellinek (Geschichte der Neuhochdeutschen Grammatik von den Anfängen bis auf Adelung. Heidelberg 1913, S. 77) hält eine weite Verbreitung der Claj'schen Grammatik auch in den katholischen Städten im Süden Deutschlands für wahrscheinlich. Kluge (Anm. 1, S. 45) betont als „bedeutsam", daß die Grammatik des Clajus, „die alle ihre Belege aus Schriften Luthers nimmt, im Münchener Jesuitenkolleg gebraucht worden ist". Andererseits ist Luthers Bibelübersetzung dermaßen erfolgreich, daß sich auch seine Gegner derselben Sprache bedienen, um ihn zu bekämpfen. So stellt die Übersetzung des Neuen Testaments durch den Meißner und Dresdner Domherr Hieronymus Emser geradezu ein „Plagiat" des *Septembertestaments* dar, weshalb sich Luther im *Sendbrief vom Dolmetschen* vehement gegen den katholischen „Sudler zu Dresden" wehrt, der „mein Neu Testament unter seinem namen (verkaufft)".

Justus Georg Schottel). Zum anderen wird Luther auch immer wieder als Vorbild in speziellen Fragen der Sprachqualität benutzt, wobei theologische und philologische Argumente ineinanderfließen: der Bibel-Übersetzer und Dichter Martin Luther ist Gewährsmann für jene Wortformen, die sich der ostmitteldeutschen Sprachausgleichsbewegung verdanken; der Reformator Martin Luther ist der Vorkämpfer des volksaufklärerischen Ideals, demzufolge jeder einzelne, unabhängig von seinem sozialen Rang, Zugang zum – stets sprachlich und schriftlich vermittelten – zentralen Wissensfundus erhalten muß. In der Bibelübersetzung treffen die philologischen und theologischen Argumente zusammen.[15] Luthers Bedeutung für diese Entwicklung galt noch für Jacob Grimm 1819 als dermaßen unbestritten, daß er von dessen Sprache behauptete, sie müsse

> ihrer edlen, fast wunderbaren reinheit, auch ihres gewaltigen einflußes halber, für kern und grundlage der nhd. sprachniedersetzung gehalten werden, wovon bis auf den heutigen tag nur sehr unbedeutend, meistens zum schaden der kraft und des ausdrucks abgewichen worden ist.[16]

5.1.2 Die „doppelte" Reformation

Da die Person Luthers und seine sprach- wie kirchengeschichtliche Funktion einen so wichtigen Platz in der Purismus-Debatte des 16. bis 18. Jahrhunderts einnehmen,[17] erscheint es sinnvoll und vielversprechend, dem Begriff der Reinheit bei Luther selbst nachzugehen, wobei sich diese Untersuchung nicht auf „*Sprach*-Reinheit" bei Luther spezialisieren kann. Dies würde einerseits dem unsystematischen und situationsbezogenen Denken bzw. Argumentieren Luthers nicht gerecht, und es ignorierte andererseits die gegenseitige Durchdringung von theologischer und philologischer Argumentation. Mit den Termini „reines Wort" und „reine Lehre" kommen jedoch theologische Zentralbegriffe der Reformation in den Blick, die ihrerseits wieder eindeutig sprachlich determiniert sind. Sie funktionieren als „Übergangsbegriffe", in denen Luthers Theologie und seine Sprache greifbar werden: seine Theologie *als* Sprache und seine Sprache *als* Theologie. In ihnen begegnet uns Luther als *Sprach*reiniger und als *Glaubens*reiniger –: eben als die Personifikation einer „doppelten" Reformation.

---

[15] Zur aktuellen Einschätzung der Bedeutung Luthers für die Entwicklung der (neu-)hochdeutschen Schrift- und Literatursprache vgl. die Sprachgeschichten von Moser, Tschirch und Eggers; Heinrich Bornkamm: Luther im Spiegel der deutschen Geistesgeschichte. Heidelberg ²1970; Kluge (Anm. 1); L. Meyer: Luthers Stellung zur Sprache. Hamburg [Diss.] 1930; Heribert Raab: ‚Lutherisch deutsch'. Ein Kapitel Sprach- und Kulturkampf in den katholischen Territorien des Reiches. In: Zs. für bayerische Landesgeschichte 47, 1984, S. 15-42; Art. *Bibelübersetzungen IV. Deutsche Bibelübersetzungen*. RGG³, 1, Sp. 1201-1207.

[16] Jacob Grimm: Deutsche Grammatik. Vorrede. Göttingen 1819, S. XI. Grimm revidiert jedoch 1854 sein Urteil, wenn er in der Vorrede zum *Deutschen Wörterbuch*, Band 1, S. XVIII, betont, es sei „unzulässig", die Epoche des Neuhochdeutschen „mit *Luthers* auftritt [...] anzuheben".

[17] Allerdings tadeln Autoren des späten 18. Jahrhunderts, wie beispielsweise Heinze, Campe oder Adelung, Luther für seine derben, unreinen Wortformen und anerkennen seine Bibelübersetzung nicht (mehr) als unzweifelhaftes Vorbild für „klassisches" Deutsch. Adelung: „wir (haben) in Ansehung der Reinigkeit der Sprache keinen eigentlich classischen Schriftsteller" (Versuch eines vollständigen grammatisch-kritischen Wörterbuches. Leipzig 1774, S. XV). Stefan Sonderegger (Grundzüge der deutschen Sprachgeschichte, Band 1. Berlin, New York 1979, S. 140 f.) stellt deswegen Adelung an den „Anfang einer durchaus wissenschaftlichen und modernen Beurteilung der Luthersprache".

5.1.3 Reformation und Rhetorik[18]

Noch in einer dritten Hinsicht wird die Verbindung von Theologie und Philologie bei Martin Luther für das Reinheitsthema von Bedeutung: es ist die auch das theologische Denken Luthers strukturierende Vorstellungswelt der antiken Rhetorik – eine Verbindung, auf die vor allem Klaus Dockhorn in seinem Aufsatz *Luthers Glaubensbegriff und die Rhetorik* hingewiesen hat;[19] wobei auch hier wieder das „reine Wort" gleichermaßen als Quelle, als Ausdrucksmittel wie als Ziel von Luthers theologischen Argumenten im Mittelpunkt steht. Luther, der selber in den Jahren 1508 bis 1510/11 an den Universitäten Erfurt und Wittenberg als Lektor Rhetorik gelehrt hat,[20] unterstreicht die Bedeutung der Bildung und Erziehung durch die antike Rhetorik gerade mit Blick auf die Reinheit, wenn er die Schulmeister anweist, im „andern hauffen" – also in der von ihm geforderten zweiten Schulstufe für die lese- und schreibkundigen Kinder – antike Autoren lesen zu lassen:

> Nach dem Terentio sol der schulmeister den kindern etliche fabulas Plauti, die rein sind, fürgeben, Als nemlich Aululariam, Trinummum, Pseudolum[21] und der gleichen. (26, 238, 14-16)[22]

Auch in seiner politischen Sendschrift *An die Ratherren aller Städte deutschen Lands, daß sie christliche Schulen aufrichten und halten sollen* (1524) plädiert Luther für die Einübung der antiken Sprachen, wobei er sich polemisch gegen das falsche Autarkiestreben der Deutschen – jedenfalls in sprachlicher Hinsicht – wendet und den utilitaristischen Einwand, Griechisch, Lateinisch und Hebräisch seien zu nichts nütze, mit dem Argument abwehrt, Fremdsprachen könnten den Menschen wahrhafter bereichern als importierte fremde Spezialitäten:

> Ja ich weys leyder wol, das wyr deutschen müssen ymer bestien und tolle thier seyn und bleyben [...]. Die künste und sprachen, die uns on schaden, ja grösser schmuck, nutz ehre und frumen sind beyde zur heyligen schrifft zuverstehen und welltlich regiment zu füren, wöllen wyr verachten, und der auslendischen ware, die uns wider not noch nütze sind, dazu uns schinden bis auff den grat, der wöllen wyr nicht geratten: heyssen das nicht billich deutsche narren und bestien? (15, 36, 6-20)

Das erste Argument, die Kenntnis der antiken Sprachen ermögliche die bessere Kenntnis der Heiligen Schrift, liegt wegen der Bibelexegese nahe, wenngleich es nicht zeitgemäß ist, und

---

[18] Zur thematisch weiterführenden Literatur vgl. oben Anm. 11 und 12.

[19] Klaus Dockhorn (Anm. 11). Vgl. hierzu auch Luthers Charakterisierung Christi als der personifizierten *Eloquenz*, unten S. 79.

[20] Vgl. Martin Brecht: Martin Luther. Sein Weg zur Reformation 1483-1521. Stuttgart 1981, S. 96-98.

[21] Es handelt sich hier um die plautinischen Komödien *Aulularia*, *Pseudolus* und *Trinummus*. Im Unterschied zur mittelalterlichen Tradition wurde Plautus in der Renaissance hoch geschätzt und viel gelesen. Neben der stilistischen Brillanz dieser Komödien mag für Luthers Bewertung ihrer „Reinheit" auch ihr moralischer Tenor entscheidend gewesen sein, durch den sich Plautus' Dichtungen von den a- und un-moralischen Werken der lateinischen Klassiker abheben. Zur Rezeptionsgeschichte vgl. Neues Handbuch der Literaturwissenschaft. Hg. von Klaus von See. Band 3: Römische Literatur. Hg. von Manfred Fuhrmann. Frankfurt a. M. 1974. – Für diesen Hinweis sowie für Rat und Tat bei einigen Übersetzungen aus dem Lateinischen danke ich meinem Freund und Kollegen von der Altphilologie Wolfgang Srb sehr herzlich.

[22] Luthers Werke werden zitiert nach der *Weimarer Ausgabe* (WA): D. Martin Luthers Werke. Kritische Gesamtausgabe. Weimar 1883 ff. Die Schriften ohne Sigle, mit Bandzahl, ggf. hochgestellter Angabe des Teilbandes, Seite und Zeile; Tischreden: WATR; die Deutsche Bibel: WADtB; Briefe: WABr.

Luther sich dadurch von seinen Kollegen positiv unterscheidet.[23] Dem fügt er allerdings noch den zweiten Gesichtspunkt hinzu: daß nämlich die Kenntnis der antiken Wissenschaften und Sprachen auch das „welltlich regiment" führen helfen – eine, wie mir scheint, für Luther typische Verbindung von Wissenschaft und gesellschaftlicher Praxis, die belegt, daß seiner Auffassung nach Gottes Wille sich auch in weltlichen Dingen auswirken muß und kann, und daß Gottes Wort nicht ausschließlich an den Kanon der heiligen Schriften und der „heiligen Sprachen" gebunden ist.

In pointierter Umkehrung der Auffassung, die Fremdsprachen seien Fremdkörper oder Störfaktoren innerhalb der deutschen Spracherziehung oder des deutschen, sprachlich bedingten Nationalbewußtseins, erklärt Luther die antiken Fremdsprachen für Gottes Geschenk und ihre Unterdrückung für „Teufelswerk". Auch wenn sich aus den antiken Sprachen kein unmittelbarer Nutzen ableiten lasse,

> sollt doch uns das billich erfrewen und anzünden, das es so eyn edle feyne gabe Gottis ist, da mit uns deutschen Gott itzt so reichlich fast uber alle lender heymsucht und begnadet. Man sihet nicht viel, das der teuffel die selben hette lassen durch die hohen schulen und klöster auffkomen. Ja sie haben allzeyt auffs höhest da widder getobet und auch noch toben. Denn der teuffel roch den braten wol [...]. Es ist yhm nicht eyn lieber gast damit yns haus komen, Darumb will er yhn auch also speysen, das er nicht lange sol bleyben. (15, 36, 21-32)

Die antiken Sprachen: ein Gast im Haus – für den Teufel ein unwillkommener, für den Christen der Reformation aber ein von Gott gesandter Gast, den es zu pflegen gilt. Für Luther gründet also der Wert der deutschen Sprache nicht in ihrem Deutschsein, sondern darin, daß sie Medium für die Verbreitung von Gottes Wort ist, wobei die ihr zukommende Qualität mindestens gleichermaßen auch in den antiken Vorbildern zu finden ist, auch wenn diese – wie die antiken Dichter – nicht unmittelbar die christliche Botschaft verkünden. Darin kann zumindest ein Hinweis darauf gesehen werden, daß der Wert der Sprache, genauer: die Sprachreinheit im Deutschen, für ihn nicht in erster Linie aus der Lexik, Morphologie, Syntax oder Orthographie der deutschen Sprache resultiert, sondern aus dem übergeordneten Ideal des reinen Stils, das heißt eines Sprachgebrauchs, der die Qualität der antiken Sprachen weiterhin pflegt und fortentwickelt.[24]

Gleichwohl bezieht Luther die Morphologie immerhin in seine Überlegungen mit ein, behandelt sie aber nachrangig; dies zeigt eine Parenthese im *Sendbrief vom Dolmetschen*, in der er sich mit der Frage beschäftigt, wie die hebräische Bezeichnung *hamudoth* und *isch hamudoth* bzw. *vir desideriorum* für Daniel – wörtlich *Mann der Begehrungen* – in Dan 9, 23 und 10, 11 zu übersetzen sei: „Ein deutscher horet wol, das Man, Lüste, oder begyrunge deutsche wort sind, wie wol es nicht eytel reine deutsche wort sind, sondern lust und begyr weren wol

---

23 „Wenn man bedenkt, welches Mißtrauen humanistische Sprachstudien gerade bei Theologen hervorriefen, ist Luthers Unbefangenheit höchst auffällig, bereits in der ersten Vorlesung den Jahrhunderte hindurch von der Tradition geheiligten lateinischen Bibeltext in Frage zu stellen." Heiko A. Oberman: Luther. Mensch zwischen Gott und Teufel. Berlin, verb. Auflage 1987, S. 131.

24 Zum Beleg von Luthers Wertschätzung der antiken Autoren weist Oberman (ebd.) – unter Berufung auf WATR 1, Nr. 116; 44, 21 ff. (1531) – darauf hin, daß Luther beim Eintritt ins Kloster von seinen Büchern ausschließlich „seinen Plautus und Vergil" mitgenommen und auch sein Leben lang daraus zitiert habe.

besser." (30², 639, 12-14) Doch ordnet Luther die mangelnde „Reinheit" einzelner Worte dem wichtigeren Aspekt des Sinnzusammenhangs unter:

> Aber wenn sie so zusamen gefasset werden du man der begyrungen, so weiß kein deutscher: was gesagt ist, denckt, das Daniel villeicht vol böser lust stecke, Das hiesse denn fein gedolmetzscht. Darumb mus ich hie die buchstaben faren lassen, unnd forschen, wie der Deutsche man solchs redet [...]. (30², 639, 14-18)[25]

Die Orientierung am deutschen Sprachgebrauch führt Luther schließlich zur Übersetzung der hebräischen Constructus-Verbindung *isch hamudoth* bzw. der lateinischen Genitiv-Konstruktion *vir desideriorum* mit dem schlichten Adjektiv „lieb": „Denn du bist lieb vnd werd" (Dan 9, 23) und „Du lieber Daniel" (Dan 10, 11).[26] – Kurz gesagt: Das Problem der Reinheit des Wortes stellt sich für Luther allen Belegen zufolge nicht als die Frage, ob ein einzelnes Wort – seiner Abstammung oder Form nach – in sich selbst rein oder unrein sein kann, sondern stets als die Frage nach der Angemessenheit des einzelnen Wortes in seinem Kontext, zu dessen *Verständlichkeit im Augenblick des Hörens* es beitragen soll. Mit anderen Worten: Sprachreinheit orientiert sich bei Luther immer an der *Wirkung* des Wortes und zeigt sich also als Problem der Rhetorik und ihres Zusammenspiels von *puritas* und *aptum*, von *genus dicendi* und *affectus*.

5.2 Die Verwendungsweisen des Lexems *rein* bei Luther

5.2.1 Wortformen und ihre Schreibweisen

Die Grapheme *rein* und *reyn* – sowohl als Adverb wie als Adjektiv – stellen das Hauptkontingent im Vorkommen des Lexems *rein* in Luthers Schriften (analog dazu auch *unrein* und *unreyn*). Die unterschiedlichen Schreibweisen lassen sich keinen zeitlichen Perioden oder bestimmten Texttypen zuordnen, sondern kommen willkürlich nebeneinander vor; besonders deutlich bei der einmal nachzuweisenden Komparativ-Verbindung „wir mussen von tag zcu tag reyner und reiner werden" (9, 545, 6 f.). Es handelt sich hier um die zeittypische Willkür – sei es Luthers, sei es des Druckers – im Umgang mit der Orthographie. Ein signifikanter Vorrang der einen Schreibweise vor der anderen ist nicht festzustellen.

---

[25] Interessanterweise verstößt Gottfried Arnold, ein wichtiger Vertreter des deutschen Pietismus, gegen Luthers Forderung. Er übersetzt *isch hamudoth* mit „Mann der verlangen oder begierde" und weist Daniel damit im Sinne des Pietismus als einen Menschen aus, der sich von seiner „unreinigkeit" erst noch befreien muß (Das Geheimniß Der Göttlichen Sophia oder Weißheit. Leipzig 1700, S. 21). – Übersetzung als Ideologie-Transfer machen beide Exempel in seltener Deutlichkeit greifbar.

[26] Gemäß der Übersetzung von 1545, WADtB 11², 169 und 171 f.

5.2.1.1 Adjektive

rain, -e, -es
   10^3, 271, 22; 10^3, 331, 4
reinest (adj., Superlativ, nom. masc. sg.)
   „der zartest, reinest regen" (41, 160, 6 f.)
reiniste (adj., Superlativ, nom. masc. pl.)
   „die besten und reinisten" Blutstropfen (45, 51, 10)
reinste (adj., Superlativ, nom. masc. pl.)
   „die reinsten, augen, zungen und sprach" (36, 674, 2 f.)
reynne (adj., nom. fem. sg.), Nebenform zu ‚reyne'
   „reynne junckfraw" (9, 649, 30)

5.2.1.2 Adverbien

rain (adv.)
   12, 467, 37; 10^3, 271, 22; 10^3, 331, 4
rayn
   12, 403, 32; 12, 406, 21; 17^1, 140, 26
rayner (adv., Komparativ)
   „rayner" werden (10^3, 341, 5)
reine (adv.)
   „gantz reine seyn" (1, 178, 11 f.)
   „reine und on [...] zusatz" (31^1, 584, 3 f.)
reiner (adv., Komparativ)
   „reyner und reiner werden" (9, 545, 6 f.)
reines (adv., subst.)
   es ist „nichts reines" an etwas (37, 56, 2; 37, 58, 14; u. ö.); vgl.: „nihil puri in (carne)" (15, 781, 14 u. ö.)
reineste (adv., Superlativ)
   „auff das aller reineste" predigen (16, 110, 28); „so er am reinesten sein sol" (38, 158, 15)
reinlich
   10^3, 3, 1; 41, 568, 20
reyne
   17^1, 288, 27; 24, 594, 10
reyner (adv., Komparativ)
   „reyner und reiner werden" (9, 545, 6 f.)
unreine (adv.)
   17^1, 132, 31; 37, 59, 11
unreins (adv., subst.)
   „nichts unreins" (17^1, 111, 19)
unreyns (adv., subst.)
   „nichts unreyns" (12, 322, 29)

5.2.1.3 Nomina und Nominalformen

rainigkait, die
  12, 611, 18
rainigkeyt, die
  10^3, 163, 18
reinickeit, die
  16, 396, 22; 17^1, 112, 22
reinigkeit, die
  1, 255, 28; 21, 208, 29; 21, 209, 17; 37, 57, 3 (u. ö. in diesem Kontext); 37, 60, 31; 45, 150, 36; 49, 803, 26-28
reinigkeyt, die
  45, 387, 1
reinikeyt, die
  10^3, 358, 6
reynickeit, die
  1, 178, 11; 15, 502, 29
reynickeyt, die
  12, 370, 29 f.; 17^2, 199, 16
reynigkeyt, die
  12, 122, 5
reinigste, der (substantiviertes Adjektiv, Superlativ, masc. sg.)
  Gott ist „der aller reinigste" (9, 214, 38)
reinigung, die
  21, 209, 18; 28, 414, 18; 45, 178, 24
reynigung, die
  $10^{1,1}$, 52, 14; 12, 263, 29 f.; 15, 502, 29
Reinart (Eigenname)
  ‚Reinart' possit dici ‚puro & pudico ingenio', ‚Catharus', ‚Catherin' (50, 157, 4 f.; Verfasserschaft fraglich)
unreinigkeit, die
  49, 803, 19-23
unreynickeit, die
  1, 168, 29

5.2.1.4 Verben

gereiniget (ppp.)
  „durchs Fewer gefeget, gereiniget und vernewert werden" (45, 323, 9 f.)
  30^2, 636, 26
rainigen
  10^3, 341, 4
reinigen
  „Gott [...] reiniget dich (45, 173, 21)
verunreinigen
  der „Teuffel [...], der es also verunreiniget" (38, 57, 20)

5.2.1.5 Adverb-Verb-Koordinationen, Komposita

Einige Verbindungen mit geringerer Bedeutung:

> rein halten, rein behalten, rein haben, rein bleiben, rein gehen (17^2, 429, 29), rein lassen (21, 395, 7 f.), rein erhalten

Einige Verbindungen mit tragender Bedeutung:

rein machen

> 37, 57, 15 (u.ö. in diesem Kontext); 37, 60, 33 ; 21, 270, 35 (*sich* rein machen); 12, 322, 29 f. (Gottes Wort das Herz); 10^3, 125, 32 (der Glaube den Menschen); 35, 571, 3; 36, 361, 28 (Gottes Wort); 41, 242, 21 (aqua); 45, 173, 21 ff. ($\triangleq$ reinigen); 45, 178, 20; 59, 195, 18-20 (durch Feuer „rein aus, rein ab, rein durch machen")

rein schaben

> „die zunge rein schaben" (37, 46, 23)

rein schätzen

> „wir [...] werden umb desselben willen rein geschetzt" (21, 208, 30)

rein werden

> 37, 60, 32 f.; 1, 189, 19-21 (durch das Blut Christi); 2, 732, 9: (durch den Tod); ebd., 30 (durch Taufe); ebd., 32 (am jüngsten Tag; dasselbe in 9, 545, 4); 9, 545, 6 f. (wir müssen); 10^1, 72, 12-14; 37, 59, 6 f. (durch Christus); 12, 273, 6 f. (durch Feuer); 12, 273, 13 ff. (durch Evangelium, durch Predigt; im Sterben); 28, 411, 17 ff. (durch Wasser); 36, 359, 31 f. (durch die höchste Reinigkeit, Gottes Wort); 36, 640, 24 f. (durch Christus); 37, 55, 34-37 (Christi Geburt sollte rein werden, i.S.v. „als reine Geburt erfolgen")

unrein machen

> 37, 59, 5; 37, 60, 34 (reflexiv: *sich* unreiner machen)

unrein werden

> 1, 255, 27 f. (durch Werke)

5.2.2 Typische und häufig wiederkehrende Adjektiv- und Adverbverbindungen

Wie schon die wortgeschichtliche Untersuchung ergab, zählt das Lexem *rein* zu jenen Worten, die besonders häufig im Hendiadyoin, in Koordinationen mit einem und mehreren anderen Wörtern und in bildhaften Analogien verwendet werden. Hier stellt Luthers Sprachgebrauch keine Ausnahme dar. Wir können an ihm vielmehr paradigmatisch jene Verbindungen untersuchen, die im Deutschen typisch (geworden) sind. Dabei gehe ich von der Hypothese aus, daß sich in den vielfältigen Koordinationen mit *rein* das zwiefache Charakteristikum des Begriffs zeigt: zum einen seine Verknüpfungs*bedürftigkeit*, die auf die Bedeutungsschwäche des Wortes verweist, und zum anderen seine Verknüpfungs*fähigkeit*, in der sich die spezifische Fähigkeit des Wortes als eine bestimmte Verstärkung von Bedeutungsnuancen der koordinierten Wörter erweist. So modifiziert die Verbindung des Wortes *rein* mit dem Wort klar im Ausdruck „klar und rein" die Bedeutung von klar in einer spezifischen Weise, die sich von der Koordination „klar und hell" unterscheidet.

5.2.2.1   rein und –

rein und angenehm
  10^3, 125, 32
rein und deutsch

  rein und klar teutsch 30^2, 636, 15
  nicht eytel reine deutsche wort 30^2, 639, 14 f.
rein und frisch
  50, 110, 9
rein und fromm
  1, 168, 33; 9, 546, 17; 17^1, 116, 27
rein und gerecht / gerechtfertigt
  9, 609, 9; 10^3, 119, 5 f.; 16, 216, 34; 41, 150, 16
rein und gesund
  37, 157, 21
rein und heilig
  16, 88, 24; 20, 358, 17; 21, 210, 39; 24, 485, 17; 17^2, 199, 16 f. (Paulus hält „heyligckeyt und reynickeyt fur eynerley")
rein und hell
  17^1, 105, 16 f.; 41, 587, 32
rein und lauter
  20, 247, 8; 24, 261, 22 f.; 36, 370, 28
rein und neu
  21, 535, 33; 36, 629, 33
rein und ohne Sünde/ rein von Sünden
  21, 208, 31 f.; 33, 501, 40 f.; 22, 340, 19; 37, 274, 31
rein und sauber
  17^1, 297, 30
rein und schön
  16, 524, 25; 19, 211, 32; 38, 109, 34;
rein und unschuldig
  2, 729, 20; 9, 552, 6 f.; 38, 156, 22
rein und unverfälscht
  17^1, 104, 18 f.; 33, 82, 28; 41, 450, 8
rein und unverrückt
  17^2, 407, 4 f.
rein und unversehrt
  18, 418, 9
rein und wahr / wahrhaftig
  2, 88, 6; 9, 144, 21; 16, 348, 34; 20, 359, 1 f.
rein und würdig
  1, 255, 27; 22, 86, 8 f.
rein, gerecht und selig
  20, 579, 26

rein, hübsch, scheinbarlich
   21, 50, 19 f.
rein, keusch, mild, sanftmütig und gläubig
   10[3], 341, 5
rein, keusch, züchtig, mäßig
   45, 45, 26 f.
rein, lauter, ungefärbt
   36, 369, 19
rein, lauter und gewiß
   10[2], 232, 15
rein, lauter, weiß, rechtgeschaffen, heilig
   10[3], 271, 24
rein, lebendig, rechtfertig, wahrhaftig und gut
   10[3], 284, 33
rein, vollkommen, heilig und gerecht
   16, 216, 34

5.2.2.2   rein als Epitheton ornans mit seinen Synonymen

Hier sind jeweils die Synonyme aufgelistet, die *zusätzlich* in der qualifizierenden Verbindung eines Subjekts mit dem Adjektiv *rein* vorkommen:

Christus, der reine: gerecht, fromm, keusch, stark, gesund, kräftig, fröhlich, friedsam, demütig, reich, gutwillig, lieblich, gütig, barmherzig, geduldig, mitleidig, sanftmütig, süß, herzlich, freundlich, holdselig, gnadenreich, mild
   9, 149, 8-12
Ehe, die reine: keusch
   22, 157, 23
Erkenntnis Christi, die reine: unversehrt
   18, 418, 9
Evangelium, das reine: hell, lauter
   17[1], 200, 31; 17[2], 179, 34
Furcht, die reine: keusch, kindlich
   41, 406, 23
Geburt Christi, die reine: unschuldig, heilig
   10[1,1], 71, 21; 10[3], 331, 7; 17[2], 304, 30; 20, 330, 29
Gesetz, das „nicht so" reine: (nicht) hell, lieblich, unvergänglich
   38, 24, 21
Gewissen, das reine: gottesfürchtig, unbesudelt, unschuldig, sicher, fein, still, schön
   19, 220, 25; 24, 606, 26; 30[3], 279, 8; 38, 113, 1; 38, 109, 34
Glaube, der reine: recht, lauter, ungefärbt
   21, 508, 32; 36, 369, 19; 49, 367, 9
Gott, der reine: iustus, sapiens
   27, 2, 14

Herz, das reine: weiß, fromm, aufrichtig, lauter, fein
   23, 630, 35; 28, 167, 16; 49, 502, 3; 51, 406, 6
Jungfrau / Magd, die reine: zart, keusch, unbefleckt
   20, 356, 37 f.; 27, 478, 11; 35, 471, 12
Kreatur, die reine: fein, edel
   41, 311, 25
Leben, das reine: unschuldig, hübsch, scheinbarlich, friedlich, himmlisch
   6, 40, 9; 21, 50, 19; 23, 525, 3
Lehre, die reine: recht, lauter, unverfälscht, heilig, beständig, gewiß
   21, 379, 16; 30[3], 343, 26; 36, 195, 40; 41, 450, 8; 47, 815, 17
Prediger, der reine: fein, scharf
   24, 695, 7
Predigt, die reine: unverfälscht, fröhlich, lieblich
   9, 666, 6; 17[1], 104, 18 f.
Wahrheit, die reine: gewiß
   30[2], 492, 6 f.
Werk Gottes, das reine: heilig, fein, gewiß
   36, 232, 17 f.
Wort Gottes, das reine: pur, lauter, lebendig, rechtfertig, wahrhaftig, reich, rechtgeschaffen, gut, heilig, weiß, gewiß, köstlich
   10[3], 284, 33; 10[3], 271, 22 f.; 28, 600, 27; 31[1], 2, 15; 33, 372, 21; 49, 757, 22

Die Aufstellungen der Wort-Koordinationen nehmen nicht für sich in Anspruch, auch nur ansatzweise vollständig zu sein – weder in Hinsicht auf die bei Luther vorkommenden Verbindungen noch in Hinblick auf die angegebenen Belegstellen. Es schien mir jedoch wesentlich zu sein, anhand einiger charakteristischer Koordinationen zu zeigen, in welches Bedeutungsnetz der Reinheitsbegriff eingeknüpft ist. Eine weiterreichende Konkordanz, die ohnehin den Rahmen dieser Untersuchung sprengen würde, könnte hier auch kaum größere inhaltliche Einblicke verschaffen.

Diese exemplarische Zusammenstellung von Kontexten, in denen Luther den Reinheits-Begriff verwendet, bestätigt und erweitert die Ergebnisse der oben resümierten Wortgeschichte, denn bei Luther erfährt die Koordinationsvielfalt des Wortes *rein* eine bemerkenswerte quantitative wie qualitative Ausweitung, wobei Luther sich deutlich von den gewissermaßen ‚traditionellen‘ Koordinationen löst und sie um zahlreiche neue Verbindungen vermehrt. Zwar läßt er den Kernbereich der Koordinationen mit *rein* unangetastet und verwendet ihn im herkömmlichen Sinn – als die Verbindungen im Bedeutungsspektrum *rein und gut, rein und schön, rein und richtig, rein und sauber* sowie *rein und hell*. Aber er erschließt dem Reinheitsbegriff sowohl in theologischer wie in philologischer Hinsicht neue Dimensionen, wenn er ihn ins Zentrum seiner Rechtfertigungs- und Erlösungstheologie rückt. Hier kommt Koordinationen wie *rein und gerecht, rein und heilig, rein und göttlich* oder *rein und ohne Sünde* besondere Bedeutung zu, die ich in den nächsten beiden Abschnitten näher beleuchten möchte.

Abschließend sei das Augenmerk noch auf die pointierte Verbindung des Reinheits-Begriffs mit der Vorstellung der *schlichten* und *mündlichen* Wort-Vermittlung gelenkt, der Luther schon deswegen einen hohen Stellenwert einräumt, weil für ihn „die buchstaben [...] todte wôrter", wohingegen die „mundeliche rede [...] lebendige wôrter" (54, 74, 15) sind. Von den toten Wörtern geht eine Bedrohung aus, die dem Glauben an das lebendige Evangelium schaden könnte: aus diesem Grund sei es für den Christen so wichtig, daß er „contra omnes adversariorum, schalckeit und list an dem *reinen einfeltigen mundelichen wort* Christi" bleibe (29, 120, 4-6).[27]

Die Zusammenstellung der Attribute „einfeltig" und „mundelich" stellt einen unmittelbaren Hinweis auf die Person Christi dar: dieser habe nämlich einerseits „am aller einfeltigsten geredt" und war doch andererseits die Verkörperung höchster rhetorischer Kompetenz, die „eloquentia selbst" (WATR 4, 5099). Hier meldet sich der Prediger und Rhetoriker Luther zu Wort und macht deutlich, daß seine Auffassung von Sprachreinheit ganz gewiß nicht auf eine gepflegte, normativ korrekte Schriftsprache abzielt, sondern auf „Reinheit" im kommunikativen Prozeß von Sprechen, Hören und Verstehen, wobei die Verwirklichung von *Reinheit* daran zu messen ist, ob der Sinn des Gesagten mit dem Sinn des Gehörten übereinstimmt:[28] deswegen heißt „die hochste eloquentia simpliciter dicere" (WATR 4, 5099).

Der Sprecher des reinen Wortes trägt zu dieser an Reinheit orientierten Verständigung nicht bei, indem er sich bestimmten grammatikalischen und stilistischen Normen unterwirft und kunstvolle Techniken anwendet, sondern indem er selber sich zum *Hörer* macht und sich als *Medium* versteht: er gibt das reine Wort Gottes, das er selber „hört", in seinem möglichst unverfälschten Ur-Sinn weiter an seine eigenen Hörer, vor denen er lediglich als Sprachrohr, als Mittler und Dolmetscher stehen soll:

> In Kürze lassen sich Luthers Ausführungen so zusammenfassen: Ein Theologe ist, wer von der Heiligen Schrift ausgelegt wird, sich von ihr auslegen läßt und sie als von ihr Ausgelegter anderen Angefochtenen auslegt.[29]

Ganz im Sinne der rhetorischen Idee des *movere* muß der Redner selbst ergriffen sein von dem Affekt, den er im Hörer erregen will; er ist im tiefsten Sinn *Medium* des Affekts, nicht sein Erzeuger, wobei die *puritas* als Hilfsmittel dient: sie dient der *Reinheit* der Verständigung in einer ganz bestimmten Sprachbeziehung, nicht im allgemeinen und abstrakten Sinn. Hier entsteht eine Spannung zwischen der Auffassung von Rhetorik als einem Regelkanon und technischen Instrumentarium einerseits und dem Verständnis von Rhetorik als einem

---

[27] Hervorhebung von mir. Dies wird noch durch andere Stellen bestätigt: „Das Euangelium wil nit alleyn geschrieben, ßondern viel mehr *mit leyplicher stym* gepredigt seyn" (8, 33, 30); oder auch: beim „meditirn" gehe es darum, „nicht allein im hertzen, sondern auch *eusserlich die mündliche rede* und buchstabische wort im Buch jmer treiben und reiben, lesen und widerlesen [...]" (50, 659, 23-25).

[28] Vgl. Gert Otto: Auf der Kanzel. In: Hans Jürgen Schultz (Hg.): Luther kontrovers. Stuttgart 1983, S. 136-145. Zum Verhältnis von Rhetorik und Predigtstil bei Luther vgl. auch Ulrich Nembach: Predigt des Evangeliums. Luther als Prediger, Pädagoge und Rhetor. Neunkirchen-Vluyn 1972, bes. S. 117-174; Schanze (Anm. 4), S. 13.

[29] Oswald Bayer: Oratio, Meditatio, Tentatio. Eine Besinnung auf Luthers Theologieverständnis. In: Luther-Jahrbuch 55, 1988, S. 13.

hermeneutischen Verfahren andererseits, das das Verstehen von Texten – sowohl im Augenblick ihrer Produktion wie in dem ihrer Rezeption – ermöglichen will.

5.3 Die Bedeutung des Reinheits-Begriffs in den Schriften Martin Luthers

Im Gesamtwerk Luthers zeigt sich, daß der Reinheitsbegriff vor allem in drei Themenbereichen als aussagekräftige und sinntragende Terminologie Verwendung findet, ja daß sich vom Wortgebrauch her wichtige Ergänzungen und Modifikationen von Luthers Rechtfertigungs-Theologie entwickeln lassen. Diese Themenbereiche sind:
1. die Taufe und die durch sie vermittelte Heilserwartung des ewigen Lebens,
2. die Gestaltung von Ehe und Sexualität als sittliches Lebenskonzept,
   und schließlich
3. die Rezeption und Verkündigung des Wortes Gottes durch Bibelübersetzung und Schriftauslegung.

5.3.1 Reinheit und Taufe

Im christlichen Verständnis des Taufsakraments spielt der Gedanke der „Reinigung" eine zentrale Rolle. Bereits bei Konrad von Würzburg wirken hierbei die körperliche und die geistliche Bedeutung ineinander, wenn er von einem Menschen spricht, „des lîp gereinet unde getwagen / mit dem vil reinen toufe was".[30] Zumeist, so auch bei Luther, überwiegt jedoch die Bedeutung der Taufe als eines symbolischen „Bades" zur Säuberung von Sündenschuld, „ein bad der newen geburt ym heiligen geist" (30¹, 310, 30). Dieses Bedeutungsspektrum macht es einleuchtend, daß im Zusammenhang von Luthers Ausführungen über die Taufe die Rede von Reinigung und Reinheit eine wichtige Rolle spielt. Allerdings zeigt sich deutlich, daß die Vorstellung von der reinigenden Kraft des Wassers immer durchsichtig bleibt hin auf die reinigende Wirkung von Gottes Wort. Denn, so führt Luther im *Kleinen Katechismus* aus:

> Wasser thuts freylich nicht, Sondern das wort Gottes, so mit und bey dem wasser ist, und der glaube, so solchem wort Gottes ym wasser trawet. Denn on Gottes wort ist das wasser schlecht wasser und keine Tauffe, Aber mit dem wort Gottes ists eine Tauffe [...]. (30¹, 310, 22-30)

In Luthers Vorstellungswelt hat die „reinigung, so da geschicht durch die Tauffe, durchs wort und durch das heilige Sacrament" (28, 414, 18-21), ein doppeltes Gesicht: zum einen macht sie den Menschen, sofern sie im Glauben empfangen wird, rein von Sünde, und zum anderen wirkt diese Reinigung, obwohl sie umfassend verstanden wird, doch gewissermaßen nur als Initial und Anstoß für den Menschen, die ihm in der Taufe übertragene Reinheit auch als Aufgabe des Rein-Werdens zu verstehen:

---

[30] Konrad von Würzburg: Die Legenden. Hg. von P. Gereke. Halle 1927; dort: Pantaleon, V. 149.

Alßo vorstehstu wie eyn mensch unschuldig, reyn, an sund wirt yn der tauff, und doch bleybit voll vill poßer neygung, das er *nit anderß reyn heyst, dan das er angefangen ist reyn tzu werden*, und der selben reynickeit eyn zeichen und bund hatt, und yhe mehr reyn werden soll, umb wilchs willen yhm gott seyn nachstelligen unreynickeyt nit rechnen will [...].

da her vorsteht man auch, warumb die Christen heyßen ynn der schrifft die kinder der barmhertzickeit, eyn volck der gnaden und menschen des gutigen willen gottis, darumb *das sie angefangen durch die tauff reyn tzu werden* [...]. (2, 732, 9-14 und 28-31; Hervorhebungen von mir)

Damit ist im wesentlichen das dialektische Spannungsverhältnis festgelegt, das den Reinheitsbegriff bei Luther kennzeichnet: Reinheit ist eine von Gott gegebene – und zwar ganz und gar gegebene – Qualität; sie ist zugleich eine Zielvorstellung, die das Leben des Menschen bestimmen soll, obwohl er ihr auf dieser Welt niemals gerecht werden kann.

5.3.2 Reinheit als sittliches Lebenskonzept

Wie die babylonische Sprachverwirrung und -vermehrung für Luther den Zeitpunkt markiert, an dem die ursprüngliche Einheit und Reinheit der menschlichen Sprache endet,[31] so läßt sich auch das Ende der ursprünglichen Reinheit des Lebenswandels, ja der Körperlichkeit des Menschen bezeichnen: es ist der Sündenfall Adams und Evas, der *lapsus*, mit dem gleichermaßen die Geschichte der Unreinheit des Fleisches wie die Geschichte des Menschen„geschlechts" – im doppelten Sinn des Wortes – beginnt:

> Die brautlieb ist hubsch gewesen, do Adam und Eva noch nicht gefallen waren, Aber do sie fielen, darnach ist sye nie reyn worden. (9, 214, 7-9)

Es ist die Entdeckung der Geschlechtlichkeit, die den Sündenfall zum Markierungspunkt des Zerfallenseins des Menschen mit seiner reinen Leiblichkeit und Sinnlichkeit macht. Die an dieser Stelle entstehende Unreinheit zeigt sich als analoger Begriff zu dem der „Erbsünde", das heißt, die Unreinheit des ganzen körperlichen und insbesondere sexuellen Bereichs beruht also nicht im individuellen Fehlverhalten des Menschen, etwa im falschen, übertriebenen oder unangemessenen Gebrauch seiner Geschlechtsorgane, sondern sie beruht in erster Linie und ursächlich im Sündenfall Adams und Evas, im Essen vom Baum jener Erkenntnis, die zugleich Erkenntnis von Gut und Böse wie sexuelles Begehren meint.[32]

Die durch den Sündenfall erfolgte Markierung des menschlichen Leibes und seiner Bedürfnisse als unrein ist endgültig und unwiderruflich. Dies schärft Luther all jenen ein, die glauben, entweder Ehe oder Zölibat – sei es als Sakrament oder als Lebensform – höben die Unreinheit auf:

---

31 Vgl. z.B. WA 24, 227, 15-35.

32 In Gen 2, 17 wird das Verbot ausgesprochen, gegen das Adam und Eva verstoßen: „von dem Baum der Erkenntnis des Guten und Bösen sollst du nicht essen". עֵץ הַדַּעַת, *der Baum der Erkenntnis*, leitet sich aus eben jenem Wurzelwort ידע her, das gleichermaßen für das kognitive wie das sexuelle Erkennen steht, wie es z.B. nach dem Sündenfall realisiert wird: וְהָאָדָם יָדַע אֶת־חַוָּה אִשְׁתּוֹ „und Adam erkannte sein Weib Eva" (Gen 4, 1).

> Ja wenn man von solcher reinigkeit und keuscheit sagen wil, als die Engel haben, die findestu nirgent, weder im Ehestand noch ausser der Ehe im Jungfrawstand, es ist mit derselbigen reinigkeit aus. (49, 803, 26-28)

Die Ehe kann zwar die ursprünglich vollkommene Reinheit der Liebe und des Leibes nicht wieder herstellen, an ihrem Beispiel wird aber deutlich, daß es für Luther nicht den polaren Gegensatz von Reinheit und Unreinheit gibt, sondern qualitative Rangstufen von Reinheit, zu deren Vervollkommnung der Mensch und seine weltlichen wie geistlichen Institutionen beitragen können. Grundsätzlich muß das körperliche, sexuelle Zusammensein zweier Menschen als unrein gelten, da es sich nur als die unmittelbare Folge aus dem *lapsus* verstehen läßt: ohne ihn hätte sich der Mensch die asexuelle englische Reinheit erhalten. Die durch den Sündenfall initiierten, an sich unreinen Handlungen und Beweggründe („schendlich brunst") sollen jedoch nicht unterbleiben, weil sie nicht unterbleiben *können*. Der asketische Verzicht macht den Menschen nicht reiner, sondern nur unwahrhaftig, da er aus seiner Triebnatur nicht ausbrechen kann. Mit Blick aufs „Ehebett" äußert Luther:

> Es ist nicht viel reines da, Wenn du aber unreinigkeit ansehen wilt, so sihe auch Jungfrawen und Gesellen stand an, Da ists warlich auch nicht alles rein, Denn weil sie essen und trincken, können sie nicht rein sein, müssen ja butzen, rotzen und schnuppen, und was der unreinigkeit mehr ist. (49, 803, 19-23)

Aber unter der Bedingung einer institutionellen Formgebung tritt die Unreinheit des Geschehens zurück hinter die reinigende Kraft der Form, jedenfalls dann, wenn diese Form sich biblisch begründen läßt. Wegen ihrer „Gottgewolltheit"[33] trägt die Ehe, im Unterschied beispielsweise zum Zölibat, zur höheren Reinheit der Liebe und des Leibes bei; sie vermag den an sich unreinen Handlungen und Beweggründen wenn schon keine vollkommene Reinheit, so doch einen höheren Grad von Reinheit zu verleihen.

Die Untersuchung zahlreicher einschlägiger Belegstellen hat ergeben, daß im Hinblick auf die Reinheit von Ehe und Lebenswandel für Luther der ‚*Kontext*', die Einbettung der Handlung in ihre Bedingungen und Formen, die wesentliche Rolle spielt. Zwar haftet den Handlungen und Beweggründen des Menschen selbst Unreinheit an, dies aber nicht aus individueller Schuld, die vermieden werden könnte, sondern als Folge der Urschuld, als Tribut der Erbsünde. Trotz ihrer schlechthinnigen Unreinheit können die menschlichen Handlungen und Beweggründe dann einen höheren Grad an Reinheit erreichen, wenn sie in eine bestimmte *Form* eingebunden werden, wenn also der Kontext diese höhere Reinheit verleiht. D. h.: die Qualität der Reinheit ist kein Attribut einer einzelnen Sache – Wort, Gedanke, Tat und dergleichen –, sondern eine Qualität des Sinnzusammenhangs, in den dieselbe Sache eingeordnet wird.

Für Luther gilt die Reinheit zugleich als höchstes wie als nie erreichbares Ziel des menschlichen Lebenswandels („ego nunquam rein werd hac in vita, es wird kein lauter reinigkeit, quia peccatum"; 34[1], 94, 6 f.). Aber wie der Punkt des grundsätzlichen Zerfallenseins des Menschen mit seiner Reinheit durch den *lapsus* markiert war, so ist auch die Rückkehr

---

33 Für Oberman liegt das „überraschende – auch im 16. Jahrhundert höchst anstößige – Element" von Luthers Eheverständnis in seinem „Bekenntnis zum Sexualtrieb als Gotteskraft, ja sogar als Gottes vitale Präsenz. [...] Nicht erst in der Ehe, schon im Sexualtrieb ist Gottes Kraft am Werke; die Ehe ist nur ihr rechter Gebrauch [...]" Oberman (Anm. 23), S. 287 f.

zur vollkommenen Reinheit durch ein Ereignis markiert: es ist der individuelle Tod bzw. die Auferstehung des Menschengeschlechts am jüngsten Tag: „Si etiam stinckt, unrein, tamen hic reinigung, baptismus und wort da, per quae reiniget sponsus, donec in extremo die videbis ornatum sponsi"[34] (45, 178, 24-26).

Reinheit stellt sich also als Zirkelbewegung dar: von der paradiesischen Reinheit vor dem Sündenfall über die notwendige, der Erbsünde verpflichtete Unreinheit hindurch bis hin zur neuerlichen Reinheit in bzw. nach[35] der Auferstehung von den Toten.

Das Zutun des Menschen zu seiner Reinigung oder seiner graduellen Reinheit ist, ganz im Sinne der Lutherischen Theologie, kein vollgültiges, sondern nur ein mittelbares, abgeleitetes Werk. Es beginnt mit der (Kinder-)Taufe, dem sakramentalen und symbolischen Zeichen dafür, daß Gott dem Menschen seine Gnade gerade dann schenkt, wenn sie eo ipso unverdient ist: die Kindertaufe verwirklicht dies, da der Mensch hier *vor* jeder möglichen selbständigen Handlung „gereinigt" wird. Dieses Werk endet erst mit dem Tod – auch dies ein Ereignis, das sich in der Regel der Willkür des Menschen entzieht; von der Taufe bis zum Grab spannt sich der Bogen der Reinigung, wobei der Tod gar als „*Vollendung*" der Kindertaufe apostrophiert werden kann:

> Sed quando extractus e baptismo, Gott hebt an und reiniget dich bis in die gruben. In die extremo extrahet e grub und macht dich gar rein, ibi completur baptismus. (45, 173, 21-23)

Es ist also im strengen Sinn ein Geschehen-Lassen oder Einwilligen, kein eigenes Handeln, wenn der Mensch „rein" oder „reiner" wird, und der Wirkgrund der Reinheit ist immer Gott bzw. Gottes „reinigendes" Gnadenhandeln, das in Christus sichtbar wird: „anima mea pura est, non per opera, sed per gratiam dei" (12, 670, 13; vgl. auch: 3, 196, 1; 3, 592, 29; 24, 506, 9; 26, 59, 14). Demnach kann auch das menschliche Tun nur insofern rein sein, als es einer bereits durch Christus gereinigten Motivation des Handelns entspringt: „opus [...] non est purum nisi quod ex corde puro" (25, 42, 4) – dann aber kann es grundsätzlich als rein gelten, auch wenn es scheinbar gegen Sitte und Anstand verstößt:

> Also ist nu unser geburt und was wir hie leben, auch durch jn gereiniget, Denn ob wol wir verdampt sind, von der geburt durch unser gantzes leben, so ist er aber rein und gibt uns solche reinigkeit, wie wir jnn diesem Artikel[36] bekennen, [...] Das es alles mus eitel heiligthum werden an einem iglichen Christen, ob er gleich noch im fleisch lebt und an jm selbs wol unrein ist, aber durch den glauben ist er aller dinge rein, Also ist es eine frembde und doch unser heiligkeit, Das Got alles, was wir thun jnn diesem leben, als an jm selbs unrein nicht wil ansehen, sondern alles heilig, köstlich und angeneme sein sol durch dis kind, welchs durch sein leben die gantze wellt heilig machet. (37, 57, 1-28)

Es zeichnen sich analoge Argumentationszirkel ab, deren Bezugspunkte – Heiligkeit, Reinigkeit und Gerechtigkeit – gegeneinander austauschbar sind: da dem Menschen an eigener Heiligkeit, Reinigkeit und Gerechtigkeit mangelt, wird ihm durch Christus *fremde* Heiligkeit, Reinigkeit und Gerechtigkeit geschenkt und zwar so bedingungslos, daß sie sich durch das

---

[34] „Wenn einer auch stinkt und unrein ist, so gibt es dennoch Reinigung, die Taufe und das Wort, durch welches der Bräutigam (dich) reinigt, bis du am jüngsten Tag den Schmuck des Bräutigams erblickst."

[35] Luthers Definition bleibt an dieser Stelle ungenau.

[36] Im 2. Glaubensartikel von „Empfangen vom Heiligen Geist" bis „gestorben und begraben".

Geschenk in Eigentum des Menschen verwandelt – ein Eigentum jedoch, das verloren gehen kann, wenn es nicht immer wieder neu als Geschenk angenommen wird:

> [...] Nu wil ers [Gott] nicht thun, das er etwas an uns jm gefalle, lasse odder gut und heilig heisse, es sey denn, das wir zuvor durch eine frembde reinigkeit dieses seines einigen Sons und seiner geburt, lebens, leidens und sterbens rein werden, Kerestu es aber umb und wilt dich zuvor durch dich selbst rein machen und den Christum da hinden lassen, so machestu dich nur zwifeltig unreiner, ja einen schendlichen greulichen unflat und stanck für Gott, wens auch möglich were, das du für eine sunde tausentmal den tod liddest. (37, 60, 30-36)

5.3.3 Reinheit und Wort Gottes

In einer vergleichbaren Paradoxalstruktur läßt sich das Verhältnis des reinen zum unreinen Wort (Text, Sprache) darstellen: das von Gott *geschenkte reine* Wort ist das *fremde* Wort, das erst durch die bewußte Annahme durch den Menschen zum *eigenen* Wort wird, aber unter der Verfügungsgewalt des Menschen auch gefährdetes Wort ist. Dennoch hat es, seiner Herkunft gemäß, Anteil an der unzerstörbaren Reinheit Gottes, auf die es verweist. Dies gilt nicht nur für das Wort im übertragenen Sinn, sondern ganz konkret für die heiligen Texte und für die Sprachen selbst.

In seinen Untersuchungen über die *Claritas scripturae bei Martin Luther* betont Friedrich Beißer, daß Luther „zutiefst durchdrungen (ist) von dem Bewußtsein, daß diese Welt, in der wir jetzt leben, vorläufigen Charakter hat. Bei ihm ist das Wort noch stark genug, diese Welt als vorläufige zu durchstoßen."[37] Das bedeutet, daß Gottes Wort mehr als eine Verheißung darstellt: es ist Vorschein des zukünftigen Lebens im jetzigen. Der Begriff „Wort" ist hier gleichermaßen wörtlich wie figurativ zu verstehen: „Wort" ist das Wort Gottes, insofern es in der Heiligen Schrift als von Gott inspiriertes Wort festgehalten wurde – also das Wort als Text;[38] „Wort" ist aber auch jede andere unmittelbare Offenbarung Gottes, im wesentlichen die Person Jesus Christus als fleischgewordenes Wort – eine Vorstellung, für die der Beginn des Johannes-Evangeliums das Vorbild liefert: „ἐν ἀρχῇ ἦν ὁ λόγος". Das Wort Gottes bildet den Vorschein des Reiches Gottes, das im Wort bereits angebrochen ist. Gerade durch seinen dreifachen Sinn – Wort als Text, Wort als Offenbarung und Wort als Christus – erhält das *Wort* und seine *Reinheit* den Charakter eines Paradigmas für Luthers Denken und seine Vorstellungswelt.

Die Reinheit dieses Wortes Gottes, in der sich Gott realisiert, repräsentiert eine Reinheit, die nicht nur absolut, sondern schlechthin der Inbegriff und Maßstab des Reinen ist. Als „reyn durchleuttert sieben mal" bezeichnet Luther die „wort Gotts" (18, 62, 31); und an einer anderen Stelle verstärkt er dies noch: „Denn es ist ja kein ehre noch schmuck noch schöne, dazu auch keine reinigkeit uber Gottes wort" (34¹, 71, 9 f.).

---

37 Beißer (Anm. 10), S. 116 f.

38 „Denn Gott wil dir seinen Geist nicht geben on das eusserliche wort, da richt dich nach, Denn er hats nicht vergeblich befolhen, eusserlich zu schreiben, predigen, lesen, hören, singen, sagen etc." (50, 659, 33-35)

Weil in diesem Sinn nur das *Wort* „allein rein fur Gott, ja die reinigkeit selbs (jst)", deswegen ist es nicht nur Maßstab, sondern auch Wirkmittel der Reinheit: „dadurch auch alles, was daran hanget und darinne gehet, rein wird und heisset" (32, 325, 34-36). Das heißt, die Reinheit des göttlichen Wortes, wie Luther sie versteht, ist eine dialogische und prozeßhafte Größe, indem sie gleichermaßen Instanz wie Kraft, Urteil wie Heilswirken ist; ihre Absolutheit besteht eben darin, daß sie zum einen den Maßstab für alles setzt und zum anderen alles zu diesem Maßstab emporhebt, worin sie wirksam werden kann. So zerschellt am absolut reinen göttlichen Wort das menschliche, notwendig unreine Wort nicht, sondern „wird und heisset" seinerseits „rein".

Dennoch besteht zwischen dieser höchsten, in Gottes Wort verwirklichten Reinheit ein Widerspruch zu der reformatorischen Erfahrung, daß das Wort Gottes durch Menschen – mit Luther zu sprechen: durch den Teufel – verunreinigt wurde und weiterhin verunreinigt wird. An dieser Widerspruchserfahrung konkretisiert sich Luthers dreifache Vorstellung vom „reinen Wort":

a) das Wort, das der Mensch von Gott als *reines Wort* vorgegeben erhalten hat, und zwar in Form der Heiligen Schrift und der Heilshandlung im Kreuzestod Christi;

b) das Wort, das der Reinigung durch den Menschen bedarf;

c) und schließlich das Wort, das seinerseits reinigend im umfassenden Sinne wirkt.

a) Die Tatsache, daß Gott den Menschen sein Wort als *reines* Wort gegeben hat, ist der Urgrund des Glaubens bei Luther, der ihn auch dazu bestimmt, auf die von Gott unmittelbar inspirierten Texte in hebräischer und griechischer Sprache zurückzugreifen. An diese Überzeugung schließt Luthers lebenslanges Bemühen um eine adäquate, d.h. die *Reinheit des Sinnes* erhaltende Bibelübersetzung ins Deutsche an. Diesem Bestreben entstammt auch die oben als Motto vorangestellte Mahnung Luthers, auch die Nachfahren möchten bei weiteren Auflagen der Deutschen Bibel „vnser Erbeit rein und vollig erhalten".

b) Hieraus erklärt sich unmittelbar Luthers Verständnis vom *Reinigen* der Schrift und damit sein Selbstverständnis als Reformator und Reiniger der christlichen Lehre. „Reinigen des Wortes" heißt für ihn immer, das Wort – im Sinn von Text – in seiner ursprünglichen Reinheit erhalten bzw., sofern es durch menschliche Einwirkung verunreinigt wurde, es in die ursprüngliche Reinheit zurückführen:

> Aber dieser text [die Heilige Schrift] hat sich durch des Bapsts Lerer mit grosser gewalt mussen zihen und martern lassen, jren Lügen tand damit zu stercken und bestetigen, Und wie wol sie itzt selbs anfahen sich zu schemen und nicht so seer damit schreyen, Doch mussen wir auch etwas davon sagen, damit wir den text rein behalten und der jrthum am tag bleibe, das man nicht vergesse, wie schendlich er bis her durch die unsern verkert ist [...]. (46, 50, 6-11)

Aber nicht nur durch die „Papisten" ist die Reinheit des Textes bedroht und muß durch reinigende Aktionen wiederhergestellt werden, sondern auch durch die eigenen wissenschaftlichen Bemühungen, wie sie beispielsweise in den exegetischen Glossen zum Bibeltext in Erscheinung treten:

> Furwar man darff den vleis nicht furnemen mit Dolmetzschen und Glosiern, wie man der Rabinen und Grammatisten verstand unter uns Christen bringe. (54, 30, 19-21)

Luther hingegen setzt sein Bemühen darein, dem „Volk" keinen glossierten und dadurch, sei es auch wissenschaftlich, entstellten Text zugänglich zu machen, sondern „einzig und allein die Worte seines Gottes, von menschlicher Schlacke gereinigt [...], dem Begriffsvermögen des niederen Vokes angepaßt":

> Satis autem fecero, si purissimo et simplicissimo Euangelii sensu, utcunque patefacto, insulsis et ineptis glossematibus quorundam occurrero et pro fabulis et somniis saltem sola verba dei sui, a sordibus humanis purgata, audire populus potuerit. praeter puritatem enim et syncaeritatem sensus Euangelici, humiliori et populari captui attemperati, nihil promitto. (7, 465, 11-15)[39]

So intensiv sich Luther auch bemüht, den Urtext mit philologischer Exaktheit zu ergründen und zu übersetzen, um ihn in seiner Reinheit zu bewahren, so deutlich stellt er doch zugleich in den Vordergrund, daß es nicht die philologische Exaktheit ist, die die Reinheit des Textes begründet, sondern daß dies allenfalls durch das richtige Verständnis des Textes „im Wort" geschehen kann. Anders gesagt: die Reinheit der Bibel-Texte kann nur dadurch bewahrt und wiederhergestellt werden, daß sie als *Evangelium* – also vom „Wort Christus" her – verstanden werden. Deswegen sind, Luthers Auffassung zufolge, die redlichsten Bemühungen nicht-christlicher Philologen zum Scheitern verurteilt (und von hierher muß man auch Luthers Differenz zum Humanismus verstehen); das jedenfalls ist der Sinn von Luthers rüden Attacken gegen die jüdischen Hebraisten, denen er, trotz ihrer Sprachkenntnisse, jegliches Verständnis der Heiligen Schrift abspricht, weil sie „diesen man, der da heisst Jhesus Christus [...] nicht recht und rein" haben:

> Auch sie [die jüdischen Gelehrten] allesampt bekennen mussen, das sie an manchen orten die wort nicht verstehen, viel weniger eintrechtiglich on allen mangel eine reine gewisse Ebreische Bibel haben, auch der Grammatica nach zu reden, schweige der Theologia, darinnen sie doch zu gar nichts sind.
>
> Darumb ficht mich solch der Juden gespotte nichts an, und umb jres urteilens willen wolt ich nicht einen Buchstaben kennen lernen in der Ebreischen sprache. Ursache ist die, Wir Christen haben den synn und verstand der Biblia, weil wir das Newe Testament, das ist Jhesum Christum haben, welcher im alten Testament verheissen und hernach komen, mit sich das liecht und verstand der schrifft bracht hat [...]. Und offenet jnen den synn, das sie kundten die schrifft verstehen.
>
> Denn da steckts, da ligts, da bleibts. Wer diesen man, der da heisst Jhesus Christus, Gottes son, den wir Christen predigen, nicht recht und rein hat, noch haben wil, der lasse die Bibel zu frieden, das rate ich, Er stōsst sich gewislich, und wird, je mehr er studirt, je blinder und toller [...]. (54, 28, 18 – 29, 13)

Unter dieser Voraussetzung, so führt Luther seine Argumentation fort, komme es nicht in erster Linie auf die philologische Kompetenz des Übersetzers an – etwa darauf, daß er alle Worte und Konstruktionen des Urtextes fehlerfrei übertragen kann –, sondern darauf, daß er den Text *verstanden* hat, *bevor* er ihn übersetzt, so daß er aus dem richtigen Verständnis des Sinns heraus auch die fehlenden oder fehlerhaften Stellen richtig und rein übersetzen kann. Der Primat der Textauslegung vor der Textkritik ist hier unübersehbar, wobei mit Textaus-

---

[39] Genug indes werde ich vollbracht haben, wenn ich den vollkommen reinen und schlichten Schriftsinn, so gut es geht, aufgedeckt habe und so den ungereimten und törichten Erklärungsversuchen mancher Leute entgegentrete, und wenn anstelle von Ammenmärchen und zum wenigsten leerem Wähnen das Volk einzig und allein die Worte seines Gottes, von menschlicher Schlacke gereinigt, vernehmen kann. Außer der Reinheit nämlich und der Lauterkeit des Schriftsinns, dem Begriffsvermögen des niederen Volkes angepaßt, kann ich nichts versprechen.

legung nicht die exegetische Diskussion einzelner Textpassagen gemeint ist, sondern das Verständnis von Gottes Wort in all seinen Formen und an allen Stellen als *Evangelium*:

> Wenns nu solt wundschens und wehlens gelten, Entweder, das ich S. Augustini und der lieben Veter, das ist der Apostel verstand in der schrifft solt haben, mit dem mangel, das S. Augustinus zu weilen nicht die rechte buchstaben oder wort im Ebreischen hat, wie die Juden spotten, oder solt der Juden gewisse buchstaben und wort (die sie dennoch nicht durch und durch allenthalben haben) on S. Augustin und der Veter verstand, das ist mit der Juden verstandt haben, Ist gut zu rechen, wo zu ich wehlen würde, ich liesse die Juden mit jrem verstand und buchstaben zum Teuffel faren und füre mit S. Augustin verstand on jre buchstaben zum Himel. [...] (54, 29, 21-29)

Christus selbst, als das Fleisch gewordene „reine Wort", stellt sich als der hermeneutische Schlüssel dar, mit dem allein die Heilige Schrift richtig verstanden – das heißt aber auch: philologisch richtig behandelt – werden kann. Ausschließlich und alleine von diesem Sinn des richtigen Verstehens her muß das Wort Gottes, sofern es durch menschliche Zusätze oder Veränderungen in seiner Reinheit eingeschränkt wurde, vom Menschen wieder gereinigt werden; eine Reinigung, die sich eher als Einstellung oder Haltung zum Text denn als verändernde Handlung am Text charakterisieren läßt.

In der Terminologie der Rhetorik ausgedrückt bedeutet dies: erst wer im Herzen zur Reinheit „bewegt" ist, kann den „reinen" Text herzustellen versuchen, der dann seinerseits den Affekt des „reinen Glaubens" zu erregen vermag. Die Übersetzung muß sich als An-Rede an einen bestimmten Hörer verstehen, und der angestrebte Affekt (*reiner Glaube*) muß bereits im Übersetzer (*Redner*) wirksam sein, um durch den Text (*Rede*) wirken (*movere*) zu können.

c) Die Analogie, ja Identität von reinem Wort und Christus ist die Ursache für den dialektischen Umschlag vom reinen und rein zu haltenden zum *reinigenden* Wort – er entspricht dem Verhältnis von „fremder und eigener Gerechtigkeit" bzw. „fremder und eigener Reinigkeit" in der Theologie Luthers. Dabei werden die *fremde* Gerechtigkeit und Reinheit als Wirkkräfte Christi zur *eigenen* Gerechtigkeit und Reinheit des Menschen, ohne daß es dazu einer anderen Voraussetzung bedürfte als der des Glaubens:

> Also ist nu unser geburt und was wir hie leben, auch durch jn gereiniget, Denn ob wol wir verdampt sind, von der geburt durch unser gantzes leben, so ist er aber rein und gibt uns solche reinigkeit [...]. (37, 57, 1-4)

Die reinigende oder rein machende Kraft des Wortes, wie sie auch in der Taufe im Symbol des Wassers Gestalt gewinnt, ist so umfassend zu verstehen, daß sie, die „fremde" Reinheit allein ausreicht, das gesamte irdische Leben des Christen zu heiligen und zu reinigen:

> Da mit hat er alles geheiliget, was wir sind und thun nach dem natürlichen leben als menschen, das uns nicht schadet, wir essen, trincken, gehen, stehen, schlaffen, wachen, erbeiten etc., Welches wol unrein ist unsers fleisch und bluts halben, aber sein geniessen wir, wo wir uns entgelten, Denn er hat es alles rein gemacht an seinem leibe, das uns durch jn nicht schadet, was der allten geburt und dieses lebens ist, Sondern ja so rein geschatzt wird als seine, weil ich jnn seine geburt und leben bekleidet bin durch die Tauffe und den glauben, das auch alles Gott gefellig ist, was ich thue, und heisset ein heilig gehen, stehen, essen, trincken, schlaffen und wachen etc., Das es alles mus eitel heiligthum werden an einem iglichen Christen, ob er gleich noch im fleisch lebt und an jm selbs wol unrein ist, aber durch den glauben ist er aller dinge rein, Also ist es eine frembde und doch unser heiligkeit, Das Got alles, was wir thun jnn diesem leben, als an jm selbs unrein nicht wil ansehen, sondern alles heilig, köstlich und angeneme sein sol durch dis kind, welchs durch sein leben die gantze wellt heilig machet. (37, 57, 8-28)

Dieser zentrale Stellenwert, den Luther dem Wort zuweist, unterstreicht noch einmal die Bedeutung der Sprache als alleiniges Medium der Heilsvermittlung, das Luther anerkennt. Daß Luther bei „Wort" wirklich an (gesprochene) „Sprache" denkt, legt seine Wertschätzung des *mündlichen* Wortes offen: der Mensch solle dem *„reinen einfeltigen mundelichen wort* Christi" treu bleiben.[40] Unter diesem Aspekt ergeben sich allerdings Modifikationen der klassischen Lutherischen Rechtfertigungstheologie *sola fide* und *sola gratia*, da Gnade und Glaube notwendig der sprachlichen Vermittlung bedürfen, die immerhin, auch wenn sie sich ans „reine Wort Gottes" bindet, ein menschliches Medium darstellt. Auch der zur *fides* führende Affekt wird zwar durch die An-Rede bewirkt, entsteht aber *im* Menschen und wird gewissermaßen von ihm „produziert".

5.4   Reinheit des *deutschen* Wortes

Bei der zentralen Stellung des reinen Wortes in Luthers Denken und der epochalen Bedeutung Luthers für die deutsche Sprachgeschichte liegt der Gedanke nahe, Luther könnte sich intensiv mit dem Verhältnis von Reinheit und deutscher Sprache beschäftigt haben.[41] Dabei ist jedoch rein quantitativ festzustellen, daß die Konjunktion „rein und deutsch" in Luthers deutschsprachigen Texten nur zweimal nachgewiesen werden kann, und zwar beide Male im *Sendbrief vom Dolmetschen*. In einigen lateinischen Luther-Texten finden wir zwar die Konjunktion „purus et germanus" vor, es bleibt aber noch zu fragen, inwieweit hier *germanus* in seinem Wortsinn als ‚wirklich, wahr, echt' zu übersetzen ist und inwieweit Luther möglicherweise vom Gleichklang mit *Germanus* als ‚deutsch' ausgeht, um eine Doppelbedeutung – das Deutsche als das Echte und Wahre – nahezulegen. Beide Konjunktionen, die deutsche wie die lateinische, werden im weiteren Verlauf dieses Kapitels diskutiert.

5.4.1   Vielfalt der Sprachen, Einfalt des Sinnes

Die spätere Geschichte des deutschen Sprachpurismus zeigt die Tendenz, die Reinheit der deutschen Sprache als Konkurrenzverhältnis zu verstehen: rein ist jenes Deutsch, das möglichst frei ist von Einflüssen aus anderen, „fremden" Sprachen. Die historische Rückprojektion dieser Einstellung auf die Anfänge der neuhochdeutschen Schriftsprache läßt dabei den Eindruck entstehen, als sei von jeher die Wertschätzung der eigenen Sprache von dem Impuls geleitet, das Deutsche von Fremdem zu reinigen und es als eigenständige, wertvolle und gewissermaßen autarke Sprache *gegen* die anderen Sprachen zu etablieren.

Wie dargestellt, bemüht sich Luther tatsächlich darum, das Wort Gottes, die Bibel und die fundamentalen Schriften zu „reinigen", auch in sprachlicher Hinsicht. Aber dieser Reinigungs-

---

[40]   29, 120, 4-6.

[41]   Zur Gesamtproblematik vgl. Michael Beyer: Martin Luther „bleybt ein Deudscher schreyber". Dialog und Drama als Mittel seines literarischen Gestaltens. In: Luther-Jahrbuch 59, 1992, S. 79-114.

prozeß bezieht sich auf die Konstituierung des ursprünglichen, d.h. des von Gott „gemeinten" sinnhaltigen Textes, nicht auf eine puristische Textkritik nach dem Gesichtspunkt der Eigen- und der Fremdsprachigkeit. „Fremdsprache" im Sinne verunreinigender Sprachelemente ist für Luther *jede* menschliche Sprache, die sich in den göttlichen Text einmischt, unabhängig davon, welcher bestimmten menschlichen Einzelsprache diese Einmischung entstammt.

In Hinblick auf die Fremdwortfrage hält Friedrich Kluge ausdrücklich fest, das Zeitalter der Reformation sei „nur scheinbar fremdwortfrei gewesen", denn der „Kampf um unser Deutsch, den Luthers Auftreten und Vorbild überall entfesselte", habe in erster Linie „der Gleichberechtigung der Muttersprache neben dem Latein" gegolten. Wenn auch Kluges wiederholte Rede vom „*Kampf* für die Reinheit der Sprache" einen unangemessen martialischen Ton in die Debatte bringt, kommt er doch zu Recht zu dem Schluß, daß Luther in der Tat „selbst [...] mehr für die ererbte Volkssprache als gegen die Einmischung von lateinischen Fremdwörtern eingetreten"[42] sei. Denn seiner, im *Sendbrief vom Dolmetschen* dargelegten Auffassung zufolge, sind *alle* Sprachen, auch die (antiken) Fremdsprachen, ein Geschenk Gottes, gottgesandte Gäste, weil sie die weltweite und zeitenübergreifende Verbreitung von Gottes Wort ermöglichen.[43] Deswegen läßt sich auf der Ebene der menschlichen Sprachen insgesamt bei Luther geradezu die Wertschätzung der Sprachenvielfalt entdecken. Weit entfernt davon, die babylonische Sprachverwirrung – Gottes Strafgericht über den hybriden Menschen – als Unglück zu betrachten, versteht Luther dieses Ereignis in erster Linie als Gottes Wunder, mit dem er Entwicklung bewirkt; die Verwirrung mündet in Änderung und Vermehrung der Sprachen und bereichert, ja erfüllt und vollendet somit Gottes Schöpfertat:

> das er die sprachen verwirret, verandert und gemehrt hat, Ist auch ein gros wunderzeichen, das alle sampt einerley sprache gewesen ist und sich so weit geteylet hat. [...] Denn die söne Canaan, wilcher doch eylffe gewesen sind, davon eylff völcker mit unterscheid der regenten komen sind, alle fast einerley sprache gered haben, on das ein wenig verandert mag gewesen sein, wie bey uns die Deudsche sprache von andern anders gered wird, das sichs nahe bey hundert mal verandert, Darnach weiter sind die Arabische, Syrisch, Madianisch und Chaldeische sprachen einander fast nahe, Als da Abraham von Chaldea zoch, hat er ja die leute verstanden, wo er hin kam, und ist dennoch ein gros land durchzogen. Das rede ich darumb, das man bey dem Text bleibe und die schrifft reyn lasse, nicht alle mal eine glose gebe, gleich als müsten es gerad zwey und siebenzig sprachen sein, weil man soviel kinder von Noah zelet. (24, 227, 15-33)

Das Wunder erweist sich demnach in der Doppeldeutigkeit und Doppelwertigkeit des Geschehens: einerseits bewirkt die Verwirrung eine Veränderung und Vermehrung der Sprachen, andererseits bleibt trotz dieses Teilungsprozesses die allgemeine Verständigung erhalten: die babylonische Sprachverwirrung antizipiert bereits die pfingstliche Sprachenvielfalt als kommunikativen Prozeß. Dieser Verständigungsaspekt ist es, der Luthers Interesse auf sich zieht, gerade im Hinblick auf die deutsche Sprache. Für sie muß diese *allgemeine Ver-*

---

[42] Friedrich Kluge: Deutsche Sprachgeschichte. Leipzig ²1925, S. 327. Allerdings widerspricht sich Kluge selbst, wenn er in seinem Buch *Von Luther bis Lessing* (Anm. 1, S. 151) behauptet, daß „Luther, der sorgfältigste Beobachter und feinfühligste Kenner der Volkssprache, [...] mehr als seine Zeitgenossen die Einmischung von lateinischen Wörtern in seine Schriften" gemieden habe. Ein Vergleich mit Simon Roths *Dictionarius* verdeutliche „die Reinheit zumal des biblischen Wortschatzes" bei Luther. Auch hier legt Kluge als alleinigen Maßstab der Reinheit die Fremdwortfreiheit zugrunde.

[43] Vgl. oben S. 71.

ständlichkeit wieder gewonnen werden, nicht auf dem Wege der Ausmerzung des Fremden, sondern auf dem Wege einer Übereinkunft, derzufolge die Unterschiede zwischen den deutschen Regiolekten zu mindern oder gar aufzuheben sind. Denn die geographische Distanz, so Luthers biblisches Beispiel von Abrahams Wanderung, muß nicht unbedingt zur sprachlichen Distanz werden; im Gegenteil: räumliche Fremdheit und sprachliche Nähe sind durchaus miteinander zu vereinbaren. Luther zieht aus dieser Beobachtung nicht die Forderung nach einer normierten Einheitssprache oder nach dem Verzicht auf bestimmte Sprachelemente, sondern trägt Sorge, daß seine Bibelübersetzung auch in den entfernteren Regionen des Reiches verstanden werden kann, ggf. durch beigefügte Glossarien, die das Verständnis erleichtern sollten.[44] Darüber hinaus stellt der Reformator sich die weitere Sprachangleichung eher im Sinne des Pfingstwunders vor: das gemeinsame und Regionen wie Gesellschaftsklassen übergreifende *Verstehen des Schriftsinns* ist ihm wichtiger als der gemeinsame Gebrauch bestimmter Wörter, Formen und Wendungen.[45]

Die tiefste Ursache für das Wunder der Sprachverwirrung und -vermehrung – und damit für seine Wertschätzung der Sprachenvielfalt – entdeckt Luther in dem durch die Sprache und die Sprachen vermittelten Heilswirken Gottes, wie er im Brief *An die Ratherren* formuliert. Gottes Medium schlechthin ist die Sprache, er hat sich an die Sprache gebunden, ohne die das Evangelium nicht denkbar ist:

> Denn das konnen wir nicht leucken, das, wie wol das Euangelion alleyn durch den heyligen geyst ist komen und teglich kompt, so ists doch durch mittel der sprachen komen und hat auch dadurch zugenomen, mus auch da durch behallten werden. Denn gleich alls da Gott durch die Apostel wollt ynn alle wellt das Euangelion lassen komen, gab er die zungen dazu. [...] Niemant hat gewust, warumb Gott die sprachen erfür lies komen, bis das man nu allererst sihet, das es umb des Euangelio willen geschehen ist, wilchs er hernach hat wöllen offinbarn und da durch des Endchrists regiment auff decken und zu stören Darumb hat er auch kriechen land dem Türcken geben, auff das die kriechen verjagt und zu strewet die kriechische sprach ausbrechten und eyn anfang würden, auch andere sprachen mit zu lernen. (15, 37, 3-16)

Die Textstelle scheint mir überzeugend zu belegen, daß die figurative, nur das Christus-Geschehen bezeichnende theologische Rede vom Primat des „Wortes" bei Luther eine einseitige Auffassung ist. Luthers Vorstellung vom „Wort" bezieht sich offenkundig auch auf die konkrete menschliche Sprache, die gesprochen, gehört und verstanden werden kann: an diese hat Gott das Evangelium so unmittelbar gebunden, daß Luther in demselben Brief schließlich hinsichtlich der lateinischen und der deutschen Sprache pointiert feststellen kann: „Und last uns das gesagt seyn, Das wyr das Euangelion nicht wol werden erhallten on die sprachen. [...] Darumb ists gewis, wo nicht die sprachen bleiben, da mus zu letzt das Euangelion unter gehen."[46] Dementsprechend läßt sich auch, sofern keine konfessionelle Engführung vorgenom-

---

[44] So ist z.B. dem *Septembertestament* aus der Basler Druckerei von Adam Petri im Januar 1523 eine Wortliste angefügt worden, die die „ausländischen Wörter auf unser Teutsch anzeigt".

[45] Daß nach Luthers Tod diese eher an Kommunikation und lebendigem Austausch orientierte Auffassung von *reiner* Sprache auch bei den Sprachmeistern, die sich auf ihn berufen, umschlägt in eine normative, Luthers Sprachgebrauch verabsolutierende Haltung, ist als ein Stück jener Verhärtungsgeschichte zu verstehen, die als „protestantische Orthodoxie" bezeichnet wird und die eher politik- und mentalitäts- als sprachgeschichtlich wird erfaßt werden können.

[46] 15, 38, 7/8, 30/31; vgl. auch Anm. 38.

men wird, die reformatorische Theologie und Religiosität als Frage der „richtigen Textinterpretation", also als philologisch-rhetorisches und nicht als religiös-spirituelles Phänomen kennzeichnen.

Gott selbst hat sich die Sprachen Hebräisch und Griechisch erwählt, um sich in ihnen – und zwar unbedingt sprachlich! – zu offenbaren. Darüber hinaus hat er die Sprachen vermehrt, indem er die Hybris Babels zuließ, damit sich auf diese Weise das Evangelium über die ganze Welt ausbreiten kann. Selbst politische Ereignisse wie Krieg, Vertreibung und Völkermord stellen sich unter diesem Blickwinkel als Elemente von Gottes Heilsplan heraus.

Weil nun Gott selber „nicht umb sonst" die hebräische und griechische Sprache erwählt hat, „sollen auch wyr die selben fur allen andern ehren" (15, 37, 18-22). Diese Ehrung besteht zum einen darin, daß die Kinder in der Schule die alten Sprachen lernen sollen: dazu ermahnt Luther die Obrigkeit in seinem Brief *An die Ratherren aller Städte deutschen Lands*, denn

> wo wyrs versehen, das wyr (da Gott fur sey) die sprachen faren lassen, so werden wir nicht alleyn das Euangelion verlieren, sondern wird auch endlich dahyn geratten, das wir wider lateinisch noch deutsch recht reden odder schreyben kŭnden. Des last uns das elend grewlich exempel zur Beweysung und warnung nemen ynn den hohen schulen und klŏstern, darynnen man nicht alleyn das Euangelion verlernt, sondern auch lateinische und deutsche sprache verderbet hat, das die elenden leut schier zu lautter bestien worden sind, wider deutsch noch lateinisch recht reden oder schreyben konnen, Und bey nahend auch die natŭrliche vernunfft verloren haben.
>
> [...] Darumb ists gewis, wo nicht die sprachen bleyben, da mus zu letzt das Euangelion unter gehen. (15, 38, 12-21 und 30 f.)

Mit anderen Worten: Sprachpflege, die die fremden Sprachen nicht einbezieht, kann auch keine wahre Pflege der eigenen Sprache sein; im Gegenteil: Reinheit der deutschen Sprache steht in engem Konnex zur Pflege der antiken Fremd-Sprachen.[47] Wie emphatisch und unmittelbar Luther das Verhältnis der Sprachen untereinander als Interdependenz und nicht als Konkurrenz begreift, erhellt aus seiner, ebenfalls im Brief *An die Ratherren* festgehaltenen Wertschätzung des Griechischen als einer Quelle, die auch andere Sprachen bereichert, wobei sich von hierher der Akt des Übersetzens ebenfalls nicht als Vorgang der Abgrenzung, sondern als Prozeß der Befruchtung und Bereicherung zeigt:

> Also mag auch die Kriechische sprach wol heylig heyssen, das die selb fur andern dazu erwelet ist, das das newe testament drinnen geschriben wŭrde, Und aus der selben alls aus eym brunnen ynn andere sprach durchs dolmetschen geflossen *und sie auch geheyliget hat.* (15, 38, 3-6; Herv. von mir)

Ist das Evangelium, also der reine Schriftsinn, das einigende Band, dann stehen die menschlichen Sprachen untereinander in einem gewissermaßen geschwisterlichen, keinesfalls in feindlichem Verhältnis. Der die Purismusdebatte beflügelnde Aspekt der Sprachkonkurrenz mit Blick auf national- und regional-sprachliche Identitäten kommt bei Luther, jedenfalls im Zusammenhang der Reinheitsvorstellungen, nicht in Betracht, ja er stellt sich geradezu als kontraproduktiv dar, da er ein Aspekt der Nicht-Verständigung und somit der Nicht-Verbreitung des Evangeliums ist.

Daß dieses Interdependenzbewußtsein nicht zu einer Wertminderung des Deutschen füh-

---

[47] Vgl. oben S. 70, Luthers Eintreten für die fremde Sprache im Schulunterricht.

ren muß, zeigt sich überzeugend in Luthers lebenslangem Bemühen um die Verbesserung der Bibelübersetzung. Wenn nämlich „durchs dolmetschen" auch die andere, die deutsche Sprache „geheyliget" wird, dann verdient diese so aufgewertete Sprache ihrerseits besondere Beachtung und Pflege. Auch hier wirkt wieder die im Urtext angelegte absolute Heiligkeit und Reinheit Gottes als reinigende und heiligende Kraft auf den vermittelten, deutschen Text ein –: *die Fremdsprache repräsentiert die „fremde Reinigkeit",*[48] *deren die eigene „unreine" Sprache bedarf, da sie nicht aus sich selbst heraus rein werden kann.*

Als *„fein gedolmetzscht"* bezeichnet Luther ironisch im *Sendbrief vom Dolmetschen* bestimmte wörtliche Übersetzungen, die zwar philologisch korrekt, aber trotzdem sinnlos seien. Der Spott bezieht sich nicht auf den Mangel an gutem sprachlichen Geschmack oder gar auf den Gebrauch fremder Wörter, sondern auf die Entstellung des Sinns und der Verständlichkeit gerade durch vermeintlich philologische „Genauigkeit". Um der Verständlichkeit willen muß man jedoch Worte wählen, die deutsch – rein und deutsch – sind, d.h. man muß seinen Wortschatz erweitern und den Wortgebrauch in etymologischer wie morphologischer Hinsicht differenzieren, um den vom „reinen" Urtext gemeinten Sinn ins Deutsche übertragen zu können, wobei dann dieser Sinn der Sprache ihre Reinheit verleiht:

> Ich hab mich des geflissen ym dolmetzschen, das ich *rein und klar teutsch* geben möchte.
> (30², 636, 15 f.; Hervorhebung von mir)

> Wenn ich nu den buchstaben nach, aus der esel kunst, solt des Engels wort verdeutschen, muste ich also sagen: Daniel, du man der begirungen oder: Daniel, du man der lüste, O das were schon deutsch, Ein deutscher horet wol, das Man, Lüste, oder begyrunge deutsche wort sind, wie wol es *nicht eytel reine deutsche wort* sind, sondern lust und begyr weren wol besser. Aber wenn sie so zusamen gefasset werden du man der begyrungen, so weiß kein deutscher: was gesagt ist, denckt, das Daniel villeicht vol böser lust stecke, Das hiesse denn fein gedolmetzscht. Darumb mus ich hie die buchstaben faren lassen, unnd forschen, wie der Deutsche man solchs redt, welchs der Ebreische man isch Hamudoth redet, So finde ich, das der deutsche man also spricht, Du lieber Daniel, du liebe Maria, oder du holdselige mad, du medliche junckfraw, du zartes weib, und der gleichen. Denn wer dolmetzschen wil, mus grosse vorrath von worten haben, das er die wol könne haben, wo eins an allen orten nicht lauten will. (30², 639, 10-23; Hervorhebung von mir)

Die Kategorie Verständlichkeit, die Luther hier seinen Übersetzungen zugrundelegt, leitet sich aus seiner Absicht her, nicht nur geographische Distanzen innerhalb Deutschlands zu überbrücken, sondern auch die historische Distanz zum Urtext zu verringern. Nicht das, was der Urtext *sagt*, gilt es zu den Zeitgenossen zu transferieren, sondern das, was er Luthers Auffassung nach *meint* – und diese Meinung muß so übersetzt werden, daß die deutsche Formulierung auch die im deutschen Sprachraum divergierenden Regiolekte und Soziolekte – miteinander verbindet. Deswegen ist für Luther nicht das Kriterium entscheidend, ob es sich bei seiner Übersetzung um „eytel reine deutsche wort" handelt, sondern ob es Worte sind, die „der deutsche man [...] spricht".[49]

---

48 Siehe oben S. 84 und 87.

49 Vgl. Luthers Betonung der *Mündlichkeit* des Evangeliums. Daß bei diesem Übersetzungsverfahren ein antiker orientalischer Text durch Leugnung der historischen, kulturellen und intentionalen Differenz ins deutsche „bürgerliche" Mittelalter transponiert und dabei entstellt wird, spielt in Luthers Überlegungen keine Rolle. Diese Perspektive wird erst in jüngerer Zeit wieder wahrgenommen, z.B. beim Vergleich der Bibelübersetzung Martin Bubers mit der Luther-Bibel. Bei Buber bleibt die Bibel ganz *Gottes* Wort, auch in sei-

Die Verständlichkeit des Evangeliums durch die deutsche Sprache zielt nicht allein aufs kognitive Verstehen der Sätze ab, sondern auf die affektive und existentielle Verankerung der Botschaft „ym hertzen" des Menschen:[50] das wird aus Luthers Forderungen ersichtlich, sowohl die Kasualien wie auch die Gottesdienste in deutscher Sprache zu halten und dabei nicht nur die Einsetzungsworte, sondern die ganze Feier auf deutsch zu gestalten:

> Warumb solten wir Deutschen nit meß leßen auff unser sprach [...]? Mag hie ein yder deutsch und lautt reden, das doch nit weniger heylig wort und zusagung gottis seyn, warumb solt man nit auch laut unnd deutsch yderman diße wort der messen reden und hören lassen? (6, 362, 29-35)

> Es sol alles gewis und reyn Gotts wort seyn, darauff wyr widder sie bawen und fechten, das sie nichts redlich da gegen mügen auff bringen. Denn wenn wyr nů gleich die deutsche Messe uberkomen, wirds doch nicht gnug seyn, das man die wort ym sacrament auff deutsch redet, Denn sie müssen doch ehe und zuvor geredt werden, ehe man [...] das sacrament empfehet, das die, so hynzu gehen, mussens doch ym hertzen haben und nicht ynn den oren. (18, 125, 4-10)

Obwohl also Gott selber (der Heilige Geist) in der hebräischen und griechischen Sprache gesprochen hat, ist das Wort Gottes nur in der deutschen Form „gewis und reyn", da es nur in dieser Form den Menschen so erreicht, wie es gemeint ist: nämlich nicht als spekulative oder intellektuelle Theologenangelegenheit, sondern als existentielle Herausforderung, als Aufruf und *movens* zum Glauben. Das Wort muß so gesprochen werden, daß es seinen Weg vom Verstand zum Herzen des Hörers findet: die Rede muß also in dieser Hinsicht *rein* und *deutsch*, geeignet und bewegend sein –: nur deshalb muß Gottes Wort aus den Ursprachen ins Deutsche übersetzt und auf deutsch verkündet werden.

Diese Herausforderung kann deswegen gerade zu Luthers Lebzeiten in Deutschland geschehen, weil nach seiner Auffassung der von Gott bestimmte καιρός dafür eingetreten ist – ein (heils-)geschichtlicher Augenblick, in dem Gott den Deutschen ein Licht, so hell und rein wie nie zuvor, aufgesteckt hat:

> Denn Deudschland hat das liecht der warheit oder die lere des heiligen Euangelien noch nie so helle und rein gehabt von der Apostel zeithe als eben itzt. (17[1], 200, 19-31)

In Luthers plastisch ausgedrücktem Erleben wird zu seinen Lebzeiten das deutsche Reich zum Schauplatz des uralten, bis ans Ende der Welt dauernden Kampfes des Teufels gegen die reine Lehre – ein Kampf, dessen wachsende Heftigkeit für Luther zugleich den Beweis seiner Berechtigung und Gottgewolltheit darstellt.[51] Für das Bestehen dieses Kampfs bringen die Deutschen zumindest eine Voraussetzung mit, die sie den verdorbenen „Papisten" – also den von römischer Dekadenz infizierten Gegnern – überlegen sein läßt: die Ohren der Deutschen sind noch „unschuldig und rein" und noch nicht korrumpiert durch die Sündhaftigkeit einer

---

ner Fremdartigkeit; sie wird nie, wie bei Luther, zum Text, der in einen anderen kulturellen und religiösen Raum, in Menschen-Sphäre, verschoben werden kann.

50 Vgl. oben S. 79 und 87: die an rhetorischen Kriterien orientierte Rede zielt aufs *Herz* des Hörers mittels bewegender Affekte, nicht auf den Verstand durch schlagende Argumente.

51 In seiner *Autobiographie* von 1545 spricht Luther vom Teufel, der „mächtig und bösartig (ist), gerade jetzt gefährlicher denn je, weil er weiß, daß er nur noch eine kurze Frist wüten kann" (54, 187, 3-5). Vgl. dazu Oberman (Anm. 23), S. 163 f.

der Wollust verfallenen Welt:

> Pergit Moses in descriptione horribilis peccati. Ac ego quidem non libenter versor in hoc loco, quod aures Germanorum adhuc innocentes et purae sunt ab hoc portento: etsi enim haec quoque labes, ut reliqua peccata, irrepsit per impium militem et voluptuarium mercatorem: tamen, quae in occulto fiunt, ignorantur ab aliis.[52] (43, 55, 6-10)

Man kann dieses Zitat, ohne es zu überfordern, so verstehen, *daß Luthers Wertschätzung der deutschen Sprache nicht zuletzt eben auf jenem Mangel beruht,* der ihr oft vorgeworfen wurde: keine elaborierte oder kultivierte Sprache zu sein. Luther unterstreicht gerade ihre Unverdorbenheit, da sie weder die Sprache der Sittenlosigkeit im Sinne der „Dekadenz" noch eine literarische Sprache im Sinne von Tabuverletzungen ist –: ihre in Luthers Augen derbe Unschuld macht sie zum geeigneten Träger und Medium von Gottes Wort, während, so klingt es unausgesprochen an, die lateinische Sprache diese Eignung – als Sprache des römisch-kurialen „Saustalls" – eingebüßt hat.

5.4.2   purus et germanus

Daraus erhellt, neben der Wertschätzung für die deutsche Sprache, auch die Einsicht, daß die Verwirklichung der Rhetorik innerhalb der deutschen Sprache nach Luthers Auffassung nicht bedeuten kann, daß das Deutsche durch äußeren Zierrat aufgeputzt oder um seiner selbst willen gereinigt werden müßte. Im Gegenteil: dann verfiele die deutsche Sprache über kurz oder lang auch der Sittenlosigkeit, die die Sprache des Papsttums kennzeichnet. Das „reine Deutsch" meint vielmehr eine existentielle Qualität von Sprache, nämlich ihre mediale Funktion für die Vermittlung von Gottes Wort:

> Ich danck Gott, das ich yn deutscher zungen meynen gott alßo hôre und finde, als ich und sie [= die Theologen] mit myr alher nit funden haben, widder in lateynischer, krichscher noch hebreischer zungen. (1, 379, 8-10)

Wie eingangs festgestellt, läßt sich die Konjunktion „rein und deutsch" in Luthers deutschsprachigen Texten nur zweimal nachweisen: es sind die oben diskutierten Belegstellen aus dem *Sendbrief vom Dolmetschen,* denen zufolge Luther den biblischen Text „rein und klar teutsch geben môchte" (30², 636, 15) und bestimmte Wortformen zwar für deutsch, aber doch nicht für „eytel reine deutsche wort" hält (30², 639, 14).

Die in drei lateinischen Texten vorkommende Verbindung von „purus" mit „germanus" läßt sich nach modernem philologischem Verständnis nicht mit „rein und deutsch" übersetzen, da das Adjektiv *germanus* mit der Stammesbezeichnung *Germanus* (‚germanisch, deutsch') in keiner Hinsicht verwandt ist, sondern seiner eigentlichen Bedeutung nach mit

---

[52] Moses fährt fort mit der Beschreibung des entsetzlichen Frevels [gemeint ist Gen 19, 4 f.: die versuchte Vergewaltigung der Fremdlinge im Hause Lots durch die Bevölkerung von Sodom; Anm. G. H.]. Ich aber verweile freilich nicht gerne dabei, weil die Ohren der Deutschen bislang unschuldig sind und rein von diesem Greuel: denn auch wenn diese Sünde, ebenso wie alle anderen Laster, eingedrungen ist durch gottlose Söldner und wollüstige Kaufleute, so ist doch, was im Verborgenen geschieht, Unbeteiligten unbekannt.

‚wirklich, wahr, echt' übersetzt werden muß. Allerdings ist zu bedenken, daß nach den philologischen Standards des frühen 16. Jahrhunderts durchaus assoziative, phonetische und allegorische Worterklärungen möglich waren, was die Annahme erlaubt, daß Luther hier die Homonymie der ansonsten gänzlich fremden Wortstämme bewußt einsetzt. Vom Textverständnis her scheint es nicht ausgeschlossen, daß Luther bei Verwendung der Konjunktion „purus et germanus" absichtsvoll die scheinbare Wortgleichheit von *germanus* = ‚wirklich, echt, wahr' mit *Germanus* = ‚deutsch' nutzt, um den Doppelsinn, das Deutsche sei wahr und echt, anklingen zu lassen:

> Sed Theologo puram germanamque intelligentiam scrutanti necessarium est consultis ipsis sacris literis de omnibus iudicare, sicut Augustinus in multis locis docet, et Paulus praecipit ‚omnia probate, quod bonum est, tenete'.[53] (5, 281, 10-13)

> Ideo conandum, laborandum, ut habeamus purum, simplicem, germanum et unum sensum scripturae sanctae, ubi haberi potest, ut certe hic fieri potest.[54] (40³, 600, 11-14)

Was für den Theologen gilt, der nach der „reinen und wahrhaftigen Erkenntnis" sucht, gilt nicht minder für den Bibelübersetzer, der sich um die „reine und deutsche Einsicht" in den Text müht. Denn wahrhaftig und überzeugend wird die Erkenntnis für den Hörer erst dann, wenn sie ihm in verständlichem, nachvollziehbarem Deutsch vermittelt wird. Und daß die Vorgänger wie Zeitgenossen Luthers nicht nur den „echten" Sinn zusammen mit Christus aus der Schrift ausgetrieben, sondern auch ihre *deutsche* Bedeutung – nämlich die den deutschen Hörer *bewegende* (*movens*) Botschaft – verstellt haben, erweist sich in zahlreichen Auseinandersetzungen Luthers mit anderen Bibelübersetzungen, denen er dies sinngemäß immer wieder vorwirft. Auch legt der Kontext eines aus der Jesaja-Vorlesung von 1543 entnommenen Zitats die Analogie zwischen echt und deutsch nahe. Luther deutet dort den Vers „Das Volk, das im Finstern wandelt, sieht ein großes Licht" (Jes. 9, 1), indem er die Verbindung zu seiner eigenen Zeit und Situation herstellt: Christus sei das Licht, das in einer Zeit erscheine, in der die Gelehrten darauf achteten, daß niemand dem Volk die Freiheit predigen könne („doctores observarunt, [...] ut nemo libertatem populo praedicaret"; 15, 520, 7-9) – und er fährt fort:

> Prius occiderunt Christum i. e. germanam sententiam scripturae penitus extinxerunt, ut nemo pure intelligeret.[55] (15, 520, 10 f.)

Schließlich wird auch der reine, *einfache*, echte und eine Schriftsinn sich nur dann auch als solcher erweisen, wenn er ebenso als der reine, einfache, *deutsche* und eine Schriftsinn in Erscheinung tritt.

---

[53] Aber der Theologe muß, wenn er nach der reinen und wahrhaftigen [*puram germanamque*] Erkenntnis sucht, die Heilige Schrift selbst befragen und in der Weise denn über alles urteilen, wie es Augustinus an vielen Stellen lehrt und wie Paulus gebietet: ‚alles prüfet, das Gute aber behaltet'.

[54] Deswegen müssen wir es versuchen und uns darum plagen, daß wir den reinen, einfachen, echten (deutschen) und *einen* [*purum, simplicem, germanum et unum*] Sinn der Heiligen Schrift erhalten, wie man ihn erhalten kann, wie es sicherlich hier geschehen kann.

[55] Zuerst haben sie Christus erschlagen, das heißt den wahren (deutschen) [*germanam*] Sinn der Schrift ganz und gar ausgetrieben, damit ihn niemand rein [*pure*] erkennen kann.

Wenn auch philologische Argumente eher dafür sprechen, daß Luther die Anspielung auf *germanus* = ‚deutsch‘ allenfalls im Hintergrund anklingen läßt, so kann man vom Sinn seiner Aussagen her gleichwohl diese doppelte Bedeutung herausstreichen. Dies um so eher, als wir von Luther selber ermutigt werden, vom Sinn und nicht vom Wort her zu denken und lieber „on buchstaben zum Himel" als mit den „buchstaben zum Teůffel (zu) faren".[56]

5.5   rein machen – rein werden – rein sein

Es hat sich gezeigt, daß der in Luthers Gebrauch vielschichtige Reinheitsbegriff gleichermaßen in theologischer wie in philologischer Hinsicht von Bedeutung ist. Seine Bedeutungsvielfalt kulminiert in Luthers dialektischer Auffassung vom „reinen Wort", einem wichtigen Terminus sowohl seiner reformatorischen Theologie wie seiner sprachschöpferischen Arbeit. Mit den Begriffen „reines Wort" und „reine Lehre" kommen die theologischen Kardinalbegriffe der Reformation – und zugleich Kardinalbegriffe der Rhetorik – in den Blick, die ihrerseits wieder eindeutig sprachlich determiniert sind und in denen Luthers Theologie und seine Sprachphilosophie greifbar werden: seine Theologie *als* Sprache und seine Sprache *als* Theologie.

Der Begriff *rein* bezeichnet dabei nicht die eindeutige Eigenschaft, Quantität oder Qualität einer Sache – z.B. eines Wortes –, sondern die bestimmte, näher definierte Qualität der Beziehung zwischen Mensch und Sache bzw. zwischen Mensch und Gott. *Reinheit* bei Luther ist ein „Verhältnis-Wort". Es beschreibt ein prozeßhaftes Geschehen, das theologisch als Heilsgeschichte, sprachhistorisch als Geschichte der verlorenen und wieder zu erlangenden Verständigung zwischen Mensch und Gott und sprachsystematisch als Qualität der dieser Verständigung angemessenen Form zu definieren ist. Beide Aspekte, die Reinheit als verlorener Ursprung sowie die Reinheit als anzustrebender Zielpunkt, werden von Luther als *rein sein* verstanden, wenngleich sie nicht dasselbe sind, sondern sich qualitativ im Grad ihrer Verletzlichkeit unterscheiden: sie bezeichnen unterschiedliche Stufen eines dialektischen Prozesses, dem der *Reinigung*. Er läßt sich von Gott her aktiv als *rein machen*, vom Menschen her passiv als *rein werden* beschreiben.

Ausgang und Ursprung dieser Geschichte ist ein idealer Urzustand der vollkommenen Reinheit von Gott, Mensch und Sache, ein Zustand der Einheit, der durch den *lapsus* grundsätzlich beendet wurde; danach ist Reinheit nur noch bei Gott, die Menschen und die Sachen hingegen sind der Unreinheit anheim gefallen. Mit dem Fall – sprachhistorisch spiegelt er sich noch einmal in der babylonischen Sprachverwirrung – beginnt zugleich der Prozeß der Wiederannäherung an den Urzustand der Reinheit und Einheit, seitens des Menschen als „Buße", seitens Gottes als „Gnade" charakterisiert. Ziel dieses Prozesses ist die Wiedergewinnung der ursprünglichen Reinheit und mit ihr der Einheit des Menschen mit sich selber

---

[56] Siehe oben S. 87.

und mit Gott, nun aber in der höheren Qualität der „ewigen", d. h. unzerstörbaren und unverderblichen Reinheit.[57]

Bezogen aufs reine Wort stellt sich das Verhältnis komplexer dar, da das reine Wort zwar wie Gott den Menschen reinigt, im Unterschied zu Gott aber vom Menschen auch verunreinigt werden kann – nämlich entstellt, ergänzt, falsch übersetzt, mißbraucht oder aus dem Kommunikationszusammenhang gelöst. Auf diese Verunreinigungen kann der Mensch wiederum reinigend einwirken, indem er dazu beiträgt, daß das reine Wort in seiner ursprünglichen Reinheit wieder in Erscheinung tritt. Dabei meint Luther – im Unterschied zur Auffassung des Humanismus – mit *Reinigung* nie die überwiegend philologische Textkritik und Textkonstituierung, schon gar nicht die Konkurrenz zwischen eigener und fremder Sprache, sondern die Konstituierung eines Textes, der den Hörer existentiell betrifft. Die rhetorische Kategorie der *puritas* wird hier von Luther in Anlehnung an Quintilian als grundlegende Einstellung des Redners zum Hörer verstanden,[58] wobei die Wirkungsabsicht der Rede – das *movere* – eine mindestens ebenso große Rolle spielt wie ihre Form. Wesentlich sind für Luthers Verständnis der *puritas*, der *Reinheit,* nicht bestimmte grammatische, stilistische oder morphologische Normen, sondern die Wirkung des Textes auf den Hörer, wobei diese Wirkung nicht beliebig sein darf, sondern von vornherein feststeht: sie ist als „Weckung des Glaubens" gleichermaßen rhetorisch wie religiös definiert. *Rein* ist, kurz gesagt, nach Luthers Überzeugung eine Rede dann, wenn sie aus dem Glauben heraus geschieht (das heißt, wenn der Sprechende und Schreibende durch das Wort bereits zum Glauben *bewegt* und im Glauben *bestärkt, motus,* ist) oder wenn sie im Hörer und Leser Glauben weckt (das heißt, wenn der Text oder die Rede *bewegend, movens,* ist). Die *Reinheit* der Rede (Predigt, Verkündigung, Bibellektüre oder jeder zum „inneren Wort" werdende Text) stellt zwar die notwendige, nicht aber die hinreichende Bedingung für die Weckung des Glaubens dar; sie ist jedoch erst dann verwirklicht, wenn der Text, das Wort, nicht nur „yn die oren", sondern auch „ynns hertz" des Hörenden gelangt.

Von zentraler Wichtigkeit ist hierbei, daß in Luthers Terminologie der Begriff *rein* durchweg nicht inhaltlich beschrieben ist, sondern eine Struktur meint: die *Struktur des Verstehens und Vermittelns von Sinnaussagen,* also einen kommunikativen Prozeß. Im Rahmen dieser Struktur entscheidet die Einstellung des Redners und die Wirkung auf den Hörer dar-

---

57 Vgl. hierzu auch Otto Kaiser: Die Ersten und die Letzten Dinge. In: Neue Zeitschrift für Systematische Theologie und Religionsphilosophie 36, 1994, S. 75-91, der die biblische Bildsprache von Urzeit und Endzeit als Ätiologie und Teleologie, als Aussagen über das Wesen des Menschen und über seine Bestimmung deutet, wobei das Wesen charakterisiert ist durch den Bruch der eigentlich gemeinten Vollkommenheit im Fall, und die Bestimmung des Menschen charakterisiert ist durch das in der endzeitlichen Erlösung aufscheinende Heil-Sein. Zwischen diese Pole tritt die Soteriologie als die Vorstellung einer wirkenden Macht, die den Anspruch erhebt, „daß das gebrochene Wesen, von dem die urzeitliche Ätiologie handelt und dessen Heilung die eschatologische Teleologie verspricht, tatsächlich geheilt werden kann und geheilt werden soll" (S. 77). Dieses dreigliedrige Modell einer christlichen Anthropologie liegt auch Luthers Heilsverständnis zugrunde und strukturiert auch seine Auffassung von der im *lapsus* verlorenen und *als Geschenk* wiederzugewinnenden Reinheit als soteriologische Größe.

58 Quintilian: Institutio Oratoria, VI, 2, 28 f.: „simus ipsi similes eorum qui vere patiuntur adfectibus, et a tali animo proficiscatur oratio qualem facere iudicem volet."

über, ob ein Wort, ein Satz, ein Text *rein* ist, ebenso wie der Glaube des einzelnen darüber entscheidet, ob ein Nahrungsmittel, das er zu sich nimmt, oder eine Trieblust, die er befriedigt, rein ist oder unrein. Die in aller notwendigen und unabdingbaren Unreinheit des Menschen immer wieder emphatisch behauptete Reinheit des Menschen – der umgekehrt das Paradoxon vom in der Unreinheit wirkenden Christus entspricht[59] – ist Luthers primäres Gedankengut. Es entspringt doch seiner Auffassung von der geschenkten „fremden" Rechtfertigung und Reinheit, die über alle Sünde, Unreinheit und Unvollkommenheit siegt:

> So henge ich an dem, der volkomene reinigkeit und gut gewissen hat und die selb fur mich setzet, ja mir schencket. (36, 366, 13-15)

Dieses kommunikative, beziehungsorientierte Modell von *Reinheit* ist bei Luther elaboriert und differenziert aufzufinden; es scheint unmittelbar nach seinem persönlichen Wirken in den Hintergrund getreten zu sein und wurde von normativen Reinheitsvorstellungen abgelöst. Bedenkt man die nationalchauvinistischen Tendenzen der späteren, sich auf Luther berufenden (Sprach-)Puristen, dann wirkt Luthers Einstellung geradezu revolutionär: nicht das Eigene – die eigene Sprache oder das eigene Leben, das eigene Herz oder das eigene Handeln – ist aus sich heraus rein; vielmehr wird das Eigene rein erst durch das Fremde, die eigene Sprache durch die „Fremdsprache". An der Stelle der im weiteren Verlauf der Sprach- und Nationalgeschichte so erbittert ausgetragenen Vernichtungskämpfe gegen alles Fremde entsteht bei Luther das Modell eines Annäherungs- und Inspirationsprozesses. In ihm haben das Verstehen als wechselseitige Verständigung, die Rücksicht auf die Sprech- und Hör-Situation sowie die sinn- und nicht die formorientierte Aussage den höchsten Stellenwert inne: den der Rechtfertigung.

---

59 Seinen Sieg über die Unreinheit erringt Christus nicht „von oben herab", sondern indem er teilhat an der Bewegung, die aus der unvermeidlichen Unreinheit herausführt: Christus sei, so drückt Luther es bildhaft aus, „bey uns Im schlam, und arbeit, das Ihm die haut rauchett" (4, 608, 32 - 609, 1).

6 Der Reinheitsbegriff im deutschen Pietismus. Ein Paradigma der Nachfolge–Theologie

> Es kostet viel ein Christ zu sein
> Und nach dem Sinn des reinen Geistes leben.
> Denn der natur geht es gar sauer ein,
> sich immerdar in Christi Tod zu geben.
> Und ist hier gleich ein Kampf wohl ausgericht,
> das machts noch nicht.
>
> Man soll ein Kind des Höchsten seyn,
> Ein reiner glanz, ein licht im grossen lichte:
> Wie wird der leib so stark, so hell und rein,
> So herrlich seyn, so lieblich im gesichte;
> Dieweil ihm da die wesentliche pracht
> So schöne macht.[1]

6.1 Reinheit bei Johann Arndt

Die Analyse der Schriften Martin Luthers hat die enge Verknüpfung von „reinem (göttlichen) Wort" und „reiner Lehre" zeigen können. Im Erfassen des reinen Wortes und im Verkündigen der reinen Lehre hat Luther das Zentrum des christlichen Glaubens gesehen. Dabei liegt ihm viel daran zu betonen, daß die Reinheit des Wortes und der Lehre unabhängig ist von der moralischen Qualität des Menschen, an den und durch den das reine Wort ergeht:

> Es ligt die größte macht an der lere: wenn die reyn bleibt, so kan man allerley unvolkomen leben und schwacheit tragen [...]. Wo aber die lere verfelscht wird, so ist dem leben auch nicht mehr zu helffen. (WA 24, 208, 13-17)

> Das leben mag wol unrein, sundlich und gebrechlich sein, Aber die lere mus rein, heilig, lauter und bestendig sein. Das leben mag wol feilen, das nicht alles hellt, was die lere wil, Aber die lere (spricht Christus) mus nicht an einem tüttel odder buchstaben feilen, ob das leben wol ein gantzes wort odder riege jnn der lere feilet. Ursache ist die: Denn die lere ist Gotts wort und Gottes warheit selbs, Aber das leben ist unsers thuns mit, Darumb mus die lere gantz rein bleiben. (WA 30³, 343, 24-31)

Die Wahrung und Sicherung der reinen und rechten Lehre erheben Luthers Nachfolger zum Programm.[2] Die Theologen der sogenannten altprotestantischen Orthodoxie (1555 bis ca. 1700) versuchen, in hochdifferenzierten Lehrsystemen mittels scholastischer Methodik die neu ans Licht getretene reine Lehre der Glaubensgerechtigkeit bis in alle Einzelheiten zu entfalten. Dies geschieht vornehmlich im akademischen Rahmen, und entsprechend ist die Sprache dieser Selbstversicherung das Lateinische.

---

[1] Christian Friedrich Richter: Es kostet viel ein Christ zu sein. In: Neu eingerichtetes Halberstädtisches Kirchen= und Haus=Gesangbuch. Darinnen 972. schriftmäßige und erbauliche, sonderlich des seligen D. M. Lutheri Lieder enthalten sind. Nebst einem Gebeth=Büchlein [...] Halberstadt 1765, Nr. 498, S. 708.

[2] Vgl. Jörg Baur, Walter Sparn, Jan Rohls: Art. Orthodoxie. In: Evangelisches Kirchenlexikon, ³1992, S. 954-966; Martin Greschat: Orthodoxie und Pietismus. Einleitung. In: Orthodoxie und Pietismus. [Gestalten der Kirchengeschichte, Band 7]. Hg. von Martin Greschat. Stuttgart usw. 1982, S. 7-35.

Bereits zu Beginn des 17. Jahrhunderts aber zeigt sich innerhalb der lutherischen Kirche ein Neuansatz in der Lehre, der wesentlich von dem damaligen Braunschweiger Superintendenten Johann Arndt (1555-1621) beeinflußt und vorangetrieben wird.[3] Das literarische Medium für die Propagierung dieser wenn nicht gänzlich neuen, so doch zumindest neu akzentuierten Theologie ist zunächst und in erster Linie das Erbauungsbuch,[4] das in deutscher Sprache und in einem relativ einfachen und publikumswirksamen Stil geschrieben ist. Der Adressatenkreis unterliegt hier – im Unterschied zu den theologischen Publikationen der Universitätsprofessoren – keiner Beschränkung. Die von Johann Arndt und seinem Hauptwerk, den *Vier Büchern vom wahren Christenthum*,[5] ausgehenden Impulse tragen wesentlich zur Entstehung der größten protestantischen Erneuerungsbewegung bei, des Pietismus.[6]

Die 1610 erstmals vollständig erschienenen *Vier Bücher vom wahren Christenthum* – das erste Buch ist bereits 1605 separat herausgekommen – sind bald das meistgelesene Erbauungsbuch im deutschen Protestantismus:

> Von der ersten Auflage im Jahre 1605 bis zum Jahre 1740 erschienen sie [scil. die *Vier Bücher*] 95mal auf deutsch, dazu noch 28mal in Übersetzung (6 lateinische, 5 englische, 4 niederländische, je 3 dänische, schwedische und französische sowie 2 tschechische Auflagen und je eine russische und eine isländische Ausgabe), das sind zusammen 123 Auflagen in 135 Jahren oder im Durchschnitt knapp eine Auflage pro Jahr.[7]

Die überaus große Verbreitung von Arndts *Vier Büchern* findet ihre Entsprechung in der theologischen Wirkung dieser Schriften. Es dürfte, mit Johannes Wallmann zu urteilen, Arndts „Einfluß auf Frömmigkeit und Gedankenbildung des protestantischen Deutschlands [...] größer gewesen sein [...] als der Einfluß irgendeines Theologen seit Martin Luther."[8] Man kann im *Wahren Christenthum* eine Grundlegung der pietistischen Theologie erkennen, wie sie Philipp Jakob Spener (1635-1705) in der Nachfolge Arndts weiterentwickelt hat.

---

3 Zu Arndt vgl. Wilhelm Koepp: Johann Arndt. Eine Untersuchung über die Mystik im Luthertum. [Neue Studien zur Geschichte der Theologie und Kirche, Band 13]. Berlin 1912 [Nachdruck Aalen 1973]; Christian Braw: Bücher im Staube. Die Theologie Johann Arndts in ihrem Verhältnis zur Mystik. Leiden 1986; F. Ernest Stoeffler: Johann Arndt. In: Orthodoxie und Pietismus (Anm. 2), S. 37-49; Martin Brecht: Johann Arndt und das Wahre Christentum. In: ders. (Hg.): Geschichte des Pietismus. Göttingen 1993, Band 1, S. 130-151.

4 Vgl. Rudolf Mohr: Art. Erbauungsliteratur III. Reformations- und Neuzeit. In: Theologische Realenzyklopädie, Band 10, S. 51-80; zu Arndt: S. 57-59.

5 Vgl. Edmund Weber: Johann Arndts Vier Bücher vom Wahren Christentum als Beitrag zur protestantischen Irenik des 17. Jahrhunderts. Eine quellenkritische Untersuchung. [Studia Irenica 2]. Hildesheim ³1978. Brecht (Anm. 3), S. 134-151; Johannes Wallmann: Der Pietismus. [Die Kirche in ihrer Geschichte, Lfg. O, 1: Bd. 4]. Göttingen 1990, S. 14-21; Herbert Wimmel: Sprachliche Verständigung als Voraussetzung des „Wahren Christentums". Untersuchungen zur Funktion der Sprache im Erbauungsbuch Johann Arndts. [Kasseler Arbeiten zur Sprache und Literatur 10]. Frankfurt a.M., Bern 1981; Berndt Hamm: Johann Arndts Wortverständnis. Ein Beitrag zu den Anfängen des Pietismus. In: Pietismus und Neuzeit. 1982, Band 8, S. 43-73.

6 Zum Problem der Anfänge des Pietismus vgl. Johannes Wallmann: Die Anfänge des Pietismus. In: Pietismus und Neuzeit. Band 4, 1979, S. 11-53.

7 Hartmut Lehmann: Das Zeitalter des Absolutismus. Gottesgnadentum und Kriegsnot. [Christentum und Gesellschaft 9] Stuttgart usw. 1980, S. 116.

8 Johannes Wallmann: Philipp Jakob Spener und die Anfänge des Pietismus. [Beiträge zur historischen Theologie, Bd. 42]. Tübingen ²1986, S. 13.

Arndt, nicht Spener, wird heute von maßgeblichen Vertretern der Pietismusforschung als Vater des lutherischen Pietismus angesehen.[9] Da Johann Arndt und seinem Werk diese fundamentale Bedeutung zukommt, untersuche ich im folgenden den Reinheitsbegriff des Pietismus am Beispiel des ersten Buchs der *Vier Bücher vom wahren Christenthum*, in dem Arndt die Grundlegung seiner Gedankenführung entwickelt.[10]

Der neue Akzent in Arndts Theologie wird deutlich an der engen Verknüpfung der reinen Lehre mit einem moralisch untadeligen – eben: *reinen* – Lebenswandel; im Unterschied zu Luther hat bei Arndt die reine Lehre ohne das reine Leben keinen Bestand:

[...] die reine Lehre und das Licht der Erkenntniß GOttes bleibet nicht bey denen, die im Teufel leben, in Finsterniß, in Hofart, Geitz und Wollust. Denn wie solte die reine göttliche Lehre da bleiben, da so ein unreines, ungöttliches Leben geführet wird? Reine Lehre und unreines Leben stimmen nicht zusammen, haben keine Gemeinschaft.

Wollen wir nun die Lehre erhalten, so müssen wir einen andern Weg gehen, und das unchristliche Leben fahren lassen, dem HErrn CHristo nachfolgen, aufwachen von Sünden [...]. Derowegen wer nicht in die Fußstapfen CHristi tritt, in seine Liebe, Demuth, Sanftmuth, Geduld, Furcht GOttes, der muß verführet werden. Deñ er gehet nicht auf dem Wege, der zur Wahrheit führet.[11]

Wer unrein lebt, kann nach Arndt die reine Lehre nicht haben. Das bei Luther im Zentrum stehende, forensisch gedachte Rechtfertigungsgeschehen tritt bei Arndt zurück hinter die Betonung der Nachfolge Christi.[12] Die Ortho*doxie* wird zwar nicht aufgegeben – „Die reine Lehre der Wahrheit des heiligen Christlichen Glaubens muß nothwendig wider die Rotten und Ketzer verantwortet und vertheidiget werden"[13] –, sie wird nun jedoch mit der Ortho*praxis* zusammengeschweißt. Das belegen weitere Beispiele:

So stehet das wahre Erkentniß und Bekentniß CHristi und reiner Lehre nicht allein in Worten, sondern auch

---

9 Vgl. den Diskussionsbericht bei Wallmann (Anm. 6), S. 21 f. und 44. In theologischer Hinsicht nimmt Spener „nur wieder auf und führt weiter, was Johann Arndt begonnen hat" (ebd., S. 41). Nach Wallmann „sind die Differenzen im Frömmigkeitsverständnis zwischen Arndt und Spener unerheblich, sie überschreiten nirgendwo das Maß von Unterschiedenheit, das man unter den verschiedenen Ausprägungen des späteren Pietismus, etwa dem halleschen und dem württembergischen, aufzuweisen imstande ist" (ebd., S. 46).

10 Trotz seiner zentralen Bedeutung ist der Reinheitsbegriff im Pietismus ein Gegenstand, dessen sich bislang weder die germanistische noch die theologische Pietismusforschung angenommen hat.

11 Johann Arndt: Sechs Bücher vom Wahren Christenthum, Von heilsamer Busse, herzlicher Reue und Leid über die Sünde, und wahrem Glauben, auch heiligem Leben und Wandel der rechten wahren Christen. Blankenburg 1741. [Die Titelformulierung *Sechs* Bücher ... bezieht in dieser wie in vielen anderen Ausgaben zusätzlich zu den *Vier Büchern vom Wahren Christenthum* zwei weitere Schriften Arndts ein.] – Die Ausgabe wird in diesem Kapitel zitiert mit römischer Bandzahl, arabischer Kapitelzahl und nachgestellter Angabe des Paragraphen; hier: I, 38, 10 und 11.

12 Vgl. Bernhard Lohse: Martin Luther. Eine Einführung in sein Leben und Werk. Zweite, durchgesehene Auflage. München 1983, S. 217 f.: für Spener und den Pietismus insgesamt gelte, daß „Begriffe wie Glaube oder Rechtfertigung zwar nicht einen neuen Inhalt, aber doch einen anderen Klang" bekommen hätten als in der Orthodoxie; „stets geht es um die persönliche Note, die Erfahrung [...]. Deshalb liegt der Akzent auch nicht mehr auf der rechten Lehre, sondern auf dem Vollzug des Glaubens im Gebet, in der Gottes- und Nächstenliebe oder in der Nachfolge." – Vgl. auch das Lied von Christian Friedrich Richter am Anfang dieses Kapitels, oben S. 99.

13 I, 39, 1. Vgl. auch I, 39, 3: „Bleibet demnach billig dabey, daß man wider die Ketzer und Rotten schreiben, predigen und disputiren muß, zu Erhaltung der reinen Lehre und wahren Religion".

in der That und heiligem Leben. [...] St. Paulus setzet wahrlich nicht ohne Ursach Glauben und Liebe zusammen, 2 Tim. 1, 13. sondern will damit anzeigen, daß Lehre und Leben sollen übereinstimmen.[14]

Wie kan denn ohne ein heiliges Leben die Wahrheit der reinen Lehre erhalten werden? Darum freylich die
Gottlosen, so CHristo nicht folgen, nicht können mit dem rechten Licht erleuchtet werden. Und im Gegen-
theil, die im Licht wandeln, das ist, CHristo im Leben folgen, die erleuchtet auch das wahre Licht, Joh. 1, 9.
welches ist CHristus, und bewahret sie vor allem Irrthum.[15]

Denn mit dem Schein der reinen Lehre decken sich die falschen Christen, als mit einem Schaaf=Pelz, da sie
doch im Herzen nichts weniger seyn, denn wahre Christen.[16]

Die Verknüpfung von Lehre und Lebenswandel hat bei Arndt zur Konsequenz, daß hier dem
Reinheitsbegriff überwiegend, wenn auch nicht ausschließlich, eine moralische Bedeutung
zukommt. Daß aber die in den Bereich der Dogmatik gehörende Verbindung von Reinheit
und (göttlichem) Wort, die für Luther charakteristisch ist, bei Arndt – soweit ich sehe –
überhaupt keine Rolle spielt, mag dennoch verwundern. Dieser Befund unterstreicht, daß wir
es hier theologiegeschichtlich mit einem wirklichen Neuansatz zu tun haben.

Bei Arndt gewinnt die Verbindung von Reinheit und Liebeshandeln zentrale Bedeutung.
Er beruft sich in diesem Kontext auf 1 Tim 1, 5: „Die Summa aller Gebote ist, Liebe von reinem Herzen, von gutem Gewissen, und von ungefärbtem Glauben".[17] Das von Gott geforderte
Handeln kommt hier und nach anderen biblischen Belegen[18] aus dem *reinem* Herzen. Arndt
lehnt sich eng an diesen Sprachgebrauch an:

Die wahre Liebe soll gehen von reinem Herzen. Dis Wort begreift in sich die Liebe gegen GOtt, daß das
Herz rein sey von aller Welt=Liebe, davor uns St. Johannes warnet, 1 Joh. 2, 15. 17. [...] Wer nun von aller
Creatur=Liebe ein rein Herz hat, also daß er sich auf kein zeitlich Ding, es habe Namen, wie es wolle, ver-
lässet, oder einige Ruhe seines Herzens darauf setzet, sondern allein auf GOtt [...], dessen Liebe gehet von
reinem Herzen. Item, weñ es auch mit Lust und Freude geschicht, wie im 18. Psalm V. 2. 3. eine solche
reine Liebe GOttes beschrieben ist: Herzlich lieb habe ich dich, HErr, HErr, meine Stärke, mein Fels, mein
Erretter, meine Burg, mein Hort, mein GOtt, auf den ich traue, mein Schild und Horn meines Heils, und
mein Schutz.[19]

Wie der Mensch Gott lieben soll von reinem Herzen. Das Herz soll rein seyn von aller Welt=Liebe, GOtt
soll des Menschen höchstes und bestes Gut seyn.[20]

Das ist nun die Liebe von reinem Herzen, das rein ist von aller Welt= und Creatur=Liebe.[21]

Ja auch alle Gaben des Menschen, wie hoch sie auch immer seyn, wie gewaltig, herrlich, löblich, prächtig
vor der Welt dieselbige seyn, wenn sie nicht gehen aus reinem Herzen, allein zu GOttes Ehren und des
Nächsten Nutz und Besserung, ohne alle Hofart, eigene Liebe, Ehre, Nutz, Lob und Ruhm, so taugen sie
alle vor GOtt nicht.[22]

---

[14] I, 39, 5.

[15] I, 39, 6.

[16] I, 39, 9.

[17] Unter diesem Bibelvers steht das Kap. 24 im ersten Buch. Vgl. ferner I, 39, 5.

[18] Vgl. Ps 24, 4; 73, 1. 13; Mt 5, 8; 2 Tim 2, 22 u. ö.

[19] I, 24, 2.

[20] I, 24, 14.

[21] I, 24, 17.

[22] I, 33, 2.

Das Handeln, das aus reinem Herzen kommt, ist ein Handeln aus Liebe, ist uneigennützig und allein auf Gott und den Nächsten gerichtet. Hinter dem Anspruch Gottes, der Mensch solle in dieser Weise leben, bleibt dieser jedoch zurück, indem er seine Liebe auf ‚zeitliche Dinge‘ richtet. So wird die Liebe aus reinem Herzen pervertiert zur ‚Welt- und Kreaturliebe‘.

Nach Arndt und der gesamten christlichen Tradition hat die Verkehrung des von Gott geforderten Liebeshandeln ihren Ursprung im Sündenfall.[23] Gott hatte den ersten Menschen „rein, lauter, unbefleckt erschaffen, mit allen Leibes= und Seelen=Kräften, daß man GOttes Bild in ihm sehen solte“[24]. Durch Adams Fall aber ist der Mensch unrein geworden, was seitdem in allen seinen Lebensvollzügen zum Ausdruck kommt. Doch hat Gott dem Menschen durch das Erlösungs- und Reinigungswerk Christi den Weg zurück zur ursprünglichen Integrität wieder eröffnet:

> Denn gleich wie uns durch die fleischliche Gebuhrt aus Adam die Sünde, eigene Liebe, eigene Ehre und eigener Ruhm angebohren wird: Also muß aus CHristo durch den Glauben und heiligen Geist unsere Natur erneuret, gereiniget und geheiliget werden, und alle eigene Liebe, Ehre und Ruhm in uns sterben.[25]

> Und gleich wie uns durchs Fleisch Adams Hofart, Geitz, Wollust und alle Unreinigkeit angebohren wird; also muß durch den heiligen Geist unsere Natur erneuret, gereiniget und geheiliget werden, und alle Hofart, Geitz, Wollust und Neid muß in uns sterben, und müssen aus CHristo einen neuen Geist, ein neu Herz, Sinn und Muth bekommen, gleich wie wir aus Adam das sündliche Fleisch empfangen haben.[26]

> Aus Adam hat der Mensch ererbet einen unzüchtigen, unsaubern, unmäßigen Geist; aus CHristo einen reinen, keuschen, mäßigen Geist. [...] Aus Adam hat der Mensch einen viehischen, irdischen, thierischen Geist erlanget; aus CHristo einen himmlischen, göttlichen Geist.[27]

Besonders hervorgehoben wird von Arndt die Wirkung des Sündenfalls auf den Bereich der Sexualität. Die Adjektive ‚rein‘ und ‚keusch‘ werden von ihm synonym gebraucht; ihnen entgegen stehen Bezeichnungen wie ‚viehisch‘, ‚irdisch‘, ‚tierisch‘. In seiner Sexualität fällt der Mensch auf die Stufe eines Tiers herab, das allein seinen Trieben gehorcht. Der Bestimmung des Menschen als Ebenbild Gottes läuft dieses Verhalten strikt zuwider:

> GOtt hat dem Menschen eingepflanzet eine reine, keusche, züchtige, eheliche Liebe, Kinder zu zeugen, nach dem Ebenbilde GOttes. Und ist keine heiligere Lust und Liebe gewesen, denn das Ebenbild GOttes fortzupflanzen, und das menschliche Geschlecht zu vermehren zu GOttes Ehren und der Menschen ewigen Seligkeit. Ja, wenn ein Mensch in der Unschuld hundert tausend Kinder zeugen, und das Ebenbild GOttes und seine Ehre hätte fortpflanzen können, das wäre seine heiligste, höchste Lust und Freude gewesen; denn das wäre alles aus Liebe gegen GOtt und das menschliche Geschlecht, als das Ebenbild GOttes, geschehen. Denn wie GOtt den Menschen in heiliger und herzlicher Wollust und Wohlgefallen geschaffen, und seine Freude und Wonne an ihm gehabt, als an seinem Bilde, also hätte auch der Mensch in heiliger Wollust seines gleichen gezeuget, Freude und Wonne an ihm gehabt, als an GOttes Ebenbild. Wie aber der Satan diese reine, keusche, eheliche Liebes=Flamme verunreiniget mit seiner Unsauberkeit, darf keiner langen Predigt. Der Mensch zeuget nur seines gleichen, 1 B. Mos. 5, 3. wie ein unvernünftiges Vieh in seiner Blindheit und Brunst. Wie ist doch von dem unsaubern Geist die heilige Ehe mit so unordentlichen Lastern verwüstet![28]

---

23 Vgl. hier und zum folgenden besonders Röm 5, 12-21; vgl. auch oben S. 80 ff.
24 I, 1, 4.
25 I, 31, 9.
26 I, 3, 7.
27 I, 3, 5.
28 I, 41, 21. Zur unterschiedlichen Eheauffassung bei Luther vgl. oben S. 81 f.

Der Mensch, der auf die Stufe eines Tiers herabgefallen ist, soll gleichwohl wieder zu seiner Gottebenbildlichkeit zurückkehren können. Darin sieht Arndt das Ziel des christlichen Glaubens: „Das ganze Christenthum stehet in der Wiederaufrichtung des Bildes GOttes im Menschen, und in Austilgung des Bildes des Satans.“[29] Der Weg zu diesem Ziel heißt Buße – hier gegenüber Luther weit stärker hervorgehoben – und rechtschaffener Glaube:

> Nichts destoweniger aber must du dir deine Busse lassen einen rechtschaffenen Ernst seyn, oder du hast keinen rechtschaffenen Glauben, welcher täglich das Herz reiniget, ändert und bessert: Solt auch wissen, daß der Trost des Evangelii nicht haften kan, wo nicht rechtschaffene wahre Reue und göttliche Traurigkeit vorher gehet, dadurch das Herz zerbrochen und zerschlagen wird.[30]

Die Buße – nicht die Taufe – ist der entscheidende Akt der Reinigung; in ihr tritt auch der Mensch wieder in die Verantwortung für sein Heil ein, indem er sich zum einen der Gnade Gottes, zum anderen aber auch dem Gesetz unterstellt:

> So bald nun ein Mensch Busse thut, sich durch GOttes Gnade zu GOtt wendet und bekehret, ihm die Sünde lässet leid seyn, ihm die Sünden=Wunden läßt waschen und reinigen, durch den scharfen Wein des Gesetzes und das süsse Oel des Trostes; so bald wirket CHristus mit seiner Gnade in ihm den Glauben, alle Früchte des Glaubens, Gerechtigkeit, Leben, Friede, Freude, Trost und Seligkeit, und erneuert ihn, wirket in ihm das Wollen und das Vollbringen nach seinem Wohlgefallen, Phil. 2, 13.[31]

Wie hier, so kann auch an anderen Stellen die Bestimmung des Subjekts der Reinigung merkwürdig unscharf bleiben. Wenn Arndt auch nicht explizit in der menschlichen Reue den Grund der Reinigung erkennt, so weisen doch einige Formulierungen zumindest in diese Richtung. Eine gewisse Nähe zu katholisch-scholastischen Bußvorstellungen ist nicht von der Hand zu weisen:

> Siehe dis Christliche Erkentniß deines innerlichen Elendes, diese Gnaden=hungrige Reue, und der Glaube, so allein CHristo anhanget, thut die Thür der Gnaden in CHristo auf, dadurch GOtt zu dir eingehet. [...] Hie kömmt die arme Sünderin, Maria Magdalena, die weinende Seele des Menschen, und salbet dem HErrn seine Füsse, wäschet sie mit Thränen, und trucknet sie mit den Haaren der herzlichen Demuth und Niedrigkeit, Luc. 7, 37. Hie kommet der geistliche Priester, Offenb. 1, 6. in seinem heiligen Schmuck des Glaubens, und bringet das rechte Opfer, ein zerbrochen und zerschlagen Herz, Ps. 51, 19. und den besten Weyrauch der herzlichen Reue. Dis ist das rechte geheiligte Weih=Wasser, die Thränen über die Sünde, auf daß im Glauben und in Kraft des Blutes CHristi, die geistlichen Israeliten gewaschen und gereiniget werden.[32]

> So oft sich eine andächtige Seele um der Sünden willen betrübet, so oft beweinet sie sich heimlich, da findet sie den Thränen=Brunnen und Thränen=Quellen, mit denen sie sich alle Nacht im Glauben und Geist durch den Namen JEsu wäschet und reiniget, 1 Cor. 6, 11. auf daß sie heilig und würdig sey, einzugehen in das verborgene Allerheiligste, da GOtt heimlich mit ihr reden kan.[33]

> Und ob wir wohl inwendig nicht so rein seyn als die Engel, sollen wir doch darnach seufzen; und dis gläubige Seufzen nimt GOtt an, uns zu reinigen, denn der heilige Geist hilft unserer Schwachheit, und vertritt uns bey GOtt mit unaussprechlichen Seufzen, Röm. 8, 26.[34]

---

29 Überschrift zu I, 41.
30 I, Vorrede, 7.
31 I, 34, 6.
32 I, 19, 16.
33 I, 23, 10.
34 I, 22, 3.

Hier hat es den Anschein, als ob die Tränen über die Sünde als ein Ausdruck herzlicher Reue und das Seufzen nach Reinheit die Reinigung des Sünders bewirkt. Im Gegensatz zu dieser ‚Rechtfertigung aus Reue' steht aber der Inhalt der unmittelbaren Fortsetzung des zuletzt zitierten Abschnitts, der die reformatorische ‚Rechtfertigung aus Glauben an das Verdienst Christi' zum Ausdruck bringt:

> Ja, das Blut CHristi reiniget uns also durch den Glauben, Ap.-Gesch. 15, 9. daß kein Runzel oder Flecken an uns ist, Eph. 5, 27. Und das noch mehr ist, unsere Reinigkeit, Heiligkeit, Gerechtigkeit, ist nicht eines Engels Reinigkeit, sondern sie ist Christi Reinigkeit, Christi Heiligkeit, Christi Gerechtigkeit, ja Christus selbst, 1 Cor. 1, 30.[35]

Das ist nun wieder gut lutherisch argumentiert: die Reinigung – hier ein Äquivalent zum Begriff der Rechtfertigung – des Sünders geschieht nicht durch sein eigenes Verhalten, sondern durch die Übertragung der Verdienste Christi im Glauben. Grund und Mittel der Reinigung ist hier das vergossene Blut Christi. So auch in folgendem *Gebet um die geistliche Reinigung*, in dessen Zentrum die Bitte um Reinigung steht:

> Heiliger GOtt, die Himmel sind nicht rein vor dir, und unter deinen Heiligen ist keiner ohne Tadel. Du wilt bedienet seyn mit reinem Herzen, und hast nicht Gefallen an einem unreinen Opfer; darum solte ich billig ohne allen Eigengesuch und Eigen=Liebe, mit reinem einfältigen Herzen einzig auf deine Ehre sehen in allen meinem Thun. Aber da find ich, leider! wie Fleisch und Blut sich allenthalben einflicht, und das, was deine Gnade in mir wirken möchte, verunreiniget. Erbarme dich meiner, mein GOtt, und erlöse mich von dem Leibe dieses Todes. Du gedenkest ja daran, daß ich Staub bin, und was kanst Du vom Staube erwarten, als Unreinigkeit? So unfläthige Hände, als ich an mir beklage, besudeln alles, was durch sie gehet. Ich bekenne vor Dir auch diese meine Sünde, vergib sie mir du, der du getreu und gerecht bist, und reinige mich von aller Untugend. Laß das Blut JESU, der sich selbst ohne allen Wandel durch den heiligen Geist geopfert hat, reinigen mein Gewissen von denen todten Werken, dir, dem lebendigen GOtt, ohne Eigengesuch zu dienen. Durch dis Blut laß abgewaschen werden alle die Unvollkommenheiten, und die Unart, die meinen Werken anhänget. Reinige du, barmherziger GOtt, zuerst mein Inwendiges, schaffe in mir ein reines Herz, und tilge aus demselben alle unordentliche Eigen=Liebe, Eigen=Ehre, Eigengesuch! Errette mich von mir selbst, und laß mich nicht Gefallen an mir selber haben, nichts thun durch Zank und eitele Ehre, sondern in Demuth Andere höher als mich selbst achten, nicht suchen das meine, sondern das, was JEsu CHristi ist, und in wahrer Glaubens= und Liebes=Einfalt alles zu deinen Ehren und meines Nächsten Heil richten, durch JEsum CHristum deinen Sohn unsern HErrn, Amen.[36]

Wie bei Luther wird hier in den Verdiensten Christi der Rechtfertigungs- und Reinigungsgrund gesehen. Anders aber als bei Luther wird von Arndt die Notwendigkeit des eigenen gottgefälligen Tuns stark hervorgehoben: Gott soll ein reines Opfer dargebracht werden. Wieder zeigt sich die Betonung der Orthopraxis mit einer Tendenz zum Perfektionismus,[37] was für den gesamten Pietismus charakteristisch ist.[38]

Als Subjekte der Reinigung nennt Arndt des weiteren die drei göttlichen Personen selbst:

---

[35] I, 22, 3.

[36] I, 31, Gebet.

[37] Stoeffler urteilt über Arndt: „Insbesondere im religiösen Leben war für ihn die zu erstrebende Norm des menschlichen Handelns eine wenigstens relative Vollkommenheit". Stoeffler (Anm. 3), S. 41, vgl. dort auch S. 45, 48.

[38] Vgl. Martin Schmidt: Art. Pietismus. In: RGG³, Bd. 5, S. 370-383, hier S. 370.

„GOtt",[39] „GOttes Sohn"[40] oder „CHristus",[41] der auch als reinigender „mächtiger Sünden= Tilger"[42] bezeichnet wird, und den „Heil. Geist".[43] Die göttlichen Personen können die Subjekte der Reinigung sein, weil sie selbst und ihr Handeln rein sind. Gott und der in Christus offenbar gewordenen Liebe wird das Attribut rein am häufigsten verliehen. Dem Wesen nach rein ist

- Gott. Der reine Gott hat keine Gemeinschaft mit unreinen Menschen. „Mein GOtt, ich erkenne wohl, daß du, das allerreineste und allerheiligste Wesen, nicht kanst Gemeinschaft haben mit einem, der so ein Greuel und schnöde ist".[44]
- Gottes Wirken im Menschen. Im Menschen „solte nichts [...] seyn, leben und wirken, denn GOtt lauter allein. Und das ist die höchste Unschuld, Reinigkeit und Heiligkeit des Menschen."[45]
- Gottes „Augen sind rein, und sehen nach dem Glauben".[46]
- Die Liebe, die sich in Christus gezeigt hat: „In dem ist keine eigene Liebe, keine eigene Ehre, kein eigen Nutz, kein eigen Ruhm gewesen, sondern eine reine lautere Liebe und Demuth, die von Herzen gangen."[47] „Christus und sein Leben [sind] nichts anders, denn eitel reine, lautere GOttes= und Menschen=Liebe, Freundlichkeit, Sanftmuth, Demuth, Geduld, Gehorsam bis zum Tode, Barmherzigkeit, Gerechtigkeit, Wahrheit, Reinigkeit, Heiligkeit, Verschmähung der Welt, und aller weltlichen Ehre, Reichthums und Wollust, Verläugnung sein selbst, ein stetig Creuz, Leiden, Trübsal, ein stetig Sehnen und Seufzen nach dem Reich GOttes, und eine emsige Begierde zu vollbringen den Willen GOttes."[48]
- Die Liebe, die der selbstlosen Liebe Christi entspricht: „Je reiner, brünstiger und herzlicher nun die Liebe ist, je näher der göttlichen Art und Natur; denn in GOtt, in CHristo, und im heiligen Geist ist die allerreineste, zarteste, brünstigste, edelste und herzlichste Liebe. Rein ist die Liebe, wenn man nicht um eigenes Nutzes und um einiges Geniesses [sic] willen liebet; sondern lauter um der Liebe GOttes willen, weil uns GOtt so rein und lauter liebet, umsonst ohn allen Nutz. Darum wer um seines Nutzes willen den Nächsten liebet, der hat keine reine Liebe und keine göttliche Liebe. Und das ist der Unterschied unter der heydnischen Liebe, und unter der Christlichen Liebe: Ein Christ liebet seinen Nächsten in GOtt, in Christo, lauter umsonst, und hat alle Menschen in GOtt und Christo lieb;

---

[39] I, 36, 17: „GOtt selbsten [...] wolle mit seinem verborgenen Freuden=Schein unsere Herzen durchdringen, unsern Geist und alle Kräfte reinigen, erleuchten, erfreuen, verklären und lebendig machen."
[40] I, 11, 9: „Nun aber ist GOttes Sohn nicht um seinet willen Mensch worden, sondern um unsert willen, auf daß er uns durch sich selbst mit GOtt wieder vereinigte und des Höchsten Guts theilhaftig machte, und uns wieder reinigte und heiligte."
[41] I, 34, 5; 31, 10 u. ö.
[42] I, 41, 24: „ein mächtiger Sünden=Tilger [...], der über Sünde und Tod HErr ist, welcher auch die Natur des Menschen ändern, erneuern und reinigen kan."
[43] I, 39, 10: „dadurch der heilige Geist unser Herz reiniget und erleuchtet".
[44] I, 2, Gebet.
[45] I, 1, 7.
[46] I, 33, Gebet.
[47] I, 31, 10.
[48] I, 10, 2; vgl. auch I, 35, 1.

davon haben die Heyden nichts gewust, sondern haben alle ihre Tugenden mit eiteler Ehre und eigen Nutz beflecket."[49]

An dieser Stelle schließt sich der am Anfang dieses Abschnitts geöffnete Kreis wieder: Der Mensch, der unter der Forderung Gottes steht, aus reinem Herzen zu lieben, bleibt als Folge des Sündenfalls hinter dieser Forderung zurück; der unreine Mensch bedarf einer Reinigung, die ihm im Akt der Reue und im Glauben an Christi Sühnetod auch zuteil wird. Der reine Gott will den Menschen durch Christus wieder zu seiner ursprünglichen Reinheit und Gottebenbildlichkeit zurückführen. Dem durch das Verdienst Christi gereinigten Menschen wird zugetraut, ein Leben in der Nachfolge Christi und in reiner Liebe zu führen: letztlich liegt das Ziel aller Reinigung darin, daß der Mensch zu Taten der Liebe befähigt wird:

> reinige mich nach deiner Verheissung, damit ich mehr und viele Früchte der Liebe bringen möge. Wirke in mir, dem Bilde meines Erlösers ähnlich zu seyn in Langmuth und Christgebührlicher Freundlichkeit.[50]

Die Wiederaufrichtung des Bildes Gottes im Menschen, um die es Arndt zentral zu tun ist, vollzieht sich nicht mit einemmal, sondern in einem Prozeß, bei dem sich unterschiedliche Grade der Reinheit dieses Ebenbildes unterscheiden lassen. Arndt sieht in der reinen Seele den Spiegel, in dem sich das Bild Gottes zeigt:

> Denn ein Bild ist, darin man eine gleiche Form und Gestalt siehet, und kan kein Bildniß seyn, es muß eine Gleichniß haben dessen, nach dem es gebildet ist. Als in einem Spiegel kan kein Bild erscheinen, es empfahe denn die Gleichniß, oder gleiche Gestalt von einem andern. Und je heller der Spiegel, je reiner das Bild erscheinet: also je reiner und lauterer die menschliche Seele, je klärer GOttes Bild darin leuchtet.[51]

Das läßt sich so verstehen, daß die Grade der Gottebenbildlichkeit und somit auch der Reinheit unter den Menschen – man könnte auch sagen: in unterschiedlichen Entwicklungsstadien ein und desselben Menschen – durchaus verschieden sind. Eine reine Seele kann von Arndt auch als reine Braut Christi bezeichnet werden:

> Das ist eine rechtschaffene Braut, die sonst niemand gefallen will, denn ihrem Bräutigam. Warum wilt du der Welt gefallen, so du doch Christi Braut bist? Die Seele ist eine reine Braut Christi, die sonst nichts liebet in der Welt, denn CHristum. Derowegen must du alles, was in der Welt ist, gering achten, und in deinem Herzen verschmähen, auf daß du würdig werdest, von CHristo deinem Bräutigam, geliebet zu werden. Die Liebe, die nicht CHristum allein liebet und meynet in allen Dingen, die ist eine Ehebrecherin, und nicht eine reine Jungfrau. Die Liebe der Christen soll eine Jungfrau seyn.[52]

Wozu bei Arndt auch immer der Reinheitsbegriff als Attribut dient, immer wieder ist die Tendenz zu erkennen, daß er sich – direkt oder indirekt – auf das rechte Handeln, nämlich auf die reine Liebe bezieht. Dafür findet Arndt immer wieder Varianten des Ausdrucks: Den Menschen, der zum reinen Liebeshandeln befähigt ist, nennt Arndt – unter Aufnahme mysti-

---

[49] I, 26, 12.

[50] I, 30, Gebet.

[51] I, 1, 3. Zur Spiegel-Metapher siehe auch unten, S. 119.

[52] I, 14, 12. Das hier wie in zahlreichen pietistischen Dichtungen verwendete Bild von der reinen Braut oder Jungfrau greift unmittelbar auf die Marien-Terminologie zurück, die traditionell mit dem Reinheits-Ideal verknüpft ist (vgl. oben S. 54 f.) und verschmilzt sie mit dem Gleichnis von den fünf klugen Jungfrauen, die gut gerüstet auf den Bräutigam warten (Mt 25, 1-12).

scher Terminologie – einen ‚gelassenen' Menschen, der ganz zu einem reinen Medium der Liebe Gottes wird:

> Denn wo etwas anders in dem Menschen solte gespühret werden, das nicht GOtt selbst wirket und thut; so kônte der Mensch nicht GOttes Bild seyn, sondern dessen, der in ihm wirket, und sich in ihm sehen läßt. So gar solte der Mensch GOtt ergeben und gelassen seyn, welches ein bloß lauter Leiden des gôttlichen Willens, daß man GOtt alles in ihm läßt wirken, und seinem eigenen Willen absagt. Und das heißt, GOtt ganz gelassen seyn, nemlich, wenn der Mensch ein bloß, lauter, reines, heiliges Werkzeug GOttes und seines heiligen Willens ist, und aller gôttlichen Werke, also daß der Mensch seinen eigenen Willen nicht thue, sondern sein Wille solte GOttes Wille seyn: daß der Mensch keine eigene Liebe habe, GOtt solte seine Liebe seyn: keine eigene Ehre, GOtt solte seine Ehre seyn: Er solte keinen eigenen Reichthum haben, GOtt solte sein Besitz und Reichthum seyn, ohn alle Creatur= und Welt=Liebe. Also solte nichts in ihm seyn, leben und wirken, denn GOtt lauter allein. Und das ist die hôchste Unschuld, Reinigkeit und Heiligkeit des Menschen.[53]

Die Neuartigkeit dieser Theologie gegenüber der lutherischen Tradition faßt Stoeffler treffend so zusammen: „Arndt war [...] der Hauptbegründer einer neuen Form der Frömmigkeit im Luthertum des 17. Jahrhunderts. Und zwar war das eine Frömmigkeit, die hinaus wollte über den Glauben an Gott und hin zur Liebe zu Gott, hinaus über das was Christus für die Menschen getan hat und hin zu dem, was er in denselben tun will [...] hinaus über das *simul iustus et peccator* als Entschuldigung für moralisches Zukurzkommen und hin zur täglichen Gleichförmigkeit mit dem Christusbild, das Arndt in der heiligen Schrift zu sehen glaubte."[54]

Die Verwendung des Reinheitsbegriffs bei Johann Arndt weist auf die wesentlichen theologischen Neubestimmungen hin, die der Pietismus gegenüber der lutherischen Orthodoxie vorgenommen hat. *Die reine Liebe aus reinem Herzen* steht als Forderung an den Menschen im Mittelpunkt dieser Theologie, ganz im Gegensatz zur Lehre Luthers, in der nicht das Tun des Menschen, sondern das Handeln Gottes am Menschen im reinen Wort der Evangeliumsverkündigung das Zentrum einnimmt. Arndt hingegen relativiert in der Vorrede zum *Wahren Christenthum* ausdrücklich die *sola fide* als alleiniges Gnadenmittel und stellt ihr das menschliche Handeln gegenüber: „wie wir darum nach CHristi Namen genennet sind, daß wir *nicht allein* an CHristum *glauben, sondern auch* in CHristo *leben* sollen und Christus in uns".[55]

Aufgrund dieses Befundes läßt sich die These formulieren, daß jene Begriffe oder Vorstellungen, die mit dem Attribut ‚rein' überwiegend verbunden sind, auch die zentralen Positionen innerhalb des Pietismus abbilden, mit denen er sich von der lutherischen Tradition und ihrer ebenfalls mit dem Begriff Reinheit qualifizierten zentralen Terminologie abgrenzt. Am Beispiel der Reinheits-Terminologie in einigen geistlichen Dichtungen soll dies im folgenden exemplifiziert und erweitert werden.

---

[53] I, 1, 6. Zur „Gelassenheit" in der deutschen Mystik vgl. Deutsche Mystiker des 14. Jahrhunderts. Hg. von Franz Pfeiffer, Band 2: Meister Eckhart. Leipzig [2]1914, bes. Predigt 96; Kurt Ruh: Vorbemerkungen zu einer neuen Geschichte der abendländischen Mystik im Mittelalter. München 1982.

[54] Stoeffler (Anm. 3), S. 47.

[55] I, Vorrede, 1; Hervorhebungen von mir.

6.2 *rein* und seine Bedeutungsnuancen in Beispielen geistlicher Dichtung

Bereits in der Entstehungsphase des deutschen Pietismus steht dessen Orientierung an der Sprache im Vordergrund, zunächst und unmittelbar begründet durch die erneute Rückbesinnung auf die Bibel und die Intensivierung von deren Lektüre. Schon der Name des 1686 in Leipzig gegründeten *Collegium philobiblicum* weist darauf hin, daß gemeinsame Lektüre und Deutung von Texten – natürlich in erster Linie der Bibel – im Mittelpunkt dieses pietistischen Magistervereins stehen sollte. Wie August Langen in seiner Studie zum Wortschatz des Pietismus[56] herausstellt, besteht in der Sprache des deutschen Pietismus die allgemeine Tendenz, den vorgefundenen religiösen Wortschatz zu intensivieren und auch den Alltagswortschatz mit religiöser Bedeutung aufzuladen sowie das Vokabular durch Um- und Neubildungen, die häufig wortspielerischen und onomatopoetischen Charakter zeigen, zu erweitern.

Aus diesen Beobachtungen sind Untersuchungen entstanden, die sich mit der pietistischen Erbauungs- und Bibelstunde als „Übungsfeld der Sprachfertigkeit" auseinandersetzen, wie z.B. Franz Bardeys Monographie über die „Bibelbesprechstunde"[57] oder die Dissertation von Wolfgang Schmitt über die pietistische Kritik der ‚Künste'.[58] Gerade aber gegen Schmitts Äußerungen über Gottfried Arnold, dessen „Intention, den Leser zu bewegen [...], die Verwendung rhetorischer Mittel" ausgeschlossen habe,[59] wendet Reinhard Breymayer ein, Schmitt ignoriere, „daß das ‚movere' zu den Hauptzielen gerade antiker Rhetorik gehört" und daß die pietistische Kritik an der Rhetorik kein Ausdruck prinzipieller Rhetorikfeindlichkeit sei, sondern sich gegen die starre, unsinnliche Formel-Rhetorik der protestantischen Orthodoxie (z.B. in deren Homiletik) wende.[60]

Johann Arndts eigene Intention im *Wahren Christenthum* ist sicher eher anti-rhetorisch, sofern man unter Rhetorik die *kunstvolle Technik* des Schreibens und Redens versteht. Denn in der Vorrede wendet er sich ausdrücklich gegen die Auffassung, „die Theologie sey nur eine blosse Wissenschaft und Wort=Kunst, da sie doch eine lebendige Erfahrung und Ubung ist. [...] Jedermann sucht jetzo hochgelehrte Leute, von denen er Kunst, Sprachen und Weisheit lernen môge, aber von unserm einigen Doctore oder Lehrer JEsu CHristo will niemand lernen [...]".[61] Die Worte stehen unter dem Verdacht der puren Äußerlichkeit, wohingegen Arndt die innere Bereitschaft zur Umkehr und zum Glauben befördern will: „Denn das wahre Christenthum stehet nicht in Worten oder in âusserlichem Schein, sondern im lebendigen Glauben, aus welchem rechtschaffene Früchte [...] entspriessen [...]".[62]

---

56   August Langen: Der Wortschatz des deutschen Pietismus. Tübingen ²1968.
57   Franz Bardey: Die Bibelbesprechstunde. Berlin 1905.
58   Wolfgang Schmitt: Die pietistische Kritik der „Künste". Untersuchungen über die Entstehung einer neuen Kunstauffassung im 18. Jahrhundert. Köln [Diss.] 1958.
59   Schmitt (Anm. 58), S. 46. Wie Schmitt argumentiert auch Hans Sperber: Der Einfluß des Pietismus auf die Sprache des 18. Jahrhunderts. In: DVjS 8, 1930, S. 94 f.
60   Reinhard Breymayer: Die Erbauungsstunde als Forum pietistischer Rhetorik. In: Helmut Schanze (Hg.): Rhetorik. Frankfurt a.M. 1974, S. 87-104, hier S. 87 ff.
61   I, Vorrede, § 2.
62   I, Vorrede, § 5.

Auch der Pietist Johann Heinrich Reitz (1655-1720) macht in der Vorrede zu seiner Übersetzung des Neuen Testaments Vorbehalte gegen die rhetorische Stilkunst geltend und beruft sich dabei auf die auch von Luther beschworene „Einfalt" des göttlichen Wortes: „Zierlichen teutsches aber hat man sich umb so viel weniger befleissen können / weil man eben hiemit der einfalt des Geistes Gottes [...] widersprechen / u. vom wahren sin u. zweck abirren würde. [...] Gottes worte sind immer hart dem natürlichen menschen / der sie nicht fassen / noch seine vernunfft in die schule u. einfalt Christi gefangen nehmen kan."[63]

Versteht man unter Rhetorik jedoch eher – wie es auch in der vorliegenden Studie der Fall ist – die Lehre von jener Art und Weise des Redens und Schreibens, die den Empfänger überzeugen und zum richtigen Handeln motivieren kann, dann ist der pietistische Ansatz Arndts entschieden der Rhetorik verpflichtet, was in seiner Absicht, durch sein Buch den noch zögernden Leser zu „verführen", zum Ausdruck kommt: „Derowegen wer nicht in die Fußstapfen CHristi tritt, in seine Liebe, Demuth, Sanftmuth, Geduld, Furcht GOttes, der muß verführet werden. Deñ er gehet nicht auf dem Wege, der zur Wahrheit führt."[64]

„Verführung" zum rechten Weg –: das ist die Weckung des Affekts, durch den der Hörer erst überzeugt werden kann, aus innerer Motivation. Die Differenzierung von „Rede ohne äußerlichen Schein" und „Rede, die verführt" knüpft an Luthers Rhetorik-Verständnis an, demzufolge die Rhetorik als Lehre des „schlichten aber bewegenden Redens" dem Evangelium ihren Dienst erweist.[65] Diese Unterscheidung muß überhaupt beachtet werden, wenn man im positiven Sinne von einem Zusammenhang von Pietismus und Rhetorik sprechen will, wie es die genannten Autoren tun.

Ein wesentliches Medium der rhetorischen *Wirkungsabsicht* des pietistischen Sprachgebrauchs besteht in einem Wiederaufgreifen dessen, was das Verhältnis der deutschen Mystik, insbesondere bei Meister Eckhart und Mechthild von Magdeburg, zur Sprache ausmacht und das Josef Quint treffend mit dem Oxymoron charakterisiert, die Sprache der Mystik sei ein „Kampf gegen die Sprache".[66] Eigenartig mutet hingegen die moralisch-ästhetische Wertung Bernhard Lohses an, der in bezug auf Zinzendorf festhält, bei diesem Pietisten sei „das gesamte Christentum mit Begriffen und Vorstellungen aus dem Bereich des Gefühls gedeutet worden, wobei nicht selten die Grenzen des guten Geschmacks weit überschritten wurden".[67] Diese geradezu kleinbürgerliche Abqualifizierung ästhetischer Grenzüberschreitungen ignoriert die aus der Mystik überkommene Tendenz, sowohl in den Bildinhalten als auch in den Wortformen zu einer Intensivierung, Radikalisierung und Aktivierung der Sprache zu gelangen. Die breite Palette an Synonymen macht dies deutlich, wobei die Intensität des Vokabulars

---

[63] Das Neue Testament. Auf der Grundlage des zu Ochsenfurt in Engelland gedruckten grichischen exemplars übersetzt von Johann Heinrich Reitz. Offenbach 1703, Vorrede.

[64] I, 38, 11.

[65] Vgl. oben S. 79.

[66] Josef Quint: Mystik und Sprache. Ihr Verhältnis zueinander, insbesondere in der spekulativen Mystik Meister Eckeharts. In: DVjS 27, 1953, S. 54. Vgl. zu diesem Themenbereich auch Alois M. Haas, wie oben S. 50 f., Anm. 29. Zur Wiederaufnahme mystischer Traditionen im Pietismus vgl. Hansgünther Ludewig: Gebet und Gotteserfahrung bei Gerhard Tersteegen [AGP 24]. Göttingen 1986, S. 89-94.

[67] Lohse (Anm. 12), S. 218.

und der Topik sich zum einen auf das Erleben der Reinheit als Zustand der vollkommenen Verbindung mit Gott bezieht und zum andern auf die schmerzhafte Prozedur der Reinigung als Weg der Seele zu Gott –: beide Aspekte ließen sich bereits anhand der Theologie und Spiritualität Johann Arndts plausibel entwickeln.

Aus der großen Fülle der pietistisch orientierten geistlichen Dichtungen wähle ich einige Beispiele aus, die die Gesamttendenz der pietistischen Sprache besonders eindrucksvoll belegen. Hierbei spielen vor allem drei Bildkomplexe, die sich gegenseitig durchdringen und ergänzen, eine wichtige Rolle: zum einen der Bereich der Gotteskindschaft, der mit Bildern der reinen Freude und innigen reinen Zärtlichkeit (Fülle) gestaltet wird; zum andern der Bereich des wiedergewonnenen Ansehens vor Gott, der die Sünde durch Christi Blut abwäscht und das Herz reinigt (Gnade); und drittens schließlich der Bereich der Trübsal, die als notwendige Reinigung verstanden und gewollt wird (Askese).

Zum Grundvokabular der geistlichen Dichtung gehört die aus Psalm 51, 12[68] stammende Metapher des reinen Herzens, die im Pietismus zu neuer Blüte kommt und sich dort als unmittelbare Umsetzung der Arndtschen Spiritualität verstehen läßt –: das reine Herz ist gewissermaßen das Organ, mittels dessen Mensch und Gott sich verbinden können und das der Mensch dadurch erwirbt, daß er sich selber Gott bzw. Jesus zur Wohnstatt anbietet. In diesem poetischen Programm wirken vor allem zwei durch Bibel und mystische Tradition vorgeprägte Bildbereiche prägend: zum einen die Reinigung des Tempels als Haus Gottes durch die Austreibung der „weltlichen" Händler und ihrer Waren (Lk 19, 45 ff.; Joh 2, 14 ff.) und zum anderen die „Gelassenheit" im Sinne Meister Eckharts, der darunter die Loslösung des Menschen von allen konkreten Vorstellungen und Wünschen, die das „Herz erfüllen" könnten, versteht. Erst wenn das Herz *leer* ist und geschieden von den Dingen, bietet es Raum für Gott. Georg Heinrich Neuß (1654-1716) führt die beiden Traditionsstränge in folgenden Strophen zusammen:

Ein reines hertz, HErr, schaff in mir,
Schleuß zu der sünden thor und thür,
Vertreibe sie, und laß nicht zu,
Daß sie in meinem hertzen ruh.

Dir öffn' ich, JEsu, meine thür,
Ach! komm und wohne du bey mir,
Treib all unreinigkeit hinaus
Aus deinem tempel und wohnhaus.[69]

Bei Gerhard Tersteegen (1697-1769) nimmt die Vorstellung der Reinigung des Herzens als Vorbereitung der unmittelbaren Begegnung mit Gott breiten Raum ein, nicht nur in einem seiner bekanntesten Kirchenlieder, *Gott ist gegenwärtig*, in dem es heißt:

Mache mich einfältig,
innig, abgeschieden,
Sanfte und im stillen Frieden;

---

68   „SChaffe in mir Gott ein rein Hertz / Vnd gib mir einen newen gewissen Geist."
69   Georg Heinrich Neuß: Ein reines hertz [...]. In: Neu eingerichtetes Halberstädtisches Kirchen= und Haus=Gesangbuch (Anm. 1), S. 708, Lied Nr. 498, Str. 1+2.

Mach mich reines Herzens,
daß ich deine Klarheit
Schauen mag in Geist und Wahrheit [...]

Laß mein Herz ůberwårts,
Wie ein Adler schweben
Und in dir nur leben.[70]

Eine diesem pietistischen Gedankengut nahe Bildsprache hinsichtlich der Reinheit findet sich
bei dem oberdeutschen Jesuiten Albert Curtz (1600-1671),[71] dessen Umdichtung des 18. Psalms
folgende Verse enthält:

Du Herr mein Gott, du reinig mich,
Verzeich mir, was ich selbst nit sich
    Und kanns in mir nit finden.
Erlös mich von der fremden Welt,
Die allen Sinn dahin gestellt,
    Wie sie mich könn verkehren;
Wanns nur nit wird mein Meister sein,
So wird ich unbefleckt und rein
    Mein Gwissen nit beschweren.[72]

Während hier wie in Tersteegens *Gott ist gegenwärtig* die Bitte um Reinheit des Herzens an
Gott gerichtet ist, der diese Reinheit bewirkt – auf welche Weise wird noch zu zeigen sein –,
wenden sich andere Lieder Tersteegens appellativ an das zu Gott strebende Individuum selbst
und fordern es auf, durch Eigenleistung das Herz „von fremden Bildern" rein zu halten, um es
durch Askese und Verzicht als Wohnung Gottes vorzubereiten. Denn Bilderdienst ist Götzen-
dienst, gegen den sich die beiden ersten der Zehn Gebote wenden, was vor allem in der Tradition des reformierten Protestantismus zu einer radikalen Abkehr von Bild und konkreter
Anschaulichkeit beigetragen hat. Ein wesentliches Mittel zu dieser Vorbereitung auf Gottes
Einkehr ist der „Kummer", denn Gott sieht das Herz „gerne" nicht nur „bloß und leer", sondern auch „bekůmmert":

Du mußt des Herzens Kämmerlein
Von fremden Bildern halten rein;
Laß alles draußen stehen:
Gott sieht es gerne bloß und leer
Und bekůmmert; so wird er
Sich bald drinnen lassen sehen.[73]

---

70 Gerhard Tersteegen: Das Geistliche Blumengärtlein inniger Seelen; oder Kurze Schlußreime, Betrachtungen
    und Lieder über allerhand Wahrheiten des inwendigen Christenthums, zur Erweckung, Stärkung und Er-
    quickung in dem verborgenen Leben mit Christo in Gott: nebst der Frommen Lotterie (1727). Frankfurt
    a.M. 12 1821, S. 276. Zur Reinheitsproblematik bei Tersteegen vgl. Ludewig (Anm. 66), S. 144, 305.
71 Vgl. oben, S. 104, die Nähe pietistischen Gedankenguts zur katholischen Tradition.
72 Die Harpffen Davids, Mit Teutschen Saiten bespannet. Von einem auß der Societet Jesu. Augsburg 1659,
    S. 27.
73 Tersteegen: Blumengärtlein (Anm. 70), S. 38. Siehe dazu auch Gerhard Tersteegen: Geistliche und
    Erbauliche Briefe über das Inwendige Leben und Wahre Wesen des Christenthums [...] Band 1-4. Solingen
    1773-1775, II, S. 219: „Wohl dem, der [...] sich fremd hålt der Welt, der Creatur und seinem åußeren Theil,
    damit sein edles Gemůth unverbildet und ungetheilt Gott ergeben bleibt."

Der Gott verlockende und das Herz reinigende Kummer darf im Sinne dieser Dichtung nicht als eine Art Sadismus Gottes verstanden werden; er wirkt vielmehr als Beleg dafür, daß „das Wollen" des Menschen, seine ich-bezogenen Wünsche, die der Begegnung mit Gott im Weg stehen, unerfüllt geblieben sind – an die Stelle der Erfüllung dieser äußeren oder „fremden" Wünsche kann die Erfüllung des „eigentlichen" Wunsches treten, die Vereinigung mit dem „Herzensfreund":

DAS INNIGE LEBEN

Laß alles Aeußere gehn, laß alles andre fallen;
Dein Geist muß frei u. still, und unverbildet seyn;
Kein Wollen sey in dir, als GOttes Wohlgefallen:
So leb' beim Herzensfreund, im Herzenskämmerlein.[74]

Weil die Reinheit des Herzens eine so existentielle Voraussetzung für das Heilsgeschehen – die Einwohnung Gottes im Menschen – darstellt, muß und kann sie auch durch sehr handgreifliche, ja radikale Prozeduren erreicht werden; die anschaulichen Begriffe „austreiben",[75] „auf- und ausräumen"[76] sowie „ausfegen"[77] und „ausseifen"[78] sind der alltagssprachlichen Erfahrung und dem zeitgenössisch aktuellen Hygiene-Diskurs[79] entnommen, wobei die Bildung „ausfegen" auf Luther zurückgeht, bei dem sie ebenfalls im Kontext der *Reinigung* durch Christus steht:

Also haben wir Christum und seine reinigkeit uns geschenckt gantz und volkomen durch den Glauben und werden umb desselben willen rein geschetzt, Und sind doch an und in uns selbs nicht so bald gar rein und one sünde oder gebrechen, sondern haben noch viel von dem alten Saurteig uberig, Welchs doch vergeben und nicht zugerechnet werden sol, so fern wir im Glauben bleiben und uberige unreinigkeit ausfegen.[80]

Ein geistliches Lied Johann Anastasius Freylingshausens (1670-1739) aus dem frühen 18. Jahrhundert umspielt den Zusammenhang von „Austreiben" und „Reinigkeit des Herzens" in der Gegenüberstellung von triebhaften Ich-Aspekten („frech und wild") und der Gottebenbildlichkeit des Menschen, die er durch den *Fall* verloren hat –: diese Reinigung ist eine Freisetzung des Eigentlichen und Wesentlichen:

---

74 Tersteegen: Blumengärtlein (Anm. 70), S. 107.

75 Karl Heinrich von Bogatzky: Die Übung der Gottseligkeit in allerley Geistlichen Liedern, zur allgemeinen Erbauung dem Druck überlassen von dem Verfasser des güldenen Schatzkästleins. Halle 1750, S. 191, 222: „treib Härt und Finsternis heraus".

76 Bogatzky (Anm. 75), S. 122 f.: „Komm, dir mein Herz recht auszuräumen, daß es ein leer und weit Gefäße sey"; ähnlich S. 58, 235. – *aufräumen:* Christian Friedrich Richters erbauliche Betrachtungen vom Ursprung und Adel der Seelen, von dem Verderben, und Wiederherstellung, nebst dessen sämtlichen Poesien. Verbesserte und vermehrte Auflage. Frankfurt 1767, S. 190: „wenn sich die Menschen von ihren unordentlichen Lüsten und begierden frey behielten, und allewege ein nüchternes und wohl aufgeräumetes Gemüth zu behalten sucheten."

77 Bogatzky (Anm. 75), S. 87.

78 Tersteegen: Blumengärtlein (Anm. 70), S. 234.

79 Siehe dazu unten S. 237 ff.

80 WA 21, 208, 29-32. Diese Stelle weist schon deutlich auf den Gedanken der *Selbstheiligung* voraus, der im Pietismus virulent wird. Eingebunden in das Bild ist die Vorbereitung des jüdischen Hauses auf das Passah-Fest, bei der alle Brotkrumen ausgefegt werden, auf daß die Familie diesen hohen Feiertag „rein von allem Gesäuerten" begehen kann (vgl. Ex 12, 15 ff.).

Treib aus, was mich macht frech und wild,
ergäntz in mir der Gottheit bild,
daß ich mit hertzens=reinigkeit
nur dich zu lieben sey bereit.

[...]

Schaff in mir GOTT, ein reiner hertz,
daß ich den Himmel nicht verschertz,
erneure meinen Geist, und gib,
daß ich, was droben ist, nur lieb.

Bis daß ich komme zu der lust,
die keinem hertzen noch bewußt,
wo nichts unreines; eitel rein,
gantz heilig und gerecht wird seyn.[81]

Daß die Reinheit des Herzens kein Selbstzweck ist, sondern nur die Vorbereitung bedeutet für ein „Eigentliches“, die wesensmäßige Vereinigung der Seele mit Gott, macht Tersteegen in der Reflexion über den „Stand der Beschaulichkeit“ deutlich. In zahlreichen Strophen entwickelt er die Qualitäten einer quietistisch-mystischen Versenkung des Menschen in Gott, um dann nach der langen Eloge über die Beschaulichkeit fast schroff ein Umschlagen ins Eigentliche zu bewirken, mit dem das Gedicht dann auch schließt:

Genug geredt von diesem Stand;
Am Schweigen werden sie erkannt
    Die GOtt im Herzen tragen.
Beschauungsstand, du bist gar rein;
Doch, wesentlich vereinigt seyn,
    Will weit ein mehrers sagen.[82]

Auf dieser Ebene der Vereinigung fallen die Vorstellungen der *actio* und *passio* ineins, so daß die Vereinigung von Seele und Gott auch mit vertauschten Rollen gedacht werden kann:[83] nicht nur Jesus zieht ein oder gießt sich ein ins reine Herz, sondern auch die menschliche Seele kann sich „rein“ ergießen in Jesus. Johann Kaspar Schade (1666-1698) bringt diesen Gedanken mit dem Augenblick des Todes zusammen:

---

81 Johann Anastasius Freylingshausen: Geistreiches Gesang-Buch, den Kern alter und neuer Lieder in sich haltend [...]. Hg. von Gotthilf August Francken. Halle 1. Teil 1704, 2. Teil 1714, S. 526.

82 *Der Stand der Beschaulichkeit. Sonst genannt, Der Stand der Gegenwart GOttes des Schmackhaften Glaubens, u.s.w.* In: Tersteegen: Blumengärtlein (Anm. 70), S. 381.

83 Die im Pietismus verbreitete Braut-Mystik stellt ein oszillierendes Rollenverständnis der Geschlechter bereit, in dem *actio* und *passio* zwar weiterhin männlich und weiblich qualifiziert sind, aber von den biologischen Geschlechtern abgelöst werden. Sie bezeichnen Erlebnisqualitäten, bei denen der Mann als Braut Christi ebenso denkbar wird wie Gott als die Braut der Seele. Eine andere Variante wird durch die Rezeption von Jacob Böhmes Sophienmystik möglich. Gottfried Arnold, der von der göttlichen Sophia als von der „männlichen Jungfrau“ sprechen kann, mit der es sich zu vereinigen gilt, kann hier den Glaubenden männlich und Sophia als Braut denken (Gottfried Arnold: Das Geheimniß Der Göttlichen Sophia oder Weißheit. Leipzig 1700, S. 107 u. ö.). Doch durch die Vermischung von Hohelied- und Sophienmystik kann bei Arnold gelegentlich die Rolle der Braut in ein und demselben Gedicht wechseln: einmal ist Sophia die Braut, das andere Mal ist der glaubende Mann die Braut. Vgl. hierzu auch Jürgen Büchsel: Gottfried Arnold. Sein Verständnis von Kirche und Wiedergeburt. [AGP 8]. Göttingen 1970, S. 133-147, bes. S. 136 f.

114

Wenn aber sich das Leben schleust
Und meine Seel sich rein ergeust
In dich
Herr Jesu.[84]

Auch Christian Friedrich Richter (1676-1711) spricht von dem durch Gott gereinigten „Geist" des Menschen, der „ganz hell und rein in Gott einfleust": „Jedoch, weil auch viel Thorheit um uns lieget Besprengt sie [die Liebe Gottes] uns mit Wasser und mit Blut, Zu heiligen den ihr ergebenen Geist, Daß er ganz hell und rein in Gott einfleust."[85]

Die durch gegenseitige Einfließung erreichte vollkommene Harmonie zwischen Mensch bzw. menschlicher Seele und Gott eröffnet die Bildsprache vom „Kind", die sowohl über die Konnotation der Einheit wie über die Konnotation der Unschuld mit dem Reinheits-Begriff verbunden ist. Die pietistische Intensivierung besteht hier in der Determinierung des Kindes als *Schoßkind*, das eng mit Gott verbunden ist und von ihm genährt werden muß. Deswegen reicht die statische Beschreibung des Klein*seins* nicht aus, sie wird durchdrungen von der dynamischen Vorstellung, immer noch *kleiner werden* zu müssen, die Johann Ludwig Konrad Allendorf (1693-1773) betont:

Kleiner, Reiner muß ich werden
Noch auf erden,
Bis ich droben Dich kann ohne sünden loben.[86]

Klein und *rein* fügen sich nicht nur des Reimes wegen gut zueinander, sondern auch wegen der dreifachen Determinierung des Kindes: zunächst ist der Vorstellung das Jesus-Wort unterlegt: „Wenn ihr nicht werdet wie die Kinder" (Mt 18,3), demzufolge nur der „kindliche" Mensch in das Himmelreich gelangt. Zum andern ist das Kind ein der vorgeburtlichen Unschuld noch nahes Menschen-Wesen, dessen Gedanken noch nicht beschmutzt sind und für dessen körperliche Reinlichkeit stets die liebevolle Mutter sorgt. Und drittens schließlich ist hier an das demütige und angewiesene Kind zu denken, das sich nicht gegen den Willen des Vaters aufzulehnen vermag. Diese innige Verbindung findet im Bild des *Schoßkindes* ihren Ausdruck, das von den biblischen Metaphern Lamm und Küken beeinflußt ist und das vor allem bei Tersteegen begegnet: „Du willst mich haben still und reine, / Ersunken stets in deinem Schooß"[87] oder: „Nimm mich ein, / Und mach mich rein, / Daß ich's mög' in allen Sachen / Wie dein Schooskind machen".[88]

---

84 Johann Kaspar Schade: Fasciculus Cantionum. Das ist Zusammengetragene Geistliche Lieder / Eines In Christo Seeligen Lehrers und Seelen-Hirtens Zur Erbauung und Erweckung des Glaubens und der Liebe herausgegeben. Cüstrin o.J., S. 81.

85 Richter (Anm. 76), S. 407.

86 Der Cöthnischen Lieder. Erster und anderer Theil, zum Lobe des dreyeinigen GOTTES und zu gewünschter reicher Erbauung vieler Menschen. Cöthen 1744, S. 452, Lied 82, Str. 7; hier ohne Verfasserangabe.

87 Tersteegen: Blumengärtlein (Anm. 70), S. 366. Zur Bildung „ersunken" vgl. auch: „Bleib doch nach Möglichkeit kindlich ersuncken in den sanften Grund der Liebe Jesu" (Tersteegen: Briefe, Anm. 73, I, S. 412; auch S. 42, 47, 57, 388).

88 Tersteegen: Blumengärtlein (Anm. 70), S. 390.

Zu dem Bild des als Säugling im Schoß Gottes ruhenden Kindes paßt die bereits aus der Mystik überlieferte Vorstellung, Gott und seine Reinheit könnten „geschmeckt" werden: „Ob vielleicht jemand lüsten möchte / diesen kostbahren wein der reinen liebe zu versuchen / und einen solchen reitzenden geschmack in seine seele zu kriegen / welche alle weltliche freude und ehr zu stünckenden pfützen und unerträglichen lasten machte".[89] – Die zentrale Bedeutung der Geschmacks-Terminologie für die Begründung der Sprachreinheit wird bei den Sprachmeistern derselben Epoche wieder begegnen.

Der poetische Entwurf der Reinheit dient aber nicht nur – und möglicherweise auch nicht in erster Linie – der Ausschmückung des vollkommenen Harmoniezustandes, sondern der Abwehr einer stets implizit und explizit beschworenen Bedrohung: der Unreinheit. Die Kind-Metaphorik ist auch deswegen so ergiebig, weil sie auf eine Reinheit rekurriert, die noch nicht von der Sünde der fleischlichen Lust tangiert ist bzw. weil sich der kindliche Körper scheinbar noch zur so verstandenen Reinheit manipulieren läßt.[90] Daß die christliche Spiritualität vielfältige Ausprägungen der Leib-Feindlichkeit hervorgebracht hat, ist hinlänglich bekannt und braucht hier nicht erneut entfaltet zu werden. Gerade im Pietismus jedoch verbindet sich diese Skepsis gegen den Leib und seine Wünsche mit dem Postulat des reinen Lebens, so daß die der sexuellen Notwendigkeit und Natürlichkeit abgelistete Argumentation Luthers vollkommen in den Hintergrund tritt und die Dialektik des zwar unreinen, aber doch statthaften Triebbegehrens einer grundsätzlichen Ablehnung des „Fleisches" und des „zärtlichen Umgangs" mit ihm weicht. So kann etwa Karl Heinrich von Bogatzky fragen: „Wer will so zärtlich seyn, da Fleisch gehört in Tod"?[91]

Daß die Reinheitsvorstellungen tatsächlich den *Leib* einbeziehen, kommt in einem Beispiel der katholischen geistlichen Schäferdichtung besonders gut zum Ausdruck, in dem der Kapuziner Laurentius von Schnüffis (1633-1702) den himmlischen Bräutigam nicht nur mit sittlicher, sondern auch mit körperlicher Reinheit ausstattet und diese Qualität auch von jedem erwartet, der sich mit diesem Bräutigam verbinden will. In diesem Gedicht mit dem Titel *Clorinda betrachtet die Schönheit ihres himmlischen Bräutigams* erblickt die als „Clorinda" personifizierte menschliche Seele folgende Gestalt:

> Weiß ist er von Unschuld,
> Weiß von der allerhöchsten Leibs-Reinigkeit,
> Bei welchem sich der Huld
> Ein jeder kann getrösten,
> Der allbereit
> Schon ihm die Reinigkeit aufweist,
> Derselben oder sich befleißt.[92]

---

89 Gottfried Arnold, zit. nach Langen (Anm. 56), S. 296 (dort ohne verifizierbare Quellenangabe).

90 Zur Verbindung von Reinheit und anti-sexueller Erziehung siehe unten S. 239-243.

91 Bogatzky (Anm. 75), S. 266. Zur Skepsis gegen die Zärtlichkeit überhaupt vgl. auch die Klage Johann Wilhelm Petersens (Die Hochzeit des Lammes und der Braut / Bey der herannahenden Zukunft Jesu Christi [...]. Offenbach o. J., S. 387), daß „die arme Seele [...] noch zu eigenliebig / und zärtlich mit sich selbst" sei.

92 Laurentius von Schnüffis [= Johann Martin, gen. der Mirant]: Mirantisches Flötlein: Oder Geistliche Schäfferey, In welcher Christus, unter dem Namen Daphnis, die in den Sünden-Schlaff vertieffte Seel Clorinda zu einem bessern Leben aufferwecket. Konstanz 1682, Teil III, S. 5.

Die auch im Pietismus virulente höchste Aufmerksamkeit für den Körper und seine Empfindungen führt offenbar auch zu „Verirrungen" des Gefühlslebens, die sich in gesteigerter Sinnlichkeit ausdrücken können, vor allem wenn sie sich spirituell legitimieren zu können glauben. Dem muß der Mensch oder Gott mit fester Entschiedenheit entgegentreten:

> Unvermerckt will die Natur und Sinnlichkeit irgendwo ruhen [...] da muß der Herr den zärtlichen Sinn aus den falschen Ruhestätten fort stoßen.[93]

> Aus diesem mag sich ziemlich schließen, wie fleischliche Zärtlichkeit und ruchlose Versäumnis der Seelen wohl von einander zu unterscheiden, und beyde zu fliehen seyn.[94]

Susanna Katharina von Klettenberg (1723-1774), die als Mitglied im Kreis der Frankfurter Frommen, der „Stillen im Lande", bleibenden Eindruck auf Goethe machte, grenzt die menschliche Zärtlichkeit von der mütterlichen und keuschen Zärtlichkeit Christi ab und warnt eindringlich vor deren Verwechslung bzw. vor der Rechtfertigung der sinnlichen „Tändelei" (*eros*) als christlich begründete Liebe (*agape*):

> Die Tändelei ist eine moralische, unerlaubte [sic] Wollust, die mit allem dem Angenehmen, so eine reine Zärtlichkeit in dem Umgang unserer Freunde uns schenket, nicht genug hat, sondern es auf eine sinnliche, sündliche und der Liebe des HErrn Jesu entgegenstehende Art übertreibet.[95]

Und sie betont ein wenig später den Unterschied mit großer Entschiedenheit: „So liebte das Urbild aller reinen Zärtlichkeit, unser großer Erlöser, nicht, und mit seinen aufgegebenen Befehlen stimmet eine solche Liebe nicht überein".[96] Die falschverstandene Zärtlichkeit, so sehr sie als Eigenschaft Christus zuzuschreiben ist, wird darüber hinaus auch verdächtigt, die Bereitschaft zum notwendigen Reinigungsprozeß durch Leiden zu schwächen und damit den Weg zur heilswirksamen Vereinigung des Menschen mit Gott zu versperren.

Die Identität, die nach pietistischem Verständnis durch die Vereinigung von Seele und Gott erlangt wird, läßt sich auch mit dem Bild des Blicks oder des wechselseitigen Erkennens

---

93 Tersteegen: Briefe (Anm. 73), I, S. 112.

94 Philipp Jacob Spener: Handlungen von der Natur und Gnade; Oder Der Unterschied der Wercke / So aus natürlichen Kräfften und aus den Gnaden-Würckungen des heiligen Geistes herkommen, und also eines christlichen gottseeligen Lebens [...]. Frankfurt a.M. 1733, S. 47.

95 Susanna Katharina von Klettenberg: Von der Kinder Gottes unanständigen Tändelei mit Freunden. In: Reliquien der Fräulein Susanna Catharina von Klettenberg, nebst Erläuterungen zu den Bekenntnissen einer schönen Seele, von J.M. Lappenberg. Dem Andenken des 28. August 1749 gewidmet. Hamburg 1849, S. 48; die mehrdeutige Wendung „moralische, unerlaubte Wollust" haben spätere Ausgaben zu „moralisch-unerlaubte Wollust" vereindeutigt. Auch Jung-Stilling warnt „vor der in jetzigen Zeiten so stark einreißenden falschen Tätigkeit, die ich Tändelei zu nennen pflege": H. Jung's (genannt Stilling) Lebensgeschichte [...]. Eine wahrhafte Geschichte von ihm selbst erzählt. Hg. von Hanns Holzschuher. 2 Bände. Berlin o.J. [1913], Band II, S. 74.

96 Klettenberg (Anm. 95), S. 52. Die Betonung der *unsinnlichen* Zärtlichkeit Christi zeigt sich als deutliche Gegenposition zu radikalen pietistischen Strömungen, die gerade durch gelebte Sinnlichkeit und Sexualität die *Reinigung des Fleisches* anstreben; vgl. hierzu Christian Thomasius: Vernünfftige und Christliche aber nicht Scheinheilige Thomasische Gedanken und Erinnerungen Uber allerhand gemischte Philosophische und Juristische Händel. Dritter Theil. Halle 1725, S. 219 f.; Willi Temme: Die Buttlarsche Rotte. Ein Forschungsbericht. In: Pietismus und Neuzeit. Ein Jahrbuch zur Geschichte des neueren Protestantismus 16, 1990, S. 53-75; hier: S. 54 und 73.

ausgestalten, für das die Metaphern *Auge* und *Spiegel* einstehen: die Reinigung des Menschen bewirkt eine Reinigung seiner Augen, so daß er gewissermaßen wieder in den Stand „vor dem Fall" versetzt wird, in dem Sünde und Scham den Blick noch nicht trübten. Der so gereinigte Mensch kann gleichermaßen erkennen und erkannt werden; Voraussetzung dafür ist der *Abschied von allem*, wie das Lied Tersteegens programmatisch überschrieben ist:

ABSCHIED VON ALLEM.

Nun fahr' hin, o Kreatur!
Deinen Schöpfer such' ich nur:
Ewig weg, ihr Eigenheiten!
Ich will ganz von euch mich scheiden:
GOtt der läutre bis ich rein
Werd in seinen Augen seyn.
Ihm will ich mich ewig laßen,
Und ihn bloß im Geist umfassen.[97]

Daß das Ich in Gottes „Augen" rein sein will, verweist zum einen auf das Richter-Auge Gottes, vor dem Unreines keinen Bestand hat, aber auch darauf, daß im Blick Gottes, des absolut Reinen, sich nur jenes Wesen widerspiegeln kann, das selbst rein ist: denn nur, wenn die Wesensverwandtschaft zwischen Erkennendem, Erkenntnisorgan und Erkanntem gegeben ist, ereignet sich der Identität und Einheit stiftende Akt der Erkenntnis. Diese von Goethe in seiner Bestimmung des Auges als „sonnenhaft" übernommene Bildlichkeit drückt Christian Friedrich Richter in seinem Kirchenlied *Hüter, wird die Nacht der Sünden* aus, in dem er den Wunsch nach Einheit von Subjekt, Medium und Objekt der Erkenntnis formuliert. Deutlich kritisiert Richter überdies den frühaufklärerischen *Ratio*-Diskurs der Zeit, wenn er hier die Vernunft („Vernunftlicht"[98]) als untaugliches Erkenntnisorgan in Hinblick auf existentielle Fragen („Leben") disqualifiziert und damit die von Johann Arndt vorgegebene Skepsis gegenüber dem wissenschaftlich-rationalen Denken weitertreibt:

Das Vernunftlicht kann das Leben
mir nicht geben;
Jesus und sein heller Schein,
Jesus muß das Herz anblicken
und erquicken,
Jesus muß die Sonne sein.

Nur die Decke vor den Augen
kann nicht taugen,
seine Klarheit kann nicht ein.
Wenn sein helles Licht den Seinen
soll erscheinen,
muß das Auge reine sein.[99]

Als rein erweist sich der Gläubige hier in seiner Art zu Sehen, d.h. in seinem Blick, in seinem Auge. Dagegen spricht Tersteegen vom Auge Gottes, in dem der Mensch sich gleichsam wie in einem Spiegel als Reiner erkennt. In diesem letzteren Sinn kann denn Tersteegen auch die Spiegel-Metaphorik gebrauchen:[100]

---

[97] Tersteegen: Blumengärtlein (Anm. 70), S. 92.

[98] Zum Terminus „Vernunftlicht" in den Schriften der Sprachtheoretiker siehe unten S. 211 f.

[99] Christian Friedrich Richter: Hüter, wird die Nacht der Sünden. In: Evangelisches Kirchengesangbuch Kurhessen-Waldeck. Kassel 1971, Nr. 266, Str. 5+6.

[100] Zu den im folgenden dargebotenen Beispielen zur Spiegel-Metaphorik vgl. ergänzend: Gottfried Arnolds sämmtliche geistliche Lieder mit einer reichen Auswahl aus den freieren Dichtungen [...]. Hg. von K.C.E.

EIN SCHÖNER SPIEGEL.

Schau dich in GOttes Gegenwart;
Der Spiegel ist so rein und zart,
Es kann in dir der mind'ste Flekken,
Sich nicht vor diesem Licht verdekken.[101]

Der Glaubende empfindet Gottes Gegenwart und in ihr die eigene Unzulänglichkeit. Hier wird alles Unreine erkannt und bloßgelegt. Der Spiegel kann – wie in den folgenden Versen Joachim Neanders (1650-1680) – daneben auch als Sinnbild für die Klarheit und Reinheit der göttlichen Sphäre dienen, zu der es hin zu streben gilt; Neander verbindet im folgenden dieses Bild mit der bereits oben erwähnten Metaphorik der chemischen Goldgewinnung:

HERR / des Himmels=Glanz
Leuchtet wie ein Spiegel/
Hell polieret ganz;
Laß mich klar und rein
Wohl probieret seyn/
Wie das Gold im Tiegel.[102]

In beiden Beispielen steht der Spiegel sozusagen auf der göttlichen Seite. Andere Belege wiederum zeigen, daß der Mensch selber zum Spiegel werden kann, nämlich für das Bild Gottes:

DER GOTTHEIT SPIEGEL.

Dein lautrer Seelengrund, der GOttheit Spiegel ist;
Die mindste Eigenheit macht seinen Glanz vergehen:
Rühr nichts, was unrein an: wo du recht stille bist,
wirst du, in GOttes Licht, GOtt selbst bald in dir sehen.[103]

Ach möcht mein Herz nur still, von allen Flecken rein;
Durchs Leiden schön polirt, gleich einem Spiegel seyn;
Wie lieblich würd' in mir die Gottheitssonne strahlen!
Wie bald wird sie ihr Bild in meinem Grund abmalen![104]

Was hier mit einem polierten Spiegel verglichen wird, heißt bei Tersteegen „Herz" oder – in der Aufnahme typisch mystischer Terminologie – „lautrer Seelengrund". Im Zentrum des Menschen soll das Licht Gottes oder das Bild Gottes sichtbar werden; und je reiner der Spiegel, desto klarer das Bild, das der Mensch in solcher Reinheit durch ein untadeliges Verhalten bewahren soll und – nach Tersteegens Meinung – offenbar auch bewahren kann. Wieder einmal zeigt sich hier die enge Beziehung der pietistischen Reinheitsvorstellung mit einem ethischen Perfektionismus.

Ehmann. Stuttgart 1856, S. 95, 253, 295, 321; Graf Ludwig von Zinzendorf Teutscher Gedichte Neue Auflage. Barby 1766, S. 29, 104.

[101] Tersteegen: Blumengärtlein (Anm. 70), S. 494.

[102] A und Ω. Joachimi Neandri Glaub- und Liebes- Übung: Aufgemundert Durch Einfältige Bundes-Lieder und Danck-Psalmen [...] (1680). Der vierdte Druck. Frankfurt a.M. 1689, S. 103.

[103] Tersteegen: Blumengärtlein (Anm. 70), S. 58.

[104] Tersteegen: Blumengärtlein (Anm. 70), S. 12.

Das notwendige Leiden des Menschen wird innerhalb der Spiegel-Metaphorik als *Polieren* des Glases umschrieben, wobei das Glas seinerseits zuvor durchs Feuer gegangen sein muß. Wenn man sich dieser Überdeterminierung der Bilder bewußt ist und ihre Sprache zu deuten versucht, dann wird die Einschätzung Langens fragwürdig, im Wortschatz des Pietismus hätten die intensiven Bewegungsverben, die Gottes Ziehen und Reißen der Seele zu sich hin beschreiben, den Vorrang vor dem „Wortschatz der Prüfung und Reinigung der Seele durch Gott, das ‚Läutern‘, ‚Schmelzen‘, ‚Üben‘, ‚Niederschlagen‘ u. a."[105] Die Differenz zwischen dem „Reißen" der Seele und ihrer „Läuterung" ist jedoch künstlich und erfaßt die Intention der Texte nur unzureichend: das Emporreißen selbst ist nämlich ein Akt der Läuterung, der in seiner Radikalität und Intensität als äußerst schmerzhaft erlebt und beschrieben wird. Die hierbei zutage tretende Spannung zwischen einem quälenden und einem gnädigen Gott kann nur im Bild der *notwendigen* Reinigung aufgehoben werden, die der jeweiligen Ertragensfähigkeit des Menschen ebenso angepaßt ist wie seiner Sündhaftigkeit.

So muß Gott zwar „uns oft zuvor durch viel Trübsal reinigen, läutern, und unsern eignen Willen tödten, wenn uns sein Rath und Wille lieb seyn soll",[106] ja er kann dem Menschen sogar den Trost entziehen.[107] Aber, wie August Hermann Francke betont, muß man

auch hierinnen die große treue und weißheit Gottes rühmen, welche nicht zulässet, daß ein schwaches Kind durch alzu starcke speise, eine zarte pflantze durch einen alzu rauhen wind verderbet werde, sondern er weiß am besten, wenn und in welcher maaß er seinen Kindern etwas aufflegen, und dadurch ihren Glauben prüffen und leutern soll.[108]

Weil der Herr „wohl zu läutern" weiß[109] und damit nur Gutes bewirkt, nämlich Reinheit, kann Gottfried Arnold das sündige Ich um Schläge nicht nur beten, sondern geradezu betteln lassen: „O schlage / brenne und schmeltze getrost in deinen dir jetzt auffgeopfferten Creaturen / verschone nicht / O liebe / und wenn wir schonen wolten / so mache uns so lange angst und bange / biß wir mit deinen gerechten urtheilen einstimmen".[110]

Es kann hier nicht auf die ambivalente und immer auf gesellschaftliche Verhältnisse verweisende Auffassung von Gott als Vater, der sein Kind in einer höchst problematischen Mischung aus Härte und Milde behandelt, diskutiert werden. Für den Zusammenhang der Reinheitsthematik, die hier mit den synonymen Begriffen *reinigen* und *läutern* gestaltet wird, kann es genügen, dieses Verhältnis in seiner Ambivalenz zu konstatieren, weil es die Dynamik der äußerst wirksamen Reinigungs-Handlungen Gottes am Menschen in anthropomorphe

---

105 Langen (Anm. 56), S. 377.

106 Carl Heinrich Bogatzky's Lebenslauf, von ihm selbst beschrieben. Für die Liebhaber seiner Schriften und als Beytrag zur Geschichte der Spener'schen theologischen Schule herausgegeben. Halle 1801, S. 129.

107 Arndt (Anm. 11), II, 52, 10.

108 Anfang und Fortgang der Bekehrung A.H. Francke's von ihm selbst beschrieben. In: Beiträge zur Geschichte August Hermann Francke's / enthaltend den Briefwechsel Francke's und Spener's / hg. von G. Kramer. Halle 1861, S. 55.

109 In einem Brief an Spener vom 15. Juli 1690 betont Francke: „O treu ist der Herr und weiß uns wohl zu leutern. Verständig ist der, so die Kinder Gottes um ihrer sonderlich im anfang sich ereignenden Schwachheiten willen nicht richtet, verdammt oder wegwirfft" (Francke, Anm. 108, S. 197).

110 Arnold (Anm. 83), S. 169.

Bilder faßt. Dieses Reinigungshandeln weist dem Menschen zwei Verhaltensweisen zu, nämlich sich auf den Weg der Reinigung zu begeben und sich dem Gereinigt-Werden zu überlassen.

Genau in dieser Doppelbewegung – sich *aufmachen* und sich *einlassen* – besteht der Charakter der Reinigung, wie der Pietismus ihn versteht –: eine Auffassung, die den Handlungen des Menschen im Sinne der Nachfolge und Hingabe wieder heilsrelevante Funktion verleiht. In Friedrich Adolf Lampes (1683-1729) Analogie von *reinigen* und *ausbrennen* kommt die Doppelbewegung gut zum Ausdruck:

> Ich brachte dir mein hertz /
> so unrein als es war.
> Wollst du es brennen aus /
> ich gab es willig dar.
> Ich wollt es gern zermalmt und gar zernichtet schauen.[111]

Ich überbringe – du brennst aus, ich gebe dar – du zermalmst: in diesem Wechselspiel von *actio* und *passio* ereignet sich die pietistische Annäherung des Menschen an Gott, denn Gott, der vollkommen Reine, will auch, daß der Mensch als sein Ebenbild so rein sei wie möglich; deswegen gilt: „Nun säubre, brenn und schneide, wie du willt, / Mach nur aus mir ein rein und schönes Bild".[112]

Was da ausgebrannt, gesäubert und herausgeschnitten werden muß, findet in der Bildsprache dieser religiösen Dichtung vor allem zwei semantische Felder: das der Krankheit und das des Goldes. Im ersten der beiden Bereiche spielt die Vorstellung des menschlichen Körpers als einerseits Quelle und Träger der Unreinheit und andererseits Objekt der intensiven Reinigungsbemühungen eine wesentliche Rolle. Tersteegen scheut sich nicht, ganz gegen alle Konventionen hier ekelhafte Phantasien heraufzubeschwören – womit er, wie sich bereits im Vorgriff sagen läßt, gegen die *puritas* der Sprache um des *affectus* willen verstößt. Wenn Gott, so Tersteegen, „siehet, daß es Zeit ist [...] alsdann fängt er an, ihr [der Seele] den Eyter recht aus der Wunde zu drücken, und tastet die arme Seele eben da an, wo es ihr wehe tut".[113] Oder auch:

> Zudecken heilet nicht.
> Selbstliebe zeigt die beßte Seit';
> Sieht man den Schaden, thut's ihr leid:
> Lern dich in GOttes Führung schicken
> Und dir den Eiter recht ausdrücken.[114]

Während der ausgedrückte Eiter nur die Vorstellung der Entfernung von etwas Unreinem und Krankhaftem beschwört, gruppiert sich der zweite semantische Bereich um eine Metapher der Bereicherung, die in der sprachwissenschaftlichen Diskussion der Zeit einen zentralen Platz

---

[111] Friedrich Adolf Lampe: Bündlein XXVI. Gottseliger Gesänge [...]. Bremen 1726, S. 26.
[112] Arnold (Anm. 100), S. 261.
[113] Tersteegen (Anm. 73), II, S. 131. – In der Diskussion um die Stellung der Grammatik hinsichtlich des Staates greift Johann Balthasar von Antesperg auf denselben Bildkomplex zurück: für ihn ist die Sprachlehre eine medizinische Kur, die um des Ergebnisses willen – nämlich austreiben von Sprach-Unreinheit – auch zu schmerzhaften Heilmitteln greifen muß; siehe unten S. 210f.
[114] Tersteegen: Blumengärtlein (Anm. 70), S. 533.

einnimmt: die Metapher *Gold*,[115] zu der die Begriffe Feuer und Erz, Schlacke und Schmelzen gehören. Denn der gewaltsame und schmerzhafte Akt der Läuterung dient nicht nur der heilsamen, strafenden und prüfenden Belastung des Menschen, sondern zielt auch auf ein Produkt ab, das von höchster Reinheit und höchstem Wert ist.

Die eschatologische Vorstellung der Reinigung des Menschen im Feuer und durch *Gott als Schmelzer* geht auf biblisches Gedankengut zurück[116] und begegnet auch in Luthers Terminologie.[117] Johann Arndt stellt die Verbindung zwischen der grausam anmutenden „Entziehung des Trostes" durch Gott und dem angestrebten Ergebnis „Gold" unmittelbar her:

> O wolte GOtt, daß wir diese Entziehung des himmlischen Trostes, und diese Gold=Probe GOtt zu Ehren, und uns zum unaussprechlichen Nutzen, williglich aufnähmen und auswarteten! so würden wir Wunder über Wunder sehen. Denn ein Mensch, der in solcher Probe geläutert ist, ist hernach das feine Gold, dem kein Feuer, kein Wasser, kein Unglück schaden kan, weder Teufel noch Tod [...]. So ist derowegen hoch noth, daß wir elende Würmlein in diesem Schmelz= und Probier=Ofen mehr um Geduld und Stillhalten, als um Errettung bitten. Denn wenn wir einmal die Schlacken unserer Bosheit recht abbrennen lassen [...], so können wir hernach in allem Creuz=Feuer desto besser bestehen [...] Aber weil wir arme Menschen gar zu schwach seyn, und die Probe nicht gern ausstehen, so begehren wir oft ehe Rettung, ehe wir recht warm geworden und geläutert seyn. Und wenn uns GOtt oft nicht wider unsern Willen in diesem Ofen des Elendes vest hielte, so würden wir ihm aus der Probe entlaufen, und nichts darnach fragen, ob wir recht geläutert oder gereiniget wären oder nicht, wie die Kinder, die da immer aus dem Bad entlaufen wollen, ob sie gleich noch nicht rein seyn.[118]

Auch Henriette Catharine von Gersdorf (1648-1726), die Großmutter mütterlicherseits von Ludwig Graf von Zinzendorf, betont den Aspekt des liebevollen Handelns Gottes, das sich im „Schlagen", „Läutern" und „Fegen" ausdrückt, da das Ergebnis der Reinigungsprozedur die Mittel rechtfertigt:

> Sein Liebes-Zweck ist, wenn er schlägt,
> daß seiner Kinder Hertzen recht wohl geläutert und gefegt
> von Schlacken, die sie schwärtzen,
> gleich Gold und Silber, schön und rein
> in seinen Augen möchten seyn.[119]

Gerhard Tersteegen ist fasziniert von der reinigenden Wirkmacht des Feuers, die in der gesamten biblischen Tradition Gott zugeschrieben wird, und die aus dem Gestein Silber und Gold herauszulösen vermag, indem es die Schlacke davon absondert. In diesem Sinn sind „Kreuz und Noth" ein „Elendsofen", das heißt: ein Schmelzherd, in dem die Seele von Schlacken gereinigt wird:

---

[115] Siehe auch unten S. 197-201.

[116] So z.B. Jer 9, 6: „DArumb spricht der HERR Zebaoth also / Sihe / Jch wil sie schmeltzen vnd prüfen / Denn was sol ich sonst thun / weil sich mein Volck so zieret?"; Jes Sir 2, 5: „Denn gleich wie das Gold durchs fewr / Also werden die / so Gott gefallen / durchs fewr der trübsal bewert."

[117] „Vnd wenn man auch ettwas will rein aus, rein ab, rein durch machen, so nympt man feur dazu" (WA 59, 195, 18-20); „durchs Fewer gefeget, gereiniget und verneuwert werden" (WA 45, 323, 9 f.; ähnlich WA 30², 636, 26).

[118] Arndt (Anm. 11), II, 52, 10 und 11/2.

[119] Henriette Catharine von Gersdorf: Geistreiche Lieder und Poetische Betrachtungen / Der Sel... Frauen Henrietten Catharinen / Frey-Frauen von Gersdorf [...] Halle 1729, S. 191 f.

Sollst du werden auserwåhlt, und von allen Schlacken rein,
So mußt du in Kreuz und Noth, in den Elendsofen ein.
Silber wurd geläutert bald; dieß kömmt nicht leicht zum Ende
Da man in sich fühlet nur Sünde, Jammer und Elende.[120]

Folgerichtig führt Tersteegen das handelnde Agens der Reinigungsprozedur, Gott, als den „Schmelzer" ein:

Es sitzet durch und durch in dir der Schmutz der Erden:
Die Lauge beißt noch scharf, eh du schneeweiß wirst seyn.
Doch ist's noch nicht geschehn, das Gold muß auch ins Feuer,
Die tiefste Seelennoth die schlimmste Schlacken zeigt.
Mein Schmelzer, fahr nur fort, mach mich in Proben teuer,
Und mit mir viele noch. Wohl dem, ders Ziel erreicht![121]

„Schmelzer" und „Lauge" (als Übersetzungs-Variante zu Seife) sind Jahwe-Zuschreibungen aus dem Propheten Maleachi (Mal 3, 2b f.): „Denn er ist wie das Fewr eines Goldschmids / vnd wie die Seiffe der Wesscher. Er wird sitzen vnd schmeltzen / vnd das Silber reinigen / Er wird die kinder Leui reinigen vnd leutern / wie Gold vnd Silber / Denn werden sie dem HERRN Speisoffer bringen in Gerechtigkeit". Auch Friderich Carl von Moser (1723-1798), der in erster Linie als Sprachtheoretiker hervorgetreten ist,[122] greift in seiner geistlichen Dichtung das Bild des Schmelzers wiederholt auf und unterstreicht die Freundlichkeit des Vorgangs, die trostreich durch den Schmerz hindurch ins Bewußtsein dringt:

Du bist der Schmelzer, ich dein Herd,
Dein siebenfaches Rein'gungs-Feuer
Macht meinen Geist von Schlacken freyer
Und meines Glaubens Gold bewährt.

KRANKEN=LIED
Mein Schmelzer ist zugleich mein Freund
Den meine Seele liebet,
Ich weiß es, wie ers mit mir meint,
Wann er mich leidend übet,
[...]
Doch wird des Glaubens Gold bewåhrt,
Wann gleich die Glut die Schlacken zehrt.[123]

Ebenfalls von einem kranken Zustand des Menschen geht das Gedicht *Ergetzung im Kreuz, bei Betrachtung großer Hitz im Fieber* von Christian Knorr von Rosenroth (1636-1689) aus, bei dem die Fieberhitze einer real erlebten Erkrankung als das reinigende Feuer Gottes interpretiert wird:

---

[120] Tersteegen: Blumengärtlein (Anm. 70), S. 171.
[121] Tersteegen: Blumengärtlein (Anm. 70), S. 234. In der Zeile „Die tiefste Seelennoth die schlimmste Schlacken zeigt" ist die Variante „das tiefste Eigen" nachgewiesen, deren Zuordnung nicht eindeutig zu bestimmen ist.
[122] Siehe unten S. 209, Anm. 85.
[123] Friderich Carl von Moser: Geistliche Gedichte, Psalmen, und Lieder [...]. Frankfurt a.M. 1763, S. 56 u. 101.

Was unrein muß in uns verbrennen,
    Dann bleibt was Gold geputzt und schön;
Das hier kein Mensch kann lernen kennen,
    Solang er bleibt im Tiefsten stehn.
Gemüter, auf, hinauf zur Sonnen,
Da unser Geist ist hergeronnen![124]

Deswegen kann derselbe Dichter auch ganz entgegen der protestantischen Tradition vom „Fegefeuer" sprechen, denn die erlittene Trübsal, das von Gott dem Menschen auferlegte „Kreuz" ist seine Heilshoffnung. Der Dialog der Seele mit dem Bräutigam im Gedicht *Das Kreuz sei auf dieser Welt das Fegefeur der Seelen* bringt dies zur Sprache:

Ich bin, so sagte sie [die Seele], ohn Zweifel aufgenommen
Und in den großen Ort der Seligkeit gekommen.
    Noch nicht, begegnet' er [der Bräutigam], wir sind noch auf der Welt:
    Dies ist die Reinigung, die Gott vor Euch bestellt. [...]
Denkt, wie das reine Gold nur wird durchs Feur bewähret;
Denkt, wie man Asch und Sand durchs Feur in Glas verkehret;
    Wie unverbrennlich Tuch im Feur den Schmutz verleurt:
    So wird ein Geist durch mich zum Himmel angefeurt. [...]
Du aber, höchstes Licht, zu dem niemand gelanget,
Als der in dieser Zeit mit reinem Glanze pranget,
    Bau den Palast doch aus, und schreib auf sein Gemäur:
    Dies sei in dieser Welt der Seelen Fege-Feur.[125]

Eine ganz eigenwillige Trinitätslehre führt Angelus Silesius (Johannes Scheffler, 1624-1677) in den Bildkomplex „Gold" ein, indem er unter dem Titel *Die Tingierung* den drei göttlichen Personen bestimmte Funktionen hinsichtlich der Goldproduktion zuordnet: „Der heilge Geist der schmelzt, der Vater der verzehrt, / Der Sohn ist die Tinctur, die Gold macht und verklärt".[126]

In diesen Zeilen werden die beiden zeittypisch möglichen Prozesse der Goldgewinnung miteinander verbunden: der chemische und der alchimistische. Während die Repräsentanzen „Heiliger Geist" als Schmelzer und „Vater" als verzehrendes Feuer die „Scheidekunst" verkörpern, nämlich die chemische Prozedur der Goldscheidung vom Erz, so steht der „Sohn" als Tinktur in der alchimistischen Tradition, die nicht zuletzt durch die Mystik Jacob Böhmes auch im Pietismus wirksam geworden ist. Böhme versteht unter *Tinctura* bzw. *Tingiren* eben dies, was auch die Gedichtzeilen ansprechen: „Tinctura, ist ein Ding, das da scheidet und das Reine vom Unreinen bringet. [...] Tingiren, fårben, it. ein geringer Metall in ein edlers verwandeln mittels der in ihm eröffneten Tinctur".[127]

---

[124] Christian Knorr von Rosenroth: Neuer Helicon mit seinen Neun Musen. Nürnberg 1684, S. 161.

[125] Knorr von Rosenroth (Anm. 124), S. 144 f.

[126] Johannes Scheffler: Cherubinischer Wandersmann. Geistreiche Sinn- und Schlußreime. Abdruck der ersten Ausgabe von 1657. Mit Hinzufügung des sechsten Bandes nach der zweiten Ausgabe von 1675. Hg. von G. Ellinger. Halle 1895 [Neudrucke deutsche Litteraturwerke des XVI. und XVII. Jahrhunderts, No. 135-138], S. 35; „tingieren" auch S. 36, 76; „geistliche Goldmachung" S. 23, 35, 84.

[127] Register über alle Theosophische Schriften [...] Jacob Böhmens. o.O. 1730. Faksimile-Neudruck: Jacob Böhme: Sämtliche Schriften [...]. Hg. von Will-Erich Peuckert. Band 11. Stuttgart 1960, S. 43 f. Zur Relevanz dieser Anschauung in der Debatte um die Sprachreinheit siehe unten S. 199 ff.

In Gottfried Arnolds *Geheimniß der Göttlichen Sophia* aus dem Jahr 1700 taucht der Zusammenhang *reinigen, läutern* und *tingiren* differenzierter auf, wird aber nicht mit der Trinität verknüpft, sondern nur mit dem Heiligen Geist, indem die neutestamentliche Beschreibung des Geistes als Feuerzungen (Apg 2, 3) zugrundegelegt wird: „Ja deine erzogene jünglinge und jungfrauen / wollen keine andere nahrung ihres licht=reinen geistes und himmlischer liebe=leibes haben / als die feurigē strōme deines geistes / welche zugleich zu durchdringender tingirung und bewährung dienen".[128]

Die Reinigungsmacht Gottes übersteigt alles Maß, so daß sie letztendlich sogar ein Produkt herstellen kann, das die Reinheit Gottes noch übertrifft –: Heinrich Jung-Stilling (1740-1817), der diese hyperbolische Vorstellung entwirft, ist sich ihres blasphemischen Untertons offenbar nicht bewußt, denn hier wird der von Gott gereinigten Seele eine Qualität zugedacht, die sogar die unendlichen Qualitäten Gottes übersteigt: „Aber ich glaube, ihr Schmelzer wird sitzen und sie wie Gold im Feuer läutern, und wer weiß, ob sie nicht dermaleinst heller glänzen wird, als ihr Richter".[129]

Zum Schluß dieses Abschnitts sei noch einmal eine Brücke geschlagen von der geistlichen Dichtung zurück zu Johann Arndt. Die Analyse ausgewählter Lyrik-Beispiele hat die bei Arndt hervortretende Akzentuierung des Reinheitsbegriffs im Bereich der Ethik immer wieder aufs neue bestätigt. Moralische Reinheit wird zu einem Hauptanliegen der Herzensfrömmigkeit, wie sie der Pietismus predigt. Daneben – und das haben in besonderer Weise die zuletzt dargebotenen Beispiele gezeigt – können sowohl Arndt wie die pietistischen Dichter den Vorgang der Reinigung des Menschen durch Gott als ein Heil wirkendes Handeln Gottes beschreiben, bei dem der Mensch völlig passiv bleiben muß. Hier ist der Mensch voll und ganz Objekt der Reinigung Gottes, die ihrerseits aber darauf abzielt, eine Basis für die sittliche Perfektionierung des Menschen durch richtiges Handeln zu legen.

---

[128] Arnold (Anm. 83), S. 107.
[129] Jung-Stilling (Anm. 95), I, S. 156.

7 Sprachreinheit in ausgewählten Schriften deutscher Sprachmeister. Eine Querschnittsuntersuchung

> Pedanten und Puristen, was eigentlich eine Brut ist,
> sind mir oft so vorgekommen wie Maulwürfe, die dem
> Landmanne zu Ärger auf Feld und Wiese ihre Hügel
> aufwerfen und blind in der Oberfläche der Sprache her-
> umreuten und wühlen.   (Jacob Grimm)

7.1 Sprachreinheit und Sprachbedarf

Den Schwerpunkt der folgenden Darstellung zum Thema „Sprachreinheit in den Schriften deutscher Sprachmeister" bildet das Interesse, die Entwicklung der deutschen Sprachreinheit von ihren Anfängen in der Mitte des 16. Jahrhunderts bis zu ihrer Festlegung auf den Fremdwortpurismus im ausgehenden 18. Jahrhundert[1] darzustellen. Dabei soll unmittelbar auf die Quellenschriften jener Autoren zurückgegriffen werden, die als Sprach- und Schulmeister sowohl theoretische Überlegungen zur Reinheit der deutschen Sprache angestellt als auch auf die tatsächlichen Sprech- und Schreibgewohnheiten ihrer Zeitgenossen und dadurch mittelbar auf deren Sitten Einfluß genommen haben.

Um die Klärungsversuche der Sprachmeister selbst, die sich mit der Reinheit bzw. Reinigung der Sprache auseinandersetzen, in ihrer Unterschiedlichkeit und Widersprüchlichkeit besser verstehen zu können, muß man sich die Sprachsituation im Deutschland des 17. und 18. Jahrhunderts vergegenwärtigen, die sich als hoch problematisch charakterisieren läßt und auch von den Zeitgenossen so eingeschätzt wurde. Noch 1795, im Entstehungsjahr von Goethes *Wilhelm Meisters Lehrjahre*, beklagt Johann Carl Angerstein, ein Prediger und Pädagoge aus der Magdeburger Gegend, unter Berufung auf Gottfried August Bürger, daß

> aus der ganzen Litterärgeschichte kein aufgeklärtes schreibendes Volk bekannt sei, welches im ganzen so schlecht mit seiner Sprache umgegangen, welches so nachläßig, so unbekümmert um Richtigkeit, Reinigkeit und Schönheit, ja welches so – liederlich geschrieben habe, als bisher unser Deutsches Volk.[2]

Der hier zitierten Klage über mangelnde „Richtigkeit, Reinigkeit und Schönheit" der deutschen Sprache liegt die für den Schreiber noch aktuelle Erfahrung zugrunde, daß sich bis tief in das 18. Jahrhundert hinein nicht eindeutig und verläßlich bestimmen läßt, was das denn überhaupt sei: die deutsche Sprache, und daß sich infolgedessen auch nie genau definieren läßt, worin die genannten Qualitätsmerkmale dieser nur vage konturierten deutschen Sprache bestehen könnten. Hugo Moser faßt es bündig zusammen:

---

[1] Fritz Tschirch (Geschichte der deutschen Sprache. Berlin ²1975, Band 2, S. 260) stellt mit nicht ganz nachvollziehbarer Emphase fest: „Erst kurz vor dem Ende des 18. Jahrhunderts wendet man sich – endlich – der Fremdwortfrage zu."

[2] Johann Carl Angerstein: Anweisung, die gemeinsten Schreib= und Sprachfehler im Deutschen zu vermeiden; für Frauenzimmer, Ungelehrte, und besonders zum Gebrauch in Schulen eingerichtet. Zweiter Theil; für Geübtere. Stendal 1795, S. VIII.

Luthers Sprache war ja noch nicht *die* deutsche Schriftsprache. Sie stand drei Jahrhunderte lang im Wettbewerb mit einer oberdeutschen, anfänglich auch mit einer schweizerdeutschen schriftsprachlichen Form. Erst in der zweiten Hälfte des 18. Jahrhunderts entschied sich der Sprachenkampf endgültig zugunsten der Schriftsprache ostmitteldeutschen Gepräges. Aber das Ostmitteldeutsche konnte um diese Zeit keineswegs mehr mit Luthers Deutsch gleichgesetzt werden.[3]

Zwei Aspekte sind bei der Entstehung der einheitlichen deutschen (Schrift-)Sprache in unserem Zusammenhang zu beachten: zum einen die Differenz zwischen den Regionalsprachen untereinander und in ihrer Beziehung zur Hochsprache und zum zweiten das Verhältnis der deutschen Sprache zu anderen Sprachen, vornehmlich dem Lateinischen. Hinsichtlich der Dialekte zeichnet Moser folgenden Entwicklungsweg nach:

> Nur langsam fand die ostmitteldeutsche Schriftsprache in Oberdeutschland Eingang. Der bedeutende Abstand von der oberdeutschen Volkssprache und das ausgeprägte süddeutsche politische und kulturelle Eigenbewußtsein bildeten auch in den evangelischen Gebieten (so etwa in Württemberg, in den Reichsstädten) ein starkes Hindernis; die Sprache bedeutender oberdeutscher Dichter und Gelehrter des 16. Jahrhunderts wie die Hans Sachsens, Johann Fischarts, Jörg Wickrams, Sebastian Francks steht dem Gemeinen Deutsch nahe. [...] Am längsten währte der Kampf um die Form der Schriftsprache in den oberdeutschen katholischen Gebieten. [...] Erst in der zweiten Hälfte des 18. Jahrhunderts schloß man sich auch im katholischen Süden der ostmitteldeutschen Schriftsprache an, die sich damit – außer in den Niederlanden – überall im alten deutschen Sprachraum durchgesetzt hatte. Jetzt erst kann man von *der* neuhochdeutschen Schriftsprache reden.[4]

Joachim Schildt ergänzt die deskriptive Darstellung durch eine kausale Argumentation: „die Überwindung von Schranken, die der gesamtgesellschaftlichen Kommunikation durch die historisch ererbte sprachliche Zersplitterung gesetzt waren", ist aus seiner Sicht „ein kommunikatives Erfordernis unter frühkapitalistischen Bedingungen".[5] – Die Diskussion um die Reinheit von Hochsprache und Regiolekten wird anhand der Quellen im übernächsten Abschnitt detailliert nachvollzogen.

Die Skizze des sprachhistorischen Kontextes, in dem *Reinheit* thematisiert wird, muß durch den zweiten Aspekt ergänzt werden, der bereits genannt wurde: durch das Verhältnis zwischen Deutsch und Latein, das heißt durch die Frage nach der *Meta*sprache des sprachtheoretischen und sprachphilosophischen Diskurses, von der auch Bewertungskriterien für die Reinheit der deutschen Sprache abzuleiten sind. Dabei ist das Lateinische nicht nur als Sprache Ciceros und Quintilians das vorbildliche Exempel rhetorischer Stilkunst, sondern es bildet auch und vor allem als Sprache der Wissenschaft den diskursiven Rahmen, innerhalb dessen über Sprache – wie über alle Wissensgebiete überhaupt – gesprochen werden kann.

Während indes die Humanisten des Spätmittelalters ihr deutsches Nationalbewußtsein problemlos mit dem Gebrauch der Fremdsprache Latein als wissenschaftliche Fachsprache vereinen können und deswegen keine *einheitliche*, wohl aber eine *reine* Sprache anstreben,[6] entsteht im ausgehenden 17. Jahrhundert ein Bruch mit der Tradition, der bereits durch die

---

3 Hugo Moser: Die Entstehung der neuhochdeutschen Einheitssprache. In: Der Deutschunterricht, 1951, Heft 1, S. 67.

4 Moser (Anm. 3), S. 68 f.; ähnlich in Hugo Moser: Deutsche Sprachgeschichte. Tübingen [5]1965, S. 140-146.

5 Joachim Schildt: Abriß der Geschichte der deutschen Sprache. Leipzig [3]1984, S. 137.

6 Vgl. Moser (Anm. 4), S. 142 f.; erst Luthers Intention der sprachlichen Glaubensverbreitung dränge zur Einheitssprache und beeinflusse sie nachhaltig.

Buchproduktion und -distribution im 16. Jahrhundert antizipiert war:

> Zwar wurden im sechzehnten Jahrhundert hauptsächlich lateinische Bücher gedruckt, aber es ist doch bezeichnend und zukunftsweisend, daß Gutenbergs erster Druck eine deutsche Schrift war. In der Volkssprache zu drucken hieß, die alten heiligen Sprachen – Griechisch, Lateinisch, Hebräisch – durch den populistischen Markt zu degradieren und das Schrifttum einer Stufe der Exklusivität zu berauben. Die Drucke in den Volkssprachen nahmen von Jahrzehnt zu Jahrzehnt zu, und sie waren es, die sprachgeschichtlich wichtig wurden, da sie den Übergang von den landschaftlich gebundenen Druckersprachen zu der letzten Endes in allen deutschen Ländern gültigen Gemeinsprache herbeiführten.[7]

Der Philosoph Christian Wolff begründet um 1730 den Bruch mit der Tradition der lateinischen Wissenschaftssprache nicht nur mit dem pragmatischen Hinweis, viele Studenten könnten nicht mehr ausreichend gut Latein, sondern vor allem mit dem aufklärerischen Argument, daß es „in Wissenschafften nicht auf die Worte, sondern auf die Sachen ankommet, und man nicht darauf zu sehen hat, wenn man sie andern vortragen soll, daß sie Worte ins Gedächtnis fassen, sondern daß man ihnen einen Begriff von der Sache beybringe".[8]

Wolffs eigene Begründung sowie seine Wertschätzung durch andere Autoren[9] blenden die geringe Akzeptanz aus, die diesen Bemühungen seinerzeit zukam: Wolff mußte seine ursprünglich auf deutsch erschienenen Bücher schließlich auch in lateinischer Sprache publizieren, „weil er sonst in seiner Wirkung zur Provinzialität verdammt gewesen wäre".[10] Auch die früheren Versuche, im ausgehenden 17. Jahrhundert die Wissenschaftslehre in deutsche Sprache zu kleiden, erfahren eine zwiespältige Resonanz: zwar hält bereits 1687 der Jurist Christian Thomasius an der Universität Leipzig die ersten Vorlesungen in deutscher Sprache, doch wird dagegen im Jahr 1705 ein Verbot erlassen, weil man von Seiten der Obrigkeit „darin einen Keim für Ausschreitungen der Studenten befürchtete".[11] So tragikomisch ein solches Verbot anmutet, so deutlich läßt sich doch noch im Spiegel der ordnungspolizeilichen Maßnahmen als Widerschein die politische Dimension des aufklärerischen Anliegens erkennen, die in der sprachpragmatischen Entscheidung für das Deutsche liegt. Und noch in der Mitte des 18. Jahrhunderts können die *Neuen Zeitungen von Gelehrten Sachen* von 1743 ein wissenschaftliches Werk dafür kritisieren, daß es nicht in lateinischer Sprache verfaßt worden sei.[12]

---

7 Florian Coulmas: Die Wirtschaft mit der Sprache. Eine sprachsoziologische Studie. Frankfurt a.M. 1992, S. 47 (unter Berufung auf Pörksen und Paul).

8 Christian Wolff: Ausführliche Nachricht von seinen eigenen Schriften, die er in deutscher Sprache von den verschiedenen Theilen der Welt=Weißheit heraus gegeben. Frankfurt a.M. ²1733, S. 28.

9 Vgl. z.B. Alan Kirkness: Sprachreinheit und Sprachreinigung in der Spätaufklärung. Die Fremdwortfrage von Adelung bis Campe, vor allem in der Bildungs- und Wissenschaftssprache. In: Dieter Kimpel (Hg.): Mehrsprachigkeit in der deutschen Aufklärung. Hamburg 1985, S. 85-104: unter Berufung auf Campe wird Wolff positiv mit Kant verglichen, weil er „wegen seiner deutschen Fachsprache großen Einfluß auf die Wissenschaftsentwicklung genommen" habe (bes. S. 98).

10 Karl Eibl: Sprachkultur im 18. Jahrhundert. Über die Erzeugung von Gesellschaft durch Literatur. In: Sprachkultur. Jahrbuch des Instituts für Deutsche Sprache. Hg. von R. Wimmer. Düsseldorf 1984, S. 109 f.

11 Christian Thomasius. Leben und Lebenswerk. Hg. von Max Fleischmann. Halle 1931, S. 22. Schon 1694 tritt Henrich Horche, Theologieprofessor an der Hohen Schule in Herborn, für die deutsche Sprache in Künsten und Wissenschaften ein, „worüber damals ihm kein Vorwurf gemacht worden" (Carl Franz Lubert Haas: Lebensbeschreibung des berühmten D. Henrich Horchens [...]. Kassel 1769, S. 80).

12 Vgl. Lieselotte E. Kurth-Voigt: W.E. Neugebauers Beitrag zur „Reinigung" der deutschen Sprache. In: Argenis 2, 1978, S. 323-326.

Diese Schlaglichter stecken den sprachhistorischen und diskursiven Rahmen ab, innerhalb dessen die Frage nach der *Reinheit* der deutschen Sprache überhaupt erst entstehen kann, da erst im Spannungsfeld möglicher Alternativen die Orientierung an einem Kriterium sinnvoll wird. Durch den Vereinheitlichungsschub, dem die Mundarten unterliegen, und die Emanzipation des Deutschen als „heilige" und „wissenschaftliche" Sprache kommt erneut als historischer Anlaß der Krise die Reformation in den Blick, die in sich selbst als kulturgeschichtliche Krise verstanden werden kann. In der Reformation selbst ist ihre eigene Gegenbewegung angelegt, ein anti-reformatorischer Zug, der nicht zuletzt von der stark prägenden Persönlichkeit Luthers repräsentiert wird: durch seinen obskuren, gefährlichen Antisemitismus; durch seine wütende, vernichtende Verachtung der „Schwarmgeister", die den Grundstock der Orthodoxie legt; und durch seinen pragmatischen Opportunismus, der die reformatorische Kirche im politischen Feld des obrigkeitsstaatlichen Landesherrentums und schließlich des kapitalistischen Bürgertums ansiedelt.

Die Benennung der Reformation als zeitlicher Ausgangspunkt der Purismusdebatte schließt die Frage ein, ob sie auch als ideengeschichtliche Markierung anzusehen ist, an der die Rede von der *Reinheit* der Sprache einen neuen Stellenwert gewinnt, der möglicherweise zusätzlich durch den Aspekt der *Reinigung* der Sprache differenziert und erweitert wird. Aus dem von Karl Eibl entwickelten Begriff des „Sprachbedarfs" leitet sich die Möglichkeit ab, die Reformation in Deutschland auch *kausal und modal* als Anlaß eines neuen oder veränderten Bedarfs an *reiner* Sprache anzusehen. Eibl zufolge ist der „erste massive Vereinheitlichungs-Schub" der deutschen Sprache

> bekanntlich von jener Krise ausgegangen, die, je nach Perspektive, unter dem Kurznamen der „Reformation" oder der „frühbürgerlichen Revolution" zusammengefaßt wird. Die Frage nach der „richtigen" Bibelübersetzung beförderte die Frage nach der „richtigen" deutschen Sprache [...] die Instabilität der Verhältnisse (führte) zu einem neuen Sprach*bedarf*.[13]

Grundlage für Eibls Argumentation ist die Beschreibung der Reformation in ihrer sprachkulturellen Dimension, die (Wieder-)Entdeckung des christlichen Glaubens als eines vorwiegend sprachlichen Phänomens. Der Protestantismus identifiziert den Glauben mit dem *Wort* statt mit der Tat oder dem Werk; auch im Kult dominiert die Rede anstelle der Handlung. Diese Umstrukturierung führt zu einer Neubewertung der *Metapher:* Glaube drückt sich in erster Linie in Sprachbildern aus. Die protestantische Orthopraxis ist nicht die Realisierung, sondern *die Folge* von Orthodoxie, Ortholexie und Ortho-Graphie im Sinne der reinen Schrift-Auslegung, Schrift-Lektüre und Schrift-Weitergabe. Dadurch vereinigt die Reformation zwei gesellschaftliche Strömungen in sich, die gnostisch-christliche Religiosität mit ihrer Betonung des Logos und die mystisch-mittelalterliche Sprachbegeisterung für das Deutsche. So entsteht ein dialektischer Prozeß: die ohnehin im Gange befindliche Sprachemanzipation aufgrund nationaler, politischer Entwicklung wirkt auf Luthers Glaubensverständnis ein, und Luthers Sprachverständnis wiederum wirkt auf die Nation-Idee zurück.

---

[13] Eibl (Anm. 10), S. 110.

Unter der Ausgangsfrage, „wer (...) um 1700 überhaupt eine überregionale Sprachnorm (braucht), und zu welchem Zweck", will Eibl das Verhältnis von Gesellschaft, Literatur und Sprache im 18. Jahrhundert situationslogisch rekonstruieren und warnt vor der „geschichtsphilosophisch-teleologische[n] Falle", die „Einheitlichkeit der Standardsprache des 19. Jahrhunderts und des Bürgertums des 19. Jahrhunderts" auch für „die Verhältnisse des 18. Jahrhunderts" anzunehmen. Eibl konstatiert, daß im 17. Jahrhundert weder für den Adel noch für die Gelehrten ein Bedarf nach einer überregionalen „Norm der deutschen Sprache" besteht, denn „überregionale Kommunikationsbedürfnisse" werden durch „einen ganzen Fächer von Fachsprachen" befriedigt, zu denen auch die Sprache der barocken Dichter mit ihrem „Formelschatz" und die differenzierten Idiome der Seßhaften, die Regiolekte, zu rechnen sind. Deswegen entspreche der Zustand um 1700 dem einer „sprachlichen Vollversorgung".[14] Um 1800 finden wir eine „voll ausgebildete profane überregionale und überständische Norm"[15] vor:

In der Geschichte der sprachwissenschaftlichen Germanistik wird die Spezifik des 18. Jahrhunderts in einer ‚qualitativ neue[n] Stufe ... in der Kodifizierung‘ der ‚nationalen Norm‘ gesehen, repräsentiert vor allem in den Werken Johann Christoph Adelungs (1732-1806), der ‚mit Grammatik (1782), Wörterbuch (1774-86) und Stilistik (1785) alle damals wesentlichen Teilbereiche‘ erfaßte.[16]

Während Brigitte Döring diese Tatsache lediglich konstatiert, umschreibt Joachim Schildt die gegen Ende des 18. Jahrhunderts abgeschlossene Herausbildung einer „einheitlichen Norm der Literatursprache" als das „Ergebnis eines komplizierten, mehrere Jahrhunderte währenden Prozesses der Mischung, des Ausgleichs und der Auswahl zwischen verschiedenen regionalen Literatursprachen, unter denen die omd. und die oobd. eine besondere Rolle spielten".[17] Im Unterschied zu diesen mehr deskriptiven Ansätzen zieht Eibl die Schlußfolgerung, daß zwischen 1700 und 1800 „gewaltige Veränderungen des Sprach*bedarfs*" entstanden sein müssen. Dieser Sprachbedarf läßt sich plausibel daraus erklären, daß die von Eibl als „Neu-Bürgertum" qualifizierte Gesellschaftsschicht einer Sprache bedarf, „in der man über die Voraussetzungen des Lebens und Zusammenlebens reflektieren konnte", einer Sprache also, mit der sich gewissermaßen die unsichere soziale Wirklichkeit strukturieren und standardisieren läßt. In diesem Sinn sei auch die neu sich entwickelnde Standardsprache im Grunde eine neue Fachsprache: eine „Reflexions- oder Metasprache", die die Herrschaft der bis ins 17. Jahrhundert hinein über die Konfessionsschranken hinweg wirksamen religiösen Sprache ablöst.[18] Mit dieser Trennung zwischen säkularer und religiöser Sprache übersieht Eibl jedoch den Einfluß des Pietismus, für den gerade die Sprache – und zwar die in seinem Sinn religiöse Sprache – ein wesentliches Mittel der Selbstvergewisserung (auf dem Weg von Unreinheit zu Reinheit) darstellt, ein Einfluß, der kaum überschätzt werden kann. In ihm wirkt die dem

---

[14] Eibl (Anm. 10), S. 109 f. Vgl. hierzu auch Gerd Ueding: Von der Universalsprache zur Sprache als politischer Handlung. In: Jochen Schmidt (Hg.): Aufklärung und Gegenaufklärung in der europäischen Literatur, Philosophie und Politik von der Antike bis zur Gegenwart. Darmstadt 1988, S. 294-315, bes. S. 299.

[15] Eibl (Anm. 10), S. 110.

[16] Brigitte Döring: Zum Zusammenhang von Sprachgeschichte und Geschichte der Gesellschaft bei Johann Christoph Adelung und Jacob Grimm. In: ZfGerm 5, Leipzig 1984, S. 159.

[17] Schildt (Anm. 5), S. 163.

[18] Eibl (Anm. 10), S. 110 f.

Pietismus eigene Dialektik von klassenübergreifender Zusammengehörigkeit einerseits und strikter Trennung zwischen Gerechten und Ungerechten, Reinen und Unreinen, Bekehrten und Unbekehrten andererseits. Darin ist das Modell einer existentiellen Trennlinie vorgebildet, die auch für die Konstruktion und Separation der sozialen Klassen wichtig wird.

Was die Sprache für das „Neu-Bürgertum" zum so zentral wirksamen Medium der Selbstverständigung werden läßt, ist die Möglichkeit, sie gleichermaßen als Identitäts- wie als Kommunikationsmittel zu gebrauchen. Da bis zum Ende des 18. Jahrhunderts als Bürger all jene bezeichnet werden, die „weder zum Adel noch zum Bauernstande gerechnet werden können",[19] bedürfen diese Bürger, um zu einer Gruppe zu werden, eines anderen als nur dieses negativen Identitätsmerkmals und einer Kommunikationsform, die sie sowohl nach innen wie nach außen als Gruppe kennzeichnet. Johann Hieronymus Lochner – mit dem Beinamen Chlorenus Germanus – benennt 1735 den kommunikativen Charakter des bürgerlichen Sprachbedarfs:

> so wird jedermann leicht verstehen, daß eine Sprache nichts anders seye als dasjenige Mittel, vermöge welches wir durch gewisse Zeichen oder Namen, welche einem jeden Ding beygeleget und insgemein Wörter genennet werden, einem andern unsere Meinung und Gedanken mittheilen können.[20]

An einer späteren Stelle desselben Werks radikalisiert Chlorenus die Definition durch die finale Bestimmung: „der Endzweck alles Redens und Schreibens ist meine Gedanken dem andern zu communiciren".[21] In seiner Stillehre von 1720, mit der er gleichermaßen den Gebrauch der Sprachregeln wie die Fähigkeit zur Imitation „der besten und berühmtesten Autorum Schrifften" vermitteln will, führt August Nathanael Hübner das Argument von der kommunikativen Zweckgebundenheit der Sprache mit dem Gedanken an den Dienst des einzelnen für das Gemeinwesen zusammen, womit er zugleich die Dialektik von *privat* und *öffentlich*[22] evoziert: „Denn wir brauchen die Rede zu keinem andern Ende, als unsere Gedancken andern zu eröffnen, und damit dem publico zu dienen".[23]

Johann Michael Heinze schließlich stellt in seinen kritischen *Anmerkungen über Gottscheds Sprachlehre* fest, daß sich die gründliche Beschäftigung mit der eigenen Sprache deswegen

---

[19] Eibl (Anm. 10), S. 112.

[20] Chlorenus Germanus [= Johann Hieronymus Lochner]: Neu verbesserte Teutsche Orthographie, oder: Gründliche Anweisung recht / und nach der unter den heutigen Gelehrten üblichen Art, zu schreiben. [...]. Frankfurt und Leipzig 1735, S. 80. – Der Bedarf an grenzüberschreitender Kommunikation ist so stark, daß Zeichensysteme erfunden werden, um ihm nachzukommen; z.B. David Solbrig: Allgemeine Schrift, das ist, eine Art durch Ziffern zu schreiben, vermittelst deren alle Nationen, bey welchen nur eine Weise zu schreiben im Gebrauch ist, ohne Wissenschaft der Sprachen, von allen Dingen ihre Meinung einander mittheilen können. Der erste Theil, zum Lesen nebst nöthiger Einleitung und Schlüssel. Salzwedel 1726.

[21] Chlorenus (Anm. 20), S. 196. Vgl. Schildt (Anm. 5, S. 166): „Die nationale Literatursprache hatte einen hohen Grad der funktionalistischen Differenzierung ausgebildet, so daß es möglich war, mit ihrer Hilfe in allen Bereichen des gesellschaftlichen Lebens eine dem jeweiligen Gegenstand angemessene Kommunikation durchzuführen."

[22] Zu diesem Konstituens der bürgerlichen Gesellschaft vgl. Lucian Hölscher: Öffentlichkeit und Geheimnis. Begriffsgeschichtliche Untersuchung zur Entstehung der Öffentlichkeit in der frühen Neuzeit. Stuttgart 1979.

[23] August Nathanael Hübner: Gründliche Anweisung zum Deutschen Stilo, Wie man denselben Durch gewisse Regeln gründlich erlernen, manierlich brauchen, geschickt verändern, und so dann der besten und berühmtesten Autorum Schrifften glücklich imitiren könne [...]. Hannover 1720, S. 473.

lohnt, weil wir sie „zur Entdeckung unsrer Gedanken gebrauchen", das heißt zur Verständigung und Selbstverständigung:

> Wenn es irgendwo angenehm und nützlich ist, zu philosophiren, so ist es über die Sprache. Dadurch lernen
> wir, mit wie vielem Verstande dieses Werkzeug eingerichtet ist, welches wir zur Entdeckung unsrer Gedan-
> ken gebrauchen, ohne welches keine einzige Tugend, Fähigkeit oder Vollkommenheit unsrer Seele sichtbar
> werden kann, und dessen geschicktester und vollkommenster Gebrauch die feinste und vollkommenste
> Seele anzeiget. Wer eine Sprache ohne Philosophie, das ist, ohne Beyhülffe der Grammatik ansiehet, dem
> kömmt sie vor, wie ein grosser Hauffe Wörter, an welchen ein Einfältiger so wenig Unterschied findet, als
> an den Körnen eines Hauffens Getreyde.[24]

Erst durch diesen Kommunikationsbedarf und durch sein „reales Definitionsproblem" konstituiert sich das Bürgertum als Einheit –: nämlich als problematische und selbstreflexive Einheit, die sich ihrer Selbstreflexion kommunikativ vergewissert. Das heißt mit anderen Worten: *identitätsstiftend* für das Bürgertum ist ausschließlich seine *Selbstproblematisierung*, und diesen problematischen Stand in der Wirklichkeit bezeichnet Eibl in produktiver Bildhaftigkeit als sozialen und regionalen „*Bewegungsraum*", in dem „Aufstiege", „Abstiege" und „unvorhergesehene [...] Interaktionen von Personen ganz unterschiedlicher Herkunft" möglich sind, weshalb hier bereits „ein recht großer Reflexions- und Diskursbedarf [besteht], weil auch Selbstverständigung notwendig ist".[25]

Verkehr ist die charakteristische Metapher, die den gesellschaftlichen Umgang im Bewegungsraum des Bürgertums kennzeichnet: neben den Warenverkehr als ökonomische Basis tritt der Sprachverkehr[26] als ideologischer Überbau, in dem selbst die „ästhetische Funktion" der Literatursprache „gedeutet werden (kann) als eine Verschnürung von Texten, die ihre Transportierbarkeit erhöht".[27]

Begreift man die Sprache als den Bewegungsraum, in dem das Bürgertum sich konstituiert, indem es sich problematisiert und mit sich selbst verkehrt, so wird verständlicher, weshalb Sprache und Sitten als *erlernbare* soziale Unterscheidungsmerkmale einen so zentralen Stellenwert gewinnen: sie vergrößern die Handlungs- und Bewegungsfähigkeit des Individuums in diesem Bewegungsraum und stellen eine prinzipielle Differenz zu den tradierten Unterscheidungsmerkmalen wie Abstammung, Vererbung, Belehnung oder Grund- und Kapitalbesitz dar. Deswegen wird das Erlernen der *eigenen* Sprache – in unserem Fall: das Erlernen einer reinen deutschen Hoch-Sprache – und *reiner* Umgangssitten zum so wichtigen Anliegen jener, die das Bürgertum quantitativ und qualitativ stärken wollen und es damit gegen die anderen Gruppen abgrenzen, die ihre sozialen Geltungsmerkmale nicht erlernen müssen oder

---

24 Johann Michael Heinze: Anmerkungen über des Herrn Professors Gottscheds Deutsche Sprachlehre nebst
    einem Anhange einer neuen Prosodie. Göttingen, Leipzig 1759, S. 128 f.
25 Eibl (Anm. 10), S. 114.
26 Vgl. Johannes Girberts Sprach-Legitimation durch den „Communis Germaniae Mercurius", den gefügelten
    Boten des Sprach-Verkehrs (unten S. 142).
27 Eibl (Anm. 10), S. 115; zur Stellung der *Literatur* in diesem Konsolidierungsprozeß vgl. ebd., S. 115 ff.;
    Klaus R. Scherpe: Gattungspoetik im 18. Jahrhundert. Historische Entwicklung von Gottsched bis Herder.
    Stuttgart 1968; Gert Mattenklott und Klaus Scherpe (Hg.): Westberliner Projekt: Grundkurs 18. Jahrhundert.
    Die Funktion der Literatur bei der Formierung der bürgerlichen Klasse Deutschlands im 18. Jahrhundert.
    Kronberg/Ts. 1974.

können.[28] Da jedoch auch dem Erlernen der reinen Sprache und der reinen Gesittung durch die Begabung des einzelnen Grenzen gezogen sind, entsteht in der Figur des *Parvenu* die Karikatur des vergeblich aufstrebenden und im Aufsteigen sich selbst verfehlenden Bürgers, den die Komödien-Dichtung des 18. Jahrhunderts so überaus schätzt.

7.2 Übergang

Die historische, kultur- und mentalitätsgeschichtliche Identitätskrise des Bürgertums bildet den Hintergrund der Bemühungen um Sprachreinheit bzw. Sprachreinigung, die immer ein Element der Vereinheitlichungs- und Emanzipationsbestrebungen der deutschen Sprache überhaupt waren. Allerdings wird in den sprachhistorischen Darstellungen die Bedeutungsdifferenz zwischen den Begriffen *Sprachreinheit* und *Sprachreinigung* und ihre Bedeutung für den Konsolidierungsprozeß des Bürgertums nicht gesehen oder bewußt ignoriert, wie sich beispielsweise in Kluges Analogiebildung der beiden Termini zeigt:

> In dem *Kampf für Sprachreinheit und Sprachreinigung* beansprucht – bewundert und viel gelesen – Philipp von Zesen einen besonderen Platz. Mit- und Nachwelt hat sich böse Scherze erlaubt, Zesen mit Wortschöpfungen zu belasten, an denen er nicht den geringsten Anteil gehabt hat. [...]
> Vor und neben Zesen hat das 17. Jahrhundert viele Kämpfer für Sprachreinheit an der Arbeit gesehen; wir erkennen sie an ihren Früchten. Erfolgreiche Ersatzwörter für langsam vordringende Fremdwörter kommen allmählich auf und bürgern sich ein [...]. Wir freuen uns festzustellen, daß das Jahrhundert der großen Sprachgesellschaften sich durch eine Fülle von glücklichen Ersatzwörtern im *Kampf um Sprachreinheit und Sprachreinigung* als berechtigte Ideale bewährt hat.[29]

Das Zitat belegt neben der mangelnden Begriffsdifferenzierung auch noch die symptomatische Identifizierung von *Sprachreinheit* und Fremdwortfrage, die auf die ältere Sprachgeschichte aus der Sicht des frühen 20. Jahrhunderts unbefangen zurückprojiziert wird und auf die in dieser Untersuchung mehrfach hingewiesen wurde. Die Bedeutung dieser Differenz geht in die Auswertung der Quellen über den Zusammenhang von Reinheit, Mundart und Hochsprache sowie über die Bedeutung von Mündlichkeit und Schriftlichkeit für die reine Sprache ein.

Ein weiterer Aspekt meiner Untersuchung entwickelt sich aus der Frage, ob die Sprachmeister *Reinheit* als vorhandene Qualität der deutschen Sprache behandeln, die ihr im Zuge der Profilierung als eine den anderen Kultursprachen gleichwertige oder gar überlegene[30] Hoch-, „Haubt- und Heldensprache"[31] zufällt, oder ob die *Reinheit* der deutschen Sprache als

---

[28] Zur unverminderten Wirksamkeit dieses Unterscheidungsmerkmals vgl. die Bemerkung von Florian Coulmas ([Anm. 7], S. 285, A. 6): „Sprachtherapeuten leben zum Teil davon, daß sie Sprechern von Varietäten, deren Prestigewert mit ihren sozialen Ambitionen konfligiert, helfen, deren markanteste Merkmale abzulegen".

[29] Friedrich Kluge: Deutsche Sprachgeschichte. Leipzig ²1925, S. 329 ff. Hervorhebungen von mir.

[30] So leiten einige Autoren, unter ihnen so bedeutende wie Harsdörffer und Schottel, die deutsche Sprache unmittelbar aus dem Hebräischen her und lassen die übrigen europäischen Sprachen sich aus dem Deutschen entwickeln.

[31] Adelung (Versuch eines vollständigen grammatisch-kritischen Wörterbuches. Band 2. Leipzig 1796, Sp. 1096) vermutet, daß man die deutsche Sprache deswegen „zuweilen" als „Heldensprache" bezeichnet,

noch zu erreichende Qualität beschrieben wird. Bei letzterem ist zusätzlich zwischen den sprach-teleologischen und den sprach-pädagogischen Anschauungen zu differenzieren: beide repräsentieren unterschiedliche Positionen hinsichtlich der Reinheit der Sprache, die sie als Ziel und Ergebnis einer *Reinigung* der Sprache verstehen.

Eine dritte Fragestellung bezieht sich auf jene Elemente der Sprache und weitergehend der Sitten, an denen sich die Sprachreinheit konkretisiert, das heißt: welche Bestandteile der Sprache benennen die Sprachmeister, um ihre Vorstellungen von Sprachreinheit oder ihre Forderung nach Sprachreinigung zu präzisieren – Wort, Morphologie, Phonologie, Orthographie, Syntax, Stil, Gedanke, Bild, Metrum, Reim und sogar Handschrift, oder andere, allgemeinere Parameter wie Ästhetik, Sitte, Gebrauch und Sinn. Dabei ist einerseits der Unterschied zwischen gesprochener und geschriebener Sprache und andererseits die jeweilige Angemessenheit der Sprech- und Schreibweise zu beachten. Daraus lassen sich Argumente zusammentragen, die die Verlagerung der Reinheitsvorstellungen aus der eher deskriptiven Sprachtheorie in eine stärker disziplinierende Sprachpädagogik begründen.

Die vierte Gruppe der Ausgangsfragen schließlich erschließt die Wirkungsfelder, in denen die Rede von Sprachreinheit eine Rolle spielt. Hier geht es zum einen um die menschlichen Träger der Sprachreinheit oder Sprachverderbung, also die Sprachbenutzer, zum zweiten um die besonderen Zielgruppen, an die sich die Sprachmeister in pädagogischer Absicht wenden: hier werden – neben den Schullehrern und -kindern – oft die Frauen als Objekte der Spracherziehung ausdrücklich genannt, aber auch Kanzlisten und Schreiber – also Autodidakten und professionelle Sprachbenutzer gleichermaßen. Die später bei Campe auf den Höhepunkt gelangte volkserzieherische und volksaufklärerische Absicht des Sprach–Unterrichts bahnt sich lange vorher an. Aus den Beobachtungen über die Zielgruppen ergibt sich die Untersuchung weiterer gesellschaftlich und politisch relevanter Wirkungsfelder: in den Bereichen ,Abgrenzung vom Fremden', ,Nationalstaat', ,Sprachverkehr' und ,Körperlichkeit' kehren die Forderungen nach reiner Sprache mehrfach codiert wieder als Forderungen des bürgerlichen Lebens-Entwurfs überhaupt.

Diese Fragestellungen machen es möglich, das Phänomen der Sprachreinheit nicht isoliert als philologische Fragestellung einer kleinen Gruppe von Intellektuellen zu verstehen, sondern als ein gesamtgesellschaftliches Phänomen, das an der Sprache exemplifiziert werden kann. Peter von Polenz geht allerdings davon aus, daß die Bemühungen um Rationalisierung und Normierung der Sprache, wie sie beispielsweise von Clajus, Opitz, Schottel, Bödiker, Gottsched oder Adelung betrieben wurden, oft nur den „Gebildeten" zugänglich waren und auf den alltäglichen realen Sprachgebrauch keinen nennenswerten Einfluß hatten.[32] Diese Einschränkung ignoriert jedoch den *mittelbaren* Einfluß, den Sprachtheoretiker ausüben: ihre Überlegungen haben Auswirkungen auf die Gestaltung von Schulbüchern und von Schulunterricht, sie stecken den propädeutischen Horizont ab für die Pädagogik und Hygiene und sie beeinflussen dadurch die mentalitätsgeschichtliche Entwicklung der bürgerlichen Gesell-

---

„weil sie wegen ihres männlichen Ernstes dem Munde und der Denkungsart eines Helden angemessener seyn soll, als andere schlüpfrigere und weichere Sprachen."

[32] Peter von Polenz: Geschichte der deutschen Sprache. Berlin, New York 1978, S. 99.

schaft, die ihre Identitätsmerkmale aus dem intellektuellen und sprachlichen Diskurs gewinnt.[33] Überdies muß man auch die Widerspiegelungen beachten, die die Bemühungen um Sprachreinheit in Äußerungen und Werken von Dichtern finden, und es sind die Konsequenzen dieses Einflusses für das Selbstbild von Schriftstellern zu bedenken.

7.2.1 Ein Zeugnis aus dem 13. Jahrhundert

Das älteste vorliegende Zeugnis einer Bemühung um die reine deutsche Sprache stammt aus dem Lehrgedicht *Der Renner*, dessen Verfasser, Hugo von Trimberg, als ein Vorläufer der rationalistischen bürgerlichen Geisteshaltung angesehen werden kann. Die Stelle im *Renner* kennt zwar den Begriff der *reinen Sprache* noch nicht; gleichwohl enthält sie genau jene Vorbehalte gegen die Vermischung unterschiedlicher Sprachen – hier bezogen auf ein deutsches Gedicht –, die später als „Sprachmengerey"[34] zu den Hauptsünden wider die Sprachreinheit zählt. Bei Hugo von Trimberg lauten die Zeilen:

> nieman kan ouh wol bediuten kriechisch, jüdisch und heidenisch, syrisch, windisch, kaldeisch; swer daz mischet in tiutsch getihte, diu meisterschaft ist gar ze nichte.[35]

Die Einmischung fremdländischer Elemente „in tiutsch getihte" macht deswegen „diu meisterschaft [...] ze nichte", weil niemand die fremdsprachigen Wörter „bediuten" – also verstehen und auslegen – kann, auch wenn sie den „heiligen" Sprachen entstammen.

Damit läßt sich aus diesem kleinen Fund zweierlei ableiten: zum einen richtet sich die Vorstellung von reiner Sprache am Ideal der *Verständlichkeit* aus, sie allein ist das Movens der Kritik am Vermischen; und zum anderen enthält die Vorstellung von reiner Sprache, auch wenn sie den Begriff selbst noch nicht kennt, die disjunktive Bedeutungsnuance des *rein von...*[36]. Unausgesprochen wirkt in dieser Aufforderung zum Verzicht auf fremde, unverständliche Wörter auch die Auffassung mit, daß die deutsche Sprache über ausreichend viele eigene Ausdrucksmöglichkeiten verfügt, um differenzierte Gedanken in ihr allein zu formulieren – eine Ansicht, die Luther aufgreift und letztgültig in der Sprachdebatte durchsetzt.

---

[33] Als ein charakteristisches Beispiel solch alltagspragmatischen Schrifttums, das sich bereits im Titel auf die „großen" Sprachmeister beruft, sei genannt: Hermann Justus Spannuti[us]: Teutsch Orthographisches Schreib= Conversations= Zeitungs= und Sprüchwörter=Lexikon, nebst einer ausführlichen Anweisung, wie man accurat und zierlich teutsch schreiben, höflich reden, und was sonst bey einem Briefe observieren solle: Aus dem Schottelio, Morhof, Weisen, Bödiker, Talander, Menantes, und vielen andern berühmten Scribenten zusammengetragen. Hannover 1720.

[34] Johann Christoph Adelung: Grammatisch-Kritisches Wörterbuch der Hochdeutschen Mundart. Leipzig [2]1793 ff., Band 4, Sp. 229: „Der Sprachmenger, [...] die Sprachmengerinn, eine Person, welche Wörter aus verschiedenen Sprachen ohne dringende Noth unter einander mengt, welche Sprachmengerey in dem vorigen, und dem Anfange des gegenwärtigen Jahrhundertes sehr üblich war, und auch noch jetzt die Lieblingssünde mancher seichten Köpfe ist."

[35] Hugo von Trimberg: Der Renner, V. 22282 f. Das Gedicht (zwischen 1290 und 1300), gehört zu den vielgelesenen Büchern des Mittelalters; bekannt sind 60 Handschriften, die erste Drucklegung erfolgte 1549.

[36] Vgl. dazu oben S. 53 f.

7.2.2 Vorbild Luther – zwei Beispiele

Daß der „Kampf um unser Deutsch, den Luthers Auftreten und Vorbild überall entfesselte", in erster Linie „der Gleichberechtigung der Muttersprache neben dem Latein" galt, hat Kluge richtig gesehen, und daß Luther in der Tat „selbst [...] mehr für die ererbte Volkssprache als gegen die Einmischung von lateinischen Fremdwörtern eingetreten" war,[37] bestätigen meine Untersuchungen zum Reinheitsbegriff in den Schriften Luthers, wenngleich sich keine Textstelle herauspräparieren läßt, an der Luther zweifelsfrei und explizit gerade die möglichst ursprüngliche Sprache des („gemeinen") Volkes als *rein* charakterisiert. Zugleich konstatiert er jedoch die mangelnde Verständigungsmöglichkeit der Deutschen untereinander, die trotz relativ geringer räumlicher Distanzen nur unter Schwierigkeiten miteinander kommunizieren können:

> Denn die sŏne Canaan, wilcher doch eylffe gewesen sind, davon eylff vŏlcker mit unterscheid der regenten komen sind, alle fast einerley sprache gered haben, on das ein wenig verandert mag gewesen sein, wie bey uns die Deudsche sprache von andern anders gered wird, das sichs nahe bey hundert mal verandert, Darnach weiter sind die Arabische, Syrisch, Madianisch und Chaldeische sprachen einander fast nahe, Als da Abraham von Chaldea zoch, hat er ja die leute verstanden, wo er hin kam, und ist dennoch ein gros land durchzogen.[38]

Doch Luther zieht aus dieser Beobachtung nicht die Forderung einer normierten Einheitssprache oder des Verzichts auf bestimmte Sprachelemente, sondern trägt Sorge, daß seine Bibelübersetzung auch in den entfernteren Regionen des Reiches verstanden werden kann, ggf. durch beigefügte Glossarien, die das Verständnis erleichtern sollen.[39] Darüber hinaus stellt der Reformator sich die weitere Sprachangleichung eher im Sinne des Pfingstwunders vor: das gemeinsame, Regionen und Gesellschaftsklassen übergreifende *Verstehen des Schriftsinns* ist ihm wichtiger als der gemeinsame Gebrauch bestimmter Wörter, Formen und Wendungen.

Nach Luthers Tod schlägt diese eher an Kommunikation und lebendigem Austausch orientierte Auffassung von *reiner* Sprache auch bei den Sprachmeistern, die sich auf ihn berufen, um in eine normative, Luthers Sprachgebrauch verabsolutierende Haltung. Das ist als ein Stück jener Verhärtungsgeschichte zu verstehen, die als „protestantische Orthodoxie" bezeichnet wird und die eher politik- und mentalitäts- als sprachgeschichtlich wird erfaßt werden können. – Aus der Übergangsphase seien zwei Beispiele genannt.

An Luther als Ausgangspunkt schließt unmittelbar das *Cantzley vnd Titelbvchlin* von Fabian Frangk aus dem Jahr 1531 an, der noch zu Lebzeiten Luthers einen Ausgleich zwischen der Sprache des Reformators und jener der kaiserlichen Kanzlei anstrebt. Frangk empfiehlt als das beste Mittel, rechtförmig deutsch zu schreiben und zu sprechen, die Lektüre guter deutscher Bücher und anderer Texte, so „schrifftlich oder im Truck verfasst vnd ausgangen" sind und betont:

---

[37] Kluge (Anm. 29), S. 327.

[38] WA 24, 227, 21-29.

[39] So ist z. B. dem *Septembertestament* aus der Basler Druckerei von Adam Petri im Januar 1523 eine Wortliste angefügt worden, die die „ausländigen Wörter auf unser Teutsch anzeigt" (Hans Eggers: Deutsche Sprachgeschichte, Band 2. Reinbek 1986, S. 174).

> Vnder welchen mir etwan des tewren (hoch loblicher gedechtnus) Keyser Maximilians Cantzley, vnnd diser zeit D. Luthers schreiben, vnd daz vnuerfaelschet, die emendirtesten vnd reynsten zuhanden kommen sein.[40]

Frangks Beachtung der Reinheit setzt jene Luthers fort: sie gilt jenen Textbeständen, die „unverfälscht" an die Leserschaft gelangen, denn nur in solchen läßt sich auch ein reiner Sprachbestand erwarten. Frangk stützt seine Überlegungen zur Sprache auf die oberdeutschen Mundarten, die er zwar ganz rationalistisch für in sich selber hinreichend gerechtfertigt erklärt, denen es aber doch an Einheitlichkeit mangele. Diese mangelnde Übereinkunft versteht Frangk als Einbuße an ‚Lauterkeit und Reinheit' der Sprache. Deswegen verfolgt er das Konzept des Ausgleichs zwischen den konfessionell gegensätzlichen, ja feindlichen Sprachgebieten, weil er die ostmitteldeutschen ‚protestantischen' Sprachformen als Modell der Einigung auch für die oberdeutschen Regiolekte nutzen will.

Auffällig ist dabei, daß er neben den moralischen Kriterien der Sprachbeurteilung wie ‚Strafwürdigkeit und Mißbrauch', mit denen er den Mangel an Reinheit charakterisiert, auch – wenn ich recht sehe: als erster Deutscher – das subjektive Sprach*gefühl* („gespŭrt") als Kriterium einführt:

> ANfenglich ist zumercken / Das die Deutsche sprach / hie geteilt wird in zween vnderschied / als / Ober vnd Niderlendisch / Was nu hie gehandelt oder geschrieben / wird / von oberlendischer verstanden. Vnd wiewol diese sprach an jr selbs rechtfertig vnd klar / so ist sie doch in vil puncten vnd stŭcken / auch bey den hochdeutschen nicht einhelich. Denn sie in keiner jegnit oder lande / so gantz lauter vnd rein gefurt / nach gehalden wird / das nicht weilands etwas straffwirdigs oder misbreuchiges darin mitliefft / vnd gespŭrt wŭrde.[41]

Knapp dreißig Jahre nach Luthers Tod, fünf Jahre vor der bahnbrechenden Grammatik des Johannes Clajus, die sich – jedenfalls in der ersten Auflage – ausschließlich auf Luthers Sprache bezieht, erscheint 1573 eine der ersten am reformatorischen Geist orientierten „wirklichen"[42] Grammatiken der deutschen Sprache: die *Teutsch Grammatick oder Sprach-Kunst* von Laurentius Albertus.[43] Für sie, wie für die verwandten Grammatiken Ölingers und Clajus' gilt, was Heinz Engels zu den Grammatiken des ausgehenden 16. Jahrhunderts schreibt: sie seien als „Konkretisierung eines nationalen Sprachstolzes"[44] anzusehen; das Deutsche werde „in der Theorie über alle Maßen hochgeschätzt, in der Praxis aber schreiben die Sprachgelehrten ihre Grammatiken in lateinischer Sprache" und bilden sie auch der Systematik der lateinischen Grammatik, vor allem der *Grammatica Latina* Philipp Melanchthons, nach.[45]

In der Grammatik des Laurentius Albertus lassen sich einige Belegstellen für *rein* und *purus* ausmachen. An ihnen wird deutlich, daß der Reinheitsbegriff gleichermaßen als grundlegender Leitbegriff wie als eher schmückendes oder der Veranschaulichung dienendes Bei-

---

[40] Fabian Frangk: Ein Cantzley vnd Titel bŭchlin, Darinnen gelernt wird / wie man Sendebriefe fŏrmlich schreiben / vnd einem jdlichen seinen gebŭrlichen Titel geben sol. Orthographia Deutsch / Lernt / recht buchståbig schreiben. Wittenberg 1531, S. 2. [Reprint: Hildesheim 1979].

[41] Frangk (Anm. 40), S. 94.

[42] So Adolf Socin: Schriftsprache und Dialekte im Deutschen. Heilbronn 1888, S. 252.

[43] Laurentius Albertus: Teutsch Grammatick oder Sprach-Kunst. Augsburg 1573.

[44] Heinz Engels: Die Sprachgesellschaften des 17. Jahrhunderts. Gießen 1983, S. 134.

[45] Engels (Anm. 44), S. 35.

werk verwendet wird. So führt Albertus in seiner Einleitung *Vtilitas et finis hvivs Insituti* an zwei Stellen den Reinheitsbegriff als Begründung seiner Grammatik ein. Interessant dabei ist die Unvoreingenommenheit,[46] mit der Albertus die Möglichkeit einräumt, daß es reine Sprache auch *ohne* Grammatik geben kann, denn er macht „kein Hehl daraus, daß überall in Deutschland rein, anmutig und lichtvoll deutsch gesprochen wird, aber ohne jede grammatikalische Grundlage."[47]

Andererseits führt dieser Mangel an Übereinkunft doch zu mangelnder Verständigung, so daß der Grammatiker seine Absicht gegenüber Menschen rechtfertigt, die gegen eine Sprachcodifizierung Einwände erheben. Er unterscheidet dabei polemisch die weniger reinen Deutschen, die „Barbaren", von den – mit stolzem „Wir" (*nos*) attribuierten – „puriores Germanos":

> Quid enim balbi illi Barbari tractarent scripturas, qui ne semetipsos intelligunt, etiamsi de quotidianis loquantur rebus? qui nos puriores Germanos, de natura et proprietate nostrae linguae instruere audent, cum ipsi à vero eius vsu et pronunciatione remotissimè absint?[48]

> Denn was sollen jene stammelnden Barbaren Schriftwerke behandeln, da sie einander doch selbst nicht verstehen, auch wenn sie nur über alltägliche Dinge sprechen? Sie, die uns reinere Deutsche über die Natur und den Besitz unserer Sprache zu belehren wagen, indes sie selber von deren Gebrauch und Aussprache unendlich weit entfernt sind?

Insgesamt empfiehlt Albertus deswegen den „lectores beneuolos", dann zu seiner Grammatik zu greifen,

> Si purè et prorsus patrio sermone loquaris,
>   Nec peregrina tuis addita uerba sonent,
> Si dialectorum discrimina plurima noscas, [...].[49]

> Wenn du rein und gänzlich nach vaterländischer (heimatlicher) Rede sprechen willst,
>   und wenn keine fremden Wörter den deinen hinzugefügt erklingen sollen,
> wenn du die zahlreichen Unterschiede[50] der Dialekte kennenlernen möchtest [...].

Die anderen Erwähnungen von *rein*, die in deutscher Sprache erscheinen, tragen illustrativen Charakter. Sie treten auf bei der *Explicatio literarum*, in der der Buchstabe *R* u. a. mit „rein, sauber *purus* [...]"[51] erklärt wird; bei der Erläuterung der Genitiv-Bildung mit regulärem Suffix *-es* in der *secvnda declinatio:* „Frucht des leibes / reinen weibes / etc."[52]; sowie im Abschnitt *De prosodia* in einem Liedbeispiel, in dem unter der Hand die Auseinandersetzung mit reformatorischem Gedankengut betrieben und die geistesgeschichtliche Rückbindung des Reinheitsideals an das „Wort Gottes" unterstrichen wird:

---

[46] Auch Max Hermann Jellinek (Geschichte der Neuhochdeutschen Grammatik. Heidelberg 1913, S. 69) betont die Unvoreingenommenheit Albertus' gegenüber der Formenvielfalt und den dialektalen Eigenheiten im Deutschen.

[47] Albertus (Anm. 43), S. 11: „non inficias eo, quin purè, tersè et illuminatè plerique in Germania germanicè loquantur, sed sine primis grammaticae fundamentis." Die deutschen Übersetzungen stammen von mir, G. H.

[48] Albertus (Anm. 43), S. 14.

[49] Albertus (Anm. 43), S. 17.

[50] *discrimina* kann aber auch ‚Gefahren' bedeuten.

[51] Albertus (Anm. 43), S. 25.

[52] Albertus (Anm. 43), S. 83.

So sy doch wissen nicht/
Dann sy bößlich bericht.
Das wir die rechte Kirch sein/
Han auch das wort Gottes rein.
Von alters solchs gehabt gar lang/
Des Christus war der erst anfang.[53]

7.3 Definitionen von „reiner Sprache" im Rahmen der Rhetorik

Mit der Definition, „was recht Deutsch Schreiben" bzw. die „rein odder recht Deutsche sprach" sei,[54] hat Fabian Frangk um 1530 nicht geringe Mühe. Zum einen muß er seine Forderung nach richtiger und reiner deutscher Schreibweise in eine argumentative Tradition stellen, zum andern will er seine Vorstellungen von denen der tradierten Rhetorik und Grammatik abgrenzen. Er versucht es mit einer Antithese:

> Recht deutsch schreiben aber / wird hie nicht genohmen / odder verstanden / als Rein höflich deutsch / mit geschmückten verblümten worten / ordentlich vnd artig nach dem synn odder meinung eines jdlichen dings / von sich schreiben (Welches mehr der redmas vnd Rethoriken zustendig / vnd der halben jnn der Redkündiger schule gehörig / da wirs auch bleiben lassen) Sondern / Wenn ein jdlich wort mit gebürlichen buchstaben ausgedruckt (das ist) recht vnd rein geschrieben wird / also / das kein buchstab müssig / odder zuuiel noch zu wenig / Auch nicht an stat des andern gesetzt nach [sic, für noch] versetzt / Dar zu nichts frembdes / abgethanes / so einen missetant oder verfinsterung geberen möcht eingefürt werd / Welchs sonst die Latiner vnd Krichen / Orthographiam / wir aber / Recht buchstäbig Deutsch schreiben / nennen wollen.[55]

Diese antithetische Gegenüberstellung von Rhetorik und Orthographie enthält schon zahlreiche Stichwörter, mit denen die Frage nach der Sprachreinheit problematisiert werden kann: gegen die unterschwellig abgewertete und nur des äußerlichen Schmucks verdächtige Redekunst richtet Frangk die Kriterien einer verläßlichen Schreibweise auf, die nicht nur den Vorrang der Schriftlichkeit vor der Mündlichkeit, sondern auch den der Wahrheit vor dem Schein für sich ins Feld führt. Statt „Rein höflich deutsch / mit geschmückten verblümten worten" zu sprechen, soll hier „mit gebürlichen buchstaben ausgedruckt (das ist) recht vnd rein geschrieben" werden. Dabei ist das rechte Maß und die genaue Ordnung (,,kein buchstab müssig / odder zuuiel noch zu wenig / Auch nicht an stat des andern gesetzt nach versetzt") ebenso zu beachten wie die Freihaltung des Textes von Fremdem, Veraltetem oder Unverständlichem. Ungewiß bleibt in Frangks Formulierung, ob es sich dabei um Wörter, Redewendungen oder stilistische Figuren handelt. Wesentlich ist hingegen die Abgrenzung von der Rhetorik, die von anderen Autoren anders oder überhaupt nicht entwickelt wird.

Der bereits erwähnte Basler Gerichtsschreiber Johann Rudolph Sattler orientiert sich in seiner *Teutschen Orthographey und Phraseologey* (1617) an der „Sprach / wie die bey allerhöchst: höchst: hoch: vnnd wohlgedachten Cantzleyen geschrieben / vnd in nechstgemelten

---

[53] Albertus (Anm. 43), S. 152.
[54] Frangk (Anm. 40), S. 109.
[55] Frangk (Anm. 40), S. 94.

Büchern gedruckt gefunden wirdt". Aber er wehrt sich gegen den Gedanken der codifizierten Norm einer Hochsprache; vielmehr stehe es „zu eines jeden freyē willen / im reden vnd schreiben Teutscher Sprach / zu folgen wem er will".[56] Damit stellt Sattler zum einen seine eigene Rede von „reiner Sprache" unter die rhetorischen Kriterien *auctoritas* und *consuetudo*, wobei hier die ursprünglich eher demokratisch angelegte Auffassung des *consensus erudito-rum* überlagert ist von dem hierarchischen Modell, das die Ausrichtung auf die *National*-sprache hervortreibt, weshalb nun der Kaiser – vertreten durch seine Kanzlei – an der Spitze der Legitimation steht: *auctoritas* und *consuetudo* werden nicht aus dem Gebrauch der Dich-ter und der Gelehrten abgeleitet, sondern aus dem Gebrauch der Kanzleien in der genau abgestuften Rangordnung „allerhöchst" bis „wohlgedacht".

Mit der Entscheidung, die Wahl der Redeweise dem „freyē willen" anheimzustellen, greift Sattler zum anderen die bereits von Johann Hübner zitierte Cicero-Sentenz auf, daß es soviele Stile gebe wie es Sprachbenutzer gibt.[57] Das heißt: Sattler kennt zwar wohl eine Norm der *pu-ritas,* nicht aber eine verbindliche einheitssprachliche Norm, womit er an die Tradition der spätmittelalterlichen Humanisten anknüpft.

Mittels einer ganz anderen Argumentationsstrategie als Frangk oder Sattler, die jedoch auch dem Unterschied der Textgattungen Orthographie einerseits und Poetik andererseits geschuldet ist, gibt Martin Opitz in seiner Poetik von 1624 den sprachästhetischen Rahmen der Rhetorik vor, wenn er die Parameter Zierlichkeit, Reinheit und Deutlichkeit miteinander in Beziehung setzt, um das Hochdeutsche zu charakterisieren:

> Die ziehrligkeit erfodert das die worte reine vnd deutlich sein. Damit wir aber reine reden mögen / sollen wir vns befleissen deme welches wir Hochdeutsch nennen besten vermögens nach zue kommen / vnd nicht derer örter sprache / wo falsch geredt wird / in vnsere schrifften vermischen: als da sind / *es geschach* / für / *es geschahe* / *er sach* / für / *er sahe; sie han* / für *sie haben* vnd anderes mehr: welches dem reime auch bißweilen außhelffen sol; [...] So stehet es auch zum hefftigsten vnsauber / wenn allerley Lateinische / Frantzösische / Spanische vnnd Welsche wörter in den text vnserer rede geflickt werden; [...].[58]

Für Opitz besteht Reinheit der Sprache demnach zu dem *Zweck* der „ziehrligkeit", die für ihn mit „elegantz" identisch ist,[59] und die *Mittel* zu dieser Reinheit liegen im Gebrauch des etwas vage benannten Hochdeutschen, in der Verwendung der ostmitteldeutschen Ausgleichsformen und in der Vermeidung von Einmischungen fremder Wörter in deutsche Texte. Die Priorität der Kriterien ist eindeutig: an oberster Stelle steht die „Zierlichkeit" als ein sprachästhetisches Kriterium, um dessentwillen – nicht um ihrer selbst willen – Reinheit der Sprache gefordert wird. Opitz gebraucht dabei Reinheit zum einen synonym mit Deutlichkeit und definiert sie zum anderen als Unvermischtheit: die tradierten rhetorischen Kategorien *latinitas* und *perspi-cuitas*, die dem Prinzip des *ornatus* oder *decorum* unterstellt sind, werden evoziert und auf die Konstellation Hochdeutsch – Mundarten angewendet, ohne ausdrücklich benannt zu sein.

---

[56] Johann Rudolph Sattler: Teutsche Orthographey / vnd Phraseologey [...]. Basel 1617, S. 7; vgl. oben S. 58.

[57] „quot oratores, totidem genera dicendi"; siehe oben S. 15, Anm. 52.

[58] Martin Opitz: Buch von der Deutschen Poeterey. Breslau 1624, Kap. VI, Bl. E^r.

[59] Vgl. Joachim Dyck: Ticht-Kunst. Deutsche Barockpoetik und rhetorische Tradition. 3., erg. Auflage. Tübin-gen 1991, S. 68, Anm. 2: Opitz beziehe sich auf die *Rhetorik an Herennius* aus dem 1. Jahrhundert v. Chr., die in der Stillehre *elegantia* als Leitbegriff für *puritas* und *latinitas* einführt.

Wie Sattler beruft sich auch der Gymnasialprofessor Johannes Girbert aus dem thüringischen Mühlhausen auf die „Cancelleyen" als „rechte Lehrerinne [sic] der reinen deutschen Sprache",[60] wenn er in seiner 1653 publizierten Grammatik fordert, daß „Alles (...) in sich rein / reinlich / klar und deutlich geschrieben werden (muß)".[61] Als Orientierungspunkt seiner schulpraktischen Anweisungen und Tabellen, die sich mit dem Stichwort „reinlich" auch für den Kalligraphieunterricht qualifizieren, nennt Girbert jedoch keinen Stilpluralismus; er verwirft auch die Autorität der Dialekte und Provinzialsprachen und beschwört allein den „Communis Germaniae Mercurius",[62] das heißt: den Sprachgeist und beflügelten Gott des Sprachverkehrs, der den kommunikativen und selbstreflexiven Gedanken-Austausch ermöglicht; dieser legitimiert Girberts Definition:

> Die Deutsche Grammatica oder Sprachkunst ist eine Fertigkeit recht rein Deutsch zu reden und zu schreiben / daß man seine Sinne und Gedancken gut Deutsch herfür geben / und mit anderen unverhindert wechseln möge.[63]

Mit dem Verweis auf den Verkehrsgeist der Sprache als ihrer inneren und eigentlichen Natur, steht Girbert mit seinem Zeitgenossen Justus Georg Schottel in Einklang, auf den er sich ja auch explizit bezieht und der die Reinheit der „Teutschen Haubtsprache" ebenfalls aus ihrer Natur herleitet:

> Gleich wie die Teutsche Haubtsprache ihr eigen / unverfrömd / rein / und mit der Natur selbst künstlich verbunden und verschwestert ist / [...] also sol und muß sie auch / nach solchen ihren Eigenschaften rein / klar / unvermengt / und deutlich gelassen / geschrieben / gelesen und geredet werden / und muß dannhero ein eingewurtzelter Misbrauch keine Meisterschaft so weit haben / oder annehmen / daß den Liebhabern der Muttersprache solte unvergönnet / oder übel ausgedeutet werden / dieselbe in ihrer natürlichen Eigenschaft anzusehen / und in recht=Teutschem Schmukke hervorzubringen.[64]

Schottel, der bedeutende Barock-Grammatiker, dessen Werk nachhaltige Wirkung zeitigte, arbeitet auf eine schriftsprachliche Norm hin, die über den Mundarten steht. Die reine deutsche Sprache ist bei ihm dem rhetorischen Prinzip der *analogia*[65] unterworfen, wobei Schottel sich an der *consuetudo*, dem *consensus eruditorum* orientiert, nämlich am Sprachgebrauch der Gelehrten und der Dichter, deren Werke die Sprachrichtigkeit und Sprachreinheit verbürgen.

---

60 Johannes Girbert: Die Deütsche GRAMMATICA oder Sprachkunst / auß Denen bey dieser Zeit gedruckten Grammaticis, vornemlichen Johannis Claii Hertzb. Anno 1587. Vinariensis zum newen Methodo. Aö. 1618. Christ. Gveintzii R. Hal. Aö. 1641. 24. Mart. Justi Georg Schotelli Aö. 1641. 6. Jul. zusammengetragen / in kurtze Tabellen eingeschrenckt / vnd Dem öffentlichen Liecht endlichen auff mehrmahliges Anhalten vbergeben. Mühlhausen/Thüringen 1653, Bl. A 3ᵛ, Tab. II, Lehrsatz 10.

61 Girbert (Anm. 60), Bl. A 4ʳ, Tab. III, IV. Canon.

62 Girbert (Anm. 60), Bl. A 2ᵛ, Vorrede; auch Schottel ([Anm. 64], S. 175) spricht von „Communis Germaniae Mercurius".

63 Girbert (Anm. 60), Bl. A 3ʳ, Tab. I, 1. definitio.

64 Justus Georg Schottel: Ausführliche Arbeit Von der Teutschen HaubtSprache / Worin enthalten Gemelter dieser HaubtSprache Uhrankunft / Uhraltertuhm / Reinlichkeit / Eigenschaft / Vermögen / Unvergleichlichkeit / Grundrichtigkeit [...]. Braunschweig 1663, S. 188. Bereits auf S. 8 nimmt Schottel für seine Berufung auf die Natur die Autorität des Neuen Testaments in Anspruch und verweist auf 1. Kor 11, 14, wo Paulus davon spricht, daß es die *Natur* sei, die den Menschen das lehre, was er als Gewohnheit angenommen habe .

65 Vgl. oben S. 8, *ratio* bzw. *analogia* als rhetorisches Prinzip.

Georg Philipp Harsdörffer, wie Schottel Mitglied der „Fruchtbringenden Gesellschaft", entwirft sowohl im *Poetischen Trichter* (1647-1653) als auch im *Teutschen Secretarius* (1656) ein Modell der reinen deutschen Sprache, das vor allem in der Abgrenzung gegen den vorreformatorischen Sprachzustand konturiert ist. Als Grund und Auslöser der Sprachentwicklung greift Harsdörffer auf die Reformation und die von ihr geleistete Aufklärung des Volkes zurück und stellt fest, daß der „Ursachen / welcher wegen sie [die deutsche Sprache] viel Jahre unter der Bancke gestecket / und mit dem Liecht des Evangelii wider hervorgezogen worden / (...) viel angeführet werden (kônten)".[66]

Den ersten und wichtigsten Bereich, an dem sich die Dunkelheit in Licht verwandelt habe, erkennt Harsdörffer im Gottesdienst:

> Ist der Gottesdienst vor Jahren im Latein verrichtet worden / wie noch / und ist bekannt das Wort λατινω für eine Geheimniß enthält: Daß also scheinet / es laufft eine sondere Verhängnis Gottes mit unter / in dem der gemeine Mann / sich mit den äusserlichen Wercken und unverstandenen Worten abspeisen lassen muß / wider den Ausspruch deß Apostels / 1. Corinth. 14.11 Wann ich nicht weiß der Stimme (deß der prediget oder den Gottesdienst verrichtet.) Deutung / so werde ich unteutsch seyn dem / der da redet / und der da redet wird mir unteutsch seyn. Wann du aber segnest im Geist / wie soll der / so an Statt des Laien stehet / Amen sagen / auff deine Dancksagen: sintemal er nicht weiß / was du sagest.[67]

Obwohl durch die Einführung der Landessprache im Kult das „sondere Verhängnis Gottes" behoben zu sein scheint, hat sich die deutsche Sprache noch nicht von ihrem desolaten Zustand befreien und zu einer reinen, lichtvollen Sprache entwickeln können, so daß Harsdörffer die emphatische Klage anstimmen kann: „Wer teutschet uns das Teutsche? So viel der Innhalt / den Worten nach / an ihrer Reinlichkeit abnimmt / so viel nimmet hingegen die Zierlichkeit der Schrifft zu / dergestalt / daß nirgend keine trefflichere Schreiber= und Buchdruckereyen / als in Teutschland zu finden sind."[68]

Als Gründe für diese Misere, die aber wegen des geringen Zeitabstands zur Reformation noch gar nicht entscheidend gebessert sein könne, nennt Harsdörffer erstens, daß die latinisierte Gelehrtensprache zu der falschen Annahme geführt habe, im Deutschen ließe sich Wichtiges nur mangelhaft ausdrücken; zweitens, daß durch die Kriege viele Fremdwörter ins Deutsche eingedrungen seien, wobei ihm die Sprache selbst als Metapher des Feindeinfalls dient; drittens trage der Handelsverkehr der Kaufleute zur Einmischung fremder Sprachelemente ins Deutsche bei und viertens schließlich trügen auch die Sprachverbesserer Schuld, die zum Teil zu wenig, zum Teil aber auch in übertriebenem Eifer zu viel getan hätten.[69]

---

[66] Georg Philipp Harsdörffer: Der Teutsche Secretarius: Das ist: Allen Cantzleyen / Studir= und Schreibstuben nutzliches / fast nohtwendiges / und zum drittenmal vermehrtes Titular- und Formularbuch [...]. Nürnberg 1656, S. 142. Harsdörffer spielt hier an auf Lk 8, 16: „NJemand aber zündet ein Liecht an / vnd bedeckts mit einem Gefess / oder setzts vnter eine Banck / Sondern er setzts auff einen Leuchter / Auff das / wer hin ein gehet / das Liecht sehe."

[67] Harsdörffer: Secretarius (Anm. 66), S. 142; ebenso auch in Georg Philipp Harsdörffer: Poetischer Trichter. Die Teutsche Dicht= und Reimkunst / ohne Behuf der Lateinischen Sprache [...]. Erster Theil: Nürnberg 1647; Zweiter Theil: Nürnberg 1648; Dritter Theil: Nürnberg 1653; hier: Theil I, Vorrede § 10, o. p. – Das Bibelzitat stammt aus 1 Kor 14, Verse 11 und 16, die auch bei Luther so lauten; Luthers „vndeudsch" ist die Übersetzung des griechischen βάρβαρος, lateinisch *barbarus*. Vgl. auch unten S. 151.

[68] Harsdörffer: Secretarius (Anm. 66), S. 10.

[69] Harsdörffer: Secretarius (Anm. 66), S. 142 ff.

Seinen eigenen Beitrag zur Förderung der reinen deutschen Sprache sieht Harsdörffer auch darin, daß er den *Poetischen Trichter* „reinteusch verabfasset" hat, um auch jene „Teutschgierigen Leser",[70] „welche [...] nur Teutsch allein verstehen / und dieser Sach keinen Vorgeschmack haben"[71] erreichen zu können. Damit verwirklicht er zugleich das kommunikative Programm seiner eigenen Poetik, die auf Verständlichkeit der Rede abzielt, welche wiederum durch die angemessenen Mittel (*aptum*) erreicht werden soll:

> Das Ende der Rede und die abgezielte Zweck derselben ist / daß man sich verstehen machet. Zu solchem Ziel kan man mit groben / unrichtigen und gestimmelten Worten so wol gelangen / als mit zierlichen / Kunstgründigen und höflichen Worten. Wer wolte aber nicht lieber wann er die Wahl hätte / in einem schönen Wagen fahren / als ohne Schuhe einen sandigen und schroffen Weg gehen?[72]

Bei dieser Verbesserung des Sprach-Verkehrs durch angemessene „Reisemittel" sollen die grammatischen Regeln helfen; die Sprachlehrer dürfen jedoch nicht „unverantwortliche Neurungen einführen", sonst sind sie „gleich den Aufrührern die das Regiment zuverändern gedenken. Ist also die erste Zierlichkeit der Wörter [...] daß sie / Sprachrichtig und unverwerflich gesetzet werden."[73]

Im Unterschied zu Luther, der die einfältige und schlichte Rede grundsätzlich für die höchste und überzeugendste Beredsamkeit erklärt und diese auf das biblische Vorbild Jesu zurückführt, geht Harsdörffer von verschiedenen Gradstufen der Eloquenz aus, deren vollkommenste er in der Bibel findet: den *stilus grande*, der die Affekte zu erregen weiß (*flectere* und *movere*). Ihm folgt das *genus medium* der gehobenen Dichtung, dem die Gefühlslagen des *conciliare* und *delectare* zugeordnet werden. Davon streng zu scheiden ist das *genus humile*, dessen sich die Wissenschaft, hier die Historiographie bedient zum Zwecke des *docere* –: eine Vermischung der Stilebenen würde die Glaubwürdigkeit des Textes schmälern:

> Die Historien oder Geschicht=Erzehlungen sind mit einfaltigen Worten fürgetragen; Gestalt ein Geschichtschreiber der Wahrheit allein verbunden / und sich mit vielen beygedichten zierlichen Worten zuweilen verdächtig machet. Wann aber die Gemüter zuerregen / die Hertzen zubewegen / und in demselben Hoffnung oder Furcht auszuwürken ist / da findet man alle Rednerische Poetische übertrefflichkeit in den Psalmen / in Job / in den Propheten / in dem Hohenlied Salomonis / und sonderlich in den Episteln deß H. Pauli [...]. ihm Hierher gehöret / was von deß H. Pauli Beredsamkeit in der Apostelgesch. am 14. gelesen wird daß man nemlich für den Mercurium gehalten.[74]

Die Grundorientierung an der Angemessenheit der sprachlichen Mittel geht bei Harsdörffer mit einer Trennung der Stilarten einher, während doch die lateinische Rhetorik gerade dadurch gekennzeichnet war, daß sie die Stilmischung zuläßt und befördert.[75] Der Abgrenzung dient auch Harsdörffers vorsichtige Zurückweisung von Fremdwörtern, sofern der Redner „sonder dringende Ursachen aus Neurunggierigen Kützel / sich mit fremden Flickwörtern her-

---

70 Harsdörffer: Trichter (Anm. 67), II, S. 184.
71 Harsdörffer: Trichter (Anm. 67), I, Vorrede § 15, o. p.
72 Harsdörffer: Trichter (Anm. 67), III, S. 65 f.
73 Ebd.
74 Harsdörffer: Trichter (Anm. 67), III, S. 22. Die Paulus-Anspielung bezieht sich auf Apg 14, 11 f., wo jedoch nicht die Eloquenz, sondern eine Krankenheilung als Ursache der Vergottung genannt wird.
75 Siehe oben S. 9 f.

fürbrüstet"; nur in „Schertzgedicht[e]n", das heißt im *genus humile*, ist die Verwendung von Fremdwörtern zulässig.[76] Diese wertende und scheidende Ausrichtung der reinen Sprache am rhetorischen *decorum* erweitert Harsdörffer zu einem gesellschaftlichen Programm des angemessenen Sprechens, in dem die *genera dicendi* nicht nur dem Gegenstand, sondern vor allem dem sozialen Stand des Redners angepaßt werden müssen:

> Also bleibet es darbey: daß das geistliche mit Geistlichen / das gemeine mit gemeinen Worten / das seltne und tiefsinnige mit seltnen und gleichfals eingriffigen Worten sol ausgeredet werden / darzu die gemeinen Redē viel zu schwach und kraftlos sind. Ein gemeiner Mann gehet zu Fuß / und redet schlecht hinweg; ein vornehmer Herr reitet auf einem hochtrabenden Pferd; also führt auch jener der zu gehorsamen geboren / knechtische Gedanken und Wort: Dieser dem die Natur mehr Verstand zu getheilet und ihn zugebieten gewidmet / weiß auch einen hohen Sinnbegrif mit anständigen Reden auszuführen.[77]

„Anständige Reden" sind solche, die ihrem *genus dicendi* entsprechen, indem sie sich in die rhetorische Affektenlehre fügen und indem die Wahl ihres Gegenstands *dem Stand des Sprechers entspricht*:

> So viel uns der Rede zu dem gemeinen Leben von nöthen ist / können wir mit zuwachsenden Jahren von den Ammen erlernen / und wer sich in seinem Stande darmit vergnüget / den gehet unsre Sache nicht an / und wird er reden wie etwann der Bauer hinter dem Pflug singet / der sich aber deßwegen mit keinem Capellmeister vergleichen darff. [...] Der Alltagsmann kan nicht hohe Worte führen / weil er keine hohe Sachen zu behandeln hat / versteht selbe nicht und handelt bescheidentlich / wann er dergleichen sonder Verachtung an seinem Orte beruhen lässet.[78]

Mit diesen eindeutigen Zuordnungen der *genera dicendi* zum sozialen Stand des Sprachbenutzers vollzieht Harsdörffer zum einen die für die Neuzeit charakteristische Verlagerung des *aptum* von seiner ursprünglichen Orientierung am Hörer hin zur Orientierung am Redner, die als Grenzziehung im Sinne der Ständeklausel zu verstehen ist: es ist nun nur noch der „vornehme Herr", der durch Bildung und Wohlstand – das Bild des „hochtrabenden Pferdes" spricht beide Aspekte an – legitimiert ist, über anspruchsvolle Gegenstände öffentlich zu räsonieren, während der zum „Alltagsmann" mutierte gemeine Mann seine Würde allein daraus gewinnen kann, daß er sich in Selbstbescheidung in die Grenzen seiner Fähigkeiten schickt – die eben gerade Grenzen seiner ökonomischen Möglichkeiten und seiner Bildung sind (er wird als Fußgänger und Knecht dem vornehmen Herrn gegenübergestellt).[79] Daß diese sozio-ökonomischen Bedingungen gleichsam als apriorische Ordnung der Natur deklariert werden – „zu gehorsamen geboren", „dem die Natur mehr Verstand zu getheilet" –, unterstreicht die gesellschaftspolitische Funktion der reinen Sprache und des reinen Stils als identitätsstiftende und selektionierende Merkmale: die Rangordnung der *genera dicendi*, die jedem Wort den ihm gebührenden Kontext zuweist, wird als Modell einer sozialen Wirklichkeit

---

76 Harsdörffer: Trichter (Anm. 67), III, S. 15.
77 Harsdörffer: Trichter (Anm. 67), III, S. 24 f.
78 Harsdörffer: Trichter (Anm. 67), III, S. 17 f.
79 Das Gegenbild zu dem sich selbst bescheidenden und die Begrenzung seiner Möglichkeiten – im Sinne von Norbert Elias – internalisierenden Mannes wäre der Parvenu, auf dessen Funktion als Karikatur oben hingewiesen wurde.

erprobt, in dem jeder Mensch nach demselben Kriterium des *aptum* einem Stand zugeordnet werden kann, wobei über das Paradigma der Reinheit vor allem die Möglichkeiten der sozialen Unterscheidung und des sozialen Abstiegs – nicht die des Aufstiegs – erprobt werden.

Auch August Nathanael Hübners Stilkunde stützt sich insbesondere auf die Lehre von den Stilarten und verwirft explizit die Möglichkeit des „Aufstiegs", nämlich die Vorstellung, daß der *stylus humilis* das Hochdeutsche bereichern könnte.[80] Hübner nimmt eine Einteilung der Stilarten in „die hohe, mittelmäßige und niedrige Schreib-Art" vor.[81] Der hohe Stil kommt göttlichen Dingen und standesgemäß hohen Personen zu,[82] der mittelmäßige Stil entspricht „Mittelstandes-Personen",[83] und schließlich ist der humile, niedrige Stil dann zu verwenden, „wenn vom gemeinen bürgerlichen Leben, vom Land-Leben, vom Ackerbau, Viehzucht, Jägerey, ferner von den Künsten und Handwercken gehandelt wird." Er muß „so beschaffen seyn, daß 1.) jedweder gemeiner Mann denselben ohne eintzigen Commentatorem vor sich selbst verstehen kan. 2.) Daß es scheinet, als ob dergleichen Personen selbst eine solche Schrifft verfertiget hätten, welches ihnen eine gelehrte Feder angedichtet."[84]

Dieser Intention entsprechend entfaltet Hübners Stilkunde von 1720 ihre sprachkritischen Bemerkungen weniger als allgemeine Sprachtheorie, sondern mehr als pädagogische Anleitung zur Kultivierung des rednerischen und literarischen Stils. Der Begriff des Hochdeutschen ist hierbei doppelt determiniert: zum einen regional im Sinne der „zierlichen" meißnischen Mundart in ihrer lutherischen Tradition,[85] zum andern sozial als „hoher Stil", d.h. als die gesellschaftlich adäquate Rede- und Schreibweise der oberen Klassen.[86] Deswegen schult sich der „hohe Stil" an den „Vornehmen", die auch sonst „manierlicher" sind, an den Gelehrten, den Kanzleien, Rathäusern und Gerichten; auch „gute Bücher" haben Vorbildcharakter.[87] Implizit wertet Hübner damit auch die weitgehend vom Bürgertum verwaltete wissenschaftliche Sprache auf, indem er ihr die Stilqualität des *genus grande* oder *sublime* zuerkennt, die ursprünglich im rhetorischen System den höchsten, ja den göttlichen Dingen vorbehalten war.

Das Ziel dieser „Reinlichkeits"-Bestrebungen, denen Hübner ein eigenes Kapitel widmet, ist die „Verständlichkeit" des Redens durch „Reinlichkeit, Deutlichkeit, und Zierde der Wörter", wie er bezüglich des „dreyfachen Caractere dicendi" ausführt: „Wie aber die Rede durch nichts mehr verderbet wird, als wenn man seine Gedancken nicht deutlich und ordentlich entdecket; also muß man vor allen Dingen auf die Reinlichkeit, Deutlichkeit, und Zierde der Wörter sehen, damit uns ein jedweder verstehen kan."[88] Denn der Zweck der Rede ist kein anderer als die öffentliche Kommunikation:

---

[80] Hübner (Anm. 23), S. 10-12.
[81] Hübner (Anm. 23), S. 324.
[82] Hübner (Anm. 23), S. 325-227.
[83] Hübner (Anm. 23), S. 337-343.
[84] Hübner (Anm. 23), S. 344.
[85] Hübner (Anm. 23), S. 38 f.
[86] Hübner (Anm. 23), S. 12 f.
[87] Hübner (Anm. 23), S. 2-4.
[88] Hübner (Anm. 23), S. 347.

wir brauchen die Rede zu keinem andern Ende, als unsere Gedancken andern zu erőffnen, und damit dem publico zu dienen. Wie aber solches nicht besser geschehen kan, als wenn diejenigen, mit welchen wir zu handeln haben, uns vőllig Beyfall geben, dadurch wir sie gewinnen, und den intendirten Zweck erreichen: Also műssen wir in Zeiten uns um solche argumente bekűmmern, die dergleichen Nachdruck haben, und welche wir durch auserlesene und penetrante Redensarten geschickt anbringen, und dieses lehret uns die so genannte pathologie. Denn der reine und deutliche Stylus leget das Fundament; der kurtzgefaßte gehőret zur accuratesse; der Gelehrte erwecket Verwunderung; der Zierliche erwecket Anmuth und Vergnűgen; der Scharffsinnige verursachet ein mehreres Nachdenken; der Affectueuse aber giebt allen diesen erzelten Arten des Styli den Nachdruck, damit man von alle dem überzeuget wird, was bißher vorgetragen, ausser dem unsere Rede, und alle unsere Handlungen vergeblich seyn.[89]

Um den Stil rein zu erhalten, sind fremde, veraltete und verfrühte Wörter zu vermeiden sowie solche, die beim „gemeinen Mann űblich" oder „wider Zucht, Hőflichkeit und Erbarkeit laufen",[90] wobei Hübners Ansicht über Fremdwörter dahingeht, daß sie in Maßen in die deutsche Sprache zu integrieren und dort möglichst der deutschen Wort- und Schriftform anzugleichen seien.[91] Auszuschließen sind auch die „dunckle" Rede[92] und die „unanständigen, geringen und unhöflichen Redens-Arten" des "gemeinen Volcks" sowie dessen „liederliche und ärgerliche Liebes-Lieder, heydnische Sauff-Lieder, und sogenannte unreine Braut-Suppen".[93]

Zugleich besteht die Reinheit auch noch zu einem andern Zweck und ist mehr als die pragmatische Voraussetzung für Verständlichkeit:[94] dieses „Mehr" ist die Ästhetik der Sprache selbst, eben ihre eigene Verfeinerung durch „deutliche und anmuthige Worte und Redens-Arten",[95] durch „Deutlichkeit, Zierde, Ordnung",[96] durch „Lieblichkeit".[97] Bei Hübner läßt sich eine doppelte Determinierung von Sprache beobachten und im Zusammenhang der Reinigungsbestrebung näher bestimmen: *Sprache* wird zum einen behandelt *als Medium der Verständigung*; um der unverfälschten Verständigung willen muß Sprache „rein" sein. Zum anderen aber wird *Sprache* auch behandelt *als Subjekt*, dessen Ästhetik es zu entwickeln gilt, nicht im Hinblick auf den Zweck oder Nutzen, sondern um ihrer selbst willen. Diese Ästhetisierung der Sprache selbst begründet oder fördert die Tendenz, aus den divergenten Sprachebenen ein einheitliches Sprachgebäude schaffen zu wollen.

Die Definitionen reiner Sprache in der Grammatik des bereits erwähnten Chlorenus Germanus stützen sich vornehmlich auf den rhetorischen Terminus *consuetudo* bzw. *usus* oder Sprachgebrauch. Man werde, so Chlorenus, „nimmermehr zu einer reinen Schreib-Art gelan-

---

[89] Hübner (Anm. 23), S. 473 f.
[90] Hübner (Anm. 23), S. 1 f., 4, 8-10, 12, 326, 347. Als Exempel für Archaismen verweist Hübner auf die Ilias-Übersetzung von Johann Spengler von 1610 (S. 4 ff.); unter verfrühten Wörtern versteht er Verdeutschungsversuche der *Fruchtbringenden Gesellschaft* (S. 9 f.).
[91] Hübner (Anm. 23), S. 13-16. Dieser Angleichungsstrategie widersetzt sich z.B. Chlorenus (Anm. 20, S. 543 f.), der es ablehnt, fremde Wörter nur deswegen mit deutschen Buchstaben zu schreiben, „damit eine Schrift durchgehends schön rein Teutsch aussehe".
[92] Hübner (Anm. 23), S. 14.
[93] Hübner (Anm. 23), S. 10, 12 f.
[94] Hübner (Anm. 23), S. 10.
[95] Hübner (Anm. 23), S. 324.
[96] Hübner (Anm. 23), Vorrede S. VII.
[97] Hübner (Anm. 23), S. 26, 39.

gen", wenn man den Sprachgebrauch nicht als Kriterium gelten läßt.[98] Wer den falschen *usus* von Jugend auf gewöhnt ist und sich mit der „rechten Schreib-Art" schwertut, der soll sich „bey den reinesten autoribus" orientieren,[99] wenngleich auch bei „den besten und reinesten Teutschen Autoribus" manches nicht „in Acht genommen" wird.[100] Dennoch findet man „bey reinen Autoribus" die Orientierung an der „derivation",[101] während sie von der „Falschheit" des „dialects" frei sind.[102]

Chlorenus stellt eine eindeutige Hierarchie der Kriterien auf, nach denen „eine Sprache zu untersuchen und zu excoliren"[103] ist und gibt für die „vier Hauptregeln" folgende Reihenfolge an: der „sogenante usus, der gemeine Gebrauch im Schreiben" („Schreibe wie auch andere kluge Leute schreiben") richtet sich „nach der pronunciation" („Schreibe wie du redest"), diese nach der „derivation" („Siehe wie ein Wort von dem andern hergeleitet wird") und diese wiederum nach der „Eigenschaft der Sprach" („Schreibe wie es die Natur der Sprache mit sich bringet").[104] An oberster Stelle steht also die Natur der Sprache: der „durch die Gewohnheit erlernete genius linguae, die Natur der Sprache, worauf denn der usus wie vernünftig mehr als auf alle andere Reguln gehet".[105]

Weil die Pronunciation eine so gewichtige Orientierung für „die purität unserer Mutter-Sprach"[106] darstellt, bezieht sich Chlorenus häufig auf die gesprochene Sprache, obwohl er *orthographische* Probleme abhandelt:[107] „in zierlichen reden", so seine rhetorische Argumentation, sollte beispielsweise die „verderbte expression" „meinerwegen [...] an statt wegen meiner" nicht vorkommen;[108] auch „die Verderbung [...] des pronominis *selbst*" verfällt seinem Verdikt, „da einige *selbsten* / andere *selber*, und wer weis wie etwan die dritte sagen". Dies seien „unanständige dialecti des gemeinen Mannes an manchen Orten, dafür sich in Schriften billig zu hüten".[109] Denn im Schreiben ist mehr noch als im „alltäglichen Reden" auf „accuratesse und Zierlichkeit" zu achten.[110] Auf derselben Ebene des „unanständigen Dialekts" sind die „vocabula plebeja" angesiedelt, etwa das Wort „Maul", das „ex usu für ein vocabulum plebejum gehalten [wird], welches in höflichen und zierlichen Schriften, verstehet sich wenn von dem Menschen die Rede ist, nicht leicht vorkommet".[111]

---

[98] Chlorenus (Anm. 20), S. 197. Auch Leibniz räumt dem *usus* einen hohen Stellenwert ein, wenn er sagt, „der Gebrauch ist der Meister" (Unvorgreiffliche gedancken, betreffend die ausübung und verbesserung der teutschen sprache [...]. Hannover 1697, S. 79).
[99] Chlorenus (Anm. 20), S. 152.
[100] Chlorenus (Anm. 20), S. 390.
[101] Chlorenus (Anm. 20), S. 423.
[102] Chlorenus (Anm. 20), S. 482.
[103] Chlorenus (Anm. 20), S. 179.
[104] Chlorenus (Anm. 20), S. 20, 166.
[105] Chlorenus (Anm. 20), S. 75.
[106] Chlorenus (Anm. 20), S. 529.
[107] Man solle sich „um eine reine orthographie und rechte Schreib-Art bekümmern" (S. 159).
[108] Chlorenus (Anm. 20), S. 697.
[109] Chlorenus (Anm. 20), S. 336 f.
[110] Chlorenus (Anm. 20), S. 326.
[111] Chlorenus (Anm. 20), S. 696.

Während Chlorenus Germanus die gesprochene Sprache „excoliren" will, um damit die einheitliche deutsche Literatursprache mittels der Umgangssprache zu verbessern, stellt Johann Michael Heinze ausdrücklich andere – und zwar geringere – Anforderungen an die gesprochene „ungebundene" und kommunikative Rede, deren „Reinigkeit" er nicht so hoch ansetzt, um ihr den Charakter des Spontanen zu lassen.[112] Für den Kritiker Gottscheds[113] steht das Problem der Sprach-Ästhetik an oberster Stelle, zumeist repräsentiert durch das Begriffspaar „rein und zierlich" oder „vollkommen und zierlich"[114] bzw. durch sein Gegenteil „unzierlich und schlecht Deutsch".[115]

Damit nimmt Heinze eine der klassischen rhetorischen Traditionen wieder auf – die der „freien Rede" – und mißt ihr einen eigenständigen Wert zu. Die hier eingeklagte hohe Norm für alle schriftlichen Zeugnisse reiner deutscher Sprache schließt auch Kritik an Luther und allen „bisherigen Lehren" der Poetik ein: bei Luther moniert Heinze den Gebrauch der Wortformen „selbiger, und derselbige, dieselbige u.s.w."; sie seien entbehrlich und eigneten sich eher für „die gedehnte Actenschreibart, als in eine zierliche und natürliche Rede": „sie sind, mir wenigstens, in den schönen Schriften eines gewissen beredten Kirchenlehrers, den ich bey andrer Gelegenheit mit grosser Hochachtung nennen würde, iederzeit anstössig, weil sie da sehr oft vorkommen."[116] Und den Poetiken wirft er vor, sie hätten sich nur um „die unumgängliche Richtigkeit und Nothdurft deutscher Verse" gekümmert, wogegen er fordert: „aber dieselben müssen auch zierlich seyn, d.i. sie dörffen nichts an sich haben, was den Wohlklang und die Zärtlichkeit eines geübten Gehöres verletzet";[117] denn „beynahe die einzige Schönheit des Reimes [...] und daher auch beynahe seine einzige Regel" ist „die Reinigkeit des Lautes".[118]

So ist für Heinze die Grammatik oder „Sprachphilosophie", die er an Leibniz orientiert, auch nicht in erster Linie ein Zuchtmittel, sondern mehr ein Indikator, insofern ihr „geschicktester und vollkommenster Gebrauch" eine „feinste und vollkommenste Seele" kennzeichnet.[119] Die Sprache „der besten Schriftsteller" ist bereits „leichter, zierlicher, wohlklingender [...] feiner, geschmeidiger" geworden und taugt „zum Ausdrucke aller Empfindungen"; auch hat sie durch vielfältige Übersetzungen an Reichtum gewonnen, was zur „Reinigkeit ihres

---

[112] Heinze (Anm. 24), S. 32.
[113] Heinze (Anm. 24), S. 3 f., 84, 158, 194, u.ö. Heinze kritisiert Gottsched bewußt aus der Position eines Schulmannes heraus, weil Gottsched sein Werk „den Schulen gewiedmet und zugeschrieben" habe und weil „die Gottschedischen Grammatiken so unrichtig" seien (Vorrede, Bl. b⁰ ᵛ). – Vgl. auch Johann Friedrich Heynatz: Deutsche Sprachlehre zum Gebrauch der Schulen. Berlin ¹1770; verwendet: ⁵1803, S. 3; der Deutschlehrer liest Gottscheds Grammatik „mehr als Einmal mit untermischtem Unwillen und Lachen" und glaubt, „ihre Unbequemlichkeit [...] zum Lehrgebrauche zu fühlen".
[114] Heinze (Anm. 24), S. 32, 248.
[115] Heinze (Anm. 24), S. 166. Das vermeintlich Unzierliche nimmt Heinze überhaupt nicht in den Blick, und so kritisiert er auch, daß Gottsched eine Anmerkung über „das Rothwälsche Zeter Mordio" macht; dieses sei schließlich „kein Blümchen für zierliche Scribenten" (S. 194).
[116] Heinze (Anm. 24), S. 119.
[117] Heinze (Anm. 24), S. 243.
[118] Heinze (Anm. 24), S. 235.
[119] Heinze (Anm. 24), S. 128.

Idiotismi" beigetragen hat.[120] Doch kann die „reine und zierliche Schreibart" mit Hilfe der Grammatik noch weitere unästhetische Merkmale vermeiden lernen, wie zum Beispiel: „gedehnt",[121] „gedehnt und unangenehm",[122] „gekünstelt",[123] „gezwungen",[124] „langweilig", „geschleppt" und „schwerfällig".[125]

Literatur, die unter dem Primat der „Zierlichkeit" oder „Geschicklichkeit" konzipiert wird, *vermeidet* „fremde Wörter", „provinzial Wörter und Redensarten, französische oder sonst ausländische Wortfügungen"[126] sowie Wörter, die „gegen die Natur und die ordentlichen Regeln der Sprache"[127] gerichtet sind bzw. dem „Germanismus", der „Natur unserer Sprache"[128] zuwiderlaufen. Dieser „Germanismus" beruht auf dem Gebrauch dessen, was „im Deutschen gewöhnlich" ist,[129] was „Wohlklang und Zärtlichkeit des Gehörs" entspricht[130] und was „kein Fürst [...] für zierlich erklären" kann, wenn es „undeutsch, veraltet, und ungewöhnlich ist".[131] Der Primat des *Germanismus*, der sich in Sprach-Ästhetik und Sprach-Reinheit verwirklicht, erinnert an die rhetorische Unterordnung des *ornatus* unter die *puritas:* hier allerdings wird die „Deutlichkeit" der Rede ihrer Schönheit untergeordnet, denn das „deutlich reden" ist immer in Gefahr, zum „gemein reden" zu werden: „weil man von dem gemeinen Gebrauche zu reden abgeht, so wird dadurch die Schreibart erhöhet, und entfernet sich von dem niedrigen Ausdrucke";[132] „gemein" aber sind die oben aufgezählten unästhetischen Charakteristika. Dem Primat des *Germanismus* sind aber nicht nur sprach-immanente Kriterien unterworfen, sondern auch politische: in der Natur der Sprache, über die der gebildete Bürger verfügt, ersteht eine Autorität, vor der sogar ein Fürst machtlos wird; das heißt, die Vorrechte der Geburt und der politischen Tradition verschwinden angesichts der überpersönlichen Instanz, die ihr Recht als *Naturrecht* oder apriorisches Prinzip aus sich selbst gewinnt und den bürgerlichen Wissenschaftler, dessen Begriffs- und Identitäts-Instrumentarium sie darstellt, legitimiert.

Im historischen Rückblick läßt sich feststellen, daß die Auffassung von der deutschen Sprache als eine Naturgegebenheit ältere Wurzeln hat. So gründen im Jahr 1690 bereits Johann Bödikers Bemühungen um die „Reinlichkeit"[133] oder „Reinigkeit"[134] der Sprache auf der „Natur" der deutschen Sprache, die eben ihrerseits Reinheit und Qualität sei.[135] Entscheidungsgründe über die Sprachreinheit entstammen „der in einer Sprache vernünftig geschehenen und

---

[120] Heinze (Anm. 24), S. 87.

[121] Heinze (Anm. 24), S. 206, 220.

[122] Heinze (Anm. 24), S. 161.

[123] Heinze (Anm. 24), S. 112 f.

[124] Heinze (Anm. 24), S. 160.

[125] Heinze (Anm. 24), S. 220.

[126] Heinze (Anm. 24), S. 248, auch S. 32.

[127] Heinze (Anm. 24), S. 246.

[128] Heinze (Anm. 24), S. 3.

[129] Heinze (Anm. 24), S. 199.

[130] Heinze (Anm. 24), S. 243.

[131] Heinze (Anm. 24), S. 191.

[132] Heinze (Anm. 24), S. 197.

[133] Johann Bödiker: Grund-Sätze der Deutschen Sprache. Cölln a. d. Spree 1690, S. 234.

[134] Bödiker (Anm. 133), S. 430.

[135] Bödiker (Anm. 133), S. 183, 238, 270, 292, 296.

gemeinschaftlich angenommenen Bestimmung der Zeichen unserer Vorstellungen".[136] Als Synonym für „rein" gilt für Bödiker „unvermischt", d.h. rein in sich selber und rein von fremden Einflüssen, besonders von französischen.[137]

Die Reinheit der deutschen Sprache in sich selbst wird erreicht durch das Vermeiden mundartlicher Aussprachen, die sich nicht „einschleichen" dürfen, selbst dann nicht, wenn diese Mundart „reiner" sein sollte als andere.[138] Für sich selbst betrachtet können jedoch mundartliche Ausdrücke, beispielsweise niederdeutsche Wörter aus der „alten teutschen Sprache" „eben so gut rein und kräftig sein" wie hochdeutsche.[139] Die Aufgabe der unvermischten hochdeutschen Rede ist es jedoch „rund / zierlich und verständlich",[140] „rein und angenehm"[141] oder gar „honigfließend"[142] zu sein. In diesen Epitheta der Sprache kommt ihre Natur als eine ästhetisch qualifizierte Grundlegung zum Vorschein, die jedoch, wie noch zu zeigen sein wird, immer durchsichtig ist hin auf den Gedanken der Nation, deren Natur mit der ihrer Sprache übereinstimmt.

Ganz pragmatisch löst der Schulmeister Johann Friedrich Heynatz in seiner mehrfach aufgelegten Sprachlehre für den Schulgebrauch das Definitionsproblem, indem er einige Beispiele für unreinen Sprachgebrauch nennt: „Ein Wort, von welchem man behauptet, daß es jetzt von guten Deutschen entweder überhaupt, oder doch in einer gewissen Bedeutung nicht dürfe gebraucht werden, heißt barbarisch [...]. Ein Buch, worinn barbarische Wörter und Redensarten gesammelt sind, heißt ein Antibarbarus (bei einigen Sprachreiniger)." Zu den Wörtern, die man vermeiden soll, rechnet Heynatz vor allem „veraltete" Wörter, „die nicht mehr im Gebrauch sind" wie „afterreden" und „Heiland", oder auch neugemachte Wörter, die man verächtlich „neugebackene" nenne, wie z.B. „empfindsam" oder „Zartgefühl".[143] Daß auch hier die Sprachtheorie gesellschaftliche und kulturelle Werte spiegelt, ist evident.

Im ausgehenden 18. Jahrhundert lobt der Königlich Preußische Gelehrtenverein einen Preis aus für eine wissenschaftliche Arbeit über die Sprachreinheit im Deutschen, die eine theoretische Grundlegung des Purismus ebenso zum Ziel hat wie eine Anleitung zu seiner praktischen Umsetzung. Wenngleich auch in der Fragestellung des Gelehrtenvereins das Junktim „Reinheit – Fremdwort" vorgegeben ist, scheint sie doch relativ offen zu sein für eine differenzierte Definition reiner deutscher Sprache:

> Ist vollkommene Reinigkeit einer Sprache überhaupt, und besonders der Deutschen, möglich und nothwendig? Wie und nach welchen Grundsätzen kann die Reinigkeit der Deutschen Sprache am besten

---

[136] Bödiker (Anm. 133), S. 430.

[137] Bödiker (Anm. 133), S. 270.

[138] Bödiker (Anm. 133), S. 43-45, 351.

[139] Bödiker (Anm. 133), S. 351.

[140] Bödiker (Anm. 133), S. 235.

[141] Bödiker (Anm. 133), S. 349.

[142] Bödiker (Anm. 133), S. 294.

[143] Heynatz (Anm. 113), S. 104; von dem Werk sind nach 1770 weitere Auflagen 1772, 1777, 1790, 1803 etc. erschienen. Heynatz hat selbst einen „Antibarbarus" publiziert: Versuch eines deutschen Antibarbarus oder Verzeichniß solcher Wörter, deren man sich in der einen deutschen Schreibart entweder überhaupt oder doch nur in gewissen Bedeutungen enthalten muß, nebst Bemerkung einiger, welche mit Unrecht getadelt werden. Berlin 1796.

befördert werden? Wie weit kann und muß dieselbe getrieben werden, ohne ihr noch wesentlichere Vollkommenheiten aufzuopfern; und welche Theile des Deutschen Sprachschatzes bedürfen vorzüglich die Absonderung des Fremd=artigen, in welchen andern hingegen würde die Absonderung unthunlich oder nachtheilig seyn?[144]

Interessant an der Formulierung der Preisfrage sind vor allem zwei Aspekte: erstens die hier angenommene Möglichkeit, es könnte „wesentlichere Vollkommenheiten" der Sprache geben als die Reinheit und diese könnten durch ihre Reinheit bzw. Reinigung gefährdet werden; und zweitens die Differenzierung zwischen heilsamer und schädigender „Absonderung" des Fremden aus der deutschen Sprache. Den ausgelobten Preis erringt Joachim Heinrich Campe mit seiner Schrift *Ueber die Reinigung und Bereicherung der Deutschen Sprache*. Campe versteht sein Reinigungs- und Verdeutschungsprogramm vor allem in volksaufklärerischer und massenpädagogischer Absicht[145] und verengt die Fragestellung fast ausschließlich auf das Fremdwortthema in der Absicht, „unsere Deutsche Muttersprache vom fremd=artigen Zusatze reinigen zu helfen".[146]

Nach der Einschränkung, daß „vollkommene Reinigkeit einer Sprache" im Sinne einer vollständigen Autonomie oder Autarkie in keiner realen Sprache anzutreffen sei, wählt Campe den „niedrigsten Begriff [...], den wir von einer vollkommenen Sprachreinigkeit annehmen können"; darunter versteht er den „Vorzug einer Sprache, vermöge dessen sie ‚keine andere fremde Wörter und Wortverbindungen, als nur solche aufnimmt, die *ihrer eigenen Sprachähnlichkeit gemäß sind*, oder denen sie, vor der Aufnahme, durch irgend eine damit vorgenommene Veränderung, das Fremdartige abgeschliffen hat, um ihnen das Gepräge ihrer eigenen Sprach=ähnlichkeit aufzudrucken." Die deutsche Sprache habe auch diesen Vorzug – wenngleich nur vorübergehend – „verscherzt".[147]

Das reine Hochdeutsch ist für Campe einerseits regional, andererseits sozial definiert, wobei er sowohl der Sprache des Volkes[148] als auch den Oberdeutschen Mundarten zu größerem Recht verhelfen will. Campe konstatiert,

---

[144] Zit. nach Joachim Heinrich Campe: Ueber die Reinigung und Bereicherung der Deutschen Sprache. Dritter Versuch welcher den von dem königl. Preuß. Gelehrtenverein zu Berlin ausgesetzten Preis erhalten hat. Verbesserte und vermehrte Ausgabe. Braunschweig 1794, S. III.

[145] Kirkness (Anm. 9), S. 93: „Bei dem von der Kindererziehung und Schulpädagogik herkommenden Philanthropen Campe [...] überrascht es nicht, daß anders als bei Adelung Volksbildung und Volksaufklärung im Brennpunkt des Interesses stehen. Sie hängen für ihn – wiederum anders als bei Adelung – aufs engste mit der Sprachreinheit und -reinigung zusammen, ja unmittelbar von ihnen ab." Vgl. die differenzierte Untersuchung von Jürgen Schiewe: Joachim Heinrich Campes Verdeutschungsprogramm. Überlegungen zu einer Neuinterpretation des Purismus um 1800. In: DS 16, 1988, S. 17-33.

[146] Campe (Anm. 144), S. 3.

[147] Campe (Anm. 144), S. XIII f.; Hervorhebung im Original.

[148] Auf ihrem Weg von „einer rohen Volkssprache" zu einer gebildeten Gelehrten= und Hofsprache" habe die deutsche Sprache nicht etwa Reinigkeit hinzugewonnen, sondern viel von ihrer ursprünglichen Reinigkeit verloren (Campe, Anm. 144, S. XIV f.). Da aber „alles, was der gemeine Mann treibt, ohne Einmischung fremder Wörter, Deutsch gegeben werden kann", sei „kein Grund zu zweifeln [...], daß auch diejenigen Sachen, womit die Vornehmen und die Gelehrten sich beschäftigen, wenn diese gewollt hätten oder noch jetzt wollten, eben so gut durch reines Deutsch hätten ausgedruckt werden können, oder noch jetzt ausgedruckt werden könnten" (ebd., S. CVIII f.).

daß die O. D. Mund=art, als eine schon früher ausgebildete und bis in die Mitte des sechszehnten Jahrhunderts herrschend gewesene Schriftsprache, sowol manches gute, dem H. D. fehlende Kunstwort, nicht nur für die wissenschaftliche, sondern auch für die Geschäfts= Gerichts und Kunstsprache, als auch vornehmlich für die höhere Schreib=art manches vollklingende, stolze und erhabene Prachtwort, so wie manche, durch ihre Fülle und durch ihr Alter ehrwürdige Wörterform enthält, die den Hochdeutschen von geschickter Hand, am rechten Ort, besonders in den erhabenen Dichtungsarten, einverleibt, eine große und schöne Wirkung zu thun pflegen. Die N. D. Mund=art hingegen, die niemals herrschende Schriftsprache war, ist hierin, bis zum gänzlichen Mangel, arm, und kann also ihrer H. D. Schwester in dieser Betrachtung mit nichts unter die Arme greifen. Dagegen ist sie überreich an sanftlautenden, natürlichen, sinnreichen und ausdrucksvollen Wörtern und Redensarten für die Umgangssprache und für diejenige Schriftsprache, welche sich mit jener nur zu einerlei Höhe erhebt. Das ist also auch nur das Fach, worin die H. D. Mund=art von ihr zu borgen nicht erröthen darf.[149]

Fülle ist also eines der wichtigsten Merkmale der reinen deutschen Hochsprache, wie Campe überhaupt die „*fortschreitende* Bereicherung und Ausbildung" der Sprache des Volkes zusammen mit „Verbesserung der Landstraßen", „Erziehung" und „Rechtspflege" für das „Nothwendigste" erklärt, „was zur Länderverbesserung und zur Völkerbeglückung vorgenommen werden sollte".[150] Um der Fülle willen darf sich die Sprache auch bei den Dialekten bedienen, vor allem auch, um nicht aus dem Fremdwort-Schatz schöpfen zu müssen, denn sonst gerät die Sprache in die Gefahr äußerster Verunreinigung: da bei ihr wie bei den Sitten der fremde Einfluß – „Verfeinerung, Standeserhöhung und steigende Ueppigkeit" – überhand nimmt, wird der Verlust „ihrer ehemaligen jungfräulichen Züchtigkeit und Strenge" zu beklagen sein und „es fehlte am Ende wenig, daß sie nicht alle Scham verlor und, feilen Lustdirnen gleich, sich einer schändlichen Vermischung mit jedem, ihr noch so fremden Ankömmlinge Preis gab".[151]

Den Übergang schließlich zur Auseinandersetzung mit dem Verhältnis von Hochsprache und Mundart stellt etwa zur gleichen Zeit wie Campe die Definition der reinen deutschen Sprache bei Johann Christoph Adelung her, denn „rein" ist für Adelung das definitorische Charakteristikum der „guten Hochdeutsche[n] Mundart":[152] „rein Deutsch" ist die vorwiegende „gemeinigliche" Bezeichnungsform des Hochdeutschen selbst[153] und damit eine wechselseitige Synonymbildung. Das heißt, wo immer Adelung sich mit der Frage nach dem Hochdeutschen beschäftigt, diskutiert er implizit oder explizit die Frage nach der *reinen* deutschen Sprache.

Dieser reine „Hochdeutsche Sprachgebrauch" ist für Adelung eine „eigene Mundart, welche sich in dem südlichen Sachsen, so wie eine jede andere Mundart in ihrer Provinz gebildet hat, und durch den vorzüglichen Geschmack der obern Classen zu der reinsten, wohlklingendsten und besten Deutschen Mundart ist ausgebildet worden." *Rein* kann das Hochdeutsche aber nur deswegen sein, weil ihm eine Verneinung innewohnt – die Verneinung des Niedrigen: „Nicht die Sprache des großen Haufens in Obersachsen ist unter dem Namen des

---

[149] Campe (Anm. 144), S. CCXIII f.

[150] Campe (Anm. 144), S. 17; Hervorhebung im Original.

[151] Campe (Anm. 144), S. XIV f. – Hierzu siehe auch unten S. 233 f.

[152] Johann Christoph Adelung: Über den deutschen Styl. Berlin 1785, Teil I, S. 60.

[153] Johann Christoph Adelung: Deutsche Sprachlehre zum Gebrauche der Schule [...]. Berlin 1781, S. 19.

Hochdeutschen die Schriftsprache geworden, sondern die Sprache der obern Classen".[154] Die Klassenzugehörigkeit nach *oben* erlaubt es, das in Meißen ansässige Hochdeutsche, „die Meißnische Mundart der obern Classen [...], das in den obern Classen Meissens weiter ausgebildete und verfeinerte ältere Hochdeutsch",[155] als „Deutschlands Schrift- und höhere Gesellschaftssprache"[156] zu bezeichnen und damit ein Modell zu begründen, innerhalb dessen Klassenzugehörigkeit und Sprachqualität sich gegenseitig bedingen: zu den „obern Classen" gehört, wer reines Hochdeutsch spricht; reines Hochdeutsch ist jene Sprache, die in den „obern Classen" gesprochen wird, die ihrerseits nicht dem Adelsstand vorbehalten sind, sondern ausdrücklich die Gelehrten einschließen. Das so konstruierte Hochdeutsche ist seit der Reformation „die Büchersprache aller Schriftsteller von Geschmack" und gleichfalls „die Hofsprache des gesittetern und verfeinerten Umganges" geworden und ist nach Adelungs Ansicht, die allerdings deutlichen Wunschcharakter besitzt, als „die Hofsprache des ganzen gelehrten und gesitteten Deutschlandes" anzusehen.[157]

Hochdeutsch ist also eine Mundart, obwohl es eine Schriftsprache ist; dieses dialektische Umschlagen von Mündlichkeit in Schriftlichkeit verdankt es der Tatsache, daß es nicht eine einfache Mundart ist, sondern eine im doppelten Sinn „gebildete": „Die unter dem Nahmen des *Hochdeutschen* bekannte jüngere Schriftsprache ist eine Tochter des *Oberdeutschen*, doch mehr der nördlichen als der südlichen Provinzen." Sie ist eine entwickeltere Form der oberdeutschen Mundart und hat „von der weichen, schlüpfrigen und kurzen Sprache des Niederdeutschen nur gerade so viel angenommen, als zur Milderung der rauhen und schwülstigen Oberdeutschen nötig war."[158] Die Reinheit der hochdeutschen Mundart bildet sich also durch einen Assimilations- und Abstoßungs- oder Ausscheidungsprozeß, in dem die chemischen Substanzen Rauhheit und Weichheit ein drittes Element bilden: die Sprache der Gebildeten, die ihrerseits ebenfalls Produkte eines Assimilations- und Ausscheidungsprozesses sind, der sie zu gebildeten Bürgern gemacht hat.

Die Analogiebildung von Reinheit und hochdeutscher Mundart durchzieht sämtliche Definitionsversuche Adelungs: für ihn sind „die classischen Schriftsteller in jeder Sprache" immer jene, die „den feinsten, reinsten und richtigsten Geschmack haben", und dies gilt natürlich insbesondere für Meißen und das obersächsische Gebiet, während es ansonsten „der Deutschen Litteratur in den Provinzen [...] an der feinen Empfindung des wirklich Schönen, oder an dem gehörigen Grade des Geschmackes" fehlt.[159]

---

[154] Johann Christoph Adelung: Magazin für die Deutsche Sprache. Leipzig. Teil 1: 1782, Teil 2: 1783; hier: I, 1, S. 39.

[155] Adelung: Magazin (Anm. 154), I, 2, S. 44.

[156] Adelung: Styl (Anm. 152) I, S. 72. Vgl. auch Adelung: Sprachlehre (Anm. 153, S. 16): in den „Obersächsischen Provinzen" hat sich die Provinzialsprache „durch Wissenschaften, Künste, Geschmack und Wohlstand" zur „verfeinerten und bereicherten Oberdeutschen Mundart" ausgebildet.

[157] Adelung: Sprachlehre (Anm. 153), S. 18.

[158] Adelung: Sprachlehre (Anm. 153), S. 16 f.

[159] Adelung: Magazin (Anm. 154) I, 1, S. 97.

7.4 Sprachreinheit und Mundart. Oder: Was ist hochdeutsch?

Die Frage nach der reinen Sprache ist immer auch eine Frage nach den Quellen, aus denen sich die reine Sprache speist und nach der legitimierenden Instanz der Reinheit. Insofern sind allgemeinere linguistische Fragestellungen wie die nach Regiolekt und Soziolekt oder nach Mündlichkeit und Schriftlichkeit auch für die Reinheitsthematik von Bedeutung, um so mehr, als die Autoren des Untersuchungszeitraums diesen Zusammenhang auch explizit unterstellen. Grundvoraussetzung aller im Zusammenhang des kritischen Rationalismus stehenden Bemühungen um Sprachreinheit ist dabei die Übereinkunft, daß die deutsche Hochsprache ein in sich selbst begründetes vernünftiges System sei. Die „reine Sprache" ist in diesem Sinn als Analogie zur „reinen Vernunft" zu verstehen als eine apriorische ,natürliche' Gegebenheit, die sich mit den Mitteln der Vernunft „kritisieren", d.h. in diesem Fall erschließen und beeinflussen läßt.

Diese Anschauung erreicht im ausgehenden 18. Jahrhundert ihren Höhepunkt bei Johann Christian Christoph Rüdiger, der in seiner Kritik an Adelung insbesondere dessen Definition des Hochdeutschen als eine Mundart angreift.[160] Für Rüdiger ist das Hochdeutsche eine „Büchersprache":

> Dieses Hochdeutsche im engern Verstande nun, diese ausgebildete, gereinigte, verfeinerte, und kunstrichtige Bücher- Gelehrten- und Hofsprache Teutschlands ist überhaupt das vornehmste Ziel des Sprachlehrers, und sie ist es auch, über deren Bestandtheile, Ursprung und Verhältniß zu den gemeinen Mundarten man noch bis jetzt nicht einig geworden ist.[161]

Das Hochdeutsche, das hier nicht als *rein*, sondern als *gereinigt* charakterisiert wird, begründet den Unterschied aller Mundarten untereinander und den Unterschied aller Mundarten im Verhältnis zum Hochdeutschen selbst.[162] In seiner Orientierung am „verfeinerten Städter"[163] erweist sich das „reine Hochteutsch"[164] als eine aus allen Mundarten heraus verfeinerte Sprache, die den „Regeln der Natur" folgt:[165] das Hochdeutsche hat „seinen Grundstoff und Ursprung von gar keiner Mundart besonders, es ist vielmehr ein gewählter Ausschuß des besten von allen und die Mundarten sind alle davon verschieden, insgesammt aber der Gegensatz der hochteutschen Sprache".[166] Insofern hat sich auch die meißnische Mundart, die an Reinigkeit dem Hochdeutschen nahekommt, diesem unterzuordnen und ist nicht sein Maßstab.[167]

Der gewissermaßen parlamentarisch-demokratische Grundzug dieser Konstituierung des Hochdeutschen erweist sich im Ausdruck „ein gewählter Ausschuß", den Rüdiger hierfür benutzt, wobei das Adjektiv *gewählt* hier gleichermaßen den Charakter des Auserwählten wie

---

[160] Johann Christian Christoph Rüdiger: Neuester Zuwachs der teutschen, fremden und allgemeinen Sprachkunde, Leipzig 1783, S. 10, 48 f.
[161] Rüdiger (Anm. 160), S. 5.
[162] Rüdiger (Anm. 160), S. 20.
[163] Rüdiger (Anm. 160), S. 31 f.
[164] Rüdiger (Anm. 160), S. 4.
[165] Rüdiger (Anm. 160), S. 32, 43, 50, 55.
[166] Rüdiger (Anm. 160), S. 6.
[167] Rüdiger (Anm. 160), S. 53, 55.

den der Legitimation hat. Denn weil es für das Hochdeutsche Regeln der Natur gibt, liegen die Kriterien für die reine Hochsprache im „Gebrauch“, der die Sprache „sogar mit den fremdartigsten Theilen vermischen [kann], ohne daß Kunstrichter und Sprachlehrer sie jemahls wieder davon zu reinigen vermögen“:[168] eine „lebendige Sprache kann [...] nie festgesetzt werden“.[169]

Allerdings darf man sich die Auswahl nicht als willkürlichen Akt vorstellen, gleichsam als Nationalversammlung der Mundarten, sondern als unwillkürliche Folge des Handels und des Warenverkehrs. Diese „Aushebung des Hochteutschen“

> geschahe nicht durch eine allgemeine Musterung der Mundarten und Auswahl nach deutlichen Gründen. [...] Ganz allmählich vielmehr flossen dadurch die Mundarten zusammen, daß bey Ausbildung der Sprache und Litteratur alle Provinzen bald diese bald jene mehr oder minder geschäftig war, jede ihre Mundart gebrauchte und jede von den andern etwas zunahm.[170]

Rüdigers Kritik setzt bei Adelungs kultursoziologischer Argumentation an, derzufolge das Hochdeutsche mit der Sprache der „obern Classen“ und „fast aller Personen von Geschmack und Erziehung“ in „Meißen und Obersachsen“[171] identisch sei; Adelung definiert es damit als eine durch Kompromiß entstandene und eher durch Zufall bevorzugte „Mundart“, und zwar ausdrücklich als „eine eigene Mundart.“[172] Mit der Charakterisierung des Hochdeutschen als eine Mundart versucht Adelung einen Schlußstrich zu ziehen unter die jahrhundertelange Debatte über das Verhältnis der Mundarten untereinander und zum Hochdeutschen selbst. Er löst das Problem durch die doppelte Determinierung der „Hochdeutschen Mundart“: für ihn ist die einheitliche reine deutsche Schrift- und Literatursprache Regiolekt und Soziolekt zugleich, wobei sie hinsichtlich ihrer regiolektalen Eigenschaften ausgleichend und vereinigend, hinsichtlich ihrer soziolektalen Eigenschaften wertend und trennend funktioniert.

Die regionale Bindung des Hochdeutschen an Obersachsen leitet Adelung aus der kulturschaffenden und aufklärerischen Wirkung der Reformation und der durch sie „gereinigten Religion“ ab: „die Reformation [...] ward zugleich Reformation aller Wissenschaften, und die Aufklärung des Verstandes verbreitete ein bisher ungewohntes Licht über alles, was nur ein Gegenstand derselben war.“[173] Luther, der sich als „der erste“ der „grammatischen Reinigkeit und Richtigkeit befliß“,[174] habe vorhandene Tendenzen der Sprachreinigung und -zentrierung aufgegriffen und verstärkt. Aber nur die protestantische Tradition hat diese Ansätze weiterentwickelt, und zwar dadurch, daß „alle Lehrer der gereinigten Religion“ in Wittenberg oder

---

[168] Rüdiger (Anm. 160), S. 26.

[169] Rüdiger (Anm. 160), S. 47.

[170] Rüdiger (Anm. 160), S. 38.

[171] Johann Christoph Adelung: Umständliches Lehrgebäude der Deutschen Sprache. 2 Theile. Leipzig 1782, Theil I, S. 82; auch Adelung: Magazin (Anm. 154), I, 1, S. 25, 27 f.; 2, S. 104-107; 3, S. 47; 4, S. 106; II, 4, S. 145.

[172] Adelung: Lehrgebäude (Anm. 171), Vorrede, S. XXII.

[173] Johann Christoph Adelung: Über die Geschichte der Deutschen Sprache, über deutsche Mundarten und deutsche Sprachlehre. Leipzig 1781, S. 61.

[174] Adelung: Geschichte (Anm. 173), S. 65.

aus den reformatorischen Schriften die verfeinerte meißnische Mundart lernten.[175] So bleiben Meißen und Obersachsen „noch lange nach der Reformation der vornehmste Sitz des Geschmacks und der Gelehrsamkeit in ganz Deutschland", was dann unmittelbar die Verfeinerung und Ausbildung der regionalen obersächsischen Mundart zur „Gesellschaftssprache" nach sich zieht.[176]

Unter dem Blickwinkel des Regiolekts besteht für Adelung der Vorzug der von ihm definierten hochdeutschen Mundart darin, daß sie „die Mittelstraße zwischen dem weitschweifigen Schwulste und rauhem Wortgepränge des Oberdeutschen und zwischen der schlüpfrigen Weichlichkeit und einförmigen unperiodischen Kürze des Niedersachsen hält". An anderer Stelle drückt Adelung denselben Gedanken subjektorientiert aus und spricht damit die vorher der Sprache selbst zuerkannten Qualitäten auch dem individuellen realen Sprachbenutzer zu; er stellt fest, daß „der Hochdeutsche mit seiner Sprache die Mittelstraße gehet. Seine Sprache ist nichts anders, als eine durch das Niederdeutsche gemilderte oberdeutsche Mundart":[177]

> Da die Hochdeutsche Mundart aus den beyden einander entgegen gesetzten Mundarten, der Ober- und Niederdeutschen, gewisser Maßen zusammen gesetzt ist, wenigstens sie in manchen Stücken in sich vereinigt, obgleich mit überwiegender Neigung zur Oberdeutschen: so hat sie beyde Formen auffgenommen, die vielen einander oft widersprechenden Bedeutungen unter beyde vertheilet, und dadurch den Vortheil erhalten, daß die Rede bestimmter und deutlicher geworden ist, welches doch allemahl der erste und wichtigste Endzweck der Sprache ist.[178]

Das Hochdeutsche *als regional gebundene Mundart* entsteht durch Versöhnung von Gegensätzen, denen eine geographische Opposition zugrundeliegt.[179] Das Hochdeutsche indes *als sozial gebundene Mundart* entsteht durch Verschärfung von Gegensätzen, denen eine ständische Opposition zugrundeliegt. Mit und durch Adelung wird der langdauernde Prozeß abgeschlossen, in dem die vorkapitalistischen Standesgrenzen überprüft und verworfen werden, weil ihre Tauglichkeit nachläßt. An ihre Stelle treten, wie oben gezeigt, neue Versuche, die Klassenzugehörigkeit vor allem des Bürgers in seiner ständisch nicht abgesicherten Identität neu zu definieren, ein Versuch, bei dem die Sprache eine zentrale Funktion übernimmt. Die ihr zugeschriebene Fähigkeit der Versöhnung und der Scheidung spiegelt die Merkmale, die für das Bürgertum wesentlich werden, die Identität durch eine Abgrenzung, in die gleichermaßen die Aufhebung alter wie die Schaffung neuer Grenzen eingeht. *Der regiolektale Aspekt* des reinen Hochdeutschen stellt einen grenzüberschreitenden, durch Sprache definierten Verbund von Menschen (Männern) her, die sich verstehen, austauschen und Geistesverkehr miteinander treiben können, wobei für den Handel einiger Gewinn entsteht, nämlich der

---

[175] Adelung: Geschichte (Anm. 173), S. 64. Auch nach Auffassung der neueren Sprachgeschichtsschreibung nimmt das Oberdeutsche seit der Mitte des 16. Jahrhunderts durch die Frankfurter Ausgabe der Lutherbibel und den Frankfurter Buchhandel Elemente des mitteldeutschen Lutherdeutsch in sich auf (vgl. Moser [Anm. 4], S. 149).

[176] Adelung: Lehrgebäude (Anm. 171), I, S. 82.

[177] Adelung: Wörterbuch (Anm. 34), S. X f.

[178] Adelung: Lehrgebäude (Anm. 171), I, 2, S. 140.

[179] Das hier evozierte Modell entspricht in seinen Grundzügen auch den modernen Auffassungen vom „Sprachausgleich", wobei Luther nicht mehr als dessen Verursacher gesehen, sondern in die historisch sich vor der Reformation anbahnende Entwicklung eingebunden wird.

Gewinn durch Waren- und Geldzirkulation. *Der soziolektale Aspekt* des reinen Hochdeutschen soll zum einen die Grenzdurchlässigkeit zwischen Bürgertum und Adel – das heißt: nach *oben* hin – mit sich bringen,[180] zum andern die Grenzen *innerhalb* des Bürgertums ebenso wie zwischen Bürgertum und Bauernstand – das heißt: nach *unten* hin – aufrichten: dieses „Unten" wird allerdings erst durch die Abgrenzung konstituiert, weil sich in ihm unterschiedslos Bürger und Nichtbürger wiederfinden, indem der besitzlose Bauer wie der besitzlose Bürger zum klassenlosen Arbeiter, vulgo *Pöbel*, werden.[181] Auch hierbei entsteht einiger Gewinn für den Handel, nämlich der Gewinn durch Ausbeutung.

Die Charakteristik der reinen hochdeutschen Mundart spiegelt noch in einem weiteren Aspekt den bürgerlichen Identitätsentwurf: in dem der Autonomie oder gar Autarkie. Das zeigt sich nicht nur an der Dominanz des *genius linguae* über alle fürstliche Herrschaft, sondern auch an den Kriterien der Beurteilung, die das Hochdeutsche in sich selbst – und nur in sich selbst – trägt:

> Da das Hochdeutsche keine aus den übrigen Mundarten ausgehobene Sprache, sondern die Mundart der südlichen Chursächsischen Lande ist, so kann auch das, was gut Hochdeutsch ist, d.i. was ihr, als einem ausgebildeten Ganzen angemessen ist, nicht aus und nach den übrigen Mundarten, sondern muß allein aus und nach ihr selbst, d.i. nach ihrem eigenen Sprachgebrauche beurtheilet werden.[182]

Wenn auch Adelung durch diese Orientierung an einer regional und sozial klar definierten „Mundart" Kriterien für die Reinheit der Sprache gewinnen kann – nämlich aus dem „Gebrauch" des so determinierten Hochdeutschen[183] –, entstehen in diesem Punkt doch unaufgelöste Widersprüche. So kritisert er am Hochdeutschen, daß es irregulär, jung, arm an Wörtern, Bedeutungen und Formen sei[184] und erst „auf eine erlaubte Art [...] immer mehr und mehr zur Vollkommenheit" gebracht werden müsse.[185] Andererseits attestiert er gerade der „hochdeutschen Mundart", sie werde im südlichen Chursachsen „so rein gesprochen [...], als sie von den besten Schriftstellern nur geschrieben werden kann",[186] was er auf ihre „innere Güte und Ausbildung" zurückführt.[187] Überhaupt habe die deutsche Sprache eine starke Neigung zu „Ursprünglichkeit und Reinigkeit", weil sie „mit ihren Ableitungssylben von jeher sparsam umgegangen"[188] sei und weil sie seit der Zeit ihrer Verschriftlichung keine „Vermischung"[189]

---

180 Vgl. dazu unten über die Sprachgesellschaften, S. 201-209.

181 Zur hier vollendeten Abwertung des „Pöbels" und seiner Sprache vgl. Luthers einigermaßen liebevolle Hinwendung zum „groben, harten pöfel", zu dem er spricht, oben S. 3, Anm. 10. Adelung (Magazin [Anm. 154] I, 1, S. 21) ist die volksnahe Sprache Luthers (*Maul*) sichtlich peinlich, wenn er das berühmte Zitat „dem Volk aufs Maul schauen" nur mit der relativierenden Bemerkung bringen kann, Luther habe hier eben im „sehr derben Geschmack seiner Zeit" gesprochen.

182 Adelung: Magazin (Anm. 154) I, 1, S. 30.

183 Adelung: Sprachlehre (Anm. 153), S. 18; Adelung: Styl (Anm. 152), I, S. 541; auch: Adelung (Anm. 154), I, 3, S. 53 ff.

184 Adelung: Wörterbuch (Anm. 34), S. X.

185 Adelung: Wörterbuch (Anm. 34), S. XII.

186 Adelung: Lehrgebäude (Anm. 171), I, S. LX; II, S. 681.

187 Adelung: Lehrgebäude (Anm. 171), I, S. 83.

188 Adelung: Lehrgebäude (Anm. 171), I, S. 237, 251.

189 Adelung: Lehrgebäude (Anm. 171), II, S. 648.

mehr erleben mußte. Deswegen sei ihr Bau „noch ganz rein und unverfälscht erhalten".[190]

Mit der Identifizierung der Aspekte *ursprünglich* und *rein* greift Adelung auf die Hypothese von der reinen Ursprache zurück;[191] andererseits ordnet er gerade den nicht-hochdeutschen Mundarten abwertend das Charakteristikum „archaisch" zu, von dem er die „innere Güte" des Hochdeutschen abgrenzt:

> Die Hochdeutsche Mundart ist nichts weniger als despotisch, sie beneidet den übrigen ihre archaischen Schönheiten nicht, und dringt sich niemandem auf. Sie hat ihre Herrschaft keinen gewaltsamen Eroberungen, sondern dauerhaftern Ursachen, ihrer innern Güte und Ausbildung zu danken.[192]

Aus diesem Widerspruch ergibt sich ein tautologisches Argumentationsmuster bei Adelung, das darauf hinausläuft, daß die Mundart Meißens nicht als hochdeutsch definiert *wird*, sondern daß sie selbst definitorischen Charakter besitzt: *weil* sie die hochdeutsche Mundart *ist*, wirkt das Ursprüngliche und Archaische in ihr *rein*, während dieselben Bestandteile in andern Mundarten nur erneut deren Mangel an Reinheit bestätigen.[193] – Auf den irrationalen Grundzug, der sich „trotz des fortwährenden Geredes von klaren und deutlichen Begriffen, auf denen die Kultur beruhe", durch Adelungs Werk ziehe, hat schon Jellinek hingewiesen:

> Seine Sprachbetrachtung ruht auf dem Grundsatz, daß die Sprache nicht das Werk einer willkürlichen Verabredung sei, und ebensowenig glaubt er, daß der Einzelne, der Schriftsteller oder Sprachlehrer, an dem Gange der Sprachentwicklung etwas Wesentliches ändern könne. Und je länger, desto mehr befestigt sich bei ihm die Überzeugung, daß die wirkliche, nicht im vollen Licht des Bewußtseins sich vollziehende Sprachentwicklung den Zweck der Sprache weit besser erreicht als das klügelnde Individuum. Trotz seiner Verachtung der Vergangenheit, namentlich des Mittelalters, ist dieser Sohn des Aufklärungszeitalters nicht mehr weit entfernt von jener ehrfürchtigen Bestaunung der Wunder des Sprachgeistes, die für die historische Sprachforschung der ersten Hälfte des 19. Jahrhunderts so charakteristisch ist.[194]

Adelungs Identifizierung von Obersächsisch mit Hochdeutsch hat zahlreiche Vorgänger aber auch Gegner; unbestritten ist jedoch, daß jede Stellungnahme zum Problem des Hochdeutschen im Untersuchungszeitraum sich mit der Bedeutung der obersächsischen Mundart auseinanderzusetzen hatte. Über die aus heutiger Sicht schwer nachzuvollziehende Bedeutung dieses Regiolekts merkt Coulmas an, daß „Bewertungen von Sprachvarietäten weder zeitlich noch über soziale oder Sprechergruppen hinweg konstant" seien: „Sächsisch bspw. hat im Laufe weniger Generationen einen dramatischen Wertverfall vom prestigereichsten zum allgemein geschmähten und ridikülisierten Dialekt erfahren".[195]

---

[190] Adelung: Magazin (Anm. 154), I, 4, S. 29.

[191] Siehe dazu unten S. 178 ff.

[192] Adelung: Lehrgebäude (Anm. 171), I, S. 83.

[193] Alan Kirkness (Zur Sprachreinigung im Deutschen 1789-1871. Eine historische Dokumentation. 2 Teile. Tübingen 1975, S. 293) stellt mit Blick auf Adelung und Gottsched fest, daß beide „den jeweiligen Entwicklungsstand zur verbindlichen Norm machen" wollten.

[194] Jellinek (Anm. 46), S. 335. – Zur sprachtheoretischen Einschätzung der Bedeutung Adelungs vgl. u. a. auch Margit Strohbach: Johann Christoph Adelung. Ein Beitrag zu seinem germanistischen Schaffen mit einer Bibliographie seines Gesamtwerkes. Berlin 1984; Döring (Anm. 16), S. 159-167; Erika Joing: Johann Christoph Adelung. Tradition und Öffnung. In: ZG 4, 1983, S. 466-469.

[195] Coulmas (Anm. 7), S. 285 f.

Der vor Adelung sicher bedeutendste Sprachtheoretiker, Johann Christoph Gottsched, der auch seinerseits der obersächsischen Sprachform den Vorzug gibt und ihr sogar „zum Durchbruch verhilft",[196] entwickelt in der Mitte des 18. Jahrhunderts ein differenziertes Modell der Dialekte, die er in eine Rangordnung stellt und zu allererst als Differenz untereinander und zur Hochsprache charakterisiert: „Eine Mundart ist diejenige Art zu reden, die in einer gewissen Provinz eines Landes herrschet; in so weit sie von der Art zu reden der andern Provinzen abgeht, die einerley Hauptsprache mit ihr haben."[197] Die „Hauptsprache" ist also nach Gottscheds Ansicht nicht unmittelbar an *eine* Region gebunden, sondern bildet ihrerseits das alle Regionen zur Nation einigende Band. Dieser „allgemeine" Sprachgebrauch berücksichtigt den Sprachgebrauch „der Provinzen und Mundarten", bei denen es allerdings eine Hierarchie gibt: wenn „die Niedersachsen" in Analogiebildung zu „schlagen / schlug" auch „fragen / frug, jagen / jug" bilden wollen, so erweist sich an den Oberdeutschen, daß diese Formen „weder der Analogie, noch der allgemeinen Übereinstimmung gemäß sey[en]", weil nämlich „der durchgängige Gebrauch der Oberdeutschen mehr Ansehen und Gültigkeit hat, als der Plattdeutschen."[198] Das heißt, Gottsched bezieht in seine Argumentation weniger den sozialen Aspekt der Klassenzugehörigkeit des Sprachbenutzers ein, um zu den verbindlichen *reinen* Formen zu gelangen, sondern er greift auf das rhetorische Modell der *consuetudo* und der *ratio* bzw. *analogia* zurück, aus denen er Verbindlichkeit ableitet.

Auch Gottsched geht demnach von einer Auffassung des Hochdeutschen als einer Mischform und Ausgleichssprache aus, bei der jedoch der oberdeutsche Aspekt größeres Gewicht erhält. Dieses Gewicht bezieht das Oberdeutsche aus seiner Geschichte, die es einst als auserwählte Sprache erscheinen ließ: „Man könnte hier mit gutem Scheine den Einwurf machen, daß vor 250 Jahren die meisten deutschen Bücher am Rheine und in Schwaben gedrucket wurden; und daß also dieses die beste Mundart seyn müßte." Aber wie in der Geschichte des Glaubens, so geht auch in der Geschichte der Sprache die Auserwählung durch ein einschneidendes Ereignis von einem Träger auf den anderen über; hier wird der Übergang erneut durch die Reformation – die Übertragung der Auserwähltheit von der unreinen römischen auf die reine protestantische Kirche – markiert:

---

[196] Laut Moser (Anm. 4, S. 146-153) waren in der bis ins späte 18. Jahrhundert andauernden Rivalität der vor allem konfessionell, aber auch landschaftlich geprägten Sprachformen „Lutherdeutsch" versus „kaiserliches Deutsch" für den „Sieg" des Lutherdeutsch Gottsched, Klopstock, Wieland und die Klassiker ausschlaggebend, die sich in ostmitteldeutscher Sprachform äußerten, obwohl sie landschaftlich zum Teil Ober- und Niederdeutsche waren. Gottscheds *Deutsche Sprachkunst* (Leipzig [1]1748) hatte große Wirkung auch im nicht-protestantischen Oberdeutschland und in der Schweiz, wo sich durch ihn das Lutherdeutsch verbreitete. – Eggers (Anm. 39, S. 314) vermerkt, daß „Gottscheds Grammatik, die sich nicht mehr auf die Schriften des Erzketzers Luther berief und die außerdem durch die Heranziehung von Autoren aus verschiedenen Landschaften dem Anschein nach die Vorherrschaft des Meißnischen beseitigte, [...] hier als Goldene Brücke gelten" konnte.

[197] Johann Christoph Gottsched: Vollständigere und Neuerläuterte Deutsche Sprachkunst, Nach den Mustern der besten Schriftsteller des vorigen und jetzigen Jahrhunderts abgefasset. [= Titel ab der 4. Auflage]. Leipzig [5]1762, Einleitung § 2, S. 2.

[198] Gottsched (Anm. 197), S. 7, Anm. k und l.

Allein die Zeiten haben sich geåndert, und der Sitz der deutschen Gelehrsamkeit ist, seit der Glaubensreinigung, durch Frankenland nach Obersachsen gewandert. Sonderlich ist er durch die neugestifteten hohen Schulen zu Wittenberg, Jena und Halle, gleichsam in Meißen befestiget worden. Nicht wenig hat auch der aus Frankfurt am Mayn, größtentheils nach Leipzig gezogene Bücherhandel dazu beygetragen. Weil auch durch die fruchtbringende Gesellschaft, in diesen Gegenden die meisten und besten deutschen Bücher geschrieben und gedrucket worden: so hat die hiesige Mundart unvermerkt in ganz Deutschland die Oberhand bekommen.[199]

Gottsched ist sich jedoch bewußt, daß die Spannung zwischen den angestammten Rechten der anderen Regionalsprachen und dem neu behaupteten Vorrecht der obersächsischen (protestantischen) Mundart bestehen bleibt. Deswegen beruft er sich auf sein persönliches Zeugnis, das glaubwürdig sei, weil er, Gottsched selbst, nicht aus Obersachsen stamme: „Ich weis wohl, daß einige andere Residenzen und Universitäten diese Ehre unserm Meißen nicht gönnen wollen, und sich wohl gar einbilden: sie håtten eben soviel Recht und Ansehen in der Sprache. Allein ich bin kein Meißner von Geburt und Auferziehung, sondern in månnlichen Jahren erst hieher gekommen: und also muß wenigstens mein Zeugniß von der Parteylichkeit frey seyn." Auch Gottscheds Argumentation geht von der doppelten Funktion des Hochdeutschen aus, gleichermaßen versöhnend wie trennend zu sein, indem für Gottsched auch am Meißnischen Dialekt nicht alles wertvoll ist, vor allem nicht die Umgangssprache des „Pöbels", der eben „überall seine Fehler (hat), so wie er sie in Rom, Paris und London auch hat". Der Ausscheidungsfunktion der Sprache gegenüber dem Pöbel entspricht ihre vereinigende Funktion, die sich bei Gottsched weniger auf die „obern Classen" als vielmehr auf die Wissenschaften bezieht: „Es ist aber gar keine Landschaft in Deutschland, die recht rein die hochdeutsch redet: die Uebereinstimmung der Gelehrten aus den besten Landschaften, und Beobachtungen der Sprachforscher müssen auch in Betrachtung gezogen werden."[200]

Während die Schweizer Autoren Johann Jacob Bodmer und Johann Jacob Breitinger Gottsched zum einen wegen seines verengenden Rationalismus' und zum anderen wegen seiner Bindung an den ostmitteldeutschen Einheitstyp der Hochsprache heftig kritisieren und diesen Orientierungspunkten den Eigenwert und die Produktivität der alemannischen Mundarten gegenüberstellen,[201] bezieht sich der oberpfälzische Pfarrer Carl Friedrich Aichinger vor allem auf Gottscheds Argument, das er in der *Sprachkunst* entwickelt habe, daß „das reine Hochteutsche [...] in der That in keiner Provinz geredet" werde. Auch Aichinger lehnt die Hierarchie der Mundarten ab und betont, daß das Hochdeutsche eben nicht die Mundart einer

---

[199] Gottsched (Anm. 197), S. 67.

[200] Gottsched (Anm. 197), S. 403.

[201] Johann Jacob Bodmer: Critische Betrachtungen über die Poetischen Gemåhlde der Dichter. Zürich 1741; Johann Jacob Breitinger: Critische Dichtkunst. Zürich und Leipzig 1740. Zum Streit zwischen Gottsched und den Schweizern siehe Horst Dieter Schlosser: Sprachnorm und regionale Differenz im Rahmen der Kontroverse zwischen Gottsched und Bodmer/Breitinger. In: Dieter Kimpel (Hg.): Mehrsprachigkeit in der deutschen Aufklärung. Studien zum 18. Jahrhundert, Bd. 5. Hamburg 1985, S. 52-68. Der schwäbische Benediktiner Augustin Dornblüth fordert eine auf das Schwäbische aufbauende Gemeinsprache und kritisiert in seinen *Observationes oder Gründliche Anmerckungen über die Art und Weise eine gute Übersetzung besonders in die teutsche Sprach zu machen* (Augsburg 1755) Gottscheds Orientierung am protestantischen Dialekt der Obersachsen und seine rationalistische ‚französisierende' Stilistik, der es an (barockem) Schmuck und Reichtum fehle.

bestimmten Region, sondern der übermundartliche Maßstab sei, unter den sich alle Dialekte zu stellen hätten; deswegen käme auch keiner einzelnen Mundart der Vorrang – nämlich das „Ansehen" des Hochdeutschen – zu, sondern allenfalls dann „ein Lob", wenn sie „am wenigsten eignes und abweichendes habe, und jener allgemeinen am nächsten" stehe:

> Und dieses Lob, diesen Vorzug begehren wir übrige Teutsche den Meißnern, und etlichen andern Ober= und Niedersachsen, wie auch den Schlesiern nicht abzustreiten. Hergegen versehen wir uns zu ihnen hinwiederum der Billigkeit, daß sie uns auch noch für Teutsche halten, und uns das Vermögen zutrauen, das reine hochteutsche, so wir uns drauf legen wollen, zu erkennen, zu reden und zu schreiben.[202]

Das „reine Hochdeutsche" ist auch für Aichinger eine Gelehrtensprache, die in allen Provinzen des Reichs gesprochen und geschrieben wird – oder jedenfalls gesprochen werden *könnte*, wenn „wir uns drauf legen wollen", wenn also die Bereitschaft besteht, dieses reine Hochdeutsch zu lernen wie eine Fremdsprache. Die den Gelehrten der Provinzen zugesprochene Fähigkeit erleidet eine Einbuße: man müsse

> doch vielleicht Oesterreich und Bayern ausnehmen wollen [...]: sie schreiben, wie die Griechen, vielfältig nach ihrer eignen Aussprache, und wollen sich die lieblichere und reinere Art zu schreiben nicht aufdringen lassen; sondern beruffen sich darauf, daß ihre Mundart die recht alte fränkische Hofsprache sey. [...] Doch dermahlen wird es auch in diesen ländern anderst: und so wohl Oesterreich, als Bayern kann jetzt männer aufweisen, die auch in reinem Teutsche etwas gutes vorzutragen wissen. In Oesterreich blühen die schönen Wissenschafften nebst der reinen teutschen Sprache dermahlen ganz herrlich hervor.[203]

Mit besonderer Genugtuung – als handle es sich um gerettete Seelen – konstatiert der protestantische Pfarrer die Tatsache, daß er selber „etliche gelehrte Catholicken dieser Gegend" kenne, die alle bayerischen Dialektanklänge „sorgfältig vermeiden, und sich um die Reinigkeit der Sprache glücklich bemühen".[204]

Im gleichen Jahr 1754 und mit derselben Intention entwirft auch der Grammatiker Christian Friedrich Hempel seine *Erleichterte Hoch-Teutsche Sprach=Lehre*, mit der er einen leichtfaßlichen Sprachunterricht für Anfänger und Ausländer bieten will. Hempels Werk, das sich auf Gottsched, Steinbach, Bödiker und Aichinger stützt und die sprachtheoretischen Grundlagen in einen sprachdidaktischen Lehrgang umzusetzen versucht, geht von einer Definition „der heutigen Hoch-Teutschen Sprache" aus „welche sich an keine besondere Mundart bindet, wie gemeiniglich der Pöbel thut; sondern die aus allen Mund-Arten Ober-Teutsch-Landes das Gewöhnlichste und Beste heraus suchet, und sich lediglich nach denen von gelehrten Leuten daraus verfertigten Regeln richtet".[205] Denn das „Beste einer Mund-Art ist zweifelsohne dasjenige davon, was mit den meisten andern Mund-Arten übereinkommet", weil man darin „ein Ueberbleibsel ihres ersten Ursprunges" erkennen kann";[206] „es ist die eigentliche Sprache der Gelehrten und Hof-Leute; wie bereits H. Prof. Gottsched und der seel. Bödiker bemerket

---

[202] Carl Friedrich Aichinger: Versuch einer teutschen Sprachlehre. Frankfurt und Leipzig 1754, S. 17.

[203] Aichinger (Anm. 202), S. 20 f.

[204] Aichinger (Anm. 202), S. 22.

[205] Christian Friedrich Hempel: Erleichterte Hoch-Teutsche Sprach=Lehre, worinnen gründlich und auf die leichteste Art gewiesen wird, wie man diese Sprache nicht nur recht und zierlich reden, sondern auch richtig schreiben solle. Frankfurt a. M., Leipzig 1754, II, S. 2.

[206] Hempel (Anm. 205), II, S. 5.

haben."[207] Die „Gelehrten" sind für Hempel diejenigen Sprachkundigen, „welche das reine Teutsche recht schreiben und aussprechen können".[208]

Hempel charakterisiert die hochdeutsche Sprache zum einen durch ihre Unabhängigkeit von Mundarten und zum anderen durch ihre ausschließlich an Oberdeutschland gebundenen Merkmale. Mundart und Pöbel einerseits sowie Gelehrte und Adel andererseits werden grundsätzlich parallel gesehen, wodurch Hempel sich in dieser Hinsicht in die auf Adelung hinlaufende Traditionslinie einordnen läßt.

Von der hochdeutschen *Sprache* unterscheidet Hempel die „Hoch-Teutsche Mund-Art, sonst Dialect genant"; es ist „diejenige Art und Weise zu reden und zu schreiben, welche in einer Stadt, oder Gegend, oder in einem ganze Lande, insgemein gebräuchlich ist, und von andern Teutschen Mund-Arten in etwas abweichet."[209] Die Abweichungen sind zum einen grammatikalischer Art und betreffen Aussprache, Deklination, Konjugation und Lexik; zum anderen werden von Hempel auch soziale Differenzen benannt: „Wohl aller Orten, sprechen vornehmlich die Bauern die Selbstlauter ganz anders aus, als die Bürger, in den Städten."[210] Doch gibt Hempel trotz seiner Einschränkung, daß sich das Hochdeutsche an keine Mundart binde, dem Meißnischen einen besonderen Rang: die „reinste, zierlichste und annehmlichste" Sprachform sei die der Obersachsen, „sonderlich in der Gegend von Leipzig und Halle, am besten dermaßen gesprochen [...], daß sie dem Hoch-Teutschen am nächsten kommt." Unter Sprachpflege und Sprachentwicklung versteht Hempel die Bemühung, „unsere Mutter-Sprache immer deutlicher, leichter, wortreicher, nachdrücklicher, zierlicher und lieblicher zu machen Denn dies sind die vornehmsten Eigenschaften und Mittel, wodurch besagte Sprache zu einigem Grade der Vollkommenheit gelangen kann."[211]

Zu diesem Zweck befaßt sich das Werk nicht nur mit grammatischen Fragen wie „der Wort Forschung, oder dem Syntax, überhaupt",[212] sondern auch mit rhetorischen Problemen wie Redeschmuck und Idiomatik des Deutschen, „der Constructione ornata, oder den Zierlichkeiten und Idiotismis der Teutschen Sprache".[213]

Geht man auf der historischen Linie der Auseinandersetzung um Hochsprache und Dialekt weiter zurück, trifft man bei Chlorenus Germanus auf den Begriff des *usus*, des Sprachgebrauchs, dem die Frage nach der Hochsprache zugeordnet wird. Ein Vierteljahrhundert vor Gottsched greift Chlorenus mit seiner Betonung des *usus* als der verbindlichen Instanz für das Hochdeutsche auf das rhetorische Kriterium der *consuetudo* zurück, die die *puritas* des Stils stützt. *Usus* ist eine gleichsam demokratische entwickelte und historisch gewachsene Instanz, in die auch „Fehler" eingehen können, die im Laufe der Zeit zum gewöhnlichen Gebrauch geworden sind.[214] Allerdings darf der *usus* nicht zum „usus tyrannus" verabsolutiert werden.[215]

---

207 Hempel (Anm. 205), II, S. 2.
208 Hempel (Anm. 205), II, S. 7.
209 Hempel (Anm. 205), II, S. 3.
210 Ebd.
211 Hempel (Anm. 205), II, S. 6 ff.
212 Hempel (Anm. 205), I, S. 672.
213 Hempel (Anm. 205), I, S. 1284.
214 Chlorenus (Anm. 20), S. 151.

Chlorenus verengt den *usus* als Instanz zum „rechten usus", dem er den „falschen usum" gegenüberstellt, der sich durch Dialekteinflüsse herausbildet. Im Rahmen eines Stufenmodells räumt Chlorenus ein, daß es zulässig ist, wenn sich ein Dialektsprecher und -schreiber auf den *usus* seiner Mundart stützt; besser jedoch sei es, wenn der Bezugspunkt das Hochdeutsche bleibe oder werde,[216] denn Dialekt ist für Chlorenus im Grunde „nichts anderes als die Art auf welche ein gewisser beysammen wohnender Haufe nach und nach von ihrer Grund-Sprache abgegangen [sei] und selbige verderbet" habe.[217] Dialekt ist die „Gewohnheit des gemeinen Mannes, der seine Sprache nicht zu excoliren begehret",[218] und entsteht dadurch, daß „nach dem Unterschied der Orte und Zeiten" die Sprache „täglich durch den gemeinen Mann, welcher sich ob er recht rede nicht bekümmert, sondern nach und nach unvermerkt oft eine andere pronunciation angewöhnet, eine Veränderung leidet".[219] Damit ist der Dialekt als Soziolekt charakterisiert – und diffamiert.

Der *usus* kann also nicht aus dem allgemeinen Sprachgebrauch abgeleitet werden, da dieser dialektal verunreinigt ist, sondern wird durch die Übereinstimmung mit den Regeln der Sprache als *richtiger usus* legitimiert, das heißt: zum Kriterium der *consuetudo* muß das der *ratio* treten, um den „rechtmäßigen Gebrauch" der Sprache zu begründen.[220] Auch der richtige *usus*, der schließlich die beste – wenn auch nicht im Sinne einer Norm: die verbindliche – Orientierung bietet, ist nicht regional, sondern ausschließlich sozial begründet: es sind Menschen, und zwar „geschikte gelehrte Leute, und die sonst ein reines Teutsch schreiben" bzw. „geschikte Leute, ohnerachtet sie jeder seiner Landes Art gemäs nach ihrem eigenen dialect pronunciren, gleichwohl nicht darnach, sondern der in ganz Teutschland üblichen Gewohnheit" –: sie sind der Maßstab für den „rechten usus".[221] Diese vorbildlichen Sprachbenutzer artikulieren sich in der „rechte[n] Regulmäsige[n] pronunciation", und die mit der regelmäßigen Aussprache „übereinstimmende Schreib-Art [...] floriret bey cultivirten Personen durch ganz Teutschland".[222] Während die Dialekt-Unterschiede vor allem in der mündlichen Kommunikation zum Vorschein kommen, weil die gewöhnliche Pronunciation durch die „unanständige dialecti des gemeinen Mannes"[223] bzw. „durch die vielen dialecte und üble Redens-Art des gemeinen Mannes dermassen verderbt"[224] sind,

(giebet es) hingegen im Schreiben, worauf eigentlich die orthographie siehet, (...) die Erfahrung, daß alle gelehrte Leute, sie seyen in Leipzig, Hamburg oder Ulm zu Haus, einerley orthographie haben [...] denn was den Unterschied der Schreib-Art welcher sich in vielen Schriften findet anbetrifft; so richtet sich selbiger; wie bekannt, nicht nach dem Vaterland derer Autorum, sondern den besonderen Meinungen [...] dererselben: dahero es geschiehet, daß zwey welche in einer Stadt ja Strasse beyeinander wohnen, folglich

---

215 Chlorenus (Anm. 20), S. 184, 288 f.
216 Chlorenus (Anm. 20), S. 151-154.
217 Chlorenus (Anm. 20), S. 42.
218 Chlorenus (Anm. 20), S. 47.
219 Chlorenus (Anm. 20), S. 172 f.
220 Chlorenus (Anm. 20), S. 151, 184.
221 Chlorenus (Anm. 20), S. 154.
222 Chlorenus (Anm. 20), S. 185.
223 Chlorenus (Anm. 20), S. 336 f.
224 Chlorenus (Anm. 20), S. 194.

einerley dialect in dem Reden haben, doch im Schreiben ganz divers sind, da hingegen hierin diejenige oft welche wol funfzig biß sechzig Meilen entfernet gar wol miteinander übereinstimmen.[225]

Das heißt: für Chlorenus Germanus ist die reine hochdeutsche Schriftsprache nichts anderes als jener Dialekt, „welcher in ganz Teutschland nirgends und zugleich überall im Gebrauch ist", da „an allen Orten Personen von condition auf das wenigste [=zumindest] sich dessen befleisigen": doch um einer verläßlichen Grammatik willen darf man „auf besagte dialectos qua dialectos sämtlich nicht reflectiren", sondern muß „denjenigen welcher in ganz Teutschland nirgends und zugleich überall im Gebrauch ist zum Grund setzen."[226]

Allerdings kann Chlorenus die Vorstellung von Übergängen zulassen, wenn er konzediert, daß „auch die dialecti einigermassen zu dem usu" gehören und daß jemand, der sich konsequent innerhalb seines Dialekts ausdrückt sich darauf berufen kann, „daß es eben nichts sonderbares, sondern sich auf einen, ob schon nicht durch ganz Teutschland allgemeinen, Gebrauch gründe, allein besser ist es, wenn solches nicht geschiehet".[227]

Mit dieser pointierten Festlegung des reinen Hochdeutsch auf die regionen-übergreifende bürgerliche Gruppe der Gelehrten bezieht Chlorenus Germanus die antagonistische Gegenposition zu einer Auffassung, wie sie beispielsweise Johann August Egenolf um 1716 vertreten hatte: für diesen Niederdeutschen beantwortet sich die Frage, „bey welcher Art Leuten" und in welcher deutschen Mundart die Stamm-Wörter am „reinsten" erhalten wären, mit dem entschiedenen Hinweis: gewiß nicht bei „den Gelehrten, die sich insgemein bemühen, eine Sprache nach der ausgeschmücktesten und nettesten Art zu reden, wodurch die Wörter von ihrer alten Art abgeführet und verändert werden, oder bey Vornehmen und Hoff=Leuten, welche, wie in andern Dingen, also auch im Reden sich von andern absondern, und was eigenes haben wollen".[228] Im Unterschied zu der Auffassung des Chlorenus, derzufolge das gemeine Volk die Sprache verunreinigt, weil es sie immer weiter von der Ursprache wegtreibt, kehrt Egenolf das rhetorische Kriterium radikal um: er findet Reinheit nicht im *consensus eruditorum*, sondern mißtraut gerade den Gelehrten und Adeligen, weil sie eine sozial abgehobene Sondergruppe bilden und eine gleichsam künstliche Fachsprache sprechen, während man hinsichtlich der Reinheit vielmehr bei den Bauern fündig werde, bei denen die Worte, die sie „täglich im Munde haben, viel reiner bleiben" als bei den sozial höher angesiedelten Sprachbenutzern. Regional findet man „die ältesten [und reinsten] Teutschen Stamm=Wörter [...] in Ost-Frießland, Oldenburgischen, Westphalischen, Hollsteinischen, Mecklenburgischen, Pommerischen u.s.w.", wo man sie „viel reiner, als in unsern Hochteutschen Sachsen antreffen wird."[229]

Ganz und gar auf die Begründung der reinen deutschen Sprache durch die Mundarten verzichtet der Grammatiker Georg Barenius, der in der lateinischen Vorrede seiner 1707 erschienenen *Nova Grammatica Linguae Germanicae* die Behauptung aufstellt, es sei kein Argument der Vernunft, sondern ein Vorurteil („magis opinione, quam ratione"), daß die

---

[225] Chlorenus (Anm. 20), S. 41.
[226] Chlorenus (Anm. 20), S. 47 f.
[227] Chlorenus (Anm. 20), S. 154.
[228] Johann August Egenolf: Historie Der Teutschen Sprache. Leipzig 1716, II, S. 105 f.
[229] Ebd.

deutsche Sprache die schwierigste unter den europäischen sei.[230] Die Schwierigkeit liege nämlich nicht in der Sprache selbst, sondern in der Blindheit jener, die das Einfache nicht erkennen. Gewiß sei die Sprache sehr verdunkelt durch die Zersplitterung der Schriftform („valdè obscurari scripturae diversitate"); auch trage die Unterschiedlichkeit der regionalen Sprechweisen erheblich zur Unübersichtlichkeit des Sprachzustands bei („ex diversis pro diversitate regionum pronunciationibus"). Auf die Mundarten jedoch könne man nicht bauen, denn es gebe keine, der nicht etwas Unreines beigemischt wäre, auch wenn man sie als rein beurteile („nullaque est Dialectus, quin aliquid impuri admixtum habet, etiamsi puram judices"). Für Barenius ist die *analogia* die einzige sichere Basis der Wortbildung und Syntax, während alle, die der stets und überall veränderlichen Aussprache auch in der Schreibweise zu folgen versuchen, kein sicheres Fundament des Sprechens und Schreibens haben („incertum, vagum, perpetuoque fluctuans erit eorum fundamentum, qui [...] inhaerent pronunciationi semper & ubique mutabili").

Die überall veränderliche Aussprache hingegen könne durch Gebrauch und Gehör zur verläßlichen Hochsprache hinzugelernt werden („pronunciatio mutabilis [...] usu et auditu addiscenta est"). Wenn jedoch zuerst die Gelehrten und schließlich das ganze Volk die *analogia*, nämlich die Gleichförmigkeit der Wortbildung, zur Grundlage der Muttersprache machen, werden die Deutschen in Kürze eine einheimische Sprache haben, die sowohl die reinste wie die leichteste von allen sein wird („Praeeant doctiores, plebs quondam sequetur, habebuntq; Germani vernaculam brevi et purissimam et omnium facilimam").

In ähnlicher Weise wie Barenius weist sein Zeitgenosse Daniel Georg Morhof die Schuld an dem unsicheren Stand der deutschen Sprache den Deutschen selbst zu, wobei er allerdings im Gefolge Schottels, auf den er sich beruft und dessen Werk „billig allen andern vorzuziehen" sei,[231] vornehmlich die Oberdeutschen in die Verantwortung nimmt; er tut dies unter dem Stichwort „Der Teutschen Sprache Zierlichkeit":

> Die Teutschen haben sie selbst verkleinert. Sie wird bey den Autoribus barbara lingua genannt. I. Vossius verachtet die heutige Teutsche Sprache ohne Fug. Die harten dialecti können dieselbe an sich nicht verunzieren. Der Bayern und Oesterreicher Außrede wird von Scioppio nicht unbillig getadelt.[232]

Für die mangelnde Reinheit der oberdeutschen Mundarten führt Morhof außerdem an, daß „Bayern / Tyroler und Oesterreicher (...) keine sonderliche Art im Poetisiren (haben) / und weiß ich deren keine zu nennen. Denn ihre Sprache und Mundart ist unfreundlich / deßhalben die Tichterey frembde und unlieblich."[233] In diese Kritik bezieht Morhof auch die berühmten Dichter und Sprachtheoretiker Harsdörffer, von Birken und Clajus ein, deren zahlreichen Werken es „nicht an Geist / Erfindung / sinnreicher Außbildung fehlet"; dennoch enthalte ihre Sprache „gewisse Freyheiten in den Versetzungen und Beschneidungen der Wörter /

---

230 Georg Barenius: Nova Grammatica Linguae Germanicae [...]. Neue Teutsche Sprach-Kunst [...]. Nordköping 1707, Lateinische Vorrede, o. p.

231 Daniel Georg Morhof: Unterricht Von Der Teutschen Sprache und Poesie. Kiel 1682, ²1700. Kritische Ausgabe auf der Grundlage der beiden ersten Auflagen. Bad Homburg usw. 1969, S. 227.

232 Morhof (Anm. 231), S. 223.

233 Morhof (Anm. 231), S. 217.

Fügung der Rede / und in dem numero". Diese befremdlichen Elemente würden insgesamt „etwas unlieblich" lauten und insbesondere „in den Ohren der Schlesier und Meißner nicht wohl klinge[n]".[234]

Bemerkenswert ist an Morhofs Position, daß er seiner Abwertung der oberdeutschen Dialekte nicht einfach eine idealisierte Auffassung der nieder- oder ostmitteldeutschen Mundarten gegenüberstellt, sondern eine verläßliche und reine Orthographie fordert, die über den Dialekten steht:

> Es wäre solche höchstnöthig / so wohl denen Meißnern selbst / als auch uns / die wir in Niedersachsen leben / und die Hochteutsche Sprache mit Mühe / und meistentheils auß den Büchern erlernen müssen / welche wir hernachmahls mit unserer Mutter=Sprache verfälschen und also nichts accurates / so wohl was die orthographia, als auch die Reinligkeit derselben ins gemein anlanget / in der Teutschen Ticht=Kunst zu wege bringen können / für allen in den Augen der Oberländer / als welchen solch Nidersächsisches [sic] Hochteutsch gar zu rauhe und öffters unverständlich scheinet.[235]

Offensichtlich richtet sich Morhofs Interesse vorwiegend auf die Literatur-, weniger auf die Alltagssprache, denn Orthographie und Sprachreinheit „ins gemein" werden als Dienerinnen der „Teutschen Ticht=Kunst" apostrophiert, was Morhof an anderer Stelle noch präzisiert:

> Wer nun ein reinliches Teutsches Carmen schreiben will / der muß den lieblichsten Dialectum, wie der Meißnische ist / ihm vorsetzen / unter welchen aber die andern Oberländer schwerlich zu bringen sind / denn ihre idiotismi lauffen allezeit mit unter. Meines erachtens soll ein Nidersachse die beste Art im schreiben an sich nehmen / wenn er in den Hochteutschen Idiotismus etwa geübet ist. Daß man aber alle Dialectos unter einander vermischen könne / ist eine viel zu grosse Freyheit.[236]

Die Dialekte seien nicht „das Hochdeutsche" selbst, urteilt Kaspar Stieler 1691, und definiert den Begriff der „hochteutschen Sprachkunst" als die „Lehre das Hochteutsche rein zu reden und grundmäßig zu schreiben." Dann erläutert er seine Wortwahl programmatisch mit Blick auf den *puritas*-Gedanken:

> Ich sage Hochteutsch / dieweil die anderen teutschen Mundarten / sie seyen Niderländisch / Sächsisch / Schweizerisch / Oesterreichisch / Schwäbisch / Fränkisch / ja sogar Meißnisch. Diese hochteutsche Sprache / welche das Teutsche Reich auf Reichstagen / in Kanzeleyen und Gerichten / so wol die Geistlichkeit in der Kirche / auf öffentlichen Kanzeln und im Beichtstul / wie nicht weniger die Gelehrte in Schriften / und männiglich in Briefen / Handel und Wandel gebrauchen / nicht ist / noch zu einer durchgehenden Kunstrichtigkeit vor sich und besonders gelangen kann / in dem / wie der berümte Suchende recht urteilet.[237]

Interpunktion und Syntax dieser Textstelle lassen erst bei genauerem Hinsehen erkennen, daß Stieler eigentlich sagen will, daß keine der Mundarten das Hochdeutsche sei, auch nicht die meißnische; das Hochdeutsche läßt sich vielmehr definieren einerseits als offizielle Sprache

---

[234] Morhof (Anm. 231), S. 217.

[235] Morhof (Anm. 231), S. 18 f.

[236] Morhof (Anm. 231), S. 238; zum Vorrang des Meißnischen vgl. auch S. 19, wo Morhof Christian Scriver dafür lobt, „daß / in der Reinligkeit der Teutschen Sprache / es ihm keiner / [...] zuvor gethan habe / welches um so viel mehr / weil er ein Holsteiner von Geburt ist / zu verwundern / doch würde er es nicht so weit gebracht haben / wann er nicht eine geraume Zeit sich in Meissen auffgehalten hätte."

[237] Kaspar Stieler: Der Teutschen Sprache Stammbaum und Fortwachs oder Teutscher Sprachschatz. Nürnberg 1691, S. 1 f. Der „berümte Suchende" ist Justus Georg Schottel, der hier unter seinem Gesellschaftsnamen der Fruchtbringenden Gesellschaft angesprochen wird.

des Reichs, andererseits als die Sprache des religiösen Kults, der Wissenschaften und des Handels. Das heißt, die auf Schottel („der berümte Suchende") rekurrierende Begründung des reinen Hochdeutsch zeigt sich als übermundartliches System, dessen Garanten die tragenden Institutionen des Reichs sind.

Damit entspricht Stielers Einschätzung von Schottels Position jener, die die moderne Sprachwissenschaft formuliert: Schottel „strebte eine über den Mundarten stehende, dem Analogieprinzip unterworfene schriftsprachliche Norm an, die eher dem Gebrauch gelehrter, weiser und geschickter Männer, als dem einer bestimmten Region entsprach und die Grundrichtigkeit, d.h. Gesetzmäßigkeit, Regel- oder Systemhaftigkeit des Deutschen voll zur Geltung kommen ließ."[238]

Die *Ausführliche Arbeit Von der Teutschen HaubtSprache* Schottels aus dem Jahr 1663 hingegen zeigt durchaus, daß auch dieser Grammatiker die regionale Bindung des Hochdeutschen an die Meißnische Mundart behauptet, allerdings mit der Beschränkung auf die größeren Städte dieser Region: „Die rechte Meißnische Ausrede / wie sie zu Leipzig / Merseburg / Wittenberg / Dresden üblich / ist lieblich und wollautend / und hat in vielen Wörteren [sic] das Hochteutsche sich wol darauf gezogen".[239] Dieser vorbildlichen Sprachverfassung in den Städten steht allerdings der „der Meisnische Dialectus auf dem Lande und unter den Bauren" gegenüber, der „breit und verzogen" sei. Nur deswegen hält Schottel es für „lächerlich", daß sich einzelne Meißner zu Richtern über die andern Dialekte aufwerfen und sich dabei auf die Reinheit der Mundart insgesamt berufen:

> Es ist sonst fast lächerlich / daß ein und ander / sonderlich aus Meissen / jhnen einbilden dürfen / der Hochteutsche Sprache / jhrer Mundart halber / Richter und Schlichter zu seyn / ja so gar sich erkühnen / jach jhrem Hörinstrumente, und wie sie nach beliebter Einbildung jhre Ausrede dehnen / schlenken / schöbelen und kneifen / die Hochteutsche Sprache / auch in jhrer natürlichen unstreitigen Grundrichtigkeit zuendern / und solches als grosse Meisterstükke öffentlich als was köstliches und nötiges hervorzugeben / wodurch das rechte höchstlöbliche Sprachwesen (so viel die Ausrede / Bildung und Rechtschreibung der Wörter betrift) auf ein lauter ungewisses und Triebsand wolte gesetzet werden; Zumahl sich immermehr neusüchtige Lehrlinge anfinden / die vermeinen / was Beyseitiges und Neus zukochen / jhnen frey stünde. Es solte billig jede Obrigkeit acht geben lassen / daß solche Schlüngelgekke jhre Brüte für sich vielmehr behalten / als durch öffentlichen Trukk / was für Spracherfahrne Helden sie sind / kuntmachen könten.[240]

Mit anderen Worten: das Hochdeutsche orientiert sich zwar am Meißnischen, aber nur an dessen städtisch-verfeinerten Teilen. Ansonsten muß man die Kriterien für das reine Hochdeutsch durch gründliches *Studium aller Dialekte* zu gewinnen versuchen, d.h. Hochdeutsch ist das Ergebnis sprachwissenschaftlicher Forschertätigkeit:

---

[238] Kirkness (Anm. 193), S. 291; vgl. auch oben S. 33 f. – Zur sprachhistorischen Auseinandersetzung mit Schottel vgl. Stjepan Barbarić: Zur grammatischen Terminologie von Justus Georg Schottel und Kaspar Stieler. Bern und Frankfurt a. M. 1981; Hiryuki Takada: J.G. Schottelius, die Analogie und der Sprachgebrauch: Versuch einer Periodisierung der Entwicklung des Sprachtheoretikers. In: Zeitschrift für germanistische Linguistik 13, 1985, 2, S. 129-153; Jörg Jochen Berns: Justus Georg Schottelius. 1612-1676. Ein Teutscher Gelehrter am Wolfenbütteler Hof. Ausstellung der Herzog August Bibliothek Wolfenbüttel [Katalog] 1977.

[239] Schottel (Anm. 64), S. 159.

[240] Schottel (Anm. 64), S. 158 f.

Wañ nur jemand fragen würde / welcher Dialectus, oder welche Mundart die beste / zierlichste / reinlichste / und an Worten und Redarten die reicheste / so ist unschwer zuerachten / daß kein Volk unter diesen Teutschen sich für die schlimsten / gröbsten und ärmsten wolle achten lassen / auch derjenige / welcher andere Dialectos wil tadeln / arm / unrein und grob schetzen / muß des Dinges kundig und erfahren seyn / sonst ist es ein Ausspruch von unerkundigter Sache / so nohtwendig fehltrift: [...] Wer nur von einem Dialecto der Sprache handelt / der handelt nicht von der gantzen Sprache selbst: wer nur seiner angebornen Mundart kündig ist / verbleibt billig in den Schranken solcher seiner Kundigkeit. Wer von der Teutschen Sprache gründlich was schreibet / wird dieser oder jener Mundart Eigenschaft / anstat durchgehender Nachfolge (so fern solches nicht durchgehends beliebt ist) Regulsweis schwerlich zupflanzen vermögen.[241]

Die so aus dem Wissensfundus über die Mundarten und dem Einfluß des städtischen Obersachsen extrahierte Sprache wird von Schottel als „hochteutsche Mundart" ausgerufen. Um sie in eine überzeugende Traditionslinie stellen zu können, greift er auf überlieferte Vorbilder zurück – die attische und die römische Mundart als Inbegriffe der antiken Hochsprachen:

Ob auch wol in Niedersächsischer Mundart viel liebliches und angenehmes wol kan beschrieben werden: [...] so halten wir dennoch mit fuge dafür / daß die rechte vollkommene untadelhafte Zier / nach aller Eigenschaft der Rede / das bestimte Glükk unserer Teutschen Sprache / zuvorderst dem Hochteutschen verliehen; Also daß / wie unter den Griechischen Mundarten die Attische die beste geblieben / und die Oberstelle erworben / unter den alten Lateinischen Mundarten / endlich die Römische den Preiß behalten / und allen Schmuk / Zier und Gewisheit in und auf sich gebracht hat / gleicher massen auch in der weiten und räumigen Teutschen Hauptsprache / die mehrgemelte Hochteutsche Mundart die jenige eintzig seyn wird / kan / und muß / darin die Grundrichtigkeit gepflantzet, kunstmessige Ausübung gesetzet / und alle wahre Zier / Kunst / Lob / Pracht und Vollkommenheit gesuchet / gefunden / behalten / und fortgepflantzet werden muß. Und kan man in solchem Verstande linguam nostram Germanicam wol nennen die Hochteutsche Mundart / sicut Attica Dialectus pro Lingua Graecam Romana Dialectus pro Lingua Latina, & alias vox Dialecti pro Lingua ipsa usurpatur.[242]

Im Vergleich mit diesem sehr elaborierten und bemühten Begründungszusammenhang wirkt August Buchners affirmative Zuordnung des Hochdeutschen zum Meißnischen und zu vornehmen Kanzleien geradezu erfrischend direkt:

Die Reinligkeit sonsten des Deutschen an ihr selbst belangend / so bestehet dieselbe vornehmblich darauff / daß man sich guter Meisnischer / und bey den fürnehmen Cantzeleyen bräuchlicher Worte gebrauche / anderer aber sich enthalte.[243]

In der Grammatik des Johannes Girbert von 1653 schließlich werden die Dialekte bzw. Provinzialsprachen nicht berücksichtigt; alleiniger Maßstab ist der „Communis Germaniae Mercurius", der Geist der deutschen Sprache, der ihr gewissermaßen als Naturgesetz innewohnt:

Absonderlich auff gutachten Vornehmer Leute dahin das Absehen gehabt / nicht die Schwäb= Schweitzer= Niederländ= auch nicht die Niedersächsische Sprache; sondern nur die / so Communis Germaniae Mercurius genennet wird / vnd die das Deutsche Reich selbsten in den Abschieden / Cantzeleyen / Consistorien / vnd Druckereyen bißhero gebrauchet hat / vnd dero Schrifften von Käysern / Königen / Chur=Fürsten / Gelehrten vnd Vngelehrten vnterschrieben / in den Archiven der Nachwelt zum Vnterricht verwahret ligen / zubeobachten.[244]

---

241 Schottel (Anm. 64), S. 152.
242 Schottel (Anm. 64), S. 175.
243 August Buchner: Kurzer Weg-Weiser zur Deutschen Tichtkunst [...]. Jena 1663, S. 63.
244 Girbert (Anm. 60), Bl. A 2ᵛ.

In seiner strikten Orientierung am Reich und seinem Schriftverkehr grenzt sich Girbert ausdrücklich von den „Vnreichs= vnd Landůbliche[n] Arten zu schreiben" ab, von denen er sowohl Beispiele anführt, die im Verlauf der Entwicklung zur Norm wurden, wie „das offene u / im Anfang" oder „Bau fůr Baw", als auch Beispiele für regionale Schreibweisen, die sich nicht durchgesetzt haben, wie „wier / fůr wir: dihr / fůr dir, slecht fůr schlecht". Bevor diese abgelehnten Wortformen als reine deutsche Schriftsprache anerkannt würden, wäre „zu erkundigen / ob Kåyser= Kŏnig= Chur= und Fůrstliche Schreiben / darnach wir uns billich in Schulen richten / solche newe Schreibart annehmen / vnd im Rŏm: Reich einhellig brauchen werden".[245] Denn nur die „Cancelleyen sind rechte Lehrerinne der reinen deutschen Sprache".[246]

Der historische Durchgang anhand einiger Quellenschriften hat ergeben, daß sich hinsichtlich der Sprachreinheit zwei Traditionslinien in der Beurteilung der Differenz von Mundart und Hochsprache abzeichnen: ein breiter Argumentationsstrang, demzufolge die reine Hochsprache an ein übermundartliches und sozial hoch angesiedeltes Idiom, in dem der verlorene reine Urzustand der Sprache wiederhergestellt ist, gebunden wird; diese Linie mündet schließlich in Adelungs Programm der doppelt determinierten meißnischen Mundart. Daneben läuft ein schmaler Argumentationsstrang einher, der ebenfalls die Reinheit der Sprache mit ihrer Ursprünglichkeit identifiziert, diese Nähe zur Ursprünglichkeit nun aber gerade nicht bei den sozial Höherstehenden sieht, sondern sie beim „gemeinen Volk", vor allem bei den Bauern in den niedersächsischen Provinzen vorfindet. Diese Traditionslinie hat sich nicht durchsetzen können; hingegen spielten bei der Ausbildung der Literatursprache im ausgehenden 18. Jahrhundert durchaus etwa die mundartlichen Anregungen der oberdeutschen und schweizerischen Autoren – auch gegen Gottsched und Adelung – eine wichtige Rolle.[247]

Bevor der Zusammenhang zwischen Sprachreinheit und der im Hintergrund wirksamen Vorstellung einer *Ursprache* genauer beleuchtet wird, soll noch kurz die Differenz zwischen gesprochener und geschriebener Sprache in ihrer Auswirkung auf die Idee der Sprachreinheit dargestellt werden.

7.5 Schriftlichkeit versus Mündlichkeit. Oder: Der falsch gewachsene Schnabel

Die Differenz von Schriftlichkeit und Mündlichkeit spielt im Zusammenhang der Sprachreinheit in dreifacher Weise eine Rolle: zum ersten in der Ansicht, Sprachreinheit gelte gleichermaßen für beide sprachlichen Äußerungsformen, zum zweiten in der Begründung des Vorrangs der Schriftlichkeit und drittens schließlich in der vieldiskutierten These von der Vorbildlichkeit der mündlichen Rede, dem Postulat ‚schreib wie du sprichst'.

1. *Sprich und schreibe rein.* Für den Erfurter Rechenmeister und Schreiber Hans Fabritius stellt sich im Jahr 1531 dieses Problem allenfalls als eines der Didaktik: er will dem An-

---

245 Ebd.
246 Girbert (Anm. 60), Bl. A 3ᵛ.
247 Vgl. hierzu Eggers (Anm. 39), S. 298 f.

alphabetismus gegensteuern und fordert, „das kein Man gesell solte sein, er solt schreyben vnd lesen künden, die weyl vns Got seyn Göttlich worth also freuntlich mit geteilt hat"; desgleichen solle auch „ein yeder verstendiger Burger ader auszlendischer" lesen lernen.[248] Fabritius' *Nutzlich buchlein* ist keine Grammatik im engeren Sinn, sondern ein „Conglomerat von Schreib- und Lesebuch und Homonymenverzeichnis",[249] das weniger der Diskussion als der Ausbildung dienen soll. Unter dieser Prämisse geht Fabritius auch nicht normativ vor, sondern deskriptiv; er läßt regionale Unterschiede selbstverständlich zu: „yn ettlichen landen nimpt man das worth segen ader schneiden" für das von ihm favorisierte „saghen" (*sägen*) im Unterschied zu „sagen" (*sagen*).[250]

Trotz dieser Freiheit im Umgang mit Varietäten setzt sich Fabritius für eine Bereinigung der Schreibweise ein, wenn auch nicht aus theoretischen, so doch aus didaktischen Gründen, weil „vil die da leßen kunden yetz nicht wol leßen mügen vmb der verplümpten wörther willen". Deshalb fordert er eine Verschlankung der Schreibweise und verwirft beispielsweise, außer in Fremdwörtern, das schmückende *h* nach *t* und *d*.[251]

Diese knappen Hinweise lassen vermuten, daß Sprachreinheit in der Unterrichtspraxis dieses Schulmannes des frühen 16. Jahrhunderts ganz gewiß nicht Fremdwortfreiheit meint (sonst wäre die Schreibweise der Fremdwörter mehr als ein Problem des Lautstandes), sondern sich gleichermaßen auf die Aussprache wie auf die schriftliche Gestaltung von Texten bezieht. Denn Lesen-Lernen ist hier immer das laute Lesen von Wörtern und Textabschnitten, das vom Lehrer korrigiert wird, wobei es auf die Reinheit der Aussprache ebenso ankommt wie auf die Übersichtlichkeit der Schriftform: beide dürfen nicht „verplümpt", also verblümt oder verformt sein, damit der Schüler nicht verwirrt werde.

Carl Friedrich Aichinger faßt die doppelte Aufgabe der Sprachlehre konzis zusammen: sie lehre, die Sprache „in ihrer Reinigkeit und Ordnung, so wohl richtig zu reden, als auch richtig zu schreiben".[252] Und auch Gottsched, den Aichinger in vielem kritisiert, steht in dieser Argumentationslinie. Für ihn ist eine Grammatik „eine gegründete Anweisung, wie man die Sprache eines gewissen Volkes, nach der besten Mundart desselben, nach der Einstimmung seiner besten Schriftsteller, richtig und zierlich, sowohl reden, als schreiben solle", wobei letztlich „das rechte Schreiben [...] noch viel schwerer" ist als die „ars recte loquendi".[253]

2. Sprich wie du schreibst. In der Debatte, ob die Sprachreinheit in der mündlichen oder in der schriftlichen Kommunikationsform anzutreffen sei, gibt es von Anfang an eindeutige Stellungnahmen für den Vorrang der Schriftlichkeit und den höheren Wert der Schriftzeugnisse – vor allem der gedruckten:

---

[248] Hans Fabritius: Eyn Nutzlich buchlein etlicher gleich stymender worther Aber vngleichs verstandes / denn angenden deutschen schreyb schülern / zu gut mit geteylet [...]. Erfurt 1531. Nachdruck in: Ältere deutsche Grammatiken in Neudrucken. Hg. von John Meier. Band 1. Straßburg 1895, S. 12.
[249] Fabritius (Anm. 248), S. VII [Vorwort des Herausgebers im Neudruck].
[250] Fabritius (Anm. 248), S. 38; ähnlich S. 16 f.
[251] Fabritius (Anm. 248), S. 9.
[252] Aichinger (Anm. 202), S. 3.
[253] Gottsched (Anm. 197), Einleitung § 1, S. 1 f.

> Vnnd dwyl in allen teutschen landen / an keiner art die sprach so reyn / das nit etwas missgebruchs darinn gefunden werd / So ist zů raten / das man gůter exemplar warneme / wie man deren yetzo vil im truck findt.[254]

Dasselbe Argument wird in fast unveränderter Form auch 200 Jahre später noch vorgetragen, wofür die Formulierung Aichingers beispielhaft stehen mag; er stellt die rhetorische Frage, „woher wir hier zu Lande das reine Teutsche bekommen", und beantwortet sie selbst so, „daß es vornehmlich durch die gut teutsch geschriebnen Bůcher zu uns komme; und daß sich solcher Gestalt diejenigen Landschafften, wo am meisten dergleichen Schrifften verfertigt werden, auch um uns wohl verdienen."[255]

Auch Ferdinand Stosch, ein niederdeutscher Pädagoge,[256] räumt der Schriftlichkeit eindeutig den Vorrang ein, ja sie übt selbst dort noch ihre Herrschaft über die Aussprache, wo die Schriftform ihrerseits falsch und ein Abbild „der gemeinen Aussprache" ist: so möge zwar die Kontraktion bzw. Synkope „in den Ohren derer, die so schreiben, gut klingen":

> Ihr mὓßt es (nicht mὓst's) nun freilich aussprechen, wie sie es (nicht sie's) schreiben. Aber, ahmt ihnen nicht nach. Es wird teils nach der gemeinen und wohl selbst nach der pȍbelhaftesten Aussprache; teils nach den schlechtesten deutschen Mundarten, der schwȃbischen und schweizerischen, so geschrieben; und teils ist es einer dichterischen Freiheit zuzuschreiben, die in reinen Gedichten nicht einmal statt finden solte; und noch viel weniger in der ungebundenen Schreibart (es wȃre denn etwan in der scherzhaften) schmackhaft sein kann.[257]

Stosch will die Fähigkeit der Kinder zur „reinen Aussprache" schulen und erreichen, daß sie beim Lesen und Deklamieren nicht „die Sylben in einem unangenehmen Ton schleppen und die Wȍrter endigen".[258] Obwohl Stosch die Artikulationsfähigkeit mancher Dialektsprecher bewundert, weil bestimmte komplizierte „Doppellauter, Dreilauter, ja selbst Vierlauter (Tetraphthongi) [...] in einigen Mundarten mit bewunderungswὓrdiger Geläufigkeit ausgesprochen werden kȍnnen", will er doch, daß sich der, „so sich einer reinen Aussprache befleißigt, und sie andere lehren will, sorgfȃltig" davor hütet.[259] Andererseits gibt Stosch der regionalen Aussprache des unverbundenen *s* unbedingt den Vorzug und erweist sich dadurch als stark gebun-

---

[254] Johann Helias Meichßner: HAndbüchlin gruntlichs berichts, recht vn wolschrybens, der Orthographie vnd Grammatic. Tübingen 1538, S. 160; Meichßner paraphrasiert hier Fabian Frangks Formulierung, „denn sie in keiner jegnit oder lande / so gantz lauter vnd rein gefurt / nach gehalden wird / das nicht weilands etwas straffwirdigs oder misbreuchiges darin mitliefft / vnd gespůrt wůrde", siehe oben S. 138.

[255] Aichinger (Anm. 202), S. 22 f.

[256] Daß Stosch tatsächlich Pädagoge und nicht nur Sprachlehrer ist, zeigt seine Forderung nach kindgemäßem Lesestoff für den Unterricht: „Um recht aus dem Grunde lesen zu lernen" muß man den Kindern auch „unterhaltende" Texte anbieten, die ihnen gemäß sind, nicht nur Katechismusauszüge und „Gebäter" (Stosch, Anm. 257, S. 5).

[257] Ferdinand Stosch: Etwas von der reinen deutschen Aussprache für die Schulmeister und Schüler des Landes. Lemgo 1776, S. 25. Beachtenswert ist hier auch die Rangfolge der Textsorten: Prosa steht in Fragen der Reinheit höher als Lyrik! – Vgl. auch Johann Matthäus Meyfart (Teutsche Rhetorica. Coburg 1634), der bereits ein Jahrhundert zuvor die Regel aufstellt: „Der Redner sol sich reiner Worte in deutscher Sprach befleissigen [...]. Den Poeten ist erlaubt / bißweilen einen [...] Dialectum oder Mundart zugebrauchen: denn Rednern ist es verbotten".

[258] Stosch (Anm. 257), S. 5; auf den S. 7 f. schließt sich eine Anatomie der Lautbildung im Mund-Rachen-Raum an.

[259] Stosch (Anm. 257), S. 15.

den an die Region seiner Herkunft: „In sp. st. und sth. (welches letzte veraltet ist, und nur in fremden Wörtern beibehalten wird) solte das s. allemal rein ausgesprochen werden; wie auch in der Mitte und am Ende der Wörter geschieht".[260]

Am Beispiel Georg Philipp Harsdörffers läßt sich eine differenzierte Argumentation nachvollziehen, in der aber letztlich auch der Vorrang des Schriftlichen dominiert, denn die Aussprache ist wegen der regionale Unterschiede ein zu unsicherer Entscheidungsgrund. Wie Schottel den Dialekten anthropomorphe, vor allem geschlechtsspezifische Charakteristika zuweist, so zieht auch Harsdörffer im *Poetischen Trichter* Vergleiche aus der Geschlechter-Grammatik heran, um bestimmten Regiolekten bestimmte Valenzen zuzuweisen: „Der Vogel singt / nach dem jhm der Schnabel gewachsen ist / und vermeint ein jeder / seine Mund= und Landesart sey die beste. Den Braunschweigern mißfällt die zärtliche und weibische Ausrede unser männischen und majestätischen Heldensprache: den Meisnern mißfällt die starcke und gröbere Mundart."[261]

In dieser Wertzuweisung gewinnt das Meißnische eine doppelte Qualität: es ist nicht nur zärtlich und reinlich, sondern in ihm fallen auch, eben wegen seiner weiblichen Qualitäten, Aussprache und Schriftform ineins:

> Wann aber ein Wort aus erstbesagten Ursachen nicht kan beurtheilet werden / so siehet man auff die gewöhnliche Schreibung / deren Grund ist die wolausgesprochene Rede / oder Mundart / welche von vielen allen Ursachen vorgezogen wird: Daher dann leichtlich zu muthmassen / warumb man sich in dieser Sache so gar nicht vergleichen kan. Der Schlesier schreibt / wie er redet / und reimet a und o wie H. Opitz sel: weil er Kunst und sonst gleich auspricht: Der Meisner schreibt / wie er zu reden pfleget / zärtlich und reinlich: Der Braunschweiger stark und männlich: doch sind alle in diesem einig / daß die Schrifft die Rede bilden soll: gleich wie die Rede die Gedancken: nemlich noch mit zu viel Worten / noch überflüssigen Buchstaben.[262]

Die Nähe der meißnischen Aussprache zur Schriftsprache, deretwegen ihr ein so hoher Stellenwert zukommt, betont Harsdörffer an anderer Stelle, denn man „hält [...] die Meisnische und Obersächsische für die beste / weil sie lautet / wie man zu schreiben pfleget".[263] Daneben führt er ein weiteres Argument in die Debatte ein, das ebenso auf die Schriftlichkeit wie auf die Zusammengehörigkeit der Sprachbenutzer verweist: man solle sich im Zweifel über die Schreibweise eines Wortes an die Gewohnheit der Kanzleien halten, denn es sei besser „mit andern fehlen / als allein klug seyn wollen".[264] Diese von Harsdörffer geforderte Einordnung der einzelnen, individuellen Schreibweise in den (normativen) Gruppenverband bildet einmal mehr den Prozeß der Legitimation und Identifikation des Bürgers durch Sprache ab.

---

[260] Stosch (Anm. 257), S. 23.

[261] Harsdörffer: Trichter (Anm. 67), I, S. 37; vgl. Schottel (Anm. 64, S. 157): „unser männliches atticisirendes Tau". – Zur Gegenüberstellung der Charakteristika *männlich – weiblich* siehe unten S. 230-234.

[262] Harsdörffer: Secretarius (Anm. 66), S. 563; ebenso Trichter (Anm. 67), I, S. 130; ähnlich Trichter II, S. 118: „Die Schreibart der Wörter anlangend / ist solche nicht nach einer Mundart allein gerichtet / und ein Wörtlein an unterschiedlichen Orten zusuchen; massen der Buchstaben Ambt / unsre Rede gleichsam auszubilden / und stillschweigend anzudeuten: weil aber ein jeder nach seiner angebornen Landsart redet / pfleget er auch nach derselben zuschreiben / und scheinet fast schwer / sich hierinnen zuvergleichen."

[263] Harsdörffer: Secretarius (Anm. 66), S. 467.

[264] Ebd.

Die hier dargestellte Orientierung der Sprachreinheit am geschriebenen Hochdeutsch erfährt bei Harsdörffer selbst jedoch auch eine Gegenbildung, indem er die Schriftlichkeit auch der Mündlichkeit unterordnen kann, jedenfalls sofern es sich um den Vorrang der Dialekte handelt: „Welche ausrede [sic] und also nachgehends welche Schreibart die reinste und richtigste seye / wollen wir nicht entscheiden / sondern lassen es die Meisner und Schlesier ausfechten." Harsdörffer tritt dafür ein,

> I. Daß unsre Sprache wie sie heut zu Tage in Ober=Teutschland gebräuchlich ist / [...] zu lieben und zu üben.
> II. Daß ein jeder / der mit Verstand nach seiner Mundart schreibet / dolmetschet oder dichtet / genugsamen Fleiß erweisen und gebührendes Lob erlangen könne. III. Daß man wegen der unverglichnen Schreib=Art kein gutes Buch verwerffen oder verachten / und mehr auf den Inhalt / als die Verabfassung sehen sol.[265]

Letztlich läuft die Entscheidung bei Harsdörffer auf den Vorrang des Inhalts vor der Form hinaus, und die Form, die verläßlich, einheitlich und rein sein soll, bezieht ihren Wert nur daraus, daß sie den Inhalten des Geschriebenen den richtigen Rahmen und Ort verleiht – den Ort der *Dauer*. Deswegen ist für Harsdörffer die Verschriftlichung des Gedachten und Gesagten von großer Bedeutung; mit der Schriftlichkeit geht zum einen die Dauerhaftigkeit, zum andern die Elaboriertheit und zum dritten die Wertsteigerung des Gedachten einher. In diesem Sinn betont er auch die soziale Komponente der Schriftlichkeit, da diese Fähigkeit auch den gesellschaftlichen Standort des Menschen bestimmt. – Mit dieser Bestimmung soll Harsdörffer selbst zu Wort kommen, denn die literarisch ansprechende Textstelle erklärt sich aus sich selber:

> und ist unter dem geschriebenen und geredten Wort zwar ein zufälliger Unterscheid: wann aber die Daurung eine Sache schätzbar machet / do ist das geschriebene Wort beständiger / und deßwegen wehrter zu achten / als die in leichter Lufft verlohrne und bald vergessne Rede.
> Die Würdigkeit der Schreib=Kunst erhellt sonderlich in dem / daß sie alle hinfallende Sachen erhalten / und auff die Nachkommen bringen kan [...].[266]

Ist also / die niesattgepriesene Schreibkunst eine richtige Dolmetscherin unsrer Gedancken / die treue Dienerin unsres Befehls / der Spiegel unsers Verstandes / der Schlüssel unsrer Gedächtniß / und die Feder gleichet einem künstlich geführten Pinsel / der alles mit natürlichen Farben eigentlich ausbilden und vorstellen kan.[267]

Diesemnach ist die Jugend zu vermahnen / daß sie nächst dem Lesen / auch dem zierlichen Schreiben fleissig obliege / und glaube / daß man heute in Marmor ätzen kan / was man Morgen in den Sand schreiben wird. Das ist: Was Hänslein nicht lernet / lernet Hans nimmermehr; ein jeder aber / der recht schreiben und rechnen kan / findet seine Stelle noch wol in dieser Welt / und wann er solches treiben mag / wird er nicht Hungers sterben.[268]

---

265 Harsdörffer: Trichter (Anm. 67), III, S. 7 f.; vgl. Secretarius, S. 169: man solle einen Brief oder ein Buch nicht wegen einiger Fremdwörter oder anderer geringer Fehler in Bausch und Bogen verwerfen, sondern „mehr auff den wolgefügten Innhalt und Begriff" achten.

266 Harsdörffer: Secretarius (Anm. 66), S. 6.

267 Harsdörffer: Secretarius (Anm. 66), S. 14; die Schreibung „unsers" und „unsres" folgt der Quelle.

268 Harsdörffer: Secretarius (Anm. 66), S. 16; zur literatur- und sprachwissenschaftlichen Bewertung Harsdörffers vgl. u.a. Wolfgang Kayser: Der rhetorische Grundzug von Harsdörffers Zeit und die gattungsgebundene Haltung. In: Deutsche Barockforschung. Hg. von Richard Alewyn. Köln, Berlin 1965, S. 324-335; Siegfried Ferschmann: Die Poetik Harsdörffers. Wien [Diss. phil.] 1964; Karl Helmer: Weltordnung und Bildung. Versuch einer kosmologischen Grundlegung barocken Erziehungsdenkens bei G. P. Harsdörffer. Frankfurt a. M. u. a. 1982.

3. *Schreibe wie du sprichst.* Wenn Sprachbenutzer den Versuch unternehmen, „Töne aufzuzeichnen für die Ausbreitung jeder x-beliebigen Sprechweise" („quidam [...] voces pro
cujusvis oris dilatatione scribere conantur"), dann erscheint die Regel ‚Sprich wie du schreibst‘
allerdings als „monströse Regellosigkeit".[269] Mit dieser Wertung will Georg Barenius die
dritte Möglichkeit, mit Schriftlichkeit und Mündlichkeit in bezug auf Sprachreinheit umzuge-
hen, ins Absurde ziehen: wenn nämlich die Aussprache (*sprich wie du schreibst*) sich auf ein
Zeichensystem bezieht (*Töne aufzuzeichnen*), das seinerseits die Mündlichkeit unüberprüft
abbildet (*jede x-beliebige Sprechweise*), wird die Orientierung an der Schriftform sinnlos.

In der Tat reagiert Barenius nicht auf eine Schimäre, sondern auf ernsthafte Versuche von
Sprach- und Schulmeistern, den Gedanken der Sprachreinheit nicht mit der einheitlichen
hochsprachlichen Norm, sondern mit der Emanzipation der Varietät, der Minderheit und der
(regionalen) Individualität zu verwirklichen. Hier laufen zwei Argumentationslinien zusammen: zum einen die Wertschätzung des gesprochenen Wortes, die sich an der Rhetorik als
einem auf *Rede und mündliche Kommunikation* ausgerichteten System orientiert, und zum
andern das Aufbegehren selbstbewußter Dialektsprecher gegen das obersächsische Diktat.

Zur ersten Gruppe gehört Chlorenus Germanus. Für ihn ist die Schrift in erster Linie „ein
Bild oder Entwurf der Rede", eine „Abschrift" des Originals; sie „kan [...] nicht besser und
vollkommener gerathen, als wenn sie ihrem original am nåhesten kommet". Deshalb ist die
Rede, die Pronunciation, das „alernatûrlichste Fundament" der Orthographie, und daher ist
die „erste unstrittigste Regul", die „natürlich vernûnftig und vollståndig" ist: „Schreibe wie
du redest".[270]

Um also zur Sprachrichtigkeit und Sprachreinheit zu gelangen, fordert Chlorenus als erstes
und wichtigstes Mittel, „die verderbte und verlohrne rechte pronunciation, so viel durch fleisige Untersuchung geschehen kan, zu restituiren und zu observiren".[271] Unter diesem Aspekt
scheint die Hierarchie eindeutig zu sein: zuerst kommt die mündliche Sprachform; weil sich
die schriftlichen Textzeugen verläßlich darauf beziehen, muß die Mündlichkeit „excolirt",
das heißt „die verderbte und verlohrne rechte pronunciation" muß wieder in ihren Urzustand
zurückgeführt werden.[272] Es gibt aber auch noch ein anderes Kriterium, das wichtig ist: der
usus. Insofern Chlorenus sich an ihm orientiert, folgt er in der „Schreibarth" der *consuetudo*,
und das bedeutet, daß die „guten autoren" als Vorbild und Maßstab gelten.[273]

Obwohl es seinem eigenen Prinzip – Orientierung der Orthographie an der Aussprache –
widerspricht, erkennt Chlorenus im Fall der doppelten Konsonanten das widersprüchliche

---

[269] Barenius (Anm. 230), lat. Vorrede, o. p.

[270] Chlorenus (Anm. 20), S. 12; das 3. Kapitel trägt die Überschrift „Von der pronunciatione, oder der ersten
Haubt=Regul: Schreibe wie du redest", S. 21. An anderer Stelle sagt er pointiert, die Schrift sei „nichts als
eine copie von dem original der Rede, [...] der grund von jener" (S. 176 f.).

[271] Chlorenus (Anm. 20), S. 178.

[272] Die Orthographie des Chlorenus gehört nicht nur deswegen in den rhetorischen Zusammenhang, weil er die
Schrift als das Abbild der Rede versteht (s. o.), sondern auch weil er in der „excolirung unserer Mutter-
Sprach" einen Nutzen „in der poësie &c." sieht (S. 143). Chlorenus ist „ein groser Liebhaber von einem rei-
nen teutschen stylo"; deswegen will er „zur perfection unserer teutschen Sprach nützlich" sein (S. 5).

[273] Chlorenus (Anm. 20), S. 102 ff.

Verhältnis von Aussprache und Schreibung: sie werden zwar nicht doppelt ausgesprochen, wohl aber zurecht doppelt geschrieben, wofür der *usus* den Ausschlag gibt.[274] Auch kann man oftmals keinen hörbaren Unterschied zwischen t und d feststellen.[275] Doch die unterschiedliche Schreibweise der gleich klingenden Konsonanten sowie die „Verdoppelung derer Buchstaben im Schreiben [ist] erst nach und nach in der excolirung der Sprach entstanden".[276]

Auch Adelung legt das Prinzip „man schreibe [...], wie man spricht", seiner Orthographie zugrunde, „weil die Schrift die Töne des Mundes dem Auge sichtbar darstellen soll. Man schreibe daher jeden deutlich gehörten einfachen Laut mit seinem eigenen Zeichen, schreibe aber auch nicht mehr, als in der Aussprache wirklich gehöret wird."[277] Weil die Schrift „keine andere Töne darstellen" kann als die „gesprochen werden", gründet auf dieser Tatsache das „erste und vornehmste Gesetz der Schrift: schreib wie du sprichst." Diese Regel sei „gleichsam das Naturgesetz der Schrift".[278]

Allerdings darf die Mündlichkeit für die Schriftlichkeit nur für die Übereinstimmung von Phonem und Graphem maßgeblich sein, nicht aber hinsichtlich des *genus dicendi*, denn

> in dem gesellschaftlichen Umgange ist des Sprechens immer viel, und da die Wahl des Gegenstandes nicht allemahl von dem Sprechenden abhängt, so spricht man von allem und über alles [...]. Die Zeit zur Überlegung und Wahl des Ausdruckes ist kurz, und beynahe unmerklich. Ueberdies ist die mündliche Rede nur für wenig Personen, und für wenig vorüber gehende Augenblicke bestimmt, daher sich die Sprache nicht in der Reinigkeit und in dem Schmucke zeigen kann, dessen sie fähig ist.[279]

Die mehrfache Begründung der sprachrichtigen Wortformen aus der Pronunciation *und* aus dem Usus hat dieser Argumentationslinie den Vorwurf eingetragen, sie verfolge das selbstgesetzte Ziel der Ableitung von Schriftlichkeit aus Mündlichkeit nicht konsequent genug. Versuche einer wortwörtlichen Umsetzung der Regel ‚schreib wie du sprichst' gibt es etliche, die bereits im Titel das Programm enthalten, wie beispielsweise die 1780 anonym erschienene Schrift *Urschprung und Fortgang des heütichen wichtichen Ferbesserungsgeschäftes der deütschen Rechtschreibung* oder, bereits 120 Jahre früher, Johann Bellins 1661 in Lübeck publizierte niederdeutsche Grammatik mit dem Titel *Syntaxis Praepositionum Teutonicarum, Oder Deudscher Forwörter Kunstmäßige Fügung; Nebenst forhergesäzter, notwendig erforderter, Abwandlung der Geslächt- Nän- Fürnän- und Mittelwörter.*

Einen entschiedenen, allerdings erfolglosen „Fersuhch, di teutsche Rechtschreibung auf einfachche [sic] und unferwerflich richtige Grundsåtze zurŭk zu bringen", unternimmt 1797 der Berliner Wilhelm August Leberecht Krüger, der namentlich die bereits zitierten Autoren Johann Friedrich Heynatz und Ferdinand Stosch darin kritisiert, daß sie die Regel ‚schreib wie du sprichst' zwar nennen, aber nicht konsequent genug befolgen. Um einen Eindruck davon zu vermitteln, wie sich Krüger die Umsetzung dieser Regel vorstellt, sei eine Passage aus seiner Beschäftigung mit den Fremdwörtern zitiert („Ueber di Rechtschreibung dår fremden

---

[274] Chlorenus (Anm. 20), S. 120-123.
[275] Chlorenus (Anm. 20), S. 145-147.
[276] Chlorenus (Anm. 20), S. 233.
[277] Adelung: Sprachlehre (Anm. 153), S. 580.
[278] Adelung: Magazin (Anm. 154), I, 1, S. 60.
[279] Adelung: Styl (Anm. 152), I, S. 61.

Wörter"), die zugleich seine Einstellung zur Sprachreinheit widerspiegelt – und in ihrer Darstellung der Betonungen, der stummen und halbstummen Phoneme gewissermaßen auf Arno Schmidt vorauszuweisen scheint:

> Es wäre besser, wen wihr in unserer Mutterschpräche gahr keine fremde Wörter einmischsch'ten, und solche rein und unferfälsch't lißen. [...] Da es àber schwär hält, ein solches schohn so tihf Wurzel gefass'tes Uebel auf einmahl auszurotten, außerdäm es auch nicht zu meinem Zwekke gehöret, über di Schprache selbst etwas zu sagen, sondern nuhr über das, was di Rechtschreibung betrift, um solche wenigstens fon dän gröb'sten irer durch filerlei Künsteleien so häufig dahrin entschtandenen Fälern zu reinigen; so gehör't es mit zum Zwekke, über di Rechtschreibung där fremden Wörter meine Meinung mitzuteilen.[280]

Fremdwörter, die im allgemeinen Gebrauch sind, betrachtet Krüger „zuèh'rscht", wobei er dafür plädiert, ihnen das volle Bürgerrecht zuzuerkennen und sie „nicht nuhr mit teutschen Buhchschtaben, sondern auch mit solchen Buhchschtaben, wi si di teutsche Ausschprache ferlang't", zu schreiben. Weniger bekannte Fremdwörter sollen „nicht nuhr mit iren Nazionahl= Buhchschtaben, sondern auch nahch irer Nazionahl=Ortografi geschriben wärden".[281]

Im Unterschied zu Krügers sehr ernsthaft vorgetragenen Reformgedanken, spielt die anonyme, vermutlich von Friedrich Carl Fulda stammende „schwäbische Antwort auf Domitor"[282] [= Jakob Hemmer[283]] satirisch mit der Mündlichkeit als Instanz:

> Sch fornen for Consonanten, und hinden for p und t, ist eine so überfolle schwäbische Aussprache, dass es uns noch ein Rätsel ist, wie es Kinder der sanften Niderteutschen ienseits des Mains, der Salen, und der Elb so fertig aufgenommen haben [...]; und mit welchem Grund sie gleichwol die Schwaben auslachen, wenn sie mit der Aussprache: ischt, bischt, Lischt, Chrischt – sich schiboletiren. Diese rauhe Aussprache steht in der Tat unsern weichlichen Zeiten so wenig mer an, als ganze Harnische.[284]

Da „unsere" Zeiten – also das ausgehende 18. Jahrhundert – so weichlich sind, daß sie noch nicht einmal mehr die männliche, schwäbisch-rauhe Aussprache dulden wollen, beschließt der Verfasser dieser ironischen Replik auf den kurpfälzischen Gottsched-Adepten Jakob Hemmer, latinisiert Domitor, seine Antwort „mit dem herrlichen, leider fergeblichen Wunsch der orthographischen Rükker Winsbekischer Zeiten". Damit evoziert er „reine" Schreibweisen ohne Dehnungsvokale, in denen man „reine lange i [...] vom Doppellauter ie" unterscheiden konnte; aber schließlich bleibt ihm nichts als die hübsche zeitkritische Bemerkung am Ende: „Billig überseufzet das mer als ältelnde achtzehende Jarhundert diese auf ewig verflossene männliche teutsche Jare"[285] – eine resignierende Geste, die die vermeintlichen Licht- und Schattenseiten der Sprachreinheit, nämlich Veredelung und Verzärtelung, umfaßt.

---

[280] Wilhelm August Leberecht Krüger: Fersuhch, di teutsche Rechtschreibung auf einfachche und unferwerflich richtige Grundsätze zurük zu bringen. Berlin 1797, S. 224 f.

[281] Krüger (Anm. 280), S. 226.

[282] Eine schwäbische Antwort auf Domitors Grundriss einer daurhaften Rechtschreibung, Teutschland zur Prüfung forgelegt. In: Friedrich Carl Fulda (Hg.): Der teutsche Sprachforscher. T. 1. Stuttgart 1777, S. 137-146.

[283] Jakob Hemmer: Deutsche Sprachlehre zum Gebrauche der kuhrpfälzischen Lande. Mannheim 1775.

[284] Fulda (Anm. 282), S. 139.

[285] Fulda (Anm. 282), S. 146.

7.6 Ursprache – Sprachentwicklung – Sprachverfall. Oder: Der lapsus linguae

Die Klage über den Verlust einer einstmals vollkommenen Sprach-Glückseligkeit gehört zum Arsenal jedweder Sprachpflege. Im Zusammenhang der Sprachreinheit ist sie immer auch durchsichtig hin auf die traditionsreiche Rede von der „Ursprache", der *lingua adamica*, die in ihrer paradiesischen Reinheit und Vollkommenheit beim Turmbau zu Babel verlorengegangen ist und nun durch intensives menschliches Bemühen wiederhergestellt werden soll. Es ist ein Bemühen, in dem sich rationalistische Aufklärung und mystische Alchimie merkwürdig verschränken, ist doch die *lingua adamica* dem *lapis philosophorum* bzw. der hermaphroditisch vollkommenen *res bina* zu vergleichen, an deren Entdeckung die Wissenschaft auf der Schwelle vom Mittelalter in die Neuzeit – und aktuell: auf dem Weg ins „nachrationalistische" Jahrhundert – alles wagt.

Mit der Idee der Ursprache eng und kausal verbunden ist der sogenannte Altersbeweis, mit dem der Wert der deutschen Sprache begründet werden soll. Der gesamte Argumentationszusammenhang wirkt im hier untersuchten Zeitraum merkwürdig anachronistisch, da die rationalistische Sprachbegründung auf Mythologeme zurückgreift, die einst in der Patristik von Bedeutung waren:[286] ebenso wie bei den lateinischen Kirchenvätern soll auch bei den Barock-Grammatikern der Altersbeweis die Überlegenheit der jüdisch-christlichen Tradition über die Antike beweisen helfen. Durch ihre unmittelbare Nähe zur Ursprache oder gar durch ihre Identität mit ihr und durch ihre Gottunmittelbarkeit gerät die Apologie der Barock-Dichtkunst in die „Nähe von Denkmodellen, die auch den Absolutismus tragen".[287] Die Rhetoriker erreichen die „Rechtfertigung der Dichtung als einer alten Kunst, die sich auf göttliche Weisheit gründet; Rechtfertigung für die rhetorische und doch wahrhaftige Sprache der Poesie; Rechtfertigung des poetischen Stils in geistlichen Dichtungen und schließlich die Verteidigung der *deutschen* Sprache und Dichtung".[288]

Dem „Altersbeweis" zugrunde liegt die in der Bibel (1 Chr 1 ff.) aufgeführte direkte genealogische Linie von Adam zu Noah, die für unseren Zusammenhang insofern wichtig ist, als sie in Noah gewissermaßen den neuen Stammvater nach der Sintflut legitimiert. Für die wei-

---

[286] Ulrich Ricken (Sprachtheorie als Aufklärung und Gegenaufklärung. In: Aufklärung und Gegenaufklärung in der europäischen Literatur, Philosophie und Politik von der Antike bis zur Gegenwart. Hg. von Jochen Schmidt. Darmstadt 1989, S. 316-340, hier S. 318) differenziert drei „Hypothesen über den Sprachursprung", die im 17. und 18. Jahrhundert relevant sind: „1. Übernatürliche Eingebung der Sprache. 2. Sprache als Eigenschöpfung der mit voller Denkfähigkeit ausgestatteten Menschen; eine Hypothese, die mit Descartes' Philosophie übereinstimmte. 3. Allmähliche Entstehung und Entwicklung der Sprache in wechselseitiger Abhängigkeit mit dem Denken, dessen Ausbildung und Funktionieren auf Sprachzeichen angewiesen ist. Diese Hypothese ließ Sprache und Denken aus Fähigkeiten hervorgehen, über die auch die höheren Tierarten verfügen. Sie entstand in der Aufklärung als Überwindung einer Sprachauffassung, die von Descartes inspiriert wurde." – Die Kritik der Aufklärung an Descartes bezieht sich auf dessen Lehre von den eingeborenen Ideen, auf seine Auffassung der geistigen Fähigkeiten des Menschen, insbesondere der Sprache, als absolute Grenzziehung zwischen Mensch und Tier.

[287] Joachim Dyck: Rhetorische Argumentation und poetische Legitimation. Zur Genese und Funktion zweier Argumente in der Literaturtheorie des 17. Jahrhunderts. In: Helmut Schanze (Hg.): Rhetorik. Frankfurt a. M. 1974, S. 79.

[288] Dyck (Anm. 287), S. 86.

tere geschichtliche Entwicklung des Menschengeschlechts und seiner Sprachen sind die Söhne Noahs von Bedeutung, Sem, Ham und Japhet:

- Von *Sem* läuft die genealogische Linie über Arphachsad, Salah und Eber zu Peleg hin, dessen Namensbedeutung, *die Zerteilung*, ihn als Personifikation der Sprachverwirrung von Babel[289] erscheinen läßt; von ihm führt die Genealogie über vier weitere Generationen zu Abra(ha)m, das heißt zum Volk Israel und zur heiligen hebräischen Sprache.
- Von *Ham*, dem verfluchten Sohn,[290] entwickelt sich über Canaan das Geschlecht der Kanaaniter, über Mizrajim, Nimrod und Heth entstehen die Völker der Ägypter, Philister und Hethiter, die Feindvölker Israels also.
- Von *Japhet*s Sohn Gomer stammt Ascenas (oder Aschkenas) ab, der alten hebräischen Schriften aus dem 11. Jahrhundert zufolge der Stammvater der westlichen Völker, insbesondere des deutschen Volkes, sein soll.[291]

Der Altersbeweis funktioniert nun zum einen über die Berufung auf die vorbabylonische Spracheinheit, in der auch die Sprachrichtigkeit und Sprachreinheit in höchster Vollkommenheit gewährleistet war, denn „Grund und Anfang derer Sprachen" geht auf eine Ursprache zurück: „so wissen wir daß das ganze menschliche Geschlecht mit einer Sprache geredet, biß aus selbiger einigen viel worden, und die so genente Verwirrung der Sprachen bey Babel entstanden";[292] zum anderen über die Berufung auf die Gleichwertigkeit der angeblich keltischen Sprache der Aschkenasim mit der hebräischen Sprache der Söhne Abrahams wegen der Gleichwertigkeit der direkten genealogischen Abstammung von Noah. Bei einigen Autoren erfährt diese Argumentation noch eine Übersteigerung hin zur *Überlegenheit* des Deutschen beispielsweise über die griechische und lateinische Sprache, weil genealogisch gesehen die Verselbständigung des Ascenas (= 3. Generation nach Noah) und der Aschkenasim *vor* der Generation des Peleg (= 5. Generation nach Noah) stattfindet und mithin die „keltische" Sprache dieses Stammes, die stets unmittelbar als die deutsche Sprache identifiziert wird, von der babylonischen Sprachverwirrung ausgenommen worden ist und sich deswegen als „Ursprache" hat erhalten können: „unsere Vorfahren" haben „entweder gleich bey dem Babylonischen Thurm oder doch bald darnach angefangen und gewohnet gewesen zu reden", das heißt, sie hatten ihre Sprache schon angenommen und entwickelt, lange bevor andere europäische Völker überhaupt entstanden sind.[293]

Auf die direkte Abstammung der deutschen Sprache von der paradiesischen *lingua adamica* spielen Formulierungen wie die von Gotthilf Treuer an, die die deutsche Sprache als unmittelbares Himmelsgeschenk verstehen: „Von dem Himmel seinen Ursprung haben / weiset auff

---

[289] Der in diesem Zusammenhang auch verwendete Terminus „babylonische Zerstreuung" verweist trotz seiner Unschärfe (babylonische Gefangenschaft des Volkes Israel, Mt 1, 11) ebenfalls auf den Turmbau zu Babel (Gen 11, 4 ff.).

[290] Gen 9, 22-25.

[291] Deswegen werden in der jüdischen Tradition ursprünglich die westlichen Juden als *Aschkenasim* bezeichnet, bevor sie vertrieben wurden, wodurch der Name auf die Ostjuden überging.

[292] Chlorenus (Anm. 20), S. 167.

[293] Chlorenus (Anm. 20), S. 146.

eine vortreffliche Natur".[294] – Joachim Dyck, der sich hier vor allem auf Schottel bezieht, bewertet die Hinwendung zu diesem anachronistisch wiederbelebten „Beweis" außerordentlich kritisch:

> Der funktional totgeglaubte Altersbeweis wird so im Zuge eines neu erwachenden deutschen Nationalbewußtseins noch einmal zu neuem Leben erweckt. [...] Die willkürliche Gleichsetzung von keltisch = deutsch = Tochtersprache des Hebräischen gibt den Literaturtheoretikern die Möglichkeit, den Altersbeweis, abgelöst vom ursprünglichen Kontext, wieder aufzugreifen. Denn die historische Situation schafft eine Funktionsanalogie zwischen der eigenen Verteidigung und der frühchristlich-patristischen Apologetik, bietet damit die Möglichkeit, das alte Argument in einen neuen Strukturzusammenhang zu setzen und den aktuellen propagandistischen Zielen geschickt einzuordnen.[295]

Aber bereits 100 Jahre vor Schottel greift Wolfgang Lazius, der „österreichische Arzt und königliche Historiker aus Wien" – so seine Selbstbeschreibung – in seiner differenzierten Geschichte der deutschen Mundarten, die Socin als „werthvolles und eingehendes Zeugniß über die Verschiedenheit der Mundarten, nicht der geschriebenen Sprache, im Deutschen" würdigt,[296] auf den Altersbeweis zurück und belegt ihn mit einer ausführlichen Genealogie: „Igitur Aschaenas, utpote Iaphet nepos, & Noae pronepos, quē Tuisconem fuisse multi contendunt [...]".[297] Auch die umfangreichen Listen mit deutschen Lehnwörtern aus dem Hebräischen sowie aus dem Griechischen und Lateinischen dienen als Belege für die Urverwandtschaft des Deutschen mit den Heiligen Sprachen,[298] wobei allerdings neben etymologisch stichhaltige Exempel durchaus auch Kuriosa treten wie die Analogie des griechischen Imperativs „apagete" (*geht weg*) mit dem umgangssprachlichen „pakh dich", das an die Silben *pag-te* erinnert, bzw. mit dem lateinischen „ abi" (*verschwinde*).[299]

Aus der Auffassung einer paradiesischen Ursprache, die in höchster Reinheit und Einheit ausgebildet war, erwachsen zwei mögliche Konsequenzen: entweder wird eine Linie fortschreitenden Verfalls der deutschen Sprache betont oder eine Linie fortschreitender Wiederaufrichtung ihrer ursprünglichen Reinheit. Jedenfalls ist die Jetztzeit, wie auch in Luthers Auffassung, eine Zeit der Bewährung, die entweder durch Sprachreinigung oder durch Schutz der Sprache vor Verunreinigung ausgefüllt werden kann.[300]

Georg Philipp Harsdörffer präzisiert diese Differenz durch die Frage nach der Sprachentstehung einerseits und andererseits durch die Frage nach der Pflege der aktuellen Sprache:

> Diesem nach scheinet eine mehrgelehrte / als nohtwendige Frage: wie unsere Sprach von Ascenas / der Teutschen Stammvatter / biß auff unsere Zeiten / nach und nach geändert und verformet worden? Nützlicher aber kommet zu betrachten: Welcher Gestalt die hochteutsche jetzt übliche Haubt= und Helden=Sprache in ihre höchste Vollkommenheit / übertrefflichen Ehrenstand / kunstrichtige Verfassung / und

---

[294] Gotthilf Treuer: Deutscher Dådalus / Oder Poetisches Lexikon. Mit einer Vorrede Herrn Augusti Buchners. 2 Bände. Berlin ²1675, S. 91.

[295] Dyck (Anm. 287), S. 85.

[296] Socin (Anm. 42), S. 267.

[297] Wolfgang Lazius: De gentium aliquot migrationibus, sedibus fixis, reliquijs, linguarúmq; initijs & immutationibus ac dialectis, Libri XII. Basel 1557, S. 19.

[298] Lazius (Anm. 297), S. 22 f., S. 25-36.

[299] Lazius (Anm. 297), S. 30.

[300] Zur dialektischen Bewegung vom Verlust der Reinheit zur Wiedergewinnung der Reinheit vgl. oben S. 96 ff.

grundmåssige Wortschreibung zu bringen / und vőllig einzurichten seye. [...] dann unsre Haubtsprache (hat) sich nach keiner andern zu richten.[301]

Harsdörffer versteht also die Entwicklung der Sprache zwar als eine Änderung und „Verformung" der reinen Ursprache, aber er stellt sich die Vervollkommnung des aktuellen Sprachzustandes nicht als Rückgriff auf die verlorene Unschuld vor, denn die Veränderungen und Verformungen der Sprache sind naturgemäße Prozesse der Zeit selbst. In der Natur sowie in der Geschichte der Welt und der Menschheit ist ständig alles im Fluß und in Entwicklung begriffen; so eben auch die Sprache:

> Sind alle Land- und Haubt-sprachen solchen Veränderungen unterworfen gewesen / wie solte sich dann unsre Teutsche Sprache allein derselben haben entbrechen kőnnen; da sie zumahlen eine von den åltesten [...]. Die Heilige Sprache / welche bey deß Ebers Nachkommen[302] / benebens der waaren Religion beharret / hat sich in die Chaldåische / Syrische / punische und Arabische Mund=Art (der Samaritanischen zu geschweigen) getheilet / daraus nachgehender Zeit besondre Sprachen worden / daß / die sie gebrauchet / einander schwerlich oder nicht mehr verstehen kőnnen.[303]

Trotz dieser unvermeidbaren Veränderungen glaubt Harsdörffer, in der Sprache seiner Zeit auch noch Spuren der Ursprache vorzufinden, nämlich die Bestandteile einer Mundart, die „mit den meisten andern Mund-Arten űbereinkomme[n]", weil man darin „ein Ueberbleibsel ihres ersten Ursprunges" erkennen kann.[304] Mit ähnlicher Tendenz, doch mit abweichender Konkretisierung, sieht auch Justus Georg Schottel die Sprachveränderungen den Zeitläuften und anderen historischen Prozessen geschuldet;[305] er will jedoch zur Vervollkommnung der Sprache auch auf „gute / teutsche / reine Stammwőrter" zurückgreifen, selbst wenn sie nicht verbreitet, sondern nur in einzelnen Dialekten vorhanden sind, weil sie „uhrankűnftliche Andeutungen" der bezeichneten Sache enthalten und durch ihre Nähe zur Ursprache eine höhere Signifikanz beanspruchen können.[306]

Bei Daniel Georg Morhof wird dieser Rückgriff aufs Ursprüngliche zum Programm der Restitution von Sprachreinheit, denn „je einfältiger und gröber eine Sprache / desto älter und ungemischter" ist sie und geht deswegen „denen andern vor".[307] Diese extreme Einstellung

---

[301] Harsdörffer: Secretarius (Anm. 66), S. 559 f.; entsprechend auch Trichter (Anm. 67), I, S. 123 f.

[302] Gemeint ist das Hebräische. – Die Nachkommen des Ebers: zur Zeit Pelegs, eines von Ebers Söhnen, wurde die Welt zerteilt (Gen 10, 21-25). Luther glossiert den sprechenden Namen: „(Peleg) Auff Deudsch / Ein Zurteilung."

[303] Harsdörffer: Trichter (Anm. 67), III, S. 3. „Was wunder ist es dann / wann unsre uhralte Majeståtische Wort und Verstandreiche Teutsche Heldensprache / von den allgemeinen Gesetzen deß wandelbaren Welt Wesens sich nicht befreyen mőgen? Zumahlen sie [...] von fast unerdencklichen Jahren in vielerley Mundarten gesondert / nach und nach anderst ausgeredet / anderst geschrieben / und anderst verfasset worden" (ebd., S. 5).

[304] Ebd.

[305] Schottel (Anm. 64, S. 166) nennt drei Ursachen, „wodurch der Abgang / und die Enderung jeder Sprache" geschieht: 1. die Zeit selbst, die notwendig Aufstieg und Abstieg, Erneuerung und Veralten mit sich bringe; 2. „die Vermischung und Vermengung der Vőlker und Einwohner / dadurch gemeiniglich die alte Landsprache erfrőmdet / guten Teihls [sic] erstirbet / und in unacht zugerahten pflegt"; dabei sei sogar die „reinlichste Wűrde der Grichschen [sic] Sprache" verloren gegangen; und 3. die Dominanz der mündlichen Rede, die in ihrer Regellosigkeit auch die Sprache überhaupt verdirbt.

[306] Schottel (Anm. 64), S. 158.

[307] Morhof (Anm. 231), S. 51; ähnlich auch S. 22 f.

zum Alten als dem Reinen („ungemischt") kommentiert der Morhof-Herausgeber Henning Boetius mit der Einschätzung, daß „das Einfache, ‚Barbarische' (...) hier eine Umwertung (erfährt), die als Reaktion gegen barocke Künstlichkeit und Differenziertheit zu verstehen ist."[308] Morhof greift dabei nicht nur auf überregionale Vorbilder zurück, sondern bestimmt sogar den regionalen Ort, an dem die ursprüngliche Reinheit der Wörter noch weitgehend vorhanden ist. Denn entgegen der weitverbreiteten Ansicht, die deutsche Sprache sei „desto mehr verdorben [...] / weiter sie gen Norden sich erstrecket", behauptet Morhof:

> es ist das Gegenspiel wahr / und sind die Stamm=Wörter reiner und unvermischter da zu finden. Es würde einer mit Verwunderung sehen / wie eine Sprache / ein Dialectus dem andern zu Hülffe kömmt / und wie viel Stamm=Wörter in dem alten Sächsischen / Cimbrischen / Pommerischen / Westphälischen / Mecklenburgischen etc. und insonderheit in der alten Gothischen stecken / davon nicht allein viel Wörter in der Hochteutschen unstreitig hergeleitet / welches die Hochteutschen selbst nicht wissen / sondern eine so grosse Menge in der Griechischen und Lateinischen herstammet.[309]

Mit anderen Worten: nicht nur die hochdeutsche Sprache seiner Zeit, sondern auch die „heiligen" Sprachen der Antike, Griechisch und Latein, basieren auf den reinen Stammwörtern der norddeutschen Mundarten!

Etwa 30 Jahre später sieht Johann August Egenolf die „Reinligkeit"[310] oder „Reinigkeit" der deutschen Sprache „in den letzten Zügen" liegen,[311] was er darauf zurückführt, daß die Sprache im Lauf der Geschichte durch „Vermischung" „von ihrer ersten Natur und Art abgeführt" worden sei.[312] In ihrer reinen Ursprünglichkeit war die Sprache frei von „Schlacken und Unreinigkeit", d.h. nicht vermischt mit Einflüssen aus fremden Nationen und Sprachen, bzw. fremden Wörtern.[313] Die Nachkommen Japhets waren nicht der Babylonischen Sprachverwirrung unterworfen; deswegen haben sie weiterhin *eine* Sprache gesprochen, so daß „durch die Zeit, ihre Wandelungen und dergleichen ihre Sprache nur den Mund=Arten nach habe können geändert werden, und endlich daß allein von ihnen Europa bevölkert worden" Ein Kennzeichen der Nähe zu den Stammwörtern sei die Häufigkeit der kurzen, ja einsilbigen Wörter; dies zeige sich an den Befehlsformen, die dem Stammwort am nächsten sind. So sei z.B. das Präteritum „er *aß* nicht von *essen*, sondern von *iß* herzuleiten".[314]

Dieser Sprachzustand der Unvermischtheit, der einem autonomen, unvermischten Status der Volksstämme entspricht, wird wie bei Morhof als „einfältig, rauh und unausgeputzt" und somit als natürlich und ursprünglich charakterisiert.[315] Am Beispiel der „Lappen und Finen" demonstriert Egenolf jedoch, daß die Unvermischtheit des Volksstamms nicht unbedingt auch Sprachreinheit impliziere: obwohl diese Stämme nicht mit anderen Nationen vermischt oder

[308] Morhof (Anm. 231), S. 423.
[309] Morhof (Anm. 231), S. 43.
[310] Egenolf (Anm. 228), Vorrede II, Bl. 13ᵛ.
[311] Egenolf (Anm. 228), II, S. 286 f.; Vorrede II, Bl. 12ʳ.
[312] Egenolf (Anm. 228), I, S. 98.
[313] Egenolf (Anm. 228), I, S. 98; II, S. 287 ff.
[314] Egenolf (Anm. 228), II, S. 98 f.
[315] Egenolf (Anm. 228), I, S. 99; I, S. 110; I, S. 99: „Ie einfältiger, rauher, und unausgeputzter eine Sprache ist; ie gewisser kan ich von ihrer Natur und Eigenschafft, wie auch von ihrer Verwandschafft mit andern Sprachen, und dem Ursprung derer die sie reden, schließen."

„von Ausländern am wenigsten verunruhiget" sind, bewahren sie doch „die Stamm-Wörter der Celtischen Sprache" nicht „am reinesten" auf, wie Leibniz und andere vermutet hatten. Diese nordischen Völker seien nämlich so wild und unkultiviert und „andern Menschen unähnlich", daß man sie bei aller Mühe an kein „vernünftiges Leben" gewöhnen kann. Deshalb ist die Gestalt ihrer Sprache auch nicht als ursprünglich, sondern als barbarisch zu beurteilen.[316]

Egenolfs Differenzierung zwischen „barbarisch" und „ursprünglich" wirkt widersprüchlich und auf den ersten Blick willkürlich. Der Identität der Ursprache mit einer „reinen Sprache", deren Verlust nunmehr zu beklagen sei, steht die Idealisierung der zeitgenössischen deutschen „angebohrnen Mutter-Sprache"[317] als der „wortreichsten" Sprache[318] von „Vortrefflichkeit und Schimmer"[319] gegenüber. Das gegen die Reinheit der finnischen und lappischen Sprachen ins Feld geführte Argument der mangelnden Kultiviertheit – und das heißt hier: Arbeitsmoral! – hebt die Orientierung des Reinheitsgedankens an der Ursprache geradezu wieder auf. Der in dieser Argumentation sich abbildende Widerspruch ist seiner Auffassung zufolge jedoch ein Widerspruch der Sprachhistorie selbst, die eben nicht geradlinig verläuft, sondern sich als Wechselspiel von Verfall und Restitution darstellt. So „befund" sich „zwar zur Zeit der Reformation [...] die Teutsche Sprache in ziemlich reinen und guten Zustande, weil dahmals die Gelehrten in unserm Vaterlande, indem sie sich beflissen andere Wissenschafften aus dem Staube hervorzusuchen, auch ihre Mutter=Sprache in guten Stand zu bringen, und von aller Unreinigkeit zu saubern trachteten, aber es halff wiederum so viel, und so lange es kunte"[320] – also nicht lange und jedenfalls nicht bis zum historischen Augenblick, von dem Egenolf handelt.

Im Gegensatz zu Egenolf erkennt Chlorenus Germanus eine Bewegung, die seit zweihundert Jahren sich um die „excolirung" der Sprache bemüht: „Wir leben in einer Zeit da unsere Sprache, wie jedweder vernünftiger Mensch erkennen mus, in weit besserer Vollkommenheit als vor etwan zweyen seculis, und von Zeiten zu Zeiten immer mehr excoliret worden ist".[321] Ausgehend von einem „ersten reinen Stand" der Sprache,[322] einer „vor Babel" anzusetzenden Ursprache,[323] ist die Sprache im Lauf der Geschichte „corrupt",„verändert und verderbet" worden.[324] War die Sprache einst „im Anfang und in ihrer Vollkommenheit" „unverderbt",[325] so muß sie jetzt durch „excolirung" oder „excoliren"[326] wieder in den Anfang zurückgeführt werden, die „Gleichheit der jezigen [Sprache] mit derselben Anfang, můse gesucht", d. h. angestrebt werden zum *Erhalt* des „genius linguae" bzw. der „Natur der Sprache", die unmittelbar die Wirkmacht der Ursprache repräsentieren: „so daß man auch den genium linguae

---

[316] Egenolf (Anm. 228), I, S. 107 f.
[317] Egenolf (Anm. 228), Vorrede I, S. 10.
[318] Egenolf (Anm. 228), II, S. 274 f.
[319] Egenolf (Anm. 228), Vorrede II, Bl. 11ᵛ.
[320] Egenolf (Anm. 228), II, S. 285.
[321] Chlorenus (Anm. 20), S. 183, 202.
[322] Chlorenus (Anm. 20), S. 188.
[323] Chlorenus (Anm. 20), S. 167.
[324] Chlorenus (Anm. 20), S. 175, 173.
[325] Chlorenus (Anm. 20), S. 177.
[326] Chlorenus (Anm. 20), S. 17, 166, 173, 178.

also beschreiben kŏnte, daß selbiger gleichsam die Seele seye, welcher einen andern Leib annehmen kŏnne, und allezeit der unverånderliche character einer Sprache bleibe, wenn selbige gleich wegen einiger andren Umståndе sich verånderre [sic]." Der *genius linguae* ist das, „was gleichsam das Wesen einer Sprache allezeit ausmachet, anbey am beståndigsten, und der Verånderung am wenigsten unterworfen, und also der allerersten noch nicht verderbten Sprache am nåchsten ist, entweder wŭrklich mit ihr ŭberein kommet, oder doch die beste und reelleste Gleichheit davon vorstellet". [327] Denn die „Reguln stecken in der Sprach selbst, sind mit selbiger entsprungen, und folglich viele hundert ja tausend Jahr alt".[328]

Chlorenus setzt insbesondere bei der Aussprache und der Orthographie an und verlangt „Accuratesse" und „Zierlichkeit",[329] auch hier im Sinne einer Restitution des Urzustandes, denn wenn „unsere Sprache, so wie sie im Anfang gewesen", erhalten geblieben wåre, wŭrde „jedweder ohnedem so reden, und folglich auch mit leichter Mŭhe schreiben, als es recht ist".[330] Zwar ist die Vollkommenheit der Sprache nur „in idea nicht aber in praxi" zu erreichen,[331] aber das Deutsche ist doch „reich" genug,[332] um auch konkret „schŏn rein Teutsch" zu sein. An der im Lauf der Geschichte zunehmenden „Verderbung" der Sprache sind vor allem die Dialekte,[333] die „unanståndigen dialecti des Gemeinen Mannes"[334] bzw. der „verderbte dialect des Pŏbels"[335] schuld. Ohne Excolierung bliebe die Sprache „grob und rude",[336] womit Chlorenus die Dialekte charakterisiert, und zwar negativ, im Unterschied zu Morhof und Egenolf, die die Qualität des Rauhen und Groben der reinen Ursprache zugeordnet hatten.

Die Verunreinigungen haben sich in die Sprache einschleichen kŏnnen, weil „unsere liebe Alte [...] die Sprache excoliren" wollten, dies aber nur unvollkommen vermochten, und so ist „dieser Mißbrauch eingerissen".[337] Denn auch die Vorfahren haben ihrerseits die Sprache „corrupt" ŭbernommen:

> Indem wir nicht die autores von unserer Sprache, so scheint es, wenn von der Richtigkeit derselben die Rede, daß wir sie nicht besser als bey denenjenigen von welchen wir sie bekommen, das ist bey unsern Vorfahren, oder aus denen Schriften der Alten, wŭrden holen kŏnnen. Allein diese liebe Vorfahren von welchen noch bŭcher und Schriften, sie mŏgen so alt seyn als sie wollen, vorhanden sind, haben die Sprache auch nicht gemacht, sondern wieder von ihren Voreltern ŭberkommen, und [...] hernach verderbet, so daß wenn man die Sache nach ihrer Art ansiehet, eine Richtigkeit wol nirgendswo weniger als in den Bŭchern dererjenigen Autorum zu suchen welcher eben von der Zeit da die Sprache verderbet gewesen zu finden.[338]

---

[327] Chlorenus (Anm. 20), S. 174-176.
[328] Chlorenus (Anm. 20), S. 73; alle Sprachen waren „bey ihrem Ursprung [...] vollkommen, und dasjenige was wir jetzt Reguln nennen von dem usu oder Gebrauch unzertrennet" (S. 173), wobei der usus „das allererste und einige principium der Sprache" darstellt; er geht auf den Gebrauch der Vorfahren bis zum Turmbau von Babel zurück (S. 146).
[329] Chlorenus (Anm. 20), S. 326, 696 f.
[330] Chlorenus (Anm. 20), S. 172.
[331] Chlorenus (Anm. 20), S. 172.
[332] Chlorenus (Anm. 20), S. 530.
[333] Chlorenus (Anm. 20), S. 42.
[334] Chlorenus (Anm. 20), S. 336 f.
[335] Chlorenus (Anm. 20), S. 624.
[336] Chlorenus (Anm. 20), S. 184.
[337] Chlorenus (Anm. 20), S. 206.
[338] Chlorenus (Anm. 20), S. 175.

Auf die Schuld der Vorfahren als Sprachverderber weist auch Jakob Hemmer (Domitor) hin, der unter Sprachpflege Reinigung der Sprache von „Wust" und ihre Rückführung in den Urzustand versteht: „Wenn unsere Mundart von dem Wuste, der sie bei der langjährigen Sorglosigkeit unserer Vorältern überzogen hat, gereiniget sein wird; wenn ihr diejenigen Züge, die ihrer natürlichen Schönheit noch abgehen, beigebracht sein werden: o, wie vortrefflich und reizend wird nicht ihre Gestallt und ganze Bildung sein!"[339] Allerdings ist es „heutiges Tages eben das bedaurungswürdigste Schicksal für unsere Sprache, daß selbst ihre Kenner und Vertheidiger, daß öffentliche Kunstrichter, daß so viele vornehme Schriftsteller ihre Reinigkeit so sehr verletzen."[340]

Der Klage Domitors über die zeitgenössischen Sprach-Kenner entspricht Gottscheds Urteil über die derzeitigen Sprachlehrer, durch das er eine Analogie mit der Sprachzersplitterung nach dem Turmbau zu Babel herstellt: die derzeitigen Sprachlehrer seien wie „Arbeiter beym babylonischen Thurmbaue [...]; und zwar in dem Zeitpuncte, da die Verwirrung ihrer Mundarten geschah. [...] sie verstunden einander nicht. Ein jeder meynte, er redete recht".[341] Allerdings bezeichnet Gottsched die vorbabylonische Sprache nicht als den regelsetzenden *usus*, sondern differenziert: weil die Sprachen älter sind als die Sprachregeln, müssen die Regeln sich dann dem Sprachgebrauch unterwerfen, wenn dieser „eine durchgängige und allgemeine Gewohnheit" geworden ist.[342] In dieser Argumentation Gottscheds hat die Ursprache nur noch die Funktion, den normativen Charakter des *usus* zu unterstreichen, der sich aus dem Alter und der Würde des Sprechens überhaupt als einer Ureigenschaft des Menschen herleitet, nicht aber in der Ursprache schon vollkommen anwesend ist. Der *usus* ist als das Naturgesetz der Sprache hierarchisch der Gottunmittelbarkeit der Ursprache übergeordnet.

Insgesamt tritt seit der Mitte des 18. Jahrhunderts die Berufung auf die *lingua adamica* in den Hintergrund, bis schließlich kurz vor der Jahrhundertwende Joachim Heinrich Campe die Rede von der Ursprache ins Reich der Ideen verweist und unmißverständlich sagt, „vollkommene[ ] Reinigkeit einer Sprache" gebe es allenfalls bei „einer Ursprache, und zwar einer Ursprache im eigentlichen und engsten Sinn des Worts, also keiner von allen jetzt bekannten Sprachen der Welt",[343] womit er schon auf den Begriff der reinen und absoluten Sprache, wie er für Walter Benjamin so zentral ist, vorausverweist.

Der Verzicht auf den „Altersbeweis" geht einher mit der rationalistisch und immanent argumentierenden Rede von der Sprachentwicklung, die in engem Zusammenhang mit dem Wachstum der politischen und wirtschaftlichen Macht der deutschen Staaten steht.[344] Da

---

[339] Hemmer (Anm. 283), S. VI f.

[340] Hemmer (Anm. 283), S. 59.

[341] Gottsched (Anm. 197), Vorrede Bl. b 5ʳ.

[342] Gottsched (Anm. 197), Einleitung § 9, S. 7. In § 10 (S. 8) stellt Gottsched fest, daß Sprachen sich wandeln, Denk- und Redegewohnheiten sich verändern: „so müssen sich auch die Sprachlehrer danach richten, und solche Regeln machen, die der Mundart ihrer Zeiten gemäß sind." Anm. m dazu lautet: „Nur muß man nicht einzelner Grillenfänger ihre Neuerungen annehmen"; Sprachveränderungen dürfen nicht zur Regel werden, wenn sie „noch nicht von sehr vielen und den besten Schriftstellern gebilliget, und angenommen" sind.

[343] Campe (Anm. 144), S. VI.

[344] Siehe unten S. 191 ff.

kann Kritik an den „Vorältern" als säkulare und irdische Verantwortungsinstanzen nicht ausbleiben, wie bei Hemmer und Chlorenus zu sehen war. Selbst Luther, ansonsten zumeist von Kritik verschont, wird nun, namentlich bei Johann Michael Heinze zwar huldigend als der „gröste Meister unsrer Sprache" apostrophiert, aber doch auch als partieller Sprachverderber bezeichnet. Luther habe nämlich, so Heinze, die Schreibweise *je-* statt *ie-* (z.B. *jemals* statt *iemals, jeder* statt *ieder* etc.) gebraucht, die „ein Ueberbleibsel der unordentlichen Mönchschreibart" sei: „Da nun in der deutschen Bibel (woraus die Niedersachsen das Hochdeutsche zuerst gelernet haben) allemal jeder, je und je u.d.g. gedruckt stehet, so sieht man leicht, wodurch diese zu der falschen Aussprache dieser Wörter verführet worden."[345] Seit Luther jedoch habe sich die deutsche Sprache durchaus „gebessert", was auch Luther gewiß anerkennen würde, „wenn er wiederkommen, und unsre besten Schriftsteller lesen sollte":

> Denn er würde nicht leugnen, daß wir leichter, zierlicher, wohlklingender redeten: daß wir die Worte besser zu wählen wüsten: unsre Sätze besser fasseten, und kürzer ausdrückten: daß unsre Sprache feiner, geschmeidiger, und zum Ausdrucke aller Empfindungen und Gemüthsbewegungen, ingleichen zu den verschiedenen Stuffen der Beredsamkeit, viel geschickter wäre. Ich schweige des Reichthums, zu welchem sie dadurch gelanget ist, daß man sie zu dem Vortrage fast aller Wissenschaften gebrauchet, und sie genöthiget hat, uns die Weisheit so vieler schönen und nützlichen Scribenten andrer Länder aufzuschliessen.[346]

Trotz seiner eigenen grundsätzlich positiven Einschätzung der Sprachentwicklung als kontinuierlichem Fortschritt hält Heinze objektiv fest, daß seine Zeitgenossen auf die Entwicklung der Literatursprache zwiespältig reagieren, wenn sie ihre Realisierung beispielsweise in Dichtungen Klopstocks, Bodmers, Wielands und Zachariaes zur Kenntnis nehmen: „Diese Neuigkeiten wurden nicht von allen Liebhabern der Poesie auf gleiche Art aufgenommen. Die Richter poetischer Schönheit theilten sich darüber in zwey ganz wiederwärtige Parteyen. Einige fanden in diesen Gedichten allererst die wahre Poesie, und verkündigten Deutschland nun endlich das güldene Alter seiner Sprache und Dichtkunst. Andre klagten, daß solches längst vorbey wäre, und sahen mit den häuffigen Gedichten dieser Art die völlige Barbarey einbrechen, welche den deutschen freyen Künsten einen völligen Untergang drohete."[347]

Zahlreiche Theoretiker des 17. und vor allem des 18. Jahrhunderts interpretieren die reale geschichtliche Entwicklung als Fortschritt, als eine Aufwärtsbewegung, in der sich Nation, Kultur und Sprache befinden. So verbindet z.B. der Wiener Johann Balthasar von Antesperg mit der Idee der Sprachcodifizierung stets die Idee der „Höhe", und Chlorenus Germanus identifiziert die „Reinigkeit" der Sprache mit ihrem „Reichtum."[348] Für Adelung, der auch in dieser Hinsicht die Diskussion eher abschließt als vorantreibt, ist die kulturelle Wandelbarkeit der Gesellschaften und ihrer Sprachen nicht als willkürliches Ereignis, sondern als „Fortschritt", als „Entwicklung" zu verstehen. Dieser Fortschritt ist eine Bewegung der Gesellschaft hin zur Verfeinerung ihrer Sitten; d.h. Adelung deutet den kulturellen Fortschritt als Zugewinn,

---

[345] Heinze (Anm. 24), S. 13. Andererseits verteidigt Heinze das PPP *worden* auch für das Vollverb *werden*, denn „Luther [...] schreibt auch dann worden, und das kann ihm ein erhabner Poet wohl nachthun" (S. 139). Hier wird der Gebrauch allerdings implizit auf die Verwendung im *stilus sublimis* eingeschränkt.

[346] Heinze (Anm. 24), S. 87.

[347] Heinze (Anm. 24), S. 224.

[348] Zu Antespergs *Kayserlicher Deutscher Grammatick* siehe unten, S. 209-213; Chlorenus (Anm. 20), S. 530.

nicht als Verlust, obwohl doch gerade im Bereich des Sprachfortschritts Eigenarten der Sprache verlorengehen.[349] Aber dieser Verlust ist erwünscht: Fortschritt der Sprache und ihrer Reinheit bedeutet „Entledigung" von Unpassendem, also beispielsweise von Wörtern, „welche Zweideutigkeit gewähren", von „unedlen Begriffen", von Wörtern, die „einen Begriff mit mehr Härte und Nachdruck bezeichnen, als der Sache gemäß ist"; von Wörtern, die „einen Begriff nur halb oder schief ausdrucken, einen Nebenbegriff zum Nachtheil des Hauptbegriffes zu sehr hervorstechen lassen" sowie von „veralteten Wörtern".[350] Folgerichtig stehen für Adelung die Qualitäten „Sprachrichtigkeit, Reinigkeit, Einheit und Würde" höher als die Qualitäten „Kraft, Nachdruck und Anschaulichkeit" der Sprache.[351]

Die auch bei Adelung begegnende Analogie von „Ursprünglichkeit und Reinigkeit" verbindet sich vor allem mit dem Bild vom eigenen inneren, statt des von außen „erbettelten Reichthums" der deutschen Sprache; sie habe sich, im Gegensatz zu andern mittel- und südeuropäischen Sprachen „mit ihren nördlichen Schwestern in ihrer alten Reinigkeit zu erhalten gewußt".[352] Die Parameter „ursprünglich" und „alt" scheinen auf eine Idee der „reinen Ursprache" zurückzuverweisen, die es etwa im Sinn Egenolfs oder Morhofs wiederzugewinnen gilt. Aber dieser Interpretation widerspricht Adelungs eindeutige Ablehnung des Ursprünglichen, insofern dies noch nicht verfeinert ist. So erhält zwar das „Landvolk" „seinen Stamm reiner und unvermischter" als das Stadtvolk und bewahrt daher seine seit „zwey tausend und mehr Jahren" bestehenden Mundarten ohne „sonderliche" Veränderung.[353] Aber zugleich sind die mit der „Abstammung" der Sprache zusammenhängenden Wertungen denkbar negativ: schließlich waren die „Spracherfinder" keine „Leibnitzen und Newtons [...], welche die Sprache als ein Spiel der Erfindungskraft ihren Enkeln aufgestellt hätten", sondern „rohe, sinnliche Menschen"; deswegen sind auch die der Sprache zugrundeliegenden Regeln nicht nach klaren Vorstellungen, sondern „nach der dunkeln Empfindung des Hörbaren gebildet".[354] Und ebenso wie die Abstammung ungeschlacht, roh, überfüllt und sinnlich ist, sind auch die Provinzial-Mundarten „grob", „niedrig", „unedel", „roh" und voll „Überfluß". Ein Grund dafür ist eben ihre wenig veränderte Beziehung zur „Abstammung".[355]

Daß Adelungs Kritik des *Sinnlichen* keinen Sonderfall der deutschen Sprachreinheit darstellt, sondern ein besonders wichtiges Element im Wechselspiel zwischen der philologischen und der sozial-politischen Debatte um die Reinheit bildet, werden die im nächsten Kapitel darzustellenden „Wirkungsfelder" der Reinheit erweisen, in denen ein Großteil der bereits hier diskutierten Quellen zusammen mit einigen noch nicht erörterten Texten untersucht wird.

---

[349] Adelung: Magazin (Anm. 154), I, 4, S. 94 ff.
[350] Adelung: Magazin (Anm. 154), I, 1, S. 29.
[351] Adelung: Magazin (Anm. 154), II, 2, S. 21; ähnlich: II, 2, S. 68 f.; 4, S. 85 f.
[352] Adelung: Lehrgebäude (Anm. 171), I, S. 13; auch: Adelung: Magazin (Anm. 154), I, 4, S. 29.
[353] Adelung: Wörterbuch (Anm. 34), S. VIII.
[354] Adelung: Lehrgebäude (Anm. 171), I, S. XLVI; II, S. 617.
[355] Adelung: Lehrgebäude (Anm. 171), I, S. III; I, S. 200; I, S. 266; Adelung: Styl (Anm. 152), I, S. 118, 158 ff., 163 f., 422; II, S. 246; III, S. 426.

8 Wirkungsfelder der Reinheit. Versuch einer Focussierung

> Je näher man ein Wort ansieht, desto ferner sieht es zurück.
> DEUTSCHLAND.   (Alexander Kluge: Die Patriotin)

Während im vorigen Kapitel die unterschiedlichen Begründungszusammenhänge der Sprachreinheit entwickelt wurden, sollen in diesen letzten Abschnitten einige Schlaglichter auf Wirkungsbereiche der Reinheitsidee fallen, wobei sich eine exakte Trennungslinie zu den Begründungen des Purismus nicht immer ziehen läßt, weil die Autoren selbst nicht scharf zwischen kausalen und finalen Argumentationslinien unterscheiden. Eingehen sollen in die Diskussion der Auswirkungen des Purismus sowohl die Aspekte der Sprach- und Begriffsgeschichte als auch die Ergebnisse, die im Zusammenhang mit Luther und dem Pietismus erarbeitet worden sind.

Es hat sich bei den Autoren des Untersuchungszeitraums immer wieder gezeigt, daß die Rede von Sprachreinheit wie von Reinheit überhaupt thematische Felder eröffnet, die weit über den bloß philologischen Zusammenhang hinausweisen und die sich mit den Leitbegriffen Nation, Individuum und Kunst etikettieren lassen. Wenn diese thematischen Felder nun einer eingehenden Analyse unterzogen werden, ist nicht Vollständigkeit angestrebt sondern Exemplarizität: der Schwerpunkt liegt auf der Frage, inwiefern die Rede von reiner Sprache, vom reinen Wort und vom reinen Herzen durchsichtig wird hin auf die soziale, politische und kulturelle Realität einer bürgerlichen Gesellschaft, die ihre Sprachtheorie als Modell einer neuen Klassen-Identität entwirft. Folgende Felder, in denen der Reinheitsgedanke besonders wirksam wird, lassen sich benennen:
- die Begründung der Nation aus ihren ökonomischen Interessen,
- die Abgrenzung des Eigenen vom Fremden,
- die Differenz von Männlichkeit und Weiblichkeit,
- die Erziehung des Körpers zum vergesellschafteten Leib,
- die Standardisierung der Literatursprache und deren Gegenbewegungen.

Im Zusammenhang dieser Wirkungsfelder werden Hypothesen zur Bedeutung der Reinheit für den jeweiligen Bereich entwickelt und anhand der Quellen diskutiert. Einbezogen sind dabei zwei Exempel einer auf Nation hin organisierten Sprach-Verfassung: die überständisch ausgerichteten Sprachgesellschaften und die obrigkeitsstaatlich angelegte „kayserliche Grammatick" des Österreichers Johann Balthasar von Antesperg. Beide Beispiele haben eine spezifische Beziehung zur Reinheits-Thematik, die zu erörtern ist.

8.1 Reinheit und Nation

8.1.1 Frankreich – Vorbild und Gegenbild

Es wurde bereits oben darauf hingewiesen, daß eine der zentralen Leitvorstellungen des Purismus – er sei als Restitution der ästhetisch-rhetorischen Kategorien oder als Abwehr des Fremdworts qualifiziert – die Idee der Nation, des deutschen Nationalstaates, darstellt. Innerhalb der kleinstaatlichen Situation, in die die Folgen des Dreißigjährigen Krieges und des Westfälischen Friedens hineinwirken, fungiert die Idee einer reinen deutschen Hochsprache gleichermaßen als *Produkt* der einheitlichen Nation wie auch als deren *Begründung*. Der „Bedarf" an Einheitlichkeit wird hier verstanden als Reaktion auf eine in ihrer Zersplitterung schwer verständliche und vor allem dem bürgerlichen Handel abträgliche Realität, gegen die die reine Sprache, nämlich die Hoch- und Einheitssprache, als ein Modell des Zusammenhalts und nicht-divergenten Austauschs aufgestellt wird.[1] Das Vorbild liefert Frankreich, die Nation, deren Zentralgewalt auch die einheitliche Sprache garantiert,[2] was den schimärischen Eindruck entstehen läßt, die zentralistische Einheitlichkeit sei auch der Grund für Frankreichs gefürchtete wirtschaftliche und militärische Stärke.

Frankreich, diese in der deutschen Sprachgeschichte ambivalent besetzte Chiffre, konfrontiert auch mit der Frage, wie sich die Möglichkeit einer vom König legitimierten und geschützten Staatssprache, die durch die Zentralstaatlichkeit gegeben ist, auf die kleinstaatlichen Verhältnisse Deutschlands übertragen läßt, ohne die kulturelle Identität der Kleinstaatlichkeit preiszugeben. Gottsched versucht, dieser Ambivalenz durch die Verbindung zweier Kriterien gerecht zu werden. Auf das Vorbild des Zentralstaates stützt sich seine Forderung, die Angleichung der deutschen Mundarten solle nach französischem Muster durchgeführt werden: „Hier muß man es nun machen wie die Wälschen; und zwar der Mundart des größten Hofes in der Mitte des Landes, den Vorzug geben". Gleichzeitig müsse man jedoch die Sprache des Hofes nicht nur ergänzen, sondern sogar „verbessern", und zwar durch die „Regeln derjenigen Stadt [...], wo man sich am meisten um die Schönheit der Sprache bekümmert hat",[3] womit er die gewünschte doppelte Legitimation der Hochsprache – durch den zentralen fürstlichen Hof und die partikuläre, dezentrale bürgerliche Stadt – erreicht.

Leibniz wiederum verwirft das zentralstaatliche Modell für den deutschen Sprachraum mit dem Argument, daß die kaiserliche Residenz in Wien weder im Zentrum des Reiches gelegen ist noch als sprachliches Vorbild dienen kann: während Frankreich einen einzigen Hof als Mittelpunkt habe, „nach dem sich alles richtet", könne dieses Modell nicht für Wien gelten,

---

[1] Vgl. oben S. 127-134.

[2] Franz I. erläßt 1539 die erste Verordnung über eine einheitliche Amtssprache, die als Sprachvorbild der französischen Nationalsprache zu verstehen ist, und seit 1635 regelt die Französische Akademie das zu Beginn des 17. Jahrhunderts von Malherbe begründete neuere „klassische" Französisch. Vgl. Hugo Moser: Die Entstehung der neuhochdeutschen Einheitssprache. In: Der Deutschunterricht, 1951, 1, S. 69.

[3] Johann Christoph Gottsched: Vollständigere und Neuerläuterte Deutsche Sprachkunst. Leipzig ⁵1762 S. 401.

„weil Oesterreich am Ende Teutschlandes, und also die Wienerische Mund-Art nicht wol zum Grunde gesetzet werden kan, da sonst, wann ein Kayser mitten im Reiche seinen Sitz hätte, die Regel der Sprachen besser genommen werden könte".[4] Die Argumentation legt den Gedanken nahe, im geographischen Mittelpunkt des Reiches – also im mitteldeutschen Obersachsen – nach dem geistigen Zentrum zu suchen, an das die eigentlich dem Kaiser zufallende Macht über die reine Sprache delegiert werden kann.

Die tief internalisierte Furcht vor dem bedrohlichen Einfluß Frankreichs auf die deutsche Kultur wirkt noch 250 Jahre später in der identifikatorischen Analyse Friedrich Kluges nach, der er um 1900 die Sprachsituation des 17. Jahrhunderts unterzieht: „Waren vor dem großen Kriege nur Adel und Heer der Verwelschung erlegen, so versichern jetzt, während des Krieges, alle Beobachter, daß die Verwelschung alle Stände und Berufe ergriffen habe. [...] Und kein Stand, kein Beruf hätte sich der Verwelschung erwehrt, wenn nicht die Sprachreiniger ernsthaft und unermüdlich immer von neuem wieder die Forderung der Sprachreinheit verkündigt hätten. Denn das ganze gesellschaftliche Leben war bereits zersetzt [sic]."[5] In dieser verengenden Darstellung der Sprachsituation um 1650 wird der Nationalchauvinismus einiger Autoren als grundsätzliche Position der „Sprachreiniger" ausgegeben. Das Interesse an einer mächtigen und allgemeinverbindlichen Einheitssprache gründet aber nicht nur auf Rivalität mit Frankreich, sondern wird zusätzlich gefördert von der Tendenz der sich parallel entwickelnden aufklärerischen Philosophie und Wissenschaft, nicht mehr das Partikuläre und Einzelne, sondern das Allgemeine und Gültige in den Mittelpunkt der Aufmerksamkeit zu rücken. – Dies unterstreicht noch den paradigmatischen Charakter der Entstehung einer einheitlichen reinen Hochsprache aus der Vielfalt der unreinen Mundarten.

8.1.2 Sprachvertrag und Helden-Herrschaft

In diesem Zusammenhang steht auch die Frage nach der Legitimation der Hochsprache durch eine Art „Gesellschaftsvertrag" (*contrat social*), wie er im Gefolge von Hobbes[6] denkbar wird. Bei Johann Bödiker findet man diesen Gedanken bereits im ausgehenden 17. Jahrhundert vorgeprägt, wenn er die Entscheidungsgründe über die Sprachreinheit auf die „in einer Sprache vernünftig geschehene und gemeinschaftlich angenommene Bestimmung der Zeichen unserer Vorstellungen"[7] zurückführt. Der Hinweis auf die ,gemeinschaftliche Annahme' stellt sich als Übergangsbildung dar, die vom rhetorischen *consensus eruditorum* zum aufklärerischen *contrat social* überleitet – ein Übergang, der meines Wissens so noch nicht gesehen

---

[4] Gottfried Wilhelm Leibniz: Unvorgreiffliche gedancken, betreffend die ausübung und verbesserung der teutschen sprache [...]. Hannover 1697, S. 77.
[5] Friedrich Kluge: Von Luther bis Lessing. Leipzig [5]1918, S. 211.
[6] Den Gedanken des Gesellschaftsvertrags entwickelt Thomas Hobbes im *Leviathan* (1651); von besonderer Bedeutung für die Geistesgeschichte wird die von Jean Jacques Rousseau weitergeführte und kulturpessimistisch modifizierte Auseinandersetzung im *Contrat social* (1762).
[7] Johann Bödiker: Grund-Sätze der Deutschen Sprache im Reden und Schreiben [...]. Cölln a. d. Spree 1690, S. 430.

wurde.[8] Bei Chlorenus Germanus ist die Entwicklung bereits eindeutig abgeschlossen; er begründet die Sprachnorm als verbindlichen Gebrauch expressis verbis mit dem Gesellschaftsvertrag:

> nemlich da die Sprache nicht eine Erfindung oder ein Werk einer einigen privat-Person, sondern ein pactum tacitum und Vertrag ist, da ein ganzes Volk überein gekommen, seine Meinung auf solche Art so wol schriftlich als mündlich zu erkennen zu geben; so ist es ja billig, daß ich mich auch daran halte, und, wie im Reden also auch Schreiben, nicht so wol meinen oder eines jeden speciell Einfällen folge, als vielmehr diesen eingeführten Gebrauch des ganzen Haufen mir zur Regul dienen lasse.[9]

An späterer Stelle präzisiert und verdichtet Chlorenus den Verpflichtungscharakter des Sprachgebrauchs, „weil das ganze Volk hierin überein kommet, welches allein einer Sprache die autorität giebt"; deswegen soll die „reformation der Teutschen Sprache und orthographie publica autoritate [...] vorgenommen werden, so das man sich hinfüro insgemein darnach richtete".[10] Doch obwohl der Vertrag durch Übereinkunft der vielen Einzelnen entsteht und deswegen auch prinzipiell durch den Sprachgebrauch der Einzelnen verändert werden könnte, sieht Chlorenus diese Möglichkeit nicht vor. Bei ihm hat sich die Dominanz des Allgemeinen über das Besondere bereits verselbständigt; Minderheits-Positionen und Varietäten sind von Lächerlichkeit bedroht, weil sie aus der schützenden und identitätsstiftenden Masse herausfallen. In Chlorenus' Begründung der Orthographie durch den *usus* tritt das demokratische Element vollkommen zurück zugunsten des massenpsychologischen und normativen,

> weil ich in der menschlichen Gesellschafft lebe, und demnach billig was in selbiger recipirt ist mit dem grosen Haufen mitmache, damit ich nicht für einen Sonderling möge gehalten werden: nun lebe ich aber nicht in der alten sondern heutigen Welt, und mus also auch die heutige Gewohnheit zu schreiben mit dieser in Acht nehmen.[11]

Die normative Auffassung vom *usus* als einem Zwangsinstrument des Allgemeinen über das Besondere macht darauf aufmerksam, daß sich in der Sprachtheorie selbst Herrschaftsstrukturen abbilden. Dies läßt sich gut an Äußerungen zeigen, die die Sprache ganz unverhohlen als Herrschaftsinstrument, ja als Mittel der Weltherrschaft ausloben. Christian Gueintz schätzt aus diesem Grund die Sprache als „hoch nützlich" ein: „Und weil unser Deutsches Vaterland zu solcher hoheit gelanget / gleich wie auch die Römer / welche / nach dem sie Herren der

---

8 In einem anderen Begründungszusammenhang weist jedoch Elke Haas (Rhetorik und Hochsprache. Frankfurt a.M. 1980, S. 185) darauf hin, daß „Gottsched wie Adelung (...) jeder auf seine Weise (versuchen), den antiken Begriff ‚consensus eruditorum' eines Quintilian in ihre Zeit zu übertragen", wobei Adelung dafür den Begriff der „obern Classen", Gottsched die Begriffe „Hof" und „Gelehrte" setze.

9 Chlorenus Germanus [= Johann Hieronymus Lochner]: Neu verbesserte Teutsche Orthographie [...]. Frankfurt, Leipzig 1735, S. 146.

10 Chlorenus (Anm. 9), S. 180f. Weil die Sprache auch „nicht das Werk eines einigen Menschen, sondern eines ganzen Volkes" sei, ließe sie sich auch nur durch die Wissenschaft, nämlich „durch fleisige Untersuchung nach und nach wieder herstellen, nicht aber durch die Hand und Arbeit einer Privat-Person mit Gewalt meistern" (S. 196).

11 Chlorenus (Anm. 9), S. 158. In anderem Zusammenhang orientiert sich Chlorenus am Bekanntheitsgrad eines Wortes, nicht an dessen Abstammung, denn der Gebrauch von „seinem Ursprung nach noch so gut Teutschen" nützt nichts, wenn man sich nicht verständlich ausdrückt und deshalb „für einen Sonderling" gehalten wird (S. 531); ähnlich auch S. 181.

Welt worden / alle untergebene durch ihre sprache regieret [...]. So ist freylich diese Sprache hoch nützlich."[12]

Auch bei Schottel wirkt die Hegemonialpolitik der Griechen und Römer als Vorbild für die deutsche Vorherrschaft, die sich zumindest innerhalb der Grenzen des Reiches in der Vorherrschaft der reinen deutschen Sprache realisiert, denn

> durch rechte Hand= und Werthabung der Muttersprache (könne) vieles Gutes dem gemeinen Wesen / und dem Vaterlande zuwachsen (...) / in dem man sonst der Teutschen Wolwesen und Regierkunst durch frömde Sprache beybehalten und das redliche Teutsche Gemüthe durch frömde ausländische Ausrede gleichsam verunteutschen lassen müsse. Zu welchem Vorhaben / der Römer und Griechen hochvernünftiger Vortrit / das Teutsche löbliche Hertz des Käisers wird angefrischet haben.[13]

Die geforderte Herrschaft der deutschen Sprache über fremde Einflüsse[14] erwächst zum einen aus der von Johann Bödiker vorgeprägten Anschauung der Sprachautonomie und zum anderen aus der u. a. von Georg Philipp Harsdörffer proklamierten Heldenhaftigkeit der deutschen Sprache. Bödikers 1690 entwickelte Sprachbegründung basiert unmittelbar auf der Übereinkunft der Sprachbenutzer, mittelbar jedoch, ganz im Sinne der Einbettung des Gesellschaftsvertrags in die frühaufklärerische Naturrechtslehre, auf der apriorischen Beschaffenheit der Sprache selbst. Sie wird gewissermaßen als *natürliche Ressource* der nationalen geistigen und materiellen Wertschöpfung verstanden, in der sich das Reine als das Eigene, nämlich als das dem deutschen Nationalcharakter Inhärente, konstituiert und sich in der Metapher des angestammten „Schatzes" ausdrückt.

In Bödikers Argumentation liegt der Hauptakzent auf der Analogie von „Natur" und „Nation":[15] die als Organ verstandene[16] Syntax ist im Deutschen „natürlicher" als beispielsweise im Griechischen und Lateinischen.[17] Der nationale Gedanke gewinnt hier an Bedeutung, insofern Bödikers Vorstellung von der Autonomie der Sprache jene der Autarkie der Nation entspricht: die Bibelübersetzung zeige, daß es „reichlich Deutsch" gibt, d. h. der natürliche nationale Sprachfundus (die *copia verborum atque figurarum*) ist groß genug, um ohne „Fremdart",[18] also Anleihen aus dem Fremden, auszukommen, und um keiner Notmittel zu bedürfen wie „Unart"[19] oder „Quakkelart".[20] So stehen der Trias Reichtum / Reinheit / Autarkie die abzuwehrenden Verunreinigungen „Dürftigkeit" / „Dunkelheit" und „Einschleichen"[21]

---

12 Christian Gueintz: Deutscher Sprachlehre Entwurf. Köthen 1641, S. 7 f.
13 Justus Georg Schottel: Ausführliche Arbeit Von der Teutschen HauptSprache. Braunschweig 1663, S. 172. Mit der in Sprache sich ausdrückenden Hegemonialpolitik der Römer befaßt sich auch die lateinische Sprachgeschichte von Jakob Burckhard, die bereits im Titel auf diesen Zusammenhang hinweist: De lingvae latinae in Germania per XVII saecvla amplivs fatis, ab ipso tempore, qvo Romanorvm arma et commercia nonnvllvm eivs vsvm intvlervnt, ad nostram vsqve aetatem, comentarii. Sulzbach 1713.
14 Siehe dazu unten S. 216 ff.
15 Bödiker (Anm. 7), S. 234.
16 Bödiker (Anm. 7), S. 449.
17 Bödiker (Anm. 7), S. 482 f.
18 Bödiker (Anm. 7), S. 269.
19 „wider die Natur der Deutschen Sprache", Bödiker (Anm. 7), S. 270.
20 „Tautologien" und Schwulst, Bödiker (Anm. 7), S. 271. *Quackelei* bedeutet laut Campe „kindische Tändelei".
21 Bödiker (Anm. 7), S. 120, 435, 270.

gegenüber. Mit dem Bild „reichlich Deutsch" sucht sich eine Betrachtungsweise von Sprache
Ausdruck, in der bereits die Vorstellung sprachlicher Ressourcen als gleichsam für den nationalen Wohlstand ausschöpfbare Naturschätze anklingt. Naheliegend ist der Gedanke, daß bei
dieser Analogie die gesellschaftlich führenden Klassen die „Verwaltung" und „Ausbeutung"
auch dieser Ressourcen für sich beanspruchen und daß im Verlauf des Übergangs der wirtschaftlichen Vorrangstellung vom Adel auf das obere Bürgertum auch die Nutznießung des
Sprachschatzes der „herrschenden Klasse" zufällt.

Weniger nationalökonomische als vielmehr anthropomorphe, auf Wehrhaftigkeit zielende
Vorstellungen evoziert die von Harsdörffer sowohl im *Teutschen Secretarius* als auch im
Poetischen Trichter eingeführte und in Versalien gesetzte Bezeichnung „Teutsche HELDEN-
SPRACHE",[22] wobei er jedoch jede Ausrichtung an Nützlichkeitserwägungen – etwa Herr-
schaft, Handel oder Erkenntnis – abweist. Zwar geschehe in Politik und Wissenschaft viel aus
„Ehr- und Gewinnsucht"; „wir" jedoch sind „von solchem Absehen dieses Orts weit entfernet /
und bemühete uns allein unsre liebliche und löbliche / unsre durchdringende und hertz-
zwingende / unsre künstliche und dienstliche unsre mächtige und prächtige / unsre reinliche
und scheinliche / ja unsre holdselige und glückselige Teutsche Heldensprache in folgenden
Briefen / wo nicht zu wichtigen / jedoch aber vielen nachrichtlichen Behuff / an das Liecht
zu setzen."[23]

Die Binnenreime und Alliterationen, mit denen Harsdörffer seine „reinliche und scheinliche" – also den rhetorischen Kriterien *puritas* und *perspicuitas* entsprechende – Muttersprache
geradezu überschwenglich umkreist, können nicht darüber hinwegtäuschen, daß hinter der
Ästhetisierung dieser „Heldensprache", die sich gleichsam selbst feiert, doch ein handfester
Merkantilismus verborgen liegt.[24] Denn Hardsörffer bleibt in seiner Argumentation bei der
nutzfreien Ästhetik nicht stehen, sondern fährt fort, es sei

ungezweifelt / daß die Ehre und Lehre eines jeden Volcks in seiner eignen Landsprache enthalten ist.
Solche ist der Ruhm und das rechte Eigenthum deß gemeinē Nutzens / das Band und Pfand der Teutschen
Treue / die Scheide / in welcher das Schwert des Geistes stets geführet / alle löbliche Thaten für der hin-
eilenden Vergessenheit geschützet / und alle Handlung / in dem gemeinen Weltwesen / zu Wercke gebracht
werden müssen.[25]

---

22 Georg Philipp Harsdörffer: Der Teutsche Secretarius. Nürnberg 1656, S. 559 ff. Georg Philipp Harsdörffer:
    Poetischer Trichter [...]. Erster Theil: Nürnberg 1647; Zweiter Theil: Nürnberg 1648; Dritter Theil: Nürn-
    berg 1653; hier: I, S. 123-137: „Unvorgreifliches Bedencken von der Rechtschreibung und Schriftscheidung
    unserer Teutschen HELDENSPRACHE".
23 Harsdörffer: Secretarius (Anm. 22), S. 3.
24 Anders verhält es sich bei Harsdörffers Auffassung von der poetischen Sprache, der „Rede Zierlichkeit":
    „Die Figuren (dieses jedermann bekante Wort hat das Teutsche Burgerrecht erlangt) sind in vielen Stücken
    den Blumen zuvergleichen / eines Theiles wegen ihrer gleichständigen Schönheit / anders Theils weil sie
    mehr zu der Belustigung / als zu nohtwendigem Nutzen dienen / und in dem gemeinen Reden / in welchen
    sie doch mehrmals unwissend gebrauchet werden / überflüssig scheinen; wie etwann auf einem ungedung-
    ten Rangen keine oder wenig Blumen gefunden werden / wie in einem verschlossnen und wol gezierten
    Garten." Harsdörffer: Trichter (Anm. 22), III, S. 63.
25 Harsdörffer: Secretarius (Anm. 22), S. 3 f.

Die von Harsdörffer angesprochene Eigenschaft der Sprache, das „rechte Eigenthum deß gemeinē Nutzens" zu sein, greift auf die Vorstellung zurück, die deutsche Sprache sei zum einen in sich selbst eine *reiche* Sprache und stelle zum anderen in ihrem Reichtum auch einen *Schatz* dar, über den verfügen zu können das Privileg der kleinen, elitären Gruppe von Sprach-Beherrschern ist.

8.1.3 Der Reichtum der Sprache

Die Betonung, die deutsche Sprache sei eine *reiche* Sprache, begegnet bei den Autoren des Untersuchungszeitraums immer wieder, so exemplarisch bei Gueintz, der den Reichtum der deutschen Sprache gar als ihre „Völligkeit", also Vollständigkeit und Vollkommenheit, bezeichnet: „Die Völligkeit der Deutschen sprache ist so gros / daß auch fast nichts kan gefunden werden / welches man in dieser sprache nicht nennen kônte: dan sie die wortreicheste und in diesem die glückseligste / daß auch einer aus drey stammwörtern über vier hundert gute / reine / bedienliche und stets etwas anders anzeigende Deũtsche wörter zusammen gebracht. Dahero sie den anderer frembden wörter nicht bedarf / und deswegen mit andern sprachen unverworren bleiben / und von denselben wol unterschieden werden kan."[26]

Aus der Auffassung vom Reichtum der deutschen Sprache entstehen zwei Konsequenzen, die von den Sprach- und Schulmeistern in unterschiedlicher Gewichtung diskutiert werden. Zum einen wird der Reichtum der deutschen Sprache mit ihrer Nähe zur reinen Ursprache in Verbindung gebracht, wobei der Reichtum mit dem weitgehenden *Bewahren* der Ursprünglichkeit und der Abgrenzung gegen fremde, verderbliche Einflüsse („unverworren bleiben") identifiziert wird. Zum anderen stellt sich der Reichtum der deutschen Sprache als ein Rohstoff dar, der den arbeitsamen Deutschen entdeckt, genutzt und veredelt werden muß. Für diesen Vorstellungsbereich stehen die Metaphern „Gold" und „Erz" ein.

Die erste der beiden Argumentationslinien kommt bei Joachim Heinrich Campe zur vollen Entfaltung, wenn er den eigenen wahren Reichtum der deutschen Sprache gegen den fragwürdigen Zugewinn aus fremden Sprachen abwägt: Der „wahre gedeihliche und bleibende Reichthum eines Landes ist nicht der, den es von Ausländern erborgt, erbettelt oder raubt, sondern der, den man aus seinem eigenen Schooße durch sorgfältigen Anbau zieht". Auch das Bevölkerungswachstum werde nicht durch Zuwanderung von außen – das heißt: durch Einbürgerung des Fremden – sondern „durch Beförderung der Ehe und ihrer Fruchtbarkeit" erzielt; ebenso sei es mit der Sprache: „Die allermeisten Erweiterungen derselben durch fremdes Gut sind nur Scheinbereicherungen – ein bloßer Nothbehelf, wodurch zwar eine Lücke ausgefüllt, allein für den wahren Flor, für die innere Kraft und Würde der Sprache nur schlecht gesorgt wird." Die Einbürgerung des Fremden funktioniere selten, aber auch im glücklichsten Fall „pflegt die aufnehmende Völkerschaft oder Sprache an ihren ursprünglichen guten Eigenthümlichkeiten dabei gemeiniglich am meisten eingebüßt zu haben."[27]

---

[26] Gueintz (Anm. 12), S. 11.
[27] Joachim Heinrich Campe: Ueber die Reinigung und Bereicherung der Deutschen Sprache [...]. Braunschweig ³1794, S. 22 f.

An anderer Stelle greift Campe diesen Gedanken mit einem Hinweis auf Leibniz auf, der angesichts eines noch viel schlechteren Sprachzustandes bemerkt habe, „daß alles, was der gemeine Mann treibt, ohne Einmischung fremder Wörter, Deutsch gegeben werden kann", weshalb „kein Grund zu zweifeln sey, daß auch diejenigen Sachen, womit die Vornehmen und die Gelehrten sich beschäftigen, wenn diese gewollt hätten oder noch jetzt wollten, eben so gut durch reines Deutsch hätten ausgedruckt werden können, oder noch jetzt ausgedruckt werden könnten."[28] – Dieses Argument übernimmt Campe stillschweigend fast wörtlich von Egenolf; bei diesem heißt es, den Deutschen habe es nicht am Vermögen, sondern am Willen gefehlt, „ihre Sprache durchgehends zu erheben. Denn weil alles, was der gemeine Mann treibet, wohl in Teutsch gegeben, so ist kein Zweiffel, daß dasjenige, so vornehmen und gelehrten Leuten mehr fürkommt, von diesen, wenn sie gewolt, auch sehr wohl, wo nicht besser in reinen Teutsch [sic] gegeben werden können."[29]

Auch Chlorenus Germanus charakterisiert die deutsche Sprache als „reich genug an allerhand", weswegen man sie trotz der in ihr vorhandenen fremden Einflüsse nicht der „Armuth beschuldigen" dürfe.[30] Vor dem Verdacht der Armut will auch Johann Michael Heinze die Sprache und ihren Benutzer bewahren, weswegen er – den Reichtum der Sprache implizit unterstellend – hinsichtlich der Prosodie fordert, ein Dichter dürfe keine Flickwörter in den Vers einfügen, „weil nichts anstössiger ist als eine solche Armuth an einem Poeten, der vielmehr an geschickten Worten und an Gedanken allenthalben reich erscheinen muß, wenn er die Hochachtung seiner Leser nicht verlieren will."[31]

Campe wiederum geht von der ästhetischen Wirksamkeit des Sprachreichtums aus, den er gerade in seiner Fähigkeit erkennt, den unterschiedlichen *genera dicendi* durch eine Fülle von Synonymen und Figuren gerecht werden zu können, womit er Erinnerungen an Luthers Berufung auf den „grosse vorrath von worten"[32] wachruft: wenn die deutsche Sprache „den ihr zuerkannten Ruhm, eine *reiche* zu seyn, verdienen soll, (müssen) wir mehrere Wörter oder Redensarten für einen und eben denselben Begriff haben (...). Wir brauchen Ausdrücke für die erhabene, dichterische, ernste Schreib=art, andere für die leichtere, scherzende, schlichte, aber dabei noch immer edlere Büchersprache, und wiederum andere, desselben Inhalts, für die tägliche Umgangssprache im gemeinen Leben."[33]

Egenolf spitzt den Gedanken der Sprachautonomie, die aus der beim gemeinen Mann bewahrten Nähe zur Ursprache erwächst, noch dahingehend zu, daß die deutsche Sprache im Grunde gar nicht anders als rein sein könne: „ich habe es zu Zeiten unser ansehnlichen Haupt=Sprache zum Lobe angezogen, daß sie nichts als rechtschaffene Dinge sage, und ungegründete Grillen nicht einmahl nenne (ignorat inepta.)". Mit der doppelten Negation, die deutsche Sprache verweigere den Ausdruck unpassender Gedanken, beruft sich Egenolf auf

---

28 Campe (Anm. 27), S. CVIII f.
29 Johann August Egenolf: Historie Der Teutschen Sprache. Leipzig 1716, II, S. 272.
30 Chlorenus (Anm. 9), S. 530.
31 Johann Michael Heinze: Anmerkungen über des Herrn Professors Gottscheds Deutsche Sprachlehre nebst einem Anhange einer neuen Prosodie. Göttingen, Leipzig 1759, S. 245.
32 Siehe oben S. 92.
33 Campe (Anm. 27), Vorrede, S. 13; das Wort *reiche* ist im Original gesperrt gedruckt.

das rhetorische Kriterium des *aptum* („ignorat inepta"), das hier nicht vom *genus dicendi*, sondern von einer gleichsam ontologischen Orientierung der deutschen Sprache am Wesentlichen abhängt. Die „Sprache selbst" als handelndes Subjekt verfügt über die Unterscheidungsfähigkeit zwischen Wert und Unwert, denn sie ist ein veritabler „Probier=Stein der Gedancken": nur „was sich darinn ohne entlehnte und ungebräuchliche Worte vernehmlich sagen lasse, das sey würcklich was rechtschaffenes; aber leere Worte, da nichts hinter, und gleichsam nur ein leichter Schaum müßiger Gedancken, nehme die reine Teutsche Sprache nicht an".[34]

Reichtum der Sprache besteht gemäß dieser Argumentation nicht nur darin, daß die deutsche Sprache „eine der aller Wort=reichesten Sprachen"[35] ist, sondern vor allem darin, daß dieser Reichtum etwas bewirkt, nämlich eine Scheidung von wertvollen und wertlosen Gedanken, wobei letzteren durch die Fremdwörter ein Spiegel ihrer Untauglichkeit vorgehalten wird. Die Autonomie der reinen deutschen Sprache liegt in ihrer Fähigkeit zum Wesentlichen, zum „würcklich rechtschaffenen".

8.1.4 Die reine Sprache: „lauter Gold"

Mit dem Begriff des Rechtschaffenen kommt eine Kategorie in die Debatte, die für das Verständnis der Sprache als einer natürlichen Ressource von entscheidender Bedeutung ist: die Kategorie *Arbeit*. Der Reichtum der deutschen Sprache bedeutet unter diesem Blickwinkel genau die Fülle des Materials, das von den arbeitsamen Deutschen entdeckt, genutzt und veredelt werden muß –: die Metaphern „Gold" und „Erz" stellen den Sprach-Schatz auf eine Stufe mit den Bodenschätzen, die es zu heben und durch Reinigung, Scheidung und Auslese zu verwandeln gilt: aus Rohstoffen werden Wertstoffe. Erst daraus, vermittelt durch Arbeit, entsteht der Gewinn oder Nutzen, den die Sprache für ihre Benutzer erbringen soll.

Aus eben diesem Grund genügt es nach Ansicht Egenolfs auch nicht, daß einige nordeuropäische Volksstämme unbeeinflußt von der Außenwelt geblieben sind, weshalb ihre Sprache eigentlich idealtypischerweise mit der ursprünglichen, reinen Form hätte identisch bleiben müssen. Leibniz hatte diese Überlegung angestellt. Aber Egenolf wendet gegen die Bewahrungstheorie ein, man habe „ohngeachtet aller angewendeten Mühe" die Lappen und Finnen, die „ihr rauhes und kaltes Land [...] so wild und andern Menschen unähnlich" gemacht habe, nicht „zu einen vernünfftigen Leben gewöhnen" können.[36] Wegen ihrer fehlenden Vernunft also – das heißt: weil sie nicht zu geregelter Arbeit und zu verfeinerten Sitten zu erziehen sind – haben diese Volksstämme den reinen Zustand ihrer Sprache verloren. Mit anderen Worten: in der Auffassung der reinen Sprache als einem Rohstoff oder Bodenschatz verwirklicht sich die protestantische Dialektik von der geschenkten und der zu erwerbenden

---

[34] Egenolf (Anm. 29), II, S. 272 f.
[35] Egenolf (Anm. 29), II, S. 275.
[36] Egenolf (Anm. 29), I, S. 107 f.

Reinheit – und auch in diesem Sinn ist die reine deutsche Hochsprache tatsächlich ein „protestantischer Dialekt".[37]

Im Sinnbild der Sprache als Bergwerk drückt Chlorenus diese Anschauung treffend aus: mit der Sprachpflege habe es „keine andere Beschaffenheit als bey einem Bergwerk [...], da ein Verståndiger, so bald er eine Spuhr angetroffen, nicht ruhet biß er die rechte Quelle, und folglich alle übrige daraus entspringende Adern, entdecket".[38] Der mühseligen Arbeit des Bergbaus korreliert der Lohn in Gestalt des Bodenschatzes, der gehoben wird – ein Prozeß, den Harsdörffer anschaulich schildert: „Die Sprachen lassen sich in vielen Stucken mit den Metallen vergleichen. Diese ligen in ihren Gründen verborgen / werden mit grosser Mühe an das Tages=Liecht gebracht / gereiniget / geläutert / und durch die Kunstmåssige Feuer=Arbeit / zu Nutz gebracht: Gleicher Weiß ist der Schatz mancher Sprache in seinem Grunde verborgen" und wird erst nach langer Zeit „zu nutzlichem Gebrauch befôrdert."[39]

Das Sprachbild vom Bergwerk weist in mehrere Richtungen, von denen drei hervorgehoben seien: erstens die Unterscheidung von unten und oben, wobei dem unteren Bereich („in ihren Gründen") die Arbeit, dem oberen Bereich („Tages-Liecht") die Wertschöpfung zufällt; zweitens die Trennung von Rohstoff und Wertstoff, die durch Trennung des Reinen vom Unreinen („Feuer=Arbeit"[40]) erfolgt; und drittens die Zirkulation des so gewonnenen Wertes („zu nutzlichem Gebrauch") in Form der „baren Münze", für die man ein Wort nehmen kann, das direkt aus dem tiefen Sprach-Bergwerk stammt.

Mit dem Trennungsaspekt in oben und unten ist die soziale Dimension der reinen Sprache, von der bereits die Rede war, in ein gültiges Bild gefaßt. Während die Sprache selbst als ein Bodenschatz bezeichnet wird, aus dem sich der Reichtum und Fortbestand der Nation bilden kann, wirkt dasselbe Bild als Metapher der Klassen-Identität und Klassen-Trennung. Im Modell der reichen und reinen Sprache entwirft sich ein frühkapitalistisches bürgerliches Klassenbewußtsein, das auf Ausbeutung beruht, wobei die Ausbeute – Gold – die Mittel der Ausbeutung („grosse mühe") vergessen läßt. Daß die Klassen*unterschiede*, die dabei entstehen, durchaus von den Sprachtheoretikern gewollt sind, läßt sich am anti-emanzipatorischen Gestus bei Adelung aufweisen, der postuliert: „Man gebe einer jeden Classe nur gerade soviel Aufklärung als sie zu ihrem Stande gebraucht, und lasse ihr in allem übrigen ihre Vorurtheile, weil sie ihr wohlthätig sind." Der sprach-asketische Impetus bei Adelung hat demnach auch eine wichtige soziale Bedeutung: die „niedern Classen" sollen nicht zur Unzufriedenheit mit

---

[37] Florian Coulmas: Die Wirtschaft mit der Sprache. Eine sprachsoziologische Studie. Frankfurt a.M. 1992, S. 42-55; Max Weber: Protestantische Ethik und der Geist des Kapitalismus (1905). Gesammelte Aufsätze zur Religionssoziologie. Tübingen 1920, Band 1, S. 7-58.

[38] Chlorenus (Anm. 9), S. 11. Auf die Bergwerksmetapher bezieht sich auch Campe (Anm. 27, ·II, Vorrede, S. 8), wenn er sagt, seine Verdeutschungen seien „theils aus den Fundgruben unserer Sprache hervorgezogen [...], theils von mir selbst gewagt". – Wie naheliegend in der Diskussion um den Reichtum und die Entwicklung der Sprache das Bild des Bergwerks ist, zeigt der Hinweis in den *Unvorgreifflichen Gedanken*, wo Leibniz den Reichtum der Sprache an konkreten und anschaulichen Begriffen gerade so veranschaulicht: „Und halte ich dafür, daß keine Sprache in der Welt sey, die (zum Exempel) von ertz und Bergwercken reicher und nachdrücklicher Rede, als die Teutsche" (Leibniz, Anm. 4, S. 259).

[39] Harsdörffer: Trichter (Anm. 22), III, S. 9.

[40] Zu den Gold- und Feuer-Metaphern vgl. oben S. 122 ff.

ihrem Klassen-Schicksal verführt werden, da dies neben Sozialneid auch „Übertretung der Gesetze, Laster und Zügellosigkeit der Sitten" mit sich bringe.[41]

Die Arbeit der Sprach- und Schulmeister kann nun am besten auf der zweiten Ebene des Bildes, der Scheidung zwischen Metall und Schlacke, angesiedelt werden, wodurch zum einen im zeitgenössischen Diskurs die Erhebung der Sprachtheoretiker in den Rang von Demiurgen erfolgt und zum anderen der Aspekt der *Reinigung* von Sprache besonders betont wird: „Wie nun kein Metall ohne Schlacken und Unreinigkeit zufinden (Massen auch kein Element rein und der Bergsaft daraus sie erwachsen / vermischet ist /) Also ist fast keine Sprache aus ihren Gründen erhoben rein und selbstständig zu nennen."[42] Das heißt: der Schatz wird erst zum Schatz, wenn er einem Trennungsprozeß unterworfen, wenn er gereinigt wird. Dies ist ein Prozeß der Ver-Fremdung, in dem ursprünglich Zusammengehöriges („der Bergsaft ... vermischet") in rein und unrein, eigen und fremd, geschieden wird, wobei Wert und Abfall entsteht.

Auf der dritten Bildebene rückt das *Produkt*, das aus diesen Prozessen hervorgeht, ins Zentrum: das Gold. Die Gold-Metapher, die schon aus der Sprache des Pietismus vertraut ist, drückt sowohl den Gedanken der Reinheit als auch den der Reinigung aus. Für die *Reinheit* steht der Aspekt des Glanzes, des Lichtes und der spiegelnden Klarheit; für die *Reinigung* der Aspekt des aus Schlacke auszuschmelzenden Bodenschatzes, des höchsten ökonomischen Wertes, den die Gesellschaft überhaupt kennt, und um dessentwillen in derselben Epoche die blutige Kolonisation eines ganzen Erdteils erfolgt – und auch die Kolonisatoren sind vom reinen Glanz des Goldes so geblendet, daß sie es zum Ruhme Gottes und der Bereicherung der Nation den „schmutzigen Wilden", den *Fremden* schlechthin, rauben.

Mit den Analogiebildungen Gold, Erz und Bergwerk wird der Begriff Reinheit selbst zur Scheide-Metapher, insofern man das reine Gold nur durch die Scheidekunst gewinnen kann. *Wer es besitzt*, ist eindeutig geschieden von denen, die es in seiner unreinen Form aus den Tiefen der Unterwelt hervorholen müssen, ohne je seiner Reinheit teilhaftig werden zu können: die Auffassung des Soziolekts als der unreinen Sprache, die die Sprache der Unreinen ist, liegt hier begründet. *Was er besitzt*, ist ein glänzender Schmuck, für den Harsdörffer eine Standesgrenzen sprengende Beschreibung wagt: gelungene Sprachbilder, „so das Aug unsres Verständniß erfreulichst belustigen", seien „das Gebrem und die Bortirung einer erbaren Kleidung / welche auch wol von Gold und Silber gläntzen kan."[43] Die Analogiebildung von Sprachvermögen und Reichtum, dessen Zurschaustellung die ständische Kleiderordnung außer Kraft setzt, offenbart zumindest die Intention, wo nicht die Wirklichkeit, der Rede von

---

41 Johann Christoph Adelung: Versuch einer Geschichte der Cultur der menschlichen Gesellschaft. Leipzig 1782, S. 8. In ihrer Auseinandersetzung mit dieser Adelung-Passage beschreibt Brigitte Döring (Zum Zusammenhang von Sprachgeschichte und Geschichte der Gesellschaft bei Johann Christoph Adelung und Jacob Grimm. In: ZfGerm 5, Leipzig 1984, S. 160) zwar den asketischen Aspekt, bringt ihn aber nicht in Zusammenhang mit der Dialektik der Wertsteigerung von Besitz-Akkumulation durch Aus- und Abgrenzung.

42 Harsdörffer: Trichter (Anm. 22), III, S. 9 f.

43 Harsdörffer: Trichter (Anm. 22), III, S. 65 f. Vgl. hierzu Volker Sinemus: Poetik und Rhetorik im frühmodernen deutschen Staat. Göttingen 1978, S. 144-160 (Kap. *Zur sozialen Bedeutung der Kleidermetaphorik in der literarischen Tradition des Jahrhunderts*).

reicher Sprache: mit ihr verfügt der Bürger über das Zirkulationsmittel, das zum einen den ungehinderten Verkehr und zum anderen die Akkumulation von Gewinn garantiert.[44] Barenius kennt den Wert dieses Zahlungsmittels; eine vertraute Redewendung charakterisiert er als „Kern der Sprache / welcher durch den vielen Gebrauch bestetiget / und gleich dem Reichsgängigen Gelde am meisten bekant ist".[45]

Zum Geld wird das Gold, indem es durch den Prägestempel eine Prägung erhält, die ihm nicht nur den Wert, sondern vor allem die Legitimität und nationale Zugehörigkeit verleiht. Beide Aspekte, den des Umlaufwertes („mehrgångig") und den der Zugehörigkeit („Hochteutsches Geprege"), spricht Schottel mit Blick auf das Verhältnis von *Mundart und Hochsprache* an, wenn er das Ziel formuliert, „in gantz Teutschland [...] werden immer mehr und mehr / nach Erfoderung der Materi die Teutsche Worte durch ein Hochteutsches Geprege gültig / angenehm und mehrgångig gemacht".[46] Ebenso wie bei Schottel die Prägung an deutschstämmigen Wörtern vollzogen werden soll, damit sie in den Zirkulationsprozeß eingehen können, fordert Friedrich Gedicke, die Sprache dadurch zu bereichern, daß man Ableitungen und Analogien *innerhalb der deutschen Sprache* bilden soll, weil man so in „Modifizirung alter Begriffe" neue Wörter „mûnzen" könne, die dann ihrer Abstammung und Prägung wegen rein seien.[47]

Bei Joachim Heinrich Campe schließlich kommt auch diese Funktion der Gold-Metapher zur Erscheinung, wobei er den Blick besonders auf die Einlehnung *fremder Wörter* durch Umprägung richtet. Bei vielen lateinischen und griechischen Wörtern sei die Einlehnung geglückt, weil die deutsche Sprache jene Lehnwörter, „bevor sie dieselben aufnahm, erst unter ihren eigenen Stempel brachte, um ihnen das deutsche Gepråge aufzudrucken."[48] Die Verwendung der Münz-Präge-Metapher für die Aufnahme von Fremdwörtern in die deutsche Sprache verweist zum einen darauf, daß die Integration des Fremden nicht durch die Substanz des Materials (Metall) und seines angestammten Wertes, sondern durch das Erscheinungsbild (Prägung) gewährleistet wird und daß die Umprägung ein ziemlich gewaltsamer Akt sein kann.[49] Zum andern verweist die Metapher auf die Analogie von Kapitalakkumulation und Sprachbereicherung im Sinne der An-Eignung.[50] Beide Wert-Begriffe sind die dem früh-

---

[44] Zum Begriff Akkumulation vgl. Karl Marx: Das Kapital. Kritik der politischen Ökonomie, Band 1 [= MEW Band 23]. Berlin 1972, S. 605: „Anwendung von Mehrwert als Kapital oder Rückverwandlung von Mehrwert in Kapital heißt Akkumulation des Kapitals."

[45] Georg Barenius: Nova Grammatica Linguae Germanicae [...]. Nordköping 1707, S. 74.

[46] Schottel (Anm. 13), S. 175.

[47] Friedrich Gedicke: Gedanken ûber Purismus und Sprachbereicherung. In: Deutsches Museum 11. St., 1779, II, S. 385-416; hier: S. 410f.

[48] Campe (Anm. 27), S. XIV.

[49] Fremd- und Lehnwörter, die bereits in die *Volks*sprache eingegangen sind, brauchen und können nicht ausgemerzt werden, da die Volkssprache, „was sie einmal hat, auch zu erhalten weiß, indem sie nicht so wandelbar ist, als die Schriftsprachen zu seyn pflegen"; außerdem seien diese Wörter bereits „umgeprägt" (Campe, Anm. 27, S. XX). Die Umprägung macht ein Wort oder eine Wendung zu einer „åchtdeutschen", was vor allem bei Konkreta der Fall sei, während die Abstrakta sich nicht eingebürgern ließen.

[50] Ohne Hinweis auf Campe setzt sich Coulmas (Anm. 37, bes. S. 278-325) mit dem Verhältnis von Sprache und Tauschwert grundsätzlich auseinander: in Redewendungen wie „ein Wort für bare Münze nehmen" oder „für jemanden gutsagen" schlage sich die gegenseitige Wertzuweisung von Sprache und Geld nieder.

kapitalistischen Bürgertum des 18. Jahrhunderts eigene Identitätsmerkmale, deren Bild- und Bedeutungskennzeichen sich gegenseitig vertreten können.

In der Gold- und Geldmetaphorik findet eine typisch bürgerliche Ambivalenz ihren Niederschlag, insofern sie für das Doppelgesicht des „Besitzes" eintritt: Besitz, dieses konstituierende Merkmal der bürgerlichen Klasse, trägt zum einen den Charakter der Fülle, zum andern den der Askese, des Verzichts. Während die Fülle einerseits aus dem Vorgefundenen besteht (Sprachschatz – Bodenschatz), wird sie andererseits zur verfügbaren Fülle erst durch Ent-Fremdung (Reinigung) und An-Eignung (Arbeit). Der Akkumulationsprozeß fordert dem Individuum Verzichtleistungen ab, wenn es nicht von der Hand in den Mund leben will – oder so sprechen, wie ihm der Schnabel gewachsen ist.

Der Prozeß der An-Eignung wird in den folgenden Abschnitten unter verschiedenen Blickwinkeln erörtert, wobei die Problematik des Umgangs mit dem „Fremden" die Leitfrage darstellen wird.

8.2   Zwei Exkurse

8.2.1   Exkurs I: Zur Funktion der Sprachgesellschaften

Im Prozeß der Konstituierung von Sprache als nationales Identitätsmerkmal und als Ressource der nationalen Ökonomie spielen die Sprachgesellschaften in zweifacher Hinsicht eine gewichtige Rolle. Zum einen bildet sich in ihnen ein Typus von Sprachpflege aus, in den künstlerische, rationalistisch-wissenschaftliche und mythologisch-irrationale Strömungen eingehen; zum anderen formiert sich in den Sprachgesellschaften, insbesondere in der *Fruchtbringenden*, ein „Verkehrs-Modell", das idealtypisch für den bürgerlichen Verkehr einsteht und nahezu ausschließlich im Rahmen von Sprache funktioniert.

Hinsichtlich des Zusammentreffens unterschiedlicher geistiger Strömungen läßt sich im Widerspruch zwischen rationalistischer und mythologischer Argumentationsstrategie angesichts der „Ursprache" und des aus ihr stammenden Sprachschatzes nach Auffassung etlicher Sprach- und Literaturhistoriker eine geistesgeschichtliche Parallele zwischen den Sprachgesellschaften und den naturwissenschaftlich-alchimistischen Geheimgesellschaften erkennen.[51] Während in diesen zum Zwecke der Veredelung unwerten Metalls oder Minerals zu Gold nach dem *lapis philosophorum*[52] bzw. der *tinctura*[53] gesucht wird, betreiben jene die

---

[51]   So z.B. bei Helmut de Boor und Richard Newald: Geschichte der deutschen Literatur. Band 5: 1570-1750. München [5]1965, S. 203 ff.

[52]   „Lapis Philosophorum, der Stein der Weisen, so wird die geheime Kunst genannt, die geringern Metallen durch eine trockene oder nasse Tinctur in das allerreineste Gold zu verwandeln": Register über alle Theosophische Schriften [...] Jacob Böhmens. o.O. 1730, S. 23. Faksimile-Neudruck: Jacob Böhme: Sämtliche Schriften [...]. Hg. von Will-Erich Peuckert. Band 11. Stuttgart 1960.

[53]   „Tinctura, ist ein Ding, das da scheidet und das Reine vom Unreinen bringet. [...] Tingiren, färben, it. ein geringer Metall in ein edlers verwandeln mittels der in ihm eröffneten Tinctur" (ebd., S. 43 f.); vgl. die Verwendung des Begriffs im Pietismus, oben S. 124 f.

Suche nach der Ur-Sprache, der *lingua adamica*, die allen Sprachen zugrundeliegt. Von dieser Ursprache her soll die Veredelung und Nutzwertsteigerung der aktuellen Sprachsituation erfolgen, wozu das Motto der Fruchtbringenden Gesellschaft – *Alles zu Nutzen* – sich gut fügt. Auch das Emblem auf dem Titelblatt von Harsdörffers *Poetischem Trichter* spielt auf den Nutz-Charakter der Sprachpflege an: es zeigt, die Gartenmetaphorik aufgreifend, einen Mann, der Weinreben an einen Stab bindet; das Motto lautet „Zucht bringt Frucht".

Die Emblematik ist eine der Ausdrucksweisen, in denen sich die Organisationsform der Sprachgesellschaften und ihr wissenschaftstheoretischer Standort berühren:[54] sie läßt sich als Audrucksgestus einer der „Harmonie" verpflichteten Denkungsart verstehen, in der zum einen die Klassengegensätze versöhnt, zum anderen die für den ganzen Kosmos geltenden Natur-Gesetze dargestellt sind. Im harmonistischen, ganzheitlichen Weltbild spielt der Analogieschluß eine große Rolle, da er die Ur– und Allverwandtschaft der Erscheinungen als beweiskräftige Argumentationsmöglichkeit benutzt: die Gleichartigkeit steht im Rang eines Naturgesetzes, ihre Ausdrucksformen sind einerseits die Embleme, andererseits die verläßlich durch Analogiebildung aus den Urformen abgeleiteten einzelnen Wörter; durch die Analogie sind sie untereinander und mit der Ursprache apriorisch verbunden. Die Neigung zur Analogie spannt einen weiten Bogen zur rhetorischen Tradition, die ihrerseits in der Argumentationsform der *consultatio* mit ihrer Aufzählung der *exempla* und *testimonia* ein bewährtes Schema des beweiskräftigen Analogieschlusses bereitstellte. Über die Vermittlung der Rhetorik wirkt das Argumentieren *per analogiam* nicht nur auf die Sprachtheorie, sondern auch auf die Poetik und Dramatik des 17. Jahrhunderts ein.[55]

In ihrer alchimistischen Ausrichtung, in der sie sich für die Schaffung von Werten einsetzen, entsprechen die Sprachgesellschaften Scheideanstalten, in denen zwischen einerseits schädlichen, unnützen und unreinen sowie andererseits wertvollen, produktiven und reinen Bestandteilen der Sprache unterschieden wird. Diese Funktion der Sprachgesellschaften kommt in Campes Bemerkung zum Ausdruck, seit der Fruchtbringenden Gesellschaft (gegründet 1617) bis heute (also 1794) werde an der „Wiederherstellung der Lutherschen Sprachreinigkeit" gearbeitet: „Der gröbste Unrath ist glücklich ausgekehrt; die noch übrigen Staubtheilchen werden uns, wofern wir Männer sind, doch auch nicht Alpengebirge zu seyn scheinen."[56]

Abgesehen von der eigenartigen Berufung auf die Mannhaftigkeit der Sprachreiniger, ist hier die so emphatisch begrüßte Ausmerzung von „Unrat" beachtenswert, die durch die Sprachgesellschaften erfolgt sei. In der Tat sieht auch die moderne Sprachgeschichtsschreibung die Bedeutung der Sprachgesellschaften gerade in ihrem Wirken für Sprachreinheit oder Sprachreinigung, wobei jedoch diesbezüglich auch noch in neueren Darstellungen die mangelnde Differenzierung und Begriffsschärfe auffällt. So äußert z. B. W. Schmidt:

---

[54] Zur Emblematik vgl. Ingrid Höpel: Emblem und Sinnbild. Frankfurt a. M. 1987.

[55] Vgl. hierzu Martin Kramer: Rhetorikunterricht und dramatische Struktur. Am Beispiel der consultationes. In: Albrecht Schöne (Hg.): Stadt – Schule – Universität – Buchwesen und die deutsche Literatur im 17. Jahrhundert. München 1976, S. 261-274.

[56] Campe (Anm. 27), S. XVI.

Vorbild der dt. Gesellschaften waren it. und nl. Gründungen, die sich die Pflege der Muttersprache und Literatur zur Aufgabe gestellt hatten. In den Niederlanden war der Kampf um Reinigung und Einheit der Sprache zugleich ein immanenter Bestandteil des Kampfes um staatliche Einheit und Unabhängigkeit der Nation. Es ist anzunehmen, daß die Gründungen der Sprachgesellschaften in Deutschland angesichts der wachsenden trennenden und spaltenden Kräfte auf sprachlichem und politischem Gebiet aus gleichem Anlaß erfolgt sind. In ihrem Streben nach Reinigung der dt. Sprache übersetzten die Mitglieder der Sprachgesellschaften überflüssige Fremdwörter und schufen viele Neubildungen, die auch heute noch zum festen Bestand unserer Gemeinsprache gehören. [...] In diesem Zusammenhang ist auch auf die *Sprache der Dichter* jener Zeit hinzuweisen, die auf ihre Art mit der nationalen, politischen und kulturellen Misere fertig zu werden versuchten. In der Zeit zwischen 1640 und 1680 zeigen sich Wortfülle, Häufungen, Verstärkungen, Epitheta, Wiederholungen, Antithesen, Bildhaftigkeit, Wortspiele – Erscheinungen, die z.T. aus Stolz auf die „uralte teutsche Haupt- und Heldensprache" entstanden, aber häufig als überspannte Darstellungsweise zu bezeichnen sind.[57]

Es erscheint geradezu als symptomatisch, daß Schmidt durchweg von „Reinigung" spricht, nicht von „Reinheit der Sprache", obwohl der zeittypische und verbreitete Terminus „Reinigkeit der Sprache" ist. Überdies noch verkürzt er ganz unkritisch die Argumentation der Quellen, wenn er Fremdwörter grundsätzlich als „überflüssig" charakterisiert, statt die unterschiedlichen Positionen zur Fremdwortfrage wiederzugeben. Auch Gerhart Wolff zufolge ist „*Sprachreinheit* [...] das Ziel der zahlreichen *Sprachgesellschaften*, die im 17. und 18. Jh. in Deutschland entstehen und der überhandnehmenden Fremdwörterei und ‚Verwelschung' den Kampf ansagen."[58] Ihr Prototyp sei die 1617 von Fürst Ludwig von Anhalt-Köthen nach französischen Vorbildern begründete „Fruchtbringende Gesellschaft", die auch „Palmenorden" genannt würde[59] und der „bald" die bedeutenden Zeitgenossen Opitz, Buchner, Schottel oder Gryphius angehörten. Als Hauptleistungen der Sprachgesellschaften verbucht Wolff eine Reihe gelungener *Verdeutschungen*, was seine verengende Charakterisierung der *Sprachreinheit* als Kampf gegen die „Fremdwörterei" und „Verwelschung" noch unterstreicht.

Natürlich weist Elke Haas zurecht darauf hin, daß die Orientierung an der antiken rhetorischen *latinitas* die Behandlung der Fremdwortfrage in den Sprachgesellschaften nachhaltig beeinflußt hat. Ihrer Auffassung nach hat das rhetorische Vorbild die Sprachtheoretiker geradezu *verpflichtet*, in ihren öffentlichen Schriften gegen das Fremdwort, den „Barbarismus" zu argumentieren, da hier die Anforderungen an die öffentliche Rede wirksam seien, während die Mitglieder der Sprachgesellschaften „im eher privaten Umgang aus heutiger Sicht ein schauderhaftes Kauderwelsch sprachen, wobei sie sich durchaus zu verständigen mochten".[60] So wertvoll die Einbeziehung der Rhetorik in die Bewertung der Sprachgesellschaften ist, so verkürzend wirkt die Reduktion des Blickes auf das *Selbst*verständnis der Gesellschaftsmitglieder im 17. und 18. Jahrhundert, denn Haas mißachtet hier die Grundwahrheit, daß die Berufung auf die antike Rhetorik im Rahmen veränderter gesellschaftlicher Verhältnisse etwas anderes bedeutet als in der Antike selbst; sie ignoriert überdies die Bedeutungsverändrun-

---

[57] W. Schmidt: Geschichte der deutschen Sprache. Berlin/DDR [5]1984, § 1.3.1.6.3.

[58] Gerhart Wolff: Deutsche Sprachgeschichte. Ein Studienbuch. Frankfurt a. M. 1986, S. 143 f.

[59] Der Name *Palmenorden* ist jedoch bereits Ausdruck der vom Adel dominierten, standespolitischen Entwicklung, die nach dem Tod Ludwigs im Jahr 1650 einsetzt und bald zur Bedeutungslosigkeit der Fruchtbringenden Gesellschaft führt; siehe unten S. 206.

[60] Haas (Anm. 8), S. 10. Siehe auch unten Anm. 165.

gen, die der Begriff *Reinheit* im Verlauf der Sprachgeschichte zwischen Quintilian und, sagen wir, Harsdörffer durchlaufen hat, so daß auch unter diesem Blickwinkel die Berufung auf *Reinheit* im 1. Jahrhundert vor Christus etwas anderes bedeutet als 1700 Jahre später. Richtig ist, daß die antike Auffassung des *vir bonus* den Umgang mit der reinen Sprache beeinflußt. Aber die Analogiebildung, nach der „der vir bonus des 17. Jahrhunderts [...] selbstverständlich ein Christ und insofern vom antiken Beispiel unterschieden" sei, erweist ihre Kühnheit im jede historische und geistesgeschichtliche Distanz weiträumig überspringenden Nachsatz: „Dies ist aber auch der einzige Unterschied."[61] Dieser Unterschied, der hier als *quantité négligeable* behandelt wird, bezeichnet indes eine erhebliche Differenz zwischen antiken und neuzeitlich-christlichen Auffassungen von Tugend, Reinheit und Staat, für die die Sprachgesellschaften modellhaft einstehen.

Wenn man die wissenschaftlichen Leistungen der Sprachgesellschaften nur unter dem Blickwinkel des Fremdwortpurismus betrachtet, mißachtet man nicht nur die in den Sprachgesellschaften entstandenen umfassenden grammatisch-sprachtheoretischen Arbeiten („fortpflanzung der Muttersprache"), sondern vor allem die Poetiken, die das rhetorische Purismus-Programm in literarische Systeme umsetzen. Außerdem übersieht die ausschließlich auf den Fremdwortpurismus bezogene Deutung die gesellschaftlich-kommunikative Intention der Sprachgesellschaften, wie sie beispielsweise Georg Philipp Harsdörffer anstrebt, und die weder dem antiken Ideal noch der Fremdwortfrage zu subsumieren ist. Dieser 1607 geborene Dichter, Sprachtheoretiker und, als Angehöriger des Nürnberger Rats, Politiker ist selber Mitglied mehrerer Sprachgesellschaften, so ab 1634 der Teutschgesinnten Genossenschaft (als „der Kunstspielende") und ab 1642 der Fruchtbringenden Gesellschaft (als „der Spielende"), und er ist zusammen mit Johannes Clajus Begründer des 1644 entstehenden Pegnesischen Hirten- und Blumenordens,[62] dessen Vorsitz er bis zu seinem Tod im Jahr 1658 innehat. Als einer der einflußreichsten Vertreter des sprachgesellschaftlichen Ideals entwirft Harsdörffer die Poetik als ein Modell des gesellschaftlichen Verkehrs: das Ideal des Gesellschaftslebens, das in den *Gesprächspielen*[63] aufgestellt ist, soll durch Poesie in die Wirklichkeit überführt werden, so daß Dichtung vor allem auch der Belebung von Geselligkeit dient. Das heißt: im sprachgesellschaftlichen Modell Harsdörffers, das sich vor allem im Pegnesischen Blumenorden realisiert, wird Literatur in den Diskurs der galanten Geselligkeit eingebunden und nicht mehr nur für die moralische Erbauung oder die Bildungs-Didaktik genutzt. Sprachtheoretische Überlegungen treten dabei vor allem in den Dienst dieses übergeordneten Ziels und verlieren ihre selbstbezogene theoretische Wichtigkeit.

Die auf gesellige Kommunikation hin ausgerichtete Tendenz der Harsdörfferschen Poesie und Poetik stößt allerdings in der Folge auf harsche Kritik, da die zu diesem Zweck entwickelten onomatopoetischen Wortformen und Sprachbilder als zu verspielt und versponnen eingeschätzt werden. August Nathanael Hübner beispielsweise wendet sich gegen „neue und

---

[61] Haas (Anm. 8), S. 45. Zu dieser Position Haas' vgl. auch oben S. 38 f.

[62] Auf seinen Bildungsreisen (1627-1632) u. a. nach Italien lernt Harsdörffer die ‚Accademia degli Intronati‘ in Siena kennen, deren Satzung als Vorbild für den ‚Pegnesischen Blumenorden‘ dient.

[63] Georg Philipp Harsdörffer: Frauenzimmer Gesprechspiele. 8 Bände, 1641-1649.

hochtrabende Wörter", für die die *Fruchtbringende Gesellschaft* verantwortlich sei: „denn gleichwie die deutsche Sprache, durch ihre löbliche Gesetze eines Theils von den unnöthigen Wörtern der fremden Sprachen gesaubert worden; also haben andern Theils etliche von solcher Gesellschafft, durch Erfindung, neuer, seltsamer, und gantz übel lautender Wörter dieselbe wieder verderbet", was Hübner durch Beispiele konkretisiert wie „hirnzerrinnend, miswachsbar, Sprach-Vermögen [...], das runtzel volle Haupt, das Kind so in der Krippen liegt, ist mit Heu-Dammast umhüllet" usw.[64] Die Beispiele zeigen, daß Hübner zwar einerseits die Eindeutschung von Fremdwörtern fordert, aber andererseits den bukolischen Stil von Harsdörffers Lyrik ablehnt und mithin ästhetisch-literarische, nicht politische Kriterien für die reine („gesauberte") Sprache gelten läßt.

Diesem widersprüchlichen und vielseitigen Bild von der Rolle der Sprachgesellschaften kommt man mit der Verkürzung auf den Fremdwortpurismus nicht näher, sondern nur, indem man auch den Purismus der Sprachgesellschaften in den Zusammenhang gesellschaftspolitischer Bestrebungen stellt, wie es beispielsweise das Autorenkollektiv für Literaturgeschichte tut:

> Der Kampf gegen das Fremdwort und um die Reinerhaltung und Pflege der Muttersprache [...] war also nicht nur eine rein philologische oder literatur-ästhetische Sache, sondern ein Ringen um die Erhaltung und Vervollkommnung des einzigen, was allen Deutschen noch gemeinsam war, und damit ein Kampf um die Einheit der Nation. [...] In Deutschland war die Sprachreinigung ebenfalls [scil.: wie in den Niederlanden] eine breite nationale Bewegung, die in der Fruchtbringenden Gesellschaft wohl ein Sammelbecken fand, aber weit über diese Vereinigung hinausging und überall von den bürgerlichen Gelehrten und Dichtern getragen wurde.[65]

Im Unterschied zur Auffassung der Sprachgesellschaften als grundsätzlich bürgerlich dominierter Gruppierungen, wie sie durch Wolffs Darstellung nahegelegt wird, stellt die Forschergruppe fest, daß gerade die *Fruchtbringende Gesellschaft* von einem regierenden Fürsten gegründet und von Mitgliedern des Hochadels geleitet worden ist. Überdies ist der Anteil der adligen Mitglieder dieser Gesellschaft immer größer als der der bürgerlichen; auch werden manche namhafte Dichter – wie Logau und Gryphius – nicht „bald", sondern erst sehr spät, andere gar nicht in die Gesellschaft aufgenommen, indes durchaus zahlreiche dichtende Adlige von minderer Bedeutung aus Standesgründen und politischer Rücksichtnahme Mitglieder sind.[66] Ludwig von Anhalt-Köthen setzt sich tatsächlich für die Gleichstellung der bürgerlichen mit den adligen Mitgliedern der Gesellschaft ein; liest man jedoch seine Begründung dieses Engagements, so erkennt man rasch dessen utilitaristischen Charakter:

> Das fürnemste aber ist, [...] das von wegen der freyen künste wissenschaft, die gelehrten, auch edel, sowol als die erfarnen in waffen gehalten werden können, so doch die Feder am meisten führen müßen, nicht möchten ausgeschlossen sein, und *man ihrer nützlich zu fortpflantzung der Muttersprache, zu gebrauchen,* inmasse auch solches vielfältig von ihnen geschehen, mit an den Tag gekommen ...[67]

---

[64] August Nathanael Hübner: Gründliche Anweisung zum Deutschen Stilo [...]. Hannover 1720, S. 9 f.

[65] Geschichte der deutschen Literatur (1600-1700), Band 5. Hg. von Klaus Gysi, Kurt Böttcher, Günter Albrecht und Paul Günter Krohn. Berlin 1963, S. 134.

[66] Gysi et al. (Anm. 65), S. 133 f.

[67] Zit. nach Gysi et al. (Anm. 65), S. 133; Hervorhebung von mir.

Der bürgerliche Wissenschaftler fungiert hier zwar als gleichberechtigtes Mitglied, aber nur insofern er einer Minderheit angehört und seine Nützlichkeit erwiesen ist – was für das adlige Gesellschaftsmitglied nicht gilt. Dennoch entsteht in den Sprachgesellschaften die Idee eines gesellschaftlichen Verkehrs, in dem Klassenunterschiede keine sichtbare Rolle spielen sollen. Deshalb wird das Standesprinzip durch das Anciennitätsprinzip ersetzt; an die Stelle der Titel, Namen und Rangbezeichnungen treten die emblematischen Namen, mit denen sich die Mitglieder auch außerhalb der Gesellschaft bezeichnen, z.B. auf den Titel- und Widmungsblättern ihrer Bücher.

> Die Betonung der gemeinsamen Ziele, der nationalen Aufgabe, gegenüber dem Trennenden in sozialer und konfessioneller Hinsicht sollte die Zusammenarbeit in der Gesellschaft (unter dem Protektorat des Fürsten) stärken und die Teilnahme und Wirksamkeit der bürgerlichen Gesellschafter, welche [...] die eigentlich schöpferischen Mitglieder waren, gegenüber den Adligen ermöglichen. Das zeigt aufschlußreich die Lage des Bürgertums in seinem Verhältnis zum Adel.[68]

Allerdings kommt Volker Sinemus in seiner klug abwägenden Auseinandersetzung mit dieser Interpretation der Gesellschaftsnamen und dem mit ihnen verbundenen Anciennitätsprinzip zu dem Schluß, daß in der Praxis die Überwindung der Standesunterschiede nur in sehr eingeschränktem Umfang verwirklicht wurde. Wenn überhaupt von ihrer Nivellierung gesprochen werden könne, dann allenfalls im engen Rahmen der „Gesellschaftssachen"[69] selbst – das heißt im internen Verkehr der Mitglieder untereinander – und nur in dem Zeitraum, in dem Fürst Ludwig von Anhalt-Köthen den Vorsitz innehat (bis 1650). Schon sein Nachfolger Georg Neumark, ein bürgerlicher Parvenu, unter dessen Vorsitz der Gesellschafts-Name in die ständische Bezeichnung *Palmenorden* geändert wird, vermehrt die ohnehin faktisch bestehende Überzahl der adligen Mitglieder noch durch explizite Erschwernisse für bürgerliche Kandidaten: während der Aufnahme von Adligen in die Gesellschaft keine Überprüfung der Person vorangeht, müssen „Bürgerliche [...] die dreifache Probe bestehen", nämlich 1. ehrliche Herkunft, 2. Gelehrsamkeit und Erfahrung in „der reinen hochteutschen Sprache"[70] und 3. eine beamtete Anstellung nachweisen.[71] Von diesen an den Quellen gewonnen Einsichten aus kritisiert Sinemus vorschnelle Deutungen, wie sie z.B. Jürgen Habermas gewagt habe, denen zufolge die Standesunterschiede in den Sprachgesellschaften prinzipiell überwunden und die Sprache „als das Medium der Verständigung zwischen den Menschen als Menschen begriffen wird".[72]

---

68 Gysi et al. (Anm. 65), S. 131.
69 „Die Namen belangend / welche die Hochlôblichen Fruchtbringenden Gesellschaftssachen gebrauchen / sind eines theils deswegen gebräuchlich / daß so unter ungleichen Standespersonen (wie gedacht) eine Gleichheit und Gesellschaft getroffen wûrde [...]; haben doch die Fruchtbringenden sich durch ihre Gesellschaft dahin verbunden / daß höhere *in Gesellschaftssachen* / den kleineren / und der kleinere dem hôhern gleich und nach die An- und Eintrettung die befindliche Ordnung belieben / wollen." Carl Gustav von Hille: Der Teutsche Palmbaum. [=Die Fruchtbringende Gesellschaft. Quellen und Dokumente in 4 Bänden. Band 2] München 1970, S. 138, 143; zit. nach Sinemus (Anm. 43), S. 220; Hervorhebung von mir.
70 Georg Neumark: Der Neu-Sprossende Teutsche Palmbaum. Nürnberg o.J. [1668], S. 175.
71 Sinemus (Anm. 43), S. 222; vgl. dort auch die Auseinandersetzung mit der gesamten Problematik und die eingehende Literaturdiskussion, S. 214-228.
72 Sinemus (Anm. 43), S. 222.

Der Modellcharakter der Sprachgesellschaften läßt sich demnach weniger an der faktischen Überwindung von Standesgrenzen erkennen als vielmehr an ihrem Status als *Entwurf* einer Identitätsmöglichkeit, dem jedoch die realen politischen Bedingungen aufoktroyiert sind: der Entwurf nutzt die Sprache als Medium und gemeinsame Aufgabenstellung einer neu entstehenden Klasse von Menschen, die eben aus dieser gemeinsamen Arbeit für die „reine Sprache" ihre Identität ableiten – es ist die Idee einer tatsächlichen Gruppen-Identität, die sich als Gegenmodell zum Ständestaat entwirft, einem Staat, in dem das gemeinsame Interesse als *Folge*, nicht als Grund der Klassenzugehörigkeit definiert ist. Um es jedoch zu betonen: in den Sprachgesellschaften erscheint diese im Interesse begründete Identität, also eine Art soziale *Wahlverwandtschaft*, nicht verwirklicht, sondern allenfalls antizipiert. Die gesellschaftliche und politische Realität der Standeszugehörigkeit als oberste Leitvorstellung des sozialen Handelns bleibt weiterhin wirksam, ja wird gewissermaßen vom sprachgesellschaftlichen Modell gestützt, nämlich durch die Idee des fürstlichen Protektorats, durch die fast nur dem Adel geltenden Widmungen, Zueignungen und Devotionsbekundungen, auf die die Mitglieder der Sprachgesellschaften auch untereinander nicht verzichten zu können glauben.

Seinen Höhepunkt erreicht dieser anti-demokratische Aspekt der sprachgesellschaftlichen Sprachpflege in Johann August Egenolfs explizitem Ruf nach obrigkeitlicher Sprach-Aufsicht. Zwar würdigt Egenolf einerseits die Verdienste der *Fruchtbringenden Gesellschaft*, die sich den „Sprachverderbern" widersetzt habe, worunter er jene versteht, die „fremde Worte" gebrauchen. Er bemängelt aber andererseits, daß die Fruchtbringende

> allzusträflich verfahren, und die Teutsche Sprache in allzu kurtzer Zeit von allen Schlacken und Unreinigkeit gesaubert wissen wollen, daher sie sich bemühet, alle fremdentzende[73] Wörter, welche, ob sie wohl durch den Einlaß in die Teutsche Sprache gekommen, nichts desto weniger das Bürger=Recht schon lange darinne besessen, [...] auf einmahl daraus zu verbannen, und an ihre Stelle zum Theil recht wunderliche Wörter [...] einzuführen, wodurch sie sich aber bey Verständigen nur zum Gelächter gemacht.[74]

Auch Egenolf selbst hat sich an einer Gesellschaft beteiligt, „die sich wenigstens dieses angelegen seyn liesse, daß sie die fremden Wörter, so täglich in Zeitungen u. d. Schrifften vorkommen, mit gleichkräfftigen und reinen teutschen Worten auszudrücken sucheten, um die unbesonnen Teutsch=Verderber dadurch zu beschämen."[75] Dieses Vorhaben schätzt Egenolf jedoch als gescheitert ein, weshalb er nun darauf hofft, daß „ein Ober=Haupt der Teutschen Nation den Vorsatz nimmt, zu befehlen, und darüber zu halten, daß die fremden Wörter in öffentlichen Schrifften müssen weggelassen werden"; „eingeschlichene fremde Wörter" sollen „mit guter Manier abgeschafft, und reinere an ihre Stelle genommen werden."[76]

Tatsächlich wird etwa zur Zeit von Egenolfs Forderung bereits der Konnex von Staat, Nation und reiner Sprache institutionalisiert, als Kurfürst Friedrich III. von Brandenburg[77] im Jahr 1700 die erste Akademie zur Pflege der deutschen Sprache ins Leben ruft. Zwar entsteht

---

[73] Sic; von „fremd-entsendete"?
[74] Egenolf (Anm. 29), II, S. 287.
[75] Egenolf (Anm. 29), II, S. 288.
[76] Egenolf (Anm. 29), II, S. 289.
[77] Ab 1701 als Friedrich I. König in Preußen.

die Preußische Akademie der Wissenschaften zur Pflege der Reinheit des Deutschen laut Hugo Moser[78] auf Vorschlag von Gottfried Wilhelm Leibniz. Folgt man jedoch Adolf Harnacks *Geschichte der königlich preußischen Akademie der Wissenschaften zu Berlin*, ist es der Kurfürst selbst, von dem die Initiative ausgeht und der in der Folge die Wahl von Leibniz zum Präsidenten der Akademie genehmigt:

> Die Aufnahme der Pflege der deutschen Sprache in den Kreis der Aufgaben der zu stiftenden Akademie ist des Kurfürsten eigenster Gedanke; weder Leibniz noch Jablonski haben ihn gepflegt. Sie hatten eine ausschließlich *naturwissenschaftliche* Akademie geplant.[79]

Allerdings bleibt die Frage offen, ob Harnack nicht aus schierem Patriotismus Leibniz' Rolle minimiert und die des Kurfürsten aufwertet: „Erst der Kurfürst hat ihr [der Akademie] *die vaterländische Aufgabe* gestellt [...]".[80] Immerhin jedoch heißt es in Friedrichs Stiftungsurkunde:

> Solchem nach soll bey dieser Societet unter anderen nützlichen Studien, was zu erhaltung der Teütschen Sprache in ihrer anständigen reinigkeit, auch zur ehre und zierde der Teütschen Nation gereichet, absonderlich mit besorget werden, also daß es eine Teütsch gesinnete Societät der Scientien seyn, dabey auch die gantze Teütsche und sonderlich Unserer Lande Weltliche- und Kirchen-Historie nicht verabsäumet werden solle.[81]

Und in der späteren „Generalinstruction" wird betont:

> Damit auch die uralte teutsche Hauptsprache in ihrer natürlichen, anständigen Reinigkeit und Selbstand erhalten werde, und nicht endlich ein ungereimtes Mischmasch und Undeutlichkeit daraus entstehe, so wollen Wir die vormalige fast in Abgang und Vergess gekommene Vorsorge durch mehrgedachte Unsere Societät und andere dienliche Anstalten erneuern lassen.[82]

Der Regent verbürgt sich schließlich dafür, daß in den Schreiben der staatlichen Verwaltungen zukünftig „die fremde unanständige Worte und übel entlehnte Reden, so viel füglich geschehen kann, vermieden, hingegen gute teutsche Redearten erhalten, herfürgesuchet und vermehret werden"[83] sollen.

Leibniz selbst setzt sich in seinen Schriften, vor allem in *Unvorgreiffliche gedancken, betreffend die ausübung und verbesserung der teutschen sprache* für die grammatikalische, stilistische und lexikalische Reinheit ein; um ihretwillen sollte, wie Kirkness zusammenfaßt, „alles Unmoralische (Zweideutige, Anstößige und Mundartliche) und alles Nichtdeutsche (überflüssige Fremdsprachliche) vermieden werden. Er warnte zugleich vor einem übertriebenen, nur eine Scheinreinheit bewirkenden Fremdwortpurismus".[84]

---

[78] Deutsche Sprachgeschichte. [5]1965, S. 160.

[79] Adolf Harnack: Geschichte der königlich preußischen Akademie der Wissenschaften zu Berlin. Band I, 1. Berlin 1900, S. 78; Hervorhebung von Harnack.

[80] Harnack (Anm. 79), S. 79; Hervorhebung von mir.

[81] Harnack (Anm. 79), S. 94.

[82] Harnack (Anm. 79), S. 98.

[83] Ebd.

[84] Alan Kirkness: Zur Sprachreinigung im Deutschen 1789-1871. Eine historische Dokumentation. 2 Teile. Tübingen 1975, S. 292.

Mit der staatlichen Aufsicht über die Sprache und mit der Funktionalisierung von deren „anständige[r] reinigkeit [...] zur ehre und zierde der Teütschen Nation" verwirklicht sich der Doppel-Aspekt des Begriffs „Staats- oder Nationalsprache": Sprache ist einerseits das Konstituens der nationalen Idee und sie unterliegt andererseits dem Staatsapparat, der als Kontrollinstanz über die Sprache herrscht. Dabei kommt ein wichtiger ordnungspolitischer Faktor zum Zuge: die Grenzziehung und Grenzschließung nämlich, an der alles „Fremde" zum fragwürdigen Element wird, das der strengsten Kontrolle unterzogen werden muß und das allenfalls, wenn es sich als assimilationsfähig und -würdig erwiesen hat, in die Staats-Sprache eingelassen wird.

8.2.2 Exkurs II: Zur Funktion einer „kayserlichen" Grammatik

In der Mitte des 18. Jahrhunderts publiziert in seinem „Otio Viennensi" der kaiserliche Rat Johann Balthasar von Antesperg die „Kayserliche Deutsche Grammatick", die er „Zum Nutzen Des gemeinen Wesens, und deren, welche des [...] reinen Ausdruckes in eigener Sprache mächtig seyn wollen", verfaßt hat. Der Autor wendet sich mit Emphase an den „Deutschgeneigte[n] Leser", dem er die Beschäftigung mit „deiner alleredelsten und wortreichsten Muttersprache" als eine „patriotische[ ] Bemühung" auferlegt.[85] Aufrechte Vaterlandsliebe verpflichte zur Sprach-Richtigkeit und -Reinheit, und zwar „in allen Ständen": „*Die Gewißheit der Sprache ist das Merkmal eines klugen Volkes. Eine Zierde des Hofes. Ein tüchtiger Werkzeug, ja ein unerschöpflicher Nutzen in allen guten Geschäften, Künsten und Wissenschaften; und die Ungewißheit derselben ist das Widerspiel.*" Antesperg beruft sich auf das in den Sprachgesellschaften realisierte Interesse des Adels für die Sprache und auf Schottels Arbeiten; er hofft auf Erfolg seiner Grammatik bei jedem „Patriotischgesinnte[n]".[86]

Der Titel selbst, mehr noch aber die Berufung auf die Gottunmittelbarkeit der deutschen Sprache sind Programm: die Sprache ist Werkzeug einer hierarchisch verstandenen Nation, der sie für Handel, Künste, Wissenschaften und Kriegswesen zu Nutzen sein soll,[87] letzteres

---

[85] Johann Balthasar von Antesperg: Die Kayserliche Deutsche Grammatick, Oder Kunst die deutsche Sprache recht zu reden, Und ohne Fehler zu schreiben, In Vier Theilen Mit einem Examine und zulänglichen Vor- und Anmerkungen Zum Nutzen Des gemeinen Wesens, und deren, welche des regelmäßigen Verstandes und reinen Ausdruckes in eigener Sprache mächtig seyn wollen, oder ihres Amtes und ihrer Geschäfte halber seyn sollen. Mit sonderbarem Fleiß deutlich und vollkommen in otio viennensi Ausgearbeitet [...]. Zweyte und verbesserte Edition samt einem Register. Mit allergnädigster Kayserlicher Freyheit. [Wien] ohne Ort [²1749] ohne Jahr, Vorrede § 1. – Im gleichen Jahr entsteht in Frankfurt ebenfalls eine Grammatik, die sich politisch legitimiert: Friedrich Carl Moser: Versuch einer Staats=Grammatic. Frankfurt a. M. 1749. Das Werk ist dem Erbprinzen Carl-Wilhelm von Nassau gewidmet und versteht sich als „Anleitung, nach denen in Staats=Sachen hergebrachte Regeln so, wie es unter denen europäischen Völckern herkommlich und angenehm, oder doch unanstößig und verantwortlich ist, in denen bey Welt=Händeln üblichen Sprache zu reden und zu schreiben" (S. 4). Moser behandelt das Thema Sprachreinheit nicht. – Zu Mosers geistlicher Lyrik siehe oben S. 123.
[86] Antesperg (Anm. 85), Vorrede §§ 12, 13, 21; die kursiv gesetzte Hervorhebung steht im Original halbfett.
[87] Antesperg (Anm. 85), Vorrede § 13.

vor allem, weil „der Himmel" selbst „unsere schöne und herrliche Sprache [...] würdig geschätzt hat, die unüberwindliche deutsche Welt zu bewohnen".[88]

Im Zentrum von Antespergs Argumentation steht das Begriffspaar „Reinigkeit und Richtigkeit", bzw. „rein und richtig":

> Die Grammatick oder Sprachkunst ist eine Kunst, die da lehret recht zu reden und recht zu schreiben, das ist, die Wörter einer Sprache also auszusprechen, zusammen zu setzen, abzuändern, zu schreiben, und zu punctiren, daß sie in der gebundenen und ungebundenen Rede allezeit rein, gewiß, ohne Fehler, leslich und verständlich bleiben. Woraus erhellet, (1.) Daß keiner, wer der auch sey, eine Sprache [...] ohne Fehler reden und schreiben könne, welcher nicht in derselben die Grammatick gelernet hat. (2.) Daß einfolglich derjenige, welcher durch deutsche Wörter im Reden oder Schreiben etwas reines, gewisses, zierliches und allezeit rechtes und verständliches hervorbringen will, die deutsche Grammatick unumgänglich verstehen müsse.[89]

Grammatik ist demnach zum einen *die* standesübergreifende Instanz, unter die sich alle, die deutsch heißen wollen, stellen müssen; zum andern dient sie nicht zur Unterscheidung zwischen Stilarten und deren unterschiedlichen Reinheitsgraden, sondern als Norm für alle Sprechsituationen („in der gebundenen und ungebundenen Rede allezeit rein"), unabhängig vom jeweiligen *genus dicendi*, womit Antespergs große Distanz zum rhetorischen Zusammenspiel von *puritas* und *aptum* erkennbar wird.[90] Diesem Verständnis von Grammatik korreliert die Zielvorstellung einer „von den Gelehrten angenommenen Sprache", also einer Sprachidee, die nicht im täglichen Sprachgebrauch wurzelt, sondern in einer wissenschaftlich determinierten Abstraktion, der durch die „kaiserliche" Autorität zusätzliche Glaubwürdigkeit verliehen werden soll:

> Betreffend die Sprache selbst, so habe ich mich hierinne nach keiner Mundart, deren in Deutschland wenigstens 37. gezehlet werden, gerichtet, sondern nur auf den Grund und auf die von den Gelehrten angenommene deutsche Sprache gesehen: Dann man findet ganz gründlich, daß man weder in Griechenland, weder in Latio, weder in Italien, weder in Spanien, weder in Frankreich jemals also geredet habe, als die von den Gelehrten angenommene Sprache eingerichtet gewesen.[91]

Die Berufung auf die anonyme Autorität der „Gelehrten" bezeichnet wahrscheinlich den stillschweigenden Konsens des Verfassers mit seinen Lesern. Mit der „von den Gelehrten angenommene[n] Sprache" ist nicht die Gelehrtensprache als Vorbild gemeint, sondern eine von „den" Gelehrten in allen Kulturen postulierte Idee von Sprache, unerreicht und unerreichbar für den Gebrauch, aber stets Ideal der Kritik und Selbstkritik.

Grammatik ist für Antesperg einer ärztlichen Kur vergleichbar; deswegen seien neben

---

88 Antesperg (Anm. 85), Vorrede § 2. Auch das „Silbenmaß [...] ist von GOtt entstanden, welcher alle himmlische und irdische Dinge nach einem gewissen Maße übereinstimmend geordnet hat" (S. 420).

89 Antesperg (Anm. 85), Vorbericht § 3, S. 2f.

90 Die Gültigkeit der Reinheit für alle *genera dicendi* unterstreicht Antesperg noch, wenn er die „Rasende Poesie" als eine Schreibart charakterisiert, „welche mit unreiner Schreibart bey Kleinigkeiten die Begierde gar zu stark reizet, und bey mittelmäßigen über die Massen ausschweifet: Dann ein Poete muß nicht allein alle deutsche Barbarismos und Solöcismos, sondern auch die unflättige Wörter und alles, was den guten Sitten zuwider ist, auch bey den niedrigsten Ausdruckungen zu vermeiden wissen." (S. 451) Antesperg unterscheidet sich hier von anderen Autoren, die dem *genus humile* mehr Freiheit zugestehen.

91 Antesperg (Anm. 85), Vorrede § 23.

„sanftmüthigen Beurteilungen" von Sprachfehlern auch einige „schärfere mit untergeloffen", weil der „tief eingewurzelte üble Geschmack" der Sprachbenutzer „ausgerottet" werden soll.[92] Entsprechend dieser Grundidee einer medizinisch-pädagogischen Kur will Antesperg die unreinen Aspekte aus der Sprache austreiben, diese gewissermaßen *purgieren*. Dies geschieht vornehmlich durch *Vermeidung* von Sprachfehlern als da wären „Gutdünken" im Sprechen und eine Rede- oder Schreibweise, die man nur mit „harter Mühe verstehet";[93] denn die Absicht eines jeden Autors sollte es sein, über die Schranken von Zeit, Region und Klasse hinweg verstanden zu werden.[94] Dabei erstrecken sich die Forderungen gleichermaßen auf die Orthographie wie auf die Kalligraphie: Unklarheit, mangelnde Rechtschreibung, Fehler, Unverständlichkeit und Unleserlichkeit sind Übel gleichen Ranges,[95] und sie entstehen – außer durch schlechte Schrift – noch durch Barbarismen, Solöcismen, „unflättige Wörter"; durch alles, was gegen die guten Sitten ist.[96] Fremdwörter ohne „Burgerrecht"[97] sind „ausländisches Blendwerk";[98] sie machen den deutschen Text „dunkel und unrein".[99]

Die Argumentation Antespergs ist durchaus aufklärerisch, insofern er eine Analogie von „eigener" Vernunft des Menschen und seiner „eigenen" Sprache herstellt. In der Analogie von „Vernunftlicht" und „Sprache" – man solle „den regelmäßigen Verstand des eigenen Vernunftlichts (ich meyne der eigenen Sprache)" nicht vernachlässigen[100] – kommt die Forderung nach Reinigkeit eben auch im Sinne des Auf-Klärens, des Aufhellens zu Wort.[101] Diese Aufklärung soll in erster Linie über die Erziehung junger Menschen erfolgen, deren Sprache zu reinigen ist; denn „wann aus der Reinigkeit der Sprache von den Völkern geurtheilet wird, ob sie den gesitteten oder barbarischen beykommen, so gebe [scil.: ich] einem jeden anheim, was der Zeit von uns Deutschen zu urtheilen sey".[102] Deswegen wendet sich Antespergs Grammatik an die „Instructores, Praeceptores, Sprach- Schul- und Lehrmeister", die „der schwachen Jugend (bevor sie zu der lateinischen oder einer andern fremden Sprache schreitet)" deutschen Grammatik-Unterricht erteilen,[103] und gibt sogar differenzierte didaktische und methodische Anweisungen für den Sprach-Unterricht.[104]

---

92 Antesperg (Anm. 85), Vorrede § 25.
93 Antesperg (Anm. 85), Vorrede § 4.
94 Antesperg (Anm. 85), S. 248 f.
95 Antesperg (Anm. 85), S. 2 f.
96 Antesperg (Anm. 85), S. 451 f.
97 Antesperg (Anm. 85), S. 452.
98 Antesperg (Anm. 85), Vorrede § 33.
99 Antesperg (Anm. 85), S. 390 f.
100 Antesperg (Anm. 85), Anweisung § XIV.
101 Antesperg (Anm. 85), Vorrede § 33.
102 Antesperg (Anm. 85), S. 408.
103 Antesperg (Anm. 85), Anweisung § I.
104 Antesperg empfiehlt eine am Katechismus orientierte mündliche Unterrichtsgestaltung im Frage-Antwort-Schema („per modum examinis"). Dabei soll zum einen nach und nach der Stoff auswendig gelernt werden; zum andern dient diese Unterrichtsform aber auch der Einübung „einer guten Mundart und reinen Aussprache". Parallel nebeneinander sollen geübt werden: Grammatik, Erlernen der deutschen und lateinischen grammatikalischen Begriffe und Schönschreiben. Ein Lernziel dabei ist die Fähigkeit zum „hurtigen Abcopiren" von Texten in deutschen oder lateinischen Buchstaben, also eine praxisnahe, berufsvorbereitende

In Antespergs Begriff der „Aufklärung", der mehr bildhaft-deskriptiv als philosophisch reflektiert bleibt, wirkt die Vorstellung einer Aufwärtsbewegung, in der sich Nation, Kultur und Sprache befinden, als wesentlicher Faktor. So verbindet er mit der Idee der Sprachcodifizierung stets zugleich die Idee der „Höhe": zum einen ist die deutsche Sprache ein Geschenk aus der Höhe, dem Himmel; zum andern ist sie ein Kennzeichen hoher Kultur,[105] und ihre Entwicklung wird anthropomorph als Entwicklung vom „Kind" zum „Mann" beschrieben.[106] Nach dieser Entwicklung zur „Höhe" soll die „hoch"-deutsche Sprache im Stand sein, im Wettstreit der Völker einen hohen, den ersten Rang einzunehmen;[107] und sie soll, zum Ruhm des Kaisers, den „Musenchor empor" bringen in Deutschland.[108]

Dies liefert Hinweise dafür, daß Antespergs Begriff „hochdeutsch" nicht in erster Linie regional determiniert ist, sondern sich überwiegend aus kulturideologischen und -politischen Vorstellungen – wie unten/oben, Unreife/Reife, Kind/Mann – speist. Vor allem aber ist er national-patriotisch orientiert, und im vaterländischen Zweck der Spracherziehung liegt die didaktische Intention seiner Grammatik. In zahlreichen Äußerungen Antespergs wird deutlich, daß die Pflege der reinen deutschen Sprache der Abgrenzung gegen die fremden Einflüsse, insbesondere die „welschen", dient und vor allem in der Reinigung von französischen Sprachbestandteilen besteht; ihre Beibehaltung würde „den Erbfeind unseres deutschen Vaterlandes noch grösser" werden lassen. Die Vorliebe für Fremdes führe zu völliger Vernachlässigung der eigenen „Inscriptiones in den öffentlichen Schulen und Kirchen"; auch „wimmlen" die Wörterbücher und Lehrbücher „mit so vielen Fehlern [...], daß man aus denselben unsere vortrefflichste deutsche Muttersprache fast nur verderben lernet, und bey den Türken in eigener Sprache und Lehrart nichts so Unreines finden wird".[109]

Aus diesem Grund soll der muttersprachliche Erstunterricht die Priorität vor allen anderen Fächern erhalten, denn die Kenntnis der deutschen Grammatik erleichtere das Erlernen von Fremdsprachen, während hingegen frühe Fremdsprachenkenntnis und die Anwendung ihrer Regeln die deutsche Sprache „gewaltig" „verderbt".[110] Das methodische Schema der Frage-

---

Ausbildung. Im konkreten Unterrichtsverlauf sollen die „Schul- und Lehrmeister" „allezeit (besonders in dem dritten Theile dieser Grammatick, das ist in der Orthographie oder Rechtschreibung) eine grosse schwarze Tafel bey der Hand haben [...], auf welche sie mit Kreide die Buchstaben und Wörter, welche sie erklären, oder corrigiren so deutlich schreiben, daß sie ein jeder Lehrling von weitem sehen und lesen könne: Dann Das Reden, Zürnen und Schreyen eines Instructoris allein bringt ohne ein augenscheinliches Exempel gar oft keinen Nutzen" (Anweisung §§ VI-XII).

[105] Antesperg (Anm. 85), S. 290.

[106] Antesperg (Anm. 85), Vorrede § 33.

[107] Antesperg (Anm. 85), Vorrede § 31.

[108] Antesperg (Anm. 85), Dedication.

[109] Antesperg (Anm. 85), Vorrede § 8.

[110] Antesperg (Anm. 85), Vorbericht, §§ 11, 12. Im Unterschied dazu wendet sich Heinze (Anm. 31, S. 7f.) ganz entschieden *gegen* einen frühen Grammatikunterricht und plädiert für gezielte Begabtenförderung: „Das würde eine schöne Verbesserung der Schulen seyn, wenn man eine deutsche Grammatik in die untern Classen einführete! Nein, damit hat es Zeit bis zur obersten Classe, wo die jungen Leute ihre Muttersprache fertig reden und schreiben können: da sie nicht nur die heilige Schrift, sondern auch einen oder andern guten Poeten oder Redner gelesen haben" und überhaupt „allmälich neugierig" auf die Sprache und ihre Regeln werden. Dies allein „sind die Schüler, welchen man eine deutsche Grammatik vortragen soll".

Antwort-Abfolgen, verknüpft mit der Anweisung, die Antworten zu memorieren, erlaubt es Antesperg, den Schülern zugleich mit der Sprachlehre ein Gesellschaftsmodell zu vermitteln, das sie über den Weg der Sachvermittlung internalisieren (sollen). Am Dialog Nr. 10 im 1. Teil der Grammatik (*Etymologie*) sei dies exemplifiziert:

[Frage 10:] Welche Sprache ist diejenige, in welcher unsere Haabe und Güter, und unsere zeitliche und ewige Wohlfahrt rein und gewiß geschrieben seyn, und durch welche in den Wissenschaften und sonsten alles Gutes auf uns Deutsche kommen sollte.

[Antwort 10:] Und weil unsere Sprache (nicht die lateinische, oder französische) eigentlich der Grund, das Licht und der Canal ist, durch welchen alle Künste und Wissenschaften blühender Staaten und sonsten alles Gutes auf uns, unsere Länder und Nachkömmlinge komen sollte; so wollen wir anjetzo mit der Anrufung der Gnade GOttes, des Vatters, und des Sohtnes, und der Erleuchtung des Heiligen Geitstes in dem Werke selbst den Anfang machen.[111]

In dieser fast unmittelbaren Verbindung von reiner Sprache, Nationalstaat, Fremdenabwehr und göttlichem Segen liegt die Funktion einer Grammatik, die sich selbst als Bollwerk gegen Eindringlinge von außen – „ausländisches Blendwerk"[112] – und deren Abgesandte im Innern, dem eigenen Sprach-Staat versteht, wo Fehler, Schnitzer, Lallen und Sudeln als Sendboten des Bösen dingfest und unschädlich gemacht werden müssen. Aufklärung in diesem mehr kriminalpolizeilichen Verstande –: das ist die Nachtseite der emanzipatorischen Herausführung aus der Unmündigkeit; es ist die auf Sprache gegründete Idee der hegemonialen Großmacht, innerhalb deren ein strenges Regiment herrscht, damit sie nach außen um so machtvoller auftreten kann.

8.3 Reinheit und Fremdheit

Auch wenn in dieser Arbeit immer wieder darauf hingewiesen wird, daß die Bedeutung des Purismus sich nicht in der Fremdwortfrage erschöpft, ist doch nicht zu leugnen, daß die Auseinandersetzung mit dem Fremden ein wesentliches Charakteristikum der Reinheitsterminologie ist, um so mehr, als die Bedeutungsebene „rein von..." ohnehin den Aspekt des Eigenen und Fremden impliziert.[113]

Die ordnungspolitische Pointe bezeichnet nur eine, aber doch eine machtvolle Argumentationslinie in Hinblick auf Reinheit und Fremdheit. Ursprünglich, dies konnte im Rahmen der Rhetorik aufgewiesen werden, ist die Fremdwortfrage nur einer unter mehreren Bestandteilen der Kategorie *puritas*; ihr gleichwertig sind eigensprachliche Elemente, die als unrein zu bezeichnen sind. In der Poetik von Martin Opitz (1624) wird diese Gleichwertigkeit noch

---

[111] Antesperg (Anm. 85), S. 8 f.

[112] Antesperg (Anm. 85), Vorrede § 33.

[113] In diesem Zusammenhang hebe ich bewußt auf das Oszillieren des Terminus „das Fremde" ab, das gleichermaßen sprachlich wie personal codiert ist, weil die Sprachtheorie ein Modell des sozialen Verhaltens impliziert bzw. soziales Verhalten abbildend verstärkt. Bestätigt wird das Oszillieren des Begriffs durch Campes Redewendung von der „aufnehmende[n] Völkerschaft oder Sprache" (siehe oben S. 195), die ebenfalls doppelwertig auf philologische wie politische Verhältnisse sich bezieht.

sichtbar, denn für ihn ist Reinheit der Sprache ausgerichtet auf die „ziehrligkeit", die ein sprachästhetisches Kriterium ist.[114] Im Laufe der Entwicklung kommt es jedoch zu der am Beispiel Antespergs beschriebenen Bedeutungsverengung des Reinheits-Begriffs, ohne daß der ursprüngliche Aspekt vollkommen verlorengeht. So lassen sich, etwas verallgemeinernd gesagt, zwei Grundmuster im Umgang mit dem Fremdwort aufzeigen, ein integratives und ein ausgrenzendes, wobei beiden Einstellungen gleichermaßen eigentümlich ist, daß sie das Fremde *als* Fremdes nicht gelten lassen können. Selbst die Integration funktioniert nur über den Weg der Anpassung des einzelnen „fremden" Wortes an die normative Faktizität des deutschen Kontextes. Bei diesem Prozeß spielt sogar die typographische Schreibweise des fremden Wortes eine wichtige Rolle.[115]

Eine der wirklich seltenen Ausnahmen findet man in den *Gedanken über Purismus und Sprachbereicherung*, die Friedrich Gedicke 1779 publiziert, wobei schon im Titel die Koordination der Begriffe auffällt: statt der zu Purismus passenden „Sprach(be)reinigung" treffen wir auf den Terminus „Sprachbereicherung". Tatsächlich erklärt Gedicke, die Sprache, vor allem aber die Dichtung, habe geradezu eine Verpflichtung zu Vielfalt und Reichtum, die sie aber nicht aus sich allein heraus erfüllen könne. Deswegen stellt er zwei „Quellen" der Sprachbereicherung vor; deren erste und reichste jedoch, die die Fremdsprachen bilden, „ward und wird von vielen mehr für eine unreine Pfüze gehalten".[116] Im Fremdwort-Purismus sieht Gedicke durchaus gute Seiten, solange man nicht übertreibt; aber er erkennt auch: „völlige Reinheit irgend einer Sprache ist – Traum".[117] Gedicke lehnt vor allem den militanten und orthodoxen Eifer ab, mit dem Puristen „gegen das Heer fremder Wörter zu Felde" zögen und „unbarmherzig, ohne Quartier zu geben, um sich her (mezelten)". Dabei seien ihre deutschen Neubildungen oft fremder und „fast noch weniger deutsch" als die Fremdwörter.[118] Gedickes positive Bewertung des fremden Einflusses auf die deutsche Literatursprache und seine Apologie der „Sprachmengerei" entwirft das Bild einer „multikulturellen" Sprachgesellschaft, die weit über ihren historischen Ort hinausweist – und entsprechend wirkungslos geblieben ist.

Bereits der Neuöttinger Lateinschulmeister Simon Roth, der zeitlich am Beginn der Auseinandersetzung steht, rühmt in seinem – dem ersten gedruckten deutschen – Fremdwörterbuch von 1571 die Bereicherung der deutschen Sprache durch fremde Einflüsse, wobei er die positive Bewertung auf die lateinischen Lehnwörter eingrenzt, indes er Einflüsse aus anderen Fremdsprachen zurückweist; die nennt er abfällig „ausslendisch" und „barbarisch".[119]

---

[114] Siehe oben S. 141.

[115] Johann Christoph Adelung: Deutsche Sprachlehre zum Gebrauche der Schule [...]. Berlin 1781, II, S. 580: sofern sie allgemein verständlich sind und „das Deutsche Burgerrecht" erhalten haben, werden „fremde Nahmen und Wörter" mit deutschen Buchstaben (Fraktur) geschrieben bzw. gedruckt.

[116] Gedicke (Anm. 47), S. 394.

[117] Ebd.

[118] Gedicke (Anm. 47), S. 397.

[119] Simon Roth: Ein Teutscher Dictionarius [...]. Augsburg 1571. Neudruck: Simon Roths Fremdwörterbuch. Hg. von Emil Öhmann. Helsinki 1936. Einleitung, S. 235: Roth wolle „den nicht Lateinkundigen [...] das Verständnis der ins Deutsche aufgenommenen lateinischen Wörter erleichtern. Das Griechische und Lateinische sind [...] hohe Vorbilder und den Einfluss des Lateinischen auf das Deutsche hält er für sehr segensreich."

Roth entwirft die positive Bewertung der antiken Fremdsprachen im Bewußtsein der Historizität von Sprachqualitäten, die für ihn kein Apriori einer Sprache sind, sondern Begleiterscheinungen und Ausdrucksformen historischer Prozesse. So spricht er in seiner Vorrede über das Entstehen und Vergehen von Hochkulturen und weist darauf hin, daß in der Antike die großen Kulturnationen Griechenland, Italien und Spanien geblüht hätten, während beispielsweise zum aktuellen Zeitpunkt, also im späten 16. Jahrhundert, in Griechenland die reine Barbarei herrsche. Umgekehrt war zur Zeit der griechischen Blüte in „Germania oder Teutschlandt / [...] an kunst / weißheit / gůtten sitten / gewonheiten vnd allem thůn ein rechter natůrlicher Grobianus / das Erdtrich an jhm selbs grob vngeschlacht vnd vnerbawen / die Leut darinnen mehr vnuernůnfftige wilde / grewliche vnd wůttende thier zuåchten dann menschen". Heute hingegen habe „sich das rådl gantz vmbkert / und wir auch ein mal einen genedigen Himel vnd gute *constellation* vberkommen / dardurch nit allein das Erdtrich vil geschlachter vnd fruchtbarer / sonder auch die gemůter der menschen vil klerer / heller / subtiller vnnd verstendiger worden seind".[120]

Vor dieser von „Gott selbs" ausgehenden Begnadung Deutschlands haben die Gelehrten ihre Gedanken nur in den „drey hauptsprachen [...] / als Hebraisch / Griechisch vnd Lateinisch / rain pur vnd lauter" ausdrücken können, während jetzt auch die deutsche Sprache sich dafür eigne, nicht zuletzt durch den in Deutschland erfundenen Buchdruck:

> Man sehe allein an die zierligkeit der Teutschen sprach / ob wol dieselb von natur vnd art etwa rauch vnd hart / wie auch das Volck selbs gewesen / ist sie doch jetzo in ein solche milte vnnd holdseligkeit (gleich wol nicht ohn sondere hilff der Griechischen vnd Lateinischen zungen) geraten / das an jre gleich so wenig als an den zweyen etwas mangel erscheinet. Vnnd jetz nach jhrer art so rein vnnd holdselig ist [...] / als eben gemelte hauptsprachen bey jhren Nationen gewesen sindt.[121]

Gerade weil die deutsche Sprache von den alten Sprachen so entscheidend profitiert habe, wendet sich Roth gegen deren Abweisung: „Eben darumb / das die Teutsch sprach so zierlich wordē / ist die Lateinisch vnnd Griechisch dester werder vnd fleissiger zuhalten vnd zu studiren / ohn welche solche zierligkeit nit recht kan verstanden werden / dieweil sie darauß jren vrsprung" sowie ihre „zier" und „grossen nutz" hat.[122] – Die „hilff der Griechischen vnd Lateinischen zungen" weiß auch August Buchner zu schätzen, der die rhetorisch relevanten Qualitäten der Sprachen ausschließlich in den antiken Sprachzeugnissen verwirklicht und durch sie vermittelt sieht: „Im übrigen soll man gewiß dafür halten / daß der Ursprung und Quell aller Zierde / Schmuckes und Ansehnlichkeit der Reden nirgends anders / als bey dē Griechen und Lateinern zu sehen ist / von denen alles hergeflossen / wodurch die Frantzosen / und Italiåner zuförderst ihre Sprache so hoch gebracht haben."[123]

---

[120] Roth (Anm. 119), Bl. iij^r (S. 281); die Adjektive „klerer / heller / subtiller vnnd verstendiger" erweisen sich hier als Synonyme für rein!

[121] Roth (Anm. 119), Bl. iij^v, iiij^r (S. 282).

[122] Roth (Anm. 119), Bl. iiij^r, iiij^v (S. 282). Vgl. auch Luthers Wertschätzung der antiken Sprachen hinsichtlich der Stilfertigkeiten im Deutschen, oben S. 70f., 88-94.

[123] August Buchner: Kurzer Weg-Weiser zur Deutschen Tichtkunst. Jena 1663, 80f. Auch Chlorenus (Anm. 9, S. 524) befürwortet den Unterricht in alten Sprachen: „meine Meinung ist durchaus nicht, daß die Unter-

8.3.1 Das Fremde und das Unreine

Gegen diese positive Wertung der alten Sprachen, die vor allem in der Orientierung des schulischen Sprachunterrichts an Latein und Griechisch zum Ausdruck kommt, wehren sich um 1720 die Autoren Egenolf und Fabricius mit Nachdruck, weil es gewiß sei, „daß wir Teutschen die schönsten und besten Jahre der ersten Jugend mit allzumühsamer Erlernung der Lateinischen Sprache zu bringen",[124] und weil der Lateinunterricht überdies noch ineffizient sei: „Mit erlernung der lateinischen sprache wird gar zu viel zeit in den schulen zugebracht; und gleichwohl / wenn die jungen leute aus denselben kommen / wissen die meisten nicht viel davon / und können sich weder im schreiben / noch im reden rechtschaffen sehen lassen."[125]

Allerdings offenbart der pietistisch beeinflußte Schulmeister Fabricius im weiteren Zusammenhang, daß er vor allem eine sittliche Gefährdung der Jugend durch die antiken Autoren befürchtet, denn „ob schon die heidnische / entweder griechisch oder lateinisch geschriebene bücher / wegen ihres vielfältigen nutzens / nicht abzuschaffen / oder auszurotten sind; so ist doch vorsichtigkeit wegen der jugend zu gebrauchen; daß man derselben nicht solche vorlege / woraus man zur unzucht / schelt= und lästerworten / wie auch zur abgötterey verführet werden kan."[126] Deswegen fordert er anstelle des Unterrichts in alten Sprachen oder zumindest gleichberechtigt neben ihm auch den Unterricht in den „Wissenschafften / soweit sie der jugend beyzubringen; insonderheit die elementen der Mathematischen wissenschafften / nemlich die Rechenkunst / Geometrie und Geographie: imgleichen die Civilität oder Höflichkeit."[127]

In diesem Argument, auch wenn es pragmatisch auf eine Verbesserung des Deutschunterrichts abzielt, offenbart sich ein tiefsitzendes Mißtrauen gegen das Fremde als Verderbliches. Schon Harsdörffer, eigentlich kein rigider Sprachreiniger, hatte ein halbes Jahrhundert zuvor im *Teutschen Secretarius* vor der Verunreinigung durch fremde Spracheinflüsse gewarnt:

> Warumb dann solten wir neugierige Teutschen uns entblöden / unsre Sprache ohne Noht / mit frembden Flickwörtern zu beflecke / mit ausländischē Anstriche zu beschmincken mit dem Frantzösisch-Welsch-Lateinischen Beetlersmantel zu verhüllen / da wir uns doch sonsten der Lumpen in unsrer Bekleidung schämen / uns solche in unsren Reden / mit Fug / für keine Zierlichkeit halten mögen. Ich sage / daß man ohne Noht / unsre teutsche Sprache mit frembden Worten nicht veruneheligen soll.[128]

---

suchung derer verwandten so wol alten als neuen Sprachen keinen Nutzen habe: sie hat solchen allerdings, vornemlich in der etymologie, derivirung der Wörter".

[124] Egenolf (Anm. 29), II, S. 268. In die Aversion gegen das Lateinische fließt auch der konfessionelle Vorbehalt gegen den lateinisch-sprachigen Gottesdienst ein, der von Harsdörffer (siehe oben, S. 143) der absichtsvollen Verdunkelung des Verständnisses verdächtigt wird.

[125] Johann A. Fabricius: Wohlgemeinte und unvorgreiffende Anmerckungen von Verbesserung des Schulwesens. Helmstädt 1726, S. 12.

[126] Fabricius (Anm. 125), S. 13f. Die pietistische Prägung in Fabricius' Argumentation wird vor allem durch die pietistischen Autoren Thomasius und Vockerodt erkennbar, auf die er sich ausdrücklich bezieht.

[127] Fabricius (Anm. 125), S. 10f. Zum Zusammenhang von muttersprachlicher und *realistischer* Bildung vgl. Gerhard Michel: Wolfgang Ratke: Die Muttersprache in Schule, Staat und Wissenschaft. In: Schöne (Anm. 55), S. 185-197; Klaus Schaller: Johann Balthaser Schupp: Muttersprache und realistische Bildung, ebd., S. 198-209.

[128] Harsdörffer: Secretarius (Anm. 22), S. 4.

Die Bildhaftigkeit dieser – durch die wiederholte Formel „ohne Noht" gemäßigten – Abwehr des Fremden in Gestalt des Fremdwortes evoziert zum einen die Vorstellung der Armut („Beetlersmantel", Lumpen"), die der Begründung der deutschen Sprache aus ihrem eigenen Reichtum heraus zuwiderläuft, zum andern die Vorstellung des Schmutzes und der Unreinlichkeit bis hin zur Anspielung auf unsittliche Lebensverhältnisse. Da wirkt die Schminke ebenso als abwertender Begriff wie der Ausdruck „verunehelichen" –: beide lassen die Assoziation von unschicklichen Verhältnissen, ja von Metzenhaftigkeit und Prostitution zu.[129] Daß dies keine Überinterpretation bedeutet, erweist sich an Harsdörffers *Poetischem Trichter*, in dem er den reinen Sprachgebrauch sogar mit christlichen Moralvorstellungen verknüpft:

> Die Wörter sollen seyn höflich und erbar / die unzüchtigen aber gäntzlich vermieden werden: dann zu geschweigen daß wir / als Christen / wissen sollen / daß wir von einem jeden unnützen Worten Rechenschaft geben müssen / so träget unsre Sprache gleichsam von Natur ein Abscheuen von aller Unsauberkeit / daß wir viel unflätige Sachen nicht wol nennen können ohne sondere Umschreibung. Herr Opitz sagt von einer solchen Sache / als es die Noht seines Inhalts erfordert / wolbedächtig: und jene (verstehe Kranckheit) welche man bey uns nach Frankreich heist. und an einem andern Ort: da / wo man auf die Wand den blossen Rucken kehrt.[130]

Der Hinweis auf Opitz und die von ihm so zartfühlend umschriebene Geschlechtskrankheit Syphilis[131] bringt die Analogie von *fremd* und *unrein* auf den Punkt: das Fremde als das Unreine ist nicht einfach ein Schönheitsfehler, sondern gleichsam eine ansteckende Krankheit, ein wirksamer Stoff, der alles, was mit ihm in engere Berührung kommt – „verunehelichen" nennt Harsdörffer dies – verunreinigt und verdirbt, ähnlich wie die Körperausscheidung jenen Ort verunreinigt, der als einziger unseren Rücken nackt sehen darf und der dadurch zum „gewissen Ort" wird.

Fremdwörter, Bestandteile aus Sprachen anderer Völker, verfügen also über eine „gewisse" diabolische Macht. Deswegen sind insbesondere die grenzüberschreitenden oder auch Grenzen zerstörenden Berührungen mit Menschen anderer Nationen als Gefahrenquellen der Sprachverderbung zu benennen: der Handel und der Krieg. Harsdörffer kommt es vor, als ob „man sowol durch die Rechts= als Kriegs= und Kauffmanns=Händel / das teutsche so zu vertuncklen sucht / daß man offt sagen muß: Wer teutschet uns das Teutsche?"[132] Den Kaufleuten wirft Harsdörffer an anderer Stelle auch vor, sie hätten zur „Sprachverderbung nit wenig geholffen", indem sie „frembde Wahren / Frembde Wörter / das Italiänische Buchhalten / Bancho, conto bilanciren, trassiren, committiren, eincassiren, transumiren, &c. eingeführet / und eine besondere Art zuschreiben angenommen / und also das alte Teutsche so zermartert / daß manche Wörter nur auff den letzten teutschen Sylben daher steltzen."[133]

Die oben beschriebene Ambivalenz der Sprache als Verkehrs- und Tauschmittel kommt hier voll zur Geltung: gerade jene Bereiche, in denen die reine Sprache ihren Wert für das

---

[129] Zum voll entwickelten Bild der Sprache als „Lustdirne" siehe unten S. 234.

[130] Harsdörffer: Trichter (Anm. 22), II, S. 114f.

[131] Laut DWB IV, 1, Sp. 62 ist die Bezeichnung *Franzosen* für Syphilis als *morbus gallicus* in der deutschen Sprache seit Alexander Seitz (Ein nützlich Regiment wider die bosen Franzosen. Pforzheim 1509) belegt.

[132] Harsdörffer: Secretarius (Anm. 22), S. 10.

[133] Harsdörffer: Secretarius (Anm. 22), S. 143.

Bürgertum und die Nation erweisen soll, offenbaren ihre Schattenseite, da der Austausch auch den Rückfluß oder Ein-Fluß des Fremden ins Eigene in einer Art schwer zu steuerndem Export-Import-Verhältnis möglich macht. Deshalb muß dem Luxus des Verkehrs und der Expansion die Askese des Verzichts und der Ver-Innerlichung entgegengesetzt werden: die Begegnung mit dem Fremden darf unter keinen Umständen in „Vermischung" übergehen. Weil dieser Verzicht auch schmerzhafte Aspekte birgt, fordert Harsdörffer ein in der Sache konsequentes, im zeitlichen Ablauf jedoch behutsames Vorgehen gegen das Fremde:

> Es wåre zwar zu wünschen / daß unser teutsche Sprache in vollständige Reinlichkeit / durch gesambte Handbietung und verständigen Fleiß der Teutschgelehrten gesetzet würde: solches aber ist nicht zu hoffen / und muß nach und nach an= und eingeführet werden / keines Weges aber wird sich die langbejahrte und gleichsam Wurtzelvest auffgewachsne Gewonheit / auff einen Streich / oder in kurtzer Zeit füllen / ausreissen und ausraiten[134] lassen. [...] Auff so besagte Weise kan man mit fortwaltzender Zeit / das Reinteutsche an= und einführen / und die überflüssige fremde Einkömmlinge nach und nach entfernen und ausschaffen.[135]

Harsdörffers Zeitgenosse Justus Georg Schottel fordert einen abwägenden Umgang mit Fremdwörtern und erweitert die positive Bewertung des Fremden ausdrücklich über die antiken Sprachen hinaus auch auf die französische „und anderen Sprachen". Schottel hält es durchaus nicht für notwendig, fremdstämmige Wörter aus dem Hebräischen, Griechischen, Lateinischen oder Französischen einzudeutschen, „weil sie überall bekant / meistentheils Teutsche Art an sich genommen / auch wol deutlich und zierlich / ohn Beschimpfung der Sprachen zugebrauchen seyn." Auch sei „keine Sprache von solcher Zärtligkeit / daß jhr eben alle frömde Wörter unleidsam seyn müsten."[136]

In Schottels Gedankengang überwiegt also das klassische Argument der *Verständlichkeit* als eigentlicher Zweck der *puritas*, an das sich ein großer Teil der aufklärerischen Sprachtheoretiker anschließt. Am Beispiel des Chlorenus Germanus sollen die wesentlichen Aspekte dieser gemäßigten Fremdwort-Behandlung dargestellt werden. Chlorenus erklärt die grundsätzliche Ablehnung von Fremdsprachen für „lächerliche und impracticable Grillen" und glaubt, seine Einstellung zu fremden Sprachen „schon durch den Titul einer TEUTSCHEN orthographie ausgedrucket" zu haben.[137] Damit soll graphematisch der Vorrang des Deutschen (TEUTSCH in Versalien) vor dem Fremden (orthographie in kleinen Buchstaben), gleichwohl aber lexematisch die Notwendigkeit des Fremden (orthographie statt Rechtschreibung) neben dem Deutschen dargestellt werden.

In der Fremdwortfrage referiert Chlorenus auch extreme Positionen. Ihm zufolge haben einige Autoren „ihrem Ursprung nach fremde, und, ob schon vor vielen hundert ja tausend Jahren aus andern Sprachen entlehnte, Wörter absolute verworfen, und aus unserer sogenanten Helden-Sprach ausgemustert, aus Ursache, weil bey dem Gebrauch derselben die Sprache und Rede nicht pur Teutsch" sei. Dagegen wendet er selber ein, daß „unsere Teutsche und die

---

[134] *ausraiten* zu *ausreuten* = roden.
[135] Harsdörffer: Secretarius (Anm. 22), S. 167 ff.
[136] Schottel (Anm. 13), S. 284.
[137] Chlorenus (Anm. 9), S. 195. Prinzipiell hält Chlorenus es für „erlaubt [...] fremde Wörter in unsere Teutsche Sprache mit einzumischen", denn „die puritåt unserer Mutter-Sprach" besteht nicht darin, alles Fremde abzuweisen (S. 528 f.).

übrigen Sprachen" durch „Entlehnung und Einbringung fremder Wörter von allen Zeiten her immer mehr und mehr bereichert worden, und also durch eine solche unnöthige critique wieder ärmer würde gemacht werden".[138] Allerdings ist Chlorenus auch gegen den Gebrauch von Fremdwörtern, die „durch andere würkliche Teutsche könten exprimiret werden"; mit diesen wird „in unserer Teutschen Sprach ein großer Mißbrauch" getrieben. Dagegen fordert er, „die Sachen mit solchen Namen zu nennen, welche jedermann verstehet, und auch von jederman in reden recipiret sind", auch „von dem gemeinen Mann". Es gibt jedoch sogar gute Gründe, die für den Gebrauch von Fremdwörtern sprechen, nämlich die „Fertigkeit in reden und schreiben" sowie die Tatsache, daß „die Sprach [...] dadurch leichter" wird und an „Kürze" gewinnt.[139]

Andererseits dürfe man „fremde Wörter ja für keine Zierde, oder etwas an und vor sich richtiges" halten und soll sie allenfalls im *genus humile* verwenden: „je geringer und niedriger der stilus oder die materia davon man redet, je eher noch ein fremdes Wort [...] gleichwie vollends ohnehin in gemeinen Reden". Man hüte sich demnach vor „fremden Wörtern in solchen Schriften und Reden / welche etwas erhabenes und an sich schon zierliches seyn sollen / als da sind ordentliche orationes, dedicationes, poesieen".[140]

In dieser Werteskala sinkt das Fremdwort vom ursprünglich gehobenen Sprachgebrauch des Adels und der Gelehrten ab in das *genus humile*, das heißt: an ihm wird der Scheideprozeß zwischen *rein* und *unrein* vollzogen, aus dem das *genus sublime* als Inbegriff der reinen Sprache – jene „von Gottsched gereinigte und von fremden Auswüchsen befreyete Sprache"[141] – leuchtend hervorgeht, von der Heinze ähnlich wie Chlorenus urteilt:

Alle Fehler, so die Rede überhaupt verunzieren, und den Regeln der Sprache oder einer reinen und zierlichen Schreibart zuwieder sind, werden in der Poesie noch viel häßlicher und tadelhafter, und gereichen einem Dichter zu doppelter Schande. Dahin gehören alle fremde Wörter, die man auch wohl in ungebundener Rede noch duldet, die eigentlichen Kunstwörter der Philosophie, u. d. gl. es wäre denn etwa, daß ein Gedicht eine solche ganze Wissenschaft abhandelte: provinzial Wörter und Redensarten, französische oder sonst ausländische Wortfügungen, (aber nicht, wohl angebrachte graecismi, oder hebraismi) u.s.w.[142]

8.3.2 Abstammung und Bürgerrecht

Aus dieser ambivalenten Argumentationssituation bietet sich jener Ausweg an, der schon in Harsdörffers Warnung vor den Fremdwörtern begegnet und den die meisten Sprachtheoretiker beschreiten: die Scheidung der fremdstämmigen Wörter in solche, die ausgerottet oder ausgemerzt werden müssen, und solche, die entweder unentbehrlich oder durch verbreiteten

---

138 Chlorenus (Anm. 9), S. 529; vgl. auch S. 533 f.: „es darf sich keine Sprach, sie seye so vollkommen als sie wolle, und also auch unsere Teutsche [...] verdrießen lassen", daß ein Fremdwort einen Sachverhalt treffender ausdrücken kann als ein deutsches Wort.
139 Chlorenus (Anm. 9), S. 530-533.
140 Chlorenus (Anm. 9), S. 535 f.
141 Johann Christoph Adelung: Magazin für die Deutsche Sprache. Teil 1: Leipzig 1782, Teil 2: Leipzig 1783; hier: I, 1, S. 94.
142 Heinze (Anm. 31), S. 248.

Gebrauch allgemein verständlich geworden sind. Letztere müssen auf irgendeine Art und Weise in den deutschen Sprachschatz integriert werden. Chlorenus schlägt mit einer Variante der Geldpräge-Metapher vor, man könne diese fremden Wörter „in einen Teutschen Model giesen, und hiemit naturalisiren".[143] Mit dem „teutschen Model" ist die Anpassung der Endungen und der Flexionsformen an den deutschen Kontext gemeint.[144] August Nathanael Hübner faßt es kurz und bündig: „Man richte die fremde Endung nach Art der deutschen Sprache ein".[145] August Buchner verlangt in seiner Poetik, daß man lateinische Wörter und Namen im deutschen Text nicht lateinisch dekliniert, also nicht „Veneris=Spiel" sage, sondern „Venus=Spiel / für Buhlerey: dergleichen ist in Luthers Schrifften viel zu lesen / der sich zuförderst um die Reinligkeit unserer Muttersprache trefflich verdienet / und derentwegen auch bey den Ausländern selbst hochgerühmet worden ist".[146]

Auch die typographische Gestaltung der Fremdwörter in gedruckten Texten kann der Anpassung oder der Kennzeichnung dieser Wörter dienen, die herkömmlicherweise nicht in Fraktur, sondern in Antiqua gesetzt werden. Zwar solle der Dichter, so Buchner, bei ernsten und wichtigen Dingen im Prinzip keine Fremdwörter gebrauchen, es sei denn solche, „die wir nicht wohl [...] entperen können / und gleich bey uns das Bürgerrecht erlanget haben / Darum man sie auch mit Teutschē / uñ nicht frembden Buchstaben schreiben soll".[147] Aber dieser Angleichungsprozeß, dem die Fremdwörter unterzogen werden, macht sie noch nicht zu gleichwertigen Wörtern; sie sind durch den „teutschen Model" zwar „naturalisirt", aber auch dann sind sie nach wie vor „fremd und halb Teutsch".[148] Nur Wörter, die „von unstrittig Teutschen Wörtern abstammen" sind „pur Teutsch".[149]

Mit dieser gleichermaßen manipulativen wie integrativen Einstellung, in der das Fremde seines Fremdseins weitgehend entkleidet werden muß, um akzeptiert zu werden, geht die fatale Betonung der *Abstammung* einher, von der die Reinheit eines Wortes abhängt, und die in ihren Auswirkungen auf das Bewußtsein auch dann als fatal qualifiziert werden muß, wenn man die sprachliche Ausgangssituation, auf die die Sprach- und Schulmeister reagieren, als höchst problematisch einschätzt: nur was deutscher Abstammung ist, kann auch innerhalb eines deutschsprachigen Kontextes *rein* sein; wo nicht, bleibt das fremdstämmige Wort, wie der Mestize, ein minderwertiger Mischling bis ins dritte und vierte Glied, „nicht pur Teutsch, sondern bleibet [...] fremd und halb Teutsch", ein „Mischmasch".[150]

---

[143] Chlorenus (Anm. 9), S. 538.

[144] Adelung: Sprachlehre (Anm. 115), I, S. 164: „Fremde Wörter müssen nie ohne die höchste Noth mit in die Deutsche Sprache gemischet werden; da man sie aber [...] nicht ganz entrathen kann, so muß man sie, wo es möglich ist, nach Deutscher Art zu declinieren suchen."

[145] Hübner (Anm. 64), S. 15 f.

[146] Buchner (Anm. 123), S. 62.

[147] Buchner (Anm. 123), S. 62 f. Auch Harsdörffer fordert im *Secretarius* (Anm. 22, S. 563), „daß die frembden Wörter mit ihren eigentlichen frembden Buchstaben / behalten werden / als Prophet / Nymphe / Phöbus / und nicht Profet / Nymfe / Febus". Auch Chlorenus (Anm. 9, S. 543 f.) fordert, daß man fremde Wörter nicht mit deutschen Buchstaben schreibe, nur „damit eine Schrift durchgehends schön rein Teutsch aussehe".

[148] Chlorenus (Anm. 9), S. 541.

[149] Chlorenus (Anm. 9), S. 526.

[150] Chlorenus (Anm. 9), S. 541.

Trotz dieses Vorbehalts plädiert Chlorenus für den Gebrauch derjenigen fremden Wörter, „welche schon das Bůrgerrecht in der Teutschen Sprach erlanget haben, das ist sie werden von allen verstanden",[151] womit er dasselbe Rechtfertigungsargument benutzt, das auch Harsdörffer vorgetragen hatte, als er von den auszurottenden Fremdwörtern jene ausgenommen wissen wollte, die allgemein verständlich – und überdies deutsch geschrieben – sind:

Hierunter aber / wollen wir nicht verstanden haben / etliche frembde Sachen und zugleich frembde Wörter / die zwar ihrer Ankunfft nach nicht teutsch / aber dem Gebrauch / durchgehenden Verståndniß und der teutschen Schreibung nach keines Weges verwerfflich auch von dem beliebtē allgemeinem Gebrauch beståttiget und deswegen billich behalten werden.[152]

Etwas ausführlicher wiederholt Harsdörffer dieselbe Argumentationslinie an einer anderen Stelle des *Teutschen Secretarius* und ergänzt sie dort noch um den Begriff des „Schutzverwandten":

Die frembden Wörter betreffend / kónnen solche alsdenn behalten / und fůr Schutzverwandte / wegen ihres Gebrauchs / behalten werden / wenn sie 1. nicht wol zu teutschen [...] 2. von jederman verstanden werden / da hingegen die neu auffgebrachte einen Dolmetscher vonnöhten haben. 3. Wenn sie mit teutschen Buchstaben geschrieben werden [...] also findet man sie in den Reichs=Abschieden uñ andern Bůchern.[153]

Den Terminus „Schutzverwandter" hat Harsdörffer im Zusammenhang der Poetik bereits an mehreren Stellen vorgeprägt:

Welche Wörtlein aber von jederman verstanden / teutsch geschrieben / und nicht fůglich geteutschet werden mögen lassen wir als Schutzverwandten mit unterlauffen ob sie gleich ihrer Abkunft nach fremde sind.[154]

Welche nun solche Wörter / die der geringste Bauer auch verstanden / und von andern Sprachen der unsrigen eingeflochten / gedolmetschet / haben damit schlechte Ehre eingeleget / und sind ins gemein fůr Sprach=Ketzer gehalten worden: daß man also solche Einkómmlinge / nicht zwar fůr Lands=Kinder und Einheimischgeborne / jedoch aber fůr angesesse Pfalbürger / Schutzverwandte und wolbekante Freunde zuhalten / und keines Weges auszuschaffen Ursach hat.[155]

Der Rechtsbegriff „Schutzverwandter", den Harsdörffer hier aus der Sprache des öffentlichen Rechts auf philologische Sachverhalte überträgt, betont die Zwitterstellung des so qualifizierten Fremden: ein *Schutzverwandter* ist ein Einwohner ohne Bürgerrecht, der gegen eine Schutzgebühr dem Schutzrecht des Magistrats untersteht. Die Gebühr, die die Fremdwörter entrichten, besteht gewissermaßen in der Ent-Eignung ihrer grundständigen Formen, in der Abgabe von Morphemen und Graphemen.[156] Das Aufenthaltsrecht dieser fremden Wörter beruht immer nur auf Duldung, wie es Jacob Hemmer explizit ausdrückt: in der Fremdwortfrage muß man „die Mittelstraße eingehen, und blos diejenigen Fremdlinge in unsrer Mutter-

---

[151] Chlorenus (Anm. 9), S. 531.

[152] Harsdörffer: Secretarius (Anm. 22), S. 4f.

[153] Harsdörffer: Secretarius (Anm. 22), S. 469.

[154] Harsdörffer: Trichter (Anm. 22), II, S. 117.

[155] Harsdörffer: Trichter (Anm. 22), III, S. 13.

[156] Johann Christoph Adelung: Vollständige Anweisung zur Deutschen Orthographie. Leipzig und Frankfurt 1788, S. 113: „das Deutsche Burgerrecht" erhält jenes fremdstämmige Wort, das allgemein „gangbar" ist und „andern Deutschen Wörtern dem Baue und Tone nach völlig ähnlich" umgebildet werden kann, „welches denn freylich nicht anders als auf Kosten seines eigenthümlichen Baues geschehen kann".

sprache dulden, die das *Bürgerrecht* darin erhalten haben. Zur Erhaltung dieses Rechtes wird aber erfordert, 1) daß der Gebrauch eines Wortes allgemein sei; 2) daß wir kein anderes, oder wenigstens kein bässeres Wort zu Hause haben".[157]

Mehr als Duldung, nämlich Rechtsgleichheit, gewährt Antesperg „den verburgerten Wörtern, die im Lesen und Schreiben ein jeder brauchen darf". Dies sind zwar Fremdwörter, die „gleichwohl aber unserer deutschen Sprache dergestalten einverleibet sind, daß sie ein jeder Mitbürger verstehet, mithin als angenommene Kinder für gleiche Rechtsgenossen angesehen werden mögen."[158] Man muß aber sparsam sein in ihrem Gebrauch. Es ist besser, nur „verburgerte Worte" zu verwenden, sonst „bleibt eine deutsche Schrift selbst so lange dunkel und unrein", bis der Leser eine Fremdsprache gelernt habe. Der Katholik Antesperg ist so erfüllt von der Verpflichtung zur Allgemeinverständlichkeit jedes Wortes, daß er sogar Luthers berühmten „Marktgang" zitiert, natürlich ohne Namensnennung: man müsse, meint er, „die Mutter im Hause, die Kinder auf der Gasse, und den gemeinen Mann auf dem Markte fragen, und denselben aufs Maul sehen, wie sie reden".[159] Allerdings verfällt die Verwendung von Fremdwörtern „ohne Burgerrecht" dem strengsten Verdikt Antespergs, insbesondere im poetischen *genus*: „Dann ein Poete bleibt bey seiner reinen Muttersprache, und behängt seine Gedichte mit keinen gestohlenen Lumpen der Ausländer".[160]

Ein solcher „gestohlener Lumpen der Ausländer" scheint für Johann Michael Heinze das fremde Wort *genie* zu sein, für das man keine deutsche Entsprechung gefunden habe und das „seit einiger Zeit" sehr viel verwendet werde, „auch da, wo man gern ohne Kunstwörter schreibet, bey ieder Gelegenheit, und ohne Noth, [...] so, daß es scheinet, man wolle es durchaus zu einem deutschen Worte machen. Wenn ich meine Meynung dazu geben darf, ehe die Bill durchgehet, so wiederrathe ich es. Denn es ist des Bürgerrechtes unfähig, welches man ihm ertheilen will: weil es sich wieder unsere Sitten sperret". „Sitten" meint hier die problematische Aussprache des Anfangskonsonanten *g*, den man entweder falsch, nämlich hart und deutsch, oder „unnatürlich, und unerhört", nämlich weich und französisch aussprechen müsse. Auch durch die Schreibung „mit fremden Buchstaben", also in Antiqua, würde es „für ausländisch erkläret". Gerade in Versen habe deshalb dieses modische Fremdwort nichts zu suchen; ältere Dichter hätten den Sachverhalt – was Genie sei – auch auszudrücken vermocht, aber lieber einen deutschen Ausdruck dafür verwendet, „als die Reinigkeit ihrer Schreibart zu schänden. Die ungebundene Rede darf freylich so vollkommen zierlich nicht seyn: aber sie vermeidet doch billig alle Barbarey, das ist, alle Undeutsche Arten zu reden, wofür das vollends unnöthige Naïve, nebst den angeführten unfehlbar zu halten ist."[161]

Die Heftigkeit von Heinzes Reaktion auf diesen Leitbegriff seiner Zeit macht klar, daß er das Wort *genie* ganz offensichtlich nicht nur des fatalen Anlauts wegen ablehnt, sondern wegen der damit verbundenen Auffassung von Kreativität und ihrer Personifikation, gewiß auch

---

[157] Jakob Hemmer [=Domitor]: Deutsche Sprachlehre zum Gebrauche der kuhrpfälzischen Lande. Mannheim 1775, S. 56; die Hervorhebung ist im Original gesperrt.

[158] Antesperg (Anm. 85), S. 385 f.

[159] Antesperg (Anm. 85), S. 390 f.

[160] Antesperg (Anm. 85), S. 452.

[161] Heinze (Anm. 31), S. 30 ff.

wegen des modischen Genie-Kultes und der mit ihm einhergehenden Aufwertung des produktiven Künstlers gegenüber dem reproduzierenden Wissenschaftler. Daß hier ausgerechnet das *Genie*, vermittelt durch den Begriff, der es bezeichnet, mit dem „Barbarischen" und der Schändung von Reinheit in Zusammenhang gebracht wird, eröffnet den kulturpolitischen Aspekt der Debatte um das Fremdwort: hier geht es nicht mehr um die Abweisung von Wortformen, sondern um die Abweisung von Vorstellungen – eine Intention, die nicht nur nach außen, sondern auch nach innen, in den Sprach-Staat hineinwirkt.

8.3.3   Das Fremde im Eigenen, das Unreine im Reinen

Der skizzierte Umgang mit dem Fremdwort, das von außen stammt und sich nur unter bestimmten Voraussetzungen integrieren bzw. assimilieren läßt, gibt ein Modell vor für den Umgang mit allem Unpassenden, was die Orientierung an einer reinen Sprache stört. Deswegen findet auch hier die Verinnerlichung der Normen insofern statt, als die Abgrenzung gegen das Fremde sich nicht mehr nur zwischenstaatlich, sondern auch innerstaatlich, nämlich im sozialen Gefüge, vollzieht. Mit anderen Worten: unter dem Blickwinkel der Reinheit wird sich die deutsche Sprache selbst fremd, indem sie Kriterien der Reinheit und Unreinheit aufstellt, die bestimmten Sprachschichten zugeordnet werden. Dies soll am Beispiel Adelungs, bei dem dieses Prinzip am deutlichsten und wirksamsten entfaltet ist, dargestellt werden.

Im Sinne der Fremdheit im Eigenen erklärt es schon August Nathanael Hübner in seiner Stilkunde für viel verderblicher, eine umgangssprachliche Redewendung in die deutsche Sprache ‚unterzumischen' als ein Fremdwort zu gebrauchen:

> Noch mehr geschicht solches [= Verderbung der Reinlichkeit der deutschen Sprache], wenn man etwas in die deutsche Sprache mit untermischet, so nur bey dem gemeinen Mann im Gebrauch ist, denn das gemeine Volck bekümmert sich wenig oder gar nichts um die Reinlichkeit der Sprache; indem es schon vergnügt ist, wenn es nur seine Gedancken einem andern kan zu verstehen geben, dahero geschicht es, daß man viele unanständige, geringe und unhöfliche Redens-Arten bey ihnen höret, die hingegen bey den Vornehmen und Gelehrten gar nicht in Gebrauch sind. Es sind aber dergleichen unanständige, geringe und unhöfliche Redens-Arten folgende: flugs, vor schon; ein Knicker, vor einen kargen Menschen; ein abgefeimter Kerl, vor einen verschlagenen und verschmitzten Menschen; beschmieren vor beflecken; besudeln vor verunreinigen; zauen vor eilen; flennen vor weinen; gickern vor lachen; schmälen vor eivern; sich hinscheren vor wegbegeben, bey seite machen; laß mich ungeschoren, vor laß mich mit frieden, beunruhige mich nicht.[162]

Allerdings läßt er einen Bereich gelten, in dem auch umgangssprachliche Redeweisen Verwendung finden können: im *stilus humilis,*

---

[162] Hübner (Anm. 64), S. 10f. Die soziale Disjunktion unterstreicht eine andere Textstelle: „Denn die Vornehmen, gleichwie sie in allen andern Sachen vor dem gemeinen Manne in der Manierlichkeit und Reinlichkeit einen Vorzug suchen, so suchen sie ihn auch mehrentheils in der Rede zu erhalten. Dahero man auch in einer eintzigen Stadt einen mercklichen Unterscheid hierinnen findet" (S. 2, § 3). – August Buchner (Anm. 123, S. 51) betont denselben Zusammenhang: „Ferner soll man sich von allen unsaubern / unhöflichen und dergleichen Worten / die iemand zuwieder sein möchten / enthalten / als welche beym gemeinē uñ Baurs-Volck im brauch seind".

denn wenn man von Land-Leben, Ackerbau, Viehzucht, von bürgerlichem Handel und Wandel und dergl. etwas auffsetzen soll, so kan man gar wohl eine solche Schreib-Art, darinn niedrige Worte und Redens-Arten enthalten sind, welche man von der unter Händen habenden Sache hernimmt, gebrauchen, jedoch müssen sie mit dem unreinen Idiotismo des Pöbels nichts gemeines haben. [...] Wolte man die lasterhaffte Unart der Menschen vorzustellen, dergleichen Redens-Arten gebrauchen, so muß es behutsam, selten, und nur in scherzhafften und ironischen Umständen geschehen, doch daß aller grobe Schertz und Unhöflichkeit vermieden werde.[163]

Die Orientierung an der „Höflichkeit", die selbst in Komödien und in ironischen und satirischen Sprachspielen beachtet werden muß und die von Fabricius' grundlegender Forderung nach schulischer Erziehung zu „Civilität oder Höfligkeit"[164] noch ergänzt wird, verdeutlicht, daß dieses Sprachprogramm nicht allein im Sinne der von Haas unterstellten rhetorischen Tradition auf die *öffentliche* und gestaltete Rede- und Textform abzielt,[165] sondern auch die Alltagsrede und über sie die *Haltung* der Sprachbenutzer beeinflussen will. Die angestrebte Haltung läßt sich als Disziplin und Selbstkritik beschreiben, als eine Haltung der Selbstkontrolle, die – wie im nächsten Kapitel gezeigt werden soll – bis in den körperlichen Bereich hineinwirkt.

Johann Christoph Adelungs Sprachtheorie basiert in einigen ihrer Merkmale geradezu auf einer Analogie von Sprache und Körper, in der beide Aspekte der Sprachpflege, der ästhetisch emanzipatorische wie der pädagogisch disziplinierende zur Wirkung kommen. Die „Entledigung", mittels derer die Sprache sich von „Unpassendem" befreit, ist eine hygienische Maßnahme, die der Körperhygiene entspricht. In einer Gleichsetzung von „Reinigkeit" der Sprache und „Reinlichkeit" des Körpers führt Adelung die fortschreitende Verfeinerung auf die zunehmende Populationsdichte in Obersachsen zurück[166] und erklärt unter dem Stichwort „Reinlichkeit" (das hier nur ein einziges Mal in dieser Form vorkommt), daß im engen Zusammenleben der „obern Classen" Hygiene der Gesundheit und der Sitte erforderlich sei mit dem Ziel, „gewisse Dinge und Handlungen mit einer Art von Unehre" zu belegen.[167] Die hygienische Maßnahme zieht eine klare Trennungslinie zwischen dem, was zum Sprachkörper genuin hinzugehört und dem, was ihm unzugehörig – und deshalb störend oder bedrohlich – ist; sie beinhaltet zugleich eine Tendenz zur Askese, der der Sprachkörper unterworfen wird, gilt es doch, ihn der Schädigung durch „Überfluß" zu entziehen.[168]

---

[163] Hübner (Anm. 64), S. 11 f.

[164] Siehe oben S. 216.

[165] Vgl. Haas (Anm. 8), S. 10. Johann Carl Angerstein (Anweisung, die gemeinsten Schreib= und Sprachfehler im Deutschen zu vermeiden; für Frauenzimmer, Ungelehrte, und besonders zum Gebrauch in Schulen eingerichtet. Zweiter Theil; für Geübtere. Stendal 1795, S. VI, IX, XII) fordert prinzipell mehr muttersprachlichen Unterricht, auch in den Lateinschulen, weil jeder „seine Muttersprache rein sprechen und sie richtig schreiben zu lernen" soll; schließlich will er erreichen, „daß unsere Muttersprache auch *im gemeinen Leben* [im Text gesperrt] rein gesprochen werde". Ganz pragmatisch fordert Angerstein eine Veränderung des Lehrplans: „so müssen wöchentlich, und zwar sowol in den untern als obern Klassen, wenigstens in jeder vier Stunden zum Unterricht in der Deutschen Sprache angesetzt werden".

[166] Johann Christoph Adelung: Über den deutschen Styl. Berlin 1785, Teil I, S. 50.

[167] Adelung: Styl (Anm. 166), I, S. 216; ähnlich: Johann Christoph Adelung: Umständliches Lehrgebäude der Deutschen Sprache, 2 Bände. Leipzig 1782, Teil I, S. 603.

[168] Adelung: Styl (Anm. 166), I, S. 118; III, S. 426; Adelung: Anweisung (Anm. 156), S. 108.

Besonders in seiner Stilkunde von 1785, deren drittes Kapitel ganz der „Reinigkeit" gewidmet ist, stellt Adelung die Sprache als körperhaft handelndes Subjekt dar, das „sich" durch „Ausstoßung" jener Bestandteile entledigt, die für seine Reinheit bedrohlich sein könnten.[169] Es ist dies eine Reinigung vom „Gröbsten",[170] wobei alle „fremdartigen Theile"[171] und alle Bestandteile, „welche in den jedesmaligen Grad ihrer [der Sprache] Ausbildung nicht passen",[172] ausgeschieden werden. Die „Ausmusterung" – z.B. eines „minder tauglichen Wortes", eines überflüssigen Synonyms oder eines uneingebürgerten Fremdwortes – erfolgt mittels hierarchischer Ausscheidung abwärts durch die gesellschaftlichen Klassen hindurch: vom „Hof" über das obere Bürgertum bis hin zum Pöbel, von der Residenz über die Stadt bis hin zum Land, zur „Provinz".[173] So bilden „niedrige, ekelhafte und unanständige Bilder"[174] bzw. „Dunckelheit"[175] oder „Unedles, Niedriges"[176] gleichsam den Bodensatz oder die Kloake des deutschen Sprachschatzes, ebenso wie der „Pöbel", dem dieser Sprach-Auswurf schließlich zugehört, den Bodensatz oder Abschaum der Gesellschaft bildet. Hingegen ist der ganze Reichtum einer ausgebildeten Sprache in den oberen Klassen der Gesellschaft stets präsent; daher besteht keine Gefahr, daß die Ausstoßung sozusagen versehentlich ein erhaltenswertes Wort vernichtet.[177]

Analog hierzu gibt das *Grammatisch-Kritische Wörterbuch der Hochdeutschen Mundart* die Einteilung der Wörter in „fünf Classen" an, die gleichermaßen *genera dicendi* wie soziale Disjunktionen darstellen, wobei hier der Begriff der Würde mit dem der Reinheit korreliert:

> Eines der vornehmsten Bedürfnisse schien mir die Bemerkung der Würde, nicht bloß der Wörter, sondern auch ganzer Redensarten zu seyn; ein Umstand, dessen Versäumung den Nutzen so vieler andern Wörterbücher gar sehr einschränket. Ich habe zu diesem Ende fünf Classen angenommen; 1. die höhere oder erhabene Scheibart; 2. die edle; 3. die Sprechart des gemeinen Lebens und vertraulichen Umganges; 4. die niedrige, und 5. die ganz pöbelhafte. Ich habe mich bemühet, in den nöthigsten Fällen [...] die Classe, in welche jedes Wort, oder jede Redensart gehöret, anzugeben.[178]

Die Reinigung der Sprache bzw. ihr Wachstum hin zu Vollkommenheit durch Ausscheidung – d.h. durch einen physiologischen Prozeß des Aufnehmens und Verdauens – geschieht in unterschiedlichen Intensitäten. Von sofortiger, unbedingter Ausstoßung betroffen sind veraltete Wörter und Formen, sodann solche, die „unpassend", weil „zu niedrig" oder „beleidi-

---

[169] Adelung: Styl (Anm. 166), I, S. 83-124.
[170] Adelung: Styl (Anm. 166), I, S. 62.
[171] Adelung: Styl (Anm. 166), I, S. 84, 110, 126; II, S. 49.
[172] Adelung: Styl (Anm. 166), I, S. 84.
[173] Adelung: Styl (Anm. 166), I, S. 86, 94, 211; II, S. 325.
[174] Adelung: Styl (Anm. 166), I, S. 422.
[175] Adelung: Styl (Anm. 166), I, S. 158 ff., 163 f.
[176] Adelung: Styl (Anm. 166), II, S. 246.
[177] Adelung: Styl (Anm. 166), I, S. 96.
[178] Johann Christoph Adelung: Grammatisch-Kritisches Wörterbuch der Hochdeutschen Mundart. Leipzig ²1793 ff., Band 1, S. XIV. Elke Haas (Anm. 8, S. 188) weist zum einen anhand dieser Klassenzuordnungen auf das unterschiedliche Wissenschaftsverständnis bei Adelung und den Gebrüdern Grimm hin, und zum andern auf die problematische Weiterführung der Wort-Klassifikationen, wie sie bis heute im *Großen Wörterbuch der deutschen Sprache* (Duden) z. B. mit der Zuschreibung „Gossensprache" praktiziert werde.

gend" sind – worunter für Adelung auch die Onomatopöie zählt –, sowie „verkürzte" oder „verstümmelte" Formen,[179] aber auch jeder „zweydeutige Ausdruck, und jede zweydeutige Verbindung".[180] Zu ihnen gehören beispielsweise die Sprichwörter, die Adelung, im Gegensatz zur Idealisierung des Urtümlichen, mit „schmutzigen Blümchen" vergleicht, mit denen er nichts zu tun haben will.[181]

Allmählicher Ausstoßung unterliegen die anderen, ersetzbaren „Widrigkeiten" wie „überflüssige" Synonyme; Wortbildungen, die an eine Onomatopöie erinnern; Homonyme mit verwirrendem Doppelsinn; Worte, die für unedle Gegenstände gebraucht und dadurch für den edlen Gebrauch untauglich werden; Worte von dunklem Bau und unklarer Abstammung.[182] Auch Wörter, denen ihre „physische Bedeutung" noch anzumerken ist, werden ausgestoßen. Wie stark, ja ausschließlich Adelung die Reinheit und Würde von Wörtern, Redensarten und Tropen mit ihrer *sozialen* Zugehörigkeit – und umgekehrt: die soziale Zugehörigkeit mit der Sprachschicht – identifiziert, zeigen folgende Zuordnungen:

> Ist der Ausdruck der eigenthümlichen Denkungs- und Empfindungsart der niedern Classen angemessen, so ist er niedrig oder unedel, hingegen edel wenn er der eigenthümlichen Denkungs- und Empfindungsart der obern Classen gemäß ist.[183]

Demgemäß schließt die „absolute Würde" der Sprache alles aus, „was unter dem Geschmacke der obern Classen, folglich auch unter der darauf gegründeten Schriftsprache ist".[184] Den „niedern Classen" angemessen sind niedere Ausdrücke, die sich vor allem durch „Anschaulichkeit" auszeichnen: „Ein unedler Begriff wird desto widriger, je anschaulicher er gemacht wird".[185] Diese unreine Anschaulichkeit liegt insbesondere in lautmalerischen oder an Lautmalerei erinnernden Ausdrücken; sie müssen vom Sprachleib zwar aufgenommen werden, um ihn gleichsam energetisch zu bereichern, denn sie stammen aus dem Bodenschatz der Muttersprache. Aber da sie nicht zum zirkulativen Gebrauch veredelt werden können, wandern sie durch die Klassen hindurch, bis sie schließlich – endgültig ausgestoßen – als „pöbelhaft" enden.[186]

In Hinblick auf die französische Sprachgeschichte und ohne ausführliche Quellenanalyse schlägt der „gelehrte" Essay von Dominique Laporte *Über die Scheiße* das wechselseitige Bedingungsverhältnis von Sprachreinheit und Ausscheidung, Gold und Kloake eine etwas gewagte, aber doch produktive Deutung vor:

---

[179] Adelung: Styl (Anm. 166), I, S. 86f.

[180] Adelung: Lehrgebäude (Anm. 167), I, S. 603.

[181] Adelung: Wörterbuch (Anm. 178), S. XIV; vgl auch Adelung: Styl (Anm. 166), I, S. 221: „die meisten Sprichwörter [...], weil sie gemeiniglich in den untern Classen entstehen", seien Ursache der Sprach-Niedrigkeit, denn sie enthalten „oft widrige und unedle Bilder und Anspielungen".

[182] Adelung: Styl (Anm. 166), I, S. 88-95.

[183] Adelung: Styl (Anm. 166), II, S. 8.

[184] Adelung: Styl (Anm. 166), I, S. 213.

[185] Adelung: Styl (Anm. 166), I, S. 421.

[186] In der Vorrede zum *Deutschen Wörterbuch*, Band 1, 1854, Sp. XXXIII, glossiert Jacob Grimm das Adelungsche Programm der absinkenden Sprachbestandteile: „aus dem erhabnen sinke die sprache in das edle, aus dem edlen in das trauliche, dann aber in das niedrige und pöbelhafte herab; das pöbelhafte liege tief unter dem horizont des sprachforschers".

Im Prozeß der Warenzirkulation bildet sich die Sprache des Goldes als Sprach-Schatz des Königs, als direktes und allgemeines Äquivalent aller anderen Sprachen des Königreiches. Wenn also die Perle den Schlamm voraussetzt, in dem sie sich entwickelt, dann ist die reine Sprache des Königs, die Sprache der jungfräulichen Macht, nur unter der Voraussetzung eine Perle, daß es Dialekte gibt, die nicht so ausgefeilt sind, also einen Misthaufen, eine Stätte des Kommerzes und der Verderbnis, dessen (allgemeines) Äquivalent sie ist, ohne daß durch diese Äquivalenz ihre leuchtende Klarheit beeinträchtigt wird.[187]

Aus Adelungs Beispielen wähle ich einige typische aus, an denen seine Werturteile, die diesen Ausscheidungsprozeß begründen, sinnlich nachvollziehbar werden, wenn Adelung auch keine besonders „niedrigen" Ausdrücke zum Exempel anbietet:

- Onomatopöie: z.B. „Schlacht" und „Scharmützel", weil der Lautstand – anlautendes „sch", die Lautfolgen „cht" und „rm_tz" – niedrig und beleidigend wirken; edler wäre dafür „Treffen" und „Gefecht", Begriffe, denen man die schweiß- und bluttreibende Arbeit nicht mehr ansieht;[188]
- „an eine wichtige Onomatopoie" erinnernd: z.B. „heischen" oder „schmeißen", die in Wortbild und -klang an „niedere Begriffe" erinnern (etwa *kreischen* und *scheißen*, die Adelung natürlich nicht angibt);[189]
- Worte, die unedle Gegenstände bezeichnen, werden allmählich aus dem reinen Sprachgebrauch ausgestoßen: z.B. „Gesell", „Knecht" oder „Schalk"; sie können auch nicht durch edlere Begriffe derselben Semantik ersetzt werden;[190]
- Worte, die körperliche Assoziationen zulassen: z.B. „anheben", in dem noch „die physische Bedeutung" mitschwinge; es soll durch *anfangen* ersetzt werden, da das Synonym *beginnen* eine veraltete Bildung sei. Ja selbst das Wort „Band" erscheint Adelung in körperlicher Hinsicht verdächtig, da es an „Strumpfband" erinnern könnte.[191]

Die Tendenz dieser Bestimmungen läuft eindeutig auf eine Ent-Sinnlichung des Wortschatzes hinaus, und den asketischen Zug dieser Reglementierung, den Adelung wohl erkennt, kann er nur durch den Hinweis rechtfertigen, daß der Sprache durch die Ausscheidung und den Verzicht im Grunde kein Verlust entstehe, weil der *ganze* Reichtum einer ausgebildeten Sprache in den „obern Classen" ständig präsent ist, so daß es im Grunde gar nicht zu einer versehentlichen Ausstoßung erhaltenswerter Wörter oder Figuren kommen kann.

Es wurde bereits gezeigt, daß Adelung eine Vermischung der hochdeutschen Mundart mit „Provincial-Wörtern und -Formen" sowie mit Fremdwörtern für eine Bedrohung der Sprachreinheit hält.[192] Dieser Vermischung kann nur mit einer sauberen Scheidung des Dazugehörenden vom Nichtdazugehörigen begegnet werden. Denn die Sprache, die ein lebendiger, aufnehmender und verdauender, zugleich aber auch ein hochempfindlicher Organismus ist, bedarf des Schutzes.[193] Das Wächteramt über den Sprachleib fällt wie selbstverständlich

---

[187] Dominique Laporte: Eine gelehrte Geschichte der Scheiße. Frankfurt a.M. 1991, S.27.
[188] Adelung: Styl (Anm. 166), I, 86, 94 f.
[189] Adelung: Styl (Anm. 166), I, S.88.
[190] Adelung: Styl (Anm. 166), I, S.89.
[191] Adelung: Styl (Anm. 166), I, S.96.
[192] Adelung: Styl (Anm. 166), I, S.103, 108f., 110f.
[193] Vgl. Antespergs Kind-Metapher, die ebenfalls das Bild der Sprache als eines Schutzbefohlenen evoziert.

den Angehörigen derselben Klasse zu, deren Sprache sowohl wie ihre Wirtschaft „autonom" ist, und die sich als autonome Subjekte der Geschichte begreifen – im Gegensatz zur Heteronomie der „niedern Classen" und ihrer Sprachen. Ihr Regiment übt die obere Klasse der kultur-besitzenden Bürger aus, indem sie zum Richter wird über das Dazugehörige: da nur sie als eigentliche Sprachbesitzer „Sprachreinigkeit" beweisen,[194] haben auch nur sie die Kompetenz zu einer Sprachmusterung, die auf den ersten Blick deskriptiv wirkt und wirken will, denn scheinbar wird ja nur konstatiert, daß dieser oder jener Ausdruck, diese oder jene Form „nicht dazu gehört". Die Sprachbeurteilung fällt aber zugleich implizit auch vernichtende Urteile über Menschen, nicht nur über Begriffe oder Formen. Wenn „ausländische Wörter" entweder das deutsche „Bürgerrecht" und damit „Duldung" erhalten oder wenn sie als „Fremdlinge" betrachtet werden, die als „Fremdlinge aufgeführt werden" müssen,[195] dann kommt dieses „Aufführen", das hier paradigmatisch mit Fremdwörtern durchgespielt wird, einer peinlichen Befragung des Begriffs und seines Verwenders gleich, aus der beide nicht unbeschädigt hervorgehen können, sind sie doch, als Sprache und als sprechendes Subjekt von „Abführung" bedroht –: denn Sprachrichtigkeit und Sprachreinigkeit sind „von Ausländern, sowie Personen niederen Standes nicht zu erwarten".[196]

Ganz im Sinne der Aufklärung interpretiert Adelung, wie andere Sprachtheoretiker auch, die reale geschichtliche Entwicklung und die zum Teil kontingenten Entwicklungslinien der Sprache als *Fortschritt*: das heißt, er deutet die historische Bewegung der *Veränderung* als linearen Aufstieg vom Niederen zum Höheren, vom Einfachen zum Differenzierten, vom Rohen zum Feinen. Dieser aufsteigenden Linie korreliert die Fall-Linie dessen, was den Fortschritt zu behindern scheint, das Alte, Fremde und Unreine: es unterliegt dem Verdacht der Verdunkelung, die sich einer lichtvollen Aufklärung entgegenstellt. Sehr pointiert ausgedrückt, könnte man hier den endzeitlichen Kampf der Mächte des Lichts gegen die Mächte der Finsternis nachgebildet finden. Jedoch tritt an die Stelle der göttlichen Wirkmacht in der Geschichte, der ein gewisser vertrauensvoller Gleichmut des Menschen – auch im Umgang mit seiner Sprache – korreliert, die Wirkmacht des Menschen als seine volle Verantwortlichkeit für die Gewähr fortschreitender Veränderung, die in der Sache selbst, der Sprache, allerdings bereits immanent angelegt ist. Daher erscheint bei Adelung die Dichotomie von Sprache und sprechendem Subjekt voll ausgeprägt: es ist *die Sprache selbst*, die einen Willen zum Fortschritt in Richtung auf mühelose zeitlose Verständlichkeit[197] sowie auf Veredelung und Verfeinerung besitzt.[198] Deswegen hat der Sprachlehrer auch nicht die Funktion, die Sprache zu tyrannisieren, sondern lediglich klar zu beschreiben, was die Sprache selbst nur dunkel weiß;[199] „Aufklärung" zu betreiben im Sinne des „ans Licht Bringens" der vernünftigen Kriterien des Fortschritts. Zugleich richten sich die Forderungen des Sprachlehrers an das *sprechende Subjekt*, das über Absicht und Ziel der Sprachentwicklung aufgeklärt werden

---

[194] Adelung: Anweisung (Anm. 156), S. 56.

[195] Adelung: Anweisung (Anm. 156), S. 112.

[196] Adelung: Anweisung (Anm. 156), S. 56.

[197] Adelung: Sprachlehre (Anm. 115), I, S. 10 f.; II, S. 577 u. 580.

[198] Adelung: Styl (Anm. 166), III, S. 396; Adelung: Lehrgebäude (Anm. 167), I, S. 565; II, S. 642, 653.

[199] Adelung: Lehrgebäude (Anm. 167), II, S. 658.

muß; beispielsweise darüber, daß „Reinigkeit und Präcision [...] absolute Schönheiten" sind, die einem Dichter zur Unsterblichkeit verhelfen.[200]

Adelung versteht diese Funktion gewissermaßen priesterlich: er beschreibt und „kündet" den Entwicklungsplan der „Natur", die die „Sprache und Vernunft" zu derselben Zeit gebildet hat[201] und seither in fortwährender Reinigungsbewegung begriffen ist. Dies ist eine „im Fortschritt der Natur [sich] entwickelnde Fähigkeit, das Schöne und Angenehme vom Häßlichen und Unangenehmen zu unterscheiden".[202] Aus tiefverborgenen Gründen, die verblüffend mit der protestantischen Arbeits- und Erfolgstheologie übereinstimmen, hat die Natur allerdings dieses kritische „Vermögen" ausgerechnet in die Hand der „obern Classen" gelegt,[203] so daß die „Übereinstimmung des Ausdruckes mit der Denkungs- und Empfindungsart [der] obern Classen" einen sprachlichen Ausdruck „edel" macht, „die Abweichung davon aber unedel, und wenn diese Abweichung sehr groß ist, niedrig".[204] Die Niedrigkeit kann dabei auch in bloß lautlichen Anklängen an unerwünschte Klänge und Wortbilder bestehen.[205] Dies bedeutet aber auch, daß das sprechende Subjekt selbst beständig auf der Hut sein muß, nicht wegen kleiner Verstöße gegen die codifizierte Norm zusammen mit dem unedlen oder gar niedrigen Ausdruck ins gesellschaftliche Abseits, in eine „niedere Klasse" ausgewiesen zu werden.

Mit dieser auch in der Idee der Sprachreinheit sich verwirklichenden Tendenz zur Verinnerlichung der normativen und zensorischen Kontrollfunktionen, die Norbert Elias beschreibt, hat die Tendenz der *Reinigungs*bestrebungen in der deutschen Sprachgeschichte die Oberhand gewonnen, ohne allerdings den anderen „aufklärerischen" Aspekt der *Reinheit* völlig verdrängen zu können. Oder, provokanter ausgedrückt: mit der Verwirklichung der Sprachreinheit im Sinne der rationalistischen und moralistischen Aufklärung beginnt die Geschichte der inneren Zensur. Von Adelung, der am Ende des 18. Jahrhunderts der von seiner Wirkung her wesentliche Repräsentant der Codifizierung der Sprachnorm ist,[206] läßt sich eine direkte Verbindungslinie ziehen zur Spracherziehung seit dem 19. Jahrhundert mit ihrer Dominanz der Sprachrichtigkeit über die Sprachlebendigkeit, mit der Dominanz der Verständlichkeit über die Verständigung – eine Verbindungslinie aber auch zur „Geschichte der ungeschriebenen Literatur", einer Literatur, die unterblieben ist oder unterdrückt wurde, weil der Autor selbst sie als „unrein" empfand. Diese Nachtseite der aufklärerischen Idee hat mit ihrer Strenge und ihrer chauvinistischen Tendenz negativ auf die ursprüngliche Intention der Sprachreinheit zurückgewirkt.

---

200 Adelung: Styl (Anm. 166), III, S. 414.
201 Adelung: Lehrgebäude (Anm. 167), I, S. 93.
202 Adelung: Styl (Anm. 166), I, S. 19.
203 Adelung: Styl (Anm. 166), I, S. 73.
204 Adelung: Styl (Anm. 166), I, S. 212.
205 Adelung: Styl (Anm. 166), I, S. 219.
206 Haas (Anm. 8), S. 188: „Während das breite Publikum Adelungs Werke wie auch seine dahinterstehenden rhetorisch geprägten Auffassungen freudig entgegennahm, erhob sich Protest von seiten bedeutender Dichter".

8.4 Reinheit und Körper

8.4.1 Das Geschlecht der Sprache

Die von Adelung verwendete Metaphorik, mit der er die Aufnahme und Abstoßung von Sprachbestandteilen beschreibt, trägt eindeutig anthropomorphe Züge: die Sprache ist ein vernünftig organisierter Körper,[207] der verschlingt, verdaut und ausscheidet; sie ist, ganz nach früh-materialistischer Anschauung, ein maschinisierter Körper, in den Rohstoffe eingegeben werden und der daraus – säuberlich getrennt – Wert- und Abfallstoffe produziert.[208]

Und sie ist, ihrem eigenen *genus* zum Trotz, ein männlicher Körper – denn sie trägt den Namen „Heldensprache", „nicht so wohl, weil sie ehedem die Muttersprache berühmter Helden war, als vielmehr, weil sie wegen ihres männlichen Ernstes dem Munde und der Denkungsart eines Helden angemessener seyn soll, als andere schlüpfrigere und weichere Sprachen".[209] Auch bei anderen Autoren ist im Zusammenhang der Mundarten viel von der Männlichkeit der Sprache die Rede, sei es vom „männlichen atticisirenden Tau" Schottels, sei es von Harsdörffers „starkem und männlichem Braunschweiger" Dialekt.[210] Sprachentwicklung versteht Antesperg als Reife der Sprache von den „Kinderschuhen" bis „zu einem männlichen Alter",[211] ein Prozeß, dessen Bewerkstelligung Campe zufolge auch reine Männersache ist: „Der gröbste Unrath ist glücklich ausgekehrt; die noch übrigen Staubtheilchen werden uns, wofern wir Männer sind, doch auch nicht Alpengebirge zu seyn scheinen."[212]

Die Qualität der Sprache, männlich zu sein, steht aber in einer eigenartigen Spannung zu ihrer Qualität, rein zu sein. Die Klage Friedrich Carl Fuldas kann das verdeutlichen, der ja die Verdrängung der rauhen und männlichen schwäbischen Mundart durch das weiblichere, aber reinere Ostmitteldeutsche betrauert.[213] Die deutsche Sprache ist also deswegen heldenhaft, männlich und rauh, weil sie unter anderem von ihren Urgründen her die Rauhigkeit – hier ist das zu verstehen als die herzhafte Bodenständigkeit der Schwaben und Braunschweiger –

---

[207] Von der Sprache als „Leib" spricht explizit Chlorenus Germanus, den er vom Geist der Sprache unterscheidet: „so daß man auch den genium linguae also beschreiben könte, daß selbige gleichsam die Seele seye, welcher einen andern Leib annehmen könne, und allezeit der unveränderliche character einer Sprache bleibe, wenn selbige gleich wegen einiger andren Umstände sich veränderre [sic]" (Chlorenus, Anm. 9, S. 174).

[208] Karl-Ernst Sickel (Johann Christoph Adelung. Seine Persönlichkeit und seine Geschichtsauffassung. Leipzig [phil. Diss.] 1933, S. 212) stellt eine Verbindung Adelungs zur frühen materialistischen Geschichtsauffassung etwa bei Goguet oder Raynal her.

[209] Adelung: Wörterbuch (Anm. 178), Sp. 1096.

[210] Siehe oben S. 173.

[211] Antesperg (Anm. 85), Vorrede § 33: „Ich habe gethan, was ich als getreuer Patriot habe können, ein anderer thue noch mehr hinzu, so werden wir des reinen Ausdruckes in eigener Sprache bald mächtig werden. So wird die reine deutsche Sprache, Schreibart, Poesie und Beredsamkeit ihre Kinderschuhe bald vertreten und in Oesterreich zu einem männlichen Alter gelangen. [...] So werden wir in dem eigenen Vernunftlicht (ich meyne in der eigenen Sprache) wie andere gesittete Völker klug, hurtig, bescheiden, und Kenner und Liebhaber guter Künste und Wissenschaften werden, auch uns von dem kostbaren Last des ausländischen Blendwerks nach und nach mit vielem Vortheile befreien können."

[212] Campe (Anm. 27), S. XVI.

[213] Siehe oben S. 177.

mitbringt.[214] Obwohl die deutsche Sprache jedoch „von natur vnd art etwa rauch vnd hart / wie auch das Volck selbs gewesen / ist sie doch jetzo in ein solche milte vnnd holdseligkeit [...] geraten / das an jre gleich so wenig als an den zweyen etwas mangel erscheinet. Vnnd jetz nach jhrer art so rein vnnd holdselig ist [...]".[215] Das heißt: als *reine* Sprache durchläuft die deutsche Sprache hinsichtlich ihrer anthropomorphen Qualitäten einen ähnlichen Ausgleichsprozeß wie hinsichtlich der Mundarten. In der Analogie von *rein* und *lieblich* einerseits sowie *weiblich* andererseits berühren sich die ästhetischen und moralischen Kriterien, die der Reinheitsbegriff etwa im Zusammenhang der Marien- und Frouwen-Verehrung in sich aufgenommen hat.[216]

Wahrscheinlich spielen auch die synonymen Vorstellungen der Sauberkeit, Zierlichkeit und Anmut eine Rolle, die mit *rein* verbunden werden und die traditionell zur „weiblichen Domäne" zählen, denn *rein* und *Reinheit* gilt als Frauen-Sache. Auch die von den anderen Sprachmeistern der reinen Sprache zugeordneten Eigenschaften lesen sich wie ein Katalog jener „Tugenden", zu denen die Frauen der bürgerlichen Klasse angehalten werden: Anmut, Sauberkeit, Lieblichkeit, Wohlklang, Milde, Sänfte, Natürlichkeit und Zucht.[217] Diese Analogie macht die „Frauenzimmer" geradezu zu geborenen Rezipientinnen von Sprach- und Stilschulen, und ihr Bildungshunger hat die von öffentlicher Bildung wie von öffentlicher Arbeit ausgeschlossenen bürgerlichen Frauen zu willigen und freudigen Leserinnen gemacht, auch wenn ihnen der Zugang zu anderem als erbaulichem und belehrendem Schrifttum erheblich erschwert wurde. Mit Blick auf die Bildungs- und Lektüresituation der bürgerlichen Frau im 18. Jahrhundert macht Barbara Becker-Cantarino auf den ambivalenten Charakter des entstehenden Ideals der „gebildeten" – nicht der „gelehrten"! – Frau aufmerksam: einerseits seien die Bildungsprogramme auf ein Frauenideal hin angelegt, das von Männern propagiert und in anti-emanzipatorischer Tendenz entwickelt wird; in diesem Programm spielt, was Becker-Cantarino nicht sieht, die Rede von der Reinheit gerade in ihren vieldeutigen Nuancen eine erhebliche Rolle. Doch andererseits sei „mit dem Propagieren des Lesens in der Frühaufklärung und mit dem Eingehen auf Lebensbereiche der Frau und dem Einnehmen ihrer Perspektive [...] der Selbstbildungsprozeß von Frauen auf breiter Ebene in Gang gesetzt worden".[218]

---

[214] Vgl. Roth (Anm. 119), Bl. iij^r: „Germania oder Teutschlandt / [war] der selben zeit vnd lang hernach an kunst / weißheit / gůtten sitten / gewonheiten vnd allem thůn ein rechter natůrlicher Grobianus / das Erdtrich an jhm selbs grob vngeschlacht vnd vnerbawen / die Leut darinnen mehr vnuernůnfftige wilde / grewliche vnd wůttende thier zuåchten dann menschen".

[215] Roth (Anm. 119), Bl. iij^v, iiij^r.

[216] Siehe oben S. 54 f.

[217] Explizite Absicht Campes sei es, so faßt Alan Kirkness (Anm. 84, S. 100) zusammen, die Sprache „sanfter, milder und wohlklingender" zu machen.

[218] Barbara Becker-Cantarino: Der lange Weg zur Mündigkeit. Frauen und Literatur in Deutschland von 1500 bis 1800. München 1989, S. 173; vgl. insgesamt die dort geführte differenzierte Auseinandersetzung mit der Rolle der Frauen im gehobenen Mittelstand, in dem Männer durch Bildung zum sozialen Aufstieg befähigt werden, während Bildung für Frauen sich vornehmlich auf deren Erziehung zu Sittlichkeit, Häuslichkeit und Anpassung erstreckt (bes. S. 149-200). Vgl. dazu auch von derselben Verfasserin: ,Die gelehrte Frau' und die Institutionen und Organisationsformen der Gelehrsamkeit [...]. In: Gelehrte und Gelehrsamkeit.

Bei aller positiven emanzipatorischen Langzeitwirkung dieser Lesekultur wird in der aktuellen Situation des 17. und 18. Jahrhunderts die Frau in erster Linie zur Schülerin und zum Kind. Diese Sicht auf Frauen kommt in den Adressaten-Listen zahlreicher Sprachlehren zum Ausdruck, wie sie sich prototypisch bei Chlorenus findet; er wendet sich in loser Folge an: „junge Leute", „junge Menschen", „jedermann, auch Frauenzimmer" bzw. „Weibs-Personen", „gebohrne Teutsche", „Anfänger und Ungelehrte", „vornehmlich [...] die Anfänger", „ungeübte[ ] Leser", „Ungeübte" sowie an alle „Vernünftige".[219]

Der Blick auf die Frau als Kind entspricht dem zeitgenössischen Diskurs,[220] wie er etwa in Kleists didaktischen Briefen an seine Verlobte, Wilhelmine von Zenge, literarhistorisch bedeutsam geworden ist. Die Orientierung an Sprache und Literatur als ein wesentliches Betätigungsfeld der „gehobenen" bürgerlichen Frau beginnt sich im 17. Jahrhundert zu entwikkeln, worauf die ausdrücklich auf „Frauenzimmer" gemünzten *Gesprächspiele* Harsdörffers hinweisen, in denen sich gesellschaftliches Leben als Zeitvertreib widerspiegelt. Unter derselben, hier allerdings abwertend gemeinten Kategorie des Zeitvertreibs gilt das Lesen von Romanen bis ins 19. Jahrhundert hinein als überwiegend „weibliche" und von daher auch ein wenig verächtliche Beschäftigung.[221]

An dieser Stelle entsteht jedoch die Diskrepanz, daß es ausschließlich Männer sind, die die Frauen über *Sprachreinheit und Sprachrichtigkeit* belehren, obwohl doch die Frauen selbst als natürliche „Fachleute" der Reinheit gelten. So ist nach Philipp von Zesen die „hohe oder zierliche" Sprache eines Landes, der immer die „niedrige oder bäurische" gegenübersteht, nicht nur „bei Hofe, unter gelehrten, unter geschickten und höflichen menschen", sondern vor allem „sonderlich unter dem Frauenzimmer üblich".[222] Allerdings unterliegt diese positive Zuschreibung der Einschränkung, daß die Fähigkeit zur Reinheit den Frauen nur insoweit zur Verfügung steht, als sie ihren ‚natürlichen', nicht ihren intellektuellen Gaben entspricht, denn „Weibs-Personen" schreiben falsch, auch wenn sie „recht aussprechen".[223] Der natürlichen Anlage zur Orthophonie entspricht bei weitem nicht die kognitive Fähigkeit zur Orthographie – von dieser Überzeugung geht auch Heinze aus, der gegen Gottscheds Grammatik einwen-

---

Akten des 6. Kongresses des Internationalen Arbeitskreises für Barockforschung. Wolfenbütteler Arbeiten Barockforschung 1987.

[219] Chlorenus (Anm. 9), S. 4, 102, 6, 8, 25, 27, 73, 102, 83. Daß er die fünf Kasus ausdrücklich nennt, begründet der Autor damit, er wolle „dem Frauenzimmer oder ganz unerfahren [...] gefallen" (S. 392). Gottsched (Anm. 3, Vorrede zur 1. Auflage, o. S. = Bl. a 6^r) wendet sich zu der Jugend im „Soldatenstande, der Schreiberey, dem Handel und Landleben" sowie an „das junge Frauenzimmer".

[220] Auch für Campe (Anm. 27, S. 19) stehen Frauen im Verdacht, ewige, etwas behinderte Kinder zu sein, wie er anhand seines Vergleichs der Sprachentwicklung mit der Körperentwicklung asiatischer Frauen zu erkennen gibt: „Die Füße der Chineserinnen bleiben bis in ihr höchstes Alter – Kinderfüße, weil sie, wie man sagt, bis in ihr höchstes Alter, unabänderliche Kinderschuhe tragen".

[221] Zur Bedeutung des Begriffs „Zeitvertreib" vgl. zum einen den polemischen zeitgenössischen Beitrag in der Zeitschrift *Der Vernünfftler* (Nr. 26), zitiert in Hans Eggers: Deutsche Sprachgeschichte. Reinbek 1986, Band 2, S. 393; zum anderen die kritische Auseinandersetzung mit dem Begriff bei Becker-Cantarino (Anm. 218), S. 175f.

[222] Philipp von Zesen: Rosen-Mând: das ist in ein und dreissig gesprächen eröffnete wunderschacht zum [...] steine der weisen. Hamburg 1651, S. 204.

[223] Chlorenus (Anm. 9), S. 25.

det, sie sei nur für Studierende geeignet, obwohl sie sich auch an Frauen wende: für ein „Frauenzimmer" aber sei das Werk einfach zu kompliziert und zu umfangreich,

> wenn es nicht etwa eine Dacier[224] oder Gottschedin[225] werden will. Ein junges Frauenzimmer, welches eine deutsche Grammatik mühsam gelernet hätte [...], würde mir dadurch eben so artig vorkommen, als wenn sie so ziemlich hebräisch lesen, oder [...] ein gutes Waldhorn blasen könnte. Nicht daß das liebe Frauenzimmer, wie der Herr V[erfasser] anmerkt, unwürdig wäre, seine Muttersprache etwas besser und richtiger schreiben zu lernen, als seine Mägde: sondern weil es dieselbe so gut, so richtig und zierlich, als Herr Gottsched selbst kann schreiben und reden lernen, ohne eine deutsche Grammatik gesehen zu haben.[226]

Die natürliche und wesensmäßige Anlage zu Reinheit und Zier teilt die Frau in gewisser Hinsicht mit der Muttersprache; deswegen muß bei beiden durch den Kultivierungsvorgang diese *natürliche* Anlage zur Entfaltung gebracht („excolirt") und sowohl die Sprache wie die Frau vor dem Kontakt mit unreinen Elementen bewahrt werden: „daher es denn schon die sittliche Zartheit eines Frauenzimmers erfordere, sich des zweideutigen Redens ein wenig zu entwöhnen".[227] Das ist aber deswegen problemlos möglich, weil die deutsche Sprache die einzige ist, die „sich als eine reine Jungfrau von frembden sprachen enthalten" kann.[228]

Trotz dieser tiefen inneren Verwandtschaft, ja Identität mit der reinen Sprache gelten die Frauen nicht als Lehrmeisterinnen, sondern als Schülerinnen der Sprachreinheit und -richtigkeit, wie sich auch beispielsweise in Gellerts Grundlegung der deutschen Briefkultur dieselbe Diskrepanz findet, denn diese bezieht sich ebenfalls ausdrücklich auf Frauen und ihre Neigung zu Natürlichkeit und Anmut, reserviert aber gleichzeitig den Primat des pädagogisch-didaktischen Handelns für sich als Mann – und für Männer überhaupt.[229]

Der Widerspruch mag daher rühren, daß das Weibliche vom Männlichen kontrolliert werden muß, weil es doppelt konnotiert ist: als Lieblichkeit *und* als Lasterhaftigkeit. Die Sprache besitzt auch diese abgründige Kehrseite, auf die schon Harsdörffers Schminke-Vorwurf hingewiesen hat.[230] Ganz unverstellt kommt der Verdacht bei Joachim Heinrich Campe zur

---

[224] Anne Dacier (1654-1720), französische Gelehrte.

[225] Luise Adelgunde Victorie Gottsched (1713-1762), Verfasserin u.a. des Lustspiels *Der Witzling* (1745), einer Satire auf den aktuellen Leipziger Literaturbetrieb, mit der „die Gottschedin" in die Auseinandersetzungen um die Bedeutung ihres Gatten eingreift.

[226] Heinze (Anm. 31), S. 4f.

[227] H. C. W. Heinzelmann: Kurze und erleichterte Anweisung zu Vermeidung des fehlerhaften Redens und Schreibens der deutschen Sprache besonders für Frauenzimmer. Nebst Verdeutschung der meisten ins Deutsche aufgenommenen fremden Wörter. Stendal 1798, S. 1. Für Heinzelmann ist die Beschäftigung mit der Grammatik ein Mittel, das „Auge [...] heller" glänzen zu lassen und „den Verstand immer mehr zu schärfen, zu verfeinern und auszubilden" (S. 9).

[228] Gueintz (Anm. 12), S. 10. Laporte (Anm. 187, S. 26) begründet die Jungfräulichkeit der Sprache damit, daß „die Sprache [...] nur kastriert zu sich selber" kommt und deswegen „weiblich gekennzeichnet [wird]. Jungfräulich wird sie im Raum des Göttlichen angesiedelt".

[229] Christian Fürchtegott Gellert: Gedanken von einem guten deutschen Briefe, an den Herrn F.H. v.W. Sowie: Briefe, nebst einer praktischen Abhandlung von dem guten Geschmacke in Briefen. In: Schriften. Band IV. Roman, Briefsteller. Hg. von Bernd Witte. Berlin, New York 1989, S. 97-152.

[230] Siehe oben S. 216. Laporte (Anm. 187, S. 54) bringt die Parameter Dirne, Gold und Staat in einen Zusammenhang, der auf Sprache hin durchsichtig ist, indem er auf Frankreich verweist, das „eine Teilung zwischen dem Bereich des Öffentlichen und dem Bereich des Privaten vornahm, womit die Unterscheidung

Sprache, der den Prozeß der Sprachentwicklung unter dem Blickwinkel der Weiblichkeit geradezu als Verfall ins tief Unreine und Unmoralische beschreibt: Auf ihrem Weg von „einer rohen Volkssprache zu einer gebildeten Gelehrten= und Hofsprache" habe die deutsche Sprache nicht etwa Reinigkeit hinzugewonnen, sondern viel von ihrer ursprünglichen Reinigkeit verloren, weil bei der Sprache wie bei den Sitten der fremde Einfluß – „Verfeinerung, Standeserhöhung und steigende Ueppigkeit" – überhand nimmt, so daß der Verlust „ihrer ehemaligen jungfräulichen Züchtigkeit und Strenge" zu beklagen ist: die Sprache wurde „von Jahr zu Jahr freier und ausgelassener im Umgange mit Fremdlingen, und es fehlte am Ende wenig, daß sie nicht alle Scham verlor und, feilen Lustdirnen gleich, sich einer schändlichen Vermischung mit jedem, ihr noch so fremden Ankömmlinge Preis gab".[231]

Über die problematische Qualifizierung der Sprache hinaus bietet der Begriff „Lustdirne" selbst bei Campe ein interessantes Beispiel für die Verbindung von Philologie und Ideologie gerade in Hinblick auf die Aufspaltung von Weiblichkeit, denn der Autor wendet der Übersetzung des französischen Begriffs *fille de joie* im Verdeutschungsteil seines Werkes große Aufmerksamkeit zu. Er will den Ausdruck nicht mit „Freudenmädchen" eindeutschen, weil es ihm bedenklich vorkommt, „das edle Wort Freude, dessen wir zur Bezeichnung unserer reinsten sittlichen Vergnügungen nicht entbehren können, in eine Verbindung zu bringen, wo es entweder seinen alten Adel verlieren, oder die mit ihm verbundene unedle Hälfte adeln müßte". Das hier wirkende Kontaminierungsprinzip bedeutet erneut, daß die Berührung mit dem Unreinen das Reine ab- oder das Unreine unberechtigt aufwertet.

Statt „Freude" schlägt Campe deshalb „Lust" vor, weil dieses Wort „durch ähnliche Misverbindungen (Mesalliancen), wie z.B. in Fleischeslust, sich längst schon um Ehre und Ruf (Reputation) gebracht" habe. Aber die Eindeutschung dürfe auch nicht Lust*mädchen* lauten, sondern „Lustdirne", da Campe nicht will, „daß geschändete Personen, eben den süßen Namen führen dürfen, den wir mit Rührung auszusprechen gewohnt sind, wenn wir unsere keuschen Bräute, unsere ehrsamen Gattinnen, unsere unschuldigen Töchter damit belegen".[232] Das Wort „Lustmädchen" berge die Gefahr, daß der unedle Wortteil (Lust) durch den edlen Wortteil (Mädchen) „erst in unserer Sprache, dann in unserer Vorstellung – das eine zieht ja das andere unvermeidlich nach sich! – geadelt werde". Bei „Lustdirne" hingegen „kommt Gleich zu Gleich – Lust und Dirne, unedle Benennung und unedle Sache – zusammen".[233]

---

von gutem und schlechtem Geld, von glänzendem Gold und Gold als verdammenswerter Hure gemacht wurde". Vgl. dort auch den Abschnitt *Die Sprache ist eine Hure*, S. 25-29.

231 Campe (Anm. 27), S. XIV f. „Vermischung" ist auch für Gueintz (Anm. 12, S. 11) eine zwischen Unsittlichkeit und Sprachunreinheit changierende Vorstellung, weswegen „ein ieder [...] die vermischung / so viel müglich / vermeiden" soll.

232 Nur nebenbei sei darauf hingewiesen, daß die Bezeichnung „Mädchen" auch ausdrücklich für die „ehrsamen Gattinnen" reserviert wird, was ein Licht auf das in dieser Ehevorstellung leitende Vater-Tochter-Verhältnis wirft. Auch in dieser Hinsicht wirken philologische Reflexionen sittenbildend und -verstärkend.

233 Campe (Anm. 27), S. 168 f. Daß „Dirne" zwar „unedel", aber wenigstens noch aussprechbar ist, wird dadurch unterstrichen, daß Campe auch auf das Wort *Hure* verweist, es aber nur mit „H**" andeuten kann (S. 169).

8.4.2 Der Körper – eine sprachliche Leerstelle

Bei Campe und Adelung finden wir, wie gezeigt, eine voll ausgeprägte und differenzierte Körpermetaphorik vor, die sich auch im immer wieder artikulierten Mißtrauen gegen das Vermischen und das Vermischte, das unklar Abgegrenzte und das Sinnliche niederschlägt. Adelung bezieht sogar die phonetische Lautbildung in dieses Mißtrauen ein, da bestimmte „tönende" – also besonders sinnliche – Aussprachemodi der „niederen" Sprachschicht zuzurechnen seien: „und daß folglich ihr [der Aussprache] Tönendes ein unschickliches Mittel zum Ausdrucke klarer Begriffe sey, weil es täuschte, und folglich der Klarheit der Begriffe entgegen wirkte, so legte man diese musicalische Declamation, wenigstens in den obern Classen, nach und nach ab. Aber in den unsern erhielt sie sich noch lange, und noch jetzt gibt es ganze Provinzen, wo das niedere Volk etwas tönendes in seiner Aussprache hat."[234] Aber die den Körper und seine sprachliche Präsenz beargwöhnende Einstellung ist kein Sondergut bei Adelung, sondern geht auf ältere Autoren zurück, unter denen vor allem August Buchner in seinem *Kurzen Wegweiser zur Deutschen Tichtkunst* von 1663 ein Bild vom Sprachleib entwickelt hat, das seinerseits wieder unmittelbar auf den Menschenkörper zurückwirkt – so wie die Zurücknahme der „tönenden" Aussprache schließlich dem Körper eine Leistung abverlangt. Wie am Menschenleib, so Buchner, gebe es auch an der Sprache „unreine" Bereiche, deren der Mensch sich zu schämen und sie folglich zu meiden habe, wenn seine individuelle Sprache den drei Hauptkriterien der „Zierde und Reinligkeit der Worte und Reden"[235] entsprechen soll.

Daß die Sprache – insbesondere die des Dichters – zierlich und ordentlich zu sein hat, ist in diesem Zusammenhang von nachgeordnetem Interesse. Buchner versteht hierunter die Orientierung an der Schönheit und Eleganz,[236] denn die poetische Rede muß für zarte und empfindliche Ohren eingerichtet werden und „lieblich / weich / linde / angenehm und fliessend" sein.[237] Vorbilder sind hierfür die „Griechen und Lateiner", die ihre Sprache „saubern und heraus heben" konnten.[238] Mit dem Begriff „ordentlich" meint Buchner insbesondere die Sprachrichtigkeit, denn die Rede soll an „gewisse Regeln" gebunden und „nach dem Priscianus (zugerichtet)" sein, so „daß sie der Grammatic zustimme".[239] Vorgegeben ist hier eine gewissermaßen „natürliche Ordnung" der Wörter und Sätze,[240] die man nicht zerstören darf.

Von größerer Bedeutung sind die unter dem Stichwort *rein* explizierten Kriterien und Beispiele, denn *rein* heißt bei Buchner, die „Muttersprach" getreu „der rechten hochteutschen Art zu reden"[241] und sich darin „von allen unsaubern / unhöflichen und dergleichen Worten /

---

234 Adelung: Magazin (Anm. 141), I, 2, S. 6.
235 Buchner (Anm. 123), S. 46.
236 Vgl. dazu Opitz, oben S. 141.
237 Buchner (Anm. 123), S. 46 f.
238 Buchner (Anm. 123), S. 58 und 80.
239 Buchner (Anm. 123), S. 46 f.
240 Buchner (Anm. 123), S. 49.
241 Buchner (Anm. 123), S. 46 f.

die iemand zuwieder sein môchten / enthalten".[242] Damit ist reine deutsche Sprache eindeutig moralisch qualifiziert und enthält einen Appell an die Enthaltsamkeit, den Buchner folgendermaßen entwickelt: er plädiert für die Vermeidung von Wörtern, die bei Bauern üblich sind, wie beispielsweise

Dourtsche für Stube / wiewohl ich auch dieses zusetzen bedencken hette / Denn der Poet auf die auserlesenste Wôrter sehen soll / daher es lieber ein Zimmer zu nennen / welches nicht so gar gemein und bey den hôfflichen im brauche ist / ich hette auch fast diese beide zusetzen im bedencken / weil sie auch unflâtige Sachen bedeuten / und soll man mit dem Worte zugleich das ding selbst gleichsam darstellen. Als wenn man auch an einer reinen saubern Rede das Wort schmieren gebrauchen wolte / daran die Reimen [sic] einen Eckel haben / und beym grobesten Pôbel im brauche ist: Es haben zwar die *Stoici* gemeinet / ob were durchaus keine Unflâterey und Schande / weder in den Worten / noch in den Dingen selbst / haben derowegen kein Blat vors Maul genommen / und alles frey heraus geredet. Wie wir aber von Natur die Augen von häßlichen uñ unreinen Sachen abwenden / also hôren wir auch nicht gern davon.[243]

Die sich verschachtelnde Abweisung von Wörtern und Begriffen – von Dourtsche über Stube zu Zimmer, das schließlich ohne Angabe eines weiteren Synonyms ebenfalls verworfen wird (weil es an den negativen Aspekt von „Frauenzimmer" erinnert?) – mündet in der Behauptung einer Identität von Signifikant und Signifikat: „und soll man mit dem Worte zugleich das ding selbst gleichsam darstellen". Gegen den „Eckel", den manche Wörter deswegen erwecken, weil sie gewissermaßen stinken – das *non olet* der Geldmetapher ist in der Körpermetaphorik außer Kraft gesetzt –, hilft auch nicht die Erwägung der Stoiker, die das Zeichen vom Bezeichneten zu trennen wußten, so daß nicht das eine mit dem andern in die Gosse stürzen kann. Buchner ist empfindsamer als ein antiker Philosoph, und vor dem Häßlichen vergeht ihm Hören und Sehen, vor allem aber verschlägt es ihm die Sprache.

Sein Mißtrauen gegen die Begriffe hat nicht mit der Legalität oder Illegalität dessen zu tun, was das bezeichnet wird; die Unreinheit liegt nicht auf dem juristisch Geächteten im allgemeinen, sondern im besonderen auf dem Körper –: ihm gilt die Scham. Denn, so differenziert der Poetiker, wir sprechen von „unerbahren" Dingen ohne Scham, wie z. B. von „rauben / betriegen / ehbrechen", von „ehrlichen Wercken" aber mit Scham, wie: „seinem Weibe beywohnen / und Kinder zu zeugen". Das ist so in Ordnung, weil Scham und Zucht auch zur natürlichen Körperausstattung des Menschen gehören; denn die Natur hat dem Menschen „die jenigen Glieder / die ihm zu fôdersten leiblich ansehen machen / strax fornan gesezt / daß sie von iederman angeschauet werden / kônnen.[244] Hergegen die andern die er zwar nothwendigkeit halben nicht entrahten mag / doch sonst dem Ansehen nach so anmuthig nicht seind / verstecket / uñ gleichsam verborgen hat". Muß man unbedingt hiervon reden, so muß es „in verdeckter arth / verblûmter weise geschehen / nicht aber mit eigentlichen und dûrren Worten / heraus gesetzt werden [...]".[245]

---

[242] Buchner (Anm. 123), S. 51.

[243] Buchner (Anm. 123), S. 51 f.; „ob were" = daß ... wäre.

[244] Deswegen besteht die Aufgabe des Dichters auch vornehmlich in der Darstellung von natürlichen und menschlichen Verhältnissen: „es ist genug / daß er selbiges abbilde und darstelle / als es sein eusserlich Wesen / un der Augenschein mit sich bringet" (S. 22).

[245] Buchner (Anm. 123), S. 53 f. Ein Beispiel, wie man vorbildlich von jenen „versteckten" Dingen sprechen kann, bietet Harsdörffers Opitz-Zitat, siehe oben S. 217.

Die Körpervergleiche Buchners, in denen sich deutlich moralisierende Tendenzen mit der Absicht einer gleichsam naturgesetzlichen Sprachtheorie vermischen, weisen bereits auf die hundert Jahre später bei Adelung zentrale Leibmetaphorik mit ihren Ausscheidungsbildern hin. Die Sinnesorgane des Sprechens und Hörens – nicht allein die Vernunft als „Organ des Verstehens" – werden als gleichsam empfindliche Mechaniken aufgefaßt, deren Schönheit respektive Zierlichkeit nur wiederum mittels Schönheit und Zierlichkeit adäquat angesprochen werden kann. Die Körperlichkeit der Sprache selbst zieht ihre Ästhetik aus der Körperlichkeit des Hörens und Sprechens; daraus resultieren die Bilder des stattlichen Vorzeigens („vordere Organe") und des schamhaften Versteckens („hintere Organe").

Bemerkenswert ist an dieser Textstelle, daß Buchner nicht zwischen oben und unten, sondern zwischen vorn und hinten unterscheidet und daß hierbei die Körpermetapher mehr ist als nur eine Versinnlichung des Unterschieds zwischen sittlichem und unsittlichem Sprachgebrauch –: sie bindet an dieser Stelle die Reflexion über die reine Sprache ein in den zeitgenössischen sozial- und kulturtheoretischen Diskurs des Körpers und seiner Ausscheidungen, innerhalb dessen der Körper als Organ-Verbund, als produzierende – aufnehmende, verarbeitende und ausscheidende – Maschine verstanden wird. Die Trennung von vorne und hinten fügt sich in die von Dominique Laporte aufgezeigte Trennung der Exkremente in unmittelbar nützliche Ausscheidungen (wie den Harn) und zu beseitigende (wie den Kot), wobei auch die zu beseitigenden Exkremente nach einer Zeit der Läuterung und Klärung zu wertvollen Baustoffen der Ökonomie in Form von Dung, einem wichtigen „Bodenschatz", werden. Es sei dahingestellt, ob diese von Laporte idealtypisch beschriebene Zirkulation von *rein* über *unrein* zu *rein* einer bewußten Entscheidung der bürgerlichen Subjekte entstammt oder das Resultat einer Notlage darstellt. Für die deutschen Hygiene-Verhältnisse in Städten, die nicht gut dokumentiert und aufgearbeitet sind, läßt sich jedenfalls vor allem feststellen, daß die Lage höchst prekär gewesen ist. Im 17. Jahrhundert besteht das schwierige Problem, die Städte mit gutem Wasser zu versorgen; auch die seit 1600 entstehenden Wasserleitungen bieten keine Gewähr, da sie leicht verschmutzen und schwer instand zu halten sind. Wegen der Ansteckungsgefahr („Franzosen"!) geht die Zahl der öffentlichen Badestuben zurück, einzelne wohlhabende Familien richten sich zwar private Badestuben ein, „deren leihweise Überlassung an andere Bürger" jedoch „bei Strafe verboten war". Die Abwasser-Systeme, sofern vorhanden, funktionieren nur unzureichend: „Wo Kehricht-Gräben seit dem 17. Jahrhundert angelegt wurden, gab es kaum je einen ausreichenden Abfluß des offen zutage liegenden Unrats." Deswegen greifen Städte wie z.B. Berlin ab 1671 zu der Lösung, von jedem Bauern, der in der Stadt seine Waren verkauft hatte, zu verlangen, er müsse „von der Abfall-Sammelstelle eine Fuhre Mist mitnehmen".[246]

---

[246] Wilhelm Treue: Die reale Stadt und die Krankheit im 17. Jahrhundert. Osterode, Homberg 1969, S. 32f.; vgl. ders.: Kulturgeschichte des Alltags im Barock. In: Aus der Welt des Barock. Stuttgart 1957, S. 192-210; zur „Reinlichkeit in den Städten" im 18. Jahrhundert vgl. Johann Jacob Cella: Über Verbrechen und Strafe in Unzuchtsfällen. Zweibrücken, Leipzig 1787, bes. § 15, S. 20f.; Laporte (Anm. 187), bes. S. 7-59; Philippe Ariès und Georges Duby (Hg.): Die Geschichte des privaten Lebens. 3. Band: Von der Renaissance zur Aufklärung. Hg. von Philippe Ariès und Roger Chartier. Frankfurt a.M. 1991, S. 187-194, 270-273, 382ff., wo allerdings das Thema „Körperausscheidungen" und ihre Entfernung und „Klärung" vernachlässigt wird. Siehe auch Adelungs Bemerkung über die zunehmende Populationsdichte in Obersachsen, oben S. 224.

Durch die Nutzbarmachung der Exkremente verwandelt sich die scheinbar lineare Verarbeitung von Rohstoff zu Abfall über den Weg des Wertstoffes in einen zirkulären Energiekreislauf, in dem der Rohstoff zu Wertstoff und Abfall, der Abfall wiederum zu Rohstoff wird.[247] Hinzukommt für die Bedeutung der Körpermetapher, daß neben den Sprachorganen auch die Zeugungs- und Fortpflanzungsorgane des Menschen, deren „Ausscheidungen" ihm ebenfalls zur Bereicherung dienen und dementsprechend repräsentabel sind, ebenfalls „vorne" liegen, während es durchaus der zeitgenössischen Einstellung entspricht, die ursprünglich öffentlich produzierte Defäkation ins Haus und dort in den hintersten, geheimen Winkel zu verlegen.[248] Zwar liegt über dem *Vorgang* der Zeugung das Scham-Tabu, nicht jedoch über dessen *Produkt*. Wie alle durch die „vorderen" Organe entstehenden Produkte stellt das Kind einen hohen volkswirtschaftlichen Wert dar, für dessen Vermehrung dieselben Regeln gelten wie für die Vermehrung des Sprachwertes. Campe wird es so ausdrücken: der „wahre gedeihliche und bleibende Reichthum eines Landes ist nicht der, den es von Ausländern erborgt, erbettelt oder raubt, sondern der, den man aus seinem eigenen Schooße durch sorgfältigen Anbau zieht". Auch das Bevölkerungswachstum werde nicht durch Zuwanderung von außen, sondern „durch Beförderung der Ehe und ihrer Fruchtbarkeit" erzielt, und ebenso sei es mit der Sprache: „Die allermeisten Erweiterungen derselben durch fremdes Gut sind nur Scheinbereicherungen – ein bloßer Nothbehelf, wodurch zwar eine Lücke ausgefüllt, allein für den wahren Flor, für die innere Kraft und Würde der Sprache nur schlecht gesorgt wird."[249]

Die Differenzierung zwischen Reinheit und Reinigung, die sich in der Trennung von vorne und hinten, von scheinlich und unscheinlich, von produktiv und reproduktiv, von sittlich und unsittlich sowohl in der Sprache als auch in der Körperideologie zeigt, ist ein dialektischer Prozeß, dessen antithetische Parameter Askese und Bereicherung heißen. Während *Reinigen* immer ein „Freimachen von" und damit einen Vorgang des Verlusts und Verzichts beschreibt, meint *Reinheit* einen Zustand der Fülle, der paradoxerweise durch diesen Verzicht und Verlust erreicht werden kann.[250] Das bedeutet aber, daß *Reinheit* – und in diesem speziellen Fall *reine Sprache* – gar nicht zu denken ist ohne ihr Gegenteil, die unreine Sprache, die gleichermaßen den *thesaurus linguae* wie auch die *cloaca maxima* der Sprache darstellt. Denn, wie Gottsched es formuliert, alle Sprachen seien „unter einer Menge rohen Volkes zuerst entstanden; oft durch Vermischungen fremder Sprachen verwirret, und durch allerley einschleichende Misbräuche, noch mehr verderbet worden".[251]

---

[247] Vgl. Laporte (Anm. 187), S. 36-59.

[248] Ariès (Anm. 246): auf S. 190 zitieren die Verfasser Claude Hardys Forderung aus dem Jahr 1613: „Sich des Urinierens zu enthalten ist schädlich für die Gesundheit; aber sich zurückzuziehen, um sein Wasser zu lassen, entspricht dem Schamgefühl, das von einem Kind zu erwarten ist." Ariès ergänzt: „Am Ende des Prozesses ist hier das moralische Urteil gänzlich in die Körpererfahrung eingegangen. [...] für die alltäglichsten Bedürfnisse wird nun eine Distanz obligatorisch, die zwischen die einzelnen Körper die Neutralität einer Technik legt, welche die bedrohliche Spontaneität und Sinnlichkeit der Bedürfnisbefriedigung bändigt." – Vgl. auch Laporte (Anm. 187), S. 8 ff.

[249] Campe (Anm. 27), S. 22; siehe auch oben S. 195.

[250] Zur hier wirksamen protestantischen Ethik siehe oben S. 197.

[251] Gottsched (Anm. 3), S. 3.

Erst aus ihr, der unreinen Sprache – den Dialekten und Umgangssprachen, den Archaismen und Fremdwörtern, den verbotenen, versagten und unterdrückten Redewendungen – steigt durch Klärung und Läuterung, durch Reinigung und Säuberung die reine Sprache als *Hochsprache* auf, während andererseits sie sich dadurch als reine und hohe Sprache bewährt, daß sie Teile aus sich selbst absondern und ausscheiden und wieder in die unreine Sprache, die *cloaca maxima*, absinken lassen kann.

8.4.3 Der geschliffene Leib

Dieser am Modell der Sprache entwickelte dialektische Prozeß hat Auswirkungen auf die gesellschaftliche Rede vom Körper, vermutlich sogar auf den realen Umgang mit ihm, dem die Erziehung jene Merk-Male aufprägt, die als Orientierungspunkte eines geregelten und angepaßten Lebens dienen und die den Prägungen entsprechen, mit denen fremde Wörter erst „abgeschliffen" werden, „um ihnen das Gepräge ihrer eigenen Sprach=ähnlichkeit aufzudrucken".[252] Was sich nicht dergestalt prägen läßt, verkommt zu Abfall. Wie der Frau, so begegnet der aufgeklärte Philosoph und Pädagoge auch dem Kind mit Mißtrauen, weil dessen Körper noch nicht so reagiert, wie es der Schicklichkeit entspricht und weil auch das Kind gleich der „Lustdirne" ein potentieller Agent des Fremden im eigenen Sprachstaat ist: denn „einem kinde schmeckt / Viel süsser frembdes brot / als das die Mutter beckt", reimt Christian Gueintz hinsichtlich der Sprachsituation um 1610.[253]

Abschleifen und Aufdrücken sind Sinnbegriffe einer Umgangsweise mit dem als Rohstoff verstandenen „natürlichen Material" – hier Sprache, dort Mensch –, die zunehmend an Einfluß auf die reale gesellschaftliche Situation vor allem seit der 2. Hälfte des 18. Jahrhunderts gewinnt. Im kindlichen Körper finden die Erziehungs- und Unterrichtsmaßnahmen das geeignete Objekt, da die Pädagogik immer schon geneigt war, die geforderte Sozialisation unmittelbar in den Körper einzuschreiben. Spracherziehung, so aufgeklärt sie sich selbst legitimiert, ist im hier behandelten Zusammenhang immer auch Disziplinierung des Körpers, weil Sprache selbst zwar einerseits das semantische System bezeichnet, innerhalb dessen zwischen reinen und unreinen Wörtern geschieden werden muß, weil vor allem aber andererseits Sprache ein physiologisch-körperlicher Akt ist, der im Sprechen und Hören, Lesen und Schreiben sich vollzieht. Deswegen interessieren sich Sprachpädagogen wie Ferdinand Stosch[254] mit gutem Grund nicht nur für das Problem der reinen Sprache im Spannungsfeld von Mundart und Hochsprache, sondern auch für das Problem des reinen Sprechens, nämlich für die Physiologie und Motorik der Sprechwerkzeuge, damit die Hochsprache durch richtige Steuerung und Dis-

---

[252] Campe (Anm. 27), S. XIII; ebenso von demselben Verfasser: Grundsätze, Regeln und Grenzen der Verdeutschung. Braunschweig 1794, S. 5.

[253] Gueintz (Anm. 12), S. 127. Statt der Lust auf „süsses frembdes brot" sind Askese und rechtes Maß die angemessenen Umgangsweisen mit der Sprache, denn „in der Rede sol [...] nichts überflüssig seyn / wie bey einer wolangeordneten Gasterey; denn die überflüssigen Wort einen Eckel verursachen": Harsdörffer: Trichter (Anm. 22), III, S. 33.

[254] Zu Stosch siehe oben S. 172f.

ziplinierung von Zunge, Lippen, Gaumen und Atem auch zur angeeigneten reinen Mund-Art des Individuums – seine angeeignete und verinnerlichte Sprache – werden kann.

Unter diesem Blickwinkel dient auch der Kalligraphie-Unterricht, der in zahlreiche Sprachlehren eingebunden ist, nicht nur der Vorbereitung auf die spätere Berufsmöglichkeit als Schreiber, wenn auch die Autoren von Harsdörffer bis Antesperg den Nützlichkeitsaspekt der Professionalisierung betonen.[255] Aber die graphische Gestaltung der Schrift ist mehr als nur Kunstfertigkeit: sie ist Bedeutungsträger. Aufgabe der Schriftarten und Typographien ist es, die Wertigkeit und Zugehörigkeit anzuzeigen: was „dazugehört" wird anders geschrieben als das, was „fremd" ist. Der typographisch markierte „unreine" Fremdling fällt aus dem „reinen" Kontext heraus, er ist mit bloßem Auge, auf den ersten Blick dingfest zu machen, noch bevor sein semantischer Charakter erkannt ist. Es mag übertrieben anmuten, aber ich denke doch, daß auch hier die Sprache das – zugegebenermaßen harmlosere – Abbild eines sozialen Aussonderungs- und Markierungsvorgangs darstellt: wie das Fremdwort aus dem Rahmen der „deutschen" Fraktur dadurch herausfällt, daß es in Antiqua gesetzt und so für's Auge markiert ist, bieten körperliche Kennzeichnungen wie der Judenfleck – der noch im „aufgeklärten" Absolutismus Österreichs, bis ins Jahr 1781, rechtsgültig ist – das ins Auge springende Merkmal einer Aussonderungspraxis, die den Fremden als Fremden markiert, indem sie den Körper zum Fremdkörper stempelt, so daß der Mensch mit diesem Körper tatsächlich auf den ersten Blick klassifiziert werden kann.[256]

Professionalität in der Handhabung der Schriftzeichen bedeutet demnach auch die Verfügungsgewalt über ein Markierungssystem, das einerseits die ästhetischen, andererseits die sozialen Bedürfnisse befriedigt. Deswegen betont Antesperg auch, daß Knaben bürgerlicher Abstammung mehrere Schriftarten beherrschen sollen, während adlige Schüler mit zweien, der deutschen und lateinischen Currentschrift, sich begnügen können. Zugleich liegt jedoch in der Einübung der Schriften auch die Anpassungsleistung des Kinderkörpers beschlossen, der eine differenzierte Motorik entwickeln muß, um zu kalligraphischer Akkuratesse in mehreren Schriftarten zu gelangen. In dieser Hinsicht bezieht sich das von Bürgerlichen verlangte Erlernen vieler Schriften auch auf die dem bürgerlichen Körper abverlangte Kontrolle und Beherrschung der Gliedmaßen. Katharina Rutschky urteilt über die pädagogische Intention dieser Epoche, sie ziele darauf, daß die Sinne des Menschen sich „in stets einsatzfähige Kontrollinstrumente verwandeln" sollen. Nur aus dieser Intention heraus wird der eigenartige Widerspruch der aufgeklärten Pädagogik verständlich, daß sie doch einerseits auf die Sprachzirkulation abzielt, andererseits aber an der Gebärdensprache der Taubstummen Anstoß nimmt – obwohl diese Sprache Ausdruck der Vernunft und ein Mittel der Kommunikation und des Räsonnements ist: sie wird empfunden als „Verletzung der bürgerlichen Auffas-

---

[255] Antesperg (Anm. 85, S. 16, Anm.) betont, man solle die Jugend auch in „zweyerley reinen Schriften" unterrichten, „nebst der rechten Aussprache, und nebst der deutschen Sprachrichtigkeit". Die Kinder des Adels brauchen nur die deutsche und lateinische Currentschrift zu beherrschen, während jene „die Canzeley-Fractur- Quadrat- griechische und die zur Calligraphie oder Schönschreibung gehörige Schriften (...) nöthiger (haben), die sich dermaleins mit dem Abschreiben erhalten wollen, oder etwa müssen".

[256] Die Assoziation zu Kafkas *Strafkolonie* liegt hier nahe, kann aber in diesem Zusammenhang nicht weiter erörtert, nur angedeutet werden.

sung von gutem Benehmen [...], dessen Regeln durch die pantomimische Gebärdensprache, einen sinnlich-expressiven Dauerexzeß des Körpers, verletzt worden wären".[257]

Wie extrem das Erlernen einer reinen und schönen Handschrift als Disziplinierung des Körpers genutzt werden kann, kommt um 1850, etwa ein Jahrhundert nach Antespergs Grammatik, zur vollen Entfaltung in den höchst einfluß- und folgenreichen pädagogischen Schriften Daniel Gottlieb Schrebers, etwa in den programmatischen Texten über *Die schädlichen Körperhaltungen und Gewohnheiten der Kinder nebst Angabe der Mittel dagegen* (1853) oder *Kallipädie oder Erziehung zur Schönheit durch naturgetreue und gleichmäßige Förderung normaler Körperbildung* (1858). Um das Lesen und Schreiben gleichzeitig zum Mittel der Körpererziehung zu machen, entwickelt Schreber einen mechanischen „Geradhalter", ein metallenes Stützkreuz, das an der Tischplatte befestigt wird und dessen Querbalken das Kind durch schmerzhaften Druck gegen Brust und Schulter dazu zwingt, beim Lesen und Schreiben aufrecht zu sitzen, während der unter die Tischplatte ragende Längsholm insofern zusätzlich für Reinheit und Sittlichkeit sorgt, als er dort das Übereinanderschlagen der Beine verhindert, weil dieses „wegen der Hemmung des Blutumlaufes und außerdem aus gewissen delikaten Gründen besonders der Jugend nachteilig" wäre.[258]

Das auf Haltung und Reinheit als zentrale Parameter zielende Erziehungsprogramm erweist sich im Kern als furchtsam und mißtrauisch – und möglicherweise projizieren die Pädagogen den Schrecken über den eigenen Körper und seine „unreine Lust" auf den Kinderkörper wie auf ein zu beschreibendes Papier.[259] Wie tief sich das Schattenbild des undisziplinierten, unreinen Körpers auf der Netzhaut eines jungen Mannes, der es erblickt, einbrennen kann, hält der berühmte Bericht fest, den Heinrich von Kleist am 13. September 1800, gewissermaßen zum Abschluß unseres Untersuchungszeitraums, an seine Verlobte, Wilhelmine von Zenge, schreibt, nachdem er das Julius-Hospital in Würzburg, die „Verrückten", besucht hat. Besonders anschaulich und für den damaligen Besucher wie den heutigen Leser auch erschütternd wirkt die intensive Schilderung des „schrecklichsten Anblicks", der Besuch bei einem jungen Mann, den die Selbstbefriedigung in den Wahnsinn und an den Rand des Todes getrieben hat:

> Aber am Schrecklichsten war der Anblick eines Wesens, den ein unnatürliches Laster wahnsinnig gemacht hatte – Ein 18jähriger Jüngling, der noch vor kurzem blühend schön gewesen sein soll und noch Spuren davon an sich trug, hing da über die unreinliche Öffnung, mit nackter Brust, kraftlos niederhangendem

---

[257] Katharina Rutschky: Humaniora. Eine Kolumne. In: Merkur 43, 1989, H. 7, S. 614.

[258] Daniel Gottlieb Moritz Schreber: Kallipädie oder Erziehung zur Schönheit durch naturgetreue und gleichmäßige Förderung normaler Körperbildung. Leipzig 1858, S. 201; zit. nach Morton Schatzman: Die Angst vor dem Vater. Langzeitwirkung einer Erziehungsmethode. Eine Analyse am Fall Schreber. Reinbek 1978, S. 46; vgl. dort auch die eingehende Diskussion dieser pädagogischen Ziele vor allem in Hinblick auf die wahnhafte Angst vor kindlicher Masturbation, die als vernichtende Verunreinigung des Körpers gefürchtet wird.

[259] Dem in seiner Obszönität gegen alle Reinheitsforderungen verstoßenden französischen Barockroman, „der Anspielungen auf das Organische oder auf Exkremente nicht scheute", mißt Ariès (Anm. 246, S. 383f.) die Funktion zu, den vordisziplinierten Zustand des Körpers aufzubewahren: „Da das Verbergen des Körpers, einer Maschine, die Sekrete, Geräusche und Dünste absondert und Ort der Lust ist, einhergeht mit dem Verbergen des Intimen, das nun eben dadurch privat geworden ist, erweist sich der Barockroman als Monument historischer Erinnerung."

Haupte – Eine Röte, matt und geadert, wie eines Schwindsüchtigen war ihm über das totenweiße Antlitz gehaucht, kraftlos fiel ihm das Augenlid auf das sterbende, erlöschende Auge, wenige saftlose Greisenhaare deckten das frühgebleichte Haupt, trocken, durstig, lechzend hing ihm die Zunge über die blasse, eingeschrumpfte Lippe, eingewunden und eingenäht lagen ihm die Hände auf dem Rücken – er hatte nicht das Vermögen die Zunge zur Rede zu bewegen, kaum die Kraft den stechenden Atem zu schöpfen – nicht verrückt waren seine Gehirnsnerven aber matt, ganz entkräftet, nicht fähig seiner Seele zu gehorchen, sein ganzes Leben nichts als eine einzige, lähmende, ewige Ohnmacht – O lieber tausend Tode, als ein einziges Leben wie dieses! So schrecklich rächt die Natur den Frevel gegen ihren eigenen Willen! O weg mit diesem fürchterlichem Bilde – [260]

Auch wenn – oder gerade weil – aus dem Kontext nicht eindeutig hervorgeht, um was für eine „unreinliche Öffnung" es sich handelt, „über die" der schlaffe, nackte und heruntergekommene Männerkörper „da" hängt, als wäre er deiktisch ausgestellt, ist es besonders auffällig, daß die Beschreibung der makabren Szenerie nicht auskommt, ohne den Reinheitsbegriff zu evozieren, der gerade in seiner semantischen Leere sich hier als selbstreferentielle Chiffre erweist –: es ist die Unreinlichkeit κάτ' ἐξοχήν, von der hier gehandelt wird, die Selbstbefriedigung.[261] Die „eingewundenen und eingenähten" Hände des gedemütigten Patienten können wie ein Schriftzeichen gelesen werden, die Tuchstreifen sind die Fessel, in die der Körper gezwungen werden muß, wenn er ein reiner Leib bleiben oder werden soll. Diese Fessel gilt es zu internalisieren, wobei der Anblick als Model oder Prägestempel wirkt. Das ist die Botschaft der Körper-Schrift, und um solcher einprägsamen Anblicke willen werden die Irren des 18. und 19. Jahrhunderts dem Publikum wie leibhaftige, wenn auch halbtote Lese- und Lehrbücher vorgeführt.

Die von Kleist beobachtete und – zusammen mit dem großen Schrecken, den sie auslöst – internalisierte Szene bezeichnet keinen Einzelfall, sondern ein durchaus charakteristisches Modell, in dem sich die in der Reinheits-Thematik angelegten und dort prototypisch entfalteten Umgangsweisen mit dem Körper als dem Tummelplatz des Fremden, Unreinen und Unschicklichen, mit dem das Reine und Sittliche nicht in Kontakt kommen oder sich gar vermischen darf, auf die gesellschaftliche Realität auswirken.[262]

Der Prozeß zur Erziehung zur Reinlichkeit zielt aber nicht nur auf den Körper selbst, sondern auch auf die *Sprache über den Körper*, so wie die eingenähten Hände des Onanisten

---

[260] Heinrich von Kleist: Briefe von und an Kleist. Werke und Briefe in vier Bänden. Hg. von Siegfried Streller. Band 4. Frankfurt a. M. 1986, S. 117.

[261] Zum wahnhaften Mythos des 18. und 19. Jahrhunderts, die Masturbation stelle die größte Bedrohung der kindlichen Gesundheit und Lebenskraft dar, liegt inzwischen reichlich Literatur vor. Ich verweise deswegen nur auf zwei besonders eindrucksvolle Textbeispiele: Schatzman (Anm. 258), S. 76-78, 101-105 u. ö., der die persönlichkeitszerstörende Auswirkung des Onanieverbots und der rigiden Triebkontrolle am „Fall Schreber" überzeugend entwickelt; Lloyd deMause: Evolution der Kindheit. In: ders. (Hg.): Hört ihr die Kinder weinen. Eine psychogenetische Geschichte der Kindheit. Frankfurt a. M. 1980, S. 78 f., der die wahnhafte Masturbationskontrolle an Kindern mit dem Zurückdrängen des „sexuellen Gebrauch[s] von Kindern" in Verbindung bringt. In deMause's Interpretation überwiegt der Schutzaspekt, während er das Verbot als mögliche Projektion ignoriert; dennoch erscheint mir die Hypothese der weiteren Diskussion wert zu sein, weil sie den *ambivalenten* Charakter der „zwei Jahrhunderte dauernden brutalen und völlig überflüssigen Attacke auf die kindlichen Genitalien" (S. 79) herausstellt.

[262] Zum grundsätzlichen Prozeß der ausgliedernden Umgangsweise mit Wahnsinn, Krankheit und Kriminalität als sozialen Stigmata vgl. Michel Foucault: Wahnsinn und Gesellschaft. Frankfurt a. M. 1973.

auch darauf hinweisen, daß hier eigentlich nicht aufgeschrieben werden soll, was da passiert. Daß Kleist sich über ein Tabu dieser Art – und das noch im Brief an eine Frau! – hinwegsetzt, läßt Rückschlüsse einerseits auf den existenziellen Schrecken zu, den er hier zu verarbeiten hat, andererseits aber auch auf den exemplarischen Charakter dieses Warnbildes, das auch einer „Jungfrau" oder einem keuschen „Mädchen" im Sinne Campes vorgehalten werden muß. Zwar wählt Kleist umschreibende Worte für das unreinliche Delikt und erfüllt damit die Forderungen der *puritas*; er nennt es „unnatürliches Laster" und „Frevel gegen den Willen der Natur" und verfügt möglicherweise auch über kein anderes, unmittelbar bezeichnendes Vokabular. Aber er schmückt gleichzeitig die Schilderung mit plastischen körperlichen und sinnlichen Details aus, so daß er damit gegen die Schicklichkeit verstößt – um des Affektes willen, den er beschreiben und auslösen will.

Einer solch abschüssigen Lebensbahn, wie sie sich im Extrem des todverfallenen Irrsinns verwirklicht, will die Erziehung zu Reinheit und Reinlichkeit entgegenwirken, indem sie ihre Sozialisationsmaßnahmen den Körpern einschreibt, so daß die Erziehung zu Reinlichkeit, reinen Sitten, reinem Benehmen und reiner Sprache über Manipulationen des Körpers stattfindet, seiner vorderen und hinteren, oberen und unteren Ausscheidungsorgane. Für die gedankliche Verbindung von Sprache, Unreinheit und Körperausscheidung ist zum einen der physiologische Akt des Sprechens mit seinen körperlichen Sensationen verantwortlich, zum anderen aber auch die christliche Tradition, die die Verantwortung für die „Ausscheidungen des Mundes" besonders betont, weil diese auch im übertragenen Sinne stets potentiell *unrein* seien:

> Was zum munde eingehet / das verunreiniget den Menschen nicht / Sondern was zum munde ausgehet / das verunreiniget den Menschen. [...]
>
> Mercket jr noch nicht? Das / alles was zum munde eingehet / das gehet in den Bauch / vnd wird durch den natürlichen Gang ausgeworffen. Was aber zum munde eraus gehet / das kompt aus dem Hertzen / vnd das verunreiniget den Menschen.[263]

Im Sinne dieses Bibelwortes entdeckt sich die Erziehung zur Reinlichkeit auch als Erziehung zur Sprachreinheit – und umgekehrt. Denn im thematischen Kontext von Reinheit und Körper steht die asketische Tendenz der Puristen zum einen im Zusammenhang mit der christlich-bürgerlichen Körper-Ideologie, die insbesondere im Pietismus zur Blüte kommt und zum anderen mit der Entwicklung der Körperdisziplin, die in Gestalt der „Reinlichkeitserziehung" von nun an das Leben des Bürgers in Deutschland begleitet: „So bald der Mensch auf die Welt kömmt, muß sich die Sorge der Eltern für seine Reinlichkeit anfangen."[264]

Mit diesem programmatischen Satz erklärt der einflußreiche Arzt, Pädagoge und Sprachphilosoph Johann Bernhard Basedow um 1774 die Reinlichkeitserziehung geradezu zum

---

[263] Mt 15, 11 + 17-18.

[264] Johann Bernhard Basedow: Des Elementarwerks Vierter Band, Kapitel I. Dessau 1774, S. 286. Vgl. zur Reinlichkeitserziehung auch Dagmar Grenz (Hg.): Aufklärung und Kinderbuch. Studien zur Kinder- und Jugendliteratur des 18. Jahrhunderts. Pinneberg 1986, bes. S. 213-238; Georges Vigarello (Wasser und Seife, Puder und Parfüm. Geschichte der Körperhygiene im Mittelalter. Frankfurt a.M. 1988, S. 269) zeigt insbesondere den engen Zusammenhang zwischen aufkommender Hygiene durch Wasser (statt Kleidung und Puder) und der Abhärtungsmentalität auf: „Sauberkeit ,befreit' und stärkt unter der Voraussetzung, daß man sich dabei die abhärtende Wirkung des Wassers zunutze macht."

Kern und Zentrum des Umgangs mit Kindern überhaupt. Im Hinblick auf die reale hygienische Situation in durchschnittlichen Haushalten wirkt diese Forderung gewiß provokant und innovativ, denn wenn von den besser erschlossenen französischen Verhältnissen auf die deutschen geschlossen werden kann, dann nimmt zwar die Forderung nach Reinlichkeit im 17. Jahrhundert progressiv zu, verwirklicht sich aber mehr im ästhetischen als im hygienischen Bereich: „in der Tat dachte man eher an Eleganz als an Sauberkeit", wenn man von „propreté" sprach,[265] denn *propre* steht um 1700 noch für das lateinisch *ornatus* und nicht als Antinym für *sale*. Ariès zufolge dient die Reinlichkeit, die sich insbesondere in der Kleidung und den Tischsitten realisiert, nicht der Hygiene, sondern der Markierung sozialer Unterschiede, mit denen sich das Bürgertum von Adel und Pöbel separiert. Den Zusammenhang zwischen der Reinlichkeit des sozialen Umgangs mit der Sprachreinheit stellt Ariès explizit her:

> Es ist kein Zufall, daß solche soziologischen Beobachtungen in dem Moment vermehrt zu verzeichnen waren, als die Tischutensilien komplizierter wurden. Nicht nur wurde die soziale Differenzierung durch die Tischmanieren systematischer als im Mittelalter betrieben; sie war auch durch die Einführung von Utensilien, die für arme Leute unerschwinglich waren, leichter herzustellen. Verbreiterten die neuen Tischsitten die Kluft zwischen den sozialen Eliten und der Masse des Volkes, so hatten die puristischen Tendenzen in der Sprachpflege oder die Fortschritte der Schriftkultur in derselben Zeit ganz ähnliche Auswirkungen.[266]

Vor diesem Hintergrund betrachtet ist Basedows Forderung nach Reinlichkeit in der Säuglings- und Kinderpflege keine Selbstverständlichkeit, zielt sie doch eindeutig auf hygienische, nicht auf ästhetische Auswirkungen: „Die Kinderstühlgen müssen beständig rein erhalten und alles besudelte Leinenzeug alsobald aus dem Zimmer geschafft werden."[267] Auch die Nahrung des Kindes soll „reinlich" sein, das heißt, keine verfaulten oder verdorbenen Bestandteile enthalten.[268] Daß diese Körperreinlichkeit auch als Modell der Sprachreinheit dient, macht Basedows Unterscheidung zwischen schlechteren und besseren Redensarten deutlich: statt zu sagen „Wilhelm hat diese Nacht ins Bett gep... oder gek..." wären Formulierungen wie „er hat es benetzet oder besudelt" vorzuziehen.[269] Reinlichkeit – das meint die Beherrschung der Körperorgane und, sofern diese mißglückt, zumindest die Beherrschung der Rede darüber: an die Stelle der Grapheme, die Bedeutung herstellen sollen, treten die semantisch leeren Auslassungszeichen, die jedoch Sinn statt Bedeutung erzeugen: den Sinn der Sprachlosigkeit und des Tabus.

Wenn schon der Körper selbst nicht diszipliniert und zur Verwirklichung der Reinheit manipuliert werden kann, muß wenigstens *die Sprache über den Körper* durch eine Art Kastration diszipliniert und bereinigt werden. Dieser Vorgang entspricht dem bei Buchner vorgebildeten Selektionsprozeß bestimmter Redeweisen sogar über Handlungen, die an sich

---

[265] Ariès (Anm. 246), S. 270.

[266] Ariès (Anm. 246), S. 272 f. Zur Hygiene in der Kindererziehung vgl. auch in Grenz (Anm. 264) Dieter Richters Beitrag über das „Schmutzkind" in der moralischen Exempelliteratur des 18. und 19. Jahrhunderts.

[267] Basedow (Anm. 264), S. 284; der ganze Anhang des Werkes „An Kinderfreunde" handelt „von der Reinlichkeit".

[268] Basedow (Anm. 264), S. 291.

[269] Basedow (Anm. 264), S. 112.

rein, aber trotzdem unschicklich, weil körperlich sind.[270] Mit dieser Orientierung steht die Sprachreinheit nicht mehr im Dienste der Selbst-Verständigung oder aufgeklärten Kommunikation; sie hilft vielmehr, einen vitalen Lebensbereich zu verbergen und zu tabuisieren: den Körper und die Sinnlichkeit. Eingebunden und eingenäht wie die Hände dessen, der darüber wahnsinnig und sprachlos geworden ist – so begegnen uns die Begriffe am Ende des Untersuchungszeitraums, wenn sie sich den Normen der Sprachreiniger fügen.

8.5 Reinheit und Literatur. Oder: Bemerkungen über das Ausgelassene

In dem historischen Moment, in dem ein elaboriertes und rational begründetes System der reinen deutschen Sprache besteht und sich als codifizierte Norm etabliert, erweist sich, daß in einem der wichtigsten Bereiche, aus dem sich die reine Sprache speist und um dessen Perfektionierung willen sie weiterentwickelt wurde, ein höchst problematisches Verhältnis zu dieser reinen deutschen Sprache herrscht, nämlich im Bereich der Literatur. Daß allerdings die Herrschaft des Kriteriums *Sprachreinheit* noch lange fortdauert, bis in unser Jahrhundert hinein, zeigt sich an den rückblickenden Reflexionen von Sprach- und Literaturhistorikern, die sich mit der Inkongruenz von Reinheitsnorm und konkreter poetischer Sprache um 1800 beschäftigen. Dies soll abschließend noch exemplarisch am Beispiel Goethes entwickelt werden.

Um die Jahrhundertwende setzt sich Friedrich Kluge mit der Tatsache auseinander, daß Goethe in *Wilhelm Meister* zahlreiche Fremdwörter verwendet, die Friedrich Schlegel wiederum in einer ausführlichen Rezension als „überflüssig" getadelt – oder wie Schlegel sich vornehm ausdrückt: derentwegen er „angefragt" hatte. Goethe seinerseits stimmt dieser Kritik nicht zu, sondern rechtfertigt seine Wortwahl mit Hinweis auf die künstlerische Angemessenheit. Kluge, selber Purist, konzediert, daß Goethes „Gebrauch von Fremdwörtern dem Ton seines Gesellschaftsromans" entsprochen habe, fährt dann aber mit sanftem Tadel fort:

> So war ihm auch im Briefverkehr mit seinen Freunden die Pflicht der Sprachreinheit unbequem und für den Augenblick zu umständlich. Aber mag sich Goethe immerhin im Briefwechsel [...] gelegentlich gehen lassen, wenn die Forderung des Augenblicks schnelles Festhalten eines flüchtigen Gedankens auch auf Kosten der Sprachreinheit gebot – der Dichter hat uns in den großen Meisterwerken auch das Ideal der Sprachreinheit gelehrt, und die tiefsten und persönlichsten Ergüsse, die seinem reichen Dichterherzen entquellen, sind unwiderlegliche Beweise, wie das tiefste deutsche Dichtergemüt in seiner Herzensreinheit auch die Forderungen der Sprachreinheit unbewußt beobachtet.[271]

Dies ist das symptomatische Beispiel für den argumentativen Spagat eines Wissenschaftlers, dessen Hypothese sich nicht am Text verifizieren läßt, der jedoch auf seine Hypothese aus ideologischen Gründen nicht verzichten kann. Damit wäre einmal mehr die Wichtigkeit des Reinheitspostulats erwiesen, eines Postulats, das induktiv als apriorischer Leitbegriff der Goethe-Deutung benutzt, nicht aus ihr deduziert wird. Zum einen kann Kluge schlecht behaupten, Goethe habe die deutsche Sprache sträflich vernachlässigt. Zum andern kommt der

---

[270] Siehe oben S. 227.
[271] Kluge (Anm. 5), S. 270.

nachgeborene Purist nicht an der Erkenntnis vorbei, daß „das tiefste deutsche Dichtergemüt" es mit der Sprachreinheit so genau nicht genommen habe – doch das wird dann rasch zu den kleinen bohemienhaften Schlampereien umgedeutet, zu denen Genies eben neigen. Aber alles in allem, so beruhigt sich Kluge selbst, hätten weder Goethe noch Schiller grundsätzliche Einwände gegen den Purismus vorgebracht; ihre Kritik in den *Zahmen Xenien* an Campes Eindeutschungsprogramm habe sich nicht gegen die Sprachreinigung als solche gewendet, sondern nur gegen Campes überstürzte Verwirklichungsversuche.

Kluge – und andere mit ihm – ignoriert, daß Goethe durchaus grundsätzlichere Kritik an den Sprach-Normierern äußert, ja sogar sein Leiden und seine Sprachlosigkeit angesichts der Normierungssucht ausspricht. Zwar zeigen sich auch bei ihm Widersprüche bezüglich seiner Auffassung von *reiner Sprache*. In einem Gespräch mit Eckermann am 5.5.1824 äußert er, er habe in seiner

> langen Praxis [...] Anfänger aus allen Gegenden Deutschlands kennen gelernt. Die Aussprache der Norddeutschen ließ im Ganzen wenig zu wünschen übrig. Sie ist rein und kann in mancher Hinsicht als musterhaft gelten. Dagegen habe ich mit geborenen Schwaben, Österreichern und Sachsen oft meine Not gehabt.

Doch im sechsten Buch von *Dichtung und Wahrheit* hält er fest, er habe trotz der „strengen Verweis[e]" seiner neuen Leipziger Mitbürger an dialektalen Eigenheiten seiner hergebrachten Sprechweise nicht nur „mit Behagen" festgehalten, sondern sie sogar „hervorgehoben", weil sie ihm „ihrer Naivität wegen gefielen" – „obgleich mein Vater sich stets einer gewissen Reinheit der Sprache befliß und uns Kinder [...] zu einem besseren Sprechen vorbereitet hatte".[272] Gegen die puristischen Bestrebungen seiner Zeit wendet er in diesem Zusammenhang ein:

> Jede Provinz liebt ihren Dialekt: denn er ist doch eigentlich das Element, in welchem die Seele ihren Atem schöpft. Mit welchem Eigensinn aber die meißnische Mundart die übrigen zu beherrschen, ja eine Zeitlang auszuschließen gewußt hat, ist jedermann bekannt. Wir haben viele Jahre unter diesem pedantischen Regimente gelitten, und nur durch vielfachen Widerstreit haben sich die sämtlichen Provinzen in ihre alten Rechte wieder eingesetzt. [...] ich fühlte mich in meinem Innersten paralysiert und wußte kaum mehr, wie ich mich über die gemeinsten Dinge zu äußern hatte.[273]

Mit dem starken Begriff „Paralyse" macht Goethe auf den persönlichkeitszerstörenden Aspekt einer Sprachdisziplinierung aufmerksam, die eben nicht nur die gehobenen *genera*, sondern auch die Alltagsrede – „die gemeinsten Dinge" – unter ihre Norm bringen will und dabei gleichermaßen auf den Umgangs*ton* wie die Umgangs*formen* abhebt, die unterfüttert sind mit den asketischen und disziplinierenden Reinheitsidealen. Die Verinnerlichung dieser Normen, die sich letztlich als Kontrolldruck gegen die eigene Produktivität und Kreativität wenden, läßt sich wohl kaum drastischer beschreiben als mit den Worten „innerlich paralysiert". Hier geht es offenkundig um mehr als um schnodderige oder schlampige Gedankenflüge, die ein „Sich-Gehen-Lassen" erklären könnten; hier geht es um die Erfahrung einer existentiellen Not angesichts bestimmter Veröffentlichungsverbote – und das bedeutet im Vorfeld immer: Denkverbote.

---

[272] Johann Wolfgang Goethe: Aus meinem Leben. Dichtung und Wahrheit. Hg. von Peter Sprengel. [=Sämtliche Werke nach Epochen seines Schaffens. Münchner Ausgabe, Band 16]. München 1985, S. 274.
[273] Goethe: Dichtung und Wahrheit (Anm. 272), S. 274 f.

Auf die Tatsache, daß nicht nur ein wertkonservativer Wissenschaftler wie Kluge im Übergang vom 19. zum 20. Jahrhundert die konsequente Kritik Goethes an einem eben weit über die Fremdwortfrage hinauswirkenden Purismus leugnet, sondern daß diese Verleugnung auch in unserer Gegenwart zum wissenschaftlichen Habitus gehört, werde ich am Beispiel eines *Faust*-Kommentars zurückkommen. Zuvor sei ein Blick geworfen auf Goethes eigene Einstellung zum Purismus und zur Sprachdebatte, die bei ihm nicht nur implizit im selbstverständlichen Gebrauch der angemahnten Fremdwörter, sondern auch explizit in einer ausführlichen Erörterung dieser Fragen im siebten Buch von *Dichtung und Wahrheit* zum Ausdruck kommt. Goethe resümiert dort, daß sich seine eigene literarische Epoche „aus der vorhergehenden durch Widerspruch" entwickelt habe:

> Deutschland, so lange von auswärtigen Völkern überschwemmt, von anderen Nationen durchdrungen, in gelehrten und diplomatischen Verhandlungen an fremde Sprachen gewiesen, konnte seine eigne unmöglich ausbilden. Es drangen sich ihr zu so manchen neuen Begriffen auch unzählige fremde Wörter nötiger- und unnötigerweise mit auf, und auch für schon bekannte Gegenstände war man veranlaßt, sich ausländischer Ausdrücke und Wendungen zu bedienen. Der Deutsche, seit beinahe zwei Jahrhunderten in einem unglücklichen, tumultuarischen Zustande verwildert, begab sich bei den Franzosen in die Schule, um lebensartig zu werden, und bei den Römern, um sich würdig auszudrücken.[274]

Im Unterschied zu den meisten Sprachtheoretikern seiner Zeit kann Goethe mit Selbstverständlichkeit davon sprechen, daß die deutsche Sprache sowohl notwendige als auch überflüssige Fremdwörter aufgenommen habe, denn ohne die Auseinandersetzung mit fremden Kulturen und ihrem Einfluß wäre Deutschland provinziell und sprachlich unbeholfen geblieben. Von Frankreich und Rom geht im Sinne dieser Argumentation eine mehrfach bestimmte Vorbildwirkung für *Lebensart* und *Würde* aus, und nur die jeweilige *Eignung*, nicht die Abstammung entscheidet über Sinn und Unsinn der Verwendung von Fremdwörtern, Dialektausdrücken und -figuren.

Aber beide Kulturen sind auch mögliche Bedrohungen dadurch, daß die Deutschen sich ihnen allzu stark anpassen. Deswegen begrüßt Goethe die Sprach-Bewegung in Deutschland, soweit sie „von einem aufrichtigen Ernste" begleitet ist und darauf dringt, „daß rein und natürlich, ohne Einmischung fremder Worte, und wie es der gemeine verständliche Sinn gab, geschrieben würde. Durch diese löblichen Bemühungen ward jedoch der vaterländischen breiten Plattheit Tür und Tor geöffnet, ja der Damm durchstoßen, durch welchen das große Gewässer zunächst eindringen sollte."[275]

Goethe spricht sich also durchaus für die Kriterien der Reinheit und Natürlichkeit der Sprache aus, läßt dabei aber offen, ob die beiden anschließenden Nebensätze als Erklärung des ersten – rein und natürlich bedeutet fremdwortfrei und verständlich – oder ob alle drei Satzteile als Glieder einer Aufzählung zu lesen sind, die dann darauf hinwiesen, daß Fremdwortfreiheit und Verständlichkeit eben nicht identisch sind mit Reinheit und Natürlichkeit der Sprache, sondern ihnen gleichgeordnete Kriterien.

---

[274] Goethe: Dichtung und Wahrheit (Anm. 272), S. 282f.
[275] Goethe: Dichtung und Wahrheit (Anm. 272), S. 283.

Diese resümierenden und stellenweise höchst polemischen Bemerkungen über die Forderung nach Sprachreinheit erweisen, daß Goethe durchaus grundsätzliche Einwände gegen den Purismus vorträgt, nicht nur gegen vereinzelte lächerliche Auswüchse. Für ihn stellt der Purismus auch eine Bedrohung der Urbanität und Produktivität von Literatur dar, weil die Orientierung am puristischen Modell dazu führt, daß wertlose Schriften entstehen, die zwar fehlerfrei, aber auch gedankenlos sind. Diese „Wertlosigkeit solcher Schriften, die sich von jenem Fehler frei zu erhalten besorgt waren", bedrohe den Sprachzustand in Deutschland mindestens ebenso stark wie Fremdwörter und andere Verstöße gegen die Sprachreinheit.[276]

Andererseits hat auch Goethe die Forderung nach „reiner Sprache" nicht einfach ignoriert – wie sich an der Benutzung des Adelungschen Wörterbuchs gezeigt hat[277] –, sondern einen differenzierten, ja listigen Umgang damit gesucht. Am Beispiel der „ausgelassenen" Stellen in der Walpurgisnachtszene des *Faust. Der Tragödie erster Teil* soll abschließend diskutiert werden, wie Goethe sich dem Reinheitsideal im Hinblick auf Wortwahl und Sittlichkeit stellt, wie er aber zugleich die Norm unterläuft und nutzt, um das zu transportieren, was in einem Dichtwerk des *genus grande* unter gar keinen Umständen transportiert werden dürfte –: Sexualität. Einzubeziehen ist dabei auch der Tanz um das goldene Kalb der *Reinheit*, den Herausgeber und Kommentatoren des *Faust* aufführen, wenn sie mit diesen „Stellen" konfrontiert sind.

Die von Goethe selbst betreuten Druckfassungen des *Faust* bringen die ausgelassenen Stellen in jener Form, die auch die Sophien-Ausgabe bewahrt und die von dort in fast alle späteren Goethe-Editionen eingegangen ist:

Dort sammelt sich der große Hauf,
Herr Urian sitzt oben auf.
So geht es über Stein und Stock
Es f–t die Hexe, es st–t der Bock.[278]

MEPHISTOPHELES (mit der Alten)
Einst hatt' ich einen wüsten Traum;
Da sah' ich einen gespaltnen Baum,
Der hatt' ein – – –;
So – es war, gefiel mir's doch.

DIE ALTE Ich biete meinen besten Gruß
Dem Ritter mit dem Pferdefuß!
Halt' er einen – – bereit,
Wenn er – – – nicht scheut.[279]

Ergänzt man nun das Ausgelassene aus den Handschriften, so ergeben sich folgende, unter dem Blickwinkel der Sprachreinheit unterschiedlich zu bewertende Worte: „farzt", „stinkt",

---

[276] Goethe: Dichtung und Wahrheit (Anm. 272), S. 283.

[277] Vgl. oben S. 1 ff.

[278] Johann Wolfgang Goethe: Faust. Der Tragödie erster Teil, V. 3958-3961. In: Johann Wolfgang Goethe: Weimarer Klassik 1798-1806, Band I. Hg. von Victor Lange. [=Sämtliche Werke nach Epochen seines Schaffens. Münchner Ausgabe, Band 6.1]. München 1986, S. 653. Textgleich mit Goethes Werke. Hg. im Auftrage der Großherzogin Sophie von Sachsen. Weimar 1887, I, 14.

[279] Faust I (Anm. 278), V. 4136-4143, S. 658.

„ungeheures Loch", „groß", „rechten Pfropf" und „das große Loch".[280] Wenn man gewissermaßen mit Adelungs Augen darauf zu schauen versucht, sind die Verben *farzen* und *stinken* gewiß zu „tadeln", wobei das erste als grundsätzlich auszuscheiden, das zweite durch ein milderes zu ersetzen wäre. Gegen die Wörter *ungeheuer, groß* und *recht* sowie *Loch* und *Pfropf* an sich könnte indes der rigideste Purist wenig einzuwenden haben; sie werden erst anstößig, wenn man sie in das Bild einfügt, das allerdings durch den Kontext und das erhalten gebliebene Reimwort „doch" auch sprachlich deutlich determiniert ist, denn gar so zahlreich sind die möglichen Reimwörter – Neutra auf *-och* – ja auch nicht.

Betrachtet man die ausgelassenen Stellen einmal genauer, so entdeckt man – und die Schulpraxis mit „naiven Lesern" dürfte das bestätigen –, daß durch die Blockaden anstelle der Buchstaben die Verhältnisse zu tanzen und die Bedeutungen zu oszillieren beginnen. An der semantischen Leerstelle entzündet sich Phantasie, die aber nicht ungelenkt ins Kraut schießt, sondern über den Steg der Gedankenstriche von Wortpfeiler zu Wortpfeiler balanciert. Niemand kann jetzt mehr garantieren, daß ein findiger Leser die Hexe, die da f–t, und den Bock, der da st–t, statt *farzen* und *stinken* zu lassen, nicht plötzlich ganz anschaulich (*ornatus*) *ficken* und *stoßen* läßt.[281] Und was wäre ihnen auf dem Blocksberg auch angemessener (*aptum*)?! Auch die alles Menschenmaß sprengende Dimension der Genitalien von Teufel und Hexe läßt sich im Ausgelassenen weit besser konstruieren als mit den verhältnismäßig matten Vokabeln *groß* und *ungeheuer*. Da die Wortmasken f–t und s–t der Interpretation und damit dem tieferen Verstehen zugänglich sind, kann in ihnen vor allem im Zusammenhang mit dem Namen Baubo[282] der derb sexuelle Sinn entdeckt werden, den sie in ihrer Stummheit bezeichnen. Gerade ihre rudimentäre Gestalt läßt die Signifikanz der Zeichenfolgen nicht als reduziert, sondern als verdoppelt erscheinen: sie verweisen zugleich auf das Signifikat des Geschlechts wie auf das Signifikat des Tabus, das auf dem Geschlecht liegt. Da Goethe zu einer solchen vieldeutigen Sprachleistung fähig ist, und zwar eben nicht im alltäglichen Gesprächs- und\ Briefverkehr, sondern in einem seiner „Meisterwerke", sind alle Versuche, die Sprachreinheit bei Goethe auf verschiedene *genera* und Lebensbereiche zu verteilen, zum Scheitern verurteilt.[283]

---

[280] Sowohl nach der Münchner Ausgabe, S. 1034 und 1038, als auch nach der Sophien-Ausgabe, S. 280; beide wie Anm. 278.

[281] Beide Begriffe gehören in der Goethezeit (und lange davor schon) in ihrer obszönen Bedeutung zum deutschen Sprachschatz.

[282] Faust I (Anm. 278), V. 3962 f.,: „Die alte Baubo kommt allein; / Sie reitet auf einem Mutterschwein." Auch die Bedeutung dieser mythologischen Inkarnation der Vulva wird in den Kommentaren minimiert. Victor Lange (Anm. 278, S. 1034) beispielsweise behauptet, Goethe verwende diesen Namen „zur Bezeichnung eines unanständigen Weibes, also nicht mit Beziehung zu einer bestimmten Figur der antiken Mythologie. Auch hier allgemein als Charakterisierung einer besonders unflätigen Hexe, die, sinnentsprechend, auf einer trächtigen Sau reitet." Dabei übersieht er, daß dieses Tier gerade zur Ausstattung der mythologischen Baubo gehört, die mit weit aufgespreiztem Genitale auf einer Sau reitet. Vgl. dazu Georges Devereux: Baubo. Die mythische Vulva. Frankfurt a. M. 1985, S. 75, mit Abbildung.

[283] Vgl. zu dieser Sicht auf Goethe den erhellenden Essay (über die von Albrecht Schöne 1994 besorgte kritische Faust-Ausgabe) von Rolf Michaelis: Goethe – eine Zumutung. In: Die Zeit 45, 4.11.1994, S. 1 f. der Literaturbeilage.

Mit anderen Worten: die Erfüllung der Normen der reinen Sprache durch Auslassung trägt hier ihre eigene Subversion in sich, indem das Ausgelassene seine Merkzeichen hinterläßt, die ihrerseits als Merkzeichen weit deutlicher auf das Unreine verweisen als es das Ausgesprochene tun würde. Es ist sehr gut möglich, daß Goethe bei der Überleitung der Handschriften in den Druck bewußt mit dieser Möglichkeit der Überdeterminierung durch semantische Leere spielt; zumindest hat er sie nicht durch Vereindeutigung des Textes – in welcher Drastik oder Entschärfung immer – ausgeschlossen. Bei seiner bekannten Lust am Obszönen und seiner zwiespältigen Einstellung zu den Forderungen des Purismus ist dies eine naheliegende Vermutung, um so mehr, als immer schon das Umgehen von Zensur die Möglichkeit geboten hat, durch das offenkundige Vermeiden dem Vermiedenen ein besonders deutliches Denkmal zu setzen.

Hiervon muß auch der Herausgeber und Kommentator der „Hamburger Goethe-Ausgabe", Erich Trunz, eine Ahnung gehabt haben, als er beschloß, die Auslassungszeichen aufzuheben und den Text getreu nach der Handschrift wiederzugeben, ihm aber folgenden „reinigenden" Kommentar zur Seite zu stellen:

> Fausts erstes großes Erlebnis seiner Weltfahrt ist ein Erlebnis der Leidenschaft. Was bisher als Handlung erschien, erscheint jetzt als Symbolik. Goethe scheut nicht, die Erotik in Faust auszusprechen, aber (es ist seine zurückhaltende Art) nicht als Realität, sondern als Symbolik, und nicht im menschlichen Bereich, sondern in dem der Geister. [...] Mephistopheles erwartet Geschlechtlichkeit (wie später Machtgier), Faust macht daraus Liebe [...], freilich niemals rein, aber doch als Ansatz, aus seinem Wesen heraus.[284]

Nicht im Ausgelassenen selbst als dem Merkmal der Leugnung, sondern letztlich erst in dessen leugnender Kommentierung liegt die eigentliche Leistung des Reinheitsparadigmas, das hier als gesellschaftlicher Beschwichtigungsversuch zu werten ist, nicht als ästhetische Auslegung eines Sinnzusammenhangs. Daß Goethe selbst gerade im Zusammenhang mit Erotik einen differenzierten Umgang mit dem Reinheitsideal bevorzugt, läßt sich besonders gut am 61. venezianischen Epigramm belegen, das – ironisch auf die Forderung nach Reinheit in der Dichtung bezogen – eher abwägend und ausgleichend mit den polaren Gegensätzen *rein* und *unrein* spielt:

> Wie dem hohen Apostel ein Tuch voll Tiere gezeigt ward,
>   Rein und unrein, zeigt, Lieber, das Büchlein sich dir.

Deutlich markiert der Dichter der Epigramme hier, daß es ihm nicht um die einseitige Erfüllung kategorialer Forderungen geht, sondern um die Darstellung der ganzen widersprüchlichen und moralisch nicht zu vereinheitlichenden Wahrheit. Goethe legt also gar keinen Wert darauf, daß seine Dichtung als *rein* eingestuft wird; er hält mehr von einer Vermischung und Versöhnung der Gegensätze: wie sich in Apg 10, 10-16 auch Petrus, „der hohe Apostel", auf den Goethe anspielt, von der Forderung nach normativer Reinheit als Heilsvoraussetzung (Speisegesetze) trennen muß. Dabei spielen, wie der Dichter im 63. Epigramm augenzwinkernd einräumt, auch pragmatische Überlegungen der Publikumswirksamkeit eine Rolle:

---

[284] Goethes Werke. Band III. Dramatische Dichtungen, Band 1. Textkritisch durchgesehen und mit Anmerkungen versehen von Erich Trunz. Hamburg [6]1962, S. 521f.

Um so gemeiner es ist und näher dem Neide, der Mißgunst,
Um so eher begreifst du das Gedichtchen gewiß.

Schon an diesen kleinen Beobachtungen wird deutlich, daß für Goethe die Kategorien der Rhetorik als normative Instanz obsolet geworden sind; seine ästhetischen Vorstellungen leiten sich aus der autonomen Subjektivität des Dichters und des Rezipienten her – also stärker aus kommunikativen als aus normativen Kategorien. Dabei bleibt gleichwohl die Rhetorik als Bezugssystem erkennbar, allerdings nicht als normative, sondern als diskursive Instanz, die weiterhin die Interpretationsbegriffe zur Verfügung stellt: nämlich Reinheit und Unreinheit (*puritas*), Bezogenheit auf den Hörer (*aptum*), Natürlichkeit und Zierlichkeit (*ornatus*) und Verständlichkeit (*perspicuitas*), die am Ende durch ein Quentchen Unreinheit noch verbessert werden kann.

Goethes Umgang mit den „paralysierenden" Normen der Sprachreinheit verweist schon auf die Abkehr der Romantik vom Purismus, die Eggers herausstellt:

> Was den Beitrag der beiden die Gesamtkultur mächtig beeinflussenden Richtungen zur weiteren Ausbildung der deutschen Sprache angeht, so wirkte die Romantik vor allem durch ihre hohe Bewertung des eigenen Volkstums. Sie verschaffte den erdigen, bildkräftigen Ausdrucksweisen der Mundarten Eingang in die Schriftsprache, was die nüchterne Aufklärung in falscher Auffassung von ‚Reinheit' der Sprache strikt abgelehnt hatte. Auch erweckte sie manches Wort aus der ritterlichen Dichtung des Mittelalters zu neuem Leben.[285]

Daß allerdings die Abwendung der Romantik von dem rhetorisch begründeten *puritas*-Ideal sich nicht in einer gradlinigen Verneinung der Rhetorik und ihrer Maßstäbe erschöpft, läßt sich an der Dialektik der Zurückweisung der Rhetorik bei gleichzeitiger impliziter Anerkennung ihrer Wirksamkeit zeigen, wie es Helmut Schanze unter Berufung auf Novalis unternimmt: er weist die Rhetorik als Bezugssystem des Argumentierens auf, das bei aller Kritik, ja polemischen Ablehnung, für Dichter und Theoretiker wie Novalis oder Schlegel wirksam bleibt, gerade *in* der Zurückweisung. Schanze hebt dabei vor allem das Kriterium des *aptum* heraus, das „zu einer ‚inhaltlichen' Definition des ‚Romantischen' führe":

> Als „romantisch", zum Roman gehörig, definiert sich von hier aus alles, was *aptum* für den Roman ist. Dies wiederum ist bestimmt durch den „Imperativ der Synthetik" und das Postulat der Progressivität, als dem „großen Zweck der Zwecke". Anstelle der alten, auf die Entsprechung von Stil und Stand gründenden Stile tritt der eine, eben der „romantische" Stil, selbst nur bestimmbar als Mischung, als Individualstil.[286]

Gerade indem die Romantiker dieses anti-rhetorische Konzept entwickeln, erfüllen sie eine der zentralen Vorstellungen der Rhetorik, nämlich die Anpassung der Redeweise an das jeweils zeitspezifische Publikum. Diese Orientierung am *aptum* als dem „Zeitkern"[287] im rhetorischen System unterstreicht die Wirksamkeit der Rhetorik, die stets über die bloße Reglementierung des reinen, richtigen und verständlichen Sprechens hinausweist und auf eine Sprache abzielt, die als ideales Orientierungsfeld strukturiert ist, indem sie die Möglichkeit eröffnet, die banale Alltagsrealität zu überschreiten und zu überbieten. Trotzdem bleibt die

---

[285] Eggers (Anm. 221), 2, S. 425.
[286] Helmut Schanze: Romantik und Rhetorik. Rhetorische Komponenten der Literaturprogrammatik um 1800. In: Helmut Schanze (Hg.): Rhetorik. Frankfurt a. M. 1974, S. 133 f.
[287] Schanze (Anm. 286), S. 143.

Tatsache bestehen, daß der *Wunsch nach reiner Sprache* als ästhetische Qualität umschlagen kann in die *Kontrolle über Sprache* als disziplinierende Moral.

In diesem Spannungsfeld, das auch in unseren Tagen noch wirksam ist, hat das Thema *Reinheit* auch in dieser Untersuchung seinen Ort gefunden. Die großen Werke der deutschen Literatur sind gar nicht zu denken ohne die oft verzweifelte Auseinandersetzung der Autorinnen und Autoren mit den Verbots- und Erlaubnisregeln der deutschen Sprachphilosophie, die als Regeln der Rhetorik und zugleich der allgemeinen Sittlichkeit sowohl die Stoffwahl als auch die sprachlich-poetische Gestaltung der Werke deutscher Literatur entscheidend mitbestimmen. Das gilt bei weitem nicht allein für die nach dem strengen rhetorischen Reglement der „Reinheit und Zierlichkeit" gefertigten Dichtungen des Barock. Es gilt, folgenschwerer, vor allem auch für die Geschichte der ungeschriebenen und der ausgeschiedenen Literatur – jener „unreinen" Passagen, die aus Dichtungen eliminiert wurden, oder auch jener Texte, die ungeschrieben blieben, weil sie der inneren Zensur der Autoren zum Opfer fielen: nicht kompositorischer, sondern moralischer Bedenken wegen, denen die Darbietung von „sittlich Unreinem", d.h. von *Befremdlichem und Beängstigendem*, als Verstoß gegen die ästhetischen Regeln der Poetik und Rhetorik erscheinen mußte.

Angesichts dieser umfassenden Dimension, in der sich *Reinheit* in der Literatur- und Geistesgeschichte zeigt, würde die rein *sprach*wissenschaftliche Behandlung des Themas Purismus eine unzulässige Verkürzung der Problematik bedeutet haben. Deswegen war sie interdisziplinär – sprach-, rhetorik- und literaturgeschichtlich – zu bearbeiten; um so mehr als auch im Untersuchungszeitraum diese Disziplinen nicht voneinander geschieden sind. Die hier aufgewiesenen exemplarischen Aspekte sollen die enge Verflechtung und die weitreichenden Folgen der philologischen und der politisch-gesellschaftlichen Wirklichkeit des untersuchten Stoffes skizzieren: eine Verflechtung, die den Versuch lohnend machte, den Problembegriff *Reinheit* nicht als kulturhistorische Rand- oder Sonderfrage zu betrachten, sondern als eines der epochenübergreifend wirksamen Paradigmata der deutschen Sprach-, Literatur- und Geistesgeschichte.

9 Anhang

9.1 Verzeichnis der Quellenschriften

ADELUNG, JOHANN CHRISTOPH: Versuch eines vollständigen grammatisch-kritischen Wörterbuches der Hochdeutschen Mundart, mit beständiger Vergleichung der übrigen Mundarten, besonders aber der oberdeutschen. Erster Teil, von A-E. Dem noch beygefüget ist des Herrn M. Fulda Preisschrift über die beiden deutschen Haupt-Dialecte. Leipzig 1774. Die Teile 2 bis 5 erscheinen 1775, 1777, 1780, 1786

ADELUNG, JOHANN CHRISTOPH: Kurzer Begriff menschlicher Fertigkeiten und Kenntnisse so fern sie auf Erwerbung des Unterhalts, auf Vergnügen, auf Wissenschaft, und auf Regierung der Gesellschaft abzielen. In 4 Theilen für Realschulen und das bürgerliche Leben von dem Verfasser der Unterweisung in den Künsten und Wissenschaften. Th. 1-4. Leipzig 1778-1781

ADELUNG, JOHANN CHRISTOPH: Deutsche Sprachlehre zum Gebrauche der Schulen in den Königl. Preuß. Landen. Berlin 1781

ADELUNG, JOHANN CHRISTOPH: Über die Geschichte der deutschen Sprache, über deutsche Mundarten und deutsche Sprachlehre. Leipzig 1781. [Neudruck: Geschichte der deutschen Sprache. Darin: Über den Ursprung der Sprache und den Bau der Wörter, besonders der Deutschen. Frankfurt a.M. 1975]

ADELUNG, JOHANN CHRISTOPH: Grundsätze der Deutschen Orthographie von Johann Christoph Adelung [= Separatdruck mit eigenem Titelblatt aus Adelung: Umständliches Lehrgebäude II, S.617-798]. Leipzig 1782

ADELUNG, JOHANN CHRISTOPH: Umständliches Lehrgebäude der Deutschen Sprache. 2 Theile. Leipzig 1782

ADELUNG, JOHANN CHRISTOPH: Versuch einer Geschichte der Cultur der menschlichen Gesellschaft. Leipzig 1782

ADELUNG, JOHANN CHRISTOPH: Magazin für die Deutsche Sprache. Teil 1: Leipzig 1782, Teil 2: Leipzig 1783 [Reprographischer Nachdruck Hildesheim, New York 1969]

ADELUNG, JOHANN CHRISTOPH: Über den deutschen Styl. Berlin 1785

ADELUNG, JOHANN CHRISTOPH: Vollständige Anweisung zur Deutschen Orthographie nebst einem kleinen Wörterbuche. Teil 1 und 2. Leipzig und Frankfurt 1788

ADELUNG, JOHANN CHRISTOPH: Auszug aus dem grammatisch-Kritischen Wörterbuch der Hochdeutschen Mundart. Teil 1-4. Leipzig: Breitkopf und Härtel 1793-1802. 1: 1793: A-E, 2: 1796: F-L, 3: 1801: M-SCR, 4: 1802: SEB-Z

ADELUNG, JOHANN CHRISTOPH: Grammatisch-Kritisches Wörterbuch der Hochdeutschen Mundart, mit beständiger Vergleichung der übrigen Mundarten, besonders aber der Oberdeutschen. Leipzig ^{2}1793 ff. [Reprint: Documenta Linguistica. Quellen zur Geschichte der deutschen Sprache des 15. bis 20. Jahrhunderts. Hg. von Ludwig Erich Schmitt. Reihe II. Wörterbücher des 17. und 18. Jahrhunderts. Hg. von Helmut Henne. Hildesheim, New York 1970]

ADELUNG, JOHANN CHRISTOPH: Versuch eines vollständigen grammatisch-kritischen Wörterbuches. Leipzig 1796

AICHINGER, CARL FRIEDRICH: Versuch einer teutschen Sprachlehre. Frankfurt und Leipzig 1754

ALBERTUS, LAURENTIUS: Teutsch Grammatick oder Sprach-Kunst. Augsburg 1573. [Neudruck: Die deutsche Grammatik des Laurentius Albertus herausgegeben von Carl Müller-Fraureuth. Straßburg 1895]

ALBER[US], ERASMUS: Lexicon germanico-latinum, in quo ultimis seu terminalibus germanicarum vocum syllabis obseruatis latina vocabula cum suis quaeque synonymis additis loquendi etiam figuris ac modis protinus se offerunt. Frankfurt 1540

ALBERUS, ERASMUS: Novum dictionarii genus. Frankfurt 1540

ANGERSTEIN, JOHANN CARL: Anweisung, die gemeinsten Schreib= und Sprachfehler im Deutschen zu vermeiden; für Frauenzimmer, Ungelehrte, und besonders zum Gebrauch in Schulen eingerichtet. Zweiter Theil; für Geübtere. Stendal 1795

ANTESPERG, JOHANN BALTHASAR VON: Die Kayserliche Deutsche Grammatick, Oder Kunst die deutsche Sprache recht zu reden, Und ohne Fehler zu schreiben, In Vier Theilen Mit einem Examine und zulänglichen Vor- und Anmerkungen Zum Nutzen Des gemeinen Wesens, und deren, welche des regelmäßigen Verstandes und reinen Ausdruckes in eigener Sprache mächtig seyn wollen, oder ihres Amtes und ihrer Geschäfte halber seyn sollen. Mit sonderbarem Fleiß deutlich und vollkommen IN OTIO VIENNENSI Ausgearbeitet [...]. Zweyte und verbesserte Edition samt einem Register. Mit allergnädigster Kayserlicher Freyheit. [Wien] ohne Ort [²1749] ohne Jahr

ARNDT, JOHANN: Sechs Bůcher vom Wahren Christenthum, Von heilsamer Busse, herzlicher Reue und Leid ů ber die Sůnde, und wahrem Glauben, auch heiligem Leben und Wandel der rechten wahren Christen. Blankenburg 1741

ARNOLD, A.: Der Woleingerichtete Schul-Bau Nach denen vornehmsten Stücken einer wohlbestelleten Christlichen Schule [...]. Leipzig und Stendal 1711

ARNOLD, GOTTFRIED: Das Geheimniß Der Gŏttlichen Sophia oder Weißheit. Leipzig 1700

ARNOLD, GOTTFRIED: Sămmtliche geistliche Lieder mit einer reichen Auswahl aus den freieren Dichtungen [...]. Hg. von K.C.E. Ehmann. Stuttgart 1856

AVENTIN, JOHANNES − TUR[N]MAIR VON ABENSPERG: Aus Joannis Aventini (Tur[n]mair von Abensberg) ,Grammatica omnium vtilissima et breuissima' vom Jahre 1512. Leipzig 1720. [Neudruck: J. Müller: Quellenschriften und Geschichte des deutschsprachlichen Unterrichts bis zur Mitte des 16. Jahrhunderts, Gotha 1882; Reprint des Neudrucks: Darmstadt 1969]

BARENIUS, GEORG: Nova Grammatica Linguae Germanicae praeceptis brevissimis comprehensa. Oder Neue Teutsche Sprach-Kunst grundkürtzlichst begriffen. Nordköping 1707

BARTSCH, KARL: Deutsche Liederdichter des zwölften bis vierzehnten Jahrhunderts. Eine Auswahl. Stuttgart ⁴1906, besorgt von Wolfgang Golther [Neudruck 1966]

BASEDOW, JOHANN BERNHARD: Das Elementarwerk. Vier Bände. Dessau 1774

BASEDOW, JOHANN BERNHARD: Neue Lehrart und Übung in der Regelmäßigkeit der Teutschen Sprache. Kopenhagen 1759

BECHERER, JOHANNES: Synopsis Grammaticae Tam Germanicae Oram Latinae et Grecae. Jena 1596

BELLIN, JOHANN: Teutsche Orthographie Oder Rechte Schreibe-Kunst. Lübeck 1642

BELLIN, JOHANN (Hg.): Bellinsche Sammlung: Etlicher der hoch-löblichen Deutschgesinneten Genossenschaft Mitglieder, Wie auch anderer hoch-gelehrten Männer Sendeschreiben Ehrster teil, [...] Auf erheischen und ansuchen der ganzen hoch-löb. Deutsch-Zunft zusammen geläsen [...]. Hamburg 1647

BELLIN, JOHANN: Hochdeutsche Rechtschreibung. Lübeck 1657. [Reprint: Hildesheim, New York 1973]

BELLIN, JOHANN: Syntaxis Praepositionum Teutonicarum, Oder Deudscher Forwörter Kunstmäßige Fügung; Nebenst forhergesäzter, notwendig erforderter, Abwandlung der Geslächt- Nän- Fürnän- und Mittelwörter. Lübeck 1661

BELLING, KARL: Kurze und gründliche Belehrung über die Rechtschreibung der deutschen Sprache. Berlin 1799

BIRKEN, SIGMUND VON: Fortsetzung der Pegnitz-Schäferey. Nürnberg 1645

BODMER, JOHANN JACOB: Critische Betrachtungen über die Poetischen Gemählde der Dichter. Zürich 1741

BODMER, JOHANN JACOB: Der Mahler der Sitten. Zürich 1746

BÖDIKER, JOHANN: Grund-Sätze der Deutschen Sprache im Reden und Schreiben [...]. Cölln a.d. Spree 1690

BÖDIKER, JOHANN: Neuvermehrte Grundsätze der Deutschen Sprachen. Hg. von K.E. Bödiker. Berlin 1701

BÖDIKER, JOHANN: Grundsätze der Deutschen Sprachen. Hg. und umgearbeitet von J.L. Frisch. Berlin 1729

BÖDIKER, JOHANN: siehe auch J.J. Wippel

BÖHME, JACOB: Sämtliche Schriften [...]. 11 Bände. Faksimile-Neudruck der Ausgabe von 1730. Hg. von Will-Erich Peuckert. Stuttgart 1960

BOGATZKY, KARL HEINRICH VON: Die Übung der Gottseligkeit in allerley Geistlichen Liedern, zur allgemeinen Erbauung dem Druck überlassen von dem Verfasser des güldenen Schatzkästleins. Halle 1750

[BOGATZKY] Carl Heinrich Bogatzky's Lebenslauf, von ihm selbst beschrieben. Für die Liebhaber seiner Schriften und als Beytrag zur Geschichte der Spener'schen theologischen Schule herausgegeben. Halle 1801

BREITINGER, JOHANN JACOB: Critische Dichtkunst. Zürich und Leipzig 1740

BRÜCKER, JACOB: Teutsche Grammatic, das ist, kurtzer VNterricht. Frankfurt 1620

BUCHNER, AUGUST: Kurzer Weg-Weiser zur Deutschen Tichtkunst / Aus ezzlichen geschriebenen Exemplarien ergänzet / mit einem Register vermehret / und auf vielfältiges Ansuchen der Studierenden Jugend izo zum ersten mahl hervorgegeben. Jena 1663

BUCHNER, AUGUST: Anleitung zur Deutschen Poeterey. Wittenberg 1665

BURCKHARD, JAKOB: De lingvae latinae in Germania per XVII saecvla amplivs fatis, ab ipso tempore, qvo Romanorvm arma et commercia nonnvllvm eivs vsvm intvlervnt, ad nostram vsqve aetatem, comentarii. Sulzbach 1713

CAMPE, JOACHIM HEINRICH: Proben einiger Versuche von deutscher Sprachbereinigung. Braunschweig 1791-1795

CAMPE, JOACHIM HEINRICH: Grundsätze, Regeln und Grenzen der Verdeutschung. Braunschweig 1794

CAMPE, JOACHIM HEINRICH: Ueber die Reinigung und Bereicherung der Deutschen Sprache. Dritter Versuch welcher den von dem königl. Preuß. Gelehrtenverein zu Berlin ausgesetzten Preis erhalten hat. Verbesserte und vermehrte Ausgabe. Braunschweig ³1794

CHLORENUS GERMANUS [= Johann Hieronymus Lochner]: Neu verbesserte Teutsche Orthographie, oder: Gründliche Anweisung recht / und nach der unter den heutigen Gelehrten üblichen Art, zu schreiben. Nebst einer kurzen Untersuchung der Teutschen Sprach [...]. Frankfurt und Leipzig 1735

CLAJUS, JOHANNES: Grammatica Germanicae Linguae M. Iohannis Claij Hirtzbergensis: Ex Bibliis Lutheri Germanicis et alliis eivs Libris Collecta. Leipzig 1578 (²1587, ³1592, ⁴1604, ⁵1610, ⁶1617, ⁷1625, ⁸1651, ⁹1677, ¹⁰1689, ¹¹1720). [Neudruck der 1. Auflage von 1578: Hildesheim 1973]
[Ab der zweiten Auflage unter dem Titel: Grammatica germanicae linguae: Ex optimis quibusque Autoribus collecta]

CLAJUS, JOHANNES: Die deutsche Grammatik des Johannes Clajus. Nach dem ältesten Druck von 1578 mit den Varianten der übrigen Ausgaben herausgegeben von Friedrich Weidling (Ä. d. G. II) [= Neudruck der 2. Auflage]. Straßburg 1894

CLAUBERG, JOHANNES: Ars etymologica Teutonum e philosophiae fontibus derivata. Dusiburgi ad Rhenum 1663. Abgedruckt in: Illvstris Viri Codofr. GVillielmi Leibnitii Collectanea Etymologica. Hannover 1717, Band I, S. 187-252

[COETHEN] Der Cöthnischen Lieder. Erster und anderen Theil, zum Lobe des dreyeinigen GOTTES und zu gewünschter reicher Erbauung vieler Menschen. Cöthen 1744

[CURTZ, ALBERT] Die Harpffen Davids, Mit Teutschen Saiten bespannet. Von einem auß der Societet Jesu. Augsburg 1659

DASYPODIUS, P.: Dictionarium Latinogermanicum, et vice versa Germanicolatinum. Straßburg 1537 (¹1535)

Denkmäler deutscher Poesie und Prosa aus dem 8. bis 12. Jahrhundert. Hg. von K. Müllenhoff und W. Scherer. Berlin ³1892. Band XLVII

Deutsche Mystiker des 14. Jahrhunderts. Hg. von Franz Pfeiffer, Band 2: Meister Eckhart. Leipzig ²1914

DOMITOR siehe Hemmer, Jakob

DORNBLÜTH, AUGUSTIN: Observationes oder Gründliche Anmerckungen über die Art und Weise eine gute Übersetzung besonders in die teutsche Sprach zu machen. Aus patriotischem Eyfer zur Verhütung fernerer Verkehrung und Schändung der ausländischen Büchern ans Tageslicht gegeben [...]. Augsburg 1755 (²1768)

[ECKHART] MEISTER ECKHART. Deutsche Mystiker des 14. Jahrhunderts, Band II. Hg. von Franz Pfeiffer. Leipzig ⁴1924

[ECKHART] MEISTER ECKHART. Die deutschen und lateinischen Werke. Die deutschen Werke. Erster Band. Predigten. Hg. und übers. von Josef Quint. Erster Band. Stuttgart 1936-1958

EGENOLF, JOHANN AUGUST: Historie Der Teutschen Sprache. Leipzig 1716

FABRICIUS, JOHANN A.: Wohlgemeinte und unvorgreiffende Anmerckungen von Verbesserung des Schulwe-sens. Helmstädt 1726

FABRICIUS, JOHANN A.: Specimen orthographiae teutonicae demonstratae. Helmstädt 1735

FABRITIUS, HANS: Eyn Nutzlich buchlein etlicher gleich stymender worther Aber ungleichs verstandes, denn angenden deutschen schreyb schülern, zu gut mit geteylt. Erfurt 1532. [Neudruck: Das Büchlein gleichstim-mender Wörter, aber ungleichs Verstandes des Hans Fabritius herausgegeben von John Meier, Ältere deut-sche Grammatiken I. Straßburg 1895]

FISCHART, JOHANN: Sämmtliche Dichtungen. Hg. von H. Kurz. Leipzig 1866/67

FRANGK, FABIAN: Ein Cantzley vnd Titel büchlin, Darinnen gelernt wird / wie man Sendebriefe förmlich schreiben / vnd einem jdlichen seinen gebürlichen Titel geben sol. Orthographia Deutsch / Lernt / recht buchståbig schreiben. Wittenberg 1531 [Reprint: Hildesheim 1979]

FRANGK, FABIAN: Orthographia deutsch, Lernt, recht buchstäbig deutsch zu schreiben. Frankfurt 1531. [Nach der zweiten Auflage als Teil von: Teutscher Sprach Art vnd Eygenschafft. Orthographia, Gerecht Buchstä-big Teutsch zu schreiben. Reprint: Hildesheim 1979]

FREYLINGSHAUSEN, JOHANN ANASTASIUS: Geistreiches Gesang-Buch, den Kern alter und neuer Lieder in sich haltend [...]. Hg. von Gotthilf August Francken. Halle 1. Teil 1704, 2. Teil 1714

FRISCH, J[OHANN LEONHARD]: Grund-Sätze der deutschen Sprache. Berlin [1]1723

FRISCH, JOHANN LEONHARD: Teutsch-Lateinisches Wörterbuch, darinnen nicht nur die ursprünglichen, nebst denen davon hergeleiteten und zusammengesetzten allgemein gebrauchlichen Wörter; sondern auch die Berg und Salzwerken, Fischereyen, Jagd- Forst- und Hauswesen und andere mehr gewöhnliche Teutsche Benennungen befindlich, vor allen, was noch in keinem Wörterbuch geschehen, dennen Einheimischen und Ausländern, so die in den mittlern Zeiten geschriebenen Historien Chronicken, Uebersetzungen, Reimen u. d. g. mit ihren veralteten Wörtern und Ausdrücken versehen wollen, möglichst zu dienen, mit überallbey-gesetzter nöthigen Anführung der Stellen, wo dergleichen in den Büchern zu finden, samt angehängter theils versicherten, theils muthmaßlichen Etymologie und critischen Anmerkungen; [...]. Berlin 1741. [Re-print: Documenta Linguistica. Quellen zur Geschichte der deutschen Sprache des 15. bis 20. Jahrhunderts. Hg. von Ludwig Erich Schmitt. Reihe II. Wörterbücher des 17. und 18. Jahrhunderts. Hg. von Helmut Henne. Hildesheim, New York 1977]

FULDA, FRIEDRICH CARL: Ueber die beiden Hauptdialekte der teutschen Sprache. Leipzig 1773

FULDA, FRIEDRICH CARL (Hg.): Der teutsche Sprachforscher. Teil 1. Stuttgart 1777

GEDICKE, FRIEDRICH: Gedanken über Purismus und Sprachbereicherung. In: Deutsches Museum 11. St., 1779, II, S. 385-416

GEILER VON KEISERSBERG, JOHANNES: Predigen über Brants Narrenschif. Straßburg 1520

GELLERT, CHRISTIAN FÜRCHTEGOTT: Schriften. Band IV. Roman, Briefsteller. Hg. von Bernd Witte. Berlin, New York 1989

GERSDORF, HENRIETTE CATHARINE VON: Geistreiche Lieder und Poetische Betrachtungen / Der Sel... Frauen Henrietten Catharinen / Frey-Frauen von Gersdorf [...]. Halle 1729

GESNER, KONRAD: Mithridates. De differentiis linguarum tum veterum tum quae hodie apud diversas nationes in toto orbe terrarum in usu sunt Conradii Gesneri Tigurini Observationes. Zürich 1555

GIRBERT, JOHANNES: Teutsche Orthographie, aus der heil. Bibel, den Knaben zur Nachricht aufgesetzt. Mühlhausen/Thüringen 1650

GIRBERT, JOHANNES: Die Deütsche GRAMMATICA oder Sprachkunst / auß Denen bey dieser Zeit gedruckten Grammaticis, vornemlichen Johannis Claii Hertzb. Anno 1587. Vinariensis zum newen Methodo. Aö. 1618. Christ. Gveintzii R. Hal. Aö. 1641. 24. Mart. Justi Georg Schotelli Aö. 1641. 6. Jul. zusammengetragen / in kurtze Tabellen eingeschrenckt / vnd Dem öffentlichen Liecht endlichen auff mehrmahliches Anhalten vbergeben. Mühlhausen/ Thüringen 1653

GOETHE, JOHANN WOLFGANG: Aus meinem Leben. Dichtung und Wahrheit. Hg. von Peter Sprengel. [= Sämt-liche Werke nach Epochen seines Schaffens. Münchner Ausgabe, Band 16]. München 1985

GOETHE, JOHANN WOLFGANG: Gedenkausgabe der Werke, Briefe und Gespräche. Hg. von Ernst Beutler. 20. Band: Der Briefwechsel zwischen Goethe und Schiller. Zürich 1950

256

GOETHE, JOHANN WOLFGANG: Goethes Werke. Band III. Dramatische Dichtungen, Band 1. Textkritisch durchgesehen und mit Anmerkungen versehen von Erich Trunz. Hamburg ^{6}1962

GOETHE, JOHANN WOLFGANG: Goethes Werke. Hg. im Auftrage der Großherzogin Sophie von Sachsen. I, Band 14. Weimar 1887

GOETHE, JOHANN WOLFGANG: Weimarer Klassik 1798-1806, Band I. Hg. von Victor Lange. [= Sämtliche Werke nach Epochen seines Schaffens. Münchner Ausgabe, Band 6.1] München 1986

GOTTSCHED, JOHANN CHRISTOPH: Grundriß zu einer Vernunftmäßigen Redekunst Mehrenteils nach Anleitung der alten Griechen und Römer entworfen. Leipzig 1728

GOTTSCHED, JOHANN CHRISTOPH: Ausführliche Redekunst. Leipzig 1736 (^{4}1750)

GOTTSCHED, JOHANN CHRISTOPH: Grundlegung einer Deutschen Sprachkunst, Nach den Mustern der besten Schriftsteller des vorigen und jetzigen Jahrhunderts abgefasset. Leipzig 1748 (^{2}1749, ^{3}1752).

GOTTSCHED, JOHANN CHRISTOPH: Kern der deutschen Sprachkunst. Leipzig 1753

GOTTSCHED, JOHANN CHRISTOPH: Beobachtungen über den Gebrauch und Misbrauch vieler deutscher Wörter und Redensarten. Straßburg, Leipzig 1758

GOTTSCHED, JOHANN CHRISTOPH: Vollständigere und Neuerläuterte Deutsche Sprachkunst, Nach den Mustern der besten Schriftsteller des vorigen und jetzigen Jahrhunderts abgefasset. [= Titel der „Grundlegung" ab der 4. Auflage]. Leipzig ^{5}1762

GRIMM, JACOB: Deutsche Grammatik. Göttingen 1819-1837

GUEINTZ, CHRISTIAN: Deutscher Sprachlehre Entwurf. Köthen 1641

GUEINTZ, CHRISTIAN: Die Deutsche Rechtschreibung. Halle 1645

HAGER, CHRISTOPH ACHATIUS: Teütsche Orthographia oder Schreibekunst, Darinnen von aller zubehör, Natur und Eigenschafft der höchst-löb- und lieblichen Teütschen Sprache, solche recht zuschreiben gehandelt wird, auch Wie dieselbe der teütschen Jugendt mit rechter Naturgemässer Syllbirung, fährtig läsen zu lehren, füglich beyzubringen. Beschrieben, und anjetzo zum erstenmahl in Druck verfährtiget. Hamburg 1639

HAGER, CHRISTOPH ACHATIUS: Teütscher Sprach Wegweiser. Hamburg 1639

[Halberstädtisches Gesangbuch] Neu eingerichtetes Halberstädtisches Kirchen= und Haus= Gesangbuch. Darinnen 972. schriftmäßige und erbauliche, sonderlich des seligen D.M. Lutheri Lieder enthalten sind. Nebst einem Gebeth=Büchlein [...]. Halberstadt 1765

HARSDÖRFFER, GEORG PHILIPP: Fravenzimmer Gesprechspiele. 8 Bände. Nürnberg 1641-1649

HARSDÖRFFER, GEORG PHILIPP: Specimen Philologie Germanice, Continens Disquisitiones XII. De Linguae nostrae vernaculae Historia, Methodo, et Dignitate. Nürnberg 1646

HARSDÖRFFER, GEORG PHILIPP: Poetischer Trichter. Die Teutsche Dicht= und Reimkunst / ohne Behuf der Lateinischen Sprache [...]. Erster Theil: Nürnberg ^{2}1650 (^{1}1647); Zweiter Theil: Nürnberg 1648; Dritter Theil: Nürnberg 1653

HARSDÖRFFER, GEORG PHILIPP: Fortpflanzung der Hochlöblichen Fruchtbringenden Gesellschaft. Nürnberg 1651

HARSDÖRFFER, GEORG PHILIPP: Der Teutsche Secretarius: Das ist: Allen Cantzleyen / Studir= und Schreibstuben nutzliches / fast nohtwendiges / und zum drittenmal vermehrtes Titular= und Formularbuch [...]. Nürnberg 1656. [Reprint: 1971]

HEINZE, JOHANN MICHAEL: Anmerkungen über des Herrn Professors Gottscheds Deutsche Sprachlehre nebst einem Anhange einer neuen Prosodie. Göttingen, Leipzig 1759

HEINZELMANN, H.C.W.: Kurze und erleichterte Anweisung zu Vermeidung des fehlerhaften Redens und Schreibens der deutschen Sprache besonders für Frauenzimmer. Nebst Verdeutschung der meisten ins Deutsche aufgenommenen fremden Wörter. Stendal 1798

HELBER, SEBASTIAN: Teutsches Syllabierbüchlein. Freiburg in Vchtland 1593. [Neudruck: Sebastian Helbers Teutsches Syllabierbüchlein (1593), herausgegeben von Gustav Roehte. Freiburg i. B. und Tübingen 1882]

HELWIG, CHRISTOPH: Libri didactici Grammaticae Vniversalis. Gießen 1617

HELWIG, CHRISTOPH: Lateinische Sprachkunst / Deutsch beschrieben. Gießen 1619

HELWIG, CHRISTOPH: Sprachkünste: I. Allgemäine, welche das jenige, so allen Sprachen gemein ist, in sich begreifft, II. Lateinische, III. Hebraische, Teutsch beschriben [...] Vnd nunmehr der lieben Jugend zu gutem in Truck gegeben. Gießen 1619

HELWIGIUS, A.: Origines dictionum germanicarum, ex tribus illis nobilibus antiquitatis eruditae linguis, latina, graeca, hebraea, derivatarum. [Die Ursprünge deutscher Redeweisen, abgeleitet aus den drei vornehmen Sprachen des gebildeten Altertums, Lateinisch, Griechisch und Hebräisch]. Hannover 1620

HEMMER, JAKOB [= Domitor]: Deutsche Sprachlehre zum Gebrauche der kuhrpfälzischen Lande. Mannheim 1775

HEMPEL, CHRISTIAN FRIEDRICH: Erleichterte Hoch-Teutsche Sprach=Lehre, worinnen gründlich und auf die leichteste Art gewiesen wird, wie man diese Sprache nicht nur recht und zierlich reden, sondern auch richtig schreiben solle. Frankfurt a. M., Leipzig 1754

HENISCH, GEORG: Teütsche Sprach und Weißheit. Thesaurus Linguae et Sapientiae Gemanicae. In quo vocabula omnia Germanica, tam rara, quam communia, cum suis Synonymis, derivatis, phrasibus, epithetis, proverbijs, entithetis, continentur cet. Augsburg 1616. [Reprint: Documenta Linguistica. Quellen zur Geschichte der deutschen Sprache des 15. bis 20. Jahrhunderts. Hg. von Ludwig Erich Schmitt. Reihe II. Wörterbücher des 17. und 18. Jahrhunderts. Hg. von Helmut Henne. Hildesheim, New York 1973]

HERDEGEN, JOHANN: Historische Nachricht von deß löblichen Hirten- und Blumenordens an der Pegnitz [...]. Nürnberg 1744

HEYNATZ, JOHANN FRIEDRICH: Deutsche Sprachlehre zum Gebrauch der Schulen. Berlin [5]1803 ([1]1770)

HEYNATZ, JOHANN FRIEDRICH: Briefe die Deutsche Sprache betreffend. Theil 1-6. Berlin 1771-1775

HEYNATZ, JOHANN FRIEDRICH: Versuch eines deutschen Antibarbarus oder Verzeichniß solcher Wörter, deren man sich in der einen deutschen Schreibart entweder überhaupt oder doch nur in gewissen Bedeutungen enthalten muß, nebst Bemerkung einiger, welche mit Unrecht getadelt werden. Berlin 1796

HEYSE, JOHANN CHRISTIAN AUGUST: Handwörterbuch der deutschen Sprache mit Hinsicht auf Rechtschreibung, Abstammmung und Bildung, Biegung und Fügung der Wörter [...]. Magdeburg 1849

HUEBER, CHRISTOPH: Modus legendi des deutschen Schulmeisters Kristofferus Hueber zu Landshut vom Jahre 1477. In: J. Müller: Quellenschriften und Geschichte des deutschsprachlichen Unterrichts bis zur Mitte des 16. Jahrhunderts, Gotha 1882 [Reprint: Darmstadt 1969], S.9-13, Kommentar S.328 ff. und 337 ff.]

HÜBNER, AUGUST NATHANAEL: Gründliche Anweisung zum Deutschen Stilo, Wie man denselben Durch gewisse Regeln gründlich erlernen, manierlich brauchen, geschickt verändern, und so dann der besten und berühmtesten Autorum Schrifften glücklich imitiren könne. Nebst einer Vorrede von der Methoden, und in wie weit diese gegenwärtige Anweisung dazu nützlich kan gebrauchet werden; Zum besten der studierenden Jugend [...]. Hannover 1720

HÜBNER, JOHANN: Kurtze Fragen aus der Oratoria, Zu Erleichterung der Information abgefasset / Und mit einem Anhange / von dem Gebrauche dieser Fragen, vermehret [...]. Leipzig [3]1704

HUNGER, WOLFGANG: Linguae Germanicae Vindicatio. Straßburg 1560

ICKELSAMER, VALENTIN: Die rechte weis auffs Kürtzist lesen zu lernen. Erfurt 1527. [Neudruck in: H. Fechner: Vier seltene Schriften Nr. 2; Neudruck in: J. Müller: Quellenschriften Nr. IX, 1882; Reprint 1969]

ICKELSAMER, VALENTIN: Ein teütsche Grammatica. o. O. 1534, 3. Auflage Nürnberg 1537. [Neudruck in: H. Fechner: Vier seltene Schriften Nr. 1; Nachdruck der 2. Auflage mit den Varianten der andern in: J. Müller: Quellenschriften Nr. XIII, 1882; Reprint 1969]

JORDAN, PETER: Leyenschůl. Mainz 1533. [Neudruck in: H. Fechner: Vier seltene Schriften Nr. 3. Neudruck in: J. Müller: Quellenschriften Nr. XII, 1882; Reprint 1969]

JUNG-STILLING, HEINRICH: H. Jung's (genannt Stilling) Lebensgeschichte [...]. Eine wahrhafte Geschichte von ihm selbst erzählt. Hg. von Hanns Holzschuher. 2 Bände. Berlin o.J. [1913]

KLAJ, JOHANN: siehe Clajus, Johannes

KLEIST, HEINRICH VON: Werke und Briefe in vier Bänden. Hg. von Siegfried Streller. Frankfurt a.M. 1986

KLETTENBERG, SUSANNA KATHARINA VON: Von der Kindern Gottes unanständigen Tändelei mit Freunden. In: Reliquien der Fräulein Susanna Catharina von Klettenberg, nebst Erläuterungen zu den Bekenntnissen einer schönen Seele, von J.M. Lappenberg. Dem Andenken des 28. August 1749 gewidmet. Hamburg 1849

KNORR VON ROSENROTH, CHRISTIAN: Neuer Helicon mit seinen Neun Musen. Nürnberg 1684

KOLROSS, JOHANNES: Enchiridion. Das ist, hantbüchlin teütscher Orthographi. Nürnberg 1529

KONRAD VON WÜRZBURG: Die Legenden. Hg. von P. Gereke. Halle 1927

KONRAD VON WÜRZBURG: Heinrich von Kempten. Hg. von Edward Schröder, Berlin [2]1930

KRAMER, MATTHIAS: Die richtige Grund-Festen Der Teutschen sprache; Hauptsächlich eröffnet der Italiänischen Nation, welche da begierig seye diese herrliche Sprache zu erlernen [...]. Nürnberg 1694

KRAMER, MATTHIAS: Das herrliche grosse Teutsch-Italiänische Dictionarium oder Wort- und Red-Arten-Schatz der unvergleichlichen Hoch-teutschen Grund- und Haupt-Sprache. Nürnberg Teil 1: 1700, Teil 2: 1702

KRAMER, MATTHIAS: Il Nuovo PARLATORIO Italiano-Tedesco; cioè DIALOGHETTI. Sopra ogni qualsivoglia sorte di Materie familiari; Molto piacevoli e brevi, per facilitarne l'intelligenza e l'Imitation à Coloro, che S'applicano ad Imparare per Fondamento, una della dette Lingue. [Gegenüber:] Das Neue / so genannte Parlament, Das ist: Italiänisch-Teutsche Gesprächlein / Von allerhand / täglich vorfallenden artigen Materien / Sehr anmutig und kurtz / um dero Verstand / und Imitation zu erleichtern denjenigen / die eine von diesen Sprachen gründlich zu erlernen beflissen seynd. Nürnberg 1716

KRAMER, MATTHIAS: Fundamenta linguae Germanicae áppraestantissimo Linguarum magistro Matthia Kramer Italicè proposita Nunc Plurimum commodtati & utilitati Latinè reddita Et suis locis à doctrina Italica ad Latinam accomodata, ac novis Observationibus aucta Ab Andrea Freyberger Societatis Jesu Sacerdote. Prag 1733

KROMAYER, JOHANNES: Deutsche Grammatica Zum newen Methodo, der Jugend zum besten, zugerichtet. Für die Weymarische Schuel, Auff sonderbaren Fürstl. Gn. Befehl. Weimar 1618

KRÜGER, WILHELM AUGUST LEBERECHT: Fersuch, di teutsche Rechtschreibung auf einfachche [sic!] und unferwerflich richtige Grundsåtze zurůk zu bringen. Berlin 1797

LAMPE, FRIEDRICH ADOLF: Bündlein XXVI. Gottseliger Gesänge / entworfen von F. A. Lampe. Bremen 1726

LAZIUS, WOLFGANG: De gentium aliquot migrationibus, sedibus fixis, reliquijs, linguarúmq; initijs & immutationibus ac dialectis, Libri XII. Basel 1557

LEIBNIZ, GOTTFRIED WILHELM: Ermahnung an die Teutsche, ihren Verstand und Sprache besser zu üben, samt beigegebenen Vorschlag einer Teutsch-gesinten Gesellschaft. Hannover 1680

LEIBNIZ, GOTTFRIED WILHELM: Unvorgreiffliche gedancken, betreffend die ausübung und verbesserung der teutschen sprache [...]. Hannover 1697. Benutzt wird die von Uwe Pörksen und Jürgen Schiewe besorgte Ausgabe: Stuttgart 1990

LEIBNIZ, GOTTFRIED WILHELM: Collectanea etymologica. Hannover 1717

LOCHNER, JOHANN HIERONYMUS: siehe Chlorenus Germanus

[LUTHER] D. Martin Luthers Werke. Kritische Gesamtausgabe. Weimar 1883 ff.
Zitiert als WA (= Werke), WA TR (= Tischreden), WA BR (= Briefe), WA DtB (= Deutsche Bibel)

[LUTHER] D. Martin Luther. Biblia: das ist: Die gantze Heilige Schrifft: Deudsch Auffs new zugericht. Wittemberg 1545. Letzte zu Luthers Lebzeiten erschienene Ausgabe. Hg. von Hans Volz [...] München 1972 [Nach dieser Ausgabe werden alle Bibelstellen zitiert, soweit nichts anderes angegeben ist]

MAALER, JOSUA: Die Teütsch sprach. Dictionarium Germanicolatinum novum. Alle Wörter, Nahmen und Arten zu reden, in hochdeutsche Sprach, dem A. B. C. nach ordentlich gestellet, und mit gutem Latein gantz fleißig und ordentlich verdolmetscht, dergleichen bisher noch nie gesehen. Zürich 1561. Reprint: Documenta Linguistica. Quellen zur Geschichte der deutschen Sprache des 15. bis 20. Jahrhunderts. Hg. von Ludwig Erich Schmitt. Reihe I. Wörterbücher des 15. und 16. Jahrhunderts. Hg. von Gilbert de Smet. Hildesheim, New York 1971

MEICHSSNER, JOHANN HELIAS: HAndbüchlin gruntlichs berichts, recht vn wolschrybens, der Orthographie vnd Grammatic. Tübingen 1538

259

MEYFART, JOHANN MATTHÄUS: Teutsche Rhetorica. Coburg 1634

[MINNESANG] Des Minnesangs Frühling. Unter Benutzung der Ausgaben von Karl Lachmann und Moritz Haupt, Friedrich Vogt und Carl von Kraus bearbeitet von Hugo Moser und Helmut Tervooren. 38., neu revidierte Auflage. Stuttgart 1988

MORHOF, DANIEL GEORG: Unterricht Von Der Teutschen Sprache und Poesie. Kiel 1682, ²1700. Kritische Ausgabe auf der Grundlage der beiden ersten Auflagen. Bad Homburg usw. 1969

MOSCHEROSCH, JOHANN M.: Unartiger teutscher Sprachverderber. Straßburg 1643

MOSER, FRIDERICH CARL [VON]: Versuch einer Staats=Grammatic. Frankfurt a. M. 1749

MOSER, FRIDERICH CARL VON: Geistliche Gedichte, Psalmen,und Lieder [...]. Frankfurt a. M. 1763

[MUSKATBLUT] Lieder Muskatblut's. Hg. von E. von Groothe. Köln 1852

[NEANDER, JOACHIM] A und Ω. Joachimi Neandri Glaub- und Liebes-Übung: Aufgemundert Durch Einfältige Bundes-Lieder und Danck-Psalmen [...] (1680). Der vierdte Druck. Frankfurt a. M. 1689

Das Neue Testament. Auf der Grundlage des zu Ochsenfurt in Engelland gedruckten grichischen exemplars übersetzt von Johann Heinrich Reitz. Offenbach 1703

NEUMARK, GEORG: Der Neu-Sprossende Teutsche Palmbaum. Nürnberg o. J. [1668]

ÖLINGER, ALBERT: Vnderricht der Hoch Teutschen Spraach: Grammatica Sew Institutio Verae Germanicae Linguae. Straßburg 1573. [Neudruck: Die deutsche Grammatik des Albert Ölinger. Hg. von Willy Scheel (Ältere deutsche Grammatiken in Neudrucken, IV) Halle 1897]

OLEARIUS, TILEMANN (Verfasserschaft vermutet): Teutsche Sprachkunst. Aus den allergewissesten, der Vernunft vn gemeinen brauch Deutsch zu reden gemässen, gründen genommen. Sampt angehengten newen methodo, die lateinische Sprache geschwinde vnd mit lust zu lernen. Halle 1630

OMEIS, MAGNUS DANIEL: Gründliche Anleitung Zur Teutschen accuraten Reim- und Dichtkunst. Nürnberg ²1712

OPITZ, MARTIN: Aristarchus sive contemptu linguae Teutonicae, 1617

OPITZ, MARTIN: Buch von der Deutschen Poeterey. Brieg und Breßlau 1624 [im 17. Jahrhundert noch 12mal aufgelegt]. [Neudruck: 1. Buch von der deutschen Poeterei von Martin Opitz. Im Band ‚Neudrucke deutscher Literaturwerke des XVI. und XVII. Jahrhunderts Nr. 1‘. Halle a. d. Saale 1886. Neudruck: Martin Opitzens Aristarchus sive de contemptu. Linguae Teutonicae und Buch von der Deutschen Poeterey, Hg. von Dr. Georg Witkowski. Leipzig 1888]

PETERSEN, JOHANN WILHELM: Die Hochzeit des Lammes und der Braut / Bey der herannahenden Zukunft Jesu Christi [...]. Offenbach o. J.

PRASCH, JOHANN LUDWIG: Neue, kurtz- und deutliche Sprachkunst. Regensburg 1687

PUDOR, CHRISTIAN: Der Teutschen Sprache Grundrichtigkeit und Zierlichkeit. Cölln an der Spree 1672. Reprint: Hildesheim und New York 1975

QUINTILIAN: Institutio oratoria. Ausbildung des Redners [Lateinischer Text und deutsche Übersetzung]. Hg. von Helmut Rahn. 2 Bände. Darmstadt 1972, 1975

RATKE, WOLFGANG: Köthener Sprachlehr: Allgemeine Sprachlehr Nach Der Lehrart Ratichi Zu Cöthen, Im Fürstentumb Anhalt. Cöthen. 1619. [Neudruck in: G. Vogt: Wolfgang Ratichus, S. 265-279; Ratichianische Schriften II. Hg. von Dr. Paul Stötzner, S. 126-147]

RAUPACH, BERNHARD: Exercitationem Academicam de Linguae Saxonicae inferioris. Rostock 1704

REINMAR VON ZWETER: Die Gedichte. Hg. von Gustav Roethe. Leipzig 1887 [Neudruck 1967]

RICHTER, CHRISTIAN FRIEDRICH: Erbauliche Betrachtungen vom Ursprung und Adel der Seelen, von dem Verderben, und Wiederherstellung, nebst dessen sämtlichen Poesien. Verbesserte und vermehrte Auflage. Frankfurt 1767

RIEDERER, FRIEDRICH [eigentlich FRIDRICH RIEDRER]: Spiegel der waren Rhetoric. vß M[arco] Tulio C[icero] getütscht: Mit Irn glidern clůger reden Sandbriefen / vnd formen menicher contract / seltzam Regulierts Tůtschs vnd nutzbar exempiert mit fůgen vff gŏttlich vnd keiserlich schrifft vnd rechte gegrůndt [...]. Freiburg i.B. 1493

RITTER, STEPHAN: Grammatica Germanica Nova, Usui Omnium Aliarum Nationum, Hanc Linguam affectantium insérviens, praecipuè vero ad Linguam Gallicam accomodata. Marburg 1616

ROTH, GEORG MICHAEL: Anfangsgründe der deutschen Sprachlehre. Gießen ³1825 (¹1801)

ROTH, SIMON: Ein Teutscher Dictionarius / dz ist ein außleger schwerer / vnbekanter Teutscher / Griechischer / Lateinischer / Hebraischer / Wâlscher vnd Frantzösischer / auch andrer Nationen wŏrter [...]. Augsburg 1571 [Neudruck in der Ausgabe: Simon Roths Fremdwörterbuch. Hg. von Emil Öhmann. Helsinki 1936]

RÜDIGER, JOHANN CHRISTIAN CHRISTOPH: Neuester Zuwachs der teutschen, fremden und allgemeinen Sprachkunde, 4 Stücke. Leipzig 1783. Band III und IV: Über die teutsche Rechtschreibung und Aussprache 1785

SATTLER, JOHANN RUDOLPH: Teutsche Orthographey / vnd Phraseologey / dz ist / ein vndericht Teutsche sprach recht zu schreiben: [...]. Basel ³1617 [Reprint: Hildesheim, New York 1975]

SCHADE, JOHANN CASPAR: Fasciculus Cantionum. Das ist Zusammengetragene Geistliche Lieder / Eines In Christo Seeligen Lehrers und Seelen-Hirtens Zur Erbauung und Erweckung des Glaubens und der Liebe herausgegeben. Cüstrin o.J.

SCHADE, JOHANN CASPAR: Einige Treue und deutliche Anleitung oder Unterricht, wie man die Bibel [...] mit Nutzen und Erbauung lesen soll [...]. Franckfurt und Leipzig 1720

SCHEFFLER, JOHANNES [Angelus Silesius]: Cherubinischer Wandersmann. Geistreiche Sinn- und Schlußreime. Abdruck der ersten Ausgabe von 1657. Mit Hinzufügung des sechsten Bandes nach der zweiten Ausgabe von 1675. Hg. von G. Ellinger. Halle 1895 [Neudrucke deutsche Litteraturwerke des XVI. und XVII. Jahrhunderts, No. 135-138]

SCHERÄUS, BARTHOLOMÄUS: Geistliche, weltliche und häusliche Sprachenschule. Wittenberg 1619

SCHNÜFFIS, LAURENTIUS VON [= Johann Martin, gen. der Mirant]: Mirantisches Flötlein: Oder Geistliche Schäferey, In welcher Christus, unter dem Namen Daphnis, die in den Sünden-Schlaff vertieffte Seel Clorinda zu einem bessern Leben aufferwecket. Konstanz 1682

SCHOTTEL, JUSTUS GEORG: Teutsche Sprachkunst [...] Abgetheilet in Drey Bücher. Braunschweig 1641

SCHOTTEL, JUSTUS GEORG: Der Teutschen Sprach Einleitung. Lübeck und Lüneburg 1643

SCHOTTEL, JUSTUS GEORG: Teutsche Vers- oder Reim-Kunst. Wolfenbüttel 1645

SCHOTTEL, JUSTUS GEORG: Ausführliche Arbeit Von der Teutschen HauptSprache / Worin enthalten Gemelter dieser HauptSprache Uhrankunft / Uhraltertuhm / Reinlichkeit / Eigenschaft / Vermögen / Unvergleichlichkeit / Grundrichtigkeit / zumahl die SprachKunst und VersKunst Teutsch und guten theils Lateinisch völlig mit eingebracht / wie nicht weniger die Verdoppelung / Ableitung / die Einleitung / Nahmwörter / Authores vom Teutschen Wesen und Teutscher Sprache / von der verteutschung [sic] / Item die Stammwörter der Teutschen Sprache samt der Erklärung und derogleichen viel merkwürdige Sachen. Abgetheilet In Fünf Bücher. Braunschweig 1663

SCHOTTEL, JUSTUS GEORG: Brevis & fundamentalis Manductio ad Orthographiam et Etymologiam in Lingua Germanica. Kurtze und gründliche Anleitung zu der Rechtschreibung Und zu der Wort Forschung In der Teutschen Sprache. Für die Jugend in den Schulen, und sonst überall nützlich und dienlich. Braunschweig 1676

Schryfftspiegel. Formulare vⁿ duytsche Rethorica, ader der schryfftspiegel. O.O. 1527. [Neudruck in: J. Müller: Die orthographischen Bemerkungen. Quellenschriften S.295 f., 383 ff.]

SEITZ, ALEXANDER: Ein nützlich Regiment wider die bosen Franzosen. Pforzheim 1509

SPANNUTI[US], HERMANN JUSTUS: Teutsch Orthographisches Schreib= Conversations= Zeitungs= und Sprüchwörter=Lexikon, nebst einer ausführlichen Anweisung, wie man accurat und zierlich teutsch schreiben, höflich reden, und was sonst bey einem Briefe observieren solle: Aus dem Schottelio, Morhof, Weisen, Bödiker, Talander, Menantes, und vielen andern berühmten Scribenten zusammengetragen. Hannover 1720

SPENER, PHILIPP JACOB: Pia desideria oder Herzl. Verlangen nach gottgefälliger Besserung der wahren Ev. Kirchen [1675]. Hg. von Kurt Aland. Berlin ³1964

261

SPENER, PHILIPP JACOB: Wahrhafftige Erzehlung / Dessen was wegen der so genannten Pietismi in Teutschland von einiger Zeit vorgegangen [...]. Franckfurt am Mayn 1697

SPENER, PHILIPP JACOB: Handlungen von der Natur und Gnade; Oder Der Unterschied der Wercke / So aus natürlichen Kräfften und aus den Gnaden-Würckungen des heiligen Geistes herkommen, und also eines christlichen gottseeligen Lebens [...]. Frankfurt a.M. 1733

St. Trudperter Hohes Lied. Kritische Ausgabe von H. Menhardt. Halle 1934

STEINBACH, CHRISTOPH ERNST: Vollständiges Deutsches Wörterbuch vel Lexicon Germanico-Latinum. Breßlau 1734. [Reprint: Documenta Linguistica. Quellen zur Geschichte der deutschen Sprache des 15. bis 20. Jahrhunderts. Hg. von Ludwig Erich Schmitt. Reihe II. Wörterbücher des 17. und 18. Jahrhunderts. Hg. von Helmut Henne. Hildesheim, New York 1973]

STIELER, KASPAR: Der Teutschen Sprache Stammbaum und Fortwachs oder Teutscher Sprachschatz. Nürnberg 1691. [Reprint: Documenta Linguistica. Quellen zur Geschichte der deutschen Sprache des 15. bis 20. Jahrhunderts. Hg. von Ludwig Erich Schmitt. Reihe II. Wörterbücher des 17. und 18. Jahrhunderts. Hg. von Helmut Henne. Hildesheim 1968]

STOSCH, FERDINAND: Etwas von der reinen deutschen Aussprache für die Schulmeister und Schüler des Landes. Lemgo 1776

STOSCH, S.J.E.: Versuch in richtiger Bestimmung einiger gleichbedeutender Wörter der deutschen Sprache. 1.-3. Theil. Frankfurt a. d. Oder 1770-1773

STOSCH, S.J.E.: Kritische Anmerkungen über die gleichbedeutenden Wörter der deutschen Sprache. Frankfurt a. d. Oder 1775

STOSCH, S.J.E.: Kleine Beiträge zur nähern Kenntniß der Deutschen Sprache, 3 Stücke. Berlin 1778, 1780, 1782

SULPITIUS, (JOHANNES) VERULANUS: Grammatica. Grammatice Sulpitiana cum textu Ascensiano recognito / & in compluribus locis aucto. Basel 1509

TERSTEEGEN, GERHARD: Das Geistliche Blumengärtlein inniger Seelen; oder Kurze Schlußreime, Betrachtungen und Lieder über allerhand Wahrheiten des inwendigen Christenthums, zur Erweckung, Stärkung und Erquickung in dem verborgenen Leben mit Christo in Gott: nebst der Frommen Lotterie (1727). Fankfurt a.M. [12]1821

TERSTEEGEN, GERHARD: Geistliche und Erbauliche Briefe über das Inwendige Leben und Wahre Wesen des Christenthums [...] Band 1-4. Solingen 1773-1775

THOMASIUS, CHRISTIAN: Vernůnfftige und Christliche aber nicht Scheinheilige Thomasische Gedanken und Erinnerungen Uber allerhand gemischte Philosophische und Juristische Håndel. Dritter Theil. Halle 1725

TITZ, JOHANN PETER: Zwey Bücher Von der Kunst Hochdeutsche Verse zu machen. Danzig 1642

TREUER, GOTTHILF: Deutscher Dådalus / Oder Poetisches Lexikon. Mit einer Vorrede Herrn Augusti Buchners. 2 Bände. Berlin [2]1675

TSCHERNING, ANDREAS: Unvorgreifliches Bedencken über etliche Mißbräuche in der deutschen Schreib- und Sprachkunst. Lübeck 1659

ULFILAS. Verteris et novi testamenti versionis Gothica fragmenta quae supersunt. Ediderunt H.C. de Gabelentz et J. Loebe. Vol. I und II. Hildesheim 1980 [Neudruck der Ausgabe Leipzig 1843]

[VALLA] Des Edlen Römers Laurentii Vallensis Clagrede wider die erdicht unnd erlogene begabung so von dem Keyser Constantino der Roemischen kirchen sol geschehen sein. Eine deutsche Übersetzung von Lorenzo Vallas Schrift De falso credita et ementita Constantini donatione aus der Reformationszeit. Hg. von Wolfram Setz. Basel, Frankfurt a.M. 1981

WAAG, A. (Hg.): Kleinere deutsche Gedichte des 11. und 12. Jahrhunderts. Halle [2]1916

WALTHER, CH.: Von vnterscheid der Deudschen Biblien vnd anderer Bůchern des Ehrenwirdigen vnd seligen Herrn Doct. Martini Lutheri. Wittenberg 1563

WIPPEL, JOHANN JACOB: Johann Bödikers Grundsätze der teutschen Sprache mit dessen eigenen und Johann Leonhard Frischens vollständigen Anmerkungen durch neue Zusätze vermehret. Berlin 1746

WOLF A. S. AMANDO, B.: Regeln der deutschen Orthographie. Rastadt 1774

WOLFF, CHRISTIAN: Ausführliche Nachricht von seinen eigenen Schriften, die er in deutscher Sprache von den verschiedenen Theilen der Welt=Weißheit heraus gegeben. Frankfurt a.M. [2]1733

WOLFRAM VON ESCHENBACH: Willehalm. Nach der gesamten Überlieferung kritisch hg. von Werner Schröder. Berlin, New York 1978

ZESEN, PHILIPP: Hooch-Deutsche Spraach-Übung Oder unvorgreiffliches Bedenken Über die Hooch-deutsche Haupt-Spraache und derselben Schreibrichtigkeit; In unter-redung gestellet, und auff begehren und guth-befinden der Hoochlöblichen Deutsch-Zunft herfürgegeben. Hamburg 1643

ZESEN, PHILIPP VON: Rosen-Mând: das ist in ein und dreissig gesprächen eröffnete wunderschacht zum [...] steine der weisen. Hamburg 1651

ZESEN, PHILIPP VON: Hoch-Deutscher Helikon / oder Grund-richtige Anleitung zur Hoch-deutschen Dicht- und Reim-Kunst. Jena [4]1656

ZINZENDORF, GRAF LUDWIG VON: Teutscher Gedichte Neue Auflage. Barby 1766

9.2 Sekundärliteratur

ABRAMOWSKI, A.: Kommunikationsbedingungen und Kommunikationsanforderungen als Triebkräfte der sprachlichen Entwicklungen zur Zeit der frühbürgerlichen Revolution. In: Wiss. Zs. der Humboldt-Univer-sität 25, 1976, S.773-777

ADMONI, WLADIMIR G.: Zur Ausbildung der Norm der deutschen Literatursprache im Bereich des neuhoch-deutschen Satzgefüges (1470-1730). Ein Beitrag zur Geschichte des Gestaltungssystems der deutschen Sprache. Berlin 1980

ADORNO, THEODOR W.: Noten zur Literatur. Gesammelte Schriften II. Frankfurt a.M. [2]1984

ALEWYN, RICHARD (Hg.): Deutsche Barockforschung. Dokumentation einer Epoche. Köln, Berlin 1965

ARENDT, HANNAH und KARL JASPERS: Briefwechsel 1926-1969. Hg. von Lotte Köhler und Hans Saner. München 1985

ARIÈS, PHILIPPE und GEORGES DUBY (Hg.): Die Geschichte des privaten Lebens. 3. Band: Von der Renaissance zur Aufklärung. Hg. von Philippe Ariès und Roger Chartier. Frankfurt a.M. 1991

BACH, ADOLF: Die Geschichte der deutschen Sprache. Heidelberg [9]1970

BAHNER, WERNER (Hg.): Sprache und Kulturentwicklung im Blickfeld der deutschen Spätaufklärung. Der Beitrag Johann Christoph Adelungs. Berlin 1984

BARBARIČ, STJEPAN: Zur grammatischen Terminologie von Justus Georg Schottel und Kaspar Stieler. Bern und Frankfurt a. M. 1981

BARDEY, FRANZ: Die Bibelbesprechstunde. Berlin 1905

BAUR, JÖRG, WALTER SPARN, JAN ROHLS: Art. Orthodoxie. In: Evangelisches Kirchenlexikon, [3]1992, S.954-966

BAYER, OSWALD: Oratio, Meditatio, Tentatio. Eine Besinnung auf Luthers Theologieverständnis. In: Luther-Jahrbuch 55, 1988, S.7-59

BECKER-CANTARINO, BARBARA: ,Die gelehrte Frau' und die Institutionen und Organisationsformen der Gelehr-samkeit [...]. In: Gelehrte und Gelehrsamkeit. Akten des 6. Kongresses des Internationalen Arbeitskreises für Barockforschung. Wolfenbütteler Arbeiten zur Barockforschung 1987

BECKER-CANTARINO, BARBARA: Der lange Weg zur Mündigkeit. Frauen und Literatur in Deutschland von 1500 bis 1800. München 1989

BEHAGEL, OTTO: Die Deutsche Sprache. Halle [13]1958

BEISSER, FRIEDRICH: Claritas scripturae bei Martin Luther. Göttingen 1966 [Forschungen zur Kirchen- und Dogmengeschichte Bd. 18]

BENJAMIN, WALTER: Gesammelte Schriften. Band IV, 1. Frankfurt a.M. 1972

BERGMANN, ROLF: Zum Anteil der Grammatiker an der Normierung der neuhochdeutschen Schriftsprache. In: Sprachwissenschaft 7, 1982, S.261-281

BERNS, JÖRG JOCHEN: Justus Georg Schottelius. 1612-1676. Ein Teutscher Gelehrter am Wolfenbütteler Hof. Ausstellung der Herzog August Bibliothek Wolfenbüttel [Katalog] 1977

BERTAU, KARL: Deutsche Literatur im europäischen Mittelalter. 2 Bände. München 1972f.

BEYER, MICHAEL: Martin Luther „bleybt ein Deudscher schreyber". Dialog und Drama als Mittel seines literarischen Gestaltens. In: Luther-Jahrbuch 59, 1992, S.79-114

[Bibelübersetzungen] Art. Bibelübersetzungen IV. Deutsche Bibelübersetzungen. Religion in Geschichte und Gegenwart. 3. Auflage 1957 (=RGG^3), Band 1, Sp. 1201-1207

BLACKALL, ERIC A.: Die Entwicklung des Deutschen zur Literatursprache 1700-1775. Stuttgart 1966

DE BOOR, FRIEDRICH: Zur Sprachwirkung Luthers im deutschen Pietismus des 17./18. Jahrhunderts. In: Beiträge zur Sprachwirkung Martin Luthers im 17./18. Jahrhundert. Teil II. Hg. von Manfred Lemmer. Halle 1988, S.4-35 [= Wissenschaftliche Beiträge der Martin-Luther-Universität Halle-Wittenberg 1988, 5 (F 77)]

DE BOOR, HELMUT und RICHARD NEWALD: Geschichte der deutschen Literatur. Band 5: 1570-1750. München ^{5}1965

BORNKAMM, HEINRICH: Luther im Spiegel der deutschen Geistesgeschichte. Heidelberg ^{2}1970

BRANDSTETTER, ALOIS: Betrifft: Verfall der deutschen Sprache. In: LiLi 16, 1986, 62, S.108-124

BRANDT, GISELA: Literatursprachliche Normen des 16. Jahrhunderts und syntaktische Gebrauchsnormen in Beschwerdebriefen aus den Hauptaufstandsgebieten der deutschen frühbürgerlichen Revolution. In: Beiträge zur Erforschung der deutschen Sprache 3, 1983, S.206-229

BRAW, CHRISTIAN: Bücher im Staube. Die Theologie Johann Arndts in ihrem Verhältnis zur Mystik. Leiden 1986

BRECHT, MARTIN: Martin Luther. Sein Weg zur Reformation 1483-1521. Stuttgart 1981

BRECHT, MARTIN (Hg.): Geschichte des Pietismus I. Göttingen 1993

BREYMAYER, REINHARD: Die Erbauungsstunde als Forum pietistischer Rhetorik. In: Helmut Schanze (Hg.): Rhetorik. Frankfurt a.M. 1974, S.87-104

BÜCHSEL, JÜRGEN: Gottfried Arnold. Sein Verständnis von Kirche und Wiedergeburt. [AGP 8] Göttingen 1970

CELLA, JOHANN JACOB: Über Verbrechen und Strafe in Unzuchtsfällen. Zweibrücken, Leipzig 1787

CLAY, GUDRUN FAHRENKROG: Neuere Versuche der Sprachpflege in den deutschsprachigen Ländern. Mit historischem Rückblick. Diss. Univ. of Colorade at Boulder 1981

COULMAS, FLORIAN: Die Wirtschaft mit der Sprache. Eine sprachsoziologische Studie. Frankfurt a.M. 1992

CURTIUS, ERNST ROBERT: Die Lehre von den drei Stilen in Altertum und Mittelalter (zu Auerbachs *Mimesis*). In: Romanische Forschungen 64, 1952, S.57-70

CURTIUS, ERNST ROBERT: Europäische Literatur und lateinisches Mittelalter. Bern, München ^{9}1978

DAUBE, ANNA: Der Aufstieg der Muttersprache im deutschen Denken des 15. und 16. Jahrhunderts. Frankfurt a. M. 1940

DEINHARDT, R.: Die Sprache der deutschen Wiedergeburt. In: Muttersprache 48, 1933, Sp.385-388

DERRIDA, JACQUES: Parages. Paris 1986

Deutsches Wörterbuch. Herausgegeben von Jacob Grimm und Wilhelm Grimm. Leipzig u.a. 1854ff.

DEVEREUX, GEORGES: Baubo. Die mythische Vulva. Frankfurt a.M. 1985

DISSELKAMP, MARTIN und REINHARD OLT: Sprachkritik und Sprachgefühl als Gegenstände der Sprachwissenschaft. In: Der Deutschunterricht 37, 1985, 1, S.34-45

DOCKHORN, KLAUS: Luthers Glaubensgeriff und die Rhetorik. Zu Gerhard Ebelings Buch „Einführung in die theologische Sprachlehre". In: Linguistica Biblica 21/22, 1973, S. 19-44

DOCKHORN, KLAUS: *Rhetorica movet*. Protestantischer Humanismus und karolingische Renaissance. In: Helmut Schanze (Hg.).: Rhetorik. Beiträge zu ihrer Geschichte in Deutschland vom 16.-20. Jahrhundert. Frankfurt a.M. 1974, S.17-42

DÖRING, BRIGITTE: Zum Zusammenhang von Sprachgeschichte und Geschichte der Gesellschaft bei Johann Christoph Adelung bis Jacob Grimm. In: ZfGerm 5, Leipzig 1984, S.159-167

DOMIN, HILDE: Gegen die Einengung des Sprachzuhauses auf dem Verordnungswege. Zur ‚Sprachnormdebatte'. In: Hilde Domin: Aber die Hoffnung, 1982, S.33-35

[DUDEN] Der große Duden in 10 Bänden. Band 7: Etymologie. Herkunftswörterbuch der deutschen Sprache. Mannheim 1963

DUDEN, BARBARA: Geschichte unter der Haut. Ein Eisenacher Arzt und seine Patientinnen um 1730. Stuttgart 1987DÜNNHAUPT, GERHARD: Alles zu Nutzen! Die Anfänge der neuhochdeutschen Sprachreform und der erste deutsche Schulbuchverlag. In: Philobiblon 32, 1988, S.175-185

DYCK, JOACHIM: Ornatus und Decorum im protestantischen Predigtstil des 17. Jahrhunderts. In: ZfdA 94, 1965, S.225-236

DYCK, JOACHIM: Philosoph, Historiker, Orator und Poet. Rhetorik als Verständigungshorizont der Literaturtheorie des XVII. Jahrhunderts. In: Arcadia 4, 1969, S.1-15

DYCK, JOACHIM: Ticht-Kunst. Deutsche Barockpoetik und rhetorische Tradition. 3., erg. Auflage mit einer Bibliographie zur Forschung 1966-1986. Tübingen 1991 [im Text-Teil seitengleich mit [1]1966 und [2]1969]

EGGERS, HANS: Deutsche Sprachgeschichte. Band 2: Das Frühneuhochdeutsche und das Neuhochdeutsche. Reinbek 1986

EIBL, KARL: Sprachkultur im 18 Jahrhundert. Über die Erzeugung von Gesellschaft durch Literatur. In: Sprachkultur. Jahrbuch des Instituts für Deutsche Sprache. Hg. von R. Wimmer. Düsseldorf 1984, S.108-124

EICHLER, I. und G. BERGMANN: Zum meißnischen Deutsch. Zur Beurteilung des Obersächsischen vom 16.-19-Jahrhundert. In: Beiträge zur Geschichte der deutschen Sprache und Literatur (PBB Halle), 59, 1967, S.1-57

EISENHUT, WERNER: Einführung in die antike Rhetorik und ihre Geschichte. Darmstadt 1974

ELIAS, NORBERT: Über den Prozeß der Zivlsation. Bern [2]1969

ENGELS, HEINZ: Die Sprachgesellschaften des 17. Jahrhunderts. Gießen 1983

Etymologisches Wörterbuch des Deutschen. Berlin/DDR 1989

Evangelisches Kirchengesangbuch Kurhessen-Waldeck. Kassel 1971

FASSKE, HELMUT: Zum Verhältnis der Sprachträger zur Varianz sprachlicher Mittel in der Norm und Kodifizierung der Schriftsprache. In: Internationales Kolloquium über gesellschaftliche Funktionen und Strukturen sprachlicher Kommunikation 1, Berlin 1986, S.150-161

FEIST, S.: Die Deutsche Sprache. Berlin [2]1933

FERSCHMANN, SIEGFRIED: Die Poetik Harsdörffers. Wien [Diss. phil.] 1964

FISCHER-TÜMPEL: Das deutsche evangelische Kirchenlied des 17. Jahrhunderts. Von Albert Fischer. Nach dessen Tod vollendet und hg. von W. Tümpel. Band 1-6. Gütersloh 1904-1916

FIX, ULLA: Beiträge zur Entwicklung der Sprachkultur. In: Sprachpflege 33, 1984, S.160-163

FIX, ULLA: Zusatzbedingungen für Sprachkultur – der ästhetische Anteil. Anmerkungen zu B. Techtmeier u. a.: Thesen zur Sprachkultur. In: Zeitschrift für Germanistik 7, Leipzig 1986, S.201-208

FLEISCHMANN, MAX (Hg.): Christian Thomasius. Leben und Lebenswerk. Halle 1931

FOTHERINGHAM, HEINZ: Rechtsnormen – Verwaltungsnormen – Sprachnormen. In: Muttersprache 91, 1981, S.309-316

FOUCAULT, MICHEL: Wahnsinn und Gesellschaft. Frankfurt a.M. 1973

FREEDMAN, JOSEPH S.: Classification and defintion within 16th and 17th century philosophy. In: Studien zur Klassifikation, Systematik und Terminologie 1985, Sp. 321-354

FRINGS, THEODOR: Grundlegung einer Geschichte der deutschen Sprache. Halle 1948

FRITSCH, GEROLF: Psychohistorie und Sprachwissenschaft. Vorschlag für ein Forschungsprogramm mit didaktischen Folgen anläßlich Rudolf Kreis: Die verborgene Geschichte des Kindes in der deutschen Literatur. Deutschunterricht als Psychohistorie. In: Diskussion Deutsch 13, 1982, 67, S.470-473

FRÜHSORGE, GOTTHART: Der politische Körper. Zum Begriff des Politischen im 17. Jahrhundert und in den Romanen Christian Weises. Stuttgart 1974

FUHRMANN, MANFRED: Obscuritas. Das Problem der Dunkelheit in der rhetorischen und literarästhetischen Theorie der Antike. In: Immanente Ästhetik, ästhetische Reflexion. Lyrik als Paradigma der Moderne. Hg. von Wolfgang Iser (= Poetik und Hermeneutik Band 2). München 1966, S. 47-72

FUHRMANN, MANFRED: Einführung in die antike Dichtungstheorie. Darmstadt 1973

FUHRMANN, MANFRED: Die antike Rhetorik. Eine Einführung. München, Zürich 1990

GADAMER, HANS GEORG: Gutes Deutsch. In: Jahrbuch der Deutschen Akademie für Sprache und Dichtung, 1979, S. 76-82

GALLING, K.: Art. Bibelübersetzungen IV. Deutsche Bibelübersetzungen. RGG³, 1, Sp. 1201-1207

GAUGER, HANS MARTIN: Über die Reinheit der Sprache. In: Merkur 38, 1984, S. 964-969

GAUGER, HANS MARTIN: Brauchen wir Sprachkritik? In: Jahrbuch 1984 der Henning Kaufmann-Stiftung zur Pflege der Reinheit der Deutschen Sprache. Marburg 1985, S. 31-67

GAUGER, HANS MARTIN: Wir sollten mit der Sprache sorgfältiger umgehen. In: Der Sprachdienst 29, 1985, H. 5/6, S. 65-69

GAUPP, OTTO: Zur Geschichte des Wortes ‚rein'. Inaugural-Dissertation [...] Universität Tübingen. Tübingen 1920

Geschichte der deutschen Literatur (1600-1700), Band 5. Hg. von Klaus Gysi, Kurt Böttcher, Günter Albrecht und Paul Günter Krohn. Berlin 1963

GESSINGER, JOACHIM: Sprache und Bürgertum. Sozialgeschichte sprachlicher Verkehrsformen im Deutschland des 18. Jahrhunderts. Stuttgart 1980

GESSINGER, JOACHIM: Vorschläge zu einer sozialgeschichtlichen Fundierung von Sprachgeschichtsforschung. In: LiLi 12, 1982, 47, S. 119-145

GLEISS, ALFRED: Unwörterbuch. Sprachsünden und wie man sie vermeidet. Frankfurt a. M. 1981

GLEISSNER, ROMAN: Die Entstehung der ästhetischen Humanitätsidee in Deutschland. Stuttgart 1988

GLÜCK, HANS: Dulce et decorum est pro patria mori. Die Erziehung zum Kriege im Deutschunterricht. In: OBST 40, 1989, S. 186-192

GOMBRICH, ERNST H.: Die Krise der Kulturgeschichte. Gedanken zum Wertproblem in den Geisteswissenschaften. Stuttgart 1983

GRENZ, DAGMAR (Hg.): Aufklärung und Kinderbuch. Studien zur Kinder- und Jugendliteratur des 18. Jahrhunderts. Pinneberg 1986

GRESCHAT, MARTIN (Hg.): Orthodoxie und Pietismus. [= Gestalten der Kirchengeschichte, Band 7]. Stuttgart u. a. 1982

GREULE, ALBRECHT: Theorie und Praxis der germanistischen Sprachpflege. In: Muttersprache 92, 1982, 5/6, S. 265-292

GREULE, ALBRECHT und ELISABETH AHLVERS-LIEBEL: Sprachpflege als wissenschaftlicher Abschied von Gefühl und Phantasie? In: Sprachdienst 30, 1986, S. 129-141

GRÖSCHEL, BERNHARD: Sprachnorm, Sprachplanung und Sprachpflege. Bibliographie theoretischer Arbeiten aus der Linguistik und Nachbarwissenschaften. Münster. Institut für Allgemeine Sprachwissenschaft der Westfälischen Wilhelms Universität, 1982

GROSSE, RUDOLF: Zu den Prinzipien der Sprachgeschichtsschreibung heute. In: Beiträge zur Erforschung der deutschen Sprache 1, 1981, S. 125-133

GROSSE, SIEGFRIED: Vorschläge zur Förderung der Kommunikationsfähigkeit oder: Eine Lanze für die Sprachpflege. In: Standard und Dialekt. Studien zur gesprochenen und geschriebenen Gegenwartssprache. Festschrift für Heinz Rupp zum 60. Geburtstag. Hg. von Heinrich Löffler u. a. Bern, München 1979, S. 117-127

GUCHMANN, M. M.: Der Weg zur deutschen Nationalsprache. Berlin 1964

HAAS, ALOIS M.: Sermo mysticus. Studien zu Theologie und Sprache der deutschen Mystik. Freiburg/Schw. 1979 (Dokimion. Neue Schriftenreihe zur Freiburger Zs. f. Ph. Th., Bd. 4)

HAAS, CARL FRANZ LUBERT: Lebensbeschreibung des berühmten D. Henrich Horchens [...]. Kassel 1769

HAAS, ELKE: Rhetorik und Hochsprache. Über die Wirksamkeit der Rhetorik bei der Entstehung der deutschen Hochsprache im 17. und 18. Jahrhundert. Frankfurt a. M. und Bern 1980

HÄRLE, GERHARD: „Da mit vnser Erbeit rein und vǒllig erhalten werde". Quellenstudie zum Reinheitsbegriff Martin Luthers. In: Linguistica Biblica [im Druck]

HAHNEMANN, ROLAND: Studien und Texte zur Vorgeschichte der marxistischen Sprachauffassungen in der Zeit der deutschen Aufklärung, Klassik und Romantik. Diss. Jena 1984

HAMM, BERNDT: Johann Arndts Wortverständnis. Ein Beitrag zu den Anfängen des Pietismus. In: Pietismus und Neuzeit 8, 1982, S.43-73

HAMPEL, GÜNTHER: Die deutsche Sprache als Gegenstand und Aufgabe des Schulwesens vom Spätmittelalter bis ins 17. Jahrhundert. Gießen 1986

HANKAMER, PAUL: Die Sprache. Ihr Begriff und ihre Deutung im 16. und 17. Jahrhundert, Bonn 1927

HARNACK, ADOLF: Geschichte der königlich preußischen Akademie der Wissenschaften zu Berlin. Band I, 1. Berlin 1900

HASS, ULRIKE: Sprachpflege – Sprachaufklärung. Über zwei Arten von Sprachkritik. In: Sprachreport 1988, 3, S. 1-5

HASSLER, GERDA: Sprachtheorien der Aufklärung. Zur Rolle der Sprache im Erkenntnisprozeß. Abhandlungen der Sächsischen Akademie der Wissenschaften zu Leipzig. Phil.-Hist. Klasse. 68, 1. Berlin/DDR 1984

HEIDEGGER, MARTIN: Die Frage nach dem Ding. Tübingen 1962

HEINIMANN, SIEGFRIED: Zur Geschichte der grammatischen Terminologie im Mittelalter. In: Zs. für rom. Philologie 79, 1963, S.23-27

HEINLE, EVA-MARIA: Hieronymus Freyers Anweisung zur deutschen Orthographie. Ein Beitrag zur Sprachgeschichte des 18. Jahrhunderts. Heidelberg, Winter, 1982

HELMER, KARL: Weltordnung und Bildung. Versuch einer kosmologischen Grundlegung barocken Erziehungsdenkens bei G. P. Harsdörffer. Frankfurt a.M. u.a. 1982

HENNE, HELMUT: Das Problem des Meißnischen Deutsch oder „Was ist Hochdeutsch" im 18. Jahrhundert. In: Zeitschrift für Mundartforschung 35, 1968, S. 109-129

HENSCHEID, ECKHARD: Dummdeutsch. Ein Wörterbuch. Unter Mitwirkung von Carl Lierow und Elsemarie Maletzke. Stuttgart 1993

HEYSE, JOHANN CHRISTIAN AUGUST: Handwörterbuch der deutschen Sprache mit Hinsicht auf Rechtschreibung, Abstammmung und Bildung, Biegung und Fügung der Wörter [...]. Teil 2, 1: L-Steg. Magdeburg 1849

HILDEBRANDT-GÜNTHER, RENATE: Antike Rhetorik und deutsche literarische Theorie im 17. Jahrhundert. Marburg 1966

HILLE, CARL GUSTAV VON: Der Teutsche Palmbaum. [= Die Fruchtbringende Gesellschaft. Quellen und Dokumente in 4 Bänden, Band 2] München 1970

HIRSCH, EIKE CHRISTIAN: Deutsch für Besserwisser. München 1976

HIRSCH, EIKE CHRISTIAN: Mehr Deutsch für Besserwisser. München 1979

HIRSCH, EIKE CHRISTIAN: Den Leuten aufs Maul. München 1982

Historisches Gemälde der großen Kirchen= und Glaubens=Reinigung im sechzehnten Jahrhundert durch Doctor Martin Luther [...]. Leer 1817

HÖLSCHER, LUCIAN: Öffentlichkeit und Geheimnis. Eine begriffsgeschichtliche Untersuchung zur Entstehung der Öffentlichkeit in der frühen Neuzeit. Stuttgart 1979 (Sprache und Geschichte Band 4)

HÖPEL, INGRID: Emblem und Sinnbild. Vom Kunstbuch zum Erbauungsbuch. Zum Wandel der Auffassung vom Emblem in deutschen Emblembüchern und -theorien des 16. und 17. Jahrhunderts. Frankfurt a.M. 1987

HOFFMANN, FERNAND: Von der Gefahr, die Mundart zu Tode zu pflegen. Prinzipielle Überlegungen zur Sprachnorm, Sprachrichtigkeit und zum Purismus in Hinsicht aus mundartliche Sprachpflege. In: Quickborn 73, 1983, S.8-15

HUBER, WOLFGANG: Kulturpatriotismus und Sprachbewußtsein. Studien zur deutschen Philologie des 17. Jahrhunderts. [= Diss. Münster 1983]. Frankfurt a. M. und Bern 1984

ICKLER, THEODOR: Bedenken gegen Sprachnormen. In: Jahrbuch der Deutschen Akademie für Sprache und Dichtung. Heidelberg 1979, Band 2, S. 176-182

ICKLER, THEODOR: Über die Sprache und ihre Normierung. In: Die Sprachnorm-Diskussion in Presse, Hörfunk und Fernsehen. Bearbeitet von Brigitta Mogge (= Der öffentliche Sprachgebrauch, Band 1). Stuttgart 1980, S. 52-57

JAESCHKE, MARIA: Sprachökonomie kontra Klarheit und Sprachkultur? In: Sprachpflege 29, 1980, 3, S. 51-54

JAHNKE, RICHARD: Deutschland, erwache! In: Muttersprache 48, 1933, Sp. 97-98

JELLINEK, MAX HERMANN: Geschichte der Neuhochdeutschen Grammatik von den Anfängen bis auf Adelung. 2 Teile. Heidelberg 1913

JOING, ERIKA: Johann Christoph Adelung. Tradition und Öffnung. Kolloquium vom 25. bis 28. 10. 1982 in Leipzig. In: ZG 4, 1983, S. 466-469

JOSTEN, DIRK: Sprachvorbild und Sprachnorm im Urteil des 16. und 17. Jahrhunderts. Sprachlandschaftliche Prioritäten. Sprachautoritäten. Sprachimmanente Argumentation. Frankfurt a. M., Bern, New York 1976

JUHÁSZ, JÁNOS: Versuch einer konstruktiven Kritik von Sprachpflege. Prinzipien und Probleme. In: Siegfried Grosse: Vorschläge zur Förderung der Kommunikationsfähigkeit oder: Eine Lanze für die Sprachpflege. In: Standard und Dialekt. Studien zur gesprochenen und geschriebenen Gegenwartssprache. Festschrift für Heinz Rupp zum 60. Geburtstag. Hg. von Heinrich Löffler u. a. Bern, München 1979, S. 63-94

KÄMPER-JENSEN, HEIDRUN: Sprachen im 18. Jahrhundert. 6. Jahrestag der Deutschen Gesellschaft für die Erforschung des 18. Jahrhunderts, Wolfenbüttel 18. 11.-20. 11. 1981. In: Zs für germ. Linguistik 10, 1982, S. 232-239

KAISER, KÅRE: Mundart und Schriftsprache. Leipzig 1930

KAISER, OTTO: Die Ersten und die Letzten Dinge. In: Neue Zeitschrift für Systematische Theologie und Religionsphilosophie 36, 1994, S. S. 75-91

KAYSER, WOLFGANG: Die Klangmalerei bei Harsdörffer. Göttingen [2]1962

KAYSER, WOLFGANG: Der rhetorische Grundzug von Harsdörffers Zeit und die gattungsgebundene Haltung. In: Deutsche Barockforschung. Hg. von Richard Alewyn. Köln, Berlin 1965, S. 324-335

KIEPE, HANSJÜRGEN: Ettwas von Buchstaben. Leseunterricht und deutsche Grammatik um 1486. In: Paul und Braunes Beiträge zur Geschichte der deutschen Sprache und Literatur [PBB (W)], 103, 1981, 1, S. 1-5

KIESEL, HELMUTH und PAUL MÜNCH: Gesellschaft und Literatur im 18. Jahrhundert. München 1977

KIMPEL, DIETER (Hg.): Mehrsprachigkeit in der deutschen Aufklärung. Vorträge der 6. Jahrestagung der Deutschen Gesellschaft für die Erforschung des 18. Jahrhunderts, vom 18.-20. 11. 1981 in der Herzog August Bibliothek in Wolfenbüttel. Studien zum 18. Jahrhundert, Bd. 5. Hamburg 1985

KINDERLING, JOHANN FRIEDRICH AUGUST: Über die Reinigkeit der deutschen Sprache. 1795

KIRKNESS, ALAN: Sprachreinheit und Sprachreinigung in der Spätaufklärung. Die Fremdwortfrage von Adelung bis Campe, vor allem in der Bildungs- und Wissenschaftssprache. In: Dieter Kimpel (Hg.): Mehrsprachigkeit in der deutschen Aufklärung. Hamburg 1985, S. 85-104

KIRKNESS, ALAN: Zur Sprachreinigung im Deutschen 1789-1871. Eine historische Dokumentation. 2 Teile. Tübingen 1975

KLEINSCHMIDT, ERICH: Volkssprache und historisches Umfeld. Funktionsräume einer deutschen Literatursprache in der frühen Neuzeit. In: ZDP 101, 1982, S. 411-436

KLUGE, FRIEDRICH: Eytmologien. In: Paul und Braunes Beiträge zur Geschichte der deutschen Sprache und Literatur (PBB Halle) 8, 1882, S. 525-232

KLUGE, FRIEDRICH: Über die Entstehung unserer Schriftsprache. (Wiss. Beihefte z. Zs. d. allg. dt. Sprachvereins, 2. Reihe, Heft VI-X). 1894-96

KLUGE, FRIEDRICH: Von Luther bis Lessing. Leipzig [5]1918

KLUGE, FRIEDRICH: Deutsche Sprachgeschichte. Leipzig [2]1925

KLUGE, FRIEDRICH: Etymologisches Wörterbuch der deutschen Sprache. Berlin [18]1960

KNOOP, ULRICH: Von der Norm und der Beherrschung der Sprache. In: Über die Sprache und ihre Normierung. In: Die Sprachnorm-Diskussion in Presse, Hörfunk und Fernsehen. Bearbeitet von Brigitta Mogge (= Der öffentliche Sprachgebrauch, Band 1). Stuttgart 1980, Band 1, S. 43-51

KNOOP, ULRICH: Von einer verstehbaren zur richtigen Sprache. Zum sprachhistorischen Vorurteil über die deutsche Sprache vor 1700. In: Vorträge des Germanistentages Berlin 1987. Band 2. Politische Aufgaben und soziale Funktionen von Germanistik und Deutschunterricht. Hg. von Norbert Oeller. Tübingen 1988, S. 401-408

KOEPP, WILHELM: Johann Arndt. Eine Untersuchung über die Mystik im Luthertum. [Neue Studien zur Geschichte der Theologie und Kirche, Band 13]. Berlin 1912 [Nachdruck Aalen 1973]

KOLB, CHRISTOPH: Die Anfänge des Pietismus und Separatismus in Württemberg. Stuttgart 1902

KOLB, STEFAN: Verfällt die Sprache? Metaphern für die Deutung von sprachlichen Symptomen des kulturellen Wandels. In: OBST 40, 1989, S. 177-185

KOLDE, GOTTFRIED: Sprachpflege als angewandte Sprachwissenschaft. In: Sprachdienst 24, 1980, S. 97-107

KOLDE, GOTTFRIED: Sprachkritik, Sprachpflege und Sprachwissenschaft. Einige Bemerkungen zu einem alten Thema. In: Muttersprache 96, 1986, S. 171-189

KONDYLIS, PANAJOTIS: Die Aufklärung im Rahmen des neuzeitlichen Rationalismus. Stuttgart 1981

KOPPERSCHMIDT, JOSEF (Hg.): Rhetorik. Band 1: Rhetorik als Texttheorie. Darmstadt 1990; Band 2: Wirkungsgeschichte der Rhetorik. Darmstad 1991

KOSSELLECK, REINHART (Hg.): Historische Semantik- und Begriffsgeschichte (Sprache und Geschichte, Band 1). Stuttgart 1979

KRAMER, G. (Hg.): Beiträge zur Geschichte August Hermann Francke's / enthaltend den Briefwechsel Francke's und Spener's. Halle 1861

KRAUSS, WERNER: Lexikologie der Aufklärung. In: Rom. Forschungen 66, 1955, S. 384-396

KREIS, RUDOLF: Die verborgene Geschichte des Kindes in der deutschen Literatur. Deutschunterricht als Psychohistorie. Stuttgart 1980

KRUSCHE, DIETRICH: Normenunsicherheit als Ursache für Normenzwang. In: JB Deutsche Akademie für Sprache und Dichtung 1981, 1, S. 23-37

KURTH-VOIGT, LIESELOTTE E.: W[ilhelm] E[hrenfried] Neugebauers Beitrag zur „Reinigung" der deutschen Sprache. In: Argenis 2, 1978, S. 323-326

LANGEN, AUGUST: Der Wortschatz des deutschen Pietismus. 2. erg. Aufl. Tübingen 1968 [¹1954]

LAPORTE, DOMINIQUE: Eine gelehrte Geschichte der Scheiße. [Historie de la merde, 1978] Frankfurt a. M. 1991

LEHMANN, HARTMUT: Das Zeitalter des Absolutismus. Gottesgnadentum und Kriegsnot. [Christentum und Gesellschaft 9] Stuttgart usw. 1980

LENTNER, LEOPOLD: Volkssprache und Sakralsprache. Wien 1964

LÉVY, BERNARD-HNERI: La pureté dangereuse. Paris 1994

LOHSE, BERNHARD: Martin Luther. Eine Einführung in sein Leben und Werk. Zweite, durchgesehene Auflage. München 1983

LUDEWIG, HANSGÜNTHER: Gebet und Gotteserfahrung bei Gerhard Tersteegen [AGP 24]. Göttingen 1986

LUKÁCS, GEORG VON: Von der Armut am Geiste. Ein Gespräch und ein Brief. In: Neue Blätter 1912. Der zweiten Folge fünftes und sechstes Heft

MAAS, UTZ: Kann man Sprache lehren? Für eine andere Sprachwissenschaft. Frankfurt a. M. ²1979

MALHERBE, D.: Das Fremdwort im Reformationszeitalter. Freiburg [Diss.] 1906

MANN, THOMAS: Tagebücher 1933-1934. Frankfurt a.M. 1977

MARTIN, JOSEF: Antike Rhetorik – Technik und Methode. München 1974

MARX, KARL: Das Kapital. Kritik der politischen Ökonomie, Band 1 [= MEW Band 23]. Berlin 1972

MATTENKLOTT, GERT und KLAUS SCHERPE (Hg.): Westberliner Projekt: Grundkurs 18. Jahrhundert. Die Funktion der Literatur bei der Formierung der bürgerlichen Klasse Deutschlands im 18. Jahrhundert. Kronberg/Ts. 1974

DEMAUSE, LLOYD (Hg.): Hört ihr die Kinder weinen. Eine psychogenetische Geschichte der Kindheit. Frankfurt a. M. 1980

MENZEL, WOLFGANG: Die deutsche Literatur. Stuttgart 1828 [Photomechanischer Nachdruck. Texte zum literarischen Leben um 1800. Hg. von Ernst Weber. Band 11: Wolfgang Menzel: Die deutsche Literatur. Zwei Bände in einem Band. Mit einem Nachwort von Eva Becker. Hildesheim 1981]

MEYER, L.: Luthers Stellung zur Sprache. Hamburg [Diss.] 1930

MICHAELIS, ROLF: Goethe – eine Zumutung. In: Die Zeit Nr. 45, 4.11.1994, Literatur: S. 2 f.

MICHEL, GEORG: Normgerecht und schöpferisch – ist beides vereinbar? In: Sprachpflege 36, 1987, S. 45-47

MOELLER, BERND, HANS PATZE und KARL STACKMANN (Hg.): Studien zum städtischen Bildungswesen des späten Mittelalters und der frühen Neuzeit. Göttingen 1983

MOGGE, BRIGITTA: Man muß sich zwar plagen – aber Verständlichkeit ist lernbar! In: Über die Sprache und ihre Normierung. In: Die Sprachnorm-Diskussion in Presse, Hörfunk und Fernsehen. Bearbeitet von Brigitta Mogge (= Der öffentliche Sprachgebrauch, Band 1). Stuttgart 1980, Band 1, S. 190-201

MOHR, RUDOLF: Art. Erbauungsliteratur III. Reformations- und Neuzeit. In: Theologische Realenzyklopädie, Band 10, S. 51-80

MOSER, HUGO: Die Entstehung der neuhochdeutschen Einheitssprache. In: Der Deutschunterricht, 1951, 1, S. 51-68

MOSER, HUGO: Annalen der deutschen Sprache. Stuttgart 1961

MOSER, HUGO: Deutsche Sprachgeschichte. Tübingen [5]1965 [[1]1950]

MOSER, HUGO: Studien zu Raum- und Sozialformen der deutschen Sprache in Geschichte und Gegenwart. Berlin 1979

MÜLLER, MAX: Wortkritik und Sprachbereicherung in Adelungs Wörterbuch. Berlin 1903

NASSEN, ULRICH: Das Kind als wohltemperierter Bürger. Zur Vermittlung bürgerlicher Affekt- und Verhaltensstandards in der Kinder-, Jugend- und Ratgeberliteratur des späten 18. Jahrhunderts. In: Dagmar Grenz (Hg.): Aufklärung und Kinderbuch. Studien zur Kinder- und Jugendliteratur des 18. Jahrhunderts. Pinneberg 1986, S. 213-328

NAUMANN, BERND: Grammatik der deutschen Sprache zwischen 1781-1856. Berlin 1986

NEMBACH, ULRICH: Predigt des Evangeliums. Luther als Prediger, Pädagoge und Rhetor. Neunkirchen-Vluyn 1972

NERIUS, DIETER: Untersuchungen zur Herausbildung einer nationalen Norm der deutschen Literatursprache im 18. Jahrhundert. Halle 1967

NERIUS, DIETER: Thesen zur Bestimmung und Differenzierung der sprachlichen Norm. In: Sprachnormen, Stil und Sprachkultur. Hg. von Wolfgang Fleischer. Berlin 1979, S. 17-24

NERIUS, DIETER: Zur Bestimmung der sprachlichen Norm. In: ZPSK 33, 1980, 3, S. 365-370

NEUBERT, A.: Überlegungen zum Thema Sprache und Geschichte. Linguistische Arbeitsberichte, Karl-Marx-Universität. Leipzig 1975

Neues Handbuch der Literaturwissenschaft. Hg. von Klaus von See. Band 3: Römische Literatur. Hg. von Manfred Fuhrmann. Frankfurt a. M. 1974

NEUMANN, WERNER: Sprachpflege und Sprachnormen. Ein Beitrag zur Explikation der Begriffe. In: Sprachnormen, Stil und Sprachkultur. Hg. von Wolfgang Fleischer. Berlin 1979, S. 1-16

NÜSSLER, OTTO: Über die Unmöglichkeit, die Sprache zu pflegen. In: Der Sprachdienst 26, 1982, 7/8, S. 97-104

OBERMAN, HEIKO A.: Luther. Mensch zwischen Gott und Teufel. Berlin, 2. verb. Auflage 1987

OELLER, NORBERT (Hg.): Vorträge des Germanistentages Berlin 1987. Band 2. Politische Aufgaben und soziale Funktionen von Germanistik und Deutschunterricht. Tübingen 1988

OLT, REINHARD: Wider das Fremde? Das Wirken des Allgemeinen Deutschen Sprachvereins in Hessen 1885-1944. Darmstadt 1991

OTTO, KARL F.: Die Sprachgesellschaften des 17. Jahrhunderts. Stuttgart 1972

PASIERBSKY, FRITZ: Deutsche Sprache im Reformationszeitalter. Eine geistes- und sozialgeschichtlich orientierte Bibliographie. Bearb. und hg. von Edeltrud Büchler und Edmund Dirkschneider. 2 Teile. Tübingen 1988

PAUL, HERMANN: Prinzipien der Sprachgeschichte. Halle [5]1920

PAVLOV, V. M.: Zur Ausbildung der Norm der deutschen Literatursprache im Bereich der Wortbildung (1470-1730). Von der Wortgruppe zur substantivischen Zusammensetzung. Berlin 1983

PENZL, HERBERT: Valentin Ickelsamer und die Aussprache des Deutschen im 16. Jahrhundert. In: Virtus et fortuna, 1983, S. 220-236

PETERS, MANFRED: Sprachwandel und Sprachnorm in Conrad Gessners „Mithridates" und in seiner Vorrede zu Josua Maalers „teütsch spraach". In: Archiv für das Studium der neueren Sprachen und Literatur 123 = 208, 1972, 46, S. 256-266

PIIRAINEN, ILPO TAPANI: Frühneuhochdeutsche Bibliographie. Literatur zur Sprache des 14. -17. Jahrhunderts. 1980

PLETT, HEINRICH F. (Hg.): Rhetorik. München 1977

PLETT, HEINRICH F. (Hg.): Renaissance-Rhetorik. Renaissance Rhetoric. Berlin, New York 1993

PÖRKSEN, UWE: Genauigkeit, Durchsichtigkeit und Form oder Was ist eine vollkommene Sprache? In: Henning-Kaufmann-Stiftung. Jahrbuch 1990/91. Hg. von Ulrich Knoop und Heinz-Günter Schmitz. Marburg 1995, S. 27-60

POLENZ, PETER VON: Sprachpurismus und Nationalsozialismus. Die ‚Fremdwortfrage' gestern und heute. In: Germanistik − eine deutsche Wissenschaft. Frankfurt a. M. 1967, S. 111-165

POLENZ, PETER VON: Geschichte der deutschen Sprache. Berlin und New York [8]1972

QUINT, JOSEF: Mystik und Sprache. Ihr Verhältnis zueinander, insbesondere in der spekulativen Mystik Meister Eckeharts. In: DVjS 27, 1953, S. 48-76

RAAB, HERIBERT: „Lutherisch deutsch". Ein Kapitel Sprach- und Kulturkampf in den katholischen Territorien des Reiches. In: Zs für bayerische Landesgeschichte 47, 1984, S. 15-42

RICKEN, ULRICH: Sprachtheorie als Aufklärung und Gegenaufklärung. In: Jochen Schmidt (Hg.): Aufklärung und Gegenaufklärung in der europäischen Literatur, Philosophie und Politik von der Antike bis zur Gegenwart. Darmstadt 1989, S. 316-340

ROMAINE, SUZANNE: Sprachmischung und Purismus: Sprich nur nicht von Mischmasch. Übers. von Wolfgang Klein. In: LiLi 16, 1986, 62, S. 92-107

RÜCKERT, HEINRICH: Geschichte der Neuhochdeutschen Schriftsprache. Leipzig 1875

RÜDIGER, HORST: Pura et illustris brevitas. Über Kürze als Stilideal. In: Konkrete Vernunft. Festschrift für Erich Rothacker. Hg. von Gerhard Funke. Bonn 1958, S. 345-372

RUH, KURT: Die trinitarische Spekulation in deutscher Mystik und Scholastik. In: ZfdPh 72, 1953, S. 24-53

RUH, KURT: Vorbemerkugen zu einer neuen Geschichte der abendländischen Mystik im Mittelalter. München 1982

RUMPF, HORST: Gereinigt wovon? Über Tendenzen der Schul-Sprache im Äon der Verwissenschaftlichung und im Rahmen der verwalteten Schule. In: Schulen für einen guten Sprachgebrauch. Bearbeitet von Brigitta Mogge und Ingulf Radtke (= Der Öffentliche Sprachgebrauch, Band 3). Stuttgart 1982, S. 199-214

RUTSCHKY, KATHARINA: Humaniora. Eine Kolumne. In: Merkur 43, 1989, 7, S. 611-618

SASSE, GÜNTHER: Sprache und Kritik. Untersuchungen zur Sprachkritik der Moderne. Göttingen 1977

SCHANZE, HELMUT (Hg.): Rhetorik. Beiträge zu ihrer Geschichte in Deutschland vom 16.-20. Jahrhundert. Frankfurt a. M. 1974

SCHANZE, HELMUT (Hg.): Rhetorik und Philosophie. München 1989

SCHATZMAN, MORTON: Die Angst vor dem Vater. Langzeitwirkung einer Erziehungsmethode. Eine Analyse am Fall Schreber. Reinbek 1978

SCHELKLE, KARL HERMANN: Die Mutter des Erlösers. Ihre biblische Gestalt. Düsseldorf [2]1963

SCHERPE, KLAUS R.: Gattungspoetik im 18. Jahrhundert. Historische Entwicklung von Gottsched bis Herder. Stuttgart 1968

SCHIEWE, JÜRGEN: Joachim Heinrich Campes Verdeutschungsprogramm. Überlegungen zu einer Neuinterpretation des Purismus um 1800. In: DS 16, 1988, S. 17-33

SCHIFKO, PETER: Bedeutungstheorie. Einführung in die linguistische Semantik. Stuttgart 1975

SCHILDT, JOACHIM: Abriß der Geschichte der deutschen Sprache. Leipzig [3]1984

SCHLOSSER, HORST DIETER: Sprachnorm und regionale Differenz im Rahmen der Kontroverse zwischen Gottsched und Bodmer / Breitinger. In: Mehrsprachigkeit in der deutschen Aufklärung. Hg. von Dieter Klimpel. Hamburg 1985, S. 52-68

SCHMIDT, JOCHEN (Hg.): Aufklärung und Gegenaufklärung in der europäischen Literatur, Philosophie und Politik von der Antike bis zur Gegenwart. Darmstadt 1989

SCHMIDT, MARTIN: Art. Pietismus. In: RGG[3], Bd. 5, S. 370-383

SCHMIDT, W.: Geschichte der deutschen Sprache. Berlin/DDR [5]1984

SCHMITT, WOLFGANG: Die pietistische Kritik der „Künste". Untersuchungen über die Entstehung einer neuen Kunstauffassung im 18. Jahrhundert. Köln [Diss.] 1958

SCHMITZ, HEINZ GÜNTER: Die Henning-Kaufmann-Stiftung zur Pflege der Reinheit der deutschen Sprache. In: Sprachwissenschaft 9, 1984, S. 251-253

SCHÖN, ERICH: Der Verlust der Sinnlichkeit oder Die Verwandlung des Lesers. Mentalitätswandel um 1800. Stuttgart 1987

SCHÖNE, ALBRECHT: Säkularisation als sprachbildende Kraft. Göttingen [2]1968

SCHÖNE, ALBRECHT (Hg.): Stadt − Schule − Universität − Buchwesen und die deutsche Literatur im 17. Jahrhundert. Vorlagen und Diskussionen eines Barock-Symposions der Deutschen Forschungsgemeinschaft 1974 in Wolfenbüttel. München 1976

SCHRODT, RICHARD: Das Problem der Sprachnorm − eine unendliche, auch politische Geschichte. In: Info Deutschdidaktik 12, 1988, 2, S. 61-71

SCHULTZ, HANS JÜRGEN (Hg.): Luther kontrovers. Stuttgart 1983

SCHWARZ, REINHARD: Beobachtungen zu Luthers Bekanntschaft mit antiken Dichtern und Geschichtsschreibern. In: Luther-Jahrbuch 54, 1987, S. 7-22

SEELHOFF, P.: Die deutsche Schule. Eine Kulturgeschichte der deutschen Schule und des deutschen Lehrers. Detmold 1932

SICHTERMANN, BARBARA: Fetisch Verständlichkeit. Ein Plädoyer für Fremdwörter und komplizierte Sprache. In: Freibeuter, 1983, 16, S. 1-9

SICKEL, KARL-ERNST: Johann Christoph Adelung. Seine Persönlichkeit und seine Geschichtsauffassung. Leipzig [phil. Diss.] 1933

SIMON, GERD (Hg.): Sprachwissenschaft und politisches Engagement. Zur Problem- und Sozialgeschichte einiger sprachtheoretischer, sprachdidaktischer und sprachpflegerischer Ansätze in der Germanistik des 19. und 20. Jahrhunderts. (= Pragmalinguistik Bd. 18). Weinheim und Basel 1979

SINEMUS, VOLKER: Poetik und Rhetorik im frühmodernen deutschen Staat. Sozialgeschichtliche Bedingungen des Normenwandels im 17. Jahrhundert. Göttingen 1978

SOCIN, ADOLF: Schriftsprache und Dialekte im Deutschen. Heilbronn 1888

SONDEREGGER, STEFAN: Grundzüge der deutschen Sprachgeschichte. Berlin, New York 1979

SPERBER, HANS: Der Einfluß des Pietismus auf die Sprache des 18. Jahrhunderts. In: DVjS 8, 1930, S. 127-138

Sprachkultur. Jahrbuch des Instituts für deutsche Sprache. Hg. von R. Wimmer. Mannheim 1984

Standard und Dialekt. Studien zur gesprochenen und geschriebenen Gegenwartssprache. Festschrift für Heinz Rupp zum 60. Geburtstag. Hg. von Heinrich Löffler u. a. Bern, München 1979

STOLT, BIRGIT: Docere, delectare und movere bei Luther. Analysiert anhand der „Predigt, daß man Kinder zur Schulen halten soll". In: DVjS 44, 1970, S. 433-474

STOLT, BIRGIT: Wortkampf. Frühneuhochdeutsche Beispiele zur rhetorischen Praxis. Frankfurt a. M. 1974

STOLT, BIRGIT: Neue Aspekte der sprachwissenschaftlichen Luther-Forschung. Ein kritischer Rückblick. In: Martin Luther. Text und Kritik. Sonderheft. Hg. von Heinz Ludwig Arnold. München 1983, S. 6-16

STOLT, BIRGIT: Rhetorische Textkohärenz am Beispiel Martin Luthers. In: Rhetorik. Ein internationales Jahrbuch 10, 1991, S. 89-99

STORE, GERHARD: Deutsch als Aufgabe und Vergnügen. Stuttgart 1984

STREICHER, OSKAR: Zeitungsschau. In: Muttersprache 49, 1934, Sp. 24

STROHBACH, MARGIT: Johann Christoph Adelung. Ein Beitrag zu seinem germanistischen Schaffen mit einer Bibliographie seines Gesamtwerkes. Berlin 1984

TAKADA, HIRYUKI: J.G. Schottelius, die Analogie und der Sprachgebrauch: Versuch einer Periodisierung der Entwicklung des Sprachtheoretikers. In: Zeitschrift für germanistische Linguistik 13, 1985, 2, S. 129-153

TEMME, WILLI: Die Buttlarsche Rotte. Ein Forschungsbericht. In: Pietismus und Neuzeit. Ein Jahrbuch zur Geschichte des neueren Protestantismus 16, 1990, S. 53-75

Theologische Realenzyklopädie. Berlin, New York 1977 ff.

TREUE, WILHELM: Die reale Stadt und die Krankheit im 17. Jahrhundert. Osterode, Homberg 1969 [Privatdruck]

TREUE, WILHELM: Kulturgeschichte des Alltags im Barock. In: Aus der Welt des Barock. Dargestellt von Richard Alewyn u. a. Stuttgart 1957, S. 192-210

TSCHIRCH, FRITZ: Geschichte der deutschen Sprache. Berlin [2]1975

UEDING, GERT: Von der Universalsprache zur Sprache als politischer Handlung. In: Jochen Schmidt (Hg.): Aufklärung und Gegenaufklärung in der europäischen Literatur, Philosophie und Politik von der Antike bis zur Gegenwart. Darmstadt 1989, S. 294-315

VIGARELLO, GEORGES: Wasser und Seife, Puder und Parfüm. Geschichte der Körperhygiene im Mittelalter. Frankfurt a. M. 1988

VILLIGER, HERMANN: „Sauber Wasser, sauber Wort". Analyse einer Sprachecke. Betrachtungen zum Problem der Sprachpflege. In: Muttersprache 86, 1976, S. 7-19

WALLMANN, JOHANNES: Die Anfänge des Pietismus. In: Pietismus und Neuzeit. Band 4, 1979, S. 11-53

WALLMANN, JOHANNES: Philipp Jakob Spener und die Anfänge des Pietismus. [Beiträge zur historischen Theologie, Bd. 42]. Tübingen [2]1986

WALLMANN, JOHANNES: Der Pietismus. [Die Kirche in ihrer Geschichte, Lfg. O, 1: Bd. 4]. Göttingen 1990

WATERMAN, JOHN T.: A History of the German Language. Seattle and London 1966

WEBER, EDMUND: Johann Arndts Vier Bücher vom Wahren Christentum als Beitrag zur protestantischen Irenik des 17. Jahrhunderts. Eine quellenkritische Untersuchung. [Studia Irenica 2]. Hildesheim [3]1978

WEBER, MAX: Gesammelte Aufsätze zur Religionssoziologie, Band 1. Tübingen 1920

WEGERA, KLAUS-PETER (Hg.): Zur Entstehung der neuhochdeutschen Schriftsprache. Eine Dokumentation von Forschungsthesen. Tübingen 1986

WEHRLE, HUGO und HANS EGGERS: Deutscher Wortschatz. Ein Wegweiser zum treffenden Ausdruck. Stuttgart [13]1967

WEITHASE, IRMGARD: Zur Geschichte der gesprochenen Deutschen Sprache, 2 Bände. Tübingen 1961

WIESEL, ELIE. Gespräch mit Reinhold Boschert. In: SZ Nr. 249, 28./29.10.1989, S. 18

WIMMEL, HERBERT: Sprachliche Verständigung als Voraussetzung des „Wahren Christentums". Untersuchungen zur Funktion der Sprache im Erbauungsbuch Johann Arndts. [Kasseler Arbeiten zur Sprache und Literatur 10]. Frankfurt a. M., Bern 1981

WOLF, HERBERT: Martin Luther. Stuttgart 1980

WOLFF, GERHART: Deutsche Sprachgeschichte. Ein Studienbuch. Frankfurt a. M. 1986

ZIMMER, DIETER E.: Sonst stirbt die deutsche Sprache. In: Die Zeit 26, 23.6.1995, S. 42

9.3 Belegstellen zu *rein* bei Luther

Die folgende Aufstellung bringt alle exzerpierten und für die Untersuchung analysierten Textstellen, die mit *rein*- oder *purus*- zusammenhängen. Sie werden zitiert nach der *Weimarer Ausgabe* (WA): D. Martin Luthers Werke. Kritische Gesamtausgabe. Weimar 1883 ff. Die Schriften werden ohne Sigle, nur mit Bandzahl, ggf. hochgestellter Angabe des Teilbandes, Seite und Zeile nachgewiesen. – Die Exzerpte sind in der Reihenfolge der Fundstellen geordnet. Ergänzungen und Zusammenfassungen stehen in eckigen Klammern []. Die Übersetzungen aus dem Lateinischen stammen von mir, G. H.

gleich wie reynickeit eyn eere ist, alßo unreinickeit ein schande (1, 178, 9)

gantz reine seyn (1, 178, 11 f.)

yn warheit und grundlich ynnerlich reyn ann alle meyn wercken odder müggen (1, 189, 20 f.)

und lass deinen glauben dein reinigkeit sein, so bistu gewiss. (1, 256, 14 f.)

wo das gewissen nicht in Gott hoffet und trawet, so erschrickt es und erzittert für der Reinigkeit, gerechtigkeit Gottes. (1, 275, 10-12)

Ich danck Gott, das ich yn deutscher zungen meynen gott alßo höre und finde, als ich und sie [= die Theologen] mit myr alher nit funden haben, widder in lateynischer, krichscher noch hebreischer zungen. Gott gebe, das dißer puchleyn[1] mehr an tag kumen, ßo weren wyr finden, das die Deutschen Theologen an zweyffell die beßten Theologen seyn, Amen. (1, 379, 8-12)

Sich, dise lauterkait und inwendige rainigkait des willen von allen dingen ist die recht zierd der leüt Christi [...]. (1, 700, 10-12)

reyn an leib und seel (2, 728, 35; ebenso 9, 545, 4; 9, 572, 32)

reyn und an sund gantz unschuldig (2, 729, 20)

Alßo vorstehstu wie eyn mensch unschuldig, reyn, an sund wirt yn der tauff, und doch bleybit voll vill poßer neygung, das er *nit anderß reyn heyst, dan das er angefangen ist reyn tzu werden*, und der selben reynickeit eyn zeichen und bund hatt, und yhe mehr reyn werden soll, umb wilchs willen yhm gott seyn nachstelligen unreynickeyt nit rechnen will [...].
da her vorsteht man auch, warumb die Christen heyßen ynn der schrifft die kinder der barmhertzickeit, eyn volck der gnaden und menschen des gutigen willen gottis, darumb *das sie angefangen durch die tauff reyn tzu werden* [...]. (2, 732, 9-14 und 28-31; Hervorhebungen von mir)

am jungsten tag [wird der Mensch] gantz reyn werden (2, 732, 32)

biß das wyr reyn werden durch den todt (2, 733, 9 f.; ähnlich 12, 273, 15-18)

Sed Theologo puram germanamque intelligentiam scrutanti necessarium est consultis ipsis sacris literis de omnibus iudicare, sicut Augustinus in multis locis docet, et Paulus praecipit ‚omnia probate, quod bonum est, tenete‘.[2] (5, 281, 10-13)

---

[1] Gemeint: Luthers Vorrede zu der vollständigen Ausgabe der ‚deutschen Theologie‘.
[2] Aber der Theologe muß, wenn er nach der reinen und wahrhaftigen Erkenntnis sucht, die Heilige Schrift selbst befragen und in der Weise denn über alles urteilen, wie es Augustinus an vielen Stellen lehrt und wie Paulus gebietet: ‚prüfet alles, und das Gute behaltet‘ [= 1 Thess 5, 21].

dann gottis werck ist weiszheit unnd reinickeit, unser werck ist torheit unnd unreinickeit [...] (6, 247, 31 f.)

geystliche reynickeit [und] fleyschliche unreynickeit (6, 269, 33 f.)

Warumb solten wir Deutschen nit meß leßen auff unser sprach, ßo die Lateinischen, Kriechen und vil andere auff yhre sprach meß halten? Warumb helt man nit auch heymlich die wort der tauffe [...]? Mag hie ein yder deutsch und lautt reden, das doch nit weniger heylig wort und zusagung gottis seyn, warumb solt man nit auch laut unnd deutsch yderman diße wort der messen reden und hören lassen? (6, 362, 29-35)

Satis autem fecero, si purissimo et simplicissimo Euangelii sensu, utcunque patefacto, insulsis et ineptis glossematibus quorundam occurrero et pro fabulis et somniis saltem sola verba dei sui, a sordibus humanis purgata, audire populus potuerit. praeter puritatem enim et syncaeritatem sensus Euangelici, humiliori et populari captui attemperati, nihil promitto.[3] (7, 465, 11-15)

Die brautlieb ist hubsch gewesen, do Adam und Eva noch nicht gefallen waren, Aber do sie fielen, darnach ist sye nie reyn worden. (9, 214, 7-9)

Magst got viel meher dancken, das er der aller reinigste dich in solchem unflat nicht vorstoß, sunder gnediglich darynn nemen wil. (9, 214, 38 f.)

wir mussen von tag zcu tag reyner und reiner werden (9, 545, 6 f.)

wan man nicht grobe sund thete, wer man ganzs rein und rechtfertig. (9, 609, 9)

reynne junckfraw (9, 649, 30)

Darnach ist die gantz ubung unßerß lebenß, das wyr die unreynickeyt des gnadloßen, welltlichenn weßens außfegen auß leyb unnd seel, das diß gantz leben biß ynn den tod sey nit anderß denn eyn reynigung (10[1,1], 52, 11-14)

Eytell zucht und reynickeyt quillet auß dißer gepurtt [Christi]. (10[1,1], 69, 1 f.)

Christus hatt eyn reyne, unschuldige, heylige gepurtt. (10[1,1], 71, 21)

ist die weyße und maß reyn tzu werdenn von unßer elenden Adamß gepurtt (10[1,1], 72, 7 f.)

die rede ist eyn ebenbild odder controfeytt bild des hertzen. Ist das hertz reyn, ßo redet es reyn wort. Ist es unreyn, so redet es unreyne wort. (10[1,1], 187, 16 f.)

Alleyn die schrifft wolt ich lautter, reyn unnd gewiß haben [...]. (10[2], 232, 15)

Dann das wort ist lauter und rain, reich, rechtgeschaffen, haylig und weiß, darumb die seel die daran hangt, wir auch der art, der das wort ist: lauter, rain, weiß, rechtgeschaffen, haylig [...]. (10[3], 271, 22-24)

Also [weil er den Glauben hat] ist eynem Christen die gantze wellt eytell heylthum, reynigkeyt, nutz und frum men. (12, 122, 5 f.)

das der glawb lautter bleybe, wie das wort reyn ist, das man alleyn an dem wort hange und auff keyn ander din trawe. (12, 273, 9 f.)

Wenn wyr zum glawben komen durch die predig des Evangelii, so werden wyr frum und fahen an reyn z werden. Aber weyl wyr noch ym fleysch sind, so konden wyr nymmer gantz reyn seyn. (12, 273, 14-16)

---

3 Genug indes werde ich vollbracht haben, wenn ich den vollkommen reinen und schlichten Schriftsinn, s gut es geht, aufgedeckt habe und so den ungereimten und törichten Erklärungsversuchen mancher Leu entgegentrete, und wenn anstelle von Ammenmärchen und zum wenigsten leerem Wähnen das Volk einz und allein die Worte seines Gottes, von menschlicher Schlacke gereinigt, vernehmen kann. Außer der Rei heit nämlich und der Lauterkeit des Schriftsinns, dem Begriffsvermögen des niederen Volkes angepaßt, kar ich nichts versprechen.

Denn das wortt Gottis hatt nichts unreyns an yhm, Und wo es yns hertz kompt, das daran hanget, so muss es das selb auch gar reyn machen. (12, 322, 29 f.)

Damit werdet yhr nicht behallten und selig, das yhr den unflat vom fleysch abwasschet, das der leyb reyn sey, wie die Juden thetten, solche reynickeyt gilt nu nichts mehr, sondern der bund des gütten gewissen mit Gott. (12, 370, 28-30)

und wenn es noch könd geschehen, dasz ain weib on menlichen samen geperen möcht, so were die selbig geburt auch rayn. (12, 403, 31 f.)

Aber das ist die recht rainigkait oder junckfrawschafft Marie, das sy allain auff dem herren steet und preyst. (12, 611, 18 f.)

das verbum reyn sey prius et fides daran henge (12, 652, 20 f.)

anima mea pura est, non per opera, sed per gratiam dei (12, 670, 13*; vgl. auch: 3, 196, 1; 3, 592, 29; 24, 506, 9*; 26, 59, 14*)

Adam [...] purus erat in anima et corpore. (14, 122, 15*; ähnlich in: 42, 50, 10* und ebd. 80, 42*; 86, 11*; 101, 38*; 102, 34*; 132, 30*)

Atque is est purus et syncaerus sensus primi praecepti: sentire nos nihil nostris meritis sed omnia ipsius sola misericordia et dilectione habere, obtinere, posse et facere in gloriam suam, quam misericordiam, ut verbo suo primum promittit, ita et post, opere, quod per nos operatur, ceu signo confirmat, ut hic allegat exodum de Aegypto et Chananeorum perditionem.[4] (14, 626, 22-27)

Ja ich weys leyder wol, das wyr deutschen müssen ymer bestien und tolle thier seyn und bleyben [...]. Die künste und sprachen, die uns on schaden, ja grösser schmuck, nutz ehre und frumen sind beyde zur heyligen schrifft zuverstehen und welltlich regiment zu füren, wöllen wyr verachten, und der auslendischen ware, die uns wider not noch nütze sind, dazu uns schinden bis auff den grat, der wöllen wyr nicht geratten: heyssen das nicht billich deutsche narren und bestien?

sollt doch uns das billich erfrewen und anzünden, das es so eyn edle feyne gabe Gottis ist, da mit uns deutschen Gott itzt so reichlich fast uber alle lender heymsucht und begnadet. Man sihet nicht viel, das der teuffel die selben hette lassen durch die hohen schulen und klöster auffkomen. Ja sie haben allzeyt auffs höhest da widder getobet und auch noch toben. Denn der teuffel roch den braten wol [...]. Es ist yhm nicht eyn lieber gast damit yns haus komen, Darumb will er yhn auch also speysen, das er nicht lange sol bleyben. (15, 36, 6-32)

Denn das konnen wir nicht leucken, das, wie wol das Euangelion alleyn durch den heyligen geyst ist komen und teglich kompt, so ists doch durch mittel der sprachen komen und hat auch dadurch zugenomen, mus auch da durch behallten werden. Denn gleich alls da Gott durch die Apostel wollt ynn alle wellt das Euangelion lassen komen, gab er die zungen dazu. [...] Niemant hat gewust, warumb Gott die sprachen erfür lies komen, bis das man nu allererst sihet, das es umb des Euangelio willen geschehen ist, wilchs er hernach hat wöllen offinbarn und da durch des Endchrists regiment auff decken und zu stören Darumb hat er auch kriechen land dem Türcken geben, auff das die kriechen verjagt und zu strewet die kriechische sprach ausbrechten und eyn anfang würden, auch andere sprachen mit zu lernen. (15, 37, 3-16)

Also mag auch die Kriechische sprach wol heylig heyssen, das die selb fur andern dazu erwelet ist, das das newe testament drinnen geschriben würde, Und aus der selben alls aus eym brunnen ynn andere sprach durchs dolmetschen geflossen und sie auch geheyliget hat.

wo wyrs versehen, das wyr (da Gott fur sey) die sprachen faren lassen, so werden wir nicht alleyn das Euan-

---

4 Und dies ist der reine, echte Sinn des ersten Gebotes: daß wir merken, daß wir nichts aufgrund unserer eigenen Verdienste, sondern alles allein dank seiner Barmherzigkeit und Liebe haben, erhalten, vermögen und tun zu seiner Ehre, und diese Barmherzigkeit, wie er sie zuerst in seinem Wort verheißt, und so auch später, bekräftigt er durch sein Werk, das durch uns wirkt, gleichwie durch ein Zeichen, wie er denn hier zum Zeugnis anführt den Auszug aus Ägypten und die Vernichtung der Kananäer.

gelion verlieren, sondern wird auch endlich dahyn geratten, das wir wider lateinisch noch deutsch recht reden odder schreyben künden. Des last uns das elend grewlich exempel zur Beweysung und warnung nemen ynn den hohen schulen und klöstern, darynnen man nicht alleyn das Euangelion verlernt, sondern auch lateinische und deutsche sprache verderbet hat, das die elenden leut schier zu lautter bestien worden sind, wider deutsch noch lateinisch recht reden oder schreyben konnen, Und bey nahend auch die natürliche vernunfft verloren haben.

[...] Darumb ists gewis, wo nicht die sprachen bleyben, da mus zu letzt das Euangelion unter gehen. (15, 38, 3-6; 12-21; 30 f.)

Vita haec est non pura, sed quae quottidie pura fit. (15, 502, 7*; vgl. auch: 5, 166, 11; 5, 382, 10; 29, 102, 29 40², 497, 7*; 47, 2, 37*; 56, 322, 19)

Denn diss leben ist eyn solcher wandel, darynn man ymmerdar fort feret von glawben ynn glawben, von lieb ynn liebe, von gedult ynn gedult odder von creutz ynn creutz. Es ist nicht gerechtickeyt, sondern rechtfertigung nicht reynickeit, sondern reynigung. (15, 502, 26-29)

Prius occiderunt Christum i. e. germanam sententiam scripturae penitus extinxerunt, ut nemo pure intelligeret. (15, 520, 10 f.)

das es ein solch gros ding sey, Gottes wort rein und rechtschaffen haben. (16, 106, 25 f.)

und ob es gleich Gottes Wort ist und ich das Wort auff das aller reineste predige. (16, 110, 27 f.)

Ich vermane euch, das ir Gottes wort rein behaltet, Nemlich also, das ich euch hinauf füre one werck (16, 126, 32-34)

man sol Christum also erkennen und essen, das man in alleine habe und halte als den, der one feil und gesund sey, denn man müste das Osterlamb rein erziehen, das ist reine Lere von Christo haben. (16, 216, 21-24)

Aber in denen dingen, die uber uns sind, da die Conscientz sol regieret werden, [...] da mus alleine regieren da lautere helle und reine Wort Gottes. (16, 261, 17-19)

[Im NT] gilt nicht mehr eusserliche reinickeit [...]. Gott fragt nicht mehr darnach, ob das kleid besüddelt se odder nicht, ob der leib rein odder unrein, beschmirt odder nicht beschmirt sey. (16, 396, 13-16)

Also das ein rein hertz haben nicht allein heisse nichts unreins gedencken, sondern wenn durch Gottes wort da gewissen erleucht und sicher wird, das sichs nicht besuddelt am gesetz. (17¹, 111, 18-20)

Darnach aber wenn das hertz von gesetzen rein wird, wilchs nicht denn durchs wort Gottes geschicht, so ist e auch rein on gedancken, das es reine [...] gedenckt von fleisch und blut, ist nicht geitzig, zornig noch unkeusch Aber dis ist noch die unterste reinickeit, jhene aber ist die öberste, aus wilcher diese fleust und folget (17¹, 111, 26-30)

Wenn nu diese obirste reinickeit, die da Gott schawet, bleibt, ist die andere reinickeit auch da, das die böse lüs gedempt und yhr weniger wird und reine gedancken folgen. (17¹, 112, 22-24)

Denn Deudschland hat das liecht der warheit oder die lere des heiligen Euangelien noch nie so helle und rein gehabt von der Apostel zeithe als eben itzt. (17¹, 200, 19-31)

Also ists auch gangen zur zeyt der Apostel, da ware es noch reyn, Aber da die hynweg kamen, die uber de reynen lere hielten, funden sich die falschen propheten und der böse geyst, der wolts alles anders machen, wi die Episteln sanct Pauls gnugsam anzeygen. (17¹, 355, 33-36)

Videbimus in tota germania vix unum predigstuel reyn, et aget diligenter, ut penitus nullam contionem reyn bleib.[6] (17¹, 448, 8)

---

[5] Zuerst haben sie Christus erschlagen, das heißt den wahren [deutschen] Sinn der Schrift ganz und gar aus getrieben, damit ihn niemand rein erkennen kann.

[6] Wir werden in ganz Deutschland kaum eine reine Kanzel finden, und er [der Teufel] wird es achtsam betrei ben, daß durchaus keine Predigt rein bleibe.

Also ist eyn hertz auch feyn und reyn, weyt und reumig, das on sorge und geytz ist auff zeytliche narunge [...]. (17², 156, 25 f.)

[Paulus hält] heyligckeyt und reynickeyt fur eynerley (17², 199, 16 f.)

[Paulus hat] nicht die ehe verbeut, sondern hurerey und unkeuscheyt ausser dem ehestande, Denn wer seyn fas, das ist seinen eigen leib hellt, das er keusch bleibt, das ist, das er seyne ehe nicht bricht odder ausser der ehe nicht hurerey treybt, der hellt seynen leyb heylig und reyn und heysst auch keusch und heylig. (17², 199, 20-24)

Darumb wo das wort Gottes lauter unnd rein gehet, da stöst es alles zů bodem [...]. (17², 429, 29 f.)

Die wort Gotts sind reyn durchleuttert sieben mal, Du Herr wolltest sie erhalten und uns behueten fur dissem geschlecht ewiglich [...]. (18, 62, 31 f.)

Es sol alles gewis und reyn Gotts wort seyn, darauff wyr widder sie bawen und fechten, das sie nichts redlich da gegen mügen auff bringen. Denn wenn wyr nů gleich die deutsche Messe uberkomen, wirds doch nicht gnug seyn, das man die wort ym sacrament auff deutsch redet, Denn sie müssen doch ehe und zuvor geredt werden, ehe man [...] das sacrament empfehet, das die, so hynzu gehen, mussens doch ym hertzen haben und nicht ynn den oren. (18, 125, 4-10)

Drumb hat die schrifft feyne, reyne augen und sihet das welltlich schwerd recht an [...]. (18, 391, 30 f.)

Nostra verba debent esse propria, pura, sobria, et ut Paulus dicit, sana et irreprehensibilia.[7] (18, 638, 2 f.)

Denn gleich wie ein guter Malvasier oder köstlich artzney, je edler und besser sie ist, je leichtlicher sie mag verderbt und schedlich werden, wenn auch nur ein tropflin gifft oder unreines darunter kompt, Also können Gottes wort und sachen schlecht keinen zusatz neben sich leiden, Es mus gantz rein und lauter sein oder ist schon verderbet und kein nutz mehr. (21, 206, 5-9)

Also haben wir Christum und seine reinigkeit uns geschenckt gantz und volkomen durch den Glauben und werden umb desselben willen rein geschetzt, Und sind doch an und in uns selbs nicht so bald gar rein und one sünde oder gebrechen, sondern haben noch viel von dem alten Saurteig uberig, Welchs doch vergeben und nicht zugerechnet werden sol, so fern wir im Glauben bleiben und uberige unreinigkeit ausfegen. (21, 208, 29-32)

Hiegegen sol man wissen, das Christi ampt und regiment ist in seiner Kirchen, das er wol durchs wort und Glauben uns seine reinigkeit volliglich auff ein mal schencket, dazu auch durch den heiligen Geist unser Hertzen new machet, Aber doch also, das er solch werck unser vernewerung und reinigung nicht auff ein mal volendet, Sondern teglich an uns erbeitet und feget, bis wir jmer reiner und reiner werden. Solch werck ubet und treibt er durch das ampt des Worts [...]. (21, 209, 16-22)

[Wort Gottes] rein und on allen mangel (21, 209, 32 und 234, 8)

Das gestehe ich dir gerne, das du diese wort Christi wol ausstreichest und seiest nur ein reicher Prediger und aus einem wort tausent machest, damit es fein, klar, hell und liecht werde und ein jeder verstehen möge, Aber also, das es nur bey der einigen, lautern und reinen Lere bleibe. (21, 377, 36-40)

rein lassen, rein erhalten (21, 395, 7 f.)

Sondern ob sie schon auch das Euangelium annemen und Christen sein wollen (wie unser Papisten), so lassen sie doch solche Lere nicht rein, Sondern müssen jre zusetz und Glosen daran schmieren und sagen, Man müsse es also verstehen [...]. (21, 395, 34-37)

da es wird ein feiner, reiner, gehorsamer Leib sein, on alle sünde und böse lust. (22, 100, 34)

[Gott muß] seine liebe erstlich und am höchsten hie mit erzeigen, das er seine reinigkeit und heiligkeit an jre sünde und verdamnis wende und sie damit reinige und heilige. (22, 340, 12-14)

---

7 Unsere Worte müssen echt sein, rein und nüchtern, und – wie Paulus sagt – heilsam und untadelig. [= Tit 2, 8: „mit heilsamem vnd vntaddelichem wort"]

Aber es feilet hie[8] auch am Verstand, welcher zeigt aus Gottes wort, das Gott nicht haben wil, solch flickwerck zu machen, Sondern die Lere, Glauben und Gottesdienst rein und lauter nach seinem wort zu behalten und kein menschen Tand, eigen gutdŭnken oder klugheit darein zu mengen etc. (22, 383, 9-13)

Dem nach gebe ich diesem bŭchlin[9] mein zeugnis, das es ja wol gemacht ist, recht und rein die lere des Christlichen glaubens handelt und verficht mit guten feinen deudschen wortten, ym Euangelio und ander heiliger schrifft wol gegrundet. (23, 15, 15-18)

Nu hab ich offt gesagt, man solle fur allen dingen bey der schrifft bleiben ym einfeltigen verstand, so die buchstaben geben lauter und reyn, wenn das geschehen, mag man darnach mit figurn und deutung spielen, wie wir zum ersten nach den einfeltigen worten hyn diese Historien gehandlet. (24, 178, 16-20)

Es ligt die grŏste macht an der lere: wenn die reyn bleibt, so kan man allerley unvolkomen leben und schwacheit tragen [...]. Wo aber die lere verfelscht wird, so ist dem leben auch nicht mehr zu helffen. (24, 208, 13-17)

Hyerynne beschleust Moses abermal ein sonderlich stŭcke Gŏttlichs wercks, das er gethan hat und noch auff den heutigen tag bleibet, nemlich das er die sprachen verwirret, verandert und gemerht hat, Ist auch ein gros wunderzeichen, das alle sampt einerley sprache gewesen ist und sich so weit geteylet hat. Es haben auch von der zurteylung der sprachen viel geschrieben und sagen gemeyniglich, das zwo und siebenzig sprachen uberal sein ynn der welt, Die selbige zal, halte ich, das sie genomen sey von der zal der kinder der dreyen sŏne Noah: Ham, Japhet und Sem, der sind bisher fast zwey und siebenzig erzelet, Dis hat nu keinen grund, wir kŭnnens auch nicht wissen, wie mancherley sprachen auff erden sind. Denn die sŏne Canaan, wilcher doch eylffe gewesen sind, davon eylff vŏlcker mit unterscheid der regenten komen sind, alle fast einerley sprache gered haben, on das ein wenig verandert mag gewesen sein, wie bey uns die Deudsche sprache von andern anders gered wird, das sichs nahe bey hundert mal verandert, Darnach weiter sind die Arabische, Syrisch, Madianisch und Chaldeische sprachen einander fast nahe, Als da Abraham von Chaldea zoch, hat er ja die leute verstanden, wo er hin kam, und ist dennoch ein gros land durchzogen. Das rede ich darŭmb, das man bey dem Text bleibe und die schrifft reyn lasse, nicht alle mal eine glose gebe, gleich als mŭsten es gerad zwey und siebenzig sprachen sein, weil man soviel kinder von Noah zelet. Das wissen wir, das yhr viel sind: wie viel yhr aber ist, kŭnnen wir nicht sagen. (24, 227, 15-35)

Sihe, so bawet S. Paulus auff diesen Text seine predigt, fŭret yhn dŭrr, reyn und starck und schleust, das der glaube nichts anders ist denn ein tŏdtung des alten Adams. [Bezug: Röm. 4, 19] (24, 291, 17-19)

opus [...] non est purum nisi quod ex corde puro.[10] (25, 42, 4*)

Sed si alliget deus suum verbum ad arborem, iam res externa non solum sed per verbum adest praesentia voluntas misericordia dei ut in baptismo, non solum est pura aqua, quia ibi praesens nomen vel virtus omnis divina coniuncta per verbum in baptismo et ipse deus est baptizator, das merckt yr, ipsi non audiunt, sthen steiff auff dem kopff: Externa res non.[11] (25, 64, 9-14*; 34[1], 509, 21*)

Nach dem Terentio sol der schulmeister den kindern etliche fabulas Plauti, die rein sind, fŭrgeben, Als nemlich Aululariam, Trinummum, Pseudolum und der gleichen. (26, 238, 14-16)

---

8   Gemeint ist: bei der Zwietracht zwischen Kaiser, Gelehrten, Fürsten, Bischöfen etc.

9   Gemeint ist: Wider den hochberühmten Barfüßer zu Erfurt D. Konrad Kling – Schutzred und gründliche Erklärung etlicher Hauptartikel christlicher Lehre durch Justus Menius, Wittenberg 1527. Luther hat zu diesem Buch die Vorrede geschrieben, aus der hier zitiert wird.

10   Es gibt kein reines Werk, außer es kommt aus einem reinen Herzen.

11   Aber wenn Gott sein Wort [= Christus] an den Baum [= Kreuz] anheftet, so ist es schon nicht nur ein äußeres Zeichen, sondern durch das Wort ist die Gegenwart, der Wille und das Erbarmen Gottes dabei, wie auch in der Taufe – sie ist nicht nur reines Wasser, weil dort der Name gegenwärtig ist, verbunden mit der ganzen göttlichen Kraft durch das Wasser in der Taufe –, und Gott selbst ist der Täufer; das wißt zwar ihr, jene aber wollen es nicht hören, sie bestehen starr auf ihrem Kopf [ihrer Meinung] und verwerfen das äußere Zeichen.

Das Wasser schaffet Ausfegung der ubrigen Sünde und bösen Lüste, bis wir gantz rein werden. (28,411,17-19)

reinigung, so da geschicht durch die Tauffe, durchs wort und durch das heilige Sacrament (28,414,18-21)

bleibe contra omnes adversariorum, schalckeit und list an dem *reinen einfeltigen mundelichen wort* Christi. (29,120,4-6; Hervorhebung von mir.)

Wasser thuts freylich nicht, Sondern das wort Gottes, so mit und bey dem wasser ist, und der glaube, so solchem wort Gottes ym wassser trawet. Denn on Gottes wort ist das wasser schlecht wasser und keine Tauffe, Aber mit dem wort Gottes ists eine Tauffe, das ist ein gnadenreich wasser des lebens und ein bad der newen geburt ym heiligen geist. (30^1, 310,22-30)

Ich hab mich des geflissen ym dolmetzschen, das ich rein und klar teutsch geben möchte. Und ist uns wol offt begegnet, das wir viertzehen tage, drey, vier wochen haben ein einiges wort gesůcht und gefragt, habens dennoch zu weilen nicht funden. [...] Lieber, nu es verdeutscht und bereit ist, kans ein yeder lesen und meistern, Laufft einer ytzt mit den augen durch drey, vier bletter und stost nicht ein mal an, wird aber nicht gewar, welche wacken und klötze da gelegen sind, da er ytzt uber hin gehet, wie uber ein gehoffelt bret, da wir haben mùssen schwitzen und uns engsten, ehe den wir solche wacken und klotze aus dem wege reümeten, auff das man kůndte so fein daher gehen. (30^2, 636,15-25) [Sendbrief vom Dolmetschen]

Wenn ich nu den buchstaben nach, aus der esel kunst, solt des Engels wort verdeutschen, muste ich also sagen: Daniel, du man der begirungen oder: Daniel, du man der lůste, O das were schon deutsch, Ein deutscher horet wol, das Man, Lůste, oder begyrunge deutsche wort sind, wie wol es nicht eytel reine deutsche wort sind, sondern lust und begyr weren wol besser. Aber wenn sie so zusamen gefasset werden du man der begyrungen, so weiß kein deutscher: was gesagt ist, denckt, das Daniel villeicht vol böser lust stecke, Das hiesse denn fein gedolmetzscht. Darumb mus ich hie die buchstaben faren lassen, unnd forschen, wie der Deutsche man solchs redet, welchs der Ebreische man isch Hamudoth redet, So finde ich, das der deutsche man also spricht, Du lieber Daniel, du liebe Maria, oder du holdselige mad, du medliche junckfraw, du zartes weib, und der gleichen. Denn wer dolmetzschen wil, mus grosse vorrath von worten haben, das er die wol könne haben, wo eins an allen orten nicht lauten will. (30^2, 639,10-25) [Sendbrief vom Dolmetschen]

Das leben mag wol unrein, sundlich und gebrechlich sein, Aber die lere mus rein, heilig, lauter und bestendig sein. Das leben mag wol feilen, das nicht alles hellt, was die lere wil, Aber die lere (spricht Christus) mus nicht an einem tüttel odder buchstaben feilen, ob das leben wol ein gantzes wort odder riege jnn der lere feilet. Ursache ist die: Denn die lere ist Gotts wort und Gottes warheit selbs, Aber das leben ist unsers thuns mit, Darumb mus die lere gantz rein bleiben. (30^3, 343,24-31)

reine und on [...] zusatz (31^1, 584,3f.)

Aber so sollen zu blinden und narren werden, die Gottes wort verachten und allein nach eusserlichen larven und gleissen der werck die reinigkeit achten. (32,324,37-39)

[Gott] fragt nicht nach solcher reinigkeit, sondern wil das hertz rein haben, ob es gleich auswendig ein asschenbrodel jnn der kuchen, schwartz, rustrig und bestoben jst und mit eitel unfletigen wercken umbgehet. (32,325,19-22)

[Gottes Wort] jst allein rein fur Gott, ja die reinigkeit selbs, dadurch auch alles, was daran hanget und darinne gehet, rein wird und heisset. (32,325,34-36)

Wenn wir nu gebadet [i.S.v. getauft] sind, sollen wir sagen: ich bin rein, wie ein reiner leib spricht: ich bin gewaschen [...]. (33,531,24-27)

Denn es ist ja kein ehre noch schmuck noch schöne, dazu auch keine reinigkeit uber Gottes wort. (34^1, 71,9f.)

ego nunquam rein werd hac in vita, es wird kein lauter reinigkeit, quia peccatum.[12] (34^1, 94,6f.)

---

[12] Ich werde niemals rein werden in diesem Leben, es wird keine lautere Reinheit geben, wegen der Sünde.

Sic Adam et Eva waren rein, leib, hetten scharff augen, das sie hetten durch ein wand mögen sehen und so gut öhren, das sie hetten auff zwo meil wegs mogen hören. (36, 235, 3-5)

das wir da für augen gantz lauter und rein stehen wie die helle Sonne. (36, 264, 20)

Womit wird aber das hertz rein? Antwort: Es kan nicht besser rein werden denn durch die höheste reinigkeit, welchs ist Gottes wort [...]. (36, 359, 31 f.)

[Gottes Wort,] welches, weil es lauter und rein ist, machet es das hertz auch also [...]. (36, 361, 28)

So henge ich an dem, der volkomene reinigkeit und gut gewissen hat und die selb fur mich setzet, ja mir schencket. (36, 366, 13-15)

[...] weil wir das liebe Wort rein haben, das wir [...] uns drein richten, dasselbe wol fassen und fest daran halten, nicht faul, sicher und uberdrossen werden, das nicht auch unter uns komen die Rottengeister uund Klügler [...]. (36, 483, 36-38)

Und ist also der stand gefasset jnn Gottes wort und dadurch geheiligt und rein, das man jn nicht sol fleischlich noch sundlich schelten. (36, 503, 16 f.)

das der leib on alle gebrechen verkleret und rein aufferstehen sol (36, 636, 24 f.)

quando baptizatus und die speis zu mir genomen et verbum audivimus, das der leib gantz rein und geistlich were. (36, 667, 3 f.)

die reinsten, augen, zungen und sprach (36, 674, 2 f.)

das dis gebrechlich und sterblich wesen an unserm leib ausgezogen und weg genomen und ein ander, unsterblich wesen angezogen werde mit solchem leib, den kein unflat, kranckheit, unfal, jamer noch tod mehr treffen konne, sondern gantz rein, gesund, starck und schone sey. (36, 678, 30 ff.)

Denn sol Christus allein gelten und ich sol solchs bekennen, so mus ich die zunge rein schaben [...]. (37, 46, 22 f.)

darumb ist seine geburt gantz rein und heilig, unser aber unrein und verdampt (37, 55, 21 f.)

Solt nu Christus geburt rein werden, so muste kein menlich zuthun da zu komen. (37, 55, 34 f.)

aus solchem fleisch und blut empfangen (wird), Darumb kan auch nichts reines an mir sein (37, 56, 1 f.)

nichts reines [an etwas] (37, 56, 2; 37, 58, 14; u. ö.); vgl.: nihil puri in (carne) (15, 781, 14* u. ö.)

Also ist nu unser geburt und was wir hie leben, auch durch jn gereiniget, Denn ob wol wir verdampt sind, von der geburt durch unser gantzes leben, so ist er aber rein und gibt uns solche reinigkeit, wie wir jnn diesem Artikel[13] bekennen, Denn er ist darumb geboren und durch unser gantzes leben gangen, Und wie wol hie nicht ausgedrückt wird, was er sonst gethan habe, Denn es were zu lang alles zu sagen, Doch ists gnug, das er so viel zu verstehen gibt, bey diesem stück , das er eben gelebt und alle natürliche odder menschliche werck gethan habe mit essen, trincken, gehen, stehen, schlaffen, wachen, reden wie ein ander mensch, Wie Sanct Paulus zun Philippern am andern Capitel saget: ,Er ward gleich wie ein ander mensch und an geberden als ein mensch erfunden' etc. Da mit hat er alles geheiliget, was wir sind und thun nach dem natürlichen leben als menschen, das uns nicht schadet, wir essen, trincken, gehen, stehen, schlaffen, wachen, erbeiten etc., Welches wol unrein ist unsers fleisch und bluts halben, aber sein geniessen wir, wo wir unser entgelten, Denn er hat es alles rein gemacht an seinem leibe, das uns durch jn nicht schadet, was der allten geburt und dieses lebens ist, Sondern ja so rein geschatzt wird als seine, weil ich jnn seine geburt und leben bekleidet bin durch die Tauffe und den glauben, das auch alles Gott gefellig ist, was ich thue, und heisset ein heilig gehen, stehen, essen, trincken, schlaffen und wachen etc., Das es alles mus eitel heiligthum werden an einem iglichen Christen, ob er gleich noch im fleisch lebt und an jm selbs wol unrein ist, aber durch den glauben ist er aller dinge rein, Also ist es

---

[13] Im 2. Glaubensartikel von „Empfangen vom Heiligen Geist" bis „gestorben und begraben".

eine frembde und doch unser heiligkeit, Das Got alles, was wir thun jnn diesem leben, als an jm selbs unrein nicht wil ansehen, sondern alles heilig, köstlich und angeneme sein sol durch dis kind, welchs durch sein leben die gantze wellt heilig machet.

Und solchs alles aber mal on alle unser werck, Denn es kompt keine kappe noch platte da zu, kein haerin hembd, barfus gehen, knien, beten, fasten, casteyen noch einig werck, so auff erden geschehen kan, Denn das ist noch alles unrein als eine rustige, schartige axt odder messer, Ja es ist alles zweyfaltig unrein und verdamlich, weil solche werck ausser Christo geschehen und durch sich selbs wollen die reinigkeit erlangen zu unehren, ja zu verleugkung [sic] seiner reinigkeit, als dürfften sie der selben nichts uberal, So doch alles, was nicht Christus ist, gantz unrein und verdampt ist mit der geburt und allem leben, Und keine reinigkeit noch heiligkeit jnn uns noch aus uns komet, Sondern ausser und uber uns und weit von uns, ja uber alle unser synne, witz und verstand, allein jnn dem Christo durch den glauben gefunden und erlangt wird. [...] (37, 57, 1-37)

[...] Darumb finde ich nichts reines noch heiliges an mir und allen menschen, Sondern alle unsere werck nichts anders sind denn (mit urlaub) eitel leuse jnn einem alten unreinen peltz, da nichts reines aus zu machen, und kurtz, da weder haut noch har mehr gut ist. Aber es ist ein leidige blindheit des Teuffels, der die leut so verblendet, das sie das helle liecht und greiffliche warheit nicht sehen, ob es jn gleich im weg ligt, das sie druber portzeln, [...], Denn wo ers [der Heilige Geist] nicht leret, da bleibet alle wellt jnn dem glauben des Bapsts, Türcken und Jüden, das sie sich durch jre werck wollen rein baden und wasschen von sunden, Ja wassche nur wol, wie die Saw, wenn sie im kot sich schwemmet odder wenn sie wol gebadet und gewasschen ist, widder im kot weltzet und bleibet doch eine saw, wie sie ist, So sind diese auch, ob sie gleich den glauben und Tauffe angenomen und mit uns hallten und sagen, Das Christus unser seligkeit sey etc., da durch sie rein und heilig solten werden, wenn sie da bey blieben, Aber da mit besuddeln sie sich widder, das sie sagen: Unser werck müssen auch etwas da zu thun, das wir rein werden, Da ligt die Saw widder im kot mit allen vieren, Wir aber, wollen wir rein sein und bleiben, so last uns huten, das wirs nicht süchen jnn uns noch unser geburt, Sondern jnn dem kind, welcher allein der Jungfrawen Son und eben der selbige Einiger Son Gottes ist, welchs kein ander mensch auff erden rühmen kan etc. (37, 58, 14-38)

Das ist nu der gang des HERRn Christj von der geburt an durch unser gantzes leben, das er aller dinge eben gelebt und gewirckt hat wie wir, Und da mit, weil ers selbs angerürt, alles geweihet und geheiliget, das keine speise, kein essen noch trincken, kein kleid, kein schlaffen, wachen, gehen, stehen uns kan unrein machen und ein Christ nichts kan sehen, hören, anruren etc., dar an er sich versundige, so ferne er im glauben bleibet, Denn es ist durch jn alles rein worden und geheiliget mit seinen heiligen augen, mund, henden, fussen und allen gelidern, ja kleidern und alle seinem leben, [...] Aber weil unser gantzes leben unheilig und unreine ist, so ist auch unser tod verflucht und unrein, das niemand durch sein sterben eine sunde kan büssen, [...] Darumb müssen wir hie einen andern haben, der für uns einen unschüldigen reinen tod gelidden und Gott da mit bezalet hat, das solcher zorn und straffe von uns genomen würde. (37, 59, 1-25)

[...] Nu wil ers [Gott] nicht thun, das er etwas an uns jm gefalle, lasse odder gut und heilig heisse, es sey denn, das wir zuvor durch eine frembde reinigkeit dieses seines einigen Sons und seiner geburt, lebens, leidens und sterbens rein werden, Kerestu es aber umb und wilt dich zuvor durch dich selbs rein machen und den Christum da hinden lassen, so machestu dich nur zwifeltig unreiner, ja einen schendlichen greulichen unflat und stanck für Gott, wens auch möglich were, das du für eine sunde tausentmal den tod liddest. (37, 60, 30-36)

Der stanck und unflat sihet grewlich und feindselig, Sed quando audio te und las mir das wort zu hertzen gehn, facit, ut fiat rein propter verbum.[14] (37, 155, 28-30)

Gottes name ist nichts anders denn die allmechtige, Götliche krafft, ewige reinigkeit, heiligkeit und leben. (37, 642, 37 f.)

Denn es ligt auch warlich am meisten daran, das man Gottes wort rein habe und gerne höre, Daraus folget denn wol und gewaltiglich beten, leren, trösten, dancken, weissagen, Got dienen, leiden und alles, was Gott wolgefellet und den Teuffel verdreusst, Wo mans aber veracht und satt wird, da bleibet solches alles nach, Und wo es

---

[14]   ..., aber wenn ich dich höre und mir das Wort zu Herzen gehen lasse, macht es, daß er [der Unrat] rein wird durch das Wort.

nicht rein geleret wird, da ist wol viel, aber eitel falsch und verloren beten, leren, trôsten, dancken, Gott dienen, leiden, weissagen, denn es ist doch alles dem Teuffel gedienet, der es also verunreiniget mit seiner Ketzerey. (38,57, 13-20)

wer rein ist, dem gebûrt der himel von recht, Und Gott verdampt keinen gerechten noch heiligen, das weis man wol (38, 154, 33 f.)

[Durch die] Mûnchtauffe [das heißt durch die Gelübde, hofft mancher Mensch] rein und heilig [zu werden, aber] da hanget und pampelt er zwisschen himel und erden [...], und sein hertz und gewissen mus es doch nimer erfaren (38, 156, 15-18).

Kein mensch weis, ob er gnaden odder ungnaden wirdig sey, auch mitten jnn der Tauffe, so er am reinesten sein sol (38, 158, 14 f.)

Denn wir haben (Gott lob) das wort Gottes rein und gewis, wie es der Bapst nicht hat. Wo aber Gottes wort rein und gewis ist, da mus es alles sein, Gottes reich, Christus reich, Heiliger geist, Tauffe, Sacrament, Pfarrampt, Predigampt, Glaube, Liebe, Creutz, Leben und seligkeit, und alles, was die Kirchen haben sol [...]. (38, 237, 10-14)

Denn unser werck sind nicht heilig, sondern durchs wort Gottes, welchs allein gantz rein und heilig ist, und alles heiliget, was damit umb gehet, es sey zeit, stet, person, werck, rûge etc. (38, 366, 19-22)

Der Teufel wil auch im himel sitzen, und mag nicht deserta et arida loca. Er isset gerne niedliche bissen und thut gern an reine orter, denn er helt seinen unflat fur thesem und balsam, Das reine fruchtlin wil unter den rosen wonen. Wir mussens doch so leiden inn der kirchen. (38, 559, 23-26)

Sancti non sunt omnino puri, sed incipiunt.[15] (39[1], 146, 12*)

Ideo conandum, laborandum, ut habeamus purum, simplicem, germanum et unum sensum scripturae sanctae, ubi haberi potest, ut certe hic fieri potest.[16] (40[3], 600, 11-14)

Wer macht den rorem? non nos, non nubes, sed ist allein unsers herr Gotts eigen werck, ist der zartest, reinest regen, das feinest wasser, Also wird er auch die kinder zeugen aus der morgen rôte [...]. (41, 160, 5-8)

Ehestand sol ehrlich sein und ehebette etc. Si lapsus inspicitur, non est rein, quia die schendlich brunst non fuisset in paradiso. (41, 517, 21-23)

Sic non inspicimus, ut der Teufel hinden hin ein, sed ut deus in suo verbo, promissione, tum heilig, rein, ehrlich, gotlich.[17] (41, 519, 28 f.)

[Christus] mus noch teglich und jmerdar an uns reinigen und wo noch runtzel odder flecken an uns sind, da streichet er seine gerechtigkeit und reinigkeit darûber, das wir dennoch den rhum kônnen behalten und dûrffen jn frôlich unsern Breutgam bekennen und sagen. (41, 556, 31-35)

Nos habemus hunc thesaurum rein und reichlich, sed contemnimus eum.[18] (41, 617, 27)

[...] gratia, quae est rein et non habet mangel. (41, 645, 25)

In hanc causam cum respicimus, tum caste, pure et cum gaudio de iis rebus possumus loqui, quarum alioqui hac causa omissa sine foeditate et obscoenitate non possumus meminisse.[19] (42, 96, 8-10)

---

15 Die Heiligen sind nicht vollkommen rein, aber sie beginnen damit.

16 Deswegen müssen wir es versuchen und uns darum plagen, daß wir den reinen, einfachen, echten (deutschen) und *einen* [*purum, simplicem, germanum et unum*] Sinn der Heiligen Schrift erhalten, wie man ihn erhalten kann, wie es sicherlich hier geschehen kann.

17 So erkennen wir nicht, wie der Teufel ist, [nämlich] hinten hinein, sondern wie Gott in seinem Wort, seiner Verheißung, dann heilig, rein, ehrlich und göttlich ist.

18 Wir besitzen diesen Schatz [gem.: das Wort Gottes] rein und reichlich, aber wir behandeln ihn gleichgültig.

19 Wenn wir auf diese Sache achten, dann können wir keusch, rein und voll Freude über die Dinge reden, an die wir andernfalls, ohne Rücksicht auf diese Sache, nicht ohne Schande und Unsittlichkeit denken können.

si homo non esset lapsus, fuisset purissimum [...] opus.[20] (42, 177, 4 f.*)

Pergit Moses in descriptione horribilis peccati. Ac ego quidem non libenter versor in hoc loco, quod aures Germanorum adhuc innocentes et purae sunt ab hoc portento: etsi enim haec quoque labes, ut reliqua peccata, irrepsit per impium militem et voluptuarium mercatorem: tamen, quae in occulto fiunt, ignorantur ab aliis.[21] (43, 55, 6-10)

die besten und reinisten [Blutstropfen] (45, 51, 10)

Das heisst linguam geschweigt. Es ghet wol sunderlich auff die lere, quanquam ad hoc proposito trahi, quando whe, zorn intrat in cor, machts so wunderlich, ut non possint loqui rein, ut est, sed addunt aliquid.[22] (45, 103, 28-31)

Ita corpus so zuchtig rein, non de brunst zum weib nec de geitz, haß, neid, wer ein rein ehe gewest. Is secundum dei imaginem creatus, ut esset quoad deus ut adhuc angeli, et rein am leib, non het kinder gezeuget, er were den gangen nach reiner freud. (45, 163, 9-12)

Sed supra et neben der vergebung vult deus, ut new bild werden und so rein und schon, heilig, gerecht ut Adam oder noch reiner. (45, 163, 38 ff.)

Sed quando extractus e baptismo, Gott hebt an und reiniget dich bis in die gruben. In die extremo extrahet e grub und macht dich gar rein, ibi completur baptismus.[23] (45, 173, 21-23)

In extremo die, quid externum verbum operatum et quid corpus et sanguis operata etiam in meo corpore: krafft und leben, reinigkeit, leben und seelickeit et homo quandoque recht frolich inn Gott.[24] (45, 202, 11-13)

SEUGLINGE nennet er [Paulus] nicht, die an jrer Mutter Brůste ligen und saugen, Sŏndern die den Seuglingen gleich sind, Das ist: die dem lautern, reinen Wort anhangen on allen zusatz Menschlicher trewme und gedancken. (45, 218, 26-28)

durchs Fewer gefeget, gereiniget und vernewert werden (45, 323, 9 f.; 30², 636, 26)

Das wort aber ist eigentlich selbs die reinigung des hertzens, so es an dem selbigen hanget und bleibt. (45, 653, 17 f.)

Sihe, also zeigt er fein, das die reinigkeit der Christen nicht komet aus den frůchten, so sie bringen, Sondern widerumb, ire frůchte und werck komen aus der reinigkeit, so sie zůvor haben aus dem wort, dadurch das hertz gereinigt wird. (45, 654, 29-32)

Aber dieser text [die Heilige Schrift] hat sich durch des Bapsts Lerer mit grosser gewalt mussen zihen und martern lassen, jren Lůgen tand damit zu stercken und bestetigen, Und wie wol sie itzt selbs anfahen sich zu schemen und nicht so seer damit schreyen, Doch mussen wir auch etwas davon sagen, damit wir den text rein

---

20 Hätte der Mensch den Fall nicht getan, wäre es das reinste Werk gewesen.
21 Moses fährt fort mit der Beschreibung des entsetzlichen Frevels [gemeint ist Gen 19, 4 f.: die versuchte Vergewaltigung der Fremdlinge im Hause Lots durch die Bevölkerung von Sodom; Anm. G. H.]. Ich aber verweile freilich nicht gerne dabei, weil die Ohren der Deutschen bislang unschuldig sind und rein von diesem Greuel: denn auch wenn diese Sünde, ebenso wie alle anderen Laster, eingedrungen ist durch gottlose Söldner und wollüstige Kaufleute, so ist doch, was im Verborgenen geschieht, Unbeteiligten unbekannt.
22 Das bedeutet Schweigen der Zunge. Es zielt wohl insbesondere auf die Lehre, wenn man auch gleich auf dieses Ziel hinstrebt, sobald Weh und Zorn eindringt ins Herz, so macht ers so wunderlich, daß sie es nicht rein sagen können, so wie es ist, sondern sie fügen irgendetwas hinzu.
23 Aber wenn du herausgezogen bist aus der Taufe, dann beginnt Gott und reinigt dich bis ins Grab. Am jüngsten Tag wird er dich wieder aus dem Grab ziehen und macht dich völlig rein, dann wird die Taufe vollendet.
24 Am jüngsten Tag wird auch an meinem Leibe offenbar, was das äußere Wort gewirkt hat und was [sein] Fleisch und Blut gewirkt haben: Kraft und Leben, Reinheit, Leben und Seligkeit, und der Mensch wird dann auch recht fröhlich sein in Gott.

behalten und der jrthum am tag bleibe, das man nicht vergesse, wie schendlich er bis her durch die unsern verkert ist [...] (46, 50, 6-11)

[Zur rituellen Reinigung durch jüdische Bade- und Speisegesetze] (47, 142-150; ähnlich: 32, 325)

Also geschiechts noch heutte zu tage. Der Bapst hatt Christum in die versen gebiessen, aber das gottliche wortt kompt itzt widder herfur an tag, und die menschen halttens hoher dan den Bapst, und der herr Christus hebt itzt widder einen fuss auff und zutritt diese schlange (den Bapst) widder. Also wirdstu rein und heilig, wen du gleich verdammet bist, das ist: dein Wortt hat heissen mussen ketzerej und ein unreinne wortt, ein unflettige rede und unreine gifft, aber du solts [sic] gereiniget werden, und das wortt, welches sie also besuddeln und beflecken, sol so rein werden als die Sonne ist. Also wird aus der sachen selbst verstanden, was do sej: du wirst gerichtet werden. Den Gottes wortt mus treck und ketzerej heissen, aber es sol widder aufferstehen von den todten und hehrlich leuchten. Als itzt helt man das Gottlich wort hoch, aber der Bapst, der jhenes mahl als die Sonne leuchtete, ist itzt dreck. (47, 181, 35 - 182, 5)

Drumb so muss das wortt rein sein und bleiben, und solt die weltt druber zu drummern gehen. (47, 185, 3 f.)

Christus will frej haben bej den Christen, das sie essen und trincken sollen, was ihnen Gott bescheret, wie ehr zu den Aposteln auch saget: Wo ihr hin kommet, da esset, was man euch gibt. Ists nicht fiesch, so sej es fleisch. Ists nicht fleisch, so sej es milch. Ists nicht milch, so sej es kese, es gilt gleich viel.
   Gott hats durch sein wortt frej gemacht, es ist alles rein, das in den mundt eingehet. (47, 287, 37-42)

per baptismum sumus grana pura.[25] (47, 662, 19*; vgl. auch 15, 507, 8 f.*; 15, 727, 13*; 25, 17, 20*; 34¹, 95, 14*; 37, 274, 24*)

Wenn wir aufferstehenn, werden wir gar rein sein. (47, 664, 33)

O Deus, fateor me peccatorem incredulum, securum, tolle peccata mea, ut fiam purus et emendem vitam meam.[26] (47, 753, 38 f.*; ähnlich in: 1, 126, 6 f.*; 42, 49, 40*; 56, 375, 23)

Wens dort hin kompt in jenes leben, werden wir gantz rein sein. (49, 97, 9 f.)

Mein leib ist ein stinckender wanst, corpus, quod non rein, si etiam gesund ist. (49, 202, 27 f.)

Es ist nicht viel reines da, Wenn du aber unreinigkeit ansehen wilt, so sihe auch Jungfrawen und Gesellen stand an, Da ists warlich auch nicht alles rein, Denn weil sie essen und trincken, können sie nicht rein sein, müssen ja butzen, rotzen und schnuppen, und was der unreinigkeit mehr ist. (49, 803, 19-23)

Ja wenn man von solcher reinigkeit und keuscheit sagen wil, als die Engel haben, die findestu nirgent, weder im Ehestand noch ausser der Ehe im Jungfrawstand, es ist mit derselbigen reinigkeit aus. (49, 803, 26-28)

Darumb lasst uns getrost fortfaren und die Schrifft frisch und rein auff die Cantzel bringen [...]. (50, 110, 9 f.)

Gott hat euch gnediglich heraus gehollfen aus den lügen und das reine wort Gottes gegeben [...] (51, 140, 10 f.)

Ir seid rein (spricht Christus Joh. 15) nicht umb ewr willen, Sondern umb des Worts willen, das ich zu euch geredt habe. (51, 520, 31 f.)

da scheidets sich von einander, und findet sich, wer die rechten Christen sind, nemlich, die Gottes wort haben, rein und fein. (51, 522, 16 f.)

Denn Gott, der heilige Geist, hat durch sein heiliges Wort unser Kirche lengest geheiliget, ja viel mehr alle Bepstliche Hurerey und Abgötterey ausgefegt, das wir alles (Gott lob) rein und heilig haben, das Wort rein, die Tauffe rein, das Sacrament rein, die Schlüssel rein, und alles, was zur rechten Kirchen gehöret, haben wir heilig und rein, on allen menschlicher lere zusatz und unflat. (51, 529, 18-23)

---

[25] Durch die Taufe sind wir reiner Weizen.
[26] O Gott, ich bekenne mich als ungläubigen, leichtfertigen Sünder, nimm meine Sünden hinweg, damit ich rein werde und mein Leben reinige.

das Gott jnen [= den Ketzern] wehren, fromme Prediger geben und das wort rein und lauter wider alle Ketzereyen erhalten wölle. (52, 300, 40 f.)

Darumb hab ich gesagt, das Mose und die Schrifft bey den jtzigen Jüden nicht kendlich, noch der alte rechte Mose ist, So schendlich haben sie jn besüddelt mit jhrer Judas pisse. [...] Denn er [der Hebraist Bernhard Ziegler] ist sonderlich der Jüdischen Judas pisse feind und vermöcht wol etwas, zöge die ander Ebreisten zu sich, und reinigten uns die Ebreischen Biblia. Denn sol sie rein und wider gut Ebreisch werden, so müssens die Christen thun, die den verstand haben des Messia, Wie Paulus sagt, 1. Corinth. 1.: ‚Wir haben den sinn Messia‘. (53, 647, 10-22)

Auch sie [die jüdischen Gelehrten] allesampt bekennen mussen, das sie an manchen orten die wort nicht verstehen, viel weniger eintrechtiglich on allen mangel eine reine gewisse Ebreische Bibel haben, auch der Grammatica nach zu reden, schweige der Theologia, darinnen sie doch zu gar nichts sind.
 Darumb ficht mich solch der Juden gespotte nichts an, und umb jres urteilens willen wolt ich nicht einen Buchstaben kennen lernen in der Ebreischen sprache. Ursache ist die, Wir Christen haben den synn und verstand der Biblia, weil wir das Newe Testament, das ist Jhesum Christum haben, welcher im alten Testament verheissen und hernach komen, mit sich das liecht und verstand der schrifft bracht hat [...]. Und offenet jnen den synn, das sie kundten die schrifft verstehen. (54, 28, 18 – 29, 9)
 Denn da steckts, da ligts, da bleibts. Wer diesen man, der da heisst Jhesus Christus, Gottes son, den wir Christen predigen, nicht recht und rein hat, noch haben wil, der lasse die Bibel zu frieden, das rate ich, Er stösst sich gewislich, und wird, je mehr er studirt, je blinder und toller [...]. (54, 29, 10-13)
 Wenns nu solt wundschens und wehlens gelten, Entweder, das ich S. Augustini und der lieben Veter, das ist der Apostel verstand in der schrifft solt haben, mit dem mangel, das S. Augustinus zu weilen nicht die rechte buchstaben oder wort im Ebreischen hat, wie die Juden spotten, oder solt der Juden gewisse buchstaben und wort (die sie dennoch nicht durch und durch allenthalben haben) on S. Augustin und der Veter verstand, das ist mit der Juden verstandt haben, Ist gut zu rechen, wo zu ich wehlen würde, ich liesse die Jüden mit jrem verstand und buchstaben zum Teüffel faren und füre mit S. Augustin verstand on jre buchstaben zum Himel. [...] (54, 29, 21-29)
 Furwar man darff den vleis nicht furnemen mit Dolmetzschen und Glosiern, wie man der Rabinen und Grammatisten verstand unter uns Christen bringe. Er klebt on das, von jm selber, allzu gern an, wie pech und leym, wenn man sich gleich wil fürsetzlich da für hüeten. Denn die buchstaben und exempel der andern blenden die augen, das man den synn Christi zu weilen faren lesst, da es nicht sein solt, damit der Judische verstand also unversehens herein schleicht, wie allen Dolmetzschern geschehen ist, keinen ausgenomen, mich auch nicht. (54, 30, 19-26)
 [Ein paar sprachliche Mängel können dem rechten Glauben (Augustinus) nichts anhaben, wohl aber macht fehlender oder falscher Glaube auch die philologisch richtige Lektüre (der „Juden") falsch. Der Glaube allein entscheidet über das Verständnis der Schrift.]
 Wer aber des lesens leufftig und fertig ist, der leufft uber hin, fasset den synn, ungeacht, ob er etliche buchstaben oder wort nicht eigentlich ansihet, [...]. (54, 30, 8-10)

Ein vorteil haben wir, ders thut, nemlich: Gottes wort haben wir, heilig, rein und lauter, durch seinen heiligen Geist, Das in der Lere gewislich kein lügen, noch Falsch, noch Abgötterey ist. (54, 405, 1-3)

Sed si credant et confidant sese graciam ibi consecuturos, hec sola fides eos facit puros et dignos, que non nititur operibus illis, sed in purissimo, piissimo, firmissimo verbo Christi dicentis: Venite ad me omnes, qui laboratis &c.[27] (57³, 171, 3-7; ähnlich in: 1, 264, 14-16; 7, 122, 20-23; 40², 407, 2-5)

Christus est natus ex purissima et incorrupta carne Virginis. (57³, 200, 8)

Vnd wenn man auch ettwas will rein aus, rein ab, rein durch machen, so nympt man feur dazu. (59, 195, 18-20)

---

[27] Aber wenn sie glauben und vertrauen, daß sie alsdann Gnade erlangen werden, dann macht sie dieser Glaube allein rein und würdig, der sich nicht verläßt auf jene Werke, sondern auf das reinste, zuverlässigste und stärkste Wort Christi, der da sagt: Kommt her zu mir alle, die ihr mühselig und beladen seid etc. [= Mt 11, 28]

9.4 Register

Das Register verzeichnet sämtliche natürliche Personen, die im Text und in den Fußnoten (einschließlich der bibliographischen Angaben) erwähnt werden; es gibt jeweils die entsprechende Seite an. Für das Register wurden die Vorbemerkung, das Literaturverzeichnis und die Luther-Exzerpte im Anhang nicht ausgewertet. Nicht aufgenommen sind literarische, mythologische und biblische Namen, auch wenn sie auf historische Persönlichkeiten verweisen. Herausgeberinnen und Herausgeber von Sammelwerken sind aufgeführt, wenn von ihnen auch eigenständige Publikationen zum Thema dieser Untersuchung vorliegen.

Henne, Helmut 35, 50, 58 f.
Henscheid, Eckhard 20 f.
Herder, Johann Gottfried 37, 133
Herennius [*Auctor ad Herennium*] 141
Herger 56
Heynatz, Johann Friedrich 149, 151, 176
Heyse, Johann Christian August 60
Hille, Carl Gustav von 206
Hirsch, Eike Christian 19
Hobbes, Thomas 191
Hölderlin, Friedrich 23
Hölscher, Lucian 132
Höpel, Ingrid 202
Holzschuher, Hanns 117
Horche, Henrich 129
Huber, Wolfgang 3
Hübner, August Nathanael 132, 146 f., 203 f., 220, 223 f.
Hübner, Johann 13-15, 141
Hugo von Trimberg 136
Hutten, Ulrich von 66
Isidor 49
Jahn, Friedrich Ludwig 33
Jahnke, Richard 29
Jaspers, Karl 23
Jean Paul [Johann Paul Friedrich Richter] 2, 50
Jellinek, Max Hermann 35, 68, 139, 159
Joing, Erika 159
Josten, Dirk 34 f.
Jung-Stilling, Heinrich 117, 125
Kafka, Franz 240
Kaiser, Otto 97
Kant, Immanuel 37, 129
Kayser, Wolfgang 174
Kerr, Alfred 30
Kimpel, Dieter 34, 129, 161
Kirkness, Alan 31-34, 129, 152, 159, 168, 208, 231
Klaj, Johann siehe Clajus, Johannes
Kleist, Heinrich von 232, 241-243
Klettenberg, Susanna Katharina von 117
Klopstock, Friedrich Gottlieb 1, 160, 186
Kluge, Alexander 189
Kluge, Friedrich 2, 30, 47, 49 f., 65, 68 f., 89, 134, 137, 191, 245, 247
Knoop, Ulrich 43 f.
Knorr von Rosenroth, Christian 123 f.
Köhler, Lotte 23
Koepp, Wilhelm 100
Kolb, Stefan 41 f.
Konrad von Würzburg 49 f., 80
Konstantin I., der Große 66

Kopperschmidt, Josef 6, 40
Kramer, G. 120
Kramer, Martin 202
Kraus, Carl von 55 f.
Kraus, Karl 19 f.
Krohn, Paul Günter 205 f.
Krüger, Wilhelm August Leberecht 176 f.
Kuhn, A. 47
Kurth-Voigt, Lieselotte E. 129
Kurz, H. 55
Lachmann, Karl 55
Lampe, Friedrich Adolf 121
Lange, Victor 248 f.
Langen, August 109, 116, 120
Laporte, Dominique 5, 21, 28, 226 f., 233, 237 f.
Lappenberg, J. M. 117
Lazius, Wolfgang 180
Lehmann, Hartmut 100
Leibniz, Gottfried Wilhelm 39, 44, 51 f., 148 f., 183, 187, 190 f., 196-198, 208
Lierow, Carl 21
Lochner, Johann Hieronymus siehe Chlorenus
Loebe, J. 48
Löffler, Heinrich 40
Logau, Friedrich von 205
Lohse, Bernhard 101, 110
Ludewig, Hansgünther 110, 112
Ludwig von Anhalt-Köthen 203, 205 f.
Lukács, Georg [von] 23
Luther, Martin 2-5, 16, 19, 23 f., 30, 35, 42 f., 48, 51, 57, 63, 65-105, 108, 110, 113, 116, 122, 128, 130, 137 f., 143 f., 146, 149, 156-158, 160, 180 f., 186, 189, 191, 196, 202, 215, 220, 222
Maaler, Josua 50, 57 f.
Maletzke, Elsemarie 21
Malherbe, François de 190
Mann, Thomas 30
Martin, Johann siehe Schnüffis
Marx, Karl 44, 200
Mattenklott, Gert 133
deMause, Lloyd 28, 242
Maximilian II. 68, 138
Mechthild von Magdeburg 110
Meichßner, Johann Helias 172
Meier, John 171
Melanchthon, Philipp 138
Menantes [= Christian Friedrich Hunold] 136
Menhardt, H. 54
Meyer, L. 69
Meyfart, Johann Matthäus 172
Michaelis, Rolf 249